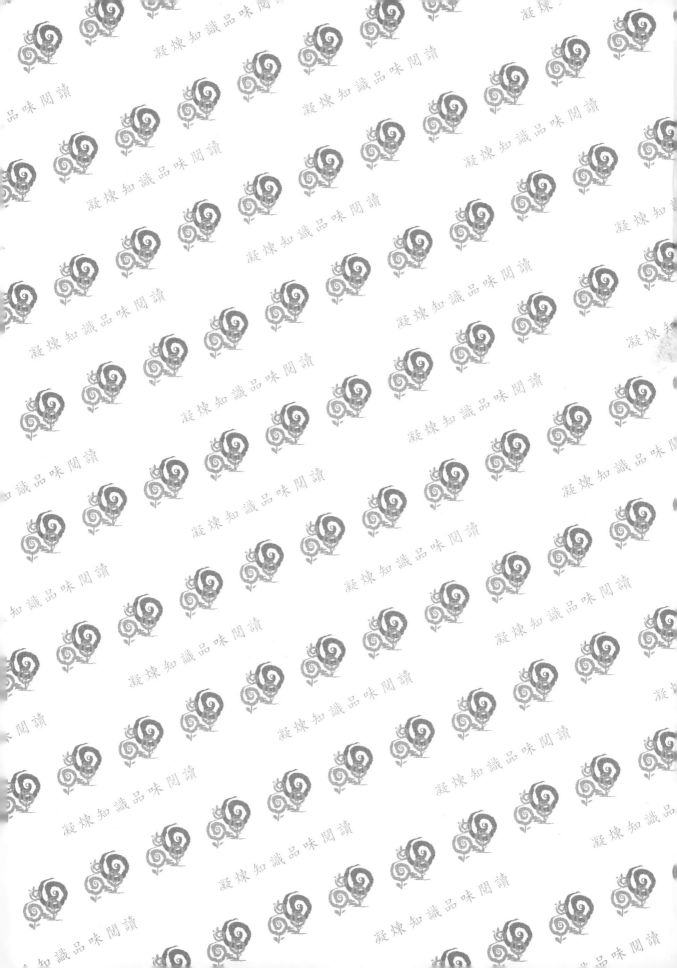

ABNORMAL PSYCHOLOGY

Jill M. Hooley、James N. Butcher、Matthew K. Nock、Susan Mineka 著

游恒山 譯

變態心理學 第五版

 作者簡介

姬兒‧胡莉（Jill M. Hooley）是哈佛大學的心理學教授，她也是哈佛大學實驗心理病理學和臨床心理學教學計畫的主管。胡莉博士出生於英格蘭，她從利物浦大學取得心理學的學士學位，然後在劍橋大學從事研究工作。隨後，她進入牛津的Magdalen學院，在那裡完成她的博士學位。在遷移到美國和在SUNY Stony Brook完成臨床心理學的追加訓練後，胡莉博士任職於哈佛大學，從1985年起就擔任教授團的成員。

胡莉博士長期以來就對精神疾病復發的心理社會預測因素深感興趣，特別是一些嚴重的精神病態，諸如思覺失調症和憂鬱症。她的研究受到「國家心理衛生組織」和「邊緣型人格障礙症研究基金會」的資金支持。在易罹憂鬱症和受擾於邊緣型人格障礙症的人們身上，她利用fMRT以探討他們的情緒調節。她感興趣的另一個研究領域是非自殺性自殘行為，諸如割傷或燒燙皮膚。

在2000年，胡莉博士因為精神病理研究方面的傑出貢獻而獲頒「Aaron T. Beck獎章」。身為許多學術刊物的作者，胡莉博士在2012年被任命為《臨床心理科學》的副編輯。她也是《應用與預防心理學》的副主筆，且在好幾份期刊擔任編輯評議員，包括《諮詢與臨床心理學期刊》、《家庭心理學，家庭歷程期刊》，以及《人格障礙症：理論、研究與治療》。2015年，胡莉博士獲得「精神病理研究學會」頒發終生成就獎（Zubin Award）。

在哈佛大學，胡莉博士傳授一些大學部和研究所的課程，包括心理學導讀、變態心理學、思覺失調症、情緒障礙症、臨床心理學、精神醫療診斷及心理治療。反映她致力於科學研究人員-執業人員（scientist-practitioner）的模式，她也執行臨床工作，專長於治療那些罹患憂鬱症、焦慮症及人格障礙症的人們。

詹姆斯‧巴契（James N. Butcher）出生於西維吉尼亞州。17歲時，他加入軍隊服役，任空降步兵三年，包括韓戰期間在韓國執勤一年。退伍後，他進入吉爾佛學院（Guilford College）就讀，於1960年取得心理學學士，然後在1962年取得北卡羅來納大學Chapel Hill分校的實驗心理學碩士，隨後也在同校取得臨床心理學的博士學位。1990年，他獲得比利時的布魯塞爾自由大學頒發榮譽博士的殊榮。2005年，他也在義大利佛羅倫斯大學獲得同樣的殊榮。

巴契博士目前是明尼蘇達大學心理學系的名譽教授。在過去十九年中，他是該大學臨床心理學教學方案的副所長及所長。他也是明尼蘇達大學出版中心的「MMPI諮

詢委員會」的會員之一，曾經在1989年掌管MMPI的修訂工作。他擔任過「美國心理學會」所發行的《心理衡鑑》（*Psychological Assessment*）期刊的編輯，也曾受聘為其他許多心理學及精神醫學期刊的諮詢編輯或審核者。

巴契博士一直以來都積極致力於開發及組織災難反應方案，以處理空難事件發生後的人際問題。他曾協助Minneapolis-St.市的Paul航空站建立起災難反應的危機介入模式，且在兩次重大空難事件後—密西根州底特律西北航空255班次，以及夏威夷茂宜島的阿羅哈航線—負責督導相關人員的心理重建事宜。

巴契博士是「美國心理學會」和「人格衡鑑協會」的榮譽會員。他已著書六十餘冊，發表超過250篇論文，橫跨變態心理學、泛文化心理學及人格衡鑑等領域。

馬太・諾克（Matthwe K. Nock）出生及成長於新澤西州。他從波士頓大學拿到學士學位（1995），繼之在耶魯大學完成兩年（2000, 2001）的碩士學位，以及最終拿到博士學位（2003）。他也在Bellevue醫院和紐約大學「兒童研究中心」完成臨床醫院實習（2003）。2003年，Matt加入哈佛大學的教授團，自此就在那裡任職，目前擔任心理學系的教授。還是大學生時，Matt就極感興趣於這樣的問題 —— 為什麼人們會有意地做一些事情來傷害自己？從此，他一直針對該問題的解答執行研究。他的研究在性質上是跨學科的，採用一系列方法論的探討途徑（例如，流行病學的調查、研究室本位的實驗，以及診所本位的研究），以更好地理解這些行為如何發展、如何加以預測，以及如何預防它們的發生。他的研究工作受到幾個機構的資助，包括「國家衛生組織」、「美國國防部」，以及數個私人基金會。

Matt的研究已在超過100篇的科學論文和書籍章節中發表，受到來自「美國心理學會」、「行為與認知治療協會」及「美國自殺防治學會」好幾個獎章的表彰。2011年，他獲頒麥克阿瑟研究獎金（MacArthur Fellowship），以褒揚他在自殺和自我傷害上的研究。在哈佛大學，Matt教導各種主題的課程，包括精神病理學、統計學、研究方法及文化多樣性。他也獲頒許多教學獎章，包括「Roslyn Abramson Teaching Award」和「Petra Shattuck Prize」。

蘇珊・米尼卡（Susan Mineka）出生及成長於紐約的伊色佳，她在康乃爾大學主修心理學，以極為優異的成績畢業。她於1974年在賓州大學取得實驗心理學博士學位，隨後於1981年至1984年間完成正式的臨床再訓練方案。她首先任教於威斯康辛大學麥迪遜校區與德州大學奧斯丁分校。然後在1987年，她轉往西北大學擔任心理學系教授；從1998年到2006年，她還擔任臨床教學計畫的主任。

米尼卡博士在大學部和研究所傳授廣泛範圍的課程，包括心理學導論、學習、動機、變態心理學及認知-行為治療法。她目前的研究興趣是採取認知與行為的途徑，

以理解焦慮症和情緒障礙症的病原、維持及治療。

　　米尼卡博士目前是「美國心理學會」、「美國心理協會」及「認知治療學院」的榮譽會員。她曾擔任《變態心理學期刊》的主編（1990-1994）。她目前仍然擔任這個領域幾份首屈一指之期刊的編審委員，包括《情緒期刊》的副總編（2002-2006）。她也曾任「臨床心理學科學協會」的會長（1994-1995）和「中西部心理學會」的會長（1997）。

　　此外，米尼卡博士也曾任職於「美國心理學會科學事務委員會」（1992-1994）、「精神病理研究協會執行委員會」（1992-1994, 2000-2003），以及「美國心理協會理事會」（2001-2004）。在1997年至1998年期間，米尼卡博士是「行為科學高等研究中心」史丹佛分會的名譽會員。

 序言

　　我們都對這門課程深感興趣，希望你也是如此。當還是大學生時，我們（作者們）都選修過這門課程，因為我們對人類行為的變態層面感到好奇。為什麼有些人變得如此消沉，幾乎完全喪失生存意志？為什麼另有些人在酒精和藥物的使用上失去控制？為什麼有些人對他人施加暴力？而在另一些情況中，暴力則朝向自己？關於人類異常行為的這些及其他許多問題，我們繼續著迷於它們的解答。這本書的目的就是對變態心理學內一些主要精神疾病（或心理障礙症），提供廣延而有穿透力的導讀。

　　如你將看到，存在許多不同類型的精神疾病，每種是由許多不同因素的交互作用所引起，可以從許多不同角度加以考慮。我們一直在思索，如何以清楚而吸引人的方式使這些資訊最適當的呈現，以使你能獲致關於精神疾病堅實而基本的理解。因此，我們採取生物心理社會（biopsychosocial）的探討方式，以對變態行為發生的整體生活背景，提供有見識（有素養）的評論。這表示我們將呈現及描述廣泛的生物、心理及社會因素，它們共同起作用而導致精神疾病的發展。此外，針對這每一種不同因素，我們也將討論治療途徑。

　　作為大學層級的教科書，這本《變態心理學》（Abnormal Psychology）具有悠久而顯赫的傳統。1948年，當柯里曼（James Coleman）寫就第一版時，這本教科書被視為此領域內最為包羅廣泛的一本書籍。這些年以來，新的作者陸續加入寫作團隊，提供來自他們專業領域之新穎的洞察力，且延續固有之對經典研究的透澈論述。這一版中最為令人興奮的變動，或許是哈佛大學教授馬太・諾克（Matthew Nock）加入編輯團隊，為這本書帶來他煥發的才氣、淵博的學識及獨特的幽默感，提供嶄新的論述方式和新穎的觀點。

　　今日，這個領域大量湧現的研究發現，拓寬了我們對精神病態的理解，改良了不過才十年前盛行的理論及治療法。這本書的目標始終是在呈現這些令人興奮的發現給學生，且對於今日的精神病理學提供最為透澈的探討和最新近的闡釋。胡莉─巴契─諾克─米尼克寫作團隊居於獨特的處境，有助於為學生提供關於變態心理學之整合而廣博的理解。每位作者都是著名的研究學者、經驗豐富的教師，以及領有執照的臨床專家，每一位都為這本教科書帶來不同領域的專門知識和多樣的研究興趣。我們致力於卓越，我們也致力於使我們的教科書易於被廣大的讀者所理解。藉助在精神病理學研究上的深度及廣度，我們盼望提供學生寶貴的學習經驗，激勵學生的思考，以引領學生到新的理解層次──我們希望這是其他書籍所無法企及的。

DSM-5有什麼新規定？——快速指引

從DSM-IV-TR到DSM-5，發生了許多變動。在此，我們對一些最重要的修正作個摘要。

- DSM章節經過重組，以反映對發展（developmental）和一生（lifespan）議題的考量。許多障礙症被認為反映了發展失常或在生命早期顯現（例如，神經發展障礙症，以及像思覺失調症這樣的障礙症），它們被先行列出，居先於在生命較後期才發生的障礙症。

- 多軸診斷系統已被揚棄。現在已不再對第一軸與第二軸障礙症之間作出區分。

- 在心理健康問題方面，DSM-5容許較多性別關聯（gender-related）差異被列入考慮。

- 在鑑定心理健康問題上，臨床人員務必理解案主的文化背景。DSM-5包含結構式晤談，聚焦於病人的文化背景和特有的面對問題的方式。

- DSM-5現在採用「intellectual disability」（智能不足），以之取代先前「mental retardation」的用語。

- 「自閉症類群障礙症」（autism spectrum disorder）的新診斷現在包含自閉症、亞斯伯格症（Asperger's disorder）及其他形式的廣泛性發展障礙症。亞斯伯格症的診斷已從DSM中被剔除。

- 注意力不足／過動症的診斷準則有所變動，它現在指出，發生在12歲（而不是7歲）前的症狀都具有診斷意義。

- 增加一項新的診斷，稱為侵擾性情緒失調症（disruptive mood dysregulation disorder）。直到18歲之前，兒童顯現持續的脾氣爆發，或經常有極端及失控行為（如攻擊人或物）的發作，就可使用這一診斷。

- 思覺失調症（schizophrenia，原精神分裂症）的亞型（subtypes）已被剔除。

- 經期前情緒低落症（premenstrual dysphoric disorder）已從DSM-IV-TR附錄表中被升格，現在被列為新的診斷。

- 持續性憂鬱症（persistent depressive disorder）的新診斷現在包含慢性鬱症（chronic major depressive disorder）和輕鬱症（dysthymia）二者。

- 「喪親之痛」（bereavement，或傷慟）的排除條款已從鬱症發作（major depressive episode）的診斷中被移除。

- 畏懼症（phobia）的診斷不再需要當事人認識到自己的焦慮是不合理的。
- 恐慌症（panic disorder）與特定場所畏懼症（agoraphobia）是不具連結的，它們現在在DSM-5中是獨立的診斷。
- 強迫症（obsessive-compulsive disorder）不再被歸類為焦慮症（anxiety disorders）。DSM-5容納新的一章，涵蓋強迫症及相關障礙症。
- 在強迫症及相關障礙症的分類中，新的障礙症包括儲物症（hoarding disorder）和摳皮症（excoriation disorder）。
- 創傷後壓力症（posttraumatic stress disorder）不再被視為一種焦慮症。反而，它被列在新的章節中，這一章涵蓋創傷及壓力相關障礙症。
- 創傷後壓力症的診斷準則經過重大修訂。怎樣才被視為創傷事件，其定義已被澄清，且作更明確的陳述。DSM-5現在也認定了四個集群的症狀，而不是DSM-IV-TR所指出的三個集群。
- 解離性遁走症（dissociative fugue）不再被視為獨立的診斷，它現在被列為解離性失憶症的一種形式。
- DSM-IV-TR關於慮病症、身體型疾患及疼痛疾患的診斷已被移除，它們現在收編在身體症狀障礙症（somatic symptom disorder）的新診斷中。
- 嗜食症（binge-eating disorder）已從DSM-IV-TR附錄表中被移除，它現在被列為正式的診斷。
- 在暴食症（bulimia nervosa）的診斷上，暴飲暴食和清除食物（如自我催吐及使用瀉劑等）所需的發生頻率已降低。
- 在厭食症（anorexia nervosa）的診斷上，停經（amenorrhea）不再是必要條件。
- DSM-IV-TR中關於癡呆症和失憶症的診斷已被排除，它們現在被納入新的分類中，稱為認知障礙症（major neurocognitive disorder）。
- 輕型認知障礙症（mild neurocognitive disorder）增添為新的診斷。
- 人格障礙症（personality disorders）的診斷準則沒有作出變動，雖然現在提供了另外的模式，以作為未來研究的指引。
- 物質相關障礙症（substance-related disorder）劃分為兩個獨立組別：物質使用障礙症和物質引發的障礙。
- 嗜賭症（gambling disorder）是新添的障礙症，它被涵蓋在物質相關及成癮障礙症（substance-related and addictive disorders）之中。
- 在DSM-5第三篇中，首度囊括幾個新的障礙症，被認為需要更進一步的研究。它們包括弱顯化精神病症候群（attenuated psychosis syndrome）、非自殺性自殘行

為症（nonsuicidal self-injury disorder）、網路遊戲上癮症（Internet gaming disorder），及咖啡因使用障礙症（caffeine use disorder）。

譯註：在本書中，我們一般把「mental disorder」譯為「精神疾病」，把「psychological disorder」譯為「心理障礙症」，至於「disorder」則譯為「障礙症」或「症」——依據「台灣精神醫學會」的提議。

目錄

英文書幾乎都附有厚厚的參考資料，這些參考資料少則10頁以上，多則數十頁；中文翻譯本過去忠實的將這些參考資料附在中文譯本上。以每本中文書20頁的基礎計算，印製1千本書，就會產生2萬頁的參考資料。

在地球日益暖化的現今與未來，為了少砍些樹，我們應該可以有些改變——亦即將英文原文書的參考資料只放在網頁上提供需要者自行下載。

我們不是認為這些參考資料不重要，所以不需要放在書上，而是認為在網路時代我們可以有更環保的作法，滿足需要查索參考資料的讀者。

我們將本書【參考文獻】放在五南文化事業機構（www.wunan.com.tw）網頁，該書的「教學資源」部分。

對於此種嘗試有任何不便利或是指教，請洽本書主編。

第一章

變態心理學：概論與研究方法

變態心理學（abnormal psychology）涉及理解精神疾病（mental disorders——在本書中，精神疾病與心理障礙症可視為同義詞）的性質、起因及治療。這一章中，我們將敘述變態心理學的領域，以及該領域的專家所需接受的多種訓練和從事的多樣化活動。首先，我們描述變態行為如何被界定及分類，以便研究人員和心理健康專業人員能夠互通關於他們案主的資訊。我們也將敘述行為異常在一般人口中分布情形的基本資料。

本章的第二部分是專注於研究上，我們盡最大努力傳達變態行為如何被探討。在變態心理學中，研究（research）是進展和知識的核心，你愈為認識及理解研究如何被執行，你就愈能通曉及鑑賞「研究發現」意味些什麼，以及它們不代表什麼。

第一節　何謂變態行為

你或許會感訝異，關於什麼是變態（abnormality）或異常（disorder），至今仍然沒有普遍一致的見解，這並不是說我們未有定義——我們有。然而，真正令人滿意的定義，或許將始終莫衷一是而難有定論（Lilienfeld et al., 2013; Stein et al., 2010）。

一、變態的指標

為什麼「精神異常」（或精神疾病）的定義會提出這麼多挑戰？主要的問題是：沒有任一行為會使得某人成為變態。雖然變態存在一些清楚的要素或指標（indicators），但沒有單一指標本身足以界定或決定變態。儘管如此，某人在下列領域有愈多障礙的話，他就愈可能具有某些形式的精神異常：

1. 主觀苦惱（subjective distress）：假使人們承受或經歷心理痛苦，我們將傾向於視之為變態的徵候。憂鬱者清楚地報告自己處於苦惱狀態，焦慮症的人們也是如此。但是躁狂（manic）的病人呢？他們可能沒有感受到任何苦惱。實際上，許多這樣的病人不喜歡服藥，因為他們不想失去他們躁狂的恍惚狀態（highs）。你可能明天有一場考試，因此感到煩惱，但我們幾乎不會為你的主觀苦惱貼上「變態」的標籤。雖然主觀苦惱在許多個案上是變態的要素之一，但在我們考慮某些事情為變態上，它既不是充分條件，甚至也不是必要條件。

2. 不良適應（maladaptiveness）：不良適應的行為通常是變態的指標。厭食症者可能約束他們的食物攝取，甚至到自己變得極為消瘦的地步而需要住院；憂鬱症者可能從社交退縮下來，而且無法穩定維持他們的工作。不良適應的行為干擾了我們的生

活福祉，也干擾我們享有自己工作和人際關係的能力，但不是所有精神異常都涉及不良適應的行為。想想詐欺能手和職業殺手，這二者都具有反社會人格異常；前者可能鼓如簧之舌以騙取他人終身的積蓄，後者則是為了報酬而奪取他人的性命。這樣的行為是不適應的嗎？對他們來說當然不是，因為那是他們各自謀取生計的手段。然而，我們視之為變態，因為他們的行為對社會是不良適應的。

3. 統計上偏差（statistical deviancy）：「異常」就字面上的意義是指「偏離正常」，但僅因為統計上稀少（不常發生）就視之為變態，這也無助於解決界定變態上的難題。天才（genius）是統計上稀少，絕對音感（perfect pitch）也是如此，然而，我們不至於視擁有這樣不尋常才華的人們為變態。再者，僅因為某件事情在統計上常見，這並不表示它是正常的。普通的感冒肯定很常發生，但它依然被視為疾病。

另一方面，智能不足（也是統計上稀少，而且代表偏離常態）被認為反映變態，這告訴我們，在界定變態上，我們從事價值判斷（value judgments）。

假使某件事情是統計上稀少而不合意的（如智能不足的情況），我們較可能視之為變態——相較於統計上稀少而高度合意的事情（諸如天才），或相較於不合意但統計上常見的事情（諸如粗魯行為）。

4. 違反社會規範（violation of the standards of society）：所有文化都具有各式各樣的規則，有些被正式制定為法律，另有些則形成我們被教導應該遵循的社會規範和道德標準。雖然許多社會規則在某種程度上是武斷的，當人們不能遵循他們文化團體相沿成習的社會規定及道德準則時，我們可能視他們的行為為變態。當然，這大致上取決於違反的幅度，也取決於他人是否經常違反。例如，我們大部分人偶爾會違法停車，但這種不遵守規定的情形在統計上如此尋常，我們傾向於不視之為變態。反之，當母親溺死她的孩子時，這幾乎立即被認定為變態行為。

5. 社會不舒適（social discomfort）：不是所有規則都是直言無諱的，也不是所有規則被違反時都會引起我們煩擾。儘管如此，當某個人違反不講明或不成文的社會規則時，他身邊的人們可能產生不舒適或不安的感受。舉例而言，想像你正搭公車返家，公車上除了司機別無他人，然後公車靠站停下來，另一位乘客登車，即使有一排又一排的空座位，這個人卻選定你的鄰座坐下來，你會有怎樣的感受？這個人的行為異常嗎？為什麼？這個人沒有違反任何正式規則，他付錢購買車票，也被容許坐在任何他喜歡的位置。但是你的社會不舒適感（「為什麼這個人就選定我的鄰座，當還有那麼多空座位時？」）或許將使你傾向於認為，這是變態行為的樣例。換言之，社會不舒適是另一種潛在方式，使我們據以認定變態。但是再度地，這也是視情況而定，假使這位登車的人士是你熟識的人，如果他不坐到你身邊才更不尋常。

6. 無理性和不可預測性（irrationality and unpredictability）：如我們已經提到，我們期待他人以某些方式展現行為。雖然少許不拘泥常規的行為可以為生活增添一些

情趣，但逾越某個界限點的話，我們可能就視現存不合常規的行為為變態。例如，假使某個人突然無端地開始尖叫，對著不存在的東西辱罵猥褻的言語，你或許將會視該行為是變態的——因為那是不可預測的，而且在你看來不合道理。思覺失調症病人缺乏倫次的談話和混亂的行為通常是不合理性的，這樣的行為也是雙相情緒障礙症（bi-polar disorder）躁期的特徵。然而，或許最重要的因素是我們評估當事人是否能夠控制他的行為。

　　7. 危險性（dangerousness）：這似乎相當合理，假使某個人的行為對自己或他人造成傷害，我們就認為他必然精神異常。實際上，治療師被要求應該讓自殺的案主住進醫院；或假使案主威脅要加害另一個人的話，治療師應該通知警方（以及該受威脅的對象）。但是，如同變態的所有其他要素，如果我們僅依賴危險性作為變態的唯一特徵，我們將會陷入疑難。戰鬥中的士兵是精神異常嗎？極為惡劣的汽車司機呢？這兩方人士可能危害他人。但我們仍不認為他們是精神異常。為什麼不？為什麼有些人從事極限運動或擁有危險的愛好（如自由潛水、賽車，或飼養毒蛇作為寵物），卻不會立即被視為精神異常？僅因為我們可能對自己或他人造成危害，這並不表示我們是精神異常。反過來說，我們也不能假定某個人被診斷有精神疾病，他就必然是危險的，雖然有精神疾病的人會犯下嚴重的罪行，但這些罪行每天也由沒有精神疾病徵兆的人們所犯下。事實上，研究已顯示，對有精神疾病的人們而言，危險性較偏向是例外（exception），而不是通則（rule）（Corrigan & Watson, 2005）。

　　最後應該提到的是，關於變態行為的決定，這始終涉及社會判斷（social judg-ments），而且大致上是建立在社會價值觀和社會期待上。這表示在決定什麼是、什麼則不是變態上，文化扮演一定的角色。此外，因為社會不斷地變遷及演進，變得多少較能容忍某些行為，以至於在前十年被視為變態或偏差的行為，可能在十年或二十年後卻不作如是觀。舉例而言，同性戀（homosexuality）曾經一度被歸類為一種精神疾病，但是它今日已不再被如此看待（它在1974年已從正式分類系統中被移除）。大約三十年前，個人在鼻子、嘴唇及肚臍上穿洞掛環被視為是極度偏差的行為，令人不免質疑當事人的精神狀況；然而現在，這樣的裝飾是相當平凡的事情，不但被許多人視為一種時尚，而且一般而言已不引人側目。你能否想到還有什麼行為依照今日的標準是被視為正常，但在過去卻被認為是偏差的行為？

什麼是DSM，為什麼它需要修正？

　　在診斷精神疾病上，《精神疾病診斷準則手冊》（*Diagnostic and Statistical Manual of Mental Disroders*，簡稱DSM）提供所有必要的訊息，因此，針對每種疾病，它提供臨床人員特定的診斷準則。這製造了共通的語言，以便特定的診斷在不同臨床人員之間意味著相同的事情。此外，為每種診斷所需症狀的類型及數量提供描述性的訊息，有助於確保診斷的準確性及一致性（信度）。DSM對研究也很重要，假使病人無法被可靠地診斷，就勢必不可能在有類似狀況的病人間比較不同的治療方法。雖然DSM不囊括關於治療的訊息，但臨床人員需要擁有準確的診斷，以便為他們病人選定最適宜的治療。

　　自從DSM-I在1952年首度發表，隨後DSM不定期地經過好幾次修訂。修訂有其重要性，因為關於我們如何思考精神疾病，修訂容許新的科學進展被納編進來。至於DSM-5的修訂過程，其目標是在維持與前一版（DSM-IV）的連續性，但也受到新近研究發現的引導，如何在「變動」與「連續」之間達成恰當的平衡，這是一項重大的挑戰。在修訂過程中，特定精神疾病領域的專家們受到邀請，加入各個DSM-5工作小組，對於變動提出專業的建議。現在，DSM-5已經出版，許多人認為它的一些修正相當合理，但不是每個人都對另一些變動感到滿意。

二、DSM-5與精神疾病的定義

　　在美國地方，界定各種精神疾病的金科玉律是「美國精神醫學會」（American Psychiatric Association）的《精神疾病診斷準則手冊》（*DSM*）。這本手冊不定期地進行修訂及更新，當前的版本稱為DSM-5，在2013年出版。它有947頁的篇幅，包含總共541項診斷分類（Blashfield et al., 2014）。

　　雖然DSM被廣泛使用，但它不是唯一的精神醫療分類系統。《國際疾病分類系統》（*International Classification of Diseases*，簡稱ICD-10）是由「世界衛生組織」（WHO）所提出，這個系統的第五章涵蓋各種精神疾病和行為障礙症（WHO, 2015b）。雖然ICD-10與DSM-5有大量共通之處，但它也有許多差異；例如，相似的障礙症貼上不同的名稱。ICD-10在美國之外的許多國家（特別是歐洲）中被使用，ICD-11（第十一版）目前正在推展中。

　　在DSM-5之內，精神疾病（mental disroder）被界定為某一症候群（syndrome），特徵爲個人在行爲、情緒調節或認知功能方面有臨床上顯著的困擾。這些困擾被認爲反映了個人在生物、心理或發展歷程（這些歷程是正常精神運作所必要的）上功能失調（dysfunction）。DSM-5也認識到，精神疾病經常與個人在一些重要生活領域（諸如社交、職業或其他活動）上的顯著苦惱（distress）或失能（disability）有關。但是對於一般壓力或失落事件（諸如愛人過世）的預期反應或文化認可反應（culturally approved responses）則不能視爲精神疾病。另外也很重要的是，那些本質上介於個人與社會之間的脫序行爲（如宗教、政治或性方面）及衝突行爲，不能算是精神疾病，除非這樣的脫序或衝突是個人功能失調的一種症狀。

　　精神疾病的這個新的DSM-5定義，不但建立在各個DSM-5工作小組的輸入（input）上，也參考另一些資訊來源（Broome & Bortolotti, 2010; First & Wakefield, 2010; Stein et al., 2010）。雖然這個定義仍然不能讓每個人滿意，但它帶給我們更爲接近良好的運作性描述（working description）。需要記住的是，變態行爲或精神疾病的任何定義，都必然或多或少是武斷的，與其視DSM爲最終產品，不如始終視之爲進展中的作品，預期將需要例行的更新及修正。

　　最後，雖然DSM較先前的發行版採用羅馬數字來指稱每個特定版本（例如，DSM-IV），但阿拉伯數字現在被使用來取代羅馬數字（5 vs. V），以有利於未來修訂版本的更新（例如，DSM-5.1, DSM-5.2）。

第二節　分類與診斷

　　假使界定變態如此富有爭議，又如此困難，爲什麼我們嘗試這麼做呢？很簡單的一個原因是——大部分科學依賴分類（例如，化學上的週期表，以及生物學上把動植物分類爲界、門、綱、目、科、屬、種）。在最基本的層面上，分類系統（classification systems）提供我們命名法（nomenclature，一種指名系統）。這給予臨床人員和研究人員二者在複雜的臨床狀況上擁有「共通的語言」（common language）及「速記的詞語」（shorthand terms）。假若沒有一套共通的術語以描述特定的臨床狀況，臨床人員將必須個別地針對每位病人作冗長的發言，才能提供關於病人困擾的總論。但是關於「思覺失調症」（schizophrenia）的術語意味些什麼，假使存在共同理解的話，那麼跨越專業界限的訊息傳達就可被簡化及便利化。

　　分類系統的另一個益處是，使得我們能夠以較有助益的方式組織訊息（structure information）。分類系統塑造了訊息被組織的方式。例如，大部分分類系統典型地把被認爲在某些方面相關的一些診斷放置在一起。在DSM-5中，焦慮症（anxiety disorders）部門囊括了以畏懼及焦慮爲其共同特徵的一些精神疾病，諸如恐慌症（panic disorder）、特定畏懼症（specific phobia）及特定場所畏懼症（agoraphobia，原先稱為懼曠症）。

當在分類系統內組織訊息時，這也使我們能夠探討我們所歸類的不同障礙症，進而獲悉新的事物。換言之，分類促進了研究（classification facilitates research），而研究給予我們更多訊息，也促進更大的理解，不僅是關於各種障礙症的起因，也是關於它們如何可被最妥當治療。

分類系統的最後一個效應稍微比較世俗。如許多人指出，精神疾病的分類具有社會和政治的意涵（見Keeley et al., 2015; Kirk & Kutchins, 1992）。簡言之，經由界定「什麼範圍被視為病態」（defining the domain），這才建立起心理健康專業所能擴張的版圖（即什麼範圍的困擾是心理健康專業應該面對及採取對策的對象）。因此，在純粹實務的層面上，它進而描述了什麼類型的心理困擾，應該獲得保險公司的理賠給付，以及支付多少理賠金。

一、分類有什麼不利之處？

當然，分類系統也有一些潛在的缺點。就其本質而言，分類以速記的形式提供訊息。然而，當採用任何形式的速記時，這不可避免會導致訊息的流失（loss of information）。假使我們知道當事人特定的過去史、人格特質、特有的習性及家族關係（例如，從閱讀「個案總括」中獲悉）的話，這所告訴我們的絕對遠多於我們僅被告知當事人被診斷為「思覺失調症」。換言之，經由分類而簡化內容，我們難免會損失一系列個人詳情——關於罹患疾病之當事人的實際情況。

再者，雖然形勢正在改善中，但對於被貼上精神疾病診斷的人們而言，他們可能仍然存在一些烙印（stigma，或汙名、不名譽）作用。當然，烙印不能說是診斷系統本身的過失，但即使在今日，人們可能遠為願意揭露自己有一些身體疾病，諸如糖尿病，卻不願意承認自己有任何精神疾病。這有一部分是因為擔憂（不管是實際或想像的）如果直言不諱地談論自己有心理問題，將會在社交或職業上招致不良後果，或帶來公然的歧視。

烙印遏止了人們為心理困擾尋求治療，年輕人、男性及少數族群特別會發生這種情形（Clement et al., 2015）。

烙印作用的另一相關成分是刻板觀念（stereotypes）的問題。刻板觀念是指人們對他人所抱持的一套反射性的（自動產生的）信念，這是隨著我們在某一文化中長大不可避免會學到的信念（例如，戴眼鏡的人較為聰明、紐約客是粗魯的）。因為我們可能聽過常伴隨精神疾病而發生的一些行為，於是我們很容易就自動而不正確地推斷，這些行為也將出現在我們所遇到的有精神疾病診斷的任何當事人身上。你不妨誠

實地思索一下你對罹患精神疾病的人們所持的刻板印象。你傾向於對他們作出怎樣的假設？你是否視他們爲較不能勝任、較不負責任、較爲危險及較爲不可預測？

最後，烙印作用可能隨著貼標籤（labeling）的問題而存續下去。當被貼上精神分裂症、憂鬱症或其他某種精神疾病的診斷後，當事人的自我觀念（self-concept）可能直接受到不利影響。假使你被告知自己有這樣的疾病，你會如何回應？再者，一旦一組症狀被賦予名稱，藉由診斷加以確認，這個診斷標籤（diagnostic label）可能就很難擺脫，即使當事人後來已完全康復。

無論如何，我們有必要謹記的是，診斷分類系統不是在對人們進行分類；反而，它們是對「人們存有的障礙症」（the disorders that people have）進行分類。因此，當我們發現某些人發生障礙症時，我們應該注意，不要以該障礙症界定他們。此外，我們也應該使用尊重和適宜的措詞（例如，台灣精神醫學會提議以「失智症」取代「癡呆症」，以「思覺失調症」取代「精神分裂症」）。曾經，心理健康專業人員經常描述病人爲「精神分裂症病人」（a schizophrenic）或「躁鬱症病人」（a manic-depressive）。然而，現在，我們已廣泛認識到，較爲準確（更不用提較爲體貼）的方式是使用「當事人優先」（person-first）的措詞，也就是稱呼「當事人帶有雙相情緒障礙症」（a person with bipolar disorder）或「當事人帶有思覺失調症」（a person with schizophrenia）。簡言之，當事人不等於診斷本身。

第三節　文化與變態

正如同在界定變態上，我們必須考慮變動的社會價值觀及社會期待，因此我們同樣也需要考慮跨越文化的差異。事實上，這在「精神疾病」的DSM-5定義中是被明確承認的。在既定文化內，總是存在許多共通的信念和行爲，它們被廣泛接受，而且形成風俗慣例的一部分。舉例而言，在基督教國家中，許多人相信數字13是不吉利的。它的起源可能與「最後的晚餐」（基督殉難前夕與其十二門徒共進晚餐）有關，當時共有13個人在場。另有許多人特別對「13號星期五」耿耿於懷。有些旅館和公寓建築物沒有13樓，而醫院病房中通常沒有數字13的床位。對照之下，中國人不在乎數字13，但是會儘量迴避數字4。這是因爲在華語中，「四」這個字的發音近似於「死」字的發音（見Tseng, 2001, pp.105-106）。

不同文化在描述心理苦惱的方式上也有很大變異。例如，在一些美國原住民、阿拉斯加原住民及東南亞族群的語言中沒有「憂鬱」（depressed）的字詞（Manson, 1995）。當然，這並不表示來自此類文化族群的人們不會經歷臨床上顯著的憂鬱。實則，一些障礙症呈現自己的方式可能取決於文化上認可之表達苦惱的方式。

　　文化可能塑造障礙症的臨床呈現，像憂鬱症便是如此——這種在世界各地的文化中都發現的障礙症（見Draguns & Tanaka-Matsumi, 2003）。例如，在中國地方，憂鬱症病人經常聚焦於身體關切上（疲累、暈眩、頭痛），而不是表示他們感到憂傷、消沉或絕望（Kleinman, 1986; Parker et al., 2001）。他們顯然把焦點放在身體痛苦上，而不是情緒苦惱。

　　一些類型的精神病態似乎具有高度的文化專對性（cultural specificity）。換句話說，它們只在世界的一些地區被發現，這顯然與文化專有的關切事項有高度關聯，taijin kyofusho便是這樣一個例子。這種症候群（一種焦慮症）在日本相當普遍，它涉及顯著擔憂自己的身體、身體部位或身體功能可能會冒犯他人，或使得他人侷促不安及感到不舒服。通常，這樣的人們害怕自己會羞慚而臉紅，或擔心自己的凝視、臉部表情或身體氣味可能會令人困窘而不安。

　　另一種以文化為基礎之顯現苦惱的方式是拉丁美洲裔的居民——特別是來自加勒比海沿岸——身上所發現之ataque de nervios（Lopez & Guarnaccia, 2005）。這是一種臨床症候群，但似乎不對應於DSM內任何的特定診斷。它的症狀（通常是由於高壓事件所引發，像是離婚或失去所愛的人）包括哭泣、顫抖、無法控制地尖叫，以及一種蔓延的失控感，有時候，當事人可能變得肢體上或言語上具有攻擊性。在另一些個案上，當事人可能昏厥，或經歷看起來像是癲癇發作的情形。一旦ataque過去了，當事人可能很快恢復正常，而且對所發生的事情不復記憶。

　　如我們從這些樣例所看到，變態行為是指該行為偏離了當事人所處社會的規範，像是聽到已逝親友在對自己說話，這樣的經驗在某個文化中可能被視為常態（例如，在許多美國原住民部落中），但在另一個文化環境中卻被視為異常。儘管如此，一些異乎尋常的舉動和行為幾乎普遍一致地被視為精神疾病的產物。

　　許多年前，人類學家Jane Murphy（1976）探討什麼被非洲的約魯巴人（Yoruba）視為變態行為，而且也被居住在白令海的海島上說Yupik語的愛斯基摩人視為變態行為，他發現這兩個社會都擁有字眼以用來指涉變態或「發瘋」。此外，這些文化中被認為反映變態的一些行為正是我們大部分人也將會視為變態的行為，諸如幻聽、莫名發笑、公然大小便、喝尿，以及相信他人認為不存在的一些東西。為什麼你認為這些行為被普遍視為變態？

第四節　精神疾病的普及率

　　今日有多少人（以及什麼性質的人）具有可被診斷出來的精神疾病？這個問題相當重要，主要是基於幾個原因。首先，當規劃及建立心理健康服務時，這樣的訊息是

不可或缺的。關於心理困擾在既定地區、各州或全國範圍內的性質及程度，心理健康策劃者需要擁有清楚的認識，以便他們能夠決定資源如何作最有效的分配。例如，同一個社區治療中心內，假使充斥許多擅長於治療厭食症（一種非常嚴重但相對上少見的臨床困擾）的臨床專家，卻很少有擅長於治療焦慮症或憂鬱症（遠為普及的疾病）的臨床專家，這就很明顯是不明智的措施。

其次，關於精神疾病在不同團體人們中的發生頻率，這方面的估計值可以在關於這些疾病的起因上提供有價值的線索。舉例而言，英國的資料顯示，思覺失調症以大約3倍高的機率較可能發生在少數族群身上──相較於發生在白人群體（Kirkbridge et al., 2006）。思覺失調症的發生率在倫敦東南部也偏高──相對於英國的其他地區。這激發了研究人員探討為什麼出現這種情形，許多可能的因素被提出，像是社會階級和社區剝奪，以及飲食或暴露於傳染病或環境汙染物。

一、流行率與發生率

在進一步討論精神疾病對社會的衝擊之前，我們有必要先澄清心理問題是如何被計數。流行病學（epidemiology）是指研究疾病、障礙症或健康相關行為在既定人口中的分布情形，心理衛生流行病學則是研究精神疾病的分布情形。流行病學調查的關鍵成分是決定精神疾病的發生次數，這是透過幾種方法達成。流行率（prevalence）的術語指稱在任何既定期間，實際病例在某群人口中的數量。流行率（也稱盛行率）的數值典型地以百分比表示（也就是，有多少百分比的人口罹患所涉疾病），有幾種不同的流行率估計值可以被求取。

點流行率（point prevalence）指稱在指定的時間點上，該疾病的實際、現行病例在既定人口中估計的百分比。例如，假設我們執行研究，計算在明年1月1日受擾於鬱症（major depressive disorder）人們的數量，這將提供給我們憂鬱症現行病例的點流行率估計值。任何人在11月和12月期間罹患憂鬱症，但是在1月1號之前設法復原的話，他們將不會被囊括在我們的點流行率數值中。此外，假使有些人的憂鬱症是在1月2日後才發作的話，他們也將被排除在外。

另一方面，假使我們想要求取「一年流行率」（1-year prevalence）的數值，我們將計數在一整年的任何時間受擾於憂鬱症的每個人。如你可能想到，這個流行率數值將會高於點流行率數值，因為它涵蓋遠為長久的時間。最後，我們可能也想要求取「有多少人在他們終身的任何時間曾經受擾於某特定疾患」（即使他們現在已復原）的估計值，這將是提供我們「一生流行率」（lifetime prevalence）的估計值。因為它們涵蓋整個生涯，包括當前罹病的人們和曾經罹病而已康復的人們二者，一生流行率估計值傾向於高於其他種類的流行率估計值。

　　你應該熟悉的另一個重要專門用語是發生率（incidence），它是指新的病例在既定期間（典型為一年）發生的數量。發生率數值典型地低於流行率數值，因為它們排除了（不包括）已經現存的病例。換句話說，假使我們評估思覺失調症的一年發生率，我們將不會把在1月1日起跑點之前就已罹患思覺失調症的人們計算在內（即使他們仍然罹病），因為他們不算是思覺失調症的「新」病例。另一方面，有些人先前相當安好，但之後在我們一年的觀察期間發展出思覺失調症，他們將被列入發生率估計值中。

二、精神疾病的流行率估計值

　　現在，你已了解一些基本的專門用語，我們接著檢視幾種重要疾病的一年流行率。針對在美國被診斷有精神疾病的成年人，最為包羅廣泛的流行率估計值來源是「全國共病率調查—複製板」（National Comorbidity Survey-Replication, NCS-R）。它取樣於整體美國成年人口，採用一些精巧的方法論策略（Kessler et al., 2004; Kessler, Berglund, Borges et al., 2005; Kessler & Merikangas, 2004）。表1.1就一些DSM-IV上的精神疾病，呈現它們的一年流行率和一生流行率估計值（建立在NCS-R調查資料上）。

表1.1　美國成年人在一些精神疾病上的流行率

	一年（%）	一生（%）
任何情緒障礙症	9.5	20.8
任何焦慮症	18.1	28.8
任何物質濫用症	3.8	14.6
任何障礙症	26.2	46.4

資料來源：Kessler, Berglund, et al.（2005）；Kessler, Chiu, et al.（2005）。

　　罹患任何DSM-IV障礙症的一生流行率是46.4%，這表示受訪的美國人中，幾近半數在他們生活的某些時刻曾經受到精神疾病的侵害。雖然這個數值可能看起來很高，但它仍然是被低估的，因為NCS-R研究並未評鑑飲食障礙症、思覺失調症或自閉症，也未把大部分人格障礙症的統計數算在內。如你從表1.1所能看到，最為盛行的心理障礙症的類型是焦慮症（anxiety disorders），最為普及的個別障礙症是鬱症、酒精濫用及特定畏懼症（specific phobias，例如，害怕小型動物、昆蟲、飛行及高度等）。社交畏懼症（social phobias，例如，害怕公眾演說）也相當普遍（見表1.2）。

表1.2　美國最普遍的一些個別精神疾病

障礙症	一年流行率（%）	一生流行率（%）
鬱症	6.7	16.6
酒精濫用	3.1	13.2
特定畏懼症	8.7	12.5
社交畏懼症	6.8	12.1
行為規範障礙症	1.0	9.5

資料來源：Kessler, Berglund, et al.（2005）；Kessler, Chiu, et al.（2005）。

　　雖然精神疾病的一生流行率（及十二個月發生率）似乎相當高，但需要謹記的是，在某些案例上，該障礙症的持續期間可能相對上簡短（例如，當戀情結束後，持續幾個星期的憂鬱狀態）。此外，許多人符合某既定障礙症的準則，但不至於受到它的嚴重侵害。例如，在NCS-R研究中，對幾近半數（48%）被診斷為特定畏懼症的人們而言，他們障礙症的嚴重性被評定為輕度（mild），而只有22%的畏懼症被認定為重度（severe）（Kessler, Chiu, et al., 2005）。符合某特定障礙症的診斷準則是一回事，但是否受到它的嚴重損害就不一定了。在NCS-R資料中，「嚴重」精神疾病的十二個月發生率據估計，對於成年人而言是5.8%，在青少年中則是8.0%（Kessler et al., 2012）。

　　NCS-R研究的一項問題是，它的資料對現在而言已遠超過十年前。幸好，另一項調查每年都被執行，稱為「全國藥物使用與健康調查」（NSDUH）。雖然這項調查並不包括關於特定疾病的訊息，但它可用以提供最新近的資料。如你從圖1.1所能看到，最新的估計值顯示，在美國成年人身上，嚴重精神疾病（排除物質使用障礙症在外）的一年流行率整體而言是4.1%。這並沒有太偏離NCS-R（它包括物質使用障礙症在內）所報告5.8%的發生率。你也可從該圖看到，嚴重精神疾病在一些族群中有較高的發生率。

　　從NCS-R研究中，最後一項發現率涉到各種診斷障礙症之間廣泛發生共病的情形。共病（comorbidity，即共存的疾病）的術語是用來指稱，同一個人身上出現兩種或兩種以上的障礙症。當人們有嚴重形式的精神疾病時，他們的共病率似乎特別高。在NCS-R研究中，當人們的障礙症在嚴重程度上（輕度、中度、重度）被評定為重度時，半數的人有兩種或以上的追加障礙症。舉例而言，當事人有過度飲酒情形，他同時也處於憂鬱狀態，而且受擾於某種焦慮症；對照之下，當人們的障礙症是輕微形式時，只有7%的人也有兩種或以上的其他診斷病情。這告訴我們，共病情形遠為可能發生在有最嚴重形式精神疾病的人們身上。當病情輕微時，共病情形只是特例，而不是常例。

嚴重精神疾病在下列特徵上有較高的發生率：女性、年齡在26-49歲的人們，以及一些少數族群。

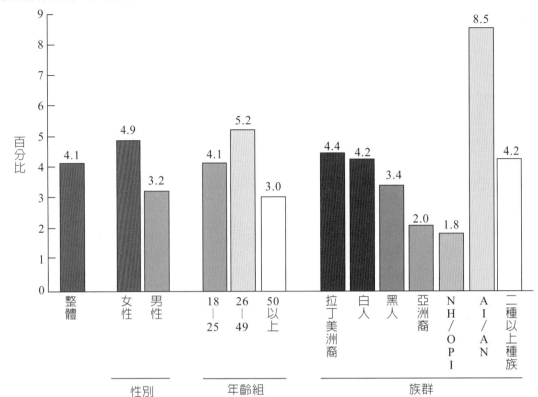

NH/OPI ＝ 夏威夷原住民／其他太平洋島民
AI/AN ＝ 美國印第安人／阿拉斯加原住民

圖1.1　嚴重精神疾病在美國成年人中的流行率（2012）

三、治療

　　雖然不是每個人都被供應，但心理障礙症（psychological disorders）存在許多治療方法。這方面包括了藥物治療（medications），以及多種不同形式的心理治療。然而，我們有必要指出，不是所有心理障礙症的病人都會接受治療，在某些案例上，人們否認或低估他們的困擾，另有些人嘗試靠自己應付問題，他們設法復原，完全不求助於心理健康專業人員。如我們先前提到，烙印是使得一些人特別不願意尋求援助的一項因素（Clement et al., 2015）。

　　即使當人們承認自己發生問題時，他們典型地會等待很長一段時間，然後才決定尋求診療。半數的憂鬱症病人延遲他們尋求治療的時間達到6-8年。在焦慮症方面，耽擱幅度從9年以迄於23年（Wang, Berglund et al, 2005）！

　　當精神疾病的患者尋求協助時，他們經常是接受自己家庭醫生（family physician）的治療，而不是求助於心理健康專家（Wang, Berglund et al., 2005）。另一種情況是，絕大多數的心理治療措施現在是在門診（對比於住院）的基礎上施行（O'Donnell et al., 2000）。門診治療需要病人拜訪心理衛生機關的執業人員，然而，病人無需住進醫院或在那裡過夜。病人可能參加社區心理衛生中心、求助於私人治療師，或透過醫院的門診部門接受治療。

對於需要接受更密集治療的病人來說，住院照顧是較好的選擇。各種調查指出，在過去四十五年來，住進精神病院的人數已大量降低下來。這項變動的主要原因是，藥物的開發已使得大部分嚴重疾病的症狀受到控制。

四、心理健康專業人員

當病人接受住院治療時，幾位不同的心理健康專業人員（mental health professionals）通常組成團隊，以提供必要的照顧。精神科醫師（psychiatrist）可以開立藥物的處方，以及監視病人的副作用。臨床心理師（clinical psychologist）可以提供個別治療，每星期會見病人好幾次。臨床社工師（clinical social worker）可以協助病人解決家庭問題。精神科護理師（psychiatric nurse）則在日常的基礎上檢查病人的狀況，以提供病人更良好適應醫院環境上所需的支援及協助。在醫院背景中，治療的強度（intensity）典型地經過設計，以協助病人儘快地好轉及康復。

在門診的情況中，病人的治療也牽涉跟一組心理健康專家打交道，但所涉人數通常就少多了。在某些案例上，病人接受的所有治療都來自精神科醫師之處，醫師不但開立藥方，而且也提供心理治療；另有些病人將從精神科醫師之處接受藥劑，同時在定期的療程中會見心理師或臨床社工師。在還有一些案例中，視障礙症的類型及嚴重程度而定，病人（在一些治療背景中，較喜歡稱為「案主」——client）可能求助於諮商心理師（counseling psychologist，處理生活適應的問題，不涉及嚴重的精神疾病）、精神分析師（psychoanalyst），或專長於處理藥物與酒精困擾的諮商員。

第五節 變態心理學的研究方法

從NCS-R的研究可以明顯看出，很多人的生活受到精神疾病的侵害。為了透澈理解這些狀況，我們需要執行研究。經由研究，我們能夠獲悉某一障礙症的特徵或性質，它有些什麼症狀、它的流行率、它傾向於是急性（acute，持續時間較為簡短）或慢性（chronic，較為持久），以及它經常伴隨怎樣的缺損。研究也協助我們進一步理解障礙症的病原（etiology，即起因）。最後，我們需要研究，以便我們能夠為上

門求診的病人提供最妥當的照護。

變態心理學研究可能發生在診所、醫院、學校、監獄，以及甚至極不具結構的生活情境中，像是在街道上對流浪漢進行自然觀察。因此，是否採行某一研究方案，決定因素不在於環境背景，如Kazdin（1998）適切指出的，「方法論不僅是一些策略及程序的編輯；反而，它是走向問題解決、思考及獲得知識的一種途徑。因此，研究方法論（methodology），也就是我們用來執行研究的一套科學方法及程序）是不斷進化的」。隨著新興科技被派上用場（諸如腦部造影技術和新式統計程序），方法論也跟著演進。

第六節　訊息來源

如在幾乎所有其他科學中的情形，心理學知識的基礎起源於觀察。實際上，大量的早期知識是從個案研究中提煉出來的，也就是對特定個體進行極詳盡的描述。

一、個案研究

當有技巧的臨床人員採用個案研究（case study）方法時，我們能夠從中獲益良多。然而，個案研究所呈現的訊息可能蒙受偏見（bias）的影響，因為它們的寫作者挑選什麼訊息被囊括在內、什麼訊息則被省略。另一個應關切事項是，個案研究中的資料經常只適切於被描述的當事人，這表示個案研究的結論具有低度的可類推性（generalizability）──也就是它們不能被用來達成對其他個案的結論，即使那些個案的當事人似乎具有類似的變態性。當只存在一位觀察者和一位受試者，而且當觀察是在相對上不受控制的生活情境中進行，只憑靠一些傳聞及主觀印象時，我們所能獲致的結論相當狹隘，可能失之偏頗。

儘管如此，個案研究是實例說明臨床資料的優良方式，它們也能夠為特定理論提供一些有限的支持；或提供一些反面證據，以便挑戰某一盛行的觀念或假說。重要的是，個案研究可以是新觀念有價值的來源，且充當研究的刺激物。最後，個案研究可以為不尋常的臨床狀況提供洞察力，這些狀況因為太少見而無法以較有系統的方式加以探討。

二、自陳資料

假使我們希望以較為嚴格的方式探討行為，我們如何著手進行呢？一種方法是

從我們想要了解的人們本身蒐集自陳資料（self-report data，即自我報告的資料）。這可能涉及要求受試者填寫各種類型的問卷。另一種蒐集自陳資料的方式是來自訪談（interviews），研究人員發問一系列的問題，然後記錄當事人的應答。

　　雖然要求人們報告他們的主觀經驗看起來似乎是蒐集訊息的良好方式，但是作為一種研究方法，它有一些限制之處──自陳資料有時候可能造成誤導。一項問題是，當事人可能不是他自己主觀狀況或經驗的良好報告者。例如，當在訪談中發問時，一位兒童可能報告他有二十位「好朋友」，但是當我們觀察他時，他可能總是獨自遊玩。因為人們偶爾會說謊、誤解問題，或希望以格外有利（或不利）的角度呈現自己，自陳資料不一定可被視為高度準確而真實，任何人曾經寄出履歷表或嘗試線上約會（online dating）的話，都應該對此知之甚詳！

三、觀察法

　　當我們蒐集訊息的方式不涉及直接詢問人們時，我們就是在使用某些形式的觀察法（observational approach），至於究竟如何著手，則是取決於我們試圖理解些什麼。例如，假使我們探討有攻擊行為的兒童，我們可能首先界定什麼是攻擊行為（像是拳打、腳踢、推撞、抓或咬他們的玩伴），然後要求受過訓練的觀察人員記錄兒童展現此類行為的次數，這將涉及對兒童行為的直接觀察（direct observation）。

　　我們也可能在好攻擊兒童的樣本中，蒐集關於生理變項（如心跳速率）的訊息。此外，我們可以蒐集關於壓力激素（諸如可體松──cortisol）的訊息，經由要求被觀察兒童吐唾液在塑膠杯中（唾液中含有可體松），然後把唾液樣本送往實驗室接受分析。這同樣是一種觀察資料，它利用與我們的興趣（攻擊行為）相關的變項而告訴我們想要知道的一些事情。

　　隨著科技的進步，我們不斷開發新的方式以探討長久以來被認為不能接近的一些行為、心境及認知。例如，腦部造影技術（諸如功能性核磁共振造影──fMRI）現在已例行被使用來探討工作中的大腦，我們可以探討在記憶作業期間，大腦各個部位的血液流動情形；我們甚至可以檢視哪些大腦區域影響想像力。

　　在另一些科技的協助下，諸如穿顱磁性刺激術（TMS，它在頭部表面產生磁場，見圖1.2），我們可以激發頭皮下面的大腦組織（見Eldaief et al., 2013）。當個人坐在扶椅上接受TMS時，這種技術不具侵入性，也不會引起疼痛。利用TMS，我們甚至可以使得大腦特定區域「脫離線路」（off-line）幾秒鐘，然後測量這造成的行為後果。簡言之，我們現在可以蒐集的觀察資料是在過去所不能想像的。

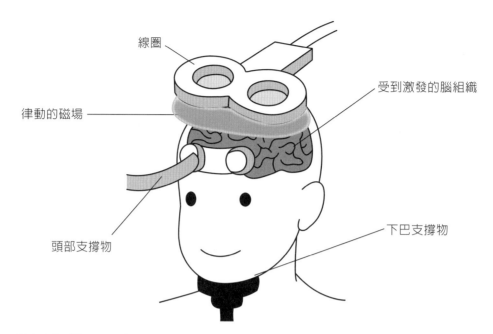

線圈

受到激發的腦組織

律動的磁場

下巴支撐物

頭部支撐物

圖1.2　研究人員利用TMS（transcranial magnetic stimulation）以探討大腦如何運作。它是在病人頭部放置一個金屬線圈，發出磁脈衝穿透頭皮和頭顱，然後評估病人的行為後果。

　　實際上，大部分臨床研究涉及自我報告和觀察法的混合使用。此外，務必謹記，當我們提到觀察（observing）行為時，我們的意思絕不僅是觀看（watching）人們。在這個背景中，觀察行為是指謹慎地監看特定個體的舉止及態度。舉例而言，我們可能探討憂鬱症病人（在某一樣本中）的社交行為，首先徵召受過訓練的觀察人員，要求他們登錄病人微笑或眼神接觸的頻率。我們也可以要求病人自己填寫自陳問卷，以評鑑他們的社交技巧。假使我們認為，憂鬱症病人的社交性可能與他們的憂鬱嚴重性有關聯（或相關），我們可以更進一步要求病人完成針對於評鑑嚴重程度的自陳測量（self-report measures）；我們甚至可以測量一些物質在病人血液、尿液或腦脊髓液中的濃度；最後，我們可能採用腦部造影技術以直接探索憂鬱症病人的大腦。這些多樣來源的訊息將提供我們潛在有價值的資料，作為科學探究的基礎。

第七節　形成及驗證假設

　　為了理解行為，研究人員提出假設。假設（hypothesis）是致力於解釋、預測或探究某些東西（這裡則是指行為）。什麼使得科學假設有別於我們所有人例行從事之籠統的臆測（speculation）？差別就在於科學研究人員試圖驗證他們的假設。換句話

說，他們嘗試設計探索性的研究，以協助他們更充分理解事情「如何」及「為什麼」發生。

假設對我們相當重要，因為它們往往也決定了被用來處理特定臨床問題的治療途徑。什麼是案主困擾的起因？我們所持的觀念自然將會塑造當我們提供治療時所使用的干預方式。例如，假定我們面對一位病人，他每天洗手達60到100次，造成皮膚及皮下組織的嚴重傷害（這是強迫症的實例）。如果我們相信這種行為是若干神經迴路的微妙差錯所造成，我們可能試圖鑑定哪些迴路發生功能失調，盼望最終找到方法加以矯正（或許透過藥物治療）。

另一方面，如果我們認為過度洗手反映了對不被接納及罪惡思想的一種象徵性淨化（洗滌）行為，我們可能試圖挖掘及揭露當事人罪疚和良心不安的起源。最後，如果我們認為洗手僅是不當的制約作用或不當學習的產物，我們可能設計反制約的方法以消除該問題行為。換句話說，我們對於不同障礙症的起因的工作假設（working hypotheses），在很大程度上塑造了我們將會採取哪種途徑，包括當我們探討障礙症時，以及當我們試圖治療障礙症時。

一、抽樣與類推

單一個案研究可能很具有價值，因為它們有助於我們提出一些觀念及工作假設。但是，雖然我們偶爾能夠從對單一個案的審慎檢視中獲致重要的線索，但這樣的策略很少提供足夠的訊息以容許我們達成堅定的結論。變態心理學研究的主要目標是增進對變態行為的理解，而且當有可能的時候，控制變態行為（也就是有能力以可預測的方式加以改變）。然而，人們可能基於完全不同的原因而從事相同的行為。因此，我們需要探討一大群具有同樣問題的人們，以便發現我們的哪些觀察或假設具有科學可靠性。我們探討愈多人群，我們對自己的發現就能愈具信心。

什麼人應該囊括在我們的研究裡？一般而言，我們希望探討具有類似變態行為的群體。假設我們想要探討受擾於恐慌症（panic disorder）的群體，最先步驟將是決定篩選標準（諸如DSM-5所提供的那些準則），用以鑑定受擾於這種臨床疾病的人們。然後，我們將需要找到符合我們的準則的群體。原則上，我們希望探討世界上符合我們標準的每個人，因為這些人構成了我們感興趣的母全體（母群）。當然，這是不可能做到的，我們因此代之以從這個基礎的母群中抽取代表性樣本的人群。這種技術稱為抽樣（sampling，即從母全體中抽取一部分個體作為研究對象），它表示我們將嘗試挑選一些人，他們在更多受擾於恐慌症的群體中具有代表性。

理論上，我們希望自己較小的樣本（我們的研究組）能夠忠實地反映母全體，包括在該障礙症的所有重要面向上（例如，在嚴重程度和持續期間上）和在人口統計學

的數值上（諸如年齡、性別及婚姻狀況）。最常使用的抽樣方式是隨機抽樣（random sampling），「隨機」是指母全體中的每一個體都有均等被抽到的機會。

二、內在效度與外在效度

從研究的角度來看，當樣本具有母全體的適當代表性時，我們才有信心，從樣本所獲得的研究發現（或結論）能夠類推（generaliza）到較大的母群。外在效度（external validity，或外延效度）是指我們能夠超出研究本身，把所得發現加以類推的程度。如果一項研究包括女性和男性受試者二者，他們來自所有年齡組別、收入水平及教育水準，這樣的受試者自然在基礎的母群中較具代表性（也將具有較大的外在效度）── 相較於如果另一研究只採用女性大學生作為受試者。因此，外在效度的高低與樣本選擇及研究設計有密切關係。

另一方面，內在效度（internal validity）反映了我們能對某一現存研究的結果具有多大信心。換言之，內在效度是指在多大程度上，某一研究是方法論上健全、免於混淆（confounds）、免於其他來源的失誤，以及能夠用來獲致正當有效的結論。實驗研究之內在效度的高低取決於有效的實驗控制和實驗處理。

三、效標組與對照組

為了檢驗他們的假設，研究人員採用對照組（comparison group，或比較組），有時候也稱為控制組（control group）。這一組群體並未展現所探討的障礙症，但是在所有其他重要層面上，他們都足堪比擬於效標組（criterion group，有時候也稱實驗組，也就是罹患所探討障礙症的群體）。所謂的「足堪比擬」（comparable，或可資比較），是指兩組群體在年齡、男女比例、教育水準，以及另一些人口統計變項（demographic variables）上彼此類似。就典型情況來說，對照組是一些心理健全或所謂「正常」的人群 ── 根據一些具體指定的準則。我們因此能夠在所感興趣的變項上對兩組群體進行比較。

第八節 相關研究設計

在變態心理學中，研究人員的主要目標是獲悉不同障礙症的起因，但是基於倫理和實際的原因，我們通常不能直接執行這樣的研究。例如，我們想要知道什麼因素引起憂鬱症，我們可能假定，個人在生活早期失去單親的壓力可能是重要因素，但不用

說，我們不能製造這樣的情境，然後觀其後效！

取而代之，研究人員採用所謂的相關研究（correlational research）設計，它涉及就世界的原本樣貌加以探討。不像眞正的實驗研究設計（稍後會描述），相關設計不涉及對變項作任何操弄。反之，研究人員挑選所感興趣的一些組別（例如，最近面臨重大壓力的人群，或在成長過程中失去單親的人群），然後在多種不同的測量上（在這個例子中，包括憂鬱程度）比較這些組別。

任何時候，我們探討罹患與未罹患某一障礙症的群體之間差異，就是在利用這類相關研究設計（見圖1.3）。本質上，我們正利用這個事實：這世界以一些方式運作而製造了自然集組的群體（帶有特定疾病的人群、發生過創傷經驗的人群、贏得樂透彩的人群，等等），我們因此可以探討這些人。使用這類研究設計，我們能夠鑑定什麼因素似乎與憂鬱症、酒精成癮、嗜食症或交替發生的心理苦惱狀態連結在一起。

一、測量相關

當臨床人員想要知道兩個變項間（如壓力與憂鬱之間）的關聯程度時，他們藉助相關法。爲了決定它們之間的相關程度，研究人員利用兩組分數，計算出一個統計數值，稱爲相關係數（correlation coefficient，以符號r表示）。這個數值在+1.0到−1.0之間變動。正相關（positive）表示，隨著一組分數增高，另一組分數也增高；負相關（negative）表示，當其中一組分數增高時，另一組分數卻下降。

不論正值或負值，隨著相關係數的數值愈大，那麼根據其中一個變項的訊息來預測另一個變項的準確性就愈高。當相關係數接近零時，這表示兩個變項之間只存在微

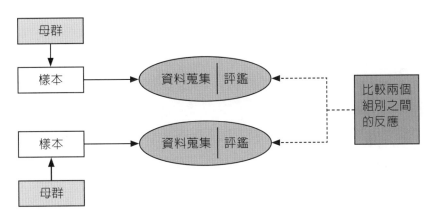

在相關研究中，從兩個不同的樣本（或組別）中蒐集資料，然後對之進行比較（摘自Petrie & Sabin, 2000）。

圖1.3　相關研究設計

弱關係或沒有關係。總之，相關係數的正號（＋）或負號（－）指出變項之間關係的方向，數值的大小則指出關係的強度（參考圖1.4）。

二、統計顯著性

假使你閱讀研究論文，你可能會看到文章中關於「相關」的報告。緊接著相關，你將幾乎總是看到一個記號，讀為P＜.05。這是統計顯著性（statistical significance）的水準。但是這意味著什麼？簡言之，它表示該相關純粹靠著機率才發生的或然率在100次中少於5次。研究人員採用這個慣例的顯著水準，認定具有P＜.05的相關為統計上顯著，值得加以注意。當然，這並不表示所涉結果不可能僅靠機率而發生；它只是表示這是不太可能的情況。

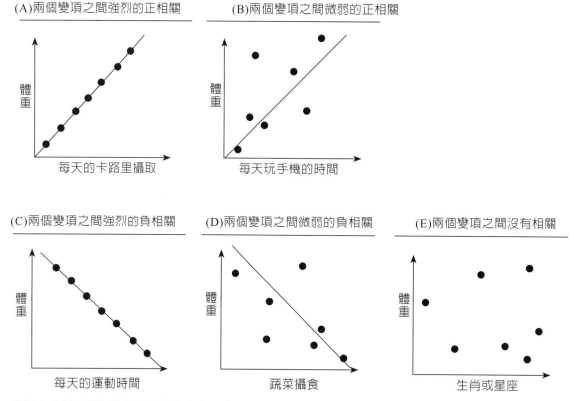

座標上的每個資料點對應於當事人在所涉兩個變項上的分數。強烈的正相關（r＝+1.0）表示，在一個變項上的高分與在第二個變項上的高分產生關聯，造成一種向前方傾斜的直線。例如，我們預期體重與每天攝取的卡路里數量之間將存在正相關。當存在強烈的負相關時（r＝-1.0），在第一個變項上的高分與在第二個變項上的低分產生關聯，造成一種向後方傾斜的直線。這裡切題的例子是體重與每天的運動時間之間關係。當不存在相關時（r＝0），自變項上的分數不能告訴我們關於依變項上分數的任何事情。這裡的例子可能涉及體重與星座之間的關係

圖1.4 顯示兩個變項之間正相關、負相關及零相關的分布圖。

統計顯著性不僅受到兩個變項間相關之幅度或大小的影響，也受到樣本大小（sample size）的影響。如果樣本大小是20個人，.30的相關將不是顯著的；但如果樣本大小是50個人，那麼.30的相關將是顯著的。當建立在極大的樣本上時（例如，1,000個人），即使相關可能非常小，但仍然達到統計顯著性。反過來說，當得自小型樣本時，相關不需要非常大才能達到統計顯著性。

三、效果大小

我們已知道，統計顯著性受到樣本大小的影響，因此當我們想要比較不同研究間的發現時，這製造了一個問題。假設A博士在他的研究中報告兩個變項之間有顯著關聯，但是在第二個研究中，B博士報告相同的這兩個變項之間沒有顯著相關。這種情形在科學文獻中已不足爲奇，它經常製造了大量混淆，不知何者的結果才是「正確的」。但如果A博士的研究具有較大的樣本大小（相較於B博士），那麼在A博士的研究中，相同大小的相關將是顯著的，但在B博士的研究中尚未達到統計顯著性。爲了避免僅聚焦於統計顯著性所固有的問題，也爲了促進對不同研究（必定具有不同的樣本大小）的結果進行比較，研究人員經常報告一種統計數字，稱爲效果大小（effect size）。

效果大小反映了無涉於樣本大小之兩個變項間關聯的大小。零的效果大小表示各個變項之間沒有關聯（association）。因爲它是獨立於樣本大小，故效果大小可被用來作爲共同的度量（metric），而當我們想要在不同研究間比較研究發現的強度時，它就非常具有價值。假使效果大小在A博士和B博士二者的研究中是大約相同，我們就能認定他們真正擁有類似的發現，而不論其研究結果在一項研究中是顯著的，但在另一項研究中則否。

四、後設分析

當研究人員想要概述特定領域上的研究發現時，他們通常進行文獻搜查，然後撰寫審查的結果。在獲致結論上，他們將依賴顯著水準，指出是否有較多研究報告了兩個變項（諸如吸菸與健康）之間的顯著關聯—— 相較於沒有作這樣報告的研究。然而，另一種遠爲優良的方法是執行後設分析（meta-analysis）。後設分析是一種統計方法，經過計算，然後結合來自所有研究的效果大小。在後設分析內，每個各別研究可被視同爲（等同於）在一般研究設計中的各個受試者。因爲它採用效果大小，後設分析提供更良好之摘要研究發現的方式，這是文獻審查所做不到的。

五、相關與因果

當提到相關時，我們始終要謹記一件事情：相關並不表示因果（correlation does not mean causation）。不論相關有多高，它只是表示兩組資料以有系統的方式發生關聯，但不能擔保其中一方引起另一方。變態心理學的研究經常揭露，兩件（或更多）事情有規律地一起發生，諸如貧窮與偏低的智能發展，或憂鬱症與病發前的壓力源，但我們不能據以認定，某一因素就是另一因素的起因。

舉例而言，考慮冰淇淋消費量與溺水人數之間存在的正相關。這是否表示食用冰淇淋損害了游泳能力，因而導致溺水？或者，對於即將溺死的人來說，他們在入水之前喜歡食用最後一支冰淇淋？這兩種解讀都很明顯是荒謬的。更大的可能是有一些未知的第三變項可能正引起這兩個事件的發生，這被稱為是第三變項問題（third variable problem）。在這個例子中，第三變項可能是什麼？稍加思索，你不難發現，非常合理的第三變項是炎熱的夏天氣候。在夏季月份，冰淇淋的消費量增加；同樣的，因為有較多人在夏季游泳，因此溺水人數也會增加。這說明冰淇淋消費量與溺水人數之間相關是假性的（似是而非的），事實上是由這兩個變項各別與氣候的相關所引起。

我們援引變態心理學上的一個實例，手淫一度被認為引起精神錯亂。這個假說無疑是起源於這個事實：在過去的歷史中，精神病院的病人經常可被看到在眾目睽睽之下手淫。當然，我們現在知道，手淫與精神錯亂的相關不是因為手淫引起精神錯亂，而是因為精神正常的人遠為可能私下手淫，而不是公開手淫。換句話說，使得精神錯亂與手淫連結起來的關鍵因素（以及未測定的第三變項）是減損的社會覺察（social awareness）。

即使相關研究可能無法判定因果關係，它們仍然是強而有力及豐富的推論來源。它們經常暗示可能的因果方向（身高增加可能引起體重增加；體重增加則不可能引起身高增加）、提出問題以供進一步研究，以及偶爾提供關鍵性資料以證實或反駁特定的假設。我們關於精神疾病的大量知識是得自相關研究，儘管在相關研究中，我們不能操弄所探討的許多變項，但這並不表示我們不能從中獲益良多。

六、回溯性策略VS.前瞻性策略

假使我們想要知道病人在發展出特定障礙症之前是什麼樣子，我們可以採取回溯性研究（retrospective research）的策略，這涉及回顧過去（look back）。換言之，我們將嘗試蒐集病人在早期生活中（如童年）行為舉止的訊息，希望檢定出什麼因素可能與他們後來發生差錯有關。在某些情況下，我們的資料來源可能僅限於病人的回

憶、家人的回憶、日記或另一些紀錄。這種技術的一項挑戰是，記憶可能是失誤或有選擇性的。

　　當人們已發生障礙症後才試圖重建他們的過去，這涉及幾方面的疑難。首先，當事人目前受擾於精神疾病，他們可能不是準確或客觀的訊息來源；其次，其家人基於種種原因，可能會掩蔽或潤飾一些過去事件；最後，研究人員可能被誘使從背景資料中發現他們已推定將會看到的（自覺或不自覺地）。

　　另一種途徑是採取前瞻性研究（prospective research）的策略，這涉及著眼於未來（look ahead）。這裡的觀念是先檢定出一些個體，他們有較高的風險將會發生精神疾病，然後在任何障礙症出現之前，就對他們施行重點觀察。因為是在所涉障礙症成形之前，我們就已追蹤及測量各種影響力，我們對於障礙症起因的假設才能更具信心。當我們的假設正確地預測一組人後來將會發展出的行為問題時，我們就很接近於建立起因果關係。

　　所謂的縱貫設計（longitudinal design）就是指長時間在同一批人們身上蒐集資料（追蹤調查），這有助於我們洞察行為或心理歷程如何隨著年齡（發展）而變化。舉例而言，縱貫研究已發現，青少年在15歲時報告自己有自殺想法的話，他們遠為可能到了30歲時出現心理障礙和曾經企圖自殺——相較於在青少年期沒有自殺意念的人們。

第九節　變態心理學中的實驗法

　　在相關研究中，即使我們發現變項之間存在強烈的正相關或負相關，這並不容許我們對「方向性」（directionality）提出任何結論，我們仍然不知道，究竟是變項A引起變項B？抑或B引起A？為了解決因果上的曖昧性，實驗研究（experimental research）的方法必須被派上用場。在這樣的情況中，研究人員控制所有因素，只除了一個因素外，而這個因素能對所感興趣的變項或結果產生作用。然後，研究人員主動地操縱（或影響）這個因素，這個受到操縱的因素被稱為自變項（independent variable）。如果研究人員觀察到，所感興趣的結果（稱為依變項——dependent variable）隨著受操縱因素的變動而變動的話，那麼自變項就可被視為是造成該結果的起因（見圖1.5）。

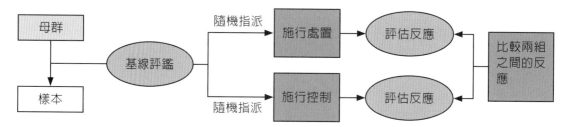

在實驗研究中,受試者在基線(baseline)上接受評鑑,然後被隨機指派到不同組別(例如,處置組或控制組)。在該實驗或處置完成後,蒐集得自兩個不同組別的資料,然後進行比較(摘自Petrie & Sabin, 2000)。

圖1.5　實驗研究設計

一、探討治療的效能

在變態心理學中,研究人員經常感興趣於獲知哪一種治療對於特定障礙症具有效能,而在治療研究的施行上,實驗法(experimental method)已被證實是責無旁貸的。

在實驗法中,為了探討治療的效能,研究人員(或臨床人員)找來兩組病人。第一組病人接受某一治療,即實驗組(或處置組),他們被拿來與第二組完全沒有接受治療的病人(即控制組)進行比較。原則上,病人是被隨機指派到任一組,所謂的隨機指派(random assignment),是指每一位病人都有均等的機會被安置在實驗組或控制組。隨後,兩組的所有病人都要接受一套測量,以便評定他們的病情,包括在治療之前、治療之後,以及在治療結束後的追蹤調查時(如六個月或一年)。不論是在治療完成時,或是在追蹤期間,兩組病人間的任何差異,就被認定是實驗組接受治療所造成。

總之,在實驗研究中,自變項是指研究人員有系統地加以操縱的因素(施加或不施加治療),依變項是指研究人員打算測量的結果。變項(variable)則是指在數量或性質上會發生變動的任何因素。從因果關係來看,自變項是因,依變項是果;從預測關係來看,自變項是預測的依據,依變項則是所預測的行為。

二、單一個案實驗設計

實驗研究是否總是涉及在各個組別間操縱變項以檢驗假設?簡單的答案是「否」。我們已經提過「個案研究」的重要性,它是許多觀念和假設的來源,此外,個案研究可被使用來在科學的架構內開發及檢驗治療技術。這樣的研究途徑被稱為單一個案研究設計(single-case research designs)(Hayes, 1998; Kazdin, 1998b,

1998c）。這些設計的核心特徵是同一位受試者長時間接受研究。受試者在某個時間點的行為或表現因此可以被拿來與他在較後來的時間點——當特定干預（intervention）或治療已被引入後——的行為或表現進行比較。

在單一個案研究中，最基本的實驗設計之一稱為ABAB設計。不同的字母是指稱不同的干預階段。最初的A階段是作用為基線狀況，這裡我們單純地蒐集關於受試者的資料。然後在第一個B階段，我們引入預定的治療法，或許受試者的行為以某些方式轉變，但是，即使發生轉變，我們仍沒有正當理由斷定，那是因為我們治療法的引入才造成受試者行為的轉變。在我們引進該治療法的同時，另一些事情可能也剛好發生，以至於該治療法與行為轉變之間的任何關聯可能是假性的。為了能夠確立我們在第一個B階段的治療是否真正具有實質重要性，我們的作法是撤除該治療法，看看會發生什麼情況，這是第二個A階段（也就是，在ABA的時間點）背後的推論所在。然後，為了證實我們能夠再度使得行為倒轉回復到它在第一個B階段的情形，我們再度引進該治療法，觀察會發生什麼情況。單一個案設計容許研究人員建立起因果關係，此外，它提供了探討臨床行為（特別是治療方式）的一種方法，但不需要保留治療——即沒必要把受試者指派到控制組或候補名單中。最後，單一個案設計減少了所需的個案人數。

為了進一步澄清ABAB設計背後的邏輯，讓我們思考一下Kris的個案（見Rapp et al., 2000）。Kris是一位19歲女性，有重度的智能減損。從3歲起，她就有拔毛髮的動作，這種障礙症在DSM-5中稱為拔毛症（trichotillomania）。Kris的拔毛髮行為頗為嚴重，使得她的頭皮已禿了一大塊，直徑大約2.5英寸。

研究人員採用ABAB實驗設計（見圖1.6）以檢驗一項治療，該治療立意在減少Kris的拔毛髮行為。在每個階段中他們使用攝影機，以觀察Kris單獨在她房間中觀看電視的情形。在基線階段（A階段），觀察人員測量Kris從事兩項行為所花的時間百分比，其一是碰觸或扯弄頭髮（42.5%的時間），另一是拔頭髮（7.6%的時間）。

在治療階段（B階段），當Kris安頓下來打算觀看電視時，研究人員在她的手腕戴上一個2.5磅的環形重物。隨著Kris戴上這個重物，她扯弄頭髮和拔頭髮的行為降低到零。當然，這說明Kris的行為已發生轉變，因為她的手腕上正戴著重物。為了驗證這一點，手腕重物在第二個A階段（也就是ABA）被撤除。Kris立即再度地開始碰觸及扯弄她的頭髮（55.9%），她也出現拔頭髮行為的增多（4%的時間）。

當手腕重物在第二個B階段（ABAB）被再度引進，Kris扯弄頭髮及拔頭髮的行為又再度降低，至少在一段期間中。雖然另一些追加治療也有必要（見Rapp et al., 2000），但Kris的拔頭髮行為最終被完全消除。因此，利用實驗的技術及方法，ABAB設計容許研究人員有系統地探索各種治療方式。

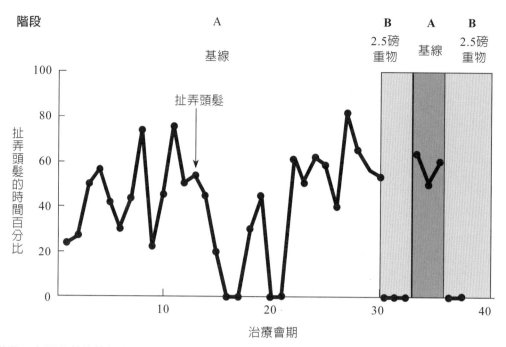

在A階段，主要是蒐集基線資料。在B階段，治療被引進。這項治療然後被撤除（第二個A階段），然後又再度引進（第二個B階段）（摘自Rapp et al., 2000）。

圖1.6　ABAB實驗設計：Kris的治療

三、動物研究

我們還可以利用實驗法的另一種方式，是執行以動物為對象的研究。雖然倫理的考量在動物研究上仍然重要，我們還是可以利用動物受試者執行一些研究（例如，對牠們施加試驗藥物，植入電極以記錄腦部活動等），而這是不可能在人類身上施行的。當然，它的主要前提是，得自動物研究的發現也將適用於（也就是可以被類推到）人類。這種實驗通常被稱為類比研究（analogue studies，即我們探討的不是所感興趣的真正事項，而是一些近似的事項）。類比研究也可能是以人類為對象。舉例而言，研究人員為了探討憂鬱的相關因素及效應，他們可能採用一些心境誘導技術（像是播放一些幻燈片和音樂，或要求受試者閱讀一些文章），以之引發正常人們輕度而暫時性的憂鬱狀態。

當前的一個憂鬱症模式──稱為「絕望式憂鬱」（hopelessness depression）──就是築基在早期以動物為對象的一些研究上（Seligman, 1975）。利用狗所執行的實驗室研究已證實，當重複地蒙受疼痛、不可預測及無法逃避的電擊經歷後，狗失去牠們學會簡單的逃避反應的能力，以至於稍後在不同情境中不懂得避免進一步的電擊。

牠們僅是靜坐在原地，忍受疼痛。這樣的觀察使得Seligman及他的同事們推斷，人類憂鬱症（他認爲可類比於無助的狗的反應）是對於經歷不可控制的壓力事件的一種反應，即當事人認定他的行爲已無力影響所處的環境，導致他變得無助、消極及沮喪。換句話說，這些動物研究的發現提供了原動力，促成了最初被稱爲的「憂鬱症的學得無助感理論」（Abramson, Seligman & Teasdale, 1978; Seligman, 1975），現在則被稱爲「憂鬱症的絕望理論」（Abramson et al., 1989）。這些憂鬱症理論不是毫無異議，但它們的重要之處是讓我們注意到更廣泛的議題。當我們從動物模式就立即類推到人類精神病理的模式時，雖然不免產生一些疑慮，但學得無助感（learned helplessness）的類比已引發大量研究，有助於開發及改良我們關於憂鬱症的觀念。

第二章

變態行為的歷史與當代觀點

這一章中，我們將突顯精神病理學的一些觀點和所施行的一些治療，從遠古時代一路以降到二十一世紀。廣義而言，我們將看到人們信念的進展，從我們現在認為的迷信（superstition），以迄於那些築基於科學認識上的理念——也就是從強調超自然的解釋以迄於對自然科學原因的認識。這個演進過程的特色是出現幾個時期的躍進，或獨特的個人貢獻，繼之以多年不活躍或蕭條的倒退階段。

第一節　變態行為的歷史觀點

雖然人類生命推測大約是在三百萬年前（或更早些）出現在地球上，但有文字紀錄的年代只能追溯到幾千年前，因此，我們對遠古祖先的認識相當有限。據推定，源自西元前十六世紀的兩卷埃及的紙草抄本，為一些疾病和行為障礙症的最早期治療提供了一些端倪（Okasha & Okasha, 2000）。Edwin Smith紙草手卷（以它十九世紀發現者的名字命名）詳細描述了對創傷及其他外科手術的治療方法，它的內容提及大腦（也許是歷史上首次談到大腦），而且清楚說明了大腦乃是掌控心理功能的處所。Ebers紙草手卷提供了對治療的另一種觀察，它包含內科醫術和循環系統的論述，但是較為偏重以符咒和法術來解釋及醫治不明原因的疾病。雖然外科技術可能已被派上用場，但大致上仍結合祈禱及巫術等這一類事物，反映了當時對精神疾病的起源所盛行的觀點。

一、鬼神論、神祇及巫術

當參照變態行為的早期著述時，我們發現中國人、埃及人、希伯來人及希臘人通常把這樣的行為歸之於是當事人被惡魔或神祇附身（possession）所造成。至於「附身」究竟涉及善良的精靈或邪惡的精靈，這通常取決於當事人所出現的症狀。假使當事人的言語或行為似乎具有宗教或神祕的意味，大眾通常認為他是被神明所附身。這樣的當事人往往深受敬畏，因為一般民眾相信他們擁有超自然力量。

然而，大部分附身被認為是憤怒的神明或邪惡精靈的作祟，特別是當當事人顯得激昂、過度活躍及從事違背宗教教義的行為時。例如，對古希伯來人而言，此類附身被認為象徵上帝的天譴及懲罰。

惡鬼附身的主要醫治方法是驅邪伏魔的儀式，其中包括各種技術以把附身在當事人身體的惡靈驅逐出去。這些技術變化繁多，但典型地包括法術、祈禱、符咒、製造噪音，以及調製令人作嘔的藥劑（像是以羊糞和紅酒調配而成）等等。

二、希波克拉底斯的早期醫療概念

希臘醫生希波克拉底斯（Hippocrates, 460-377 B.C.）通常被譽為現代醫學之父，他接受過人體解剖學及生理學方面的訓練，也對該領域貢獻良多。希波克拉底斯駁斥神鬼會介入疾病的發展過程，他主張精神疾病（就像其他身體疾病）具有自然的起因和專屬的治療。他相信大腦是智能活動的中樞器官，而精神疾病是起因於大腦病變。他也強調遺傳與先天素質的重要性，且指出頭部傷害可能導致感官及運動障礙。

希波克拉底斯把所有精神疾病劃分為三大類，即躁狂症（mania）、憂鬱症（melancholia）及精神錯亂（phrenitis，腦部發燒），而且對每個類別所包含的特定疾病作詳細的臨床描述。他相當倚重臨床觀察，他的描述 —— 建立在每天對他的病人的臨床紀錄上 —— 令人訝異地相當徹底翔實。

Maher和Maher（1994）指出，在解釋性格或氣質上，最為人知的較早期模式是四種體液（humors）的學說 —— 最初是由希波克拉底斯提出，後來則由羅馬醫生蓋倫（Galen）集其大成。當時，物質世界的四種要素被認為是土地、空氣、火及水，它們分別具有熱、冷、潮濕及乾燥的屬性；這些要素結合起來形成四種基本的體液，即血液（blood）、黏液（phlegm）、黃膽汁（yellow bile）及黑膽汁（black bile）。體液以不同比例在不同個體的身體內結合，而個人的氣質或性情就是取決於何種體液在他體內占有優勢地位。這是關於人類行為的最早期及最持久的一種類型論（typology），它把人們分類為多血質（sanguine）、黏液質（phlegmatic）、暴躁質（choleric）及憂鬱質（melancholic）。每種「類型」被認為伴隨一組人格特質，例如，多血質的人們傾向於樂觀、快活、好動而不恐懼。

希波克拉底斯認為夢境在了解病人的人格上頗為重要，在這一點上，他是現代心理動力心理治療法的基本概念的先驅。希波克拉底斯所提倡的治療法遠為先進於當時盛行的驅邪伏魔儀式。

希波克拉底斯強調疾病的自然起因、強調臨床觀察，以及強調精神疾病是根源於大腦病變，這些都是真正革命性的創舉。儘管如此，就像他同時代的人們，希波克拉底斯對生理學的認識有限。他相信歇斯底里症（hysteria，指沒有器質的病理，卻呈現身體的症狀）只限於發生在婦女身上，是子宮渴望小孩而遊走在身體各個部位所引起，對於這種「疾病」，希波克拉底斯推薦結婚為最佳救濟方法。

三、意識的早期哲學構思

希臘哲學家柏拉圖（Plato, 429-347 B.C.）探討犯下罪行的精神失常者，試圖找出良好的對待方式。他表示這樣的人基於一些「明顯」的原因，無法為自己的舉動負

責，因此不應該依正常人的同樣方式接受刑罰。他寫下：「個人可能是在瘋狂或疾病發作時犯下罪行……。倘若如此，讓他僅爲造成的損害負責賠償；而讓他豁免其他的刑責。」（Plato, n.d.）柏拉圖也提議應該讓精神病患在社區中接受照顧。

柏拉圖視心理現象爲整個有機體的反應，反映了有機體的內在狀態和天生慾求。在《理想國》（*The Republic*）這本書中，柏拉圖強調智力及其他能力上的個別差異的重要性，他也重視社會文化因素在塑造思想及行爲上的影響力。有些人所持的信念違反了社會秩序的規定，柏拉圖認爲應該安置這些人接受「醫院」的照顧。在那裡，他們將定期地從事一些交談，就類似於心理治療，以促進他們「靈魂」的健康。儘管提出一些先進的觀念，柏拉圖卻也相信精神失常部分地是鬼神的力量所引起。

著名的希臘哲學家亞里斯多德（384-322 B.C.）是柏拉圖的門生，他也曾廣泛論述精神疾病。其中，他對心理學的最持久貢獻是他關於意識（consciousness）的描述。他主張個體的「思考」是聚焦於排除痛苦及協助達成享樂（即避苦趨樂）。在「精神疾病是否有可能由像是挫折和衝突等心理因素所引起」的問題上，亞里斯多德討論其可能性，但加以否決；他在這個議題上的主張被廣泛追隨。

四、晚期希臘與羅馬的思潮

希波克拉底斯的工作後來由一些晚期的希臘及羅馬醫生傳承下去，特別是在埃及的亞歷山大港市（它是由亞歷山大大帝在西元前332年所建立，隨後成爲希臘文化的中心），醫療實施已開發到較高水準，而供奉農神（Saturn）的寺廟是當時首屈一指的療養院。當時的思潮認爲舒適的環境對精神病患具有高度的治療價值，因此，精神病患被安排固定的活動，包括宴會、跳舞、在神廟庭園中踱步、沿著尼羅河划船及音樂演奏會等。除了一些較不適宜的手段外，諸如放血、使用瀉藥清除毒素及機械式束縛，當時的醫生也會採用許多治療措施，包括飲食療法、按摩、水療法、體操及教育課程等。

蓋倫（A.D. 130-200）在羅馬開業，他是當時最具影響力的希臘醫生之一。雖然他詳盡闡述了希波克拉底斯的傳統觀念，但他在精神疾病的治療或臨床描述上並沒有太多新的貢獻。反而，他在神經系統的解剖學上提出一些最早的貢獻（這些發現都是以動物解剖爲基礎，人體解剖在當時仍被禁止）。蓋倫也在該領域採取科學的研究途徑，他把精神疾病的起因劃分爲身體因素和心理因素兩大類。他所命名的病因包括：頭部傷害、過度飲酒、衝擊、恐懼、青春期、經期變化、經濟逆境，以及對愛情絕望等。

羅馬醫術反映了羅馬人講求實際的民族性，羅馬醫生希望讓病人感到舒適，因此採用令人愉快的物理治療法，諸如溫水浴和按摩。此外，他們也遵循「反其道而行」

的原則——例如，讓病人一邊泡溫水浴，一邊啜飲冰冷的葡萄酒。

五、中國關於精神疾病的早期觀點

下文是摘自一本上古時代中國的醫書，一般推測是由傳說中第三王朝的君王黃帝（Huang Ti）所撰寫（c. 2674 B.C.）。但歷史學家現在認為這本書其實是完成於稍晚的年代，也許是在西元前第七世紀：

當事人蒙受激昂的精神錯亂，最初感到哀傷，食慾不振而睡眠不足；然後他變得浮誇，覺得自己既聰明又尊貴，日夜持續不斷地說話及責罵，歌唱、舉止怪異、看到奇怪的東西、聽到莫名的聲音，認為自己能夠看到惡魔或神明。（Tseng, 1973, p.570）

即使是在如此遠古的時代，中國醫學對疾病成因的信念就立基於自然而非超自然的力量。例如，在「陰與陽」（Yin and Yang）的概念中，人體就像是宇宙被劃分為「正與負」兩種力量，二者互補及互斥。假使兩種力量處於均衡的狀態，其結果是身體與心理的健康；假使失衡的話，疾病就跟著發生。因此，治療側重於重新恢復陰陽的均衡（Tseng, 1973, p.570）。

在西元第二世紀時，中國的醫學達到相對上較高水準。張仲景被稱為中國的希波克拉底斯，他在西元200年左右撰寫了兩本著名的醫書。就像希波克拉底斯，他關於身體及精神疾病的觀點也是築基於臨床觀察上，他推斷器官病變是造成疾病的主因；此外，他也相信壓力性的心理狀況可能導致器官病變。他在治療方面利用二者，一是藥物，另一是透過適宜活動以恢復情緒的平衡。

如同西方世界一樣，中國關於精神疾病的觀點也發生倒退現象，退回到相信超自然力量為疾病的致因媒介。從第二世紀後期直到第九世紀初期，鬼魂及惡魔被牽連進精神錯亂的觀念中，即認為那是起因於惡靈的附身。然而，不像西方世界的是，中國的「黑暗時期」既沒有那麼嚴重（從精神病患的治療的角度來看），也沒有持續那麼長久。不過幾個世紀後，中國就又回歸生理及肉體的觀點，而且強調心理社會的因素（psychosocial factors）。

六、中世紀的變態行為觀點

在中世紀（大約西元500-1500年），希臘醫學較為科學的層面在中東的許多回教國家中被保存下來。第一所精神病院是在西元792年建立於巴格達，隨後在大馬士

革和亞列波（敘利亞西北部的都市）等地也紛紛成立（Polvan, 1969）。在這些精神病院中，精神失常者普遍受到合乎人道的待遇。當時在回教醫學界最傑出的人物為來自波斯的阿維森那（Avicenna, c. 980-1037），被譽為「醫學王子」（Campbell, 1926）。他所撰寫的《醫療經典》（*The Canon of Medicine*）或許是迄今最被廣泛探討的一本醫學著作。

在中世紀的歐洲，變態行為的科學研究仍然相當有限，當時對精神失常者的處置通常是採取儀式或迷信的方式，鮮少嘗試理解病人的狀況。對比於阿維森那年代中東回教國家的情形，或對照於十七及十八世紀的啟蒙時期，中世紀的歐洲大致上漠視科學性思考，而且缺乏對精神病患的人道待遇。

在整個中世紀的歐洲，精神疾病相當盛行，特別是當接近該時期的尾聲時，當時的政治制度、社會結構及宗教信仰開始激烈地變動。這個時期，人們在解釋精神疾病的起因上普遍歸之於超自然力量。在這樣的環境中，我們在變態行為的理解及治療上顯然很難有大幅度的進步。雖然神學的影響力正在快速成長，「罪」（sin）並不一定被援引為是精神疾病的致因（causal factor）。例如，Kroll和Bachrach（1984）檢視57個精神疾病的事件，從瘋狂、附身、酒精濫用以迄於癲癇等，他們發現只有9個個案（16%）被認為與「罪」有關。為了更深入了解這個難以捉摸的歷史時期，我們接下來檢視當時發生的兩個事件：集體瘋狂與驅魔。

集體瘋狂

中世紀後半段，歐洲在致力理解變態行為上出現一種奇特的趨勢，這涉及集體瘋狂（mass madness）——廣泛蔓延的集體行為異常，似乎是歇斯底里症的案例。成群的人同時受到感染，他們發囈語、跳躍、手舞足蹈及抽搐。這種舞蹈躁狂早在西元第十世紀就已有紀錄。

在第十三世紀初期，義大利也發生這樣的事件，當時被稱為毒蜘蛛病（tarantism），它包含無法克制的舞蹈衝動，一般認為是被歐洲南部特有的一種狼蜘蛛叮咬所致。這種舞蹈躁狂後來流傳到德國和歐洲其他地區，在那裡被稱為聖維特司之舞（Saint Vitus's dance，一種使肌肉發生痙攣的病症）。

與世隔絕的偏遠地區也發生狼人症候群（lycanthropy，或稱狼狂）的爆發，這種病況是指人們相信自己被狼所附身，因而模仿起狼的行為。根據1541年的一份個案報告，當事人蒙受狼人症候群，他私下告訴他的捕獲者，他真的是一匹狼，而他的皮膚表面之所以如此光滑是因為所有毛髮都長在內面（Stone, 1937）。為了矯治他的妄想（delusion），他的手指及腳趾被切除，但直至他死亡前，病況仍未獲得改善。

直到進入十七世紀前，集體瘋狂始終定期地發生，但是在十四世紀及十五世紀期間達到巔峰——這個時期最為顯眼的是社會壓迫、饑荒及流行病的蔓延。當時，歐

洲正受到瘟疫的侵襲，稱爲黑死病（the Black Death），數以百萬計的人們喪生（根據一些估計值有50%的歐洲人口病歿），社會體系因此受到嚴重破壞。無疑地，集體瘋狂的許多奇特案例與這個時期的恐怖事件所帶給人們的鬱悶、恐懼及怪誕的思想有關。人們就是無法相信像是黑死病這樣令人驚駭的浩劫，可能會有自然的起因，他們認爲這是人力所無法控制、預測或甚至製造的事件。

今日，所謂的「集體歇斯底里」（mass hysteria）偶爾也會發生，它的情節通常是模擬某種身體疾患，諸如昏厥或痙攣。1983年4月便發生一項明顯的集體歇斯底里的案件，當時有數以百計的約旦河西岸的巴勒斯坦女學生受到感染。這個事件幾乎引起兩國政府的嚴重對立，因爲一些阿拉伯領袖起初認爲那些女孩是遭到以色列人的下毒，衛生局官員後來才獲致結論，即心理因素在大部分個案上扮演關鍵角色（Hefez, 1985）。

驅魔與巫術

在中世紀的歐洲，精神失常者的管理工作大致上是交付神職人員（教士），修道院則充當收容所及禁閉的處所。在中世紀早期，大部分的精神失常者受到相當仁慈的待遇，所謂的「治療」包括祈禱、聖水、滌罪的油膏、神父（祭司）的呼氣或唾液、觸摸聖人的遺物、參拜聖地，以及溫和的驅魔儀式。驅魔（exorcisms）是指執行一些象徵的舉動，以把惡魔從被附身的當事人體內逐出；在一些修道院及教堂中，驅魔的施行僅是溫柔地用手按著病人的額頭。

我們長久以來傾向於認爲，中世紀的許多精神失常者被指控是女巫，且因此受到懲處，還經常被殺害（例如，Zilboorg & Henry, 1941）。但是，幾項較近期的解讀已質疑這種說法的適用範圍（Maher & Maher, 1985; Phillips, 2002）。例如，在審視相關的文獻後，Schoeneman（1984）特別提到：「那些被指控爲女巫的人通常並不是精神病患，反而是一些貧窮婦女，她們聲音尖銳而脾氣暴躁。……事實上，巫術很少被認爲是各式各樣的附身所致」（p.301）。巫術與精神疾病之間被誤解的關聯性，可能部分地是對惡魔附身觀念的混淆所引起。即使是Robert Burton（1576-1640，一位開明的學者），在他的經典著作《憂鬱症的剖析》（*The Anatomy of Melancholia*）（1621）中也視惡魔附身爲精神疾病的可能起因。他認爲惡魔附身有兩種情形：那些身體被控制的人被歸類爲瘋狂；至於那些心靈被控制的人則被視爲女巫。長久下來，這兩個分類之間的區隔，在歷史學家的眼中可能已有些模糊，導致他們對巫術與精神疾病之間關聯的不實認知。巫術與精神疾病之間關係變動的觀點，指出了一個更寬廣的議題——如何準確地解讀歷史事件，這存在一定的難度。

第二節　走向人道主義的途涇

在中世紀後期和文藝復興初期，科學探究再度受到重視，而一種特別是強調人情味及人類關懷之重要性的運動開始興起——這種運動（至今仍然持續進行）可以籠統地被指稱為「人道主義」（humanism）。因此，那些妨礙我們對精神疾病的理解及治療的迷信觀念開始受到挑戰。

一、科學探究在歐洲的復甦

帕拉賽瑟斯（Paracelsus, 1490-1541）是一位瑞士醫生，他是關於附身之迷信觀念的一位早期批評家。他主張舞蹈躁狂（dancing mania）並不是附身，而是一種疾病，它應該像疾病一樣被對待。他也假定人類本能層面與心靈層面之間的衝突、有系統地論述精神疾病之心理起因的觀念，以及提倡「身體磁場」（bodily magnetism）的治療方式——後來被稱為催眠（hypnosis）（Mora, 1967）。雖然帕拉賽瑟斯駁斥鬼神論，他對變態行為的觀點仍然蒙上他所相信的星象作用力的色彩——「瘋子」（lunatic）一詞是源自拉丁字的「月亮」（luna）。他相信月亮的陰晴圓缺會對人類大腦產生一種超自然的影響力，這種想法直到今日仍然有人深信不移。

威爾（Johann Weyer, 1515-1588）是一位德國醫生兼作家，他對那些被指控為女巫的人所遭受的監禁、折磨、拷打及火刑等深表關切，他因而對整個問題進行徹底的探討。大約在1583年，他發表一本名為《惡魔的詭計》（*On the Deception of Demons*）的著作，逐步地舉證反駁另一本著作《*Malleus Maleficarum*》的內容。《*Malleus Maleficarum*》出版於1486年，是一本追捕女巫的手冊，用以辨認及對付那些被懷疑是女巫的人。在他的書中，威爾表示那些因為巫術而被監禁、拷問及焚死的人們中有相當數量（即使不是全部），其實是心靈或肉體生病了；因此，我們實在冤枉了那些無辜的人，對他們的處置失當。威爾的研究工作受到當時少數傑出的醫師及神學家的贊同。然而，就大部分情況而言，他遇到的是更猛烈的抗議及譴責。

威爾是最先專研精神疾病的醫生之一，他的豐富經驗和前瞻的觀點為他贏得了「現代精神病理學的創立者」的名聲。然而，不幸的，威爾顯然走在他的時代的太前端，這使得他經常成為他的同業訕笑的對象。他的著作遭到教會的查禁，直到進入二十世紀時仍然如此。

無論如何，一些神職人員也開始質疑當時的一些儀式及措施。例如，St. Vincent de Paul（1576-1660）就冒著生命的危險公開宣言：「心理疾病沒有道理不同於身體疾病，基督教應該秉持人道精神致力於保護這些人，而且以專業技術緩解他們的痛

苦，就像對待肉體病痛一樣。」（Castiglioni, 1924）

面對這樣不屈不撓的一些科學觀點的擁護者，延續他們的抗議達整整兩個世紀後，鬼神論和迷信終於退卻，這些擁護者漸進地引導人們重返「觀察與理性」的研究途徑，終於在現代實驗方法及臨床探討的發展上達到頂點。

二、早期收容所與修道院的設立

從十六世紀開始，一種稱為收容所（asylums）的特殊機構逐漸增多，這是一種專門照顧精神病患的庇護場所。早期收容所的主要功能是用來隔離那些無法照顧自己，而且容易在社會上惹麻煩的人們。雖然變態行為的科學探究正在增加中，大多數的早期收容所通常被視為是「瘋人院」（madhouses），那不是舒適的處所或「醫院」，而主要是容留瘋子（精神不正常的人）的場所。那些不幸的精神病患就生活在極度汙穢及殘忍對待的環境中，直到死亡。

在1547年，亨利八世把位於倫敦Bethlem的聖母瑪利亞修道院，正式改建為精神病患的收容所，它的俗稱「Bedlam」後來就成為瘋人院（或精神病院）的代名詞。這間收容所以它悲慘的狀況和不人道的待遇而惡名昭彰，較兇暴的病人被公開展覽，民眾只要花一便士就能觀看；較為無害的病人則被迫到倫敦街道乞討。

這樣的收容所也逐漸地在其他國家中被建立。1566年成立於墨西哥的San Hipolito是由慈善家Bernardino Alvares所興辦，它是第一間在美洲建立的精神病患收容所。法國第一間這樣的精神病院是La Maison de Charenton，創立於1641年巴黎的郊區；莫斯科的精神病院設立於1764年。至於惡名遠播的維也納瘋人塔（Lunatics' Tower）則建立於1784年，在舊維也納時期，這棟建築物是一處觀光景點，它的外觀是一棟裝飾華麗的圓塔，內部則是一些方形的房間。醫生和「管理人員」住在方形房間裡，至於病人則被監禁在房間外牆與圓塔內壁之間的區域，病人在那裡被展示給市民觀看，且收取微薄的入場費。

這些早期的收容所其實是監獄或感化院的翻版，被收容者較像是野獸般被對待，而不是被視為人類。病人通常被關在暗無天日的牢房中，還使用頸圈、腳鐐及手銬等器具限定其活動範圍，經常在夜間也不能平躺下來睡覺，牢房中只有供應一些稻草，從不打掃或清洗。因為當時還缺乏營養觀念，病人幾乎像動物般被餵食（Selling, 1943）。這就是那個時期收容所的典型情況，而且在十八世紀的大部分時間延續下去。

美國於1756年在費城建立賓州精神病院（在Benjamin Franklin的指導下完成），為精神病患提供一些住所及病房。位於維吉尼亞州威廉斯堡的公立醫院於1768年建造，是美國第一所專門容留精神病患的醫院。然而，美國精神病患所接受的治療並不

比歐洲的精神病院高明多少。Zwelling於1985年審查公立醫院的治療法，他發現最初的治療理念涉及要求病人以理性戰勝失常行為，因此，治療技術是積極的，對準於恢復「身體和大腦內的物理平衡」。雖然是建立在當時的科學觀點上，但這些技術立意在恐嚇病人，它們包括強力的藥劑、水療、放血、烙炙、電擊及身體束縛。例如，暴力的病人可能被丟進冰水中；倦怠的病人被丟進熱水中；狂躁的病人可能被投藥使之筋疲力竭；或病人可能被放血，以便排出「有害」的液體。

三、人道主義的改革

顯然，直到十八世紀後期時，歐洲和美洲的大多數精神病院都極需要進行改革，從法國畢乃爾（Philippe Pinel, 1745-1826）的研究工作中，針對病人的人道主義對待獲致莫大的推動力。

◆ 畢乃爾的實驗

1792年，就在法國大革命展開後不久，畢乃爾被任命接掌巴黎的La Bicêtre收容所。在這個職位上，他獲得「革命公社」的勉強同意，允許撤除一些病人身上的鐵鏈。這是一項實驗，為了驗證他認為「精神病患應該受到親切體貼的對待」的觀點——也就是應該視他們為生病的人，而不是視之為邪惡的野獸或罪犯。假使他的實驗被證實失敗了，畢乃爾將可能被送上斷頭臺。幸運的是，他的作法獲得空前的成功，病人身上的鐵鏈被拿走，住進陽光普照的病房，而且被允許在庭院裡活動。此外，病人還受到親切的對待及人性化的照顧，其中有些人已被禁錮在地牢中長達三十年或更久。這些措施帶來的效果幾乎是奇蹟式的，早先的喧嘩、汙穢及虐待已被秩序及祥和所取代。

◆ 塔克在英國的研究工作

當畢乃爾正在改革La Bicêtre的大約同時，一位英國教友派的信徒（他們信奉遵守絕對的和平主義）塔克（William Tuke, 1732-1822），也在英國建立了約克靜修所（York Retreat）。靜修所是一種舒適的鄉村房舍，以協助精神病患在一種善意、宗教的氣氛中生活、工作及休養，這處靜修所代表了塔克年代在對抗野蠻、無知及冷漠的高貴戰役上達到全盛時期。

教友派信徒相信以仁慈和接納的態度對待所有人們，即使是精神失常的人。他們認為親切的接納將有助於精神病患的復原，這啟發了較為人道的精神醫療的成長——在一個此類病人受到疏忽及虐待的時代（Glover, 1984）。教友派在約克的靜修所繼續提供人性化的心理健康服務，至今已超過兩百年（Borthwick et al., 2001）。

隨著畢乃爾令人驚奇成果的消息傳到英國，塔克的微薄力量也逐漸獲得英國醫學界的支持，包括像Thomas Wakley及Samuel Hitch等醫師。1841年，Hitch在Gloucester收容所引進受過訓練的護士到病房中，而且在護理人員之上設立專職的督導人員。這些新的制度及措施——在當時是相當革命性的創舉——不僅改善了精神病患的照護，而且也改變了一般民眾對精神失常者的態度。

✴ 美國的拉許與道德管理

畢乃爾和塔克的人道實驗相當成功，這在整個西方世界改革了對精神病患的處置方式，而在美國地方，這種革命反映在拉許（Benjamin Rush, 1745-1813）的工作上。拉許是美國精神病學的創立者，他也是美國獨立宣言的簽署人之一。1783年，當任職於賓州醫院時，拉許提倡對精神病患更為人道的待遇，他撰述了美國第一篇關於精神病學（psychiatry）之有系統的論文，《心理疾病的醫學探索與觀察》（1812），並且是第一位為精神病學規劃課程的美國人（Gentle & Miller, 2009）。然而，即使是他也無法完全跳脫當時既定的一些觀念。他的醫療理論摻雜了占星術，而他的主要治療法是放血及瀉藥。此外，拉許發明及使用一種裝置，稱為「鎮定椅」，病人被綁在旋轉椅上快速轉動，但或許更像是在折磨病人，而不是使得病人平靜下來。儘管如此，我們可以視拉許為從舊時代邁入新時代的重要過渡人物。

在這個人道改革時期的前半段，較為廣泛流傳的是採取「道德管理」（moral management）。這是一種廣延的處置方式，它把焦點放在病人的社交、個別及工作需求上。這種途徑大致上是源自畢乃爾與塔克的研究工作，它是十八世紀後期在歐洲興起，美國則是直到十九世紀初期才展開。

道德管理在收容所中強調病人的道德及心靈的發展，也強調他們「品性」的復健，但不太重視他們的身體或心理疾病——部分地是因為當時針對這些病況尚很少有效的治療能夠被派上用場。身體或心理疾病的治療或復健，通常是採取手工勞動與靈性討論的方式，再伴隨人道的對待。

道德管理獲致良好的成效——它其實更為令人驚奇，當考慮到它是在沒有今日所使用的抗精神病藥物的作用下達成，以及考慮到當時有許多病人感染了梅毒（這在當時是一種不治的中樞神經系統的疾病）。從1833年到1853年的20年期間，在Worcester州立醫院中，對於住院前罹病不滿一年的病人而言，他們的出院率是71%。即使是對於住院前罹病更久的病人而言，他們的出院率也達59%（Bockhoven, 1972）。在倫敦，根據Walford（1878）的報告，直到1876年的前一百年期間，負有盛名的Bedlam醫院的「治癒率」是45.7%。

儘管道德管理在許多案例上被報告相當成功，但它到了十九世紀的後半段就幾乎被捨棄不用。道德管理的式微有兩個主要原因。首先是心理衛生運動（mental hygiene movement）的興起，它所提倡的治療方法幾乎完全地只側重住院精神病患的身體福利。雖然在衛生（保健）人員的服務下，病人的舒適水準提升了，但病人的精神困擾並沒有獲得協助，因此微妙地養成他們的無助及依賴。另一個原因是生物醫學（biomedicine）科學技術的進步，這方面的進展培養人們一種觀念：所有精神疾病最終將會屈服（讓位）於生物層面的解釋，而且訴諸以生物為基礎的治療方式（Luchins, 1989）。但反諷的是，這樣的局面（生物方面的萬靈丹）並未出現，直到1940年代後期及1950年代初期時，出院率降低到只有大約30%。

◼️ 富蘭克林關於電擊的可能治療效果的早期發現

在學校中，大部分人都知道富蘭克林（Benjamin Franklin, 1706-1790，美國政治家、外交官、著作家及物理學家）在十八世紀早期關於電流的實驗。他在雷電交加的暴風雨中放風箏，這幾乎是物理科學史上的常識。然而，大部分人（甚至心理健康專業人員）不知道，他在電流方面的工作是探討以電擊治療精神疾病的最早期嘗試之一——他是偶然獲致這樣的見識。他注意到他經歷的一次重度電擊改變了他的記憶，這使得他提議採用電流以治療憂鬱（Finger & Zaromb, 2006）。於是富蘭克林發表論文，描述他的實驗，他並且建議醫生進一步探討這種治療憂鬱的方法。

不久之後，他的一位朋友，Ingenhousz醫生報告了類似的事件。這位醫生在接受電擊後觀察自己思考的變更情形，接著他同樣呼籲臨床試驗以探討這種現象，作為精神病患的可能處置方式。雖然這些早期嘗試顯示電擊是一種有潛在價值的治療途徑，但關於施行程序的醫學研究很慢才展開。來自德國的Rudolf Gottfried Arndt（1835-1900）採用電擊治療施行於一大群精神病患（Arndt, 1878；也見Steinberg的討論，2013），但是直到二十世紀，羅馬大學的Cerletti和Bini（1938）才把專業注意力帶進電擊中，作為憂鬱症的一種治療。

◼️ 荻克絲與心理衛生運動

荻克絲（Dorothea Dix, 1802-1887）是一位精力充沛的新英格蘭人，十九世紀期間，對於窮人和好幾十年身處牢獄及精神病院中「被遺忘」的人們而言，她是一位正義的鬥士。荻克絲的童年貧窮而困苦（Viney, 1996），長大之後卻成為推動精神病患之人道待遇的重要人物。她年輕時原本是一位學校教師，但後來因為結核病復發而被迫提前退休。1841年，她開始到一所女子監獄教書，在這樣的因緣際會之下，她認識到在牢獄、救濟院及收容所中的各種悲慘狀況。在1848年提交美國國會的一份陳情書中她寫道，她在美國已親眼看過「超過9,000名的白癡、癲癇症患者及精神失常者，缺乏適當的照顧與保護……他們被怨毒的鎖鏈所束縛，身軀因為沉重的腳鏈及鐵桶而彎腰駝背，被繩索綑綁，受折磨於鞭打、連串的咒罵及殘忍的虐待；有時遭受譏

笑、恫嚇及惡毒的捉弄；有時則遭受最無情的身體侵犯。」（Ziboorg & Henry, 1941, pp.583-584）。

基於她的所見所聞，荻克絲在1841年到1881年間積極參加社會運動，試圖喚醒一般大眾和立法當局，為精神失常者所受到的不人道待遇做些事情。在她的努力之下，心理衛生運動開始在美國成長，荻克絲不僅協助改善美國醫院的環境，她也在加拿大指導兩家大型醫療機構的開設，以及在蘇格蘭和其他幾個國家中對收容所制度進行全面的改革。荻克絲總共建立了32所精神病院，考慮到無知和迷信在當時的心理健康領域依然盛行，這顯然是一項驚人的紀錄。在荻克絲的後半段生涯中，她在內戰期間為聯邦軍隊組織護理軍。美國國會在1901年提交的決議案中，描述她為「在整個歷史上人性最高貴的典範之一」（Karnesh, with Zucker, 1945, p.18）。

四、十九世紀對精神疾病之起因與治療的觀點

在十九世紀前半段，因為道德管理在「精神失常」問題的處理上居於優勢，當時的精神病院基本上是由外行人所掌控，醫學專業人員或精神病醫師的角色無足輕重，他們在精神失常者的照護與收容所的管理上不受重用。再者，當時針對精神疾病還沒有有效的治療方式，只有像麻醉藥、放血及瀉藥等少數措施可被派上用場，但無法引起客觀的效果。無論如何，在十九世紀的後半段，精神病醫師獲得了精神病院（瘋人院）的掌控權，他們開始把傳統的道德管理治療納入他們另一些初步的身體醫療程序中。

精神疾病在當時還只是一知半解，而像是憂鬱症這類病況被視為是神經衰竭（nervous exhaustion）所造成。這也就是說，當時的精神病醫師認為情緒困擾是起因於精力透支或身體能量的耗損——生活無節制的結果。個人耗盡珍貴的神經能量則被稱為「神經衰弱」（neurasthenia），這種病況涉及瀰漫的心情低落、缺乏精力及一些身體症狀，它們被認為與文明的要求所造成「生活型態」（lifestyle）的問題有關。

五、二十世紀初期對心理健康態度的轉變

在十九世紀後期，精神病院或收容所——「山丘上的一棟大型宅邸」——帶有類似堡壘的外觀，經常成為在美國一種常見的地標，精神病患在裡面仍然受到相當嚴厲的對待，儘管道德管理已被推廣甚久。無論如何，對一般大眾而言，收容所是一處陰森的地方，住在裡面的是怪誕而令人驚恐的一群傢伙。不論是在教育大眾或減低對精神錯亂的普遍恐懼上，駐院的精神病醫師幾乎沒做些什麼；當然，他們保持沉默的主

要原因是他們原本對精神疾病就是一知半解，也缺乏有效的治療程序。

　　無論如何，一般大眾對精神病患的態度仍然漸進地有長足的進步。在美國，繼獲克絲開拓性的工作後，接手的是畢爾斯（Clifford Beers, 1876-1943）的工作，他的書籍《發現自我的心靈》（*A Mind That Found Itself*）在1908年首度出版。畢爾斯是耶魯大學的研究生，他在書中描述自己的精神崩潰，而且談到他當時在三間典型的精神病院所遭受的惡劣待遇。雖然鐵鏈及其他拷打器具早已棄置不用，但緊身衣（strait-jacket）仍被廣泛使用，作為讓躁動病人平靜下來的一種手段。畢爾斯經歷過這樣的處置，他生動地描述雙臂無法動彈所帶給過動精神病患的痛苦及折磨。

　　畢爾斯後來在家中受到溫暖照顧而復原。當他康復後，他開始投入運動，希望讓人們了解這樣的處置無助於控制病情，他很快贏得許多熱心公益人士的興趣及支持，包括著名的心理學家威廉・詹姆斯（William James）和「美國精神病學院的院長」，阿道夫・梅爾（Adolf Meyer）。

六、二十世紀的精神病院照護

　　二十世紀起始於精神病患收容所的持續成長期，然而，在整個世紀中，精神病患的命運既不是一成不變的，也不是全然負面的。在二十世紀初期，隨著像是畢爾斯等啟蒙人物的影響力下，精神病院的數量實質地成長，主要是收容有嚴重精神失常的人們，諸如思覺失調症、憂鬱症、器質性精神疾病、第三期梅毒與麻痺性痴呆，以及嚴重酒精中毒。到了1940年，公立精神病院收容超過40萬位病人，或大約90%的精神失常者居住在大型的州立醫院，其餘病人則住在私立醫院（Grob, 1994）。

　　在這個時期，住院期間通常相當冗長，許多精神失常者注定要住院很多年。在二十世紀的前半段，醫院照護很少伴隨有效的治療，而所謂的照護通常是嚴厲、粗魯、懲罰及不人道的。然而，1946年標記了重要轉變期的開始，在那一年，華德（Mary Jane Ward）發表一本很有影響力的書籍《*The Snake Pit*》——因為同名電影而廣為流行。這本著作讓人們注意到精神病患的惡劣處境，也認識到有必要在社區提供較為人道的心理健康照護，以取代過度擁擠的精神病院。另外在1946年，「國家心理衛生機構」（National Institutes of Mental Health）開始成立，它為相關的研究及訓練提供積極的支持。

　　在二十世紀的後半段，改革精神病院環境的運動隨著科學進展而更進一步加強，特別是針對許多疾病之有效藥物的開發——例如，使用鋰鹽以治療躁鬱症（manic de-pressive disorders）（Cade, 1949），以及引進phenothiazines以治療思覺失調，這些藥物對精神醫療界造成重大的衝擊。

　　在二十世紀的最後幾十年中，關於如何在醫院環境中為精神失常者提供人道的照

顧，我們社會似乎繞一圈後又回到原點。這個時期的工作重心是在關閉精神病院，以使得精神失常的人們重返社區，表面上是作為提供更具整合性、更人性化待遇的一種手段——相較於在精神病院的「孤立、隔離」環境中所能提供。再加上1950年代引進的一些藥物（如chlorpromazine）大為緩解精神病的症狀（Alanen, 2009），為數眾多的精神病院紛紛關閉，特別是州立及郡立的精神病院住院人數大幅減少，從1950年的超過50萬人（Lerman, 1981）降到1990年代初期的大約10萬人（Narrow et al., 1993）。當考慮到美國人口在那些年的大幅成長，住院人數的銳減更為令人印象深刻。這項運動——被稱為「去機構化運動」（deinstitutionalization）——雖然是以善意的目標為出發點，卻對許多精神失常人們和對許多社區造成莫大的困擾。此外，作為一種現象，去機構化是一種國際性的運動，它也發生在香港、荷蘭、芬蘭、澳洲及義大利等國家中。

去機構化政策背後原先的信念是，精神失常人們在大型精神病院之外接受治療是較為合乎人道（較具有成本效率）的措施，因為這樣的作法使得病人不致於產生對閉居於精神病院的消極適應（negative adaptation）。許多專業人員擔憂，精神病院會成為精神失常人們的永久避難所，因為這些病人正試圖逃避現實生活的要求，而安頓在慢性疾病的角色將使他們抱持不褪色的藉口，以讓別人來照顧他們。幸好，新的藥物頗有助於促進有益身心的重新適應，使得先前的病人能夠在醫院外過著較有生產力的生活。

在近期的一項審查中，它檢視去機構化對出院病人的影響，Kunitoh（2013）發現，雖然許多症狀和社交行為困擾仍然不變，但是病人的生活技巧和生活品質二者在出院後有所增進。然而，許多先前的病人在社區生活上的進展並不順利，他們像是被「遺棄」到殘忍而淒涼的存在。我們今日在大型都市的各個角落不難看到許多遊民或流浪漢，他們有不少其實是無處可歸的精神病患，去機構化引起的困擾似乎大半可歸之於我們的社會，未能找到方法以填補社區心理健康服務上的一些漏洞（Grob, 1994）。

精神病院一度被認為是管理重度精神病患問題最人道的方式，但是它已逐漸被視為過時，或被視為一種不良的選擇；較是在製造問題，而不是在解決心理健康問題。到了二十世紀尾聲，住院精神病院已大體上被社區本位的照護、日間安置醫院，以及社會服務活動所取代。

關於如何最妥當管理重度失常精神病患的需求上，二十世紀結束在不確定的音符上。顯然，關閉精神病院而在社區中為重度失常人們提供治療，已被證實不是一帖萬靈藥——而它在不過幾年前還被這樣大肆宣傳（Whitaker, 2009）。隨著社會再度發現假使忽視或置之不顧的話，它將無法有效處理重度精神疾病可能製造的問題時，我們相信精神病院的角色將會再經歷更進一步的演變（見Grob, 1994）。

第三節 變態行為的當代觀點

當心理衛生運動於十九世紀後半葉在美國蔓延開來的時候，重大的科技發現也正在國內和國外展開，這些進步有助於引進我們今日所謂之科學（或實驗取向）的變態行為觀點，以及應用科學知識於精神失常人們的治療上。我們將描述變態心理學上的四個主題，它們擴及十九及二十世紀，而且對於變態行為的當代觀點產生強力影響。它們是：(1)生物學上的發現；(2)精神疾病之分類系統的發展；(3)心理致因觀點的出現；以及(4)實驗心理學的研究發展。

一、生物學上的發現：建立大腦與精神疾病之間的關聯

這個時期在探討「生物因素及解剖因素是否引起身體疾病和精神疾病二者」上產生了重大進展。例如，生物醫學上的一項重大突破是來自發現器質因素（organic factors）引起了麻痺性痴呆（general paresis，也稱全身麻痺）——大腦的梅毒。這在當時是最嚴重的精神疾病之一，麻痺性痴呆造成全身麻痺及精神錯亂，一般在2至5年內導致死亡（大腦惡化所致）。然而，這項科學發現不是一夜之間就發生，它花費許多科學家和研究人員幾近一個世紀的共同努力。

當然，我們今日已有盤尼西林作為梅毒之有效、較簡單的治療方法，但是從迷信到科學上證明大腦病變如何引起特定疾病，變態心理學領域已走了很長一段路。這項突破在醫療界燃起了莫大希望，即或許在其他許多精神疾病上（甚至是在所有疾病上）也將可找到器質基礎。

隨著現代實驗科學在十八世紀初期的出現，關於解剖學、生理學、神經學、化學及綜合醫學的知識迅速增進，科學研究人員開始把焦點放在不健全（病態）的身體器官上，視為身體疾病的起因。很合乎邏輯地，這些研究人員的下一步就是假定精神疾病是以器官（這裡是指大腦）病變為基礎的一種疾病。在大腦惡化造成麻痺性痴呆被發現之後，另一些成果也陸續發表，例如，阿茲海默（Alois Alzheimer）及其他研究人員，建立起大腦動脈硬化和老年精神疾病的大腦病理現象。然後，在二十世紀時，引致中毒性精神疾病（有毒物質引起的疾病，諸如鉛）、一些類型的智能遲緩，以及另一些精神疾病的器質性病理基礎也已被發現。

我們在這裡有必要提醒的是，雖然我們發現了精神疾病的器質基礎，但是它只指出「如何」（how）產生關聯，它在大部分案例上並未指出「為什麼」（why）發生關聯，即使在今日，這種情況有時候依然如此。舉例而言，雖然我們知道什麼因素引起一些「早衰性」（presenile）精神疾病（即大腦病變），但我們仍不知道，為什麼

有些人受到侵害，另有些人則不會。儘管如此，我們還是可以相當準確地預測這些疾病的進展情形。

二、分類系統的發展

克雷培林（Emil Kraepelin, 1856-1926）是德國精神病學家，他在生物學觀點的早期發展上扮演舉足輕重的角色。他的教科書《*Lehrbuch der Psychiatrie*》出版於1883年，不僅強調大腦病變在精神疾病上的重要性，而且也提出幾項相關的貢獻，有助於建立起這個觀點，這些貢獻中最重要的是他的精神疾病分類系統，成為今日DSM的先驅。克雷培林注意到一些症狀型態有規律地一起發生，足以被視為是特定類型的精神疾病，他因此著手於描述及釐清這些類型的精神疾病，規劃分類的體系，也就是我們現今系統的基礎。整合所有臨床資料以作為這個分類系統的基礎是一項艱巨的工作，它代表對精神病理學領域的重大貢獻。

克雷培林視每個類型的精神疾病為獨特而與眾不同的，他也認為就像麻疹的進程，每種疾病的進程是預先決定而可預測的。因此，既定類型疾病的結局被認為是可預測的，即使它還無法被控制。這樣的宣稱引致廣泛的興趣，試圖對精神疾病作更準確的描述及分類。

三、建立精神疾病的心理基礎

儘管生物方面的研究受到重視，但是對精神疾病之心理因素的理解也在持續進展，第一大步是由佛洛依德（Sigmund Freud, 1856-1939）所邁出。佛洛依德是二十世紀最常被援引的心理學理論家（Street, 1994），從他長達五十年的觀察、治療及寫作中，他發展出廣博的精神病理學理論，強調潛意識動機的內在原動力〔通常被稱為心理動力學（psychodynamics）〕，視之為精神分析透視（psychoanalytic perspective）的核心所在。佛洛依德用來探討及治療病人的方法被稱為精神分析（psychoanalysis）。我們可以追溯精神分析的起源到有些未意料到的地方──催眠的研究，特別是在它與歇斯底里症的關聯上。催眠（hypnosis）是一種誘發的放鬆狀態，當事人在這種狀態下很容易接受暗示（suggestion）。催眠術於十八世紀後期和十九世紀初期在法國最先盛行起來。

催眠術

在理解精神疾病的心理起因上，其中一項努力是由梅斯麥（Franz Anton Mesmer, 1734-1815）所發起。梅斯麥是一位奧地利醫生，他相信天空行星的磁力會對人類身

體產生影響，特別是影響體內普遍存在的磁性體液，而這些體液的分布情形決定了健康或疾病。在嘗試為精神疾病找到補救之法上，梅斯麥的結論是，所有人都擁有磁力，它們可以被利用來影響他人的磁性體液的分布，因此使得治療產生效果。

梅斯麥嘗試在維也納及其他許多城市把他的觀點付諸實行，但直到1778年於巴黎才陸續有人跟進。在那裡，他設立一間診所，使用所謂的「動物磁力」（animal magnetism）以治療所有性質的疾病。然而，梅斯麥最終被他的同僚及被任命的一組著名學者（包括美國科學家Benjamin Franklin）指控為「江湖郎中」（Van Doren, 1938），他被迫離開巴黎，迅速地湮沒於歷史。無論如何，他的治療方法及效果多年以來一直是科學爭論的核心。事實上，隨著精神分析在二十世紀初期興起，催眠術（mesmerism，源自他的名字）再度引起熱烈的討論。

🔲 南錫學派

列伯特（Ambrose August Liébeault, 1823-1904）是一位法國醫生，他在法國東北部的一個城市南錫（Nancy）開業，使用催眠成功地治癒許多病人。當時在南錫還有另一位醫學教授伯恩海姆（Hippolyte Bernheim, 1840-1919），他對歇斯底里症與催眠之間關係深感興趣，他們兩人一起合作而提出一個假設，認定催眠狀態與歇斯底里症是有關聯的，二者都是源自「暗示」（suggestion）的作用（Brown & Menninger, 1940）。他們的假設是基於兩方面證據：(1)在歇斯底里症上觀察到的現象——諸如單臂癱瘓、聽覺喪失，或當事人麻痺的部位以針扎刺也不覺疼痛（所有這些都是發生在顯然沒有器質毛病的時候）——也可以在正常受試者身上藉由催眠產生及引起；(2)這一些相同症狀也可以藉由催眠加以消除，因此，歇斯底里症似乎是一種自我催眠（self-hypnosis）。許多醫師認同這個觀點，他們最終被稱為南錫學派（Nancy School）。

另一方面，夏柯（Jean Charcot, 1825-1893）是巴黎一所神經病院的院長，也是當時首屈一指的神經學家，他曾經實驗催眠師所描述的一些現象。根據研究結果，夏柯不贊同南錫學派的發現，他堅持是退化性的大腦病變導致歇斯底里症。在這一點上，夏柯最終被證實是錯誤的，但是身為相當傑出的科學家，他仍然著手這一類問題，這大有助於喚醒醫學界和科學界，重燃對歇斯底里症的興趣。

夏柯與南錫學派之間的爭論是醫學史上的重要論戰之一，雙方都發表了一些尖刻的評論，南錫學派的擁護者最後高奏凱歌，這是對「心理因素可能引致精神疾病」的首度認定，它激勵了更多研究以探討歇斯底里症及其他疾病專有的行為。不久，就有人指出心理因素也涉及焦慮狀態、畏懼症及另一些精神病態。最終，夏柯自己也被說服而依從新的觀點，而且在促進各種精神疾病之心理成因的研究上迭有貢獻。

「精神疾病究竟是生物因素引起或心理因素引起」，這方面論戰延續到今日。無

論如何，南錫學派／夏柯的論戰代表了在心理成因的解釋上跨出一大步。接近十九世紀尾聲時，情況已經更爲明朗化，即精神疾病可能具有心理基礎、生物基礎，或二者皆是。但是，一個重要的問題仍然有待解答：那些以心理爲基礎的精神疾病，究竟如何發展出來？

✵ 精神分析的起源

第一位有系統地嘗試解答這個問題的是佛洛依德（Sigmund Freud, 1856-1939）。佛洛依德是一位才氣煥發的維也納神經學家，受聘在維也納大學講授神經疾病的課程，1885年，他前往巴黎從學於夏柯門下，隨後也熟悉Liébeault和Bernheim在南錫的研究工作。他對於他們使用催眠以治療歇斯底里的病人留下深刻印象，逐漸相信有一些強力的心理歷程可能潛伏起來，不爲意識所察覺。

返回維也納後，佛洛依德跟另一位醫師Josef Breuer（1842-1925）共同研究。Breuer在使用催眠治療他的病人上加入一項創新的技術，不像他們之前的催眠師，佛洛依德和Breuer引導病人在催眠狀態下不受拘束地談論他們的煩惱，病人通常會流露許多情感，然後當從催眠狀態清醒過來後，他們往往感受到重大的情緒紓解及慰藉，這被稱爲宣洩（catharsis）。這個在催眠下使用的簡單新技術被證實具有重大意義，它不僅協助病人藉由討論他們的困擾而解除情緒緊張狀態，而且也透露給治療師關於病人障礙的本質。當清醒時，病人看不出他們的困擾與他們的歇斯底里症狀之間的關係。

就是這種程序導致潛意識（unconscious）的發現。潛意識是心靈的一部分，蘊藏著當事人察覺不到的生活經驗，它附帶的信念是：當事人意識之外的歷程（processes）可能在決定行爲上扮演重要的角色。1893年，佛洛依德和Breuer發表他們的共同論文《歇斯底里現象的精神機制》，這是意識與潛意識的原動力研究上的一個重要里程碑。再者，佛洛依德很快就發現他可以完全免除催眠的程序，透過鼓勵病人說出任何湧上心頭的事情，不用顧慮合理性或妥當性，佛洛依德發現病人最終將會克服內心障礙以進行回憶，而且不受束縛地討論他們的困擾。

佛洛依德如何理解病人的意識與潛意識思考歷程？他利用兩種相關的方法：第一種方法是自由聯想（free association），這涉及要求病人毫不拘泥地談論自己，進而提供了關於他們的情感及動機等的重要訊息；第二種方法是夢的解析（dream analysis），這涉及要求病人記錄及描述他們的夢境。這些技術協助分析師及病人獲致洞察力，且達成對病人的情緒困擾更透澈的理解。佛洛依德把他漫長而精力充沛的餘生專注在發展及闡述精神分析的原理。他的觀點在1909年被正式介紹給美國的科學研究人員，當時他接受美國著名的心理學家賀爾（G. Stanley Hall, 1844-1924）的邀請在克拉克大學開設一系列講座，這些演說引起許多爭論，但也有助於精神分析概念的普及

化，不僅在科學研究人員之間流傳，也推廣給一般大衆。

　　我們將在第三章更進一步討論精神分析的觀點。佛洛依德生動而具啓發性的觀點在他的長期生涯中吸引許多人的追隨，直到從他開始寫作已超過一百年後的今天，對他的觀念的興趣仍然持續不減。許多臨床專家-理論家——諸如榮格（Carl Jung）、阿德勒（Alfred Adler）及蘇利文（Harry Stack Sullivan）——發展「自立門戶」的理論，促使精神分析的觀點更爲精緻化。

四、心理學研究傳統的演進：實驗心理學

　　當代心理學的許多科學思考是起源於早期嚴格地致力於客觀探討一些心理歷程，如馮德（Wilhelm Wundt, 1832-1920）和詹姆斯（William James, 1842-1910）的研究所實際示範的。雖然這些實驗心理學家的早期研究或許跟臨床實施沒有直接關聯，也跟我們對變態行爲的理解沒有直接關聯，但是這項傳統很清楚地於幾十年後在塑造心理學家——他們把這種嚴謹的態度帶進臨床研究中——的思維上頗具影響力。

✦ 早期的心理學實驗室

　　1879年，馮德在萊比錫大學正式建立世界上第一所心理學實驗室，主要是探討與記憶及感覺有關的一些心理因素。馮德被譽爲實驗心理學之父，也是使心理學脫離哲學範疇而成爲一門獨立科學的最大功臣。卡泰爾（J. McKeen Cattell, 1860-1944）是馮德的一位學生，他把馮德的實驗方法引進美國，以之探討心理處理速度上的個別差異，而且把心理學研究結果加以統計量化，使現代心理學走向更科學更客觀的地位。卡泰爾在美國各地建立了許多研究實驗室。

　　然而，直到1896年，馮德的另一位學生魏特默（Lightner Witmer, 1867-1956）才開始結合研究與實務，然後在賓州大學開設美國第一間心理診所，魏特默的診所把焦點放在心理缺陷兒童的問題上，特別是從研究和治療兩方面著手。魏特默被認定爲是臨床心理學的創立者（McReynolds, 1996, 1997），他對於激勵他人加入這門新的專業頗具影響力。隨後，另一些診所也紛紛設立起來，其中特別受到重視的是海利（William Healy, 1869-1963）在1909年建立的「芝加哥少年精神病理機構」。海利率先視少年犯罪（juvenile delinquency）爲都市化的一種徵候，而不是視爲內在心理問題的結果。顯然，這樣的觀點等同於認定一個新的因果領域，即環境或社會文化的因素也可以是變態行爲的起因。

　　抵達二十世紀的第一個十年時，心理學實驗室和心理診所紛紛萌芽，促成了大量的研究（Goodwin, 2011）。就如同研究發現的蒐集及解讀，科學發現的快速及客觀的交流在現代心理學的發展上也同等重要。許多科學期刊就是發源於這個時期，以

便宣傳研究及理論發現。變態心理學領域上的兩本著名刊物是《變態心理學期刊》（*Journal of Abnormal Psychology*）（它是由Morton Prince創立於1906年）和《心理臨床》（*The Psychological Clinic*）（它是由魏特默創立於1907年）。隨著歲月的推移，期刊的數量顯著成長，「美國心理學會」（APA）現在發行為數眾多的科學期刊，其中許多是以變態行為和人格功能的研究為主旨。

🏁 行為學派的透視

雖然在十九世紀末期和二十世紀初期，精神分析論主宰關於變態行為的思潮，但另一個學派——行為主義（behaviorism）——從實驗心理學脫穎而出，試圖挑戰精神分析論的霸權。行為心理學家認為，主觀經驗的研究（像是經由自由聯想及夢的解析等技術）不能提供令人滿意的科學資料，因為這樣的觀察沒有開放機會給其他研究人員進行驗證。根據他們的觀點，只有直接可觀察的行為（即刺激，以及控制該刺激的強化條件）才能作為研究基礎，以供有系統地陳述人類行為的科學原理。

古典制約（classical conditioning）。這種學習方式是指非制約刺激（UCS）先天能夠引發非制約反應（UCR），當引進某一個中性刺激，再經過與非制約刺激的重複配對後，這一個中性刺激就成為制約刺激（CS），也將能夠引起制約反應（CR）。這方面的研究工作始於俄國生理學家巴卜洛夫（Ivan Pavlov, 1849-1936）發現制約反射（conditioned reflex）。大約在二十世紀才剛接手時，巴卜洛夫以實例說明，透過使得非食物的刺激（諸如鈴聲）有規律地伴隨食物多次呈現後，狗將會逐漸地針對非食物刺激也開始產生分泌唾液的反應。

巴卜洛夫在古典制約（也稱經典制約）上的發現激勵了一位美國的年輕心理學家華生（John B. Watson, 1878-1958），他正在尋找客觀的方式以探討人類行為。華生據理說明，假使心理學想要成為一門真正的科學，它將必須摒棄內在感覺和其他「心理」事件的主觀性，而限定自己於那些可被客觀地觀察的事件上。為了達成這點，他認為最好的方式莫過於單純地重新安排刺激條件，然後觀察它們所引致之行為的有系統變化。華生因此改變了心理學的研究焦點，不再探討純理論的（空談的）心理結構，轉而探討外顯的行為（overt behavior），他稱這種取向為行為主義。

華生也挑戰當時的精神分析學家和較為生物取向的心理學家，他提出變態行為是早先不幸及不經意制約的產物，這可以經由反制約作用（counterconditioning）加以矯正。到了1930年代，華生已對美國心理學界產生極大的衝擊，他的探討途徑把絕大重心放在社會環境在制約性格養成和制約行為（包括正常及異常行為二者）上的角色。

操作制約（operant conditioning）。當巴卜洛夫和華生正在探討居先的刺激條件和它們與行為反應的關係時，桑載克（E. L. Thorndike, 1874-1949）和隨後的史基

納（B. F. Skinner, 1904-1990）則正在探討一種不同性質的制約作用，也就是行為的後果影響行為。在環境中運作的行為可能具有引致一些結果的作用，而那些結果接下來決定了該行為在類似場合中將會重複發生的可能性。舉例而言，桑載克探討貓如何能夠學會特定反應，諸如拉扯鏈條，假使該反應跟隨有食物強化的話。這種學習就被稱為「工具制約」（instrumental conditioning），後來被史基納重新命名為「操作制約」，這兩個術語在今日仍被使用。根據史基納的觀點，行為是被「塑造」（shaped）的，當某些事物強化了有機體的特定活動時——這使得我們有可能「塑造動物的行為，幾乎就像是雕刻家塑造一塊黏土」（Skinner, 1951, pp. 26-27）。

這一章中，我們已觸及變態心理學領域的演進上幾個重要的趨勢；我們也依序敘述歷史上許多重要人物的貢獻，他們塑造了我們現今的觀點。雖然我們或許已擺脫了超自然的信仰，但我們在嘗試決定各種自然因素——不論它們是生物、心理或社會文化的因素——在變態行為所占有的角色上，卻是前進到極為複雜的地步。關於變態心理學領域上的一些重要貢獻人物，表2.1對之作扼要的論述。

表2.1　變態心理學早期歷史上的重要人物

遠古時期

希波克拉底斯（Hippocrates, 460-377 B.C.）
希臘醫生，相信精神疾病是自然原因和大腦病變的結果，而不是起因於鬼神論。

柏拉圖（Plato, 429-347 B.C.）
希臘哲學家，相信精神病患應該受到人道的對待，而且不需要為自己的行動負責。

亞里斯多德（Aristotle, 384-322 B.C.）
希臘哲學家，也是柏拉圖的弟子。他認同希波克拉底斯的理論：當體內的各種作用力（或體液）失衡時，就會導致精神疾病。亞里斯多德否決「心理因素為精神疾病之起因」的觀念。

蓋倫（Galen, A.D. 130-200）
希臘醫生，也是希波克拉底斯傳統的擁護者。他在我們對神經系統的理解上貢獻良多。蓋倫把精神疾病的起因劃分為身體和心理兩大類。

中世紀

阿維森那（Avicenna, 980-1037）
一位古代的波斯醫生。當西方醫學界以極不近人情的方式處理精神疾病時，阿維森那在治療精神失常者上卻採取人道的原則。

希爾黛卡德（Hildegard, 1098-1179）
一位非凡的女性，被稱為「萊茵河的西波兒」（Sybil of the Rhine），她在治療上利用自然界物體的療癒力量，也撰寫論文，探討博物學和植物的醫療用途。

十六世紀到十八世紀

帕拉賽瑟斯（Paracelsus, 1490-1541）
瑞士醫生，駁斥鬼神論為變態行為的起因，他相信精神疾病的心理起因。

阿維拉的德蕾莎（Teresa of Avila, 1515-1582）
西班牙的修女，後來被封為聖徒。她主張精神疾病是一種心靈的失衡。

威爾（Johann Weyer, 1515-1588）
德國醫生兼作家，為文反對鬼神論，因為他前瞻的觀點而受到他的同業和教會的排斥。

波頓（Robert Burton, 1576-1640）
牛津大學的學者。他在1621年發表一篇經典、深具影響力的論文：《憂鬱症的剖析》。

塔克（William Tuke, 1732-1822）
英國教友派的信徒，建立了約克靜修所，以使精神病患居住在合乎人道的環境中。

畢乃爾（Philippe Pinel, 1745-1826）
法國醫生，創先在法國的La Bicêtre和La Salpêtrière醫院實行道德管理，以人性化的方式對待精神病患。

拉許（Benjamin Rush, 1745-1813）
美國的醫生，也是美國精神病學的創建者。他在精神失常者的治療上採用道德管理——依據畢乃爾的人道主義的方法。

十九世紀和二十世紀初期

荻克絲（Dorothea Dix, 1802-1887）
美國教師，也是美國心理衛生運動的發起人。她強調住院的精神病患的身體福祉。

畢爾斯（Clifford Beers, 1876-1943）
美國人，當親身經歷了在精神機構中的生活後，他撰寫《發現自我的心靈》一書，發起運動以改變一般大眾對精神病患的態度。

梅斯麥（Franz Anton Mesmer, 1734-1815）
奧地利醫生，施行對催眠狀態的早期研究，視為一種醫療方法。

克雷培林（Emil Kraepelin, 1856-1926）
德國精神病學家，開發了第一套診斷系統。

佛洛依德（Sigmund Freud, 1856-1939）
知名的「精神分析」心理治療學派的創始人。

馮德（Wilhelm Wundt, 1832-1920）
德國科學家。他於1879年建立了第一所實驗心理學實驗室，隨後影響了變態行為的實證研究。

卡泰爾（J. McKeen Cattell, 1860-1944）
美國心理學家，採納馮德的方法，探討心理處理速度上的個別差異。

魏特默（Lightner Witmer, 1867-1956）
美國心理學家，他在美國開設第一間心理診所（1896），專注於心理缺陷兒童的問題。他也在1907年創立了《心理臨床》期刊。

巴卜洛夫（Ivan Pavlov, 1849-1936）
俄國生理學家。他是古典制約研究的創始人，也是1904年生理學諾貝爾獎的得主。

海利（William Healy, 1896-1963）
美國心理學家，建立了「芝加哥少年精神病理機構」，致力於推廣「精神疾病是起因於環境或社會文化的因素的觀念。

華生（John B. Watson, 1878-1958）
美國心理學家，施行學習原理的早期研究，後來被譽為行為主義之父。

史基納（B. F. Skinner, 1904-1990）
美國的學習理論家，他是操作制約學習理論的創立人，也是極端行為主義的代表人物。他堅信行為科學可以改造社會。

第三章

起因與觀點

　　在鑑定變態行為的起因上，每種都嘗試帶來它的理論或模式。今日，我們仍然對變態行為的起因一知半解，而對於起因的推測繼續提出新的變態模式。自從大約1900年以來，幾個重要的思想學派已開發精心的模式以解釋變態行為的起源，以及建議如何加以治療。這一章中，我們將討論其中最具影響力的幾種理論觀點，特別把注意力放在每種觀點已鑑定出不同類型的起因上。

第一節　變態行為的起因和風險因素

　　變態心理學領域的核心是，探討什麼因素使得人們感到心理苦惱，以及導致不良適應的行為。假使我們知道某一障礙症的起因，我們或許就能加以預防，或許還可以逆轉維持障礙症的那些狀況。假使我們清楚了解障礙症的起因，而不僅是依賴成群症狀，我們也可以對障礙症作更良好的分類及診斷。

　　雖然理解變態行為的起因是令人渴望的目標，但因為人類行為極為複雜，這是很難達成的目標。因此，許多研究人員現在較喜歡提及風險因素（risk factors，即那些與病態結果相關的變項），而不是提及起因（causes）。儘管如此，理解起因仍然是終極目標。

一、必要原因、充分原因與促成原因

　　先不論個人的理論觀點，幾個術語可被用來指出某一因素在變態行為的病原（etiology）上所扮演的角色。必要原因（necessary cause）（X）是指某一疾病（Y）的發生所必須存在的特性。例如，除非當事人先前感染過梅毒（X），否則麻痺性癡呆（Y）不可能發展出來；或者，更普遍而言，假使Y發生，那麼X必須已居先於它發生。另一個實例是亨丁頓病（Huntington's chorea，一種少見之退化性大腦障礙症，中樞神經系統的病態），只有當事人具有必要的基因（IT15，或亨丁頓基因），這種舞蹈症才會發展出來。迄今，大部分精神疾病尚未被發現具有必要原因，雖然還是繼續在尋找這樣的原因。

　　障礙症的充分原因（sufficient cause）（X）是指某一狀況保證了該障礙症（Y）將會發生。例如，現行的一項理論假定，絕望（X）是憂鬱（Y）的充分原因（Abramson et al., 1995, 1989）；或者，更普遍的說法，假使X發生，那麼Y也將會發生。根據這項理論，假使你對自己的未來足夠絕望，那麼你將會變得憂鬱。然而，充分原因可能不是必要原因。以憂鬱的例子來說，Abramson及其同事（1989）承認，絕望不是憂鬱的必要原因，憂鬱也存在其他原因。

最後，我們在精神病理的研究上最常探討的是促成原因（contributory causes）。促成原因（X）是指它提高了某一障礙症（Y）將會發展出來的或然率，但它既不是該障礙症發生的必要原因，也不是充分原因。更普遍來說，假使X發生，那麼Y發生的或然率將會提高。例如，父母的拒絕可能提高了下列兩種情況的或然率，其一是兒童日後在處理親密私人關係上將會發生困難，另一是兒童抵達成年期時，他在人際關係上被拒絕將會惡化為憂鬱狀態。我們在這裡是說，父母的拒絕可能是當事人後來發生障礙的促成原因，但它既不是必要原因，也不是充分原因（Abramson et al., 1989, 1995）。

除了辨別變態行為的必要、充分及促成原因，我們也必須考慮不同起因所運作之廣延的時間架構（time frame）。有些起因（causal factors）發生在生命相對上早期，它們可能潛伏很多年而沒有顯現效應，這些將被視為是遠因（distal risk factors），它們可能促成了產生某一障礙症的素質或傾向。例如，在生命早期喪失雙親之一，或在童年時期遭受父母的虐待或疏忽，這可能作用為遠因，使得當事人在成年期傾向於產生憂鬱或反社會行為。對照之下，另一些因素是在某一障礙症的症狀發生之前不久才開始運作，這些將被視為是近因（proximal risk factors）。有時候，近因可能是超越當事人所能負荷的一些處境，誘發了某一障礙症的發作。工作或學業上壓倒性的挫敗，或嚴重的婚姻不睦是近因的一些實例，可能導致憂鬱。在另一些案例中，近因可能涉及生理變化，諸如大腦左半球一些部位的損傷，這也可能導致憂鬱。

增援促因（reinforcing contributory cause）是指某一情況傾向於維持已經發生的不良適應行為。例如，當一個人生病時，他可能獲得額外的關注、同情，以及豁免不想要的責任；這些愉快的經驗可能無意中阻撓了病人的復原。另一個例子發生在當憂鬱症患者展現疏遠於他的朋友及家人的行為時，這導致更強烈的被拒絕感而增援了現存的憂鬱（Joiner & Timmons, 2009）。

對許多形式的精神病態而言，我們迄今仍不清楚是否存在必要原因或充分原因，雖然解答這個問題仍然是當前大部分研究的目標。無論如何，針對大多數形式的精神病態，我們倒是相當清楚它們的許多促成原因。一些遠因在兒童期設立了易罹性（或脆弱性），使得當事人在後來生活中易於招致一些障礙症，另一些近因則似乎直接引致障礙症，還有些因素則可能促成障礙症的維持。

必要原因	假使Y障礙症發生，那麼X起因必然居先於它發生。
充分原因	假使X起因發生，那麼Y障礙症也將會發生。
促成原因	假使X起因發生，那麼Y障礙症的或然率將會提高。

圖3.1　變態行為：原因的類型

二、變態行為的回饋和雙向性

在傳統的科學上，決定因果（cause-and-effect）關係的工作，主要是把焦點放在隔離狀況X（起因），然後證明它能導致狀況Y（果）。例如，當血液中的酒精成分達到一定水平，酒精中毒就會發生。當涉及不只一個起因時（經常是這種情況），就稱之為起因型態（causal pattern）。在此，狀況A、B、C等導致狀況Y，在任一種情況中，這種因果概念依循簡易的線性模式（linear model），即某一指定變項（或一組變項）導致結果，不論是立即或日後才發生。然而，在行為科學中，我們處理大批交互作用的起因，通常很難辨別什麼是因，什麼則是果，這種情形的發生是因為，「果」可能充當回饋（feedback），而能夠反過來影響「因」，換句話說，回饋的效應和相互（雙向）影響的存在必須被考慮進來。

思考下列的例子，它說明我們關於因果關係的概念必須考慮回饋之雙向性（bidi-rectionality）的複雜因素。

一位男孩跟他父母的互動一直有許多問題，他常規地誤解他的同伴的意圖為帶有敵意，他發展出一些防衛策略以對抗他想像的他人的敵意，諸如拒絕他人展現的善意，他錯誤地將之解讀為是在施恩。面對這位男孩吹毛求疵的行為，他的同伴變得防衛、敵對及排斥，因此證實及增強該男孩扭曲的預期。什麼是這個男孩跟他同伴相處困難的起因？他跟他父母的互動？他傾向於誤解他人的意圖？他的防衛？他的同伴的反應？每一種似乎都促成了這個僵局。然而，如何梳理所有這些狀況，以便理解它們是否（及如何）促成他的困境，是一件極具挑戰性的工作。歡迎光臨精神病理研究的現實世界！

三、素質—壓力模式

我們在這一章將會討論到變態行為的許多觀點或模式，它們共有的一個特徵是它們可以被視為是素質—壓力模式。素質（diathesis）是指個人所具有容易產生某一障礙症的先天傾向，它可以是源於生物、心理或社會文化的起因，而我們將討論的不同觀點，傾向於強調不同性質的素質的重要性。當事人首先具有某一障礙症的素質或易罹性（vulnerability），再隨著一些種類的壓力源（stressor）作用於當事人身上，許多精神疾病被認為就是這樣發展出來，這就是一般所謂的變態行為的素質—壓力模式（diathesis-stress models）（例如，Meehl, 1962; Monroe & Simons, 1991; Ingram & Luxton, 2004）。把這些用語轉換為前面描述的各種致因，素質是相對上遠期的必要原因或促成原因，但它通常不是引致該障礙症的充分原因，反而，必然存在有較近期的不稱心事件或境遇（壓力源），這可能也是促成原因或必要原因，但通常本身還不

足以引起該障礙症，除非發生在具有該素質的當事人身上。

　　壓力（stress）是指個人對干擾他身體或心理均衡的刺激事件所表現出的反應型態，但此類事件必須是超出了他的個人資源，或造成過度負荷（Folkman & Moskov-itz, 2004; Lazarus, 1993）。它經常發生在當個人經歷不合意的長久或偶發事件時。只有當高壓的環境已導致不良適應的行為後，通常才能推斷出素質或易罹性的存在。但使得事情更為複雜的是，促成素質發展的那些因素本身有時候是相當強力的壓力源，諸如當小孩經歷父母之一的死亡時，他可能從中獲得在日後生活中容易變得憂鬱的傾向或素質。

　　素質和壓力如何聯合起來導致疾患？研究人員已提出幾種不同方式（Ingram & Luxton, 2005），在所謂的加成模式中（additive model），當人們具有高水平的素質時，他們可能只需要少量的壓力就足以導致障礙症的成形，但是對那些素質水平偏低的人們而言，他們可能需要經歷大量的壓力才能促成障礙症的成形。換句話說，素質和壓力二者被合計起來，當一方偏高時，另一方可能偏低，反之亦然。因此，當個人不具有素質或具有極低水平的素質時，他仍然可能發展出障礙症──當面臨真正嚴厲的壓力時。在所謂的互動模式中（interactive model），於壓力將會產生任何效應之前，個人必須先存在一些數量的素質。因此，在互動模式中，當個人不具有素質時，他將永不會發展出該障礙症，不論他經歷多大的壓力。至於當個人具有該素質時，隨著遞增的壓力水平，他將顯現遞增的可能性會發展出該障礙症。因為素質通常是存在於連續維度上，從零延伸到極高水平，這表示也可能存在更為複雜的模式。圖3.2以圖表說明這每一種可能性。

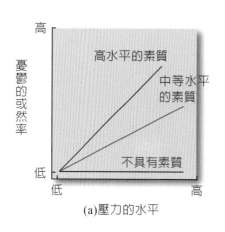 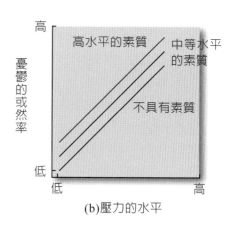

(a)素質-壓力交互作用的互動模式；(b)素質-壓力交互作用的加成模式。

圖3.2　素質-壓力模式

資料來源：摘自S. M. Monroe & A. D. Simons（1991）。

自1980年代後期以來，研究重心已擺在防護因素（protective factors）的概念上，也就是改善當事人對環境壓力源反應的一些作用力，以使得當事人將較不可能蒙受壓力源的不利後果（Cicchetti & Garmezy, 1993; Masten, 2001; Masten et al., 2004; Rutter, 1985）。需要注意的是，防護因素不僅是指缺乏風險因素，它更是指在那些有風險的群體中主動緩衝或降低負面結果的可能性。兒童期的一個重要防護因素是擁有良好的家庭環境，至少雙親之一是溫暖而支持的，以容許兒童與父母之間發展出良好的依附關係（attachment relationship）（Masten & Coatsworth, 1998）。然而，防護因素不一定是正面經驗，事實上，偶爾置身於充滿壓力的情境，然後再成功地加以應付，這可以促進個人的自信心或自尊，從而作用為防護因素。因此，有些壓力源可促進因應能力（coping）。這種「在心理上作好武裝」（steeling）或「預防接種」（inoculation）的效果，較可能隨著適度壓力源而發生，而不是發生在輕微或嚴重的壓力源（Barlow, 2002a; Hetherington, 1991）。還有些防護因素則完全與經歷無關，而僅是個人的某些特質或屬性。例如，基於一些我們迄今還不是很清楚的原因，女孩要比男孩較不易受到許多心理社會壓力源的傷害，諸如父母的衝突；也較少蒙受身體的危害（Rutter, 1982）。另一些具有防護作用的屬性包括隨和的性情、高自尊、高智力、高情緒智商及學業成就（Masten, 2001; Masten & Coatsworth, 1998）。

防護因素經常（但不總是）導致復原力（resilience），復原力是指順利地適應非常艱困處境的能力。這方面的例子像是儘管兒童的父母有毒品成癮或身體虐待的情形，但兒童仍然堅持不懈，進而在學校表現良好。更普遍而言，「復原力」是用來描述一種現象，即「儘管蒙受一些風險經驗，被預期將會帶來嚴重後遺症，但有些人仍然擁有相對上良好的結果」（Rutter, 2007, p. 205）。更為平常的說法，復原力就是「克服對自己的不利條件（劣勢）」。遞增的證據顯示，假使兒童的基本適應系統（諸如智力與認知發展、自我調節的能力、爭勝的動機、有效的父母管教，以及在處理壓力上良好運轉的神經生理系統）是正常運作的話，那麼最具威脅性的環境也將只能對個人產生極低的衝擊（Masten, 2001; Sapienza & Masten, 2011）。

但是個人仍然傾向於發生失調，特別是當：(1)一個或一個以上的這些適應系統打一開始就顯得脆弱時（例如，低智力，或處理壓力上不良運轉的神經生理系統）；(2)當嚴重的壓力源損害一個或一個以上的這些系統時（例如，當父母之一過世時）；或(3)當挑戰程度遠超過人類的適應能耐時（例如，暴露於長期性的創傷，像是置身於戰爭；或暴露於長期性的虐待，像是置身於粗暴對待的家庭）（Ungar, 2015）。然而，我們也應該提醒，復原力不應該被視為一種「全有或全無」（all-or-none）的能力，一些研究已顯示，有復原力的兒童（也就是那些儘管高度壓力仍展現高度社會勝任能力的兒童）依然體驗到不少自我報告的情緒苦惱。再者，兒童在某個領域展現復原力，卻可能在其他領域顯現重大障礙。

　　總而言之，我們可以把變態行爲的起因劃分爲二者，一是位於當事人內部，也就是當事人的生理結構（體質）或一些早先經驗，諸如素質、易罹性或先天傾向；另一是屬於當事人生活中現存的挑戰，也就是各種壓力源。通常，不論是素質或壓力本身都不足以引起該障礙症，但是聯手之下，它們有時候可能導致個人的病態行爲。

　　從防護因素和復原力的討論中應該很清楚的是，素質-壓力模式需要在「多元起因發展模式」（multicausal developmental models）的寬廣架構中加以考慮。具體而言，在發展過程中，兒童可能獲得各種累積的風險因素，它們可能交互作用而決定他在精神病態上的風險，這些風險因素也與各種防護過程交互作用，以及有時候與壓力源交互作用，進而決定該兒童在兒童期、青少年期或成年期是否以正常及適應的方式發展（對比於顯現不良適應行爲和精神病態的徵兆）。

　　如我們在接下來的章節將看到，變態行爲的不同模式鑑定出不同素質和不同壓力源作爲通往病態的路徑，也檢定出不同的防護因素作爲當面臨逆境時通往復原的路徑。

第二節　理解變態行爲起因的幾種觀點

　　在行爲科學上，學生經常感到困惑，因爲針對同一件事情，通常存在好幾種競爭的解釋。例如，什麼引起憂鬱症？我們可以從許多不同觀點來探討這個問題。首先是採取生物學的觀點（biological perspective），我們嘗試理解像是遺傳素質、神經生理層面及激素反應等因素，如何可能影響精神病態——這種策略在近些年來已逐漸普遍。其次是採取心理學觀點（psychological perspective），嘗試理解功能不良的思想、情感及行爲如何可能導致精神病態。第三是採取社會文化的觀點（sociocultural perspective），我們嘗試理解社會及文化的因素，如何可能影響我們對變態行爲的看待方式。

　　當然，這些不同觀點互有重疊，所以我們需要一種整合方式，以便爲各種形式精神病態的起源提供充分的理解。因此，近些年來，許多理論家已逐漸認識更具整合性的生物心理社會觀點（biopsychosocial viewpoint）的必要性，即認定生物、心理及社會的因素發生交互作用，並且都在精神病態和治療上扮演一定角色。再者，這每一種因素的文化背景也發揮了作用，影響我們如何思考行爲，包括正常行爲和異常行爲二者。

第三節　生物方面的觀點

　　傳統的生物學觀點強調精神疾病也是一種身體疾病，只是它們的許多主要症狀是屬於認知、情緒或行為的層面。因此，精神疾病被視為是中樞神經系統、自律神經系統、及／或內分泌系統的失調，要不是繼承而來，就是一些病變歷程所引起。在過去，採取這種觀點的人士希望找到簡單的生物層面的解釋。然而，今日，大多數臨床心理學家和精神病醫師認識到，真正的解釋絕不是如此單純，心理和社會文化的起因被認為也扮演重要的角色。

　　這裡，我們將專注於四個範疇的生物因素，它們似乎特別與不良適應行為（maladaptive bahavior）的發展有所關聯：(1)遺傳脆弱性；(2)大腦機能失常與神經可塑性；(3)大腦（或中樞神經系統的其他部位）神經傳導物質和激素的失衡；及(4)氣質。這每一個範疇都包含一些狀況，它影響我們身體的素質及功能，也影響我們的行為。這些因素通常不是互相獨立的，而是彼此交互作用。再者，不同因素可能在不同人們身上扮演了或多或少的重要角色。

一、遺傳脆弱性

　　基因（genes）是決定遺傳特徵的基本單位，它是由長串的DNA（去氧核糖核酸）分子所構成。染色體（chromosomes）是細胞核內承戴著遺傳單位（基因）的鏈狀結構。基因是我們從自己父母繼承而來的遺傳訊息的攜帶者，每個基因是以複本的形式存在，稱為對偶基因（alleles，指位於成對染色體的對等位置的基因，它們成對排列，一個來自父方，另一個來母方）。

　　雖然基因無法充分決定當事人是否產生精神疾病，但有實質的證據指出，大部分精神疾病顯現至少某種程度的遺傳影響力（Plomin et al., 2013; Rutter, 2006a）。這些遺傳影響力中，有些（諸如概括的氣質特徵）是初發於新生兒和兒童。例如，有些兒童天生就是較為害羞或焦慮，另有些則較為外向（Fox et al., 2010; Kagan & Fox, 2006）。然而，另一些遺傳來源的脆弱性直到青少年期或成年期才表明出來——大部分精神疾病在這個時期首度現身。

　　我們身體的每一個體細胞裡都擁有23對染色體（總共46條染色體），其上含有遺傳物質，登錄了每個人的遺傳計畫，在每對染色體中，其中一條來自母方，另一條來自父方。這些成對染色體中，其中22對決定了（經由它們的生物化學作用）當事人的綜合解剖特徵和其他生理特徵，至於第23對稱為「性染色體」，它決定了當事人的性別。如果兩條都是X染色體，所產下的子女是女性（XX）；如果從父親繼承的性染色體是Y染色體，那麼子女就是男性（XY）（見圖3.3）。

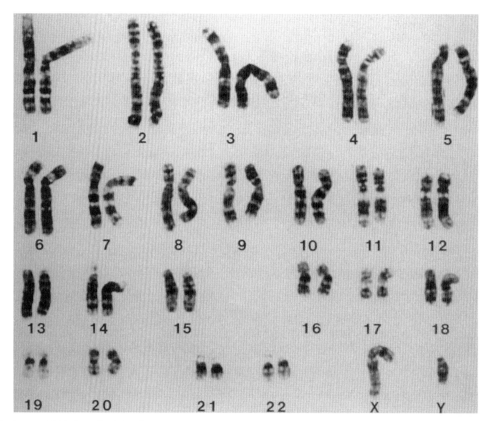

正常的人類男性擁有23對染色體，包括一條X染色體和一條Y染色體。（摘自Thomas D. Gelehrter et al. (1998)）

圖3.3　人類的染色體對

　　發展遺傳學（developmental genetics）上的研究已顯示，染色體在結構或數量上的異常與一些重大缺陷或疾病有關。例如，唐氏症候群（Down syndrome）是一種先天性智能遲緩的綜合症狀，患者的頭顱肥大，兩眼間的鼻梁較寬、眼睛經常斜視而手指粗短。這種症候群的遺傳特徵是第21對染色體增生了一個，因此染色體的總數為47個，而不是正常的46個。在此，額外的染色體是該疾病的主因。異常也可能發生在性染色體上，產生各式各樣的併發症，諸如曖昧不明的性特徵，可能使得當事人容易產生病態行為。

　　然而，較典型的情況是，人格特質和精神疾病不會受到染色體異常本身的影響。反而，它們較常受到兩種狀況的影響，一是染色體上一些基因的異常，另一是天然發生的基因變異，稱為多態性（polymorphisms）。雖然你將會經常看到報紙新聞，指出某一障礙症的「基因」已被發現，但是精神疾病的脆弱性幾乎總是多基因的（polygenic），這表示它們是受到複式（多數）基因的影響，任何單一基因只具有極輕微的效果（Kendler, 2005; Polmin et al., 2013）。換句話說，遺傳上脆弱的當事人

經常是繼承了大量的基因，它們以加成或互動的方式一起運作而提高了脆弱性。集體地，這些基因可能導致：(1)中樞神經系統的結構異常；(2)大腦化學調節和激素平衡上的失常；或(3)自律神經系統（涉及調節我們的許多情緒反應）反應性的過度或不足。

在變態心理學的領域中，遺傳的影響力很少是以簡單而直接的方式表現出來。這是因為行為（不像一些身體特徵，如眼珠的顏色）不是完全由遺傳天賦所決定；反而，它是有機體與環境互動之下的產物。換句話說，基因只能間接地影響行為。正常情形下，基因的「表現」（expression）不是登錄在DNA上訊息的單純結果，反而是受到內在環境（例如，子宮內）與外在環境影響的一組錯綜複雜歷程的最終產物。事實上，面對像是壓力等環境影響力，基因實際上能夠被「開啓」及「關閉」，即「活化」或「去活化」。

遺傳型與現象型的關係

個人的整體遺傳天賦被稱為他的遺傳型（genotype，或基因型），除了同卵雙胞胎外，任何人在展開生命時不可能跟另一個人擁有相同的基因構造。至於所觀察到結構及功能的特徵則是起源於遺傳型與環境的交互作用，就被稱為個人的現象型（phenotype，或表現型）。

遺傳型—環境的交互作用

在大部分情況中，遺傳因素不是引起精神疾病的必要及充分的原因，但是它們能夠促成脆弱性或素質，進而發展出精神病態──只有發生在如果當事人生活中存在重大壓力源。這被稱為是遺傳型-環境的交互作用（genotype-environment interaction）。我們以「苯酮尿症引發的心智遲緩」這個障礙症加以說明。如果兒童具有苯酮尿症（PKU，一種遺傳性的胺基酸代謝作用障礙，當事人因為基因異常，無法合成某種酶，致使苯丙胺酸無法轉化為酪胺酸而累積在血液和組織中，其衍生物有毒，會造成腦神經組織的損害）的遺傳脆弱性，他們對許多含有苯丙胺酸的常見食物的生理反應大不同於正常兒童，甚至會產生永久性的嚴重智能不足（Plomin et al., 2013; Rutter, 2006b）。幸好，這種症候群可以被預防，假使幼兒的飲食受到控制（直到大約5或6歲），排除含有苯丙胺酸的食物的話。

另一個例子發生在有憂鬱症之遺傳風險的人們，他們被發現較可能對高壓的生活事件起反應而變得憂鬱──相較於不具有該遺傳風險因素而經歷相同之高壓生活事件的人們（Moffitt et al., 2005, 2006）。在一項重要的研究中，幾近850位年輕人從3歲起就接受追蹤調查，研究人員找到支持「遺傳型-環境交互作用」的證據，它涉及某一基因的幾個變異，而這個基因牽涉神經傳導物質血清素（serotonin）的運送。這個

基因的變異影響了當事人在20多歲時將會發展出重度憂鬱的可能性，但是只有當也把跟生活壓力的互動考慮進來才算成立（Caspi et al., 2003）。

遺傳型-環境的相關

在許多個案上，基因實際上可以塑造兒童所擁有的環境經驗，因此以重要方式影響了現象型。例如，一位兒童在遺傳上傾向於有攻擊行為，在小學階段，他可能因為攻擊行為而遭到他的同伴的排擠，這樣的排擠可能導致該兒童在國中或高中階段進一步結交有類似攻擊及違規行為的同伴，造成他有偏高的可能性在青少年期發展出充分成形的犯罪行為模式。當遺傳型以這種方式塑造兒童所擁有的環境經驗時，我們指稱這種現象為遺傳型-環境的相關（genotype-environment correlation）（Plomin et al., 2013; Rutter, 2007）。研究人員已發現三種重要的方式，個人的遺傳可能以之塑造他的環境（Jang, 2005; Plomin et al., 2013）。

1. 兒童的遺傳型可能對環境具有所謂的消極效應（passive effect），起因於父母與子女的遺傳相似性。例如，高智力的父母可能為他們子女提供高激勵性（啟發性）的環境，因此製造了一種環境，而將以正面方式跟子女高智力的遺傳天賦互相影響。反過來說，對於展現反社會行為的父母而言，他們傾向於製造一種有風險的環境，特色是家庭功能不良，從而提高了他們子女在一些精神疾病上的或然率（Rutter, 2006b）。

2. 兒童的遺傳型可能引發來自社會環境和物理環境之特定性質的反應 —— 所謂的誘發效應（evocative effect）。例如，活潑而快樂的嬰兒召喚他人較為正面的反應 —— 相較於不活躍而缺乏感應的嬰兒（Lytton, 1980）。同樣地，有音樂才能的兒童可能在學校中被挑選出來，且被授予特殊的機會（Plomin et al., 2013）。

3. 兒童的遺傳型可能在塑造環境上扮演較為主動的角色 —— 所謂的積極效應（active effect）。在這種情況中，兒童尋求或建立一種意氣（性情）相投的環境，這種現象被稱為「建立自己適宜的棲息地」。例如，外向的兒童可能尋求與他人為伍，從而增強他們自己好交際的傾向（Plomin et al., 2013）。

探討遺傳影響力的方法

雖然在探討與精神病態有關聯的遺傳因素上已有良好進展，但就大部分情況而言，我們尚未能夠從基因本身隔離出各種精神疾病的特定缺陷。因此，關於遺傳因素在精神疾病上的角色，我們所擁有的大部分資訊不是建立在基因的研究上，而是建立在彼此有親戚關係的人群的研究上。行為遺傳學（behavior genetics）領域是聚焦於探討各種精神疾病（以及其他層面的心理功能）的可遺傳性，它在傳統上採用三種主要方法：(1)家族史方法；(2)雙胞胎方法；及(3)領養方法。較為近期，另兩種方法

（連鎖分析和聚合研究）也已被開發出來。

　　家族史方法（family history method，也稱家譜方法）需要研究人員觀察每個淵源人（proband）或指標病例（index case，即所涉障礙症或特質的受試者，或帶原者）的親族樣本，以看看障礙症的發生率是否隨著遺傳關係的程度而成比例地增加。此外，該障礙症在正常人口中的發生率（作爲控制情況），被拿來與它在指標病例的親族中的發生率進行比較。這種方法的主要限制是，遺傳上較爲密切關聯的人們也傾向於具有較爲相似的環境，這使得我們難以區隔遺傳效應與環境效應。

　　雙胞胎方法（twin method）是探討遺傳對變態行爲影響的第二種途徑。同卵雙胞胎（identical or monozygotic twins）擁有相同的遺傳天賦，因爲他們是從單一合子（或受精卵）發育而來。因此，假使某一障礙症或特質是完全遺傳性的，我們可以預期一致率（concordance rate，即雙胞胎兩方都具有該障礙症或特質的百分比）將是100%。這也就是說，假使同卵雙胞胎之一具有某一障礙症，那麼另一方也將具有該障礙症。然而，對任何形式的精神病態而言，同卵雙胞胎的一致率都不可能這般高。因此，我們可以放心地斷定，沒有任何精神疾病是完全遺傳性的。不過，如我們將看到，在一些較爲嚴重形式的精神病態上，同卵雙胞胎有相對上偏高的一致率，這些一致率特別具有意義，當它們迥異於在非同卵雙胞胎身上所發現的一致率時。非同卵或異卵雙胞胎（nonidentical or dizygotic twins）所共有的基因就跟同一父母所生的子女們沒有兩樣，因爲他們都是從兩個不同受精卵所發育出來，因此，我們可以預期，假使某一障礙症有強烈的遺傳成分的話，異卵雙胞胎（DZ）在該障礙症上的一致率將遠低於同卵雙胞胎（MZ）的一致率。如此一來，經由比較同卵雙胞胎與非同卵雙胞胎之間的一致率，我們就可取得某一特質或障礙症之遺傳傳遞的證據。就我們將討論的大部分障礙症而言，非同卵雙胞胎的一致率實際上遠低於同卵雙胞胎。

　　有些研究人員提出異議，他們表示同卵雙胞胎相較於異卵雙胞胎在障礙症上較高的一致率並不是遺傳貢獻的決定性證據，因爲始終有可能的是同卵雙胞胎受到他們父母較爲相似的對待——相較於異卵雙胞胎受到的對待（Bouchard & Propping, 1993; Torgersen, 1993）。然而，研究已提供證據，指出遺傳相似性遠比父母行爲的相似性還重要（Plomin et al., 2013）。儘管如此，在探討精神病態的遺傳因素上，理想的研究應該包含一些同卵雙胞胎，而他們在顯著不同的環境中被分開養育。不幸地，我們極爲不容易找到這樣的雙胞胎（美國或許只有幾百對而已），因此只有幾個這樣的小型研究已被執行。

　　第三種用來探討遺傳影響力的途徑是領養方法（adoption method）。它利用領養的事實，製造一種情勢，即有些人不享有共同的家庭環境，儘管他們在遺傳上有密切關係。在這種方法的一種變化類型中，第一組人們罹患某一障礙症（而且他們在出生後不久就被領養），第二組人們則未罹患該障礙症（他們也在出生後不久就被領

養），研究人員接著對這兩組人們的生身父母進行比較，以決定這兩組生身父母在該障礙症上的發生率。假使存在遺傳影響力的話，我們可以預期第一組生身父母將會有較高的發生率——相較於第二組生身父母在該障礙症上的發生率。在另一種變化類型中，第一組生身父母罹患某一障礙症，第二組則是正常的生身父母，然後研究人員比較這兩組父母分別被領養的子女在該障礙症上的發生率。假使存在遺傳影響力的話，第一組生身父母的被領養子女應該在該障礙症上有較高的發生率。

雖然在解讀這每一種方法上，我們總是可能落入陷阱，但假使利用所有這三種策略的研究都指向共同的結果，那麼關於遺傳對障礙症的影響，我們就能獲致適度有信心的結論。

◼ 區隔遺傳與環境的影響力

因為這三大類關於可遺傳性（heritability）的研究都在一定程度上區隔了遺傳與環境，它們也容許我們檢驗環境因素的影響力，甚至容許我們區別「共有」（shared）與「非共有」（nonshared）的環境影響力。「共有的環境影響力」是指那些將會使得家庭內的子女較為相似的影響力，不論該影響力是發生在家庭之內（例如，家庭不睦及貧窮），或發生在環境中（例如，兩所高素質的學校，雙胞胎各進入其中一所）。「非共有的環境影響力」則是指那些家庭內的不同子女受到不一樣影響的作用力。這些可能包括在學校中的特有經驗，也包括在家庭中一些特有的教養方式，諸如父親或母親可能以性質上不同的方式對待不同的子女。後者的一個例子是，當父母發生口角而彼此展現敵意時，他們可能把一些子女牽扯進衝突中，但其他子女則能夠置身事外（Rutter et al., 1993）。對許多重要的心理特性和許多形式的精神病態而言，非共有的環境影響力顯得更為重要——這也就是說，在影響兒童的行為及適應上，兒童所特有的經驗可能要比家庭內所有子女所共有的經驗更具有作用（Plomin et al., 2013; Rutter, 1991, 2006a）。

◼ 連鎖分析與聚合研究

較新近的分子遺傳學方法（molecular genetic method）已被使用來探討精神疾病的遺傳影響力，包括連鎖分析（linkage analysis）和聚合研究（association studies）。當前面描述的那些方法試圖取得不同障礙症之遺傳影響程度的量化估計值時，連鎖分析和聚合研究則試圖決定，那些負責精神疾病之基因的實際位置。這是很令人興奮的探討途徑，因為檢定出基因的位置，將可提供很有前途的引導，以開拓針對那些障礙症的新式治療法，以及甚至預防。

在過去二十年中，一些發表的研究採用連鎖分析已提供證據，支持（例如）雙相情緒障礙症的基因在11號染色體上的位置所在，以及負責思覺失調症的基因在22、

6、8及1號染色體特定部位上的位置。然而，許多其他研究無法複製這些結果。因此，大部分結果在目前被認為不具決定性（Carey, 2003; Rutter, 2006a）。這方面的局部疑難在於，大部分這些障礙症是受到許多不同基因的影響，這些基因散布在多數染色體上。迄今，這些連鎖分析技術在找到單一基因大腦障礙症的基因位置上最為成功，諸如亨丁頓舞蹈症（Plomin et al., 2013; Rutter, 2006a）。同樣的，雖然聚合研究在檢定出任何特定基因的低微效應上更具前景，但它也碰到同樣的疑難，即大多數精神疾病已知是受到複式基因的影響。

　　總之，在探索新的預防途徑或治療途徑上，採用連鎖和聚合方法論的研究具有莫大的前途。然而，就目前而言，這樣的指望尚未能實現，因為提出可重複驗證的結果上的困難。

專欄3-1

先天、後天與精神病態：對舊議題的新透視

　　關於遺傳對行為、特質及精神病態的影響，人們對這方面研究抱持許多錯誤觀念及刻板印象。我們以下呈現幾個較重要的此類觀念（Plomin et al., 2013; Rutter, 1991, 2006a）。

　　1.**錯誤觀念**：強力的遺傳效應意味著環境影響力必然是不重要的。**事實**：即使我們所討論的特質或障礙症具有強烈的遺傳影響力，環境因素仍可能對該特質的程度產生重大衝擊。例如，身高強烈受到遺傳的決定，但營養因素對於當事人可達到的實際身高仍有很大的影響。在1900年到1960年之間，在倫敦長大的男孩的平均身高增加大約10公分，完全是得力於飲食的改善（Tizard, 1975）。

　　2.**錯誤觀念**：基因指定了潛能的界限。**事實**：假使個人的環境改變的話，個人的潛能也可能改變，如上述身高的例子所說明的。另一個例子是，有些兒童出生於居社會劣勢的父母，但他們被領養而受到社會優勢父母的養育。相較於那些在社會劣勢環境中長大的兒童，這些兒童擁有大約12分較高的平均智商（Capron & Duyme, 1989）。

　　3.**錯誤觀念**：遺傳策略對於探討環境影響力不具有價值。**事實**：相反的陳述才是正確的，因為關於環境對性格及精神病態的影響，遺傳的研究策略提供了關鍵性的檢驗。例如，因為同卵雙胞胎擁有完全相同的基因，但是一致率卻低於100%，這清楚說明了環境影響力的重要性，特別是那些非共有環境的影響力（Bouchard & Loehlin, 2001, Rutter, 2006a）。

4.錯誤觀念：遺傳效應隨著年齡增加而遞減。**事實**：雖然許多人認定遺傳效應應該在出生時達到極點，然後隨著年齡遞增，環境的影響力愈來愈強勁；但是現在已經清楚，這種情形不一定正確（Plomin, 1986; Rutter, 2006a）。對於身高、體重及智商而言，異卵雙胞胎在嬰兒早期的相似情形幾乎就跟同卵雙胞胎沒有兩樣，但是隨著時間的推進，異卵雙胞胎要比同卵雙胞胎顯現較大的差異。不論是什麼原因，直到至少兒童中期或甚至成年早期之前，許多關於心理特性的遺傳效應隨著年齡而增加。再者，另有些遺傳效應不到生命的更晚期不會顯現出來，如我們在第十四章將會討論的亨丁頓疾病（Huntington's disease）的病例。

5.錯誤觀念：在家族中流傳的障礙症必然是遺傳的，而那些不在家族中流傳的障礙症必然不是遺傳的。**事實**：許多實例反駁這些錯誤觀念。例如，10多歲初發的青少年犯罪（juvenile delinquency）傾向於在家族中流傳，但這似乎主要是由於環境影響力，而不是遺傳影響力（Plomin et al., 2013）。反過來說，自閉症是較爲罕見的障礙症，它顯得不像會在家族中流傳（只有大約3%的子女會有該障礙症），但它似乎有很強力的遺傳效應（Rutter, 2006a; Plomin et al., 2013）。

二、大腦機能失常與神經可塑性

特定的大腦損傷（帶有可觀察的腦組織缺損）很少是精神疾病的主要原因。然而，過去幾十年來，關於大腦結構或功能之較爲微妙的缺陷，如何牽連進許多精神疾病中，我們在這方面的理解以快速的步伐進展。其中許多進展來自精密之新式神經造影技術漸進被派上用場，大有助於我們直接探討大腦的功能及結構。這些及另一些技術已顯示，大腦發育的遺傳方案不是我們一度認爲的那般僵化及具決定性（Gottesman & Hanson, 2005; Thompson & Nelson, 2001）。反而，個人存在大量的神經可塑性（neural plasticity）──也就是大腦的變通性（flexibility），當面臨產前與產後經驗、壓力、飲食、疾病、藥物及成熟等作用力時，大腦有能力在組織及功能上從事一些變動。現存的神經迴路可以被變更，或嶄新的神經迴路可以被產生（Kolb, Gibb & Robinson, 2003）。但其效果對個體可能是有益的，也可能是有害的，視情況而定。

產前經驗的正面效果上，實例之一是把懷孕的母鼠安置在充實而飽含刺激的環境中，結果發現牠們的子女較少受到發生在發育早期之腦部傷害的不利影響（Kolb et al., 2003）。至於產前經驗的負面效果上，實例之一是懷孕的母猴被置身於不可預測的巨大聲響，結果發現牠們的嬰兒神經過敏而緊張不安，而且顯現神經化學的異常──具體而言，就是循環性兒茶酚胺（catecholamines，一種激素）趨高的濃度

（Schneider, 1992）。許多產後的環境事件也會影響嬰兒和幼兒的腦部發育（Nelson & Bloom, 1997; Thompson & Nelson, 2001）。例如，出生後新的神經連結（或突觸）的形成，顯著地受到年幼有機體所擁有經驗的影響（Rosenzweig et al., 2002）。當老鼠在有豐富刺激的環境中（對比於孤立、隔離的環境中）被養大時，牠們皮質的一些部位顯現較濃密和較厚重的細胞發育（以及每個神經元有較多的突觸）。當年紀較大的動物接觸有豐富刺激的環境時，牠們也可能發生類似但較不廣泛的變化。身體運動（諸如跑步）也已被顯示導致了神經發生（neurogenesis，新的腦細胞的製造）（Stranahan et al., 2007），實際上，神經可塑性在某種程度上延續整個生涯。

　　這些關於神經可塑性及行為可塑性的研究，再結合先前所描述之遺傳型-環境相關的研究工作，很清楚指出為什麼發展精神病理學家把增多的注意力，專注於發展的系統探討途徑上（developmental systems approach）。這種探討途徑認識到，不僅遺傳素質會影響神經活動，神經活動接著會影響行為，然後行為接著影響環境，而且這些影響力是雙向的。因此，圖3.4不僅說明了這第一個方向的影響力，也顯示我們環境的各種層面（物理、社會及文化的層面）如何也影響我們的行為，行為接著影響我們的神經活動，而神經活動接著甚至可能影響遺傳活動（Gottesman & Hanson, 2005; Gottlieb & Halpern, 2002; Masten, 2006）。

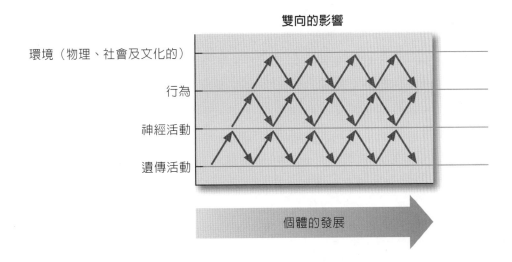

圖3.4　雙向的影響——心理生物發展的系統觀點

資料來源：Gilbert Gottlieb, from Individual Development and Evolution：The Genesis of Novel Behavior（1992）。

三、神經傳導物質和激素的失衡

為了讓腦部適當地發揮功能，神經元（neurons，或稱神經細胞）需要能夠彼此有效地交流（傳達信息）。某個神經元的軸突與另一個神經元的樹突或細胞體（cell body or soma）之間的交流部位是突觸（synapse）——神經元之間的小空隙。這些神經細胞間的傳遞是經由神經傳導物質（neurotransmitters）來達成。神經傳導物質是一種化學物質，當神經衝動（nerve impulse，也稱神經脈衝，即外界刺激所引起而沿神經系統傳導的電位活動）發生時，它們被突觸前神經元釋放到突觸中（參考專欄3-2）。神經傳導物質有許多種類，有些是增加突觸後神經元將會「放電」（產生衝動）的可能性；另有些則是抑制該衝動。神經信息是否能夠順利地傳送到突觸後神經元，這尤其是視一些神經傳導物質在突觸內的濃度而定。

專欄3-2

神經傳導與變態行為

神經衝動在本質上是一種電活動，它從神經元的細胞體一路傳送到軸突（axon）。雖然每個神經元只有一條軸突，但軸突在末端具有分枝，稱為終止扣（terminal buttons），這些是神經傳導物質被釋放到突觸中的地點。突觸是一個充滿液體的微小空隙，位於突觸前神經元與突觸後神經元之間。突觸是神經傳導（也就是，神經元之間的信息傳達）的地點，神經傳導物質被容納在接近軸突末端的突觸小泡內，當神經衝動抵達軸突末端時，突觸小泡運行到軸突的突觸前細胞膜，接著釋放神經傳導物質到突觸中。這些被釋放的神經傳導物質接著作用於接收神經元樹突（dendrite）的突觸後細胞膜，這些細胞膜上有特化的受納器基座（receptor sites），神經傳導物質就在這裡傳送它們的信息，受納器基座然後啟動接收細胞的反應。神經傳導物質能夠刺激突觸後神經元而引發衝動，或者是抑制衝動的傳遞，這兩種信息都相當重要。一旦神經傳導物質被釋放到突觸中，它不會無限期地四處逗留（否則，接收神經元將會在缺乏真正衝動的情況下繼續放電）。有時候，神經傳導物質很快就被酶（enzyme，或稱酵素）（諸如單胺氧化酶——MAO）所破壞；有時候它們則透過「再回收」（reuptake）機制而重返軸突終止扣的貯存小泡中——一種再吸收的歷程，以使神經傳導物質重新回到軸突末梢。此外，單胺氧化酶也會出現在突觸前終止扣，而且也能夠破壞在那裡的過量神經傳導物質。

有鑑於許多形式的精神病態與神經傳導物質活動的各種失衡有關，也與受納器

基座不正常的敏感度有關，這就不用訝異許多用來治療各種障礙症的藥物是以突觸作為它們發生作用的部位。例如，一些藥物生效是因為提高或降低專屬神經傳導物質在突觸裂中的濃度。它們之所以起作用可能是透過阻斷再回收的歷程，透過改變受納器基座的敏感度，或透過影響酶的作用。一些藥物促進神經傳導物質在突觸後神經元的效果，它們被稱為增效劑（agonists），另有些則是對抗或抑制神經傳導物質在突觸後神經元的效果，稱為拮抗劑（antagonists）。

神經傳導物質系統的失衡

「大腦的神經傳導物質失衡可能引致變態行為」，這個信念是今日生物學觀點的基本信條之一，雖然現在的大部分研究人員同意，這只是涉入大多數障礙症病原的

因果型態的一部分。有時候，心理壓力可能引起神經傳導物質失衡（neurotransmitter imbalances），這些失衡可能經由幾種方式產生：

1. 神經傳導物質可能被過量製造及釋放到突觸中，引起該神經傳導物質過度發生功能。

2. 一旦被釋放到突觸中，神經傳導物質去活化（deactivated）的正常歷程可能發生功能失常。正常情況下，這種去活化的發生是經由再回收歷程（把釋放的神經傳導物質從突觸回收到軸突末梢），不然就是經由一些酶的分解作用（這些酶可能出現在突觸中，以及出現在突觸前軸突末梢中）。

3. 最後，突觸後神經元的受納器（receptor，或受體）可能發生差錯，可能是反常地敏感，不然就是反常地不敏感。

對某一神經傳導特質敏感的神經元傾向於群聚在一起，在大腦不同部位之間形成神經通道，稱為化學迴路（chemical circuits）。如我們將看到，不同障礙症被認為起源於各個大腦區域不同型態的神經傳導物質失衡（Lambert & Kinsley, 2005; Thompson, 2000）。至於被使用來治療各種障礙症的藥物，通常被認為就是經由矯正這些失衡而發生作用。例如，廣泛指定的抗憂鬱劑Prozac（百憂解）和Zoloft就是針對於減緩神經傳導物質血清素（serotonin）的再回收，從而延長血清素停留在突觸中的期限。

雖然迄今已有超過一百種神經傳導物質被發現，但是在跟精神病態的關係上，五種不同神經傳導物質受到最廣泛的探討：(1)正腎上腺素（norepinephrine）；(2)多巴胺（dopamine）；(3)血清素；(4)麩胺酸鹽（glutamate）；及(5)GABA。前三個屬於同一類的神經傳導物質，稱為單胺類（monoamines），因為它們各自是從單一氨基酸合成。

當我們置身於急性高壓處境或危險情境時，正腎上腺素在我們身體展現的緊急反應上扮演重要角色，此外，它也涉及注意、定向及基本動機。

多巴胺的功能包括愉快和認知處理，此外，它也涉及思覺失調症及成癮障礙症。

血清素已被發現對我們如何思考及處理來自環境的訊息有重大影響，也會影響我們的行為和心境。因此，無需驚訝，它似乎在情緒障礙症上扮演重要角色，諸如焦慮症和憂鬱症，此外，它也涉及自殺行為。

麩胺酸鹽屬於興奮性神經傳導物質，它涉及思覺失調症，也在藥物、酒精及尼古丁成癮上扮演一定角色。

最後，GABA這種神經傳導物質與減低焦慮密切關聯，它也涉及另一些情緒狀態，這些情緒狀態的特色是高度生理激發。

激素的失衡

　　一些形式的精神病態也牽涉到激素失衡。激素（hormones，俗稱荷爾蒙）是我們身體內的一套內分泌腺（endocrine glands）所分泌的化學信使（chemical messengers），每種內分泌腺製造及釋放它自己的一組激素，直接進入我們的血液中。激素經由血流輸送，然後在我們腦部和軀體的各個部位直接影響一些目標細胞，進而影響多樣的事件，諸如戰鬥或逃跑反應、性反應、身體成長，以及心理狀態的其他許多身體表達。經由下視丘（hypothalamus）對腦下垂體（pituitary gland）的影響，我們的中樞神經系統與內分泌系統連結起來，而被統稱為神經內分泌系統（neuroendocrine system）。腦下垂體是身體的主宰腺，它製造多種激素以調節或控制其他內分泌腺（參考圖3.5）。

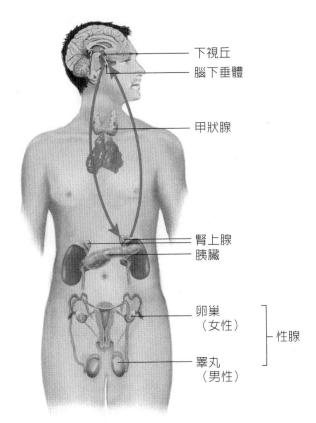

下視丘
腦下垂體

甲狀腺

腎上腺
胰臟

卵巢
（女性）

睪丸
（男性）

性腺

（箭頭所顯示的是下視丘─腦下垂體─腎上腺的軸線）

圖3.5　內分泌系統的主要腺體

　　特別重要的一組交互作用發生在下視丘-腦下垂體-腎上腺的軸線上（hypothalamic-pituitary-adrenal, HPA）。這個軸線的活化涉及：

1. 下視丘神經分泌細胞釋放出多種激素（corticotrophin-releasing hormone,

CRH），所攜帶的信息從下視丘被傳送到腦下垂體。

　　2. 在回應CRH上，腦下垂體釋放促腎上腺皮質激素（ACTH），ACTH刺激腎上腺（位於腎臟的上方）的皮質部位以製造腎上腺素（epinephrine）和壓力激素可體松（cortisol，或皮質醇）。可體松進入全身血液循環，然後動員身體能量以對付壓力。

　　3. 可體松接著對下視丘和腦下垂體提供負回饋（negative feedback）以減退它們釋放CRH和ACTH，這接著減低腎上腺素和可體松的釋放。這個負回饋系統的運作大致上就類似自動調溫裝置的功用。

　　如我們將看到，這個負回饋系統的機能不健全已涉及多種形式的精神病態，諸如憂鬱症和創傷後壓力症。

　　性激素是由性腺（gonadal glands）所製造，性激素（諸如雄性激素——androgen）的失衡也可能促成不良適應的行為。再者，性激素會對發育中的神經系統產生影響，這似乎也促成了男性與女性在行為間的一些差異（Hayward, 2003; Hines, 2004）。

四、氣質

　　氣質（temperament）是指嬰兒的反應性和特有的自我調節的方式，這被認為是生物上安排好的。當我們說嬰兒的氣質不一樣時，我們是指他們在針對各種刺激的特有情緒反應和警覺反應上顯現差異，以及他們趨近、退縮或注意各種情境的傾向上顯現差異（Rothbart, Derryberry & Hershey, 2000）。有些嬰兒天生地因為輕微的聲響而受到驚嚇，或是因為陽光照射他們臉孔而哭泣；另有些則似乎對這樣的刺激缺乏感應。這些行為強烈受到遺傳因素的影響，但是產前及產後的環境因素也在它們的發展上扮演一部分角色（Goldsmith, 2003）。

　　我們早期的氣質被認為是我們人格據以發展的基礎。從大約2個月到3個月大開始，大致上有五個維度的氣質可被辨認出來：害怕、焦躁／挫折、正面情感、活動水平，以及注意的持續性／有意的控制——雖然這些氣質中有些較早浮現，另有些則較晚。這些氣質似乎與成年期三個重要的人格維度有關：(1)神經質（neuroticism）或負面情緒性；(2)外向（extraversion）或正面情緒性；及(3)抑制性（審慎度和親和力）（Rothbart & Bates, 2006）。嬰兒的「害怕和焦躁」維度顯現很少性別差異（Else-Quest et al., 2006），對應於成年人的神經質維度，即傾向於體驗負面情感。嬰兒的「正面情感和活動水平」維度似乎與成年人的外向維度有關聯，至於嬰兒的「注意力持續和有意控制」維度似乎與成年人的抑制或控制的維度有關聯。一項量化的審查指出，男嬰平均而言顯現略高的活動水平和強烈的愉悅，至於女嬰平均而言似乎對她們的衝動擁有較大的控制，也較有能力調節她們的注意力（Else-Quest et al.,

2006）。至少有一些層面的氣質顯現適度的穩定性，從生命的第一年後期直到至少兒童中期，雖然氣質也可能發生變動（Kagan, 2003）。

正如我們在遺傳型-環境相關的討論中所看到，嬰兒或幼兒的氣質對多種重要的發展歷程有著深刻的影響（Rothbart et al., 2000）。例如，當兒童具有害怕的氣質時，對於引發恐懼的情境，他將有許多機會產生對那些情境之古典制約的恐懼，隨後，兒童可能學會避免進入那些所害怕的情境；近期的證據則顯示，兒童特別有可能學會害怕一些社交情境（Fox et al., 2010; Kagan, 2003）。此外，兒童擁有高水平的正面情感和活動力的話，他們較可能顯現高度的爭勝動機（mastery motivation），反之，兒童若擁有高水平的恐懼和哀傷的話，他們較不可能顯現爭勝動機（Posner & Rothbart, 2007）。

無需訝異，氣質可能也為生命較後期之各種精神病態的發展布置好舞臺。例如，有些幼兒在許多新奇或不熟悉的情境中顯得害怕及過度警覺，他們被Kagan及其同事稱之為「行為抑制型」（behaviorally inhibited）。這項特質具有很高的遺傳成分（Kagan, 2003），而當它穩定時，即是日後在兒童期及或許在成年期發展出焦慮症的風險因素（Fox et al., 2010; Kagan, 2003）。反過來說，如果2歲幼兒是屬於「高度不抑制型」，幾乎對任何事情都不顯現害怕，他們可能難以從父母或社會之處學得關於自己行為的道德準則（Frick, Cornell, Bodin et al., 2003; Rothbart, Ahadi & Evans, 2000），而他們已經顯示出在13歲時展現較多攻擊及違規的行為（Schwartz et al., 1996），假使這些人格成分再結合高度敵意的話，就很可能為行為規範障礙症（conduct disorder）和反社會型人格障礙症的發展布置好舞臺（Harpur et al., 1993）。

五、生物方面觀點的衝擊

生物學的發現已深刻影響我們如何思考人類行為，不論是正常或異常行為，我們現在認識到許多生化因素和先天特質（其中許多是遺傳上決定的）在這些行為上的重要角色。特別是自1950年代以來，我們見證藥物使用的許多新進展，它們戲劇性地改變一些精神疾病的嚴重性及進程。這一大批新藥物已引起大量注意力放在生物學觀點上，不僅在科學界，也在流行媒體界。

然而，我們務必謹記，生物層面本身不能塑造我們的思想、情感及行為，它們需要經由與我們環境中社會事件的交互作用才會發生。如先前提過，我們必須從多方面觀點導出結論，以便更充分理解異常（及正常）行為。

在更為綜合的水平上，我們應該提醒自己，很少有（假使有的話）精神疾病是無涉於人們的性格，或無涉於他們在嘗試生存上所面對的困擾。我們接下來將檢視的觀點正是強調這些心理層面和社會文化層面的考量。

第四節 心理方面的觀點

　　相較於生物方面的解讀，變態行為有更多心理方面的解讀，反映了在如何最適當理解人類上存在較廣泛的見解——如何視他們為擁有動機、慾望、知覺及思想等的人群，而不是僅視之為生物有機體。我們將在適當深度上檢視關於人類本質及行為特別有影響力的三種透視：心理動力、行為及認知-行為的透視。此外，我們在專欄3-3中將會呈現另兩種透視的一些主要議題，即人本論的透視和存在主義的透視。

　　我們將討論的這三種觀點代表有所差別而有時候互相衝突的取向，但它們在許多方面是互補的，它們都強調早期經驗的重要性，也強調對社會影響力及個人內在心理歷程的洞察。

一、心理動力的透視

　　如我們在第二章提到，佛洛依德創立精神分析學派，它強調潛意識動機及思維的重要性，以及它們動態的交互關係在決定正常及異常行為二者上的角色。這裡的一個關鍵概念是潛意識（unconscious）。根據佛洛依德的說法，心靈的意識部分只占有相對上少許的區域，至於潛意識部分就像一座冰山被淹沒的部分，占據了心靈絕大的區域。潛意識深處埋藏的是有傷害性的記憶、禁忌的慾望及另一些被壓抑的經驗——也就是說，被推出意識層面之外。然而，潛意識材料繼續尋求表達及浮現，像是以幻想、作夢及說溜嘴（slip of the tongue，或稱口誤）等方式，以及當個體在催眠狀態下。除非這樣的潛意識材料被帶進個人的覺知，而且被整合為心靈的意識部分（例如，透過精神分析——佛洛依德所開發的一種心理治療法），否則它們可能導致不合理及不良適應的行為。我們接下來將對正統精神分析論的一些原理作個綜覽，然後，我們將討論幾種較新式的「心理動力的透視」，它們是第二代的理論，在某些重要方面起源於佛洛依德的原始精神分析論，但也以有意味的方式背離之。

◆ 佛洛依德精神分析論的基本原理

　　人格的結構：本我、自我及超我。在佛洛依德的理論中，個人的行為起因於人格或心靈（psyche）的三個關鍵成分的交互作用，它們是本我（id）、自我（ego）及超我（superego）。本我是本能驅力的來源，也是在嬰兒期最先顯現的結構。這些驅力是與生俱來的，它們被認為歸屬於兩個對立的類型：(1)生之本能（life instincts），它們是以性慾本質為主的一些建設性驅力，總計起來構成了原慾（libido），也就是生命之基本情感及精神的能量；及(2)死之本能（death instincts），它

們是一些破壞性的驅力，驅使個人朝向攻擊、破壞及最終死亡。佛洛依德廣義地使用「性慾」的字眼以指稱幾乎任何令人愉快的事情，從飲食以迄於繪畫。本我的運作依循的是享樂原則（pleasure principle），從事完全以自己爲中心（自私自利）而快樂取向的行爲，只關照本能需求的立即滿足，從不涉及現實或道德的考慮。雖然本我可以引發心像和願望滿足（wish-fulfillment）的幻想 —— 稱之爲原始歷程的思考（primary process thinking）—— 但它無法採取爲了滿足本能的要求所需要之符合現實的行動。

因此，在生命前幾個月後，人格的第二個部分發展出來，稱爲自我（ego）。自我在本我的要求與外在世界的現實之間調解爭議。例如，在大小便訓練（toilet training）期間，幼兒學習控制身體功能以達成父母-社會的期待，而發展中的自我擔任的角色是在肉體／本我的生理需求，與尋找適宜的地點及時間的要求之間進行調停。自我的基本功能之一是滿足本我的要求，但這樣的方式也必須擔保個體的福祉和生存免於危害，這種角色需要利用理智和其他知性資源以對付外在世界，以及對本我的要求行使支配。自我的適應性措施被稱爲是次級歷程的思考（secondary process thinking）；自我的運作依循的是現實原則（reality principle）。

佛洛依德視本我的要求（特別是性及攻擊的驅力）爲先天就跟社會所施加的規定及禁忌處於衝突狀態，他認爲兒童隨著成長而逐漸學得父母及社會關於對與錯（是與非）所頒布的規定，人格的第三部分就逐漸從自我之中浮現，稱爲超我。超我是個人內化（internalize）社會關於「何謂對與錯」的各種禁忌及道德價值的衍生物，它基本上也就是我們所指稱的良心（conscience），隨著超我發展出來，它成爲一種內在監督（審查）系統，以便應付本我之不受抑制的慾望。因爲自我在本我的慾望、現實的要求及超我的道德束縛之間進行調解，它通常被稱爲「人格的行政部門」（executive branch of the personality）。

佛洛依德相信，本我、自我及超我的交互作用在決定行爲上具有關鍵的重要性。通常，內在心理衝突的產生是因爲這三種次系統正在追求不同的目標，假使不加以解決的話，這些精神內在衝突（intrapsychic conflicts，或內心衝突）將會導致精神疾病。

焦慮、防衛機制與潛意識。 焦慮（anxiety）（害怕和憂慮的概括感受）的概念在精神分析觀點中特別引人注意，因爲它在所有精神官能症中是一種普遍的症狀。實際上，佛洛依德相信焦慮在本書所將討論之大部分形式的精神病態上，扮演關鍵的致因角色。有時候，焦慮是被公然感受到；另有些時候，焦慮被壓抑下來，然後轉換形式而以其他外顯症狀表明出來，諸如轉化性失明或癱瘓。

除了是一種痛苦的經驗，焦慮也是一種警覺反應，表示有眞實或想像的危險正在逼近，而且它迫使個體採取有矯正作用的行動。通常，自我（ego）可以透過合理的

措施以因應客觀的焦慮。然而，神經質焦慮（neurotic anxiety）和道德焦慮（moral anxiety）因為是潛意識的，它們通常無法透過合理的措施加以處理。在這些情況下，自我將會訴諸不合理的保護手段，稱之為自我防衛機制（ego-defense mechanisms），其中有些在表3.1中加以描述。這些防衛機制有助於解除或緩和焦慮，但它們達成這點是經由協助當事人把痛苦的念頭或想法推出意識之外（諸如當我們「忘記」跟牙醫師的約診時），而不是經由直接地處理該問題。這些機制導致了對現實扭曲的觀點，雖然有些機制顯然比起其他較具適應性。

表3.1　自我防衛機制

機制	實例
替代作用（displacement） 針對較不危險的對象發洩所鬱積的情緒（通常是敵意），但不是針對那些激起該情緒的人們。	女性在工作上受到她上司的責備，她轉而跟她丈夫大吵一頓。
固著作用（fixation） 個人以不合理或誇大的方式依附於某個人，或情緒發展停滯在兒童期或青少年期的水準。	未婚的中年男性仍然依賴他母親來提供他的基本需求。
投射作用（projection） 個人把自己不被接受的動機或特性歸屬於他人。	極權政體的獨裁者有擴張領土的野心，他卻相信是鄰國正計畫要進行侵略。
合理化作用（rationalization） 利用勉強的「辯解」來隱瞞或掩飾自己行為的不當（不足取）動機。	狂熱的種族主義者引用聖經中意義含糊的文句以辯護他對少數種族的敵意行為。
反向作用（reaction formation） 為了防止不被接受的慾望被察覺或表達出來，個人誇大地採取表面上似乎對立（相反）的行為。	個人困擾於自己的同性戀衝動，他卻發起狂熱的社區活動以撲滅同性戀酒吧。
退化作用（regression） 退回較早期的發展水平，以承擔較少責任，涉及較不成熟的行為。	男子在自尊被粉碎後回溯至小孩似（幼稚）的賣弄行為，像是對年幼女孩暴露他的生殖器。
壓抑作用（repression） 防止痛苦或有危險性的想法進入個人的意識。	母親對她過動的2歲幼兒偶爾有謀害的衝動，這個不被接受的念頭從意識層面被排除掉，從而趕到潛意識歷程中。
昇華作用（sublimation） 個人把受挫的性能量引導至替代性的活動上，以有建設性而可被社會接受的方式表現出來。	一位性挫折的藝術家縱情於塗抹色情畫作。

資料來源：依據A. Freud（1946）及DSM-IV-TR（APA, 2000）。

　　性心理發展階段。除了他關於人格結構的概念外，佛洛依德也提出我們所有人從嬰兒期到青春期（puberty）都需要通過的五個性心理發展階段（psychosexual stages of development）。每個階段的特色是各有達成原慾（性慾）滿足的一種主宰模式：

　　1. 口腔期（oral stage）：在生命的前二年期間，嘴巴是主要的性感帶（erogenous zone，或性慾區），嬰兒最大的滿足來源是吸吮，它是餵食所必要的歷程。

2. 肛門期（anal stage）：從2歲到3歲，肛門提供了愉悅刺激的主要來源，大小便訓練通常也是在這個期間進行，幼兒有忍受和排放二者的驅策。

3. 性蕾期（phallic stage）：從3歲到5或6歲，性器官的自我撫弄提供了愉悅感的主要來源。

4. 潛伏期（latency period）：從6歲到12歲，隨著兒童專注於發展一些技能和其他活動，性動機的重要性減退下來。

5. 性器期（genital stage）：青春期之後，最深層的愉悅感受來自兩性的性關係。

佛洛依德相信，為了避免個人停滯或固著（fixate）在特定水平上，個人在每個階段獲致適度的滿足是很重要的。例如，假使嬰兒沒有獲得適當的口腔滿足，他可能在成年生活中傾向於過度吃食，或容易沉溺於其他形式的口腔刺激，諸如咬手指甲、吸菸或飲酒。

戀母情結與戀父情結。一般而言，每個性心理發展階段都對兒童提出一些要求，而且會喚起佛洛依德認為需要加以解決的一些衝突。最重要的衝突之一發生在性蕾期，這時候的自我撫弄的快感和伴隨的幻想為戀母情結（Oedipus complex，伊底帕斯情結）鋪設了道路。根據希臘神話，伊底帕斯無意中殺害他的父親，而且娶了他的母親，演成亂倫的悲劇。佛洛依德認為，每個男童象徵性地再度經歷伊底帕斯的腳本。男童在性慾上渴望他的母親，而且視他父親為憎恨的對手；然而，每個男童也害怕，他父親為了懲罰他兒子的性渴望將會閹割對方的陽具。這種閹割焦慮（castration anxiety）迫使幼童壓抑他對他母親的性慾望，以及壓抑他對他父親的敵意。最終，假使一切進展順利的話，男童開始認同（identify）他的父親，逐漸地對他母親只懷抱無害的情感，引導他的性衝動朝向另一位女性。

戀父情結（Electra complex）是伊底帕斯情結的女性對應版本，也是取材於希臘悲劇。它的基本觀點是，每個女孩都渴望擁有她的父親，以及取代她的母親。佛洛依德也相信，每個女孩在這個階段都感受到陽具妒羨（penis envy），希望自己能更像她父親及兄弟。隨著她逐漸認同她的母親，她才能脫身於這樣的情結，然後接納跟自己的一項約定：有一天，她將會擁有一位屬於自己的男人，他能夠給她一個嬰兒——潛意識上作為一種陽具的替代物。

這種衝突的解決被認為是不可或缺的，假使兩性的青年人想要發展出滿意的異性戀關係的話。精神分析的透視主張，我們所能期待的最適當方式，是在我們各種對立、競爭的傾向之間達成妥協，以最低程度的懲罰及罪疚為代價，從而實現最大可能的本能滿足。因此，這種透視代表對人類行為的一種決定論的觀點（deterministic view），它把自我決定（self-determination，或稱自我導向）的理性及自由降到最低限度。在集團的層面上，它把暴力、戰爭及相關現象，解讀為呈現在人類本性中的攻

擊及破壞性本能的必然產物。

較新式的心理動力的透視

在試圖理解他的病人及發展他的理論上，佛洛依德主要關切的是本我（id）的運作，即本我作爲能量來源的本質，以及這種本我能量可以如何被引導或轉換。他也重視超我（superego）和良心的角色，但相對上幾乎不太注重自我（ego）。後繼的理論家發展佛洛依德的一些基本觀念，主要是依循三種多少不同的方向。

自我心理學。第一種新方向是由他的女兒安娜．佛洛依德（Anna Freud, 1895-1982）所採取，她遠爲關心的是自我作爲人格的「執行長」如何履行它的核心功能。她和另一些有影響力的第二代心理動力理論家，改進及闡述了自我防衛反應，置自我於最顯著的地位，且賦予它在人格發展上重要的組織角色（A. Freud, 1946）。根據這個觀點，當自我不能適當發揮功能以控制或延緩衝動滿足時，或當自我面臨內在衝突而不能適當利用防衛機制時，精神病態就會發展出來。這個學派後來被稱爲自我心理學（ego psychology）。

客體-關係理論。第二種新方向上，客體-關係理論（object-relations theory）是由一些傑出的理論家所發展出來，包括Melanie Klein、Margaret Mahler、W.R.D. Fairburn及D.W. Winnicott等人，從1930和1940年代開始。雖然客體-關係理論有許多變化模式，它們共同的焦點是個體與眞實和想像的他人（外在和內在的客體）的互動，以及強調人們在他們的外在客體與內在客體之間所體驗的關係（Engler, 2006; Greenberg & Mitchell, 1983）。客體（object）在這個背景中是指位於嬰兒或兒童環境中的另一個人的符號表徵（symbolic representation），通常是父親或母親，透過一種內射（introjection）的歷程，兒童象徵性地把他／她生活中的重要人士攝入或融入他／她的人格中（經由意象及記憶）。例如，兒童可能內化施加處罰的父親的意象；該意象接著成爲一位嚴厲的自我批評者，影響兒童如何舉止。一般的看法是，內化的客體可能具有各種互相衝突的特性（諸如興奮或吸引人vs.敵對、挫折或排斥），而且這些客體可能脫離於中樞自我而維持獨立的存在，因此就產生了內在衝突。當個體經歷內化客體之間的這種分裂時，他就好比是「許多主人的僕人」，因此無法過著統合而有秩序的生活。

人際透視。第二代心理動力理論家提出的第三種方向，所強調的是行爲的社會決定因素。我們是社會存在體，而我們的大部分特性是我們與他人關係的產物，我們可以合乎邏輯地預期，大部分心理病態是根植於當我們處理自己的人際環境時，我們所發展出的一些不適宜的傾向，這是人際透視（interpersonal perspective）的焦點。

人際透視起始於阿德勒（Alfred Adler, 1870-1937），他在1911年背離他的老師佛洛依德的精神分析觀點，阿德勒不再視內在本能爲行爲的決定因素，改而強調社會

和文化的影響力。根據阿德勒的觀點，人類與生俱來就是社會存在體，主要的驅動力量是意欲歸屬及參與於群體（Engler, 2006; Mosak, 2000）。

長期下來，另一些心理動力理論家也對精神分析論持有異議，因為它忽略了關鍵性的社會因素，這些理論家中最為知名的是佛洛姆（Erich Fromm, 1900-1980）及荷妮（Karen Horney, 1885-1952）。佛洛姆強調人們在與他人的互動上採取的定位或意向（例如，剝削的），他相信當對社會環境的這些定位是不良適應的，它們將成為許多心理病態的基礎。荷妮也獨立地發展出類似的觀點，但她特別強力駁斥佛洛依德的精神分析論貶抑了女性的人格（例如，關於女性經歷陽具妒羨的觀點）。

艾立克遜（Erik Erikson, 1902-1994）也擴展精神分析論的人際層面。他詳盡闡述及擴充佛洛依德的性心理階段為偏向社會取向的概念。他描述了發生在八個階段中的危機或衝突，每種危機都能以有利或不利心理健康的方式加以解決。例如，艾立克遜認為在佛洛依德所謂「口腔期」的期間，當幼兒沉迷於口腔滿足時，幼兒的真正發展是放在學習對他／她的社會世界的「基本信任」或「基本不信任」上。例如，獲致適度的信任，是日後在許多生活領域上的勝任能力所必要的。

依附理論。最後，鮑比（John Bowlby）的依附理論（attachment theory）在許多方面可以被視為是築基於人際透視和客體-關係理論二者之上，它已成為在兒童心理學和兒童精神醫學上極具影響力的理論，以及在成人精神病理學上。鮑比的理論（1969, 1973, 1980）強調早期經驗的重要性，特別是早期依附關係的經驗，它們為後來整個兒童期、青少年期及成年期的生活運作建立了基礎。他強調父母照顧的品質對發展出安全依附（secure attachments）的重要性，但他也認為嬰兒在塑造他們自己發展的過程中扮演更為積極的角色—— 相較於先前大部分理論家的觀點（Carlson & Sroufe, 1995; Rutter et al., 2009; Sroufe et al., 2000）。

✛ 心理動力透視的衝擊

佛洛依德的精神分析論可被視為是第一種系統化的途徑，以之說明人類心理歷程如何能夠導致精神疾病。就如同生物學的透視（視器質病變為精神疾病的可能起因）取代了迷信，精神分析的透視（視精神內在衝突和誇大的自我防衛至少是某些精神疾病的可能起因）也取代了大腦病變。

佛洛依德大為促進我們對正常行為和異常行為二者的理解，他的許多原創概念已成為我們思考人類本質和人類行為的基礎，這對西方文明的知識史帶來莫大的影響。佛洛依德在兩方面的貢獻特別值得注意：

1. 他開發了像是「自由聯想」（free association）和「夢的解析」（dream analysis）等治療技術，使我們認識到心靈生活的意識層面和潛意識層面。此外，佛洛依德所強調的幾個觀點已被納入（以調整的形式）現行的思潮中：(a)有一些心理因素是

在我們意識察覺之外,但它們會影響我們的行為;(b)早期童年經驗可能對我們人格(正常和異常人格二者)的發展有重要而持續的影響;及(c)性因素可能在人類行為和精神疾病上扮演重要角色。

2. 他證實一些異常心理現象是發生在試圖應付艱困的問題,而且僅是正常自我防衛機制的誇大。隨著我們了解相同的心理學原理適用於正常行為和異常行為二者,這驅除了繞著精神疾病打轉的大量神秘及恐懼。

然而,精神分析的透視也招致許多方面的抨擊,兩項重大批評是針對它在解釋變態行為上無法作為一種科學理論。首先,許多人認為它沒有充分認識到,當以個人對自己經驗的報告作為獲得訊息的主要方式時,實則存在科學上的限制。其次,缺乏科學證據支持它的許多解釋性的假設,也缺乏證據支持傳統精神分析的有效性(Erde-lyi, 1992; Westen, 1998)。此外,佛洛依德學派的理論特別被批評為過度強調性驅力、它對女性的貶抑觀點、對基本人性的悲觀論調、誇大潛意識歷程的角色,以及未能考慮到朝向個人成長和實現的動機。

◼ 較新的心理動力透視的衝擊

第二代的心理動力理論家已從事許多科學上的努力,以測量像是個人的核心(但潛意識的)衝突關係等概念(Henry et al., 1994; Luborsky & Barrett, 2006; Shedler, 2010)。另一些進展也已達成,像是理解心理動力的治療如何奏效,以及佐證它對某些問題的有效性(Crits-Christoph et al., 2004)。此外,鮑比的依附理論已引起大量研究,支持它關於正常和異常兒童發展(以及成人精神病理)的許多基本理念(Grossman et al., 2005; Rutter et al., 2009)。

人際治療的焦點是放在緩解那些引發問題的關係,以及放在協助人們達成較為滿意的關係。近些年來,研究人員發現人際心理治療法在處理像是憂鬱症、暴食症及一些人格障礙症上的效果,足堪比擬於認知-行為治療法──被許多人認為是處理這些障礙症的最佳治療方式(Benjamin, 2004; Hollon et al., 2006; Wilson & Fairburn, 2007)。

二、行為論的透視

行為論的透視是在二十世紀初期興起,部分地是作為對精神分析之非科學方法的一種反動。行為心理學家認為主觀經驗的探討(例如,自由聯想和夢的解析)不能提供可接受的科學資料,因為這樣的觀察沒有開放給其他研究人員進行驗證。根據他們的觀點,只有直接可觀察行為的探討,以及對刺激和控制該刺激的強化條件的探討才能作為理解人類行為的基礎,不論是正常或異常行為。

　　雖然這種透視最初是透過實驗室研究而發展出來，並不是透過對失常病人的臨床實施，但是它對於解釋和治療不良適應行為的意涵很快就顯而易見。如我們在第二章所提到，行為論的透視是築基於二者，一是巴卜洛夫的古典制約研究，另一是桑戴克的工具制約研究（後來被史基納重新命名為操作制約；今日，這兩個術語可以通用）。在美國地方，華生透過他的書籍《行為主義》（1924）對於促進心理學的行為取向迭有貢獻。

　　學習（learning）是行為取向的核心主題，它是指由於經驗而發生的行為變更。因為大部分人類行為是學得的，行為主義學者就面對這個問題：學習如何發生？因此，行為論者所聚焦的是，環境條件（刺激）如何對各種反應型態（不論是適應或不良適應的）的獲得、變更及消除產生效應。

專欄3-3

人本論與存在主義的透視

人本論的透視

　　人本論的透視（humanistic perspective）視人類本質為基本上「良善的」。不太注重潛意識歷程和過去起因，它強調的是當前的意識歷程，把絕大重心放在人們從事負責的自我引導的先天能力上。人本心理學家認為，大部分針對於探討精神疾病起因的實徵研究太過於簡化而無法揭露人類行為的錯綜性質，反而，這種透視關切的是像愛、希望、創造性、價值、意義、個人成長及自我實現等歷程。雖然這些抽象歷程不太容易接受實徵的檢驗，但人本心理學的一些基本主題和原理可以被確認出來，包括「自我作為統一的主題」和「強調價值觀念與個人成長」。

　　在利用「自我作為統一的主題」的概念上，人本心理學家強調「個別性」（individuality）的重要性。在人本心理學家當中，羅傑斯（Carl Rogers, 1902-1987）發展出對自我概念（self-concept）最系統化的論述，大部分是築基於他對心理治療歷程的本質的開拓性研究。羅傑斯（1951, 1959）以一系列命題陳述他的觀點，這些命題可以被摘述如下：

- 每個個體存在於以「I、me 或 myself」為中心的私人經驗的世界。
- 個體最基本的追求是朝向自我的維持、提升及實現；個體的內在傾向在正常情況下是朝向健康與統整（wholeness）。
- 自我察覺到威脅時將會採取防衛，包括知覺和行為的緊繃，以及自我防衛機制的引進。

　　人本心理學家強調，價值觀和抉擇歷程在引導我們的行為和達成有意義而充實的生活上是關鍵因素，我們每個人必須根據我們自己的經驗來發展價值觀和認定自己的主體性，而不是盲目地接受他人的價值觀；否則，我們將是否認自己的經驗，而且失去跟自己感受的接觸。只有依循這種方式，我們才能達成自我實現（self-actualizing），表示我們發揮了自己的充分潛能。根據這個觀點，心理病態基本上是個人成長和朝向身心健康的自然傾向受到阻礙或扭曲。第十六章呈現了人本論的心理治療途徑。

存在主義的透視

　　存在主義的透視（existential perspective）類似於人本觀點之處在於它強調每個個體的獨特性、對價值和意義的追求，以及自我引導和自我實現之自由的存在。然而，它對人類存在採取較不樂觀的看法，偏向把重心放在人類不理性的傾向和自我實現固有的障礙上——特別是在現代、官僚制度及失去個性化的集體社會中。簡言之，相較於人本主義學者，生存對存在主義學者而言遠為像是一種「對質」（confrontation），存在主義思想家特別關心個體的內在體驗，在個體嘗試理解及處理最深層的人類問題上。存在主義（existentialism）有幾個基本信條：

1. 存在與本質

　　我們的存在是被賦予的，但我們以之塑造些什麼——我們的本質（essence）——卻是由我們所決定。我們的本質是由我們的抉擇所塑造，因為我們的抉擇反映了我們築基和整頓自己生活的價值觀。如同沙特（Sartre, 1905-1980，法國哲學家、劇作家及小說家）所說的，「我就是我的抉擇」。

2. 意義與價值

　　意義意志（will-to-meaning）是基本的人類傾向，也就是個體試圖找到滿意的價值觀，然後以之引導自己的生活。

3. 存在焦慮與對抗虛無

　　不存在（nonbeing）或虛無（nothingness）的最終形式是死亡，它是所有人類無法逃避的命運，當意識到我們必然的死亡和它對我們生存的意涵時，這可能導致存在焦慮——對於我們是否正過著有意義而充實的生活的一種深刻關切。

　　因此，存在心理學家強調建立價值觀和獲得適度心靈成熟的重要性，以便值得人性所賦予的自由和尊嚴。如果逃避這樣的核心議題，這將會造成腐敗、無意義及虛擲的生命。因此，大部分的變態行為被視為是「無法有建設性地處理有關存在的絕望和挫折」的產物。

古典制約

特定刺激可以經由古典制約（classical conditioning，或經典制約）的歷程而終至引發特定反應。例如，雖然食物天然會引發唾液分泌，但是當某一刺激可信賴地居先在食物呈現之前出現（因此預先通報食物的呈現）的話，該刺激也將逐步能夠引發唾液分泌（Pavlov, 1927）。在這個案例中，食物是非制約刺激（unconditioned stimulus, UCS），而唾液分泌是非制約反應（unconditioned response, UCR）。至於預告食物遞送而最終引發唾液分泌的刺激，則被稱為制約刺激（conditioned stimulus, CS）。當制約刺激單獨呈現也能引發唾液分泌時〔制約反應（conditioned response, CR）〕這就表示制約學習已經發生。當中性的CS與令人疼痛或令人驚恐的刺激（諸如輕度電擊或巨大聲響）配對呈現時，上述同樣的綜合歷程也會發生，如圖3.6所說明的，雖然在這個案例中被制約的是恐懼，而不是唾液分泌。

古典制約

制約之前

制約刺激（中性）（CS）· 對燈號的轉向反應
　（燈號）

非制約刺激（UCS）· 非制約反應（UCR）
（疼痛的刺激）　　　　　　　　　　　　　　　　　　　　　（疼痛和恐懼）

制約期間

制約刺激（燈號）（CS）

　　　＋　　· 制約反應（恐懼）（CR）

非制約刺激（UCS）

（疼痛的刺激）

制約之後

制約刺激（單獨）（CS）· 制約反應（恐懼）（CR）

在制約之前，CS沒有能力引發恐懼，但在被重複跟隨會引起痛苦或苦惱之令人疼痛或驚恐的UCS後，CS逐漸獲得可以引發恐懼CR的能力。假使也穿插一些嘗試，以使CS出現之後沒有跟隨UCS，那麼制約學習將不會發生——因為在這種情況下，CS不再是UCS的出現之可靠的預報者。

圖3.6　古典制約

古典制約的標記是，經由與UCS的重複配對，原先中立的刺激（CS）獲得了引發生物上適應性反應的能力（Bouton, 2007; Domjan, 2009）。然而，我們也知道，

這個古典制約的歷程不像一度所認為的那般盲從或自動化。反而，動物（及人們）似乎會積極地獲致一些訊息——關於什麼樣的CSs使得牠們能夠預測及期待（或作好準備）即將來臨之生物上有意味的事件（即UCS）。這也就是說，牠們學會什麼是通常所謂的「刺激-刺激預期」（stimulus-stimulus expectancy）。實際上，只有那些提供可靠和非多餘之關於UCS將會發生的訊息的CSs，才能獲得引發CRs的能力（Hall, 1994; Rescorla, 1988）。例如，不論CS居先或不居先呈現，假使UCSs的發生頻率都一樣的話，制約學習將不會發生，因為在這種情況下，CS不能提供關於UCS發生的可靠訊息。

古典制約反應被持久地良好維持，這也就是說，它們不容易被遺忘（即使長達許多年）。然而，假使CS被重複呈現而沒有附隨UCS，該制約反應將會逐漸消除。這個漸進歷程被稱為消退作用（extinction，或稱消弱），但它不應該跟「反學習」（unlearning，或稱去學習作用）的觀念混為一談，因為我們知道該反應可能在未來的一些時間點會再次發生——巴卜洛夫稱這種現象為自然恢復（spontaneous recovery，或稱自發恢復）。此外，稍微較弱的CR在不同於消退歷程所發生的環境背景中也依然可能被引發（Bouton, 1994, 2002）。因此，任何已發生在治療師診療室中之恐懼的消退，不一定會完全而自動地類化到治療師診療室外的其他情境中（Mystkowski & Mineka, 2007）。如我們稍後將看到，這些消退和自然恢復的原理對於許多類型的行為治療法具有重要的意涵。

古典制約在變態心理學上相當重要，因為許多生理和情緒反應可以被制約，包括那些與恐懼、焦慮或性興奮有關的反應，以及那些經由藥物濫用所激發的反應。因此，舉例而言，假使引發恐懼的刺激（諸如令人驚恐的惡夢或鬼怪念頭）慣常地在黑暗中發生，個人可能學得對黑暗的恐懼；或假使個人被蛇咬到的話，他可能學得對蛇類的恐懼（Mineka & Zinbarg, 2006）。此外，假設一位年輕人的最初幾次令他折服的性經驗（UCR）是跟一位極為嫵媚的女性（UCS）發生，而對方穿戴一些有辨識性的服飾（CS——諸如黑色網狀絲襪），他可能發現在未來，僅因為看到網狀絲襪，他就變得非常性激發（CR）。

工具制約

在操作制約（operant conditioning）中，個體學得如何達成所意欲的目標，至於所涉目標可能是獲得一些有獎勵性的事物，或是逃避一些不愉快的事物。這裡的要素是強化（reinforcement）的概念，它是指遞送獎賞或愉快的刺激，也可能是指避免嫌惡的刺激。新反應被學得，而且傾向於會再發生——假使它們受到強化的話。雖然原先認為，操作制約（或工具制約）是由每次強化發生時刺激-反應連結（stimulus-response connection）單純地增強所組成；但是現在則認為，動物或個人學得的是

「反應-結果預期」（response-outcome expectancy）（例如，Domjan, 2005）——這也就是說，學得某一反應將會獲致獎賞的結果。假使個人對該結果有充分動機的話（例如，飢餓狀態），個人將會從事他已學得將會產生該結果的反應（例如，打開冰箱）。

　　為了建立起工具反應，最初可能有必要施加高比率的強化，但是較低比率的強化通常就足以維持該反應。事實上，當實施的是間歇強化時（intermittent reinforcement，即強化性的刺激不是固定地跟隨在反應之後），這樣的工具反應顯得特別持久不退，賭博便是這種強化的實例之一，偶爾贏錢似乎維持了高比率的反應。然而，當長久時間而一致地不施加強化時，所制約的反應（不論是古典或工具反應）將會逐漸消除，簡言之，受試者最終將不再從事該反應。

　　但是在消除反應上有一個特殊疑難可能產生，即是發生在當受試者已被制約而預期嫌惡事件將會發生，然後採取工具反應以迴避該事件時。舉例而言，男孩有一次在游泳池中幾乎溺死，他可能發展出對水的恐懼和制約迴避反應（conditioned avoidance response），使得他堅定地避開所有大型的聚水處。當他看到池塘、湖泊或游泳池時，他會感到焦慮，於是逃離和避免接觸以減輕他的焦慮，因此具有強化的作用。這造成的結果是他的迴避反應極為不容易消除，這也防止他跟水的接觸經驗，儘管這樣的經驗有助於消除他的恐懼。在後面的討論中，我們將看到制約迴避反應在許多類型的變態行為上扮演一定角色。

　　隨著我們長大，工具學習成為我們分辨何者將被證實具有獎勵性，以及何者將被證實不具獎勵性的重要機制，且因此獲得了應付自己世界所必要的一些行為，不幸地，我們所學得的到頭來不一定具有益處。我們可能學會重視一些事物（諸如菸草或酒精），它們在短期內似乎頗具吸引力，但是到後來（長期下來）可能實際上傷害我們。或者，我們可能學得一些因應模式（諸如無助、恐嚇或其他不負責的行為），但是從長遠的觀點來看是不良適應的，而不是良好適應的。

類化與區辨

　　在古典制約和工具制約二者中，當某一反應受制約於一個刺激或一組刺激時，它可能也會被另一些類似的刺激所引發，這種歷程稱為類化（generalization）。例如，個人害怕蜜蜂，他可能把這種害怕類化到所有飛行的昆蟲上。另一種跟類化互補的歷程是區辨（discrimination），它發生在當個人學會辨別類似的刺激，然後根據哪些刺激伴隨有強化而對它們作出不同的反應時。例如，因為紅色草莓嚐起來美味，而綠色草莓則否，假使個人領略過這兩種情況，制約區辨反應將會發生。

　　類化和區辨的概念對於不良適應行為的發展具有許多意涵。雖然類化使我們能夠利用過去經驗以評估新情境，但是發生不適當類化的可能性始終存在，像是一位志忐

不安的青少年無法區辨同儕的「揶揄」究竟是友善或敵意的。在某些案例上，個人似乎缺乏能力從事重要的區辨（像是個人顯得頑固而偏執，他只根據刻板印象來對待他人，而不是視對方為真實的個體），這可能導致不妥當及不良適應的行為。

觀察學習

　　人類和靈長類動物也有能力從事觀察學習（observational learning）——也就是僅透過觀察本身進行學習，不用直接經歷非制約刺激（對古典制約而言）或強化作用（對工具制約而言）。例如，兒童僅經由觀察父母或同伴對某些物件或情境展現害怕的行為就可能獲得恐懼，儘管兒童原本並不害怕那些物件或情境。在這種情況下，兒童是以假想身歷其境的方式（替代性地）感受到父母或同伴的恐懼，而這份恐懼變得附屬於該原先中性的物件（Mineka & Oehlberg, 2008; Mineka & Sutton, 2006）。

　　在觀察式工具學習方面，班都拉（Bandura）在1960年代從事一系列經典實驗，以探討兒童如何經由觀察而學得對一個大型布偶的各種新式攻擊反應——在兒童觀察到楷模（model）因為這些反應而受到強化後。雖然兒童本身從不曾因為展現這些新式攻擊反應而受到直接強化，當被給予機會與該大型布偶本身互動時，他們仍然展現這些攻擊反應。古典反應和工具反應二者之觀察制約學習的可能性，大為擴展了我們學得良好適應和不良適應行為二者的機會。

行為透視的衝擊

　　憑藉相對上少數的基本概念，行為透視嘗試解釋幾乎所有類型行為的獲得、矯正及消退。不良適應行為被視為基本上是下列兩種情況的結果：(1)無法學得必要的適應行為或勝任能力，諸如如何建立滿意的人際關係；及／或(2)學得無效或不良適應的反應。不良適應行為因此是學習發生差錯的結果，而且是從特定、可觀察及不適宜反應的角度加以界定。

　　對於行為治療師而言，治療的焦點是放在改變特定（具體）的行為和情緒反應上——排除不合意的反應和學習適宜的反應。例如，畏懼症可以經由延長暴露於所害怕的物體或情境，而順利地加以治療，這是衍自古典制約學習之消退原理的一種消除程序。在利用工具制約的原理上，這方面研究也顯示，住院的慢性精神病患可以經由代幣制度而被重新教導一些基本生活技巧（像是自行穿衣及餵食），當病人因為適宜行為而賺得代幣（tokens），稍後可以用來交換所意欲的獎賞（糖果、觀看電視時間、外出透氣等等）。

　　行為取向以其準確性和客觀性而知名，它宣稱擁有充實的研究，而且在改變特定行為上被證實有效。行為治療師具體指明所要改變的是什麼行為，以及如何加以改變。然後，治療的有效性可以接受客觀地評估——經由評定所講明的目標被達成的程

度。儘管如此，行為透視也招致一些批評。早期的一項批評是，行為治療只關切症狀本身，而不是基礎的（內在的）原因。然而，這項批評被許多當代行為治療家認為是不公平的，因為聚焦於症狀的有效治療，通常對於個人生活的其他層面也具有非常正面的影響（例如，Borkovec et al., 1995; Lenz & Demal, 2000）。還有些人表示，行為取向過度簡化人類行為，無法解釋行為的所有複雜性。這項批評至少部分地是起源於對行為取向當前發展的誤解（例如，Bouton, 2007; Mineka & Oehlberg, 2008; Mineka & Zinbarg, 2006）。無論它的限制是什麼，行為透視已對人類本質、行為及精神病理的當代觀點產生極大的衝擊。

三、認知-行為的透視

　　自從1950年代以來，許多心理學家（包括一些學習理論家）開始強調認知歷程和它們對行為的影響，認知心理學涉及探討基本的訊息處理機制（諸如注意和記憶）和較高級的心理歷程（諸如思考、計畫及決策）。綜合而言，現今心理學界把重心放在了解正常人類認知的所有這些層面，原先是起始於對傳統激進行為觀點（為華生和史基納所信奉）之相對上機械本質的一種反動，包括行為觀點沒有注意到心理歷程的重要性，以及心理歷程對情緒及行為的影響。

　　班都拉（Albert Bandura，出生於1925年）是一位學習理論家，發展出早期的認知-行為的透視，他把絕大重心放在學習的認知層面上。班都拉強調人類是透過內在符號歷程（internal symbolic processes，即思想）來調節行為，這也就是說，我們是經由內在強化（internal reinforcement）進行學習。根據班都拉的說法，我們會預先為困難的工作作好準備，這是經由想像（摹想）假使我們不這麼做的話將會招致什麼後果。因此，我們在秋天時會把汽車開到修理廠並檢查防凍劑，因為我們可以「預見」自己冬天時在公路上進退維谷的困境。我們不一定需要外在強化來改變我們的行為型態：我們的認知能力容許我們內在地解決許多問題。班都拉（1974）還進一步表示，人類擁有「自我引導的能力」（p.861）。班都拉後來發展出自我效能（self-efficacy）的理論，即個人對自己能夠達成意欲目標所持的信念（1986, 1997），他認為認知-行為治療之所以奏效，大部分是因為增進了自我效能。

　　相較於班都拉，另一些認知-行為理論家更為有魄力地捨棄學習理論的架構，他們幾乎完全地集中於認知歷程和它們對行為的影響。今日，變態行為的認知或認知-行為的透視（cognitive or cognitive-behavioral perspective）普遍強調思想和訊息處理如何會變得扭曲，且導致不良適應的情緒及行為。這種透視的核心構念之一是基模的概念。貝克（Aaron Beck，出生於1921年）是另一位先驅的認知理論家，他在認知心理學中標舉這個概念。基模（schema）是指知識的內在表徵（representation），它

引導當前的訊息處理，但也經常導致注意、記憶及理解上的扭曲，人們根據他們的性情、能力及經驗發展出不同的基模。

◼ 基模與認知扭曲

我們對周遭世界的基模和我們對自己的基模（自我基模）是我們的路標，指引我們通過在這世界（如我們所理解的世界）中生活的種種複雜狀態。我們都擁有對其他人的基模（例如，預期他們是懶惰的，或非常專注於事業）；我們也擁有對社會角色的基模（例如，預期寡婦應該有什麼適當行為），以及對事件的基模（例如，某一情境特有的一系列事件，諸如喪禮的告別式）（Bodenhausen & Morales, 2013; Clark, Beck & Alford, 1999）。我們的自我基模（self-schemas）包括了我們對「自己是誰、自己能夠成為什麼及自己重視什麼」所持的觀點，我們的自我基模的另一些層面則涉及我們對自己在社會環境中所擔任（或可能擔任）各種角色持有的觀念，諸如「女性」、「男性」、「學生」、「父母」、「醫生」、「美國人」等等。對於他們自己的至少一些個人屬性，大部分人擁有清楚的觀念，但是對另一些屬性的觀念則較不清楚（Fiske & Taylor, 1991; Kunda, 1999）。

我們對世界的基模和我們的自我基模，對於我們從事有效能和有組織行為的能力至關緊要，因為它們使得我們能夠從我們感官所供應數量龐大的訊息中，聚焦於最具關聯（切題）而重要的少許訊息。然而，基模也是心理脆弱性的來源，因為我們的一些基模或我們自我基模的一些層面，可能是扭曲及不準確的。此外，我們經常深具信心地抱持一些基模（即使是扭曲的），使得它們相當抗拒改變，這局部地是因為我們往往沒有充分意識到我們的基模。換句話說，雖然我們日常的決定和行為大致上是由這些參照架構（frames of reference）所塑成，但我們可能沒有察覺到它們據以建立的那些假設（assumptions）—— 或甚至完全不知道自己作成那些假設。我們認為自己是單純地看見事情真實的樣貌，通常沒有考慮到這樣的事實：關於「真實」世界有可能存在其他觀點；或關於何謂「是與非」及「對與錯」可能存在其他法則。

我們傾向於把新經驗勉強納入我們現存的認知架構中，即使新訊息需要被重新解讀或扭曲才能適當接軌——這個歷程稱為同化（assimilation）。換句話說，我們易於緊抱現存的假設，然後排斥或扭曲與之矛盾的新訊息。調適（accommodation）是指改變我們現存的架構，使之可能納入原本不接軌的新訊息，但這是較為困難而具威脅性的，特別是當重要的假設受到挑戰時。當然，調適是心理治療的基本目標，它在認知治療和認知-行為治療中被坦率指出，但也深埋在幾乎所有其他治療法中。

根據貝克（1967; Beck et al., 2005）的說法，不同形式精神病態的特色是不同之不具適應性的基模，伴隨著不順利的早期學習經驗的作用而發展出來。這些不具適應性的基模導致思考的扭曲，而且正是一些障礙症的特徵所在，諸如焦慮症、憂鬱症及

人格障礙症。除了探討與各種精神病態有關之功能不良的基模的本質，研究人員也探討幾種不同型態之扭曲的訊息處理，它們是由具有各種精神病態的群體所展現出來。這方面研究已說明，認知機制可能涉及引起或維持一些障礙症，例如，憂鬱人士顯現有記憶偏差，他們偏好記得負面訊息勝過正面或中性的訊息，這樣的偏差可能協助強化或維持個人現行的憂鬱狀態（Mathews & MacLeod, 2005; Joormann, 2009）。

✲ 歸因、歸因風格與精神病態

歸因理論（attribution theory）也重大促成了認知-行為的取向（Gotlib & Abramson, 1999）。歸因（attribution）單純地是指指派原因給所發生事情的歷程，我們可能把行為歸之於外在事件，諸如獎賞或懲罰（「他是為了錢才這樣做」），或我們可能假定原因是內在的，起源於我們或他人內在的特質（「他是因為太慷慨才做那件事」）。因果歸因協助我們解釋我們自己或他人的的行為，使得我們能夠預測自己或他人在未來可能會做些什麼。一位學生在考試上不及格，他可能把不及格歸因於智力不足（個人特質），或歸因於考試題目含糊不清楚（環境原因）。

歸因理論家感興趣於不同形式的精神病態是否與有所差別而功能不良的歸因風格有關聯。歸因風格（attributional style）是指個體所特有的方式，以傾向於把一些原因指派給不好事件或良好事件，例如，憂鬱人士傾向於把不好事件歸之於內在、穩定及全面性的原因（「我考試不及格是因為我太笨了」對照於「我考試不及格是因為教師心情不佳而造成評分不公平」）。無論我們的歸因可能多麼不準確，它們成為我們對世界的觀點的重要部分，這可能重大影響我們的情緒安寧（Abramson, Seligman & Teasdale, 1978; Mineka et al., 2003）。引人興趣的是，非憂鬱人士傾向於擁有所謂的自利偏誤（self-serving bias），他們較可能為正面事件（而不是負面事件）作成內在、穩定及全面性的歸因（Mezulis, Abramson, Hyde & Hankin, 2004）。

✲ 認知治療

貝克被普遍視為是認知治療法的創建者，他在針對各種精神病態之認知-行為治療法的發展上具有重大影響力。在貝克的領導下，認知-行為理論家和臨床人員已全然把他們的焦點從外顯行為本身，轉移到被認為造成不良適應的情緒及行為的潛在認知上。貝克理論的基本觀念是，我們解讀事件和經驗的方式，決定了我們對它們的情緒反應。

因此，認知治療的核心議題之一，是如何最妥當改變扭曲及不良適應的認知，包括基礎的不良適應的基模——因為它們導致了不同障礙症和相關的情緒。例如，認知-行為的臨床人員特別關切案主的自我陳述（self-statements），也就是關切案主在解讀他們的經驗上對自己所說的話。有些人解讀自身生活中發生的事情為自我價值

（self-worth）的負面反映，因此他們將可能感到憂鬱；有些人解讀自己心臟加速跳動的感覺表示他們可能會心臟病發作而死亡，則他們將可能會有恐慌發作。認知-行為臨床人員利用多樣化技術，以針對矯正案主懷有的任何負面認知偏差（Beck et al., 2004），這截然有別於心理動力的實施。心理動力論假定種種問題是起因於限定的一系列精神內在衝突（諸如未解決的戀母情結），而且傾向於不直接針對當事人的特定困擾或抱怨施行處置。我們在隨後的章節中將會更詳細描述一些最被廣泛使用的認知-行為治療法。

認知-行為透視的衝擊

認知-行為的觀點已為當代的臨床心理學帶來強力的衝擊，許多研究人員和臨床人員相當認同它的原理，即透過改變人們對自己和他人的思考方式，以改變他們的行為。然而，許多傳統的行為學家仍然對認知-行為的觀點感到懷疑，史基納（B. F. Skinner）（1990）在他最後的重要演說中，仍然忠實於行為主義，他質疑任何偏離操作制約原理的研究立場。他提醒他的讀者，認知不是可觀察的現象，因此不能被援引為堅定的實徵資料。雖然史基納已逝世，但這方面的爭論勢必將以某些形式延續下去。吳爾皮（Wolpe）（1988, 1993）是行為治療法的另一位創建者；實際上，他直到1997年逝世之前，也仍然對認知透視採取高度批判。無論如何，這些批評在近些年來似乎正減退下來，隨著愈來愈多證據累積，支持了認知-行為治療法在處理各種障礙症上的效能，從思覺失調症到焦慮症、憂鬱症以迄於人格障礙症（例如，Barlow, 2008; Butler et al., 2006; Tolin, 2010）。

四、多元化觀點的採取

關於人類行為的每一種心理學的透視——心理動力、行為及認知-行為的透視——都促成了我們對精神病態的理解，但是它們單獨都無法解釋人類不良適應行為的複雜本質。因為不同的起因觀點，會影響觀察人員將把焦點放在不良適應行為的哪些成分上，每種透視依賴從有限的觀察和研究進行概判。例如，在嘗試解釋像是酒精依賴（alcohol dependence）的複雜障礙症上，較為傳統的心理動力觀點側重於當事人透過酒精攝取，試圖減低的精神內在衝突及焦慮；心理動力透視較為新近的人際觀點強調當事人的過去和現在人際關係上的障礙促成了飲酒；行為觀點側重當事人所學得之減低壓力的不良習慣（飲酒），也強調可能會惡化或維持這種情況的環境條件；至於認知-行為的觀點則強調不良適應的思考，包括問題解決和訊息處理上的缺失，諸如關於「需要酒精以減低壓力」的不合理信念。

因此，我們採取哪種透視便會產生重要影響，它影響我們對不良適應行為的知

覺、我們尋求什麼類型的證據，以及我們可能解讀資料的方式。廣延的心理起因涉入不良適應行為的起源，而這些不同觀點提供對照的（或有時候是互補的）解釋──關於這些起因如何發揮它們的效應（參考圖3.7）。

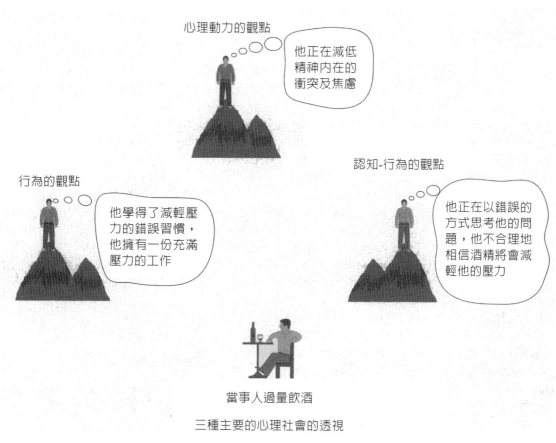

三種主要的心理社會的透視

圖3.7　關於酒精依賴的三種主要心理方面的透視

第五節　社會方面的觀點

　　這一節中，我們將檢視各種類型的社會因素，它們造成人們容易罹患障礙症，或可能加速障礙症的發生。社會因素是一些環境的影響力（通常是不可預測及不受控制的負面事件），它們使得當事人在心理上處於不利的地位，造成他／她較不具資源以應付壓力事件。我們將討論好幾種不同類型的社會因素，它們各自對於兒童的社會情緒發展具有重大的傷害效應：(1)早期剝奪或創傷；(2)不適切的父母管教作風；(3)婚姻失調及離婚；(4)低社經地位及失業；(5)不良適應的同儕關係；及(6)偏見與歧視。

一、早期剝奪或創傷

兒童當無法擁有通常由父母或父母代理人所供應的資源時，他們可能會留下深刻而有時候不能回復的心理傷痕，至於所需的資源則包含從食物和庇護以迄於關愛和注意。這樣的資源剝奪（deprivation）可能以幾種形式發生。剝奪最嚴重的情況通常見之於被遺棄或失去父母的孤兒，他們可能被機構收容，或被安置在一些不健全及不勝任的寄養家庭。然而，它也可能發生在完整的家庭，但基於一些原因，父母沒有能力（例如，因為精神疾病）或不願意提供親密和常態的人性關照及養育。

◼ 機構收容

在某些情況下，兒童被安排在機構中養育，但這樣的處所（相較於正常的家庭）可能較不溫暖，也較少有身體接觸；較少有智能、情緒及社會方面的刺激，以及缺乏對積極學習的鼓勵及協助。這方面的研究顯示，隨著被收容於機構而蒙受早期及長期的環境和社會剝奪後，大部分兒童的長期預後（prognosis）是不利的，特別是如果機構收容持續超過六個月的話（Beckett et al., 2006; Kreppner et al., 2007; Wiik et al., 2011）。許多在嬰兒期和幼兒期就被收容的兒童顯現嚴重的情緒、行為及學習障礙，而且在不良的依附關係和精神病態上有高度風險（例如，Bos et al., 2011; Ellis et al., 2004; Smyke et al., 2007），這些障礙似乎至少局部是減退的腦部發育居中促成（McLaughlin et al., 2010）。實際上，如果兒童從很小年齡就在機構中長大的話，他們大腦灰質和白質的容量顯著地減少。

至於當兒童已經擁有良好的依附經驗，而在兒童後期才被收容時，這帶來的傷害性就不會那麼重大（Rutter, 1987）。不過，即使是那些在幼小年齡就被收容的兒童，有些仍能展現復原力，而且在成年期進展順利（Rutter, Kreppner & O'Connor, 2001）。在某些個案上，這是因為有影響力的防護因素的作用，包括在學校擁有一些良好的經驗（不論是以社交關係、運動表現或學業成就的形式）和在成年期擁有支持性的婚姻伴侶；這些成功經驗或許促成了較良好的自尊或自我效能感（Quinton & Rutter, 1988; Rutter et al., 2001）。一般而言，早期機構收容與持久的不良效應有所關聯，兒童儘早被領養而離開孤兒院的話，他們的進展就較順利（Johnson, 2000）。

◼ 家庭中的疏忽與虐待

大部分蒙受父母剝奪的嬰兒並不是跟他們父母離散，反而是在家庭中受到苛刻的對待。在美國地方，每年幾近有400萬個虐待和疏忽的案件被提報，而大約20%正式成案。這表示每1,000個兒童中就有大約9個已知是虐待或疏忽的受害者，更不用談無數未被提報的案件。這些案件中，絕大多數（78%）是屬於疏失的案例，至於身體虐

待（18%）和性虐待（9%）則相對上較爲少見（U. S. Department of Health and Human Services, 2013）。

父母可能以各種方式疏忽子女——忽視物質需求、拒絕愛和感情、對子女的活動和成就缺乏興趣，或不肯花時間跟子女相處或指導他們的活動。父母虐待的案件則涉及殘忍的對待，以情緒虐待、身體虐待及／或性虐待的形式。父母的疏忽和虐待可能是局部或全面的、被動或主動的，以及微妙或明顯的殘忍。

父母對子女的嚴重虐待（身體虐待、性虐待或二者）與子女發展上的許多負面效應有關聯，雖然有些研究顯示，至少對嬰兒而言，嚴重疏忽的不良效應可能更甚於虐待關係。受虐的兒童通常具有過度攻擊的傾向（包括言語和身體攻擊二者），甚至到欺凌的地步，有些人甚至對同伴友善的提議回應以發怒和攻擊（Cicchetti & Toth, 2005）。研究人員也已發現，受虐兒童經常在語言發展上有所困難，而且在行爲、情緒及社交功能上有重大障礙，包括行爲規範障礙症、憂鬱、焦慮，以及與同儕不良的關係（同儕傾向於迴避或排斥他們）（Collishaw, Pickles, et al., 2007; Shonk & Cicchetti, 2001）。這些不利後果或許不會令人訝異，當考慮到虐待對發育中的神經系統產生之重大而持久的負面神經生理效應（Gunnar & Quevedo, 2007; Watts-English et al., 2006）。近期一項量化的審查也報告，兒童期虐待爲成年期的身體健康狀況帶來許多不利的影響（Wegman & Stetler, 2009）。

早期虐待的這些效應可能持續到進入青少年期和成年期，例如，先前受虐或被疏忽的兒童平均而言擁有較低水平的教育、就業及薪水（Currie & Widom, 2010）。兒童期身體虐待預測青少期和成年期家庭暴力和非家庭暴力二者，特別是對受虐男性而言（Cicchetti & Toth, 1995a）。因此，對那些排斥或虐待他們子女的父母來說，他們有顯著的比例自身也曾是父母排斥的受害者，他們被排斥或受虐的早期經歷很清楚地對他們的基模和自我基模具有傷害的效應，以至於他們可能無法內化良好的父母管教模式（Shields et al., 2001; Serbin & Karp, 2004）。根據Kaufman和Zigler（1989）的估計，這種虐待行爲之世代間傳遞（intergenerational transmission）的發生機會大約是30%。

二、不適切的管教作風

即使沒有嚴重的剝奪、疏忽或創傷，許多父母管教上的偏差也可能對兒童後來應付生活挑戰的能力產生深刻影響，進而可能造成兒童容易招致各種精神病態。因此，雖然心理觀點的解釋有很大變異，它們對於精神病態起因的見解，大多集中在兒童在與他人（主要是父母或父母代理人）早期社會互動的過程中所獲得的行爲傾向（Parke, 2004; Sroufe et al., 2000）。

你應該謹記，父母-子女關係始終是雙向的，如同在任何延續的關係上，每個人的行為影響另一個人的行為。有些兒童較容易親近他人；有些父母則對嬰兒的需求較為敏感（Parke, 2005）。例如，有些兒童顯得焦急、暴躁及衝動，不容易加以照顧，這可能引起他們父母的焦慮、暴躁及衝動，父母的行為可能接著導致兒童的行為更為惡化（Crouter & Booth, 2003; Rutter, 2006a）。

◆ 父母的心理失常

一般而言，研究已發現，當父母罹患各種精神疾病時（包括思覺失調症、憂鬱症、反社會型人格障礙症，以及酒精濫用或依賴），他們子女傾向於在廣泛的一系列發展障礙上有偏高的風險（除非防護因素也呈現）（Brennan et al., 2003; Masten, 2007）。這個領域的大部分研究焦點是放在母親身上，但有良好的證據指出，失常的父親也重大促成了兒童和青少年的精神病態，特別是促成像是憂鬱症、行為規範障礙症、違法行為及注意力障礙等問題（Boyce et al., 2006; Phares et al., 2002）。雖然在這些效應中，有些無疑地具有遺傳成分，許多研究人員認為，遺傳影響力不能解釋父母心理失常對子女造成的所有不利效應（Hammen, 2009; Sher, Grekin & Williams, 2005）。

舉例而言，雖然酒精中毒者（酗酒者）的一些子女沒有障礙，但有些則有偏高的曠課和物質濫用的發生率、有較高的中途退學的可能性、有較高水平的焦慮和憂鬱，以及較低的自尊（Leonard & Eiden, 2007; Marmorstein et al., 2009）。此外，當父母有嚴重憂鬱時，他們的子女會有憂鬱症和其他障礙症的增高風險（Burt et al., 2005; Hammen, 2009），至少局部地是因為憂鬱造成拙劣的父母管教——特別是包括侵入或退縮的行為（Field et al., 2006）、過度挑剔，以及在子女的管理及紀律上缺乏效能（Rogosch, Cicchetti & Toth, 2004）。不必訝異地，當母親有憂鬱病情時，他們子女也較可能有不安全的依附關係（Cicchetti & Toth, 1995b），以及生活在有高度壓力的環境中（Hammen, 2009）。

◆ 父母管教作風：溫暖與控制

研究人員一直感興趣於父母管教作風（parenting styles），包括他們的懲戒方式，如何影響兒童在發展過程中的行為。管教作風反映了父母在廣泛的背景中對子女表達的態度及價值觀（Williams et al., 2009），四種父母管教作風已被檢定出來，它們似乎與兒童不同的發展結果有關聯：(1)威信型；(2)專制型；(3)寬容／放任型；及(4)疏忽／冷漠型。這些類型在「父母溫暖」的程度（支持、鼓勵及鍾愛vs.羞恥、排斥及敵意的數量）和在「父母控制」的程度（紀律和監督vs.放任兒童不加督導的程度）上各有所異（Manzeske & Stright, 2009; Morris, 2001）。父母的控制包括二者，

其一是行為控制（獎賞及懲罰），另一是心理控制（例如，贊同或不贊同的表達，或引起愧疚）（參考圖3.8）。

威信型父母管教（authoritative parenting）。這種作風是指父母非常溫暖而審慎，為一些性質的行為設定清楚的規範及界限，但在這些限度內容許相當大的自由。他們傾向於對他們子女的需求保持留意及敏感，但仍然施加必要的限制。這種父母管教作風與最良好的早期社會發展有關；兒童傾向於充滿活力而友善，在對待他人和應付環境上展現全面勝任能力的發展（Baumrind, 1993; Simons et al., 2005）。他們通常也擁有安全的依附關係（Karavasilis, Doyle & Markiewicz, 2003）、顯現高水平的身心健康，以及在青少年後期有良好的學校表現（Berk, 2003），因此難怪他們也較不可能展現情緒障礙（例如，焦慮和憂鬱）或行為困擾（例如，品性問題和違規行為）（Williams et al., 2009）。威信型父母管教也似乎促進了兒童的復原力——當他們生活在高度壓力的情境時（Salem-Pickartz & Donnelly, 2007）。

專制型父母管教（authoritarian parenting）。這種作風的父母控制度高，但溫暖度低。他們經常顯得相當冷靜而苛求，假使子女不服從的話，他們偏好懲罰的方法。他們的子女傾向於是衝突、焦躁而悶悶不樂的（Baumrind, 1975, 1993; Berk, 2003）。當追蹤到青少年期，這些子女傾向於在社交和學業能力上偏低（相較於威信型父母的子女），而男孩在社交和認知技巧上表現特別拙劣。當男孩擁有專制型的父親時（特別是那些高度敵意的父親），他們也有偏高的風險會從事物質濫用和另一些違法活動（Bronte-Tinkew et al., 2006; Hoeve et al., 2009）。假使這樣的專制型父母以體罰的方式（對照於贊同及特權的撤除）也施行過度嚴厲的紀律，這將傾向於會增進他們子女的攻擊行為（Berk, 2003）。

寬容／放任型父母管教（permissive/indulgent parenting）。這種作風的父母的溫暖度高，但是紀律和控制度低。這種放任的父母管教方式與兒童期和青少年期的衝動行為及攻擊行為有關聯（Siegler et al., 2003）。過度縱容的兒童的特色是被寵壞、自私自利、缺乏耐心、不懂體諒及挑剔（Baumrind, 1971, 1975）；在青少年期，他們傾向於在學業上表現較差，而且展現較多反社會行為（Steinberg et al., 2006）。當「現實」迫使他們重新評估他們對於自己和世界的假設時，他們可能發生適應上的混淆及障礙。

疏忽／冷漠型父母管教（neglectful/uninvolved parenting）。這種作風的父母在溫暖度和控制度二者上都偏低，他們傾向於不涉入及不支持他們的子女。這種父母疏遠及不理睬的作風與兒童早期依附關係的瓦解有關（Egeland & Sroufe, 1981），也與兒童後期的心情低落、低自尊及品性問題有關（Baumrind, 1991）。這些冷漠父母的子女經常也有同儕關係的困擾和學業表現的困擾（Hetherington & Parke, 1993）。

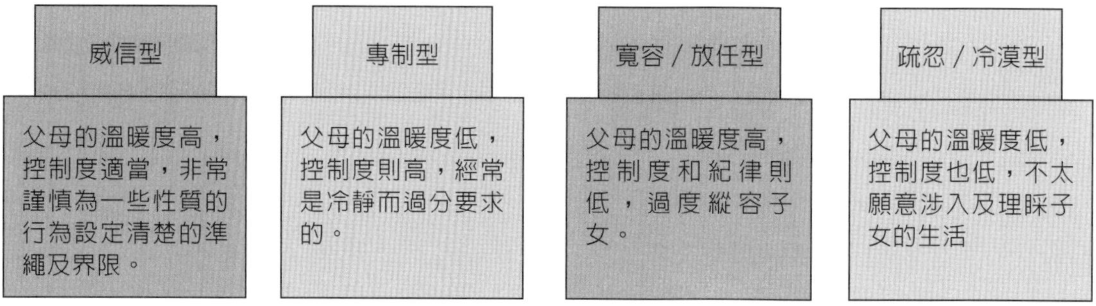

威信型	專制型	寬容／放任型	疏忽／冷漠型
父母的溫暖度高，控制度適當，非常謹慎為一些性質的行為設定清楚的準繩及界限。	父母的溫暖度低，控制度則高，經常是冷靜而過分要求的。	父母的溫暖度高，控制度和紀律則低，過度縱容子女。	父母的溫暖度低，控制度也低，不太願意涉入及理睬子女的生活

圖3.8　父母管教作風

三、婚姻失調與離婚

失常的家庭結構是一種全面性的風險因素，它增加了個體容易受到特定壓力源的傷害。我們將區別兩種情況，其一是完整家庭但有重大的婚姻失調，另一是因為離婚或分居而失常的家庭。

婚姻失調

所有夫妻都會爭吵，但是當趨於極端時，婚姻失調（marital discord）可能為成年人和他們的子女雙方帶來傷害性的心理效應（例如，Amato 2006; Amato & Booth, 2001; Parke, 2004）。較為嚴重的婚姻失調情況可能使兒童置身於我們討論過的一種或多種的壓力源：兒童虐待或疏失、跟有嚴重精神疾病的父親或母親生活在一起的不良效應、專制型或疏忽／冷漠型的父母管教，以及配偶虐待。但即使是較不嚴重的婚姻失調的情況，也可能對許多兒童產生負面效應，例如，當父母有高度的外顯衝突時，他們子女展現較高的攻擊行為的傾向，包括對他們同儕和對他們父母（Du Rocher Schudlich et al., 2004）。

幾項縱貫研究已清楚佐證，嚴重婚姻不睦對兒童的傷害效應延續到成年期，這樣子女自身的婚姻也較可能被評定為不睦（不論父母是否離婚）。這種婚姻失調的世代間傳遞，可能部分是起源於子女經由觀察他們自己父母的婚姻互動，而學得了負面的互動風格（Amato, 2006; Amato & Booth, 2001）。

離婚的家庭

在全世界的範圍，幾近20%的婚姻是以離婚收場，而美國的離婚率最高，達到40%（Breslau et al., 2011）。根據估計，年齡在18歲以下的子女中，大約有20%是生活在單親家庭中——有些是跟未婚的父母住在一起，有些則是跟離婚的父母住在一起。

　　離婚對父母的影響。不幸福的婚姻固然辛苦，但是結束婚姻關係對成年人來說可能也是極具壓力的，包括心理上和身體上。負面效應通常是短暫的，大部分人能夠在2到3年內達成建設性的適應，但有些成年人從不曾完全復原（Hetherington, 2003a），離婚及分居的人在精神病患中占過高比例，雖然「因果關係的方向」不一定清楚。然而，我們也必須承認，離婚實際上有益於某些人（Amato, 2000, 2010）——一些證據指出，女性較可能是獲益的一方（Hetherington, 2003a）；另一些證據指出，有些人在離婚前處身於高度苦惱的婚姻中，他們較可能報告滿足感的提升——相較於離婚前處身於低度苦惱的婚姻中的人們（Amato & Hohmann-Marriott, 2007）。此外，離婚後的良好適應與下列事項呈現正相關：(1)較高的收入；(2)跟另一個人有穩定的約會；(3)再婚；(4)在離婚發生之前就對之持著相對上有利的態度；及(5)跟提議離婚的人維持同伴關係（Amato, 2000）。

　　離婚對子女的影響。離婚也可能為子女帶來創傷的效應。隨著父母的忠實發生衝突，子女的不安全感和排斥感可能更為加劇。在違法行為和廣泛的另一些心理困擾上（諸如焦慮和憂鬱），離婚家庭的兒童和青少年的發生率，遠高於完整家庭的兒童和青少年，居先或持續的父母紛爭很可能是重要的促成因素（Strohschein, 2005）。然而，研究也已顯示，平均而言，這樣的兒童甚至在他們父母離婚之前，已經某種程度上顯現這些困擾（Amato, 2010; Strohschein, 2005）。

　　此外，離婚對適應功能的不利效果可能延續到成人期，平均而言，相較於來自沒有離婚家庭的年輕人，當年輕人是來自離婚家庭時，他們擁有多少較低的教育程度、較低的收入、較低的生活滿意度、較高的可能性會領取政府救濟金，以及較可能擁有非婚生子女（Chase-Lansdale et al., 1995; Hetherington et al., 1998）。離婚家庭的子女也較可能在他們自己的婚姻上以離婚收場（Amato & DeBoer, 2001; Hetherington, 2003b），還有證據顯示，這些效應甚至會發生在接下去的第三世代。具體而言，在探討幾近700位祖父母和他們的孫子女後，Amato和Cheadle（2005）發現，祖父母的離婚與他們孫子女的較低教育、較多婚姻不睦及較弱的親子關係有所關聯。

　　儘管如此，許多兒童對他們父母的離婚有相當良好的調適，Amato和Keith（1991a, 1991b）發現，離婚的負面效應從1950年代直到1980年代（特別是從1970年以來）似乎有降低的趨勢，或許是因為離婚的烙印作用（stigma）正逐漸減退。然而，對於在1990年代發表的67項這類研究執行追蹤審查，顯示這些負面效應自從1990年以來並未更進一步降低（Amato, 2001）。

　　相較於處身在被婚姻衝突和爭吵所撕裂的家庭，離婚對於兒童的影響往往還較為有利些（Amato, 2010; Amato & Keith, 1991b）。許多人曾經以為，離婚的損害效應可以被減到最低限度，只要成功的再婚為子女養育提供了適當的環境。然而，不幸地，Amato和Keith（1991a）的審查顯示，兒童當跟繼父或繼母生活在一起時，他們

的處境通常不見得優於跟單親父母生活在一起的兒童，雖然這種情況較是對女孩而言，而不是對男孩。另有些研究則顯示，兒童（特別是非常年幼的兒童）當跟繼父或繼母住在一起時，他們有蒙受繼父母身體虐待（受傷及甚至死亡）的較高風險——相較於跟親生父母住在一起的兒童（Daly & Wilson, 1988, 1996）。

四、低社經地位與失業

在我們的社會中，社經階級（socioeconomic class）愈低，精神疾病和身體疾病的發生率就愈高（Caracci & Mezzich, 2001; Conger & Donnellan, 2007）。然而，這種逆相關（inverse correlation，也稱負相關）的強度似乎隨不同類型的精神疾病而異。例如，反社會型人格障礙症與社經地位（SES）有強烈相關，最低收入階層的發生率約為最高收入階層的3倍；至於憂鬱症的發生率，最低收入階層只有最高收入階層的大約1.5倍（Kessler & Zhao, 1999; Monroe et al., 2009）。

關於這種總括的逆相關，有許多原因可以加以說明。其中一個因素是，許多有精神疾病的人們滑落經濟地位的較低階層，然後就一直佇留那裡，有時候是因為他們缺乏經濟或個人資源以爬升回來（Gottesman, 1991），另有時候則是因為對罹患精神疾病人們的偏見及烙印（Caracci & Mezzich, 2001）。另一個因素是，平均而言，當人們居住在貧困的地區時，他們在生活中遭遇較多及較為嚴重的壓力源（相較於為富裕的人們），而且他們通常擁有較少的資源加以抗衡（Twenge & Campoell, 2002）。

當兒童和青少年來自較低SES的家庭時，他們也傾向於有較多心理困擾。以美國青少年為對象，一項近期、大規模的研究，檢視不同計量（measures）的低社經地位，發現青少年對自己社會地位的知覺（perceptions），與精神疾病較高的發生率有最強烈的關聯，更勝於像是家庭收入一類的因素（McLaughlin, Costello et al., 2012）。我們務必提醒自己，許多來自較低SES家庭的兒童表現非常良好，特別是那些擁有較高IQ的兒童，以及那些在家庭、在學校及跟同伴享有適當關係的兒童（Felsman & Valliant, 1987; Long & Valliant, 1984; Masten & Coatsworth, 1995）。

有些研究重複地發現，失業（特別是它帶來的經濟困境、自我貶抑及情緒苦惱）與個人在精神病態上趨高的脆弱性有關聯（例如，Dooley et al., 2000; Grzywacz & Dooley, 2003; Thomas et al., 2007）。特別是在失業期間，憂鬱、婚姻不睦及身體抱怨的發生率有升高的趨勢，但是當就業恢復時，這些症狀通常就會正常化（Jones, 1992; Murphy & Athanasou, 1999）。然而，不僅是那些精神不穩定的人們傾向於失去工作，即使把失業前的心理健康狀況考慮進去，這些效應依然發生。無需訝異，失業男性的妻子也會受到不利影響，她們展現較高水平的焦慮、憂鬱及敵意，似乎至少局部地因失業丈夫的苦惱所引起（Dew et al., 1987）。兒童也可能受到重大影響。

在最壞的情況下，失業父親遠爲可能從事兒童虐待（Cicchetti & Lynch, 1995; Dew et al., 1991）。

五、不良適應的同儕關係

重要的同儕關係通常起始於學前年齡，兒童在這個階段還無法掌握人際關係或外交手腕的微妙之處。同理心（empathy）——對另一個人的處境、觀點及感受的理解——至多只是初步發展，我們可以從「兒童當有更喜愛的玩伴抵達時，就背過臉及拒絕原先的玩伴」看到這一點。兒童自己「立即的滿足」傾向於是任何互動的首要目標，他們還不太確知互助及合作可以帶來更大利益。

同儕關係可能不容易應付，但它們也可能是重要學習經驗的來源，對個人很有助益，甚至一輩子受用。對於機智的兒童而言，學校生活的「得與失」和「成與敗」將提供絕佳的訓練，以使個人面對眞實世界，以及掌握她／他發展中的自我（self），包含其能力與極限，還有吸引人及不吸引人的特性。個人與朋友的親密經驗也是起始於這個強烈社會涉入的時期，假使一切進展順利的話，兒童將會帶著相當多腳本的社交知識和技巧（統稱爲社交能力——social competence）進入青少年期。這樣的資源將是對抗挫折、墮落、絕望及心理障礙的強力防護因素（Masten, 2007; Sentse et al., 2010）。

什麼因素決定哪些兒童將會受到歡迎？哪些則會遭到拒絕？受歡迎的兒童似乎有兩大類——利社會型和反社會型。利社會型（prosocial type）的受歡迎兒童以友善而果斷（仍然合作）的方式跟他們的同伴交往，他們傾向於是學校裡的好學生（Zettergreen, 2003）。反社會型（antisocial type）的受歡迎兒童（通常是男孩）傾向於是「強硬的傢伙」，他們可能有良好的運動技能，但是學業表現不佳，他們傾向於有高度攻擊性和反抗權威（Berk, 2003）。

更多注意力放在是什麼造成有些兒童一再地受到他們同伴的拒絕（排斥），以及這樣的拒絕會造成什麼後果。被拒絕的兒童似乎也有兩大類——那些過度攻擊的兒童和那些非常退縮的兒童（Ladd, 2006）。對於那些攻擊型的被拒絕兒童來說，當跟他們的同伴互動時，他們採取過分苛求或侵略的方式，且他們經常太快就動怒，然後把自己的敵對意圖歸之於他們同伴的嘲弄，因此逐步擴大對抗到非故意的地步（Dodge, 2006; Reijntjes et al., 2011）。實際上，這種「把敵對意圖歸之於他人」的傾向在八年級就已顯現，而且可預測十一年級時反社會行爲的程度（Lansford et al., 2006）。這些兒童也傾向於對這樣處境採取較爲懲罰和較不寬恕的態度（Coie et al., 1991; Crick & Dodge, 1994）。對於受到父母虐待的兒童來說，他們可能特別會顯得如此，他們因此已發展出對照顧者之不良適應的心理表徵（mental representations），而且

預期會受到他人的不當對待。當預期會受到不當對待，他們可能在趨近社會情境時帶著過度警覺、焦慮及憤怒反應性，這些反應性可能符合他們在家庭中的經歷，但是在他們跟同伴分享的背景中卻是失同步（out of synch）（Cicchetti & Toth, 2005; Shields et al., 2001）。此外，當幼兒在幼稚園時的能力貧乏，不足以理解同伴的情緒（諸如害怕及悲傷）的話，這也預測了在三年級時對同伴的攻擊行為（Dodge et al., 2002）。

第二大類被拒絕的兒童是缺乏自信而對他們同伴相當順從，通常是因為社交焦慮和害怕被嘲笑或抨擊（Schwartz, Dodge & Coie, 1993）。這樣的孤立可能有嚴重的後果，因為它經常導致同伴的排斥，這接著剝奪了兒童更進一步的機會，以學習社交行為和人際交往的規則——這樣的規則隨著年齡漸增而變得更為精巧及微妙（Coie, 1990; Ladd, 2006）。它造成的結果是屢次的社交挫敗及／或受到小惡霸的欺負，這將會進一步損害自信及自尊，有時候導致寂寞、憂鬱及焦慮，特別是在小學期間（Burks et al., 1995; Ladd, 2006）。

總之，在發育時期，如果兒童不能跟同儕建立起滿意的關係，他將被剝奪許多關鍵性的背景經驗，而且當他進入青少年期和成年期後，在各種負面結果上會有高於平均的風險，包括憂鬱、退學（輟學）、自殺意念及違法行為（Heilbron & Prinstein, 2010）。

最後，近些年來，一種新式而隱伏的霸凌（bullying）正在四處竄動，並且在許多北美學校中已蔚為重大問題，即所謂的網路霸凌（cyberbullying）。網路霸凌是指在互聯網或網站中傳送侮辱、騷擾或威脅的訊息、散布令人難堪的謠言，以及傳播某個人非常私密的消息（Willard, 2007）。根據估計，使用網際網路的青少年中，高達33%的人從事網路霸凌（Li, 2007; Scharnberg, 2007）。網路霸凌可能為受害人帶來相當嚴重的心理後果，包括焦慮、學校畏懼症、較低的自尊、自殺意念，以及偶爾的自殺案例（Thomas, 2006）。

六、偏見與歧視

我們社會的許多成員屢次地遭受偏見（prejudice，根據個人特徵所作的預先判斷）及歧視（discrimination，根據察覺的團體成員身分，而對他人的不公平對待），卻是建立在他們的性別及族群上。偏見和歧視可能發生在任何地方——在街道上、在大學校園中、在學校中、或在工作場所上。例如，工作場所經常發生的兩種歧視是：(1)就業歧視（access discrimination），某一團體的成員（例如，女性、某一族群的人）不被僱用，僅因為他們的個人特徵；及(2)待遇歧視（treatment discrimination），某類人們被給予工作，但是薪資較低，升遷的機會也較少（Eagly & Carli,

2007; Eagly & Karau, 2002）。除了明顯的經濟上不利影響外，偏見和歧視可能導致較高水平的壓力，進而對個人的身體和心理健康產生負面效應。

　　實際上，對少數族群的偏見，可能有助於解釋為什麼這些族群有時候在一些精神疾病上顯現偏高的盛行率，諸如憂鬱症（Cohler et al., 1995; Kessler et, al., 1994）。這種情況的一個可能原因，是自覺受到歧視可能充當壓力源而威脅到自尊，這接著增加了心理苦惱（例如，Cassidy et al., 2004）。

　　實驗室研究已檢驗偏見和歧視如何能夠「穿透皮膚」，提高了不良健康狀況的可能性。這樣的研究已顯示，種族歧視的經驗或感知，導致怒意和心臟血管反應性的升高（Mendes et al., 2008）。此外，歧視增進了冒險行為，這個效應局部地是偏高的心臟血管反應性居間促成（Jamieson et al., 2013）。自覺受到歧視也預測了女性較低水平的身心安適（Ryff et al., 2003）。

七、社會方面觀點的衝擊

　　隨著我們漸進理解社會因素對心理健康的影響，從先前幾乎完全只關切個體的心理層面，科學界已拓寬它的視野，開始關切人們環境中的因素，如何能夠影響精神疾病的發生。這個領域的研究已引領許多方案，立意於改善一些社會狀況，因為它們助長了不良適應行為和精神疾病；也導致一些社區設施的建立，以便為精神疾病提供早期偵測、治療及著眼於將來的預防。

第六節　文化方面的觀點

　　在理解變態行為的原因上，我們也需要考慮到該行為發生的文化背景。實際上，什麼被視為正常、什麼則被視為異常，在世界不同地方會有不同的看法。社會學和人類學已顯示，除了反映當前的家庭和另一些團體外，個體的人格發展也反映了更大的社會，包括它的制度、規範、價值觀及思潮。這些學科的研究已舉例證明各種社會文化狀況與精神疾病之間的關係。例如，不同社會存在不一樣的壓力源，它們典型會發生的精神疾病也不一樣。更進一步的研究顯示，在既存社會中，身體疾病和精神疾病的型態，可能長期下來隨著社會文化狀況的改變而改變，這些發現已經為變態行為的現代觀點增添了重要的追加維度（Fabrega, 2001; Tsai et al., 2000; Westermeyer & Janca, 1997）。

　　文化觀點關切的是文化對於精神疾病的界定和表明的影響，這樣的關係是複雜的。然而，跨文化研究能夠增進我們認識在人類行為和情緒發展上可能的變動範圍，

而且關於「什麼因素引起正常和異常行為」也能提出一些觀念，這樣的觀念隨後能夠在實驗室中接受更嚴格的檢驗（Canino & Alegria, 2008）。

一、精神疾病之普遍一致和文化專有的症狀

研究支持這樣的觀點：許多包括發生在成年人和兒童身上的心理失常，是普遍一致地出現在所探討的大部分文化中（Butcher, 2005; Kessler & Ustun, 2008）。當然，探討此類議題絕不是容易的事情，因為我們需要改編心理測驗以跨越語言和文化的藩籬，並驗證它們適用於其他文化。這樣研究的實例之一已顯示，當一些測驗被翻譯為不同文化的語言，它們需要被改寫，以便適合於新的文化背景。此外，我們也必須注意，不要錯失各種障礙症（諸如焦慮症和憂鬱症）某些可能是文化專有（culture-specific）的要素（Sue & Chang, 2003; Weisz, Weiss et al., 2006）。

明尼蘇達多項人格問卷（MMPI-2）是被最妥當驗證和最廣泛採用的測驗，它已被改編而使用在許多文化中（例如，Butcher, 2011）。例如，我們稱之為「思覺失調症」之混亂的思考及行為的基本型態，在幾近所有族群中都發現到，雖然盛行率和症狀有一些程度的變動（Woo & Oei, 2007）。再者，一些心理症狀（如所測量的）在其他許多國家之相似診斷的臨床組別中被一致地發現。例如，Butcher（1996a）發現，不論是來自義大利、瑞士、智利、印度、希臘及美國的精神病患，所有被診斷為妄想型思覺失調症的病人，都在MMPI上獲致類似的綜合人格及症狀型態。相同的MMPI-2型態也被發現發生在日本的思覺失調症病人身上（Hayama, 1999）。

然而，雖然存在一些普遍一致的症狀和症狀型態，社會文化因素通常會影響哪些障礙症發展出來、它們採取的形式、它們的盛行程度，以及它們的進程。例如，憂鬱症（major depressive disorder）的盛行率在世界各地文化中有廣泛的變動，在一項針對全世界十個國家所執行的研究中，發現其盛行率分布從日本的3%以迄於美國的幾近17%（Andrade et al., 2004）。幾種重大精神疾病的預後或結果，在不同國家中也顯現差異。此外，幾個國際性研究已發現，思覺失調症在開發中國家有較為有利的進程——相較於在已開發國家中（Kulhara & Chakrabarti, 2001）。

在另一個例證中，Kleinman（1986, 1988）比較中國人（包括臺灣和中華人民共和國）和西方人處理壓力的方式。他發現在西方社會中，憂鬱是對壓力的經常反應，但是在中國，他注意到報告憂鬱的情形相對上偏低（Kleinman, 2004）。反而，壓力的效應通常是表現在身體不適上，諸如疲倦、虛弱及另一些抱怨。再者，Kleiman和Good（1985）在多個文化中調查憂鬱的經驗，他們的資料顯示，西方社會中憂鬱的一些重要成分（例如，典型感受到的強烈愧疚感）在其他許多文化中並未出現。他們也指出，憂鬱的症狀（諸如悲傷、絕望、不快樂，以及對世界上的事物和對社交關係

缺乏樂趣）在不同社會中具有顯著不同的意義。對佛教徒而言，個人從世界上的事物和社交關係中尋求享樂正是所有痛苦的源頭，擺脫塵世和斬斷情緣才是通往開悟的門徑。對伊朗的什葉派回教徒而言，哀傷（grief）是一種宗教體驗，起源於個人認識到自己正直地生活在這個不公平世界的悲劇後果，個人充分地體驗哀傷的能力，因此是人格深度和理解厚度的標誌。

二、文化與過度控制及控制不足的行為

　　許多研究探討不同性質的兒童期精神病態在不同文化中的盛行率，提出了一些吸引人的議題。在像是泰國這樣的文化中，成年人極度不能容忍他們子女控制不足的行為（undercontrolled behavior），諸如攻擊、不服從及不尊敬的舉動（Weisz, et al., 2003），兒童被明白地教導要有禮貌及順從，以及抑制怒意的任何表達。這引發了令人感興趣的問題，即起因於控制不足行為的兒童期困擾，是否在泰國遠低於美國 —— 因為在美國地方，這樣的行為似乎相當程度受到容忍。它也提出另一個問題，是否與過度控制行為（overcontrolled behavior，諸如害羞、焦慮及憂鬱）相關的困擾將會在泰國占過高比例 —— 相較於在美國的發生率。

　　兩個跨國研究（Weisz, Suwanlert et al., 1987, 1993）證實，泰國的兒童和青少年確實在過度控制困擾上有較高的盛行率 —— 相較於美國的兒童。雖然兩個國家之間在控制不足行為困擾的發生率上沒有差異，但是所報告的控制不足行為困擾的性質卻有差異。例如，泰國青少年比起美國青少年，在不涉及人際攻擊之間接及委婉形式的控制不足上有較高分數，諸如不容易專注或對動物殘忍；另一方面，美國青少年比起泰國青少年在像是打架、欺凌弱小，以及在學校的不服從行為上有較高分數（Weisz et al., 1993）。此外，這些研究人員發現，泰國和美國父母在他們面臨什麼困擾才會尋求治療上有很大差異，一般而言，泰國父母比起美國父母似乎較不可能交付他們子女接受心理治療（Weisz et al., 1997），這可能局部是因為佛教徒相信問題是倏忽無常的，他們樂觀地認為他們子女的行為將會改善及好轉；另一種情況是，泰國父母沒有把他們有控制不足困擾的子女交付治療，僅是因為這些困擾如此不被接納，以至於父母對於公開化這樣的事情感到困窘（Weisz et al., 1997）。

第四章

臨床衡鑑與診斷

這一章中，我們將把焦點放在初步臨床衡鑑上，以及放在根據DSM-5以獲致臨床診斷上。心理衡鑑（psychological assessment）是指稱一套程序，臨床人員運用心理測驗、觀察及晤談，據以發展出對案主的症狀和困擾的摘要。臨床診斷（clinical diagnosis）是指臨床人員對病人的症狀獲致總括的「簡要分類」的歷程——透過遵循清楚界定的一套系統，諸如DSM-5或ICD-10（國際疾病分類－第十版，它是由「世界衛生組織」所發表）。

衡鑑是持續進行的歷程，它可能在治療期間的各種時間點顯現重要性，例如，當檢視案主的治療進展或評估治療成果時。在初步臨床衡鑑上，臨床人員嘗試鑑定案主問題的一些主要維度，以及預測事件在各種情況下的可能進展，就是在這個初步階段，臨床人員必須從事重大的決定，像是應該提供怎樣的治療途徑、該困擾是否將需要住院處理，以及家庭成員在什麼程度上將需要被納入爲共同案主（co-clients）等等。治療前衡鑑另一個較不明顯但同樣重要的功能，是爲各種心理功能建立起基線（baseline），以便治療的效果能夠被測量。此外，許多研究方案針對於評估各種治療法的有效性，它們的基本特徵是需要對治療前與治療後的衡鑑結果進行比較。

這一章中，我們將檢視一些較常被使用的衡鑑程序，而且顯示所獲得的資料如何被整合爲連貫而有條理的臨床畫像，以便從事轉診（referral）及治療上的決定。我們的論述將包括身體、神經及神經心理的衡鑑、臨床晤談、行爲觀察，以及人格衡鑑（透過使用投射測驗及客觀的心理測驗）。然後，我們將檢視利用DSM-5以獲致臨床診斷的程序。

第一節　衡鑑的基本要素

臨床人員需要知道些什麼？當然，首先是鑑定案主現有的困擾，也就是主要的症狀及行爲。它是否爲情境問題，是因爲某些環境壓力源（諸如離婚或失業）才加速促成？抑或它是較爲蔓延而長期之障礙症的表明？抑或它是二者的適度結合？是否有任何證據指出最近有認知功能退化的情形？目前的病況已持續多久？當事人如何處理該困擾？是否以往尋求過協助？是否有自我挫敗行爲和人格退化的徵候？當事人是否正利用現有的個人及環境資源致力於應付？該困擾已多麼廣泛影響當事人履行重要的社會角色？當事人的症狀行爲是否符合DSM-5上的任何診斷類型？

一、徵詢社會史或行爲史

對大部分臨床目的而言，指派正式的診斷分類本身還不是那般重要，更爲重要的

是清楚了解當事人的過去行爲、智力功能、人格特質，以及環境的壓力和資源，這也就是說，充分的衡鑑所包含的內容遠多於診斷標籤。例如，它應該包括對當事人行爲的客觀描述。當事人在應對他人上有怎樣的特徵？所展現的行爲是否有過度情形，諸如飲食過量？當事人是否有明顯的缺失，諸如在社交技巧上？當事人行爲是否適切？當事人是否表現很清楚之缺乏感應及不合作的行爲？假使臨床人員想要了解是什麼特定障礙促使當事人前來診所或醫院，這些過度（excesses）、缺失（deficits）及適切性（appropriateness）是需要注意的關鍵維度。

◼ 人格因素

衡鑑應該包括對任何切題之長期人格特質的描述。當事人通常是否以偏差的方式應對特定性質的情境（例如，那些需要順從法定權威的情境）？是否存在人格特質或行爲模式，使得當事人傾向於以不良適應的方式展現行爲？當事人是否容易跟他人夾纏不清，以至於失去她／他的主體性（個性）？抑或她／他這般自我專注（self-absorbed）以至於很難建立親密關係？當事人是否能夠接受他人的協助？當事人是否有眞實情感的能力，以及是否接納自己對他人福利的適當責任？這樣的問題是許多衡鑑程序的重點所在。

◼ 社會背景

另外也很重要的是評鑑當事人所運轉的社會背景。當事人通常面對什麼性質的環境要求？當事人的生活環境中存在什麼樣的支持或特殊壓力源？然後，臨床人員要把各式各樣且經常互相衝突的片段資訊，包括關於當事人的人格特質、行爲模式及環境要求等方面的資訊，整合爲連貫而有意義的臨床畫像。有些臨床人員指稱這樣的畫像爲「動態的論述」，因爲它不僅描述當前的情境，而且也涵蓋關於「什麼因素正驅使當事人以不良適應方式展現行爲」的假設，這樣的論述也應該容許臨床人員策劃關於案主未來行爲的假設。假使當事人的困擾被置之不理的話，它有多大可能性將會改善或惡化？哪些行爲應該作爲轉變的初步焦點？什麼治療法在引致這樣的轉變上可能最具效果？因爲廣泛的因素可能在引起及維持不適應行爲上扮演重要角色，衡鑑可能涉及對身體、心理及環境評鑑程序的統籌運用。

二、專業取向的影響

臨床人員如何著手衡鑑歷程通常取決於他們的基本治療取向。生物取向的臨床人員（通常是神經科醫師或另一些醫療從業人員）可能把重點放在生物衡鑑方法上，針對於決定可能引起不適應行爲之任何潛在的器質性功能失調。心理動力或精神分析

取向的臨床人員可能選擇非結構式人格衡鑑技術，諸如羅夏克墨漬測驗（Rorschach inkblots）或主題統覺測驗（TAT），以鑑定精神內在衝突，或可能單純地著手治療，預期這些衝突將會隨著治療的進行而自然地浮現。行為取向的臨床人員（致力於決定環境事件或強化與變態行為之間的功能關係），將會依賴像是行為觀察及自我監視等技術，以鑑定學得的不良適應行為型態。對認知取向的行為治療師而言，他們將把焦點轉移到功能不良的思想上。人本取向的臨床人員可能運用會談技巧以揭露被阻礙或被扭曲的個人成長。至於人際取向的臨床人員可能運用像是直接對質及行為觀察的技術，以指出人際關係上的障礙。

　　前面的實例只在說明一般趨勢，它絕非意指特定取向的臨床人員，應該侷限自己於特定的衡鑑方法，也絕非意指每種衡鑑技術僅適用於特定的理論取向。這樣的趨勢反而是在強調及指出這個事實：某些形式的衡鑑較有助於揭露特定的致因，或較有助於套出關於症狀行為的資料，這對於在既存概念架構內理解及治療障礙症是核心所在。

三、信度、效度與標準化

　　在理解臨床衡鑑和心理測驗的實用性上，三個很重要的測量概念是信度、效度及標準化。心理測驗需要顯現信度，才能說明它是有效的，信度（reliability）是指某一衡鑑測量每次被用來評估同一件事物都產生相同結果的程度。例如，假使在很短暫的期間內，每次你站上你的體重計，它都指出顯著不同的體重，那麼你將會認為它是你的體重極不可靠的測量工具。在衡鑑或分類的背景中，信度是一種程度的指標，指出測量工具在多大程度上同意當事人的行為符合某一診斷類別，假使所得觀察是不一樣的，它可能意味分類準則不夠準確，不足以決定是否存在所懷疑的障礙症。

　　心理測驗或分類系統也必須是有效的，效度（validity）是指測量工具在多大程度上確實測量出它打算測量的東西。在測驗或分類的背景中，當個人的行為符合某一分類時，效度是指某一測量在多大程度上，準確地告訴我們關於這個人一些臨床上重要的事情，諸如有助於預測該障礙症的未來進程。例如，假使當事人被預測或被診斷為思覺失調症，我們應該能夠推斷他也存在一些相當準確的特徵，這些特徵使得當事人有別於被認為正常的人們，或有別於那些罹患其他類型精神疾病的人們。例如，思覺失調症的分類或診斷，意指該障礙症會極為頑固地持續下去，經常會有重複發作的情形。

　　在正常情況下，效度以信度為先決條件，假使臨床人員對於當事人的失常行為應歸屬什麼類別上不能獲致一致意見的話，那麼所考慮之診斷分類的效度問題就變得無關緊要。換句話說，假使我們不能有信心地判定究竟是什麼診斷，那麼既存診斷所能

傳達之關於被評估當事人的任何有益資訊也將失去效用。另一方面，良好信度本身並不能保證效度。例如，偏手性（handedness，左撇子、右撇子或雙手都能靈活使用）的評定具有很高的信度，但偏手性既不能準確預測心理健康狀況，也無法預測無數具有個別差異的其他行為特性，這也就是說，它不是這些特性的有效指標（雖然它可能是在一些領域中獲致成功的有效指標，像是在棒球運動上）。以同樣的方式，只有在既存類別的效度已透過研究而被建立的範圍內，我們可靠地把當事人的行為指定為該類別的精神疾病，才被證實是有用處的。

標準化（stardardization）是指心理測驗在編製和使用上應該遵循的一套程序，也就是說心理測驗應該以一致或「標準」的方式被施行、評分及解讀。標準化測驗被認為是較為公平的，因為它們前後一貫地被實施，對所有受試者都採取同樣的程序。許多心理測被標準化，以使得使用者能夠把某個人在測驗上的分數拿來與參考群體（通常稱之為常模樣本）進行比較。例如，首先從一個大型常模群體中取得測驗分數的分布（distribution，或分配），再拿某個人的測驗分數加以比較，使用者就能據以評估這個人的分數在整個分數分布上是偏低、平均或偏高（稱之為T分數分布）。

四、臨床人員與案主之間的信任及融洽

為了使心理衡鑑能夠有效地進行，也為了提供對行為和症狀的清楚理解，案主當接受評估時應該對臨床人員感到舒適。在臨床衡鑑的情境中，這表示案主必須感到該測驗將有助於臨床人員獲致對她／他的困擾的清楚理解，也必須了解該測驗將會被如何使用，而心理師將會如何把它們納入臨床評估中。臨床人員應該解釋在衡鑑期間將會發生些什麼，而所蒐集的資料將會如何有助於為案主正面臨的問題，提供更清楚的畫面。

案主需要被擔保，他們所透露的情感、信念、態度及個人經歷將會被適當地使用，嚴謹地保密，並且只有治療師或必要的相關人士才能接觸到資料。保密（confidentiality）的重要層面是，只有案主簽署同意書的情況下，測驗結果才能公布給第三者。

在臨床情境中，受試者通常對於接受評估擁有高度的動機，他們想要知道施測的結果，他們通常熱切於為自己的不適找到一些定義。再者，在臨床背景中，提供測驗回饋可能在治療過程中是一個重要成分（Harwood & Beutler, 2009）。令人感興趣的，當病人被給予測驗結果的適當回饋時，他們的病情傾向於好轉，僅因為施測的結果而獲知對自身困擾的展望。測驗回饋過程本身可以作為強力的臨床干預（Finn & Kamphuis, 2006）。當前一組人不被提供心理測驗的回饋，後一組人則被提供這樣的回饋，兩相比較之下，後一組人在所報告症狀上呈現顯著的減退，在所測量的自尊上

則大爲提升——僅因爲對自己的資源擁有更爲清楚的理解。

第二節　身體機能的衡鑑

在某些情況下，針對一些心理困擾，我們有必要施行醫學評估，以排除身體失調可能正引起或促成該困擾的可能性。醫學評估可能包括二者，一是綜合身體檢驗，另一是針對於評鑑大腦的結構完整性（解剖上）和功能完整性（生理上）的特殊檢驗（Swartz, 2014）。

一、綜合身體檢驗

當身體症狀是所呈現臨床徵候的一部分時，臨床專家通常會建議施行身體檢驗，身體檢驗包含了各種我們大部分人接受「健康檢查」（medical checkup）時所經歷的各種程序。醫生通常會詢問醫療史，然後檢查身體的主要系統。這部分的評鑑程序對於必然會引起身體問題的一些障礙症，諸如以心理爲基礎的身體失調、成癮障礙症及器質性腦部症候群，特別具有重要性。此外，多種器質狀況（包括各種激素失衡）可能引起行爲症狀，而這些症狀極爲類似於那些通常被視爲主要是心理社會起源的精神疾病。雖然有些長久疼痛可能與實際的器質狀況有關聯，另有些這樣的疼痛可能起因於完全的情緒因素。這方面的一個實例是長期背部疼痛，心理因素有時候可能扮演很吃重的角色（Arbisi & Butcher, 2004）。這種情況下的診斷失誤可能導致所費不貲且沒有效果的手術；因此，在模稜兩可的情況下，大部分臨床專家堅持在啓動以心理社會爲基礎的干預（interventions）之前，先從事醫學上的澄清。

二、神經檢驗

因爲腦病變有時候涉及一些精神疾病（例如，不尋常的記憶缺失或動作損害），所以除了綜合醫學檢驗外，可能還需要施行專門的神經檢驗。這可能包括取得案主的腦波圖（electroencephalogram, EEG，大腦皮質中細胞膜電位變化的紀錄圖），以評鑑案主在清醒及睡眠狀態下的腦波型態。我們對於大腦在各種感官刺激狀況下，正常的電脈衝型態已有深入的認識。因此，當發現案主的腦波已顯著偏離於正常型態時，這就反映了腦功能的異常，像是可能由腦腫瘤或另一些損傷所引起。當EEG顯示大腦電活動出現節律異常時（dysrhythmia，不規則的型態），另一些專門技術就可能被派上用場以試圖獲致對該問題更爲準確的診斷。近期的研究已支持，靜止的額葉EEG

不對稱（asymmetry）與憂鬱（Stewart et al., 2010）以及與焦慮（Thibodeau et al., 2006）之間存在連結。

解剖性的腦部掃描

放射線科技諸如電腦斷層攝影術（computerized axial tomography），也被簡稱為CAT掃描（CAT scan），便是這些專門技術之一（Mishra & Singh, 2010）。透過利用X射線，CAT掃描可以揭露大腦可能不健全部位的影像。這項程序在近些年來促進神經學上的許多研究，因為它提供了快速的門徑（不需要動用手術），以獲致關於大腦結構特徵上異常的部位和範圍的準確資訊。這種技術涉及運用X射線光束穿透病人腦部的各個區域，然後利用電腦分析，以製造神經學家能夠加以判讀的影像資料。

CAT掃描已逐漸被核磁共振造影（magnetic resonance imaging, MRI）所取代。MRI的顱內影像通常比起CAT來得清晰，因為MRI有較為優越的能力，區辨軟組織的細微變異。此外，MRI程序在正常情況下較容易操作，而且不需要讓病人暴露於離子化輻射能。

因此，透過非侵入性的方式，MRI能夠具像化腦部結構之所有而且最細微的異常，它特別有助於確認退化性的腦部歷程，經常顯現在腦部的擴大區域上。因此，MRI研究有很大潛力能說明腦部異常如何促成「非器質性」的精神病，諸如思覺失調症，而且這個領域已經獲致不少進展（Mathalondolf, Sullivan, Lim & Pfefferbaum, 2001）。MRI所面對的主要問題是，有些病人對於被推進MRI機器狹窄的圓筒內會有幽閉恐懼的反應（claustrophobic reaction），但這是必要的措施，因為圓筒含有磁場，而且有助於阻斷外界的輻射信號。

正電子放射斷層掃描：代謝性的描畫

另一種掃描技術是正子斷層攝影（positron emission tomography），即PET掃描（PET scan）。雖然CAT掃描只限於區辨解剖上的特徵，諸如特定內部結構的形狀，但是PET掃描則能夠鑑定器官正如何發揮功能（Meyer et al., 2012）。透過追蹤天然化合物（諸如葡萄糖）在腦部或另一些器官被代謝的情形，PET掃描提供了代謝性的描繪。經由揭露有差別的代謝活動的區域，PET掃描使得專科醫師能夠獲致關於腦部病變更為明確的診斷，例如，經由精確掃描指出造成癲癇性痙攣的部位、源自頭部受傷或中風的腦傷部位，以及腦腫瘤的部位。因此，PET掃描能夠揭露在解剖上不是立即顯而易見的問題。再者，使用PET掃描以探討在失常狀況下（諸如阿茲海默症）發生的腦部病變，這可以獲致關於「什麼器質歷程引起這些障礙症」的重要發現，因此為更為有效的治療提供了線索（Saykin et al., 2006）。不幸地，因為所取得畫面較低的傳真性，PET掃描至今的價值仍然有限──研究上的價值顯然高於它在臨床診斷上

的價值（Fletcher, 2004）。

功能性MRI

　　功能性MRI（functional MRI, fMRI）的技術被使用在精神病理的探討上已有一些年，如同原先的開發及使用，MRI可以顯現腦部結構，但不是腦部活動。對於腦部活動而言，臨床人員和研究人員仍然依賴PET掃描，但PET掃描的主要缺點是需要有非常昂貴的迴旋加速器（cyclotron），以製造該程序所需之生命週期很短的放射性微粒。隨著科技的進展，fMRI經常被用來測量腦部組織特定區域局部氧化（也就是血液流動）的變動情形，這些變動依順序地取自於那些特定區域的神經活動（Bandettini, 2007; Ulmer & Jansen, 2010）。因此，正在進行中的心理活動（諸如感覺、意象及思想）可以被「繪成圖譜」（至少是原理上），以告訴我們大腦的哪些特定區域顯然涉入這些心理活動的神經生理歷程。

　　有些人認爲fMRI是描繪腦部異常最有前景的技術，相較於現行被使用的其他程序，諸如神經心理檢驗。對於這種樂觀的看法，一些研究已提供支持（MacDonald & Jones, 2009）。採用fMRI的研究已探討出引起各種心理歷程的皮質是運作情形；例如，一項研究顯示，如fMRI所測量的，心理因素或環境事件可以影響大腦作用。Eisenberger, Lieberman和Williams（2003）發現，隨著受試者被排除社交參與，他們顯現的大腦活化型態（右腹側額葉皮質）就類似於正感受身體疼痛的受試者。雖然有些研究提議，fMRI可以作爲偵察詐病（malingering）或說謊的有效程序（Langleben et al., 2005），但一個法庭最近裁決不能使用fMRI作爲測謊器（Couzin-Frankel, 2010）。最後，Whalley及其同事（2004）指出，fMRI技術有潛力增進我們對精神障礙症之早期發展的理解。

　　有一些清楚的方法論上的限制，可能會影響fMRI的結果，例如，MRI和fMRI都對儀器誤差或不準確的觀察相當敏感，只要被評估的當事人輕微移動就可能造成這樣的結果（Davidson et al., 2003; Shulman, 2013）；此外，fMRI研究的結果經常不容易加以解讀。迄今爲止，fMRI仍不被考慮爲是精神疾病之有效或實用的診斷工具，也不被認爲適用於司法評估（Buckholtz及Faigman, 2014）。然而，研究人員保持樂觀，他們相信這項程序對於理解大腦運作情形顯現很大的展望（MacDonald & Jones, 2009），這項程序的主要價值繼續是在探討皮質活動和認知歷程。

三、神經心理檢驗

　　迄今所描述的技術在鑑定腦部異常——經常伴隨重大的行爲減損和各種心理缺失——上已顯現成效。然而，起因於器質性腦部異常的行爲及心理缺損，可能在透過

掃描或另一些工具偵測出任何器質性腦傷之前，就已表明出來。在這些情況下，我們需要可靠的技術以測量因為器質性腦部病變，而發生之行為或心理功能上的任何變動。神經心理衡鑑（neuropsychological assessment）這一門成長中的專業正好符合這份需求，它涉及運用各種測驗工具以測量當事人的認知、知覺及動作表現，作為腦傷的範圍及部位的線索（Snyder et al., 2006）。

在許多已知或懷疑有器質性腦傷的案例上，臨床神經心理學家會對病人施行成套測驗，當事人在標準化作業上的表現（特別是知覺—動作的作業）可以提供有價值的線索——關於當事人在腦傷後是否有任何認知及智能的缺損（Horton, 2008; Lezak et al., 2004; Reitan & Wolfson, 1985）。這樣的測驗甚至可以提供腦傷之可能部位的線索，雖然PET掃描、MRIs及其他身體檢驗，可能在決定腦傷的正確部位上更為有效。

許多神經心理學家偏好施行高度個別化的一系列測驗，視病人的個案史和其他相關資料而定；另有些人則施行標準的一整套測驗，這些測驗已預先挑選（以系統化及包羅廣泛的方式）而有代表性地反映了廣泛的一系列心理能力，這些能力已知會受到各種腦傷的不利影響（Gass, 2009）。當採用固定的成套測驗時，具有許多研究和臨床上的益處，雖然它可能受累於冗長及繁重。目前最普遍被使用的神經心理測驗是Halstead-Reitan成套測驗和Luria-Nebraska成套測驗，它們可以提供關於腦傷可能定位的資訊，以及提供關於這些損傷究竟是漸進發作或突然發作的資訊。

總之，醫學和神經心理科學正在開發許多新的程序，以評鑑大腦功能和器質性障礙症的行為表明（Snyder & Nussbaum, 1998）。評鑑器質性腦傷的醫療程序包括EEGs以及CAT、PET及MRI掃描。新式科技大有展望，包括在偵測及評估器質性腦部功能失常上，以及在增進我們對大腦功能的理解上。神經心理測驗則提供了臨床人員重要的行為資料，關於器質性腦傷如何正影響當事人現行的功能。然而，在心理障礙被認為是起因於非器質性因素的情況下，心理社會的衡鑑就需要被派上用場。

第三節 心理社會的衡鑑

心理社會的衡鑑嘗試提供當事人在與他的社會環境互動下切合實際的臨床畫面，這個畫面包括關於當事人的人格結構和當前生活功能水平的相關資訊，以及關於他生活處境中的壓力源及資源的資訊。舉例而言，在衡鑑過程的初期，臨床人員的角色就像是在解決拼圖遊戲，他們蒐集儘可能多關於案主的資料——目前的感受、態度、記憶及個人基本資料等——然後試圖把這些片段資訊拼成有意義的圖案，臨床人員通常會建立起假設，然後隨著衡鑑的進行加以摒棄或證實。起始是全面性的技術，諸如臨床晤談；臨床人員稍後可能選擇較為特定的衡鑑作業或測驗。

一、衡鑑晤談

衡鑑晤談經常被視爲衡鑑過程的核心要素，且通常涉及面對面的互動，臨床人員藉以獲得關於病人的處境、行爲及性格等各種層面的資訊（Berthold & Ellinger, 2009; Craig, 2009; Sharp et al., 2013）。晤談可能有很大的變異，從簡單的一組問題或提詞以迄於較爲廣延及詳盡的格式（Kici & Westhoff, 2004）。它可能在性質上是相對開放的，訪談者根據當事人對先前問題的應答隨時決定下一個問題；或它可能是較爲嚴密控制及結構化，只能發問特別指定的一組問題。在後者的情況下，訪談者可能挑選一些高度結構化、標準化的晤談表格，這些表格的信度在先前的研究中已建立起來。

結構式與非結構式晤談

雖然許多臨床人員較喜歡探索的自由度，當他們覺得案主的應答值得注意時，但是研究資料顯示，較爲受到控制和結構式的衡鑑晤談產生遠爲可信賴的結果——相較於彈性的格式。關於他們自己的方法及判斷的準確性，臨床人員間似乎普遍抱持過度的信心（Taylor & Meux, 1997）。每一項規則都有例外情形，但是在大部分情況下，衡鑑人員明智的作法是施行的晤談應該經過審愼的設計及安排，包括在目標上、在廣延的症狀審查上、在所探索的其他內容上，以及在訪談者試圖與當事人建立的關係類型上。

非結構式衡鑑晤談通常是主觀的，沒有依循預先決定的一套問題。訪談者起始的陳述通常是綜合性的，追蹤問題（follow-up questions）則是針對每個案主而打造。晤談問題的內容受到訪談者的習慣或理論觀點的影響。訪談者並不對所有案主發問相同的問題；反而，他根據案主對先前問題的應答而主觀地決定接下來問些什麼。因爲不是以預先擬定的方式發問問題，DSM-5 診斷所需的重要準則可能被忽略。案主在非結構式晤談上的反應難以被量化，也難以跟來自其他晤談的案主的反應進行比較。因此，在心理健康研究上，非結構式晤談的用途有限。

在有利的一面，非結構式晤談可能被案主認爲對他們的需求或困擾較爲靈敏。再者，在晤談中出現之自發性的追蹤問題，有時候能夠提供有價值的資料，而這在結構式晤談中將不會出現。

另一方面，結構式晤談是在整個晤談過程中遵照預先決定的一套問題，不但起始的陳述或對晤談的介紹是依循固定的程序，而且晤談主題和問題也是預先決定的，以便獲得案主在所有題目上的特定反應，訪談者不能偏離問題表格及程序。每位案主以預定方式被發問所有問題，每個問題也特別經過設計，以容許案主的反應被量化或清楚判定。

在不利的一面，結構式晤談通常需要較長的施測時間，而且可能包含一些似乎沒有多大關聯的問題。病人有時候可能對於一些過度詳細的問題（特別是在他們沒有關涉的領域）感到挫折。

臨床晤談容易發生一些偏誤，因為它們是依賴人類判斷以選擇問題和處理訊息，這種不可靠性的證據在於不同的臨床人員經常獲致不同的正式診斷——依據他們從某一案主身上所取得的晤談資料。大致上是基於這個原因，DSM的近期版本已強調「操作的」（operational）評鑑途徑，即逐項指出診斷之可觀察的準則，且提供從事診斷性判斷的特定指導方針。「即興表演」（wing it）在這種評鑑歷程中不太有揮灑空間。操作性方法得以獲致較可信賴的精神醫療診斷，但或許也付出了一些代價，即減低了訪談者的變通性。另外也很重要的是，當施行診斷性晤談時，我們需要考慮族群因素，近期的研究指出（Alcantara & Gone, 2014），晤談過程及結果可能受到訪談者和案主雙方族群背景的實質影響。

二、行為的臨床觀察

臨床人員能夠利用之傳統且最實用的評鑑工具之一，是對案主特有行為的直接觀察（Hartmann, Barrios & Wood, 2004），直接觀察的主要目的是獲知更多關於當事人心理功能的訊息，經由注意他的儀容和在各種情境中的行為。臨床觀察是指臨床人員對當事人的外觀和行為的客觀描述，諸如當事人的個人衛生和情緒反應，以及當事人可能展現之任何憂鬱、焦慮、攻擊、幻覺或妄想。原則上，臨床觀察發生在自然環境中（諸如在教室或在家裡觀察兒童的行為），但是它更可能發生在當事人住進診所或醫院之際（Leichtman, 2009）。例如，病人住院時，臨床人員通常會對他們的行為作簡要的描述，更為詳細的觀察則是定期地在病房中施行。

有些臨床人員會採用較為控制的（而不是自然的）行為環境，以便在設計的情境中執行觀察。這些類比情境（analogue situations）是立意於取得關於當事人適應策略的訊息，可能涉及一些作業，像是安排角色扮演（role-playing）、事件重建、家庭互動指派，或自語式程序（think-aloud procedures）（Haynes et al., 2009）。

除了從事他們自己的觀察，許多臨床人員也徵召他們案主的協助，提供自我監測（self-monitoring）的指示。自我監測是指病人自我觀察（self-observation）及客觀報告他們的行為、思想及感受，隨著它們在各種自然情境中發生。這種方法大有助於決定案主的不適應行為傾向於是在什麼性質的情境中被引發，而許多研究已顯示自我監視本身就具有治療的效益。此外，案主也可能被要求填寫一些自陳量表或檢核表——關於他們在各種情境下所發生的問題行為。這些方法的基本理念是，當事人本身就是關於他自己資料的優良來源。

　　上面描述的程序是針對當事人的外顯行為，卻忽略了通常也同樣重要之同時發生的心理事件，也就是當事人進行中的思想。在嘗試抽樣自然發生的思想上，心理學家試驗讓當事人攜帶小型電子呼叫器，它會以不預期的間隔發出信號，諸如柔和的旋律。每當信號響起，當事人就要寫下或透過電子儀器記錄下他當時正浮現的任何思想。這些「思想報告」（thought reports）然後能夠以各種方式接受分析，例如，它們可以被用來從事某些性質的人格衡鑑和診斷，以及用來監測心理治療的進展（Klinger & Kroll-Mensing, 1995）。

❖ 評定量表

　　如在晤談的情況，研究人員在臨床觀察和在自我報告上使用評定量表（rating scales），不但有助於組織相關資訊，也有助於促進信度和客觀性（Aiken, 1996; Garb, 2007）。這也就是說，量表的正式結構有助於把觀察人員的主觀推斷減到最低限度。最為實用的評定量表不但使得評定人員能夠指出所涉特質或行為的有或無，而且也可指出它的顯著性或程度。

　　在臨床實施和在精神醫學研究上，最被廣泛使用來記錄臨床觀察的評定量表是「簡明精神評定量表」（Brief Psychiatric Rating Scale, BPRS）（Overall & Hollister, 1982; Leucht, 2014）。BPRS為評定臨床症狀提供了結構化和量化的格式，包括像是身體症狀、焦慮、情緒退縮、罪惡感、敵意、多疑及不尋常思考型態等症狀。它包含24個量尺，根據臨床人員在跟病人晤談之後所作的評定加以計分。透過反映在BPRS評定上不一樣的行為型態，臨床人員就能夠對他們病人的症狀跟另一些精神病患的行為進行標準化的比較。BPRS已被發現在臨床研究上是極為有益的工具（Davidson, Shahar, Stayner, et al., 2004），特別適用於根據症狀的相似性，指派病人到不同的治療組，然而，它較少在臨床實施上被使用來從事治療或診斷的決策。「Hamilton憂鬱評定量表」（HRSD）是類似但更具專對性的工具，在挑選臨床憂鬱的研究受試者上，它是最被廣泛使用的程序之一，此外，它也有助於評鑑此類受試者對於各種治療的反應（見Beevers & Miller, 2004; Brown et al., 2007）。

　　建立在當今診斷系統（即ICD-10和DSM-5）上的評定量表已被提供。DSM-5（APA, 2013）提供了幾份量表，稱為「Cross-Cutting症狀測量」，臨床人員可以使用來取得案主的症狀經驗，以及長期下來對症狀進行追蹤評估。如果案主是兒童或青少年，評定量表可能由案主所填寫，也可能由父母／監護人所填寫。「世界衛生組織」（WHO）也為心理健康和健康困擾提供了廣泛使用的評定量表，稱為WHODAS 2.0（WHO, 2014b）。

三、心理測驗

　　晤談和行為觀察是相對上直接嘗試決定當事人的信念、態度及困擾；心理測驗則是以較為間接的方式評鑑當事人的心理特性。科學方法發展出的心理測驗（對照於有時候見之於雜誌或網路上的娛樂性心理測驗）是標準化的整套程序或作業，以獲得當事人行為的樣本（見APA, 2014; Kolen & Hendrickson, 2013）。受試者對標準化刺激的反應，被拿來跟那些具有相似人口統計特徵的群體的反應進行比較，通常是經由建立起測驗常模（norm）或測驗分數分配（distribution）。根據這些比較，臨床人員因此就可以推斷當事人的心理特性有多麼不同於參照團體（reference group）——通常是心理方面正常的團體——的人們。至於這些測驗所能測量的特性則包括因應型態、動機型態、人格特質、角色行為、價值觀、憂鬱或焦慮水平，以及智力功能等。測驗技術上的重大進步，已使我們可能編製具有合理信度及效度的工具，以之測量幾乎任何想得到而且隨不同人群而異的心理特性。再者，許多程序現在已經採取電腦施行和電腦解讀的方式。

　　雖然心理測驗較為精確及通常較可信賴（相較於晤談或某些觀察技術），但它們絕不是完美的工具，心理測驗的價值通常有賴於臨床人員加以解讀的能力。一般而言，它們對心理學家來說是有效的診斷工具，大致上就像是血液檢驗、X光片及MRI掃描對內科醫師的用途一樣。臨床實施上經常使用的兩大類心理測驗是智力測驗和人格測驗（投射及客觀）。

專欄4-1

自動化實施：使用電腦於心理施測上

　　在過去四十多年來，臨床衡鑑上最戲劇性的革新或許是個別評鑑上漸進地採用電腦。電腦被有效地使用在衡鑑上，其一是從個體身上直接地蒐集訊息，其二是把所有先前經由晤談、測驗及另一些評鑑程序所蒐集的訊息進行組合及評估。經由把輸入的訊息跟原先儲存在它記憶裝置中的資料進行比較，電腦可以執行廣泛的評鑑作業（Butcher et al., 2009; Butcher, 2013）。它可以供應可能的診斷、指出某類行為的可能性、建議最適當的治療形式、預測該結果，以及列印關於受試者的摘要報告。在許多這些功能上，電腦實際上優於臨床人員，因為它較具效率，而且在記起所儲存的資料上較為準確（Epstein & Klinkenberg, 2001; Olsin, 2001）。

　　隨著電腦增進的效率及可信度，你可能預期臨床領域將會全體一致地歡迎它進

入臨床實施中。如Luxton、Pruitt及Osenbach（2014）指出的，「電子科技」的自動化衡鑑受到廣泛接納，它可被用來執行心理評估，儘管如此，新式科技不一定欣然被接受及採用。少數人始終不讓步，他們繼續在實施上抗拒像是電子郵件、傳真儀器及電腦化記帳等「現代」科技（McMinn et al., 1999）。有些臨床人員不願意使用電腦本位（computer-based）的測驗解讀（Rabin et al., 2014），儘管這些解讀已被證明其實用性，成本也較低。即使大部分診所和自主的執業人員使用微電腦以便保存記錄及記帳，只有較少數人把電腦本位的臨床衡鑑程序納入實施。關於電腦本位衡鑑程序的低度利用，這涉及幾個可能原因：(1)一些執業人員是在電腦被廣泛使用之前接受訓練，他們可能對之感到不舒適，或可能沒有時間熟悉它們的使用；(2)他們可能限定自己的實施在心理治療方面，而且在他們的實施上不採用廣泛的治療前衡鑑；(3)他們可能對治療效能（定期的正式衡鑑有助於促進治療效能）的系統化評估不感興趣或沒有時間；或(4)他們可能覺得鍵盤（或小冊子及答案卷）的外觀太過機械化而缺乏人性，這與他們希望傳達給案主之溫暖和人際約定的形象及風格顯得不一致。

智力測驗

臨床人員能夠從廣泛範圍的智力測驗中進行選擇。魏氏兒童智力量表（修訂版）（Wechsler Intelligence Scale for Children-Revised, WISC-IV）及斯比智力量表（Stanford-Binet Intelligence Scale）的現行版本（Kamphaus & Kroncke, 2004），在臨床背景中普遍被用來測量兒童的智力（Wasserman, 2003）。或許最經常被用來測量成年人智力的測驗是魏氏成人智力量表（修訂版）（WAIS-IV）（Lichtenberger & Kaufman, 2009; Weiss et al., 2013），它包含語文（verbal）和實作（performance）兩大類題目，共由15個分測驗所組成。這裡簡要描述其中兩個分測驗，或許有助於說明WAIS-IV所測量的功能類型：

1. 字彙（vocabulary）分測驗（語文）：這個分測驗包含需要下定義的一系列字詞，以口頭方式呈現給受試者。這項作業意在評估字彙的知識，它已被顯示跟綜合智力有高度相關。

2. 記憶廣度（digit span）分測驗（實作）：這個分測驗是在測量短期記憶和注意力。主試者大聲唸出兩組數字，對前一組數字而言，受試者必須依它們原先呈現的順序複述那些數字；對第二組數字而言，所呈現數字必須被倒退地複述出來（Lichtenberger & Kaufman, 2009）。

個別施測的智力測驗——諸如WISC-IV、WAIS-IV及斯比量表——通常需要2到3

個小時的時間以便施行、計分及解讀。在許多臨床情境中，臨床人員沒有足夠的時間或經費使用這些測驗。在智力減損或器質性腦傷被認為是病人問題的核心所在的情況下，智力測驗可能是成套測驗中最重要的診斷程序；再者，關於認知功能的訊息，也能對當事人在處理問題上的智力資源提供有價值的線索（Kihlstrom, 2002）。儘管如此，對許多臨床背景和對許多臨床個案而言，臨床人員獲致對案主問題的透澈理解和啟動治療方案，並不需要知道這些工具所提供這類關於智力功能的詳盡資料，在這些情況下，智力測驗不被建議使用。

投射人格測驗

除了智力測驗外，還有很多專門為測量個人特性而設計的測驗，慣例上，我們把這些人格測驗（personality tests）劃分為投射測驗和客觀測驗。投射測驗（projective tests）是不具結構性的，它們依賴各種曖昧刺激（諸如墨漬或模糊畫像），而不是依賴明確的語文題目，這表示當事人的應答不僅限於「是」、「否」或「不一定」的選項而已。透過受試者對這些曖昧材料的解釋，受試者透露了大量關於他們個人偏見、衝突、動機、因應技巧及其他人格特性的訊息。投射技術的基本假設是，當嘗試對模糊、不具結構性的刺激賦予意義時，當事人將會「投射」他自己的困擾、動機及願望於該情境中。這樣的反應就類似於童年時的消遣，試圖從雲彩的造型中看出自己熟悉的物件或景象，只不過在投射技術中，刺激是固定的，而且大致上對所有受試者都保持一致。這種情況才容許建立起受試者對測驗材料的反應的常態範圍，接下來就可以用來客觀地鑑定偏差的應答。因此，投射測驗是針對於發現當事人過去的學習和人格結構，可能已導致他如何從環境中組織及察覺曖昧的訊息。在這些投射測驗中，最為著名且最常被使用的是羅夏克墨漬測驗、主題統覺測驗及語句完成測驗。

羅夏克測驗。羅夏克墨漬測驗（Roschach Inkblot Test）是以瑞士精神病學家Hermann Rorschach的名字命名。羅夏克於1911年首創在人格衡鑑上試驗性地使用墨漬圖形。該測驗採用10張墨漬圖片，受試者依序應答。主試者的指導語大致如下所述（Exner, 1993）：

> 「人們可能在這些墨漬圖形上看到許多不同東西；現在，告訴我，你看到什麼？它讓你想到些什麼？你儘量作答沒有關係，答案沒有所謂的對或錯。」

臨床衡鑑上使用羅夏克測驗是錯綜複雜而需要相當程度訓練的事情（Exner & Erdberg, 2002; Weiner & Meyer, 2009）。雖然評分技術有所變異，大部分是依據三個主要決定因素，即反應部位（location）、反應內容（content）及反應的決定因

素（determinants）。有些系統也對「反應普遍性」和「反應原創性」加以評分。然而，因為測驗解讀的主觀本質，羅夏克測驗的結果可能不太可靠。今日，羅夏克投射測驗漸少被使用，主要原因之一是現今的心理健康機構所採取的許多臨床處置，通常需要的是具體而明確的行為描述，而不是對深層人格動力結構的描述，像是典型源自於羅夏克測驗的解讀的這類描述。

　　然而，在熟練而有技巧的解讀人員手中，羅夏克測驗對於揭露一些心理動力的議題很有幫助，諸如潛意識動機如何影響當事人當前對他人的知覺（Weiner, 2013）。再者，有些研究人員已嘗試把羅夏克測驗的解讀客觀化──經由清楚指明測驗變項，以及實徵上探討它們與外在效標（諸如臨床診斷）的關係（Exner, 1995）。雖然羅夏克測驗普遍被視為是開放式及主觀的工具，但它已被改編以適合於電腦解讀。例如，Exner（1987）已開發了以電腦為基礎的解讀系統，在輸入已評分的反應後，這套系統可以提供評分概要，列印可能的人格描述，以及推斷當事人的適應水平。無論如何，羅夏克測驗在信度、效度及臨床實用性上仍有不少改善的空間。

　　主題統覺測驗。 主題統覺測驗（Thematic Apperception Test, TAT）是由美國心理學家莫瑞（H. A. Murray）和摩根（C. D. Morgan）二氏於1935年編製，直至今日，它仍然被廣泛使用於臨床實施（Rossini & Moretti, 1997）和人格研究上（Teglasi, 2010）。全套TAT包括30張內容曖昧的圖片（另加一張空白圖片），有些圖畫極為具象，另有些則相當抽象。受試者被指示對之編造些故事，圖片的內容──大部分是描繪各種情境下的人們──在動作和動機方面相當曖昧，以至於受試者容易投射他們自己的衝突及憂慮於故事中（Morgan, 2002）。

　　有幾個評分和解讀系統已被開發出來，它們各自強調受試者故事的不同面向，諸如需求的表達（Atkinson, 1992）、當事人對現實的知覺（Arnold, 1962）及當事人的幻想（Klinger, 1979）。但是運用這些系統相當耗費時間，而且很少有證據指出它們在臨床上有顯著貢獻，因此，大部分情況下，臨床人員僅是從事定性（qualitative）的分析和主觀的判定，關於故事內容如何反映了當事人潛在的特質、動機及偏見。這樣的解讀通常不僅依賴「科學」（science），而且也依賴「藝術」（art），因此在這種不拘形式的程序上有很大的失誤空間。

　　近些年來，TAT基於幾個原因而遭受批評（Lilienfeld et al., 2001）。首先是測驗刺激有「陳舊過時」（dated）的特性，TAT圖畫是在1930年代發展出來，它們對許多現代受試者而言顯得古怪，造成受試者難以確認圖片上人物的身分，受試者經常以「這好像是我在午夜劇場的電影上看到的一些畫面」作為他們故事的開場白；其次，TAT在施測和解讀上需要耗費不少時間；最後，對於TAT反應的解讀大體上是主觀的，這多少限縮了該測驗的信度和效度。

　　語句完成測驗。 另一個在人格衡鑑上已被證實有效的投射程序是語句完成測驗

（sentence completion test）（Fernald & Fernald, 2010）。許多這樣的測驗已針對兒童、青少年及成年人而設計出來。此類測驗是由許多句子的句首所組成，當事人被要求加以填寫完成，如下列這些實例：

1.我希望＿＿＿＿＿＿＿＿＿＿＿＿＿＿＿＿＿＿＿＿

2.我母親＿＿＿＿＿＿＿＿＿＿＿＿＿＿＿＿＿＿＿＿

3.性＿＿＿＿＿＿＿＿＿＿＿＿＿＿＿＿＿＿＿＿＿＿

4.我厭惡＿＿＿＿＿＿＿＿＿＿＿＿＿＿＿＿＿＿＿＿

5.人們＿＿＿＿＿＿＿＿＿＿＿＿＿＿＿＿＿＿＿＿＿

語句完成測驗有幾分類似於自由聯想法，但是多少較具結構性（相較於羅夏克測驗和其他大部分的投射測驗），它們有助於施測者透過受試者應答的內容找出他／她的困擾、態度及症狀的重要線索。然而，對於題目反應的解讀大體上是主觀而不可靠的。儘管它的測驗刺激（句子的句首）是標準化的，但解讀經常是隨機應變的決定（針對眼前特定狀況而採取的措施），沒有經過常模對照的正式程序。

總而言之，投射測驗在許多臨床背景中具有重要的地位，特別是對那些嘗試獲得當事人心理動力功能的廣延畫面的臨床人員，以及在那些擁有合格技術人員以施行廣泛的個別心理評估的臨床環境中。投射技術的重大優勢是它們不具結構性的本質，和它們對準於人格的獨特層面，但這同時也正是它們的弱點，因為這些特性使得解讀流於主觀、不可信賴及難以驗證（缺乏信度及效度）。再者，投射測驗通常需要有大量的施測時間和熟練的解讀技巧——這二者在許多臨床背景中正好短缺。

◼ 客觀人格測驗

客觀測驗（objective tests）是有結構性的，也就是說，它們典型地採用問卷、自陳量表（self-report inventory）或評定量表，所涉的問題或項目已經過審慎的措詞，可能的選項也已經設定好了。因此，客觀測驗涉及遠為具有控制性的格式（相較於投射設計），也更為經得起以客觀為依據的量化程序。這樣的量化（quantification）的優點之一是它的精確性，這接著提高了測驗結果的可信度。

在人格和臨床衡鑑上，許多人格評鑑測量已被開發出來。例如，NEO-PI（神經質-外向-開放性人格量表）提供人格的幾個主要維度上的訊息，它被廣泛使用來評估正常成年人的人格因素（Costa & Widiger, 2002）。此外，許多客觀評鑑工具也已開發，以便評估一些重點的臨床困擾。例如，Millon臨床多軸量表（Millon Clinical Multiaxial Inventory, MCMI-III）已被編製來評估潛在的人格維度，在接受心理治療的案主之間，或在治療開始之前（Choca, 2004）。它已被顯示在診斷人格障礙症上

頗具前景。這一章中，我們主要聚焦於最被廣泛使用的人格衡鑑工具，MMPI-2。

MMPI。人格衡鑑上主要的結構式量表之一是明尼蘇達多相人格量表（Minnesota Multiphasic Personality Inventory, MMPI），經過1989年的修訂後，現在稱之為「MMPI-2」（Butcher, 2011; Friedman et al., 2015）。我們在這裡對MMPI作重點討論是因為它在許多方面是這類工具的模範及標準。

經過好幾年的開發，MMPI於1943年經由Starke Hathaway和J. C. McKinley的引進而被普遍使用；它是今日在美國最被廣泛使用的人格測驗，包括在臨床及司法衡鑑上，以及在心理病態研究上（Lally, 2003; Archer et al., 2006）。它也是在研究生臨床心理學教學方案上，最常被教導的衡鑑工具（Ready & Veague, 2004）。自從該測驗被引進後，據估計有超過1萬9,000份關於MMPI工具的研究論文已被發表。再者，該量表的翻譯版在國際間被廣泛使用，原版的MMPI已被翻譯達150次以上，而且被使用在超過46個國家（Butcher, 2010）。自從MMPI-2在1989年出版以來，該修訂的量表在國際間的使用正迅速增進，至今有超過32種譯本已被發行（Butcher & Williams, 2009）。

原版的MMPI（一種自陳問卷）包含550個題目，所涵蓋的內容從身體狀況和心理狀態以迄於道德和社會的態度。正常情況下，受試者被指示就所有題目回答自己的情況為「是」、「否」或「不一定」。

MMPI的臨床量尺。MMPI的題目庫是從許多方面蒐集而來，包括從以往發表的人格測驗、從個案史以及從臨床經驗。這個題目庫施行於非臨床人們（超過700位明尼蘇達大學醫院的探病人士），也施行於精神病患（超過800位）。只有那些能夠把既存的臨床組別與非臨床組別區隔開來的題目，才被收編在量表中。例如，假使題目能夠區別憂鬱症病人與非臨床人群（即正常人群）、區別思覺失調症病人與非臨床人群，或區別有精神病態特徵的人群與非臨床人群，這樣的題目就被保留下來。每個題目還必須通過效度的考驗，也就是同一組別內的成員對該題目的作答大致相同，但兩個組別之間的作答卻相異。因此，測驗題目的挑選不是依據理論基礎（題目內容在專家看起來代表什麼意義？），而是依據實徵基礎（這些題目是否確實能夠區別兩組人群？）。這種挑選測驗題目的方法被稱為「實徵導向」（empirical keying）。

除了10個臨床量尺外，MMPI的另一個特色是包含4個用來偵察可疑之作答型態的效度量尺（validity scales）。效度量尺的作用是在檢驗受試者的作答是否造假（詐病）、草草答題、自我防衛或隱瞞不答──這些因素可能使得受試者的應答失真，進而造成對於測驗的解讀全盤失誤。因此，當解讀MMPI分數時，施測者首先檢核效度量尺，確認該測驗結果的有效性後，再檢視其餘分數。

除了效度量尺和10個臨床量尺外，MMPI還設計了一些「特殊問題」量尺──例如，偵測物質濫用、婚姻困擾及創傷後壓力症的量尺。受試者在這些量尺上所得分數

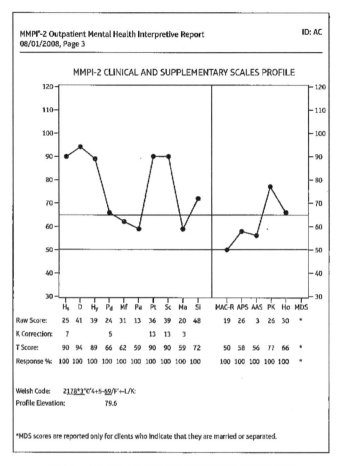

圖4.1　MMPI-2臨床量尺和輔助量尺的側面圖

的分布型態就構成了個人的MMPI側面圖（profile）——可拿來與特定臨床組別的共同側面圖作個比較。

　　臨床上，MMPI以幾種方式被用來評估病人的人格特徵和臨床問題，MMPI最典型的運用或許是作為診斷標準。個人的側面圖型態被拿來跟已知病人組別的側面圖進行比較，假使個人的側面圖符合該組別的話，那些關於該組別病人的資料就可能暗示著所研究對象概括的描述性診斷。

　　原版MMPI的修訂。原版的MMPI——儘管是最被廣泛使用的人格測量——也難免遭受一些批評。有些心理動力取向的臨床人員認為MMPI（就像其他結構式、客觀的測驗）是表面的（膚淺的），沒有適當反映當事人的複雜性。另一方面，有些行為取向的評論家則批評MMPI（及事實上所有類型的人格測驗）為過度定位於測量無法觀察的「心理主義」的構念，諸如「特質」（traits）。

　　更為明確的一項批評是針對MMPI的陳舊過時。為了回應這方面批評，MMPI的出版商贊助該工具的修訂。表4.1所列為標準MMPI-2側面圖所包含的各種量尺。

MMPI-2適用於至少13歲而有閱讀能力的人們。它可以被個別施行，或以團體方式施行；它也可以被電腦評分。此外，MMPI-2特別為14歲到18歲的青少年編製了新的版本，稱為MMPI-A（見Williams & Butcher, 2011）。MMPI-2現在已有效地取代原先的工具，出版商也已不再發行MMPI。最後，MMPI-2的效度已在許多臨床研究上獲得驗證（Greene, 2011）。

表4.1　MMPI-2的量尺

效度量尺	
未作答（？）	測量未作答的總題數。
說謊量尺（Lie scale, L）	測量個人傾向於過度宣揚自己的美德，或嘗試呈現整體的良好形象。
稀有量尺（Infrequency scale, F）	測量個人在手冊的第一部分傾向於不實宣稱或誇大心理問題；也可偵測隨意作答的傾向。
稀有量尺（Infrequency scale, FB）	測量個人在手冊結尾的題目上傾向於不實宣稱或誇大心理問題。
稀有量尺（Infrequency scale, Fp）	測量個人傾向於在住院精神病人之間誇大心理問題。
防衛性量尺（Defensiveness scale, K）	測量個人傾向於以不切實際的正面方式看待自己。
誇大的自我呈現量尺（Superlative Self-Presentation scale, S）	測量一些人傾向於以極為正面方式或誇張方式呈現自己。S量尺包含5個分量尺，測量當事人如何以過度正面的方式呈現自己。
反應不一致性量尺（Response Inconsistency scale, VRIN）	測量個人傾向於以不一致或隨機的方式圈選題目。
反應不一致性量尺（Response Inconsistency scale, TRIN）	測量個人傾向於不分青紅皂白地圈選「是」或「否」的選項。

臨床量尺		
量尺1	慮病（Hypochondriasis, Hs）	測量過度關注身體功能和身體抱怨。
量尺2	憂鬱（Depression, D）	測量症狀性的憂鬱。
量尺3	歇斯底里（Hysteria, Hy）	測量歇斯底里的人格特徵，諸如戴上「玫瑰色的眼鏡」看待世界，以及傾向於在壓力下產生身體不適。
量尺4	反社會偏差（Psychopathic deviate, Pd）	測量反社會的傾向。
量尺5	男性化──女性化（Masculinity-femininity, Mf）	測量性別角色倒轉。
量尺6	妄想（Paranoia, Pa）	測量多疑、妄想的意念。
量尺7	精神衰弱（Psychasthenia, Pt）	測量焦慮和強迫性、憂慮的行為。
量尺8	思覺失調（Schizophrenia, Sc）	測量思考、情感及社交行為的怪異情形。
量尺9	輕躁（Hypomania, Ma）	測量不符現實的高昂心境和屈服於衝動的傾向。
量尺0	社交內向（Social introversion, Si）	測量社交焦慮、退縮及過度控制。

		效度量尺
APS量尺	成癮傾向量尺 （Addiction Proneness Scale）	評估當事人跟那些接受物質使用治療的人們的人格特徵的符合程度。
AAS量尺	成癮認知量尺 （Addiction Acknowledgment Scale）	評估當事人已認知物質濫用問題的程度。
MAC-R量尺	Mac Andrew成癮量尺 （Mac Andrew Addiction Scale）	測量當事人對各種物質的成癮傾向的實徵量表。
MDS量尺	婚姻困擾量尺 （Marital Distress scakle）	評鑑自覺的婚姻關係問題。
Ho量尺	敵意量尺 （Hostility scale）	評鑑個人在敵意或憤怒控制上的問題。
Pk量尺	創傷後壓力量尺 （Posttraumatic Stress scale）	評鑑一些症狀及態度，它們在經歷創傷壓力困擾的人們身上經常出現。

客觀人格測驗的優勢與限制。自陳式量表（self-report inventory）——諸如MMPI——相較於其他類型的人格測驗占有一些優勢。它們是具有成本效率、高度可信賴及客觀的；它們也可透過電腦評分及解讀（假使意欲的話，甚至也可以施測）。然而，自陳式量表也難免遭受一些普遍的批評，如我們已看到，有些臨床人員認為自陳式量表過於機械化，不足以準確描繪人類及他們問題的複雜性。同時，因為這些測驗需要受試者閱讀、理解及作答語文材料，所以目不識丁或思緒混亂的病人無法接受這類測驗。此外，自陳式量表需要當事人願意合作，但當事人可能會扭曲她／他的作答以製造特定的印象，MMPI-2的效度量尺就是試圖直接處理這樣的作答心態。

因為它們的評分格式和對測驗效度的強調，科學化建構的客觀人格量表特別適合於自動化解讀（automated interpretation），MMPI也是最早期實際運用電腦科技於評分和解讀的心理測驗之一。早在五十多年前，Mayo醫學中心的心理學家就已撰寫程式以供電腦評分及解讀臨床側面圖。電腦化的人格衡鑑在近些年來有實質而重大的演進，另一些高度精巧的MMPI和MMPI-2解讀系統已被發展出來（Butcher, Perry & Hahn, 2004）。電腦本位的MMPI解讀系統通常採用強力的精算程序（actuarial procedures）（Grove, Zald, Lebow, et al., 2000）。在這樣的系統中，許多受試者具有某些型態的測驗分數，他們的實際行為或另一些被證實特性的描述，已預先儲存在電腦中。每當新的受試者被發現具有這些測驗分數型態之一時，專屬的描述就會在電腦的評估中被列印出來。

電腦化人格衡鑑已不再是新鮮事，它對於臨床評鑑而言是重要且可依賴的幫手。電腦化心理評估是迅速而有效率的手段，以便在決策歷程的早期提供臨床人員所需要的資訊。

第四節　衡鑑資料的整合

隨著衡鑑資料被蒐集，它們的意義必須被判讀，以便它們能夠被整合為有條理的工作模式，進而作為策劃或變更治療之用。對於私人開業的臨床人員而言，他們在正常情況下是獨自承擔這件通常很費力的工作。但是在診所或醫院的環境中，相關人士通常會組成一個跨學科領域的團隊，衡鑑資料就在所召開的跨部門會議中接受評估。這個團隊可能包括一位臨床心理師、一位精神科醫師、一位社工師及另一些心理健康專業人員。經由把他們所蒐集的所有資料彙整在一起，他們可以探討所得發現是否彼此補足，進而形成決定性的臨床畫面；或是否所蒐集資料存在歧異或矛盾的地方，有必要進一步加以探究。

這種把初始衡鑑時蒐集的所有資料整合起來的作法，有助於在對病人暫定的診斷分類上達成一致意見。無論如何，團隊中每位成員的發現（以及治療方面的建議）會被納入個案紀錄中，以便我們隨時回頭檢視，看看為什麼會著手一些治療進程、臨床評鑑有多準確，以及治療決策經證明是有多少效果。

在治療過程所蒐集新的衡鑑資料為治療的有效性提供了回饋，而且充當基礎為進行中的治療方案從事必要的修正。如我們已提到，臨床衡鑑資料也經常被使用來評估治療的最後結果，以及使用來比較不同治療方法及不同預防措施的有效性。

一、衡鑑的倫理議題

根據衡鑑資料所作的決定可能對於所涉當事人具有深遠的關連，跨部門會議可能決定重度憂鬱的當事人是否需要住院，或只要有家人陪伴即可；或決定被控告的當事人是否將被宣告有受審的行為能力。因此，正當而有效的決策——根據準確的衡鑑資料——遠超過理論上的重要性。由於衡鑑可能重大影響他人的生活，因此那些從事決策的人士，在評估測驗結果上有必要謹記幾個因素：

1. 測驗工具或臨床人員本身潛存的文化偏差

有些心理測驗可能無法從少數族群的病人身上套出有效的資訊（Gray-Little, 2009; Wen-Shing & Streltzer, 2008）。當臨床人員出身於某種社會文化背景時，他可能不容易客觀地評估來自另一種背景的案主的行為，諸如中東的難民。我們有必要確保，測驗工具可以有信心地被使用於少數族群的個體。

2. 臨床人員的理論取向

衡鑑不可避免地會受到臨床人員的假設、知覺及理論取向的影響。例如，精神分析師和行為治療師可能以相當不同的方式評鑑相同的行為，精神分析取向的專業人員可能視行為為反映了潛在的動機，至於行為學派的臨床人員則傾向於從立即或居先的刺激情境的脈絡看待該行為，這自然會導致不一樣的治療建議。

3. 輕忽了外在情境

許多臨床人員過度強調人格特質，視之為病人問題的起因，卻沒有適度注意到病人生活情境中的壓力源，和另一些境況的可能角色。隨著把焦點不當地放在病人的人格上，臨床人員可能被引開注意力，導致疏忽了具有潛在重要性的環境因素。

4. 效度不足

今日所使用的許多心理衡鑑程序尚未被充分地建立起效度，例如，不像許多人格量表，廣泛被使用的行為觀察、行為自陳式報告及投射技術的程序，尚未接受嚴謹的心理計量上的效度驗證。

5. 不準確的資料或不成熟的評估

總是存在可能性，即一些衡鑑資料，以及據以建立的任何診斷標籤或治療方式，可能是不準確的；或團隊的領導者（通常是精神科醫師）可能選擇忽視測驗資料而偏好另一些資訊。當根據團體資料或平均值對某一個體進行預測時，這始終涉及一些風險。不準確的資料或草率的結論不僅可能導致對病人問題的誤解，而且也可能阻礙了獲取進一步資訊的嘗試，更遑論可能為病人帶來嚴重的後果。

第五節　變態行為的分類

分類（classification）在任何科學研究上都是重要的，不論我們探討的是化學元素、植物、星球或人類，當擁有普遍一致的分類系統時，我們才有信心我們正清楚地傳達消息。假使有人對你說，「我看見一隻狗跑過馬路」，你可能很快就產生心像，大致上很接近那隻狗的外觀，這並不是因為你真的看到那隻狗，而是基於你對動物分類的認識。當然，狗有許多不同品種，牠們在體型、毛色及口鼻長度等方面有廣泛變異，但我們仍然很容易就辨識出「狗模樣」（dogness）的基本特徵。「狗模樣」是一個樣例，說明了心理學家所指稱的「認知原型」（cognitive prototype）或「型

態」（pattern）。

在變態心理學中，分類涉及嘗試描述不適應行為之有意義的次變化形式，就像界定變態行為，為了在我們對這樣行為的本質、起因及治療的討論中引進秩序，一些範疇分類是必要的第一個步驟。例如，我們勢必無法執行研究以探討飲食障礙症的起因，除非我們首先對所要檢驗的行為擁有一些清楚的定義，否則，我們將無從挑選一些人以進行密集的研究，而這些人的行為展現了我們希望理解的異常飲食型態。分類使得我們能夠以彼此一致而相對上精確的方式，傳達關於各種成群的異常行為的資訊。此外，診斷分類的必要性還有其他理由，像是蒐集各種障礙症的盛行率的統計數據，或是配合醫療保險公司的需求（保險公司堅持要先有正式的診斷才能批准理賠金的支付）。

需要記住的是，正如界定「變態」本身的過程，所有分類是人類發明的產物──基本上，它是依據觀察所得以從事概判的一件事情。即使當觀察是準確而審慎進行時，我們獲致的概判超越那些觀察，使得我們能夠推斷潛在的相似性及差異性。例如，有些人經歷恐慌發作，他們經常感到自己即將死亡。當「恐慌」（panic）被仔細描述時，我們發現它事實上與死亡的任何增高風險沒有關聯；反而，經歷這種發作的人們傾向於共有一些其他特徵，諸如最近暴露於高度壓力的事件。

經常見到的情形是，分類系統是一件繼續進行的工作，隨著新知識證實較早先的概判是不完備或有缺失而進展。另外也需要記住，只有通過精確的心理衡鑑或臨床衡鑑的技術（這些技術近些年來已大為精益求精），正式分類才能順利達成。

一、不同的分類模式

現行有三種基本門徑被用來對變態行為進行分類：類別、維度及原型的門徑（Widiger & Boyd, 2009）。

類別的門徑（the categorical approach）

就像一般醫學疾病的診斷系統，類別的門徑假定：(1)所有人類行為可以被劃分為「正常的」和「失常的」類別；及(2)在失常的類別中，存在各別的、不重疊的各個類型的障礙症，這些障礙症在同一類型內具有高度的同質性（homogeneity），包括在所展現的症狀上，以及在所鑑定障礙症的基礎組織上。

維度的門徑（the dimensional approach）

在維度的門徑中，它假定當事人的典型行為是沿著幾個可界定的維度上，不同強度行為的產物，這些維度包括像是心境、情緒穩定性、攻擊性、性別認同、憂慮、人

際信任、思考及表達的清晰度，以及社交內向等等，一旦建立起來，這些重要維度對每一個人都適用。人們之所以不同是因為他們在這些維度的特質（每項特質從極低延伸到極高）的側面圖上大異其趣（Miller et al., 2004; Widiger et al., 2012），因此，關於「正常」與「異常」的差別，必須從精確的統計標準加以對待。例如，我們可能決定，任何在攻擊性上高於第九十七常模百分位數（normative percentile）的事項將被視為「異常」，或任何在社交性（sociability）上低於第三常模百分位數的事項將被視為「異常」。

當採取這樣的角度時，變態行為並非在「性質」方面不同於所謂的正常行為，反而，變態行為是位於連續維度的末端。所謂的異常行為與正常行為之間差異，是在於程度上的不同，不是在性質上。維度依據的診斷具有附帶的效益，即直接面對治療選項而採取對策。因為病人的心理特性側面圖，在正常情況下將是由一些偏高和偏低的評分所組成，治療就能設計來減輕那些超越程度（過量或過強）的狀況（例如，焦慮），以及提升那些造成缺失的狀況（例如，抑制的自信心）。

原型的門徑（the prototypal approach）

「原型」（如這個術語在這裡的用途）是一種概念實體（例如，人格障礙症），它描述在實際觀察的層面上，一些多少有規律地一起發生的特徵，以不能算是完美或標準的方式所形成的理想化組合。原型是指某一事物中最具典型的例證，它通常包含該類事物最多的特徵或訊息，以鳥類為例，知更鳥或鴿子被認為更接近鳥類的原型（相較於雞或企鵝）。

許多研究人員已建議，DSM應該為每種人格障礙症的原型個案，提供敘述的描繪，而不僅是列出一些診斷準則──如它現在的作法（Westen, Shedler & Bradley, 2006）。診斷可以是在一個五點量表上指出病人符合這份描繪的程度，臨床人員將簡單地評定病人與原型之間，綜合性的相似度或「相配程度」（match）。

如我們將看到，正式的診斷準則界定了各種被認定的精神疾病的類別，雖然明確的意圖是在製造一些類別的實體，但更常造成了原型的實體。各種被鑑定障礙症的核心特徵通常有幾分模糊，聲稱在區別各種障礙的界限亦是如此。大量證據顯示，在鑑定各類型人類行為（不論是正常或異常行為）間的差異上，嚴格的類別門徑很可能是達不到的目標。隨著我們繼續進行，謹記這一點可能有助於你避免一些混淆。例如，我們經常發現，兩個（或更多）被鑑定的障礙症有規律地在同一個人身上一起發生──這種情形稱為共病（comorbidity，即共存的疾病）。這真的意味著這一類當事人具有兩個（或更多）截然有別的障礙症嗎？在典型的情況中，未必如此。

二、精神疾病的正式診斷分類

　　今日，主要有兩種精神醫療分類系統在通行中，一是「世界衛生組織」所發表的《國際疾病分類系統》（ICD-10），另一是「美國精神醫學會」所發表的《精神疾病診斷與統計手冊》（DSM-5）。ICD-10系統被廣泛使用在歐洲和其他許多國家，至於DSM系統則是美洲地區的標準指南。這兩種系統在許多層面上有類似之處，諸如使用症狀作為分類的重點，以及劃分困擾為一些不同面向。

　　這兩種系統在症狀如何被組合上存在一些差異，這有時候造成了在DSM和在ICD-10上不同的分類。關於什麼情況才被視為精神疾病（mental disorder），我們的討論將側重在DSM系統上。這本手冊具體地指明目前被正式認定的精神疾病的各種亞型（subtypes），而且針對每種亞型提供一組界定的準則。如已經指出的，該系統聲稱是屬於類別的門徑，具有清晰的界限，以便在各種障礙症間互相區別。但事實上，它是一種原型的門徑，帶有大量的界限模糊性，而且它所鑑定之各種「類別」的障礙症，也有頗多滲透或重疊之處。

　　界定所認定類別的障礙症的準則，大部分是由症狀和徵兆所組成。症狀（symptoms）一般是指稱病人的主觀描述，即她／他對於發生差錯的事情所提出的抱怨；另一方面，徵兆（signs）是診斷專家所從事的客觀觀察，不論是透過直接的方式（諸如病人沒有能力跟他人作眼神接觸）或間接的方式（諸如心理測驗的結果）。為了提出任何指定的診斷，診斷專家必須遵守一些特定的準則，即DSM所指示必須符合的一些症狀及徵兆（見Black & Andreasen, 2014）。

❖ DSM的演進

　　DSM目前已發行到第五版（DSM-5），經過大量的辯論和爭議後在2013年問世。這個系統是六十年來演進的產物，牽涉到在鑑定及描述精神疾病上逐漸精緻化及準確化。該手冊的第一版（DSM-I）在1952年問世，它主要被使用在二次世界大戰的軍隊人事上，為了標準化診斷而施行。大戰之後，美國聯邦政府大力贊助心理健康方面的研究，這所啟發的洞察力促進了DSM-II在1968年發表。長期下來，開業人員發現這兩個早期版本存在一些缺點，像是各種被認定的障礙症是以敘事體（narrative）及充滿專門術語的措詞加以描述，這已被發現太過於模糊，使得心理健康專業人員無法就它們的意義取得一致意見。其結果是重大壓低了診斷的信度；這也就是說，兩位專業人員鑑定同一位病人，很可能對於該病人有什麼障礙症獲致完全不同的診斷。

　　為了解決這個臨床及科學上的困境，1980年的DSM-III引進完全不同的途徑，試圖儘可能排除來自診斷過程中主觀判斷的成分，它是藉由採取一種「操作性」（operational）的方法以界定各種被正式認定的精神疾病。這項革新意味著DSM系統現在

具體列舉診斷人員必須從事的準確觀察，然後才能貼上特定的診斷標籤。在典型的情況中，在正當地指定診斷之前，病人必須在所指定的症狀表單中呈現一定數量的徵兆或症狀。這個新的途徑在1987年的DSM-III修訂版（DSM-III-R）和在1994年的DSM-IV中被繼續沿用，它大為提升了診斷的信度，也致力於納入文化和族群的考量。作為DSM-5診斷之操作性方法的一個實例，請參考第七章所列「持續性憂鬱症」（Persistent Depressive Disorder）（也稱輕鬱症－Dysthymia）的診斷準則。需要注意的是，這種疾病結合了來自DSM-IV兩種診斷的診斷準則：慢性鬱症（Chronic Major Depression）和輕鬱症（Dysthymic Disorder）。

　　從DSM-I到DSM-5，被認定的精神疾病數量大幅地增加，其原因有二：一是新式診斷的追加，另一是舊有障礙症進一步的細分。因為美國人的精神本質不太可能在這個期間發生那麼大的變動，因此較為合理的假設是，心理健康專業人員以不同於他們五十年前的見解來看待這個領域。DSM系統現在不僅更為包羅廣泛，也更精細劃分為許多子群的障礙症。DSM-5的大部分診斷類別包含一些亞型（subtypes）和特性說明（specifiers），使得診斷人員能夠進一步為診斷施行微調，以便提供更明確的病人亞群。

診斷上的性別差異

　　在心理症狀的起源及表明上，一些障礙症早已被發現有性別差異的現象。有些障礙症在男性病人身上顯現較高的盛行率（諸如反社會型人格）—— 相較於女性；另一些障礙症（諸如厭食症）則較顯著出現在女性身上。再者，男性和女性當被診斷為同一種障礙症時（諸如行為規範障礙症），他們經常顯現不同的症狀組型，像是男性在打架和攻擊上有較高的發生率，女性則較為傾向於說謊、蹺課及逃家。DSM-5容許性別相關的差異被納入診斷之中。

DSM-5對於文化背景的評估

　　美國是一個高度多樣化的社會，它由來自多種語言和文化背景的人們所組成，今日，臨床人員逐漸發現他們著手於診斷評估的案主是來自不同的背景，只擁有臨界或有限的英語技能。許多因素可能造成對心理症狀不正確的評估，這包括案主的族群和文化背景、英語理解的水平、宗教背景，以及他們適應美國的程度。當人們尚未涵化（acculturated）他們所生活的環境時，他們可能在測驗及晤談中顯現較多心理方面的失調 —— 相較於他們的實際情形（Okazaki et al., 2009）。因此，臨床人員有必要謹慎評估案主的背景，包括他們可能帶到晤談中的價值觀及態度，以便降低對於決策過程的不利影響。

　　DSM-5提供了結構式晤談，聚焦於病人處理自己困擾的方式。「文化架構下的晤

談」（Cultural Formulation Interview, CFI）包含16個問題，臨床人員可以在心理衡鑑期間用來獲致一些訊息——關於案主的文化對於心理健康照護可能產生的影響。晤談問題主要是詢問病人對於他們現存困擾的看法、他們如何察覺他人在促成自己的困擾上所發揮的影響，以及他們的文化背景以什麼方式可能影響他們的調適。此外，晤談也詢問病人，關於他們先前為自己困擾尋求治療的經驗。晤談問題試圖取得案主的觀點，不用承擔他們困擾的角色。

貼標籤的問題

　　DSM系統典型使用的這類精神診斷，並未在心理健康專業人員間獲得一致的推崇（例如，MacCulloch, 2010; Sarbin, 1997）。重要的批評之一是，精神診斷不過是一種標籤，貼在各類被界定為社會不贊同行為或其他有問題的行為上。

　　診斷標籤（diagnostic label）既沒有描述當事人，也沒有描述任何內在的病理狀況（當事人必然潛伏的狀況，如發生一些「功能失調」），它只在描述與當事人當前的生活功能水準有關的一些行為模式，然而，一旦標籤被貼上，它可能就終止了更進一步的探索。我們太容易（甚至是對專業人員而言）接受標籤為對當事人之準確而完備的描述，卻不是視之為對當事人目前行為的描述。當個人被貼上「憂鬱症病人」或「精神分裂症患者」的標籤時，他人較可能會對這個人產生一些假設，這樣的假設可能是正確的，也可能是不正確的。事實上，診斷標籤可能使得我們很難客觀地檢視當事人的行為，也很難不帶有對於他將會如何展現行為的先入之見，這些預期甚至可能會影響臨床上重要的互動和治療抉擇。例如，當獲致「持續性憂鬱症」的診斷後，這可能就切斷了對病人生活處境的任何更進一步的探索，導致草率地開出抗憂鬱藥物的處方（Tucker, 1998）。或者，當貼上像是「邊緣型人格」的標籤後，可能導致心理治療人員對於該病人的預後較不樂觀（Markham, 2003）。

　　一旦個人被貼上標籤後，她／他可能接受這個被重新認定的身分，然後實際上演出該角色所被期待的行為。（「我不過是一位物質濫用的人，我嗑藥是理所當然的——每個人都期待我這麼做。況且，這是一種被認為我所不能控制的狀況，因此我積極參與於我的治療似乎沒有太大意義。」）基於種種原因，這種新的社會身分的獲得可能具有傷害性。許多精神標籤之輕蔑及恥辱的含意像是在人們身上蓋下戳記，視他們為有重大缺損的次等公民，而且這些缺損經常被認定是永久的（Link, 2001; Slovenko, 2001）。這樣的汙名化也可能對當事人的士氣、自尊及人際關係具有破壞效果，至於被貼標籤的當事人，他可能決定他就「是」該診斷，然後採納它作為一生的「經歷」。

　　顯然，基於當事人的最佳利益，心理健康專業人員務必抱持審慎的態度，包括在診斷過程、在使用標籤，以及在這兩方面資訊的保密上。多年以來，對於求診於心理

健康專業人員的當事人而言，傳統的稱謂是使用「病人」（patient），這個用語與醫學疾病和消極態度有密切關聯——像是耐心地等待醫師的診治。今日，許多心理健康專業人員，特別是那些在非醫學背景接受訓練的人們，喜歡採用「案主」（client）的措詞，因為它暗示著當事人方面更深入的參與，和對於自己的復原負有更多責任，我們在這本書中將交替使用這些措詞。

非結構式診斷晤談

當從事診斷時，臨床人員會跟病人（或者是病人的家屬）進行對談，對談的目的在於誘出所必要的資訊，以把病人安置在一個或多個DSM診斷分類中。就像先前所描述的衡鑑晤談，存在兩大類綜合的診斷性晤談，即非結構式晤談和結構式晤談。在非結構式晤談中（unstructured interview），臨床人員在探問的內容和順序方面沒有預存的方案，如它們的名稱所意指的，非結構式晤談是有點隨心所欲而不受拘束的。治療人員／臨床人員就想到的問題提問案主，部分是依據案主對先前問題的應答。許多臨床人員喜歡這種無拘無束的方式，因為它使得他們能夠追蹤或許特有的「線索」。然而，這種不受拘束的風格有一個重大的缺點，晤談所帶來的資訊受限於該次晤談的內容。假使另一位臨床人員對同一位病人施行另一次非結構式晤談，他可能會獲致不同的臨床畫面。

結構式診斷晤談

結構式晤談（structured interview）是以高度控制的方式探問案主（Daniel & Gurczynski, 2010; Mestre et al., 2013），在某種全盤方案的引導下（有時候甚至具體指定臨床人員的實際措詞），臨床人員使用結構式晤談通常是試圖確認當事人的症狀及徵兆是否「符合」診斷準則——相較於過去，這是一種更為精確及「操作性」的方法。隨著採用更精確的準則和高度結構式的診斷晤談，這已實質改善了診斷的信度，但是結構式晤談的格式在例行臨床工作上，仍然只被零星地使用。儘管如此，臨床研究的精確性——包括流行病學上的研究——已隨著這些工具的開發而獲益匪淺。

一些結構式診斷晤談表已被開發出來，它們可被使用在各種背景中。在臨床及研究的情境中，最普遍被使用的工具是「神經精神醫學的臨床衡鑑表」（the Schedules for Clinical Assessment in Neuropsychiatry, SCAN），它是由「世界衛生組織」（WHO, 1994）所發行，使得診斷人員能夠獲致ICD-10上的診斷。

第五章

壓力、身體健康與心理健康

　　每天的生活對我們提出許多要求，像是工作上的截止時間（最後期限）、人際關係緊張、經濟困境及日常繁瑣事件等。我們都暴露於壓力，而這種暴露影響我們的身體健康和心理舒適。有時候，甚至休閒活動也可能充滿壓力，例如，在超級盃美式足球賽後，輸球那一隊的城市在接下來兩個星期中，心臟病發作和死亡的發生率顯著升高（Kloner et al., 2011）。你如何受到壓力的影響？它使你憂慮嗎？它使你偏頭痛嗎？

　　健康心理學（health psychology）領域關切的是，壓力和其他心理因素在身體問題的成形及維持上的效應，健康心理學是行為醫學（behavioral medicine）內的一門次專業。行為醫學在身體疾病的探討上，關切的是什麼因素可能使得個人傾向於發生醫療問題，這些因素包括了像是壓力生活事件、某些人格特質、特定的因應風格，以及缺乏社會支援。在行為醫學內，另一個焦點放在壓力對身體的效應上，包括對免疫系統、內分泌系統、腸胃系統及心血管系統。

　　這一章中，我們將考慮壓力在身體疾病和精神疾病的發展上扮演的角色。我們一起討論身體問題和心理問題二者，乃是因為心理與身體有密切的關聯，也是因為壓力同時使這二者付出代價。雖然與壓力連結的問題不勝枚舉，我們特別聚焦於最嚴重的壓力相關的身體及精神疾病；在身體方面，我們把重點放在心臟病，至於精神障礙症方面，我們主要是關切創傷後壓力症（PTSD）。

第一節　什麼是壓力？

　　如果我們的所有需求都自動地獲得滿足，生活將是非常簡單，然而，現實情況是，許多障礙物（包括個人及環境的障礙物二者）橫擋在路中間。傑出運動員可能因為受傷而使得運動生涯劃下句點、我們的金錢永遠不夠用、我們付出的愛情遭到拒絕。生活的要求（demands）需要我們加以適應，當我們經歷或察覺我們的身體或情緒安寧受到挑戰，而這樣的挑戰超出我們的因應資源及能力時，這所造成的心理狀況通常就被指稱為壓力（見Shalev，2009）。為了避免混淆，我們將指稱外在要求為壓力源（stressors）、指稱它們在有機體內部製造的效應為壓力（stress），以及指稱抗衡壓力上的努力為因應策略（coping strategies）。另外也很重要的是，壓力基本上是一種互動和動態的構念，因為它反映了有機體與環境之間長期下來的交互作用（Monroe, 2008）。

　　所有需要適應的情境可被視為潛在地具有壓力。在加拿大醫生和內分泌學家Hans Selye（1956, 1976）頗具影響力的著作之前，「壓力」的字詞主要是由工程師們所使用。Selye採用這個字詞，以之描述生存的有機體所經歷的困境及張力——隨著他們

致力於因應及適應變動的環境狀況。他的著作為現行的壓力研究提供了基礎。Selye 也注意到，壓力不僅會發生在負面情境中（如參加考試），它也會發生在正面情境中（如婚禮）。這兩種壓力都可能造成個人資源和因應技巧的負荷，雖然不良壓力（苦惱）典型地具有產生較多傷害的潛在性。壓力也可能以一種以上的形式發生──不僅是一次單純的災難，而且也是一種連續的作用力，直到超過個人的管控能力。

一、壓力與DSM

壓力與精神病態之間的關係被認為相當重要，所以壓力的角色已在診斷論述中被正式認定，最明顯的莫過於PTSD的診斷──一種重度障礙症，我們稍後將會討論。在DSM-IV-TR中，PTSD被歸類為一種焦慮症。然而，DSM-5引進一個新的診斷分類，稱為「創傷及壓力相關障礙症」（trauma-and stress-related disorders），PTSD現在被放置在這裡。這個新的分類還包括另一些障礙症，像是「適應障礙症」和「急性壓力症」，這些障礙症涉及針對可辨識的壓力源造成的多種型態心理及行為的失調。它們的主要差異不僅在於失調的嚴重程度，也包括壓力源的性質和障礙症所發生的時間架構。

二、引致個人容易受擾於壓力的因素

每個人面對特有型態的要求，他必須加以適應，這是因為人們以不同方式察覺及解讀類似的情境，也是因為客觀上而言，沒有兩個人面臨完全相同型態的壓力源。處於壓力之下，有些人也較可能產生長期的困擾，這可能局部地牽涉到因應技巧和擁有（或缺乏）特定的資源。例如，兒童特別容易受到重度壓力源的傷害，諸如戰爭和恐怖活動（Petrovic, 2004）。研究也指出，當青少年的父母罹患憂鬱症時，他們對於壓力事件較為敏感；在經歷高度壓力的生活事件後，這些青少年也較可能自己發生憂鬱方面的問題──相較於父母沒有憂鬱症問題的青少年（Bouma et al., 2008）。

一些個人特性已被鑑定出來，它們增進當事人抗衡生活壓力的能力，包括較樂觀的態度、較強的心理控制或掌握、較高的自尊，以及較充裕的社會支援（Declercq et al., 2007; Taylor & Stanton, 2007）。這些穩定因素與面對生活事件時較低的苦惱程度有關，也與較良好的健康狀況有關。另有一個雙胞胎研究的證據指出，因應風格（coping styles）的差異，可能與內在的遺傳差異有關（Jang et al., 2007）；更普遍而言，我們的遺傳構造可能使得我們較為「壓力敏感」，或較不「壓力敏感」。研究人員已發現基因，它們可能在決定我們對壓力的反應性上，扮演一定角色（Alexander et al., 2009; Armbruster et al., 2012）。

　　我們在生命早期所經過的壓力數量，可能也使得我們日後對於壓力較爲敏感（Gillespie & Nemeroff, 2007; Lupien et al, 2009）。壓力的效應可能是累積而形成的，隨著每次的壓力經驗，正好使得該系統更具反應性。動物研究的證據顯示，當暴露於單一壓力經驗後，這可能增強對後來發生的壓力事件的反應性（Johnson, O'Connor, et al., 2002）。老鼠的尾巴在接受帶來壓力的電擊後，當牠們後來暴露於另一種有壓力的經驗時（被安置在高臺上），牠們製造較多的壓力激素可體松（cortisol）；另一些與壓力有關的生理變化在這些老鼠身上也較爲明顯。這些結果說明，早先的壓力經驗可能使得我們在生理上變得敏感，進而使得我們對日後的壓力經驗有較強烈的反應。壓力忍受力（stress tolerance）就是指稱個人耐得住（經得起）壓力的能力，不致於受到壓力的重大損害。

　　壓力經驗可能也製造了一種自我持續的循環，經由改變我們如何思考或評價發生在我們身上的事情。研究已顯示，壓力情境可能與個人的認知有關，或受到個人認知的增強（Nixon & Bryant, 2005），這可以解釋爲什麼有憂鬱史的人們傾向於把負面事件感受爲更具壓力（Havermans et al., 2007）。例如，假如你已經感到憂鬱或焦慮，你可能把一位朋友取消電影約會看作這代表她不想浪費時間在你身上，即使實際情形可能是她生活中的要求，使得她無法赴你的約會；當你感覺惡劣時，你將遠爲傾向於對所發生的事情獲致負面的結論，而不是以較爲平衡或較爲樂觀的方式來看待情境。

三、壓力源的特性

　　比起不愉快的婚姻或被解僱，爲什麼忘記鑰匙放在何處遠爲不具壓力？在某些程度上，我們直覺地理解什麼因素使得某一壓力源較爲嚴重。關鍵的因素包括：(1)壓力源的嚴重性；(2)它的延續性（也就是它持續多久）；(3)它的發生時機；(4)它如何密切地影響我們的生活；(5)它多麼可被預期；及(6)它多麼可受控制。

　　當壓力源牽涉到個人生活的較重要層面時（諸如親人的死亡、離婚、失業、重大疾病，或負面的社會變動），傾向於會爲大部分人帶來高度壓力（Aldwin, 2007; Newsom et al., 2008）。再者，壓力源運轉越久的話（諸如發生在虐待及情緒疏失的情況，或是居住在貧窮地區），它的效應就越爲嚴重；同一時間面臨許多壓力源也會產生重大差別。假如一名男子失去工作、獲知他的妻子罹患重病，以及接到消息指出他兒子因爲販毒而被逮捕，所有這些都在同一時間發生，這造成的壓力將會遠爲嚴重——相較於如果這些事件在延長的時間中分開地發生。當個人更密切涉入當前的創傷情境時，壓力的症狀也會增強，像是獲知一位好朋友的叔叔在車禍中受傷，當然遠不及自己發生車禍來得有壓力。

廣延的研究已顯示，當事件是不可預測及突如其來地發生時（因此沒有先前已開發的因應策略可被派上用場），可能置當事人於重度壓力下，像是住宅被火災所淹沒和它所帶來的傷害，不是任何人早已學會如何因應的事情。同樣的，當病人事先被提供合乎實際的期待時，這將大有助於他們從重大手術所製造的壓力中復原過來。隨著個人知道應該期待什麼，這增添了該情境的可預測性。在一項研究中，即將接受腰部關節替換手術的病人，在進行手術的前一晚觀看12分鐘的影片，該影片從病人的角度描述整個程序；相較於沒有觀看影片的控制組病人，觀看影片的病人在該手術的早上較不焦慮、在手術後較不焦慮，以及需要較少的止痛藥物（Doering et al., 2000）。

最後，有一些不受控制的壓力源是無法減低它帶來的衝擊的，也就是無法逃離或避免。一般來說，對人類和動物都一樣，不可預測（unpredictable）和不受控制（uncontrollable）的壓力源帶來較大的壓力，相較於同等物理規模但是可預測或可控制（或二者）的壓力源（例如，Evans & Stecker, 2004; Maier & Watkins, 2010）。

我們大部分人偶爾會經歷一些期間特別急性（突然而強烈）的壓力，「危機」（crisis）就是用來指稱這些時候，當高壓情境的迫近似乎將要超過個人或團體的適應能力時。危機通常特別具有壓力，因為壓力源是如此強勢，我們典型使用的因應技巧已不再奏效。壓力因此有所區別於危機，創傷情境或危機淹沒（壓倒）了當事人的因應能力，但壓力不一定會壓倒當事人。

四、測量生活壓力

生活變動（即使是正面的變動，諸如獲得升遷或結婚）對我們施加新的要求，因此可能帶來壓力；生活變動發生得越快，個人所感受的壓力就越大。

關於生活變動的研究，主要焦點是放在生活壓力的測量上。多年以前，Holmes和Rahe（1967）編製「社會再適應評定量表」（the Socical Readjustment Rating Scale）。這是一份自陳的檢核表，它是以客觀方式測量當事人在某個期間內所累積的生活壓力（也見Chung et al., 2010; Cooper & Dewe, 2007）。這份量表的一個版本顯示在圖5.1——特別針對評鑑大學生的生活壓力。

雖然易於使用，檢核表（checklist）的方法依然有其侷限之處，這使得以訪談為基礎的途徑被開發出來，諸如「生活事件與困境表格」（the Life Events and Difficulties Schedule, LEDS; Brown & Harris, 1978）。LEDS的一項優勢是它附有廣延的手冊，為評定急性壓力和慢性壓力二者提供一些規則。LEDS系統也容許評定人員考慮生活事件所發生的背景，以及當評定每個生活事件時，考慮當事人特有的處境。例如，一位女性有愉快的婚姻，也有良好的經濟基礎，當她獲知自己懷孕的消息時，她的感受將會極為不同於另一位未婚的少女，後者也許正在擔憂如何告訴她父母她已經

懷孕的消息。雖然以訪談爲基礎的途徑較爲消耗時間，施行的成本也較高，但它們被認爲較值得信賴（相較於檢核表的方法），在這個領域的研究上也較受到歡迎。

勾選你過去一年中經歷過的生活事件，再把它們的壓力評定分數加總起來，就是你目前所承受壓力程度的數值。在一個大型的大學生樣本中，他們分數的分布範圍從182到2,571，平均分數是1,247（Renner & Mackin, 1998）。你的壓力分數落在何處？

大學生生產壓力表問卷

事件	壓力評分	你的項目	事件	壓力評分	你的項目
被強暴	100		缺乏睡眠	69	
發現你是HIV-陽性	100		居住處境的變動	69	
被控告強暴	98		在大眾之前競爭或表現	69	
親密朋友的死亡	97		發生肢體打鬥	66	
親密家人的死亡	96		跟室友的紛爭	66	
感染性病（AIDS之外）	94		工作變動	65	
擔憂懷孕	91		決定主修科目或關切未來計畫	65	
最後一週的期末考	90		你討厭的一門課程	62	
擔憂你的伴侶懷孕	90		喝酒或使用藥物	61	
睡過頭而錯過考試	89		跟教授的衝突	60	
一門課程不及格	89		開始新的學期	58	
男朋友或女朋友欺騙你	85		第一次約會	57	
結束穩定的約會關係	85		選修課程	55	
親密朋友或家人的重大疾病	85		維持穩定的約會關係	55	
經濟困境	84		轉換校園或工作	54	
撰寫期末報告	83		同儕壓力	53	
考試作弊被抓到	83		第一次離開家門	53	
酒醉駕車	82		生病	52	
感到課業或工作上過度負荷	82		擔心你的外貌	52	
一天兩場考試	80		全部學科都拿A	51	
欺騙你的男朋友或女朋友	77		你喜愛的一門困難課程	48	
結婚	76		結交新朋友；跟朋友相處	47	
喝酒或使用藥物的負面後果	75		兄弟會或姊妹會的迎新招待	47	
你最好朋友的憂鬱或危機	73		在課堂上打瞌睡	40	
跟父母的不睦	73		參加運動競賽	20	
在課堂上演說	72		總分		

圖5.1　你承受多大壓力？

五、復原力

在經歷潛在的創傷事件後，有些人依然有良好的運作，在接下來幾個星期或幾個月中很少發生症狀。這種在潛在創傷事件後，健全的心理功能和身體功能就稱為復原力（resilience）。這樣的復原力絕非少見，事實上，復原力是失去親人或創傷後最常見的反應（Bonanno et al., 2011; Quale & Schanke, 2010）。

但是為什麼有些人較具復原力？研究已顯示，沒有單一因素可預測復原力，反而，復原力牽涉到多種不同的特性和資源。增進復原力的因素包括：(1)身為男性；(2)年齡增長；及(3)受過良好教育；擁有較多經濟資源也有莫大益處。一些研究顯示，在紐約911攻擊事件後，非裔美國人和拉丁美洲裔成員的進展較不順利，顯現較低的復原力——相較於白人。然而，族群經常與社會階級混淆在一起；重要的是，當社會階級受到控制後，統計數字指出，族群不再能預測較低的復原力。

「身為一個正向的人」也有所裨益，研究已顯示，在失去親人後，有些人當談到他們最近的失落時，依然能夠顯現真誠的正面情緒，這些人也傾向於有較良好適應（見Bonanno et al., 2011）。對照之下，在創傷事件後，有些人產生較多負面情感、較傾向於反芻（反覆沉思），以及試圖從發生的事件中找到意義，這些人的進展往往較不順利。

最後，令人感到興趣的是，有些人非常自信，他們總是從過度正面的角度看待自己，這些人也傾向於在面對創傷時有極為良好的因應。雖然這種自誇風格的人有時候在相處時令人感到不愉快，但是這樣的風格在危機的時候有很大益處。例如，在一項前瞻研究中，Gupta和Bonanno（2010）顯示，當大學生擁有這種自誇風格時，他們在接下來四年中的因應遠為良好——相較於不是這種風格的人。

第二節　壓力與身體健康

適應壓力的生理代價被稱為外來靜態負荷（allostatic load）（Oken et al., 2015）。當我們放鬆下來而沒有感受到壓力時，我們的外來靜態負荷趨低；當我們承受壓力而感到逼迫時，我們的外來靜態負荷偏高。雖然致力於「建立特定壓力源與特定身體疾病之間關係」的嘗試，普遍沒有太大成效，但是在我們理解實際上所有身體疾病的成形及進程上，壓力已成為關鍵的基本主題。例如，當個人有過敏症狀時，他可能發現自己的抵抗力隨著情緒緊張而更進一步降低；同樣的，當病毒已經侵入個人的身體時（如在多發性硬化症上的情形），情緒壓力可能干擾身體正常的防衛能力或免疫系統。以類似的方式，任何壓力可能傾向於加重及維持一些障礙症，諸如偏頭痛

（Milde-Busch et al., 2011）和風濕性關節炎（Cutolo & Straub, 2006）。

　　在身體疾病系列較不嚴重的一端，壓力會增加我們在傷風或感冒上的易罹性（Cohen, 2005）；更加危險的是，壓力也會增加心臟病發作的風險。幾位研究人員已引證資料，在重大地震後的幾天及幾個星期中，因為冠心病（CHD）而死亡的人數顯著升高（見Leor et al., 1996）。如圖5.2顯示，在1994年洛杉磯發生大地震之前，因為冠心病而猝死的人數是平均每天4.6人，但是在地震當天驟升到24人（Kloner et al., 1997）。日本發生神戶大地震後，因為心臟病事件而猝死的人數也呈現陡升的情形（Kario & Ohashi, 1997）。

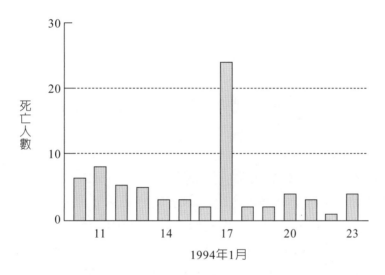

在加州發生Northrodage大地震那一天（1994年1月17日），心臟病死亡人數顯現急速上升。

圖5.2　心臟病死亡與地震

（Adapted from Leor et al., 1996.新英格蘭醫學期刊）

　　日常形式的壓力也會提升心臟病及死亡的風險（Matthews & Gump, 2002; Simth & Ruiz, 2002），工作相關的壓力便是一個良好的實例；這裡的關鍵因素顯然是高度苛求的工作和無法掌控決策，這兩種工作壓力增加了未來心臟病的風險。再者，當其他不利健康的行為（諸如吸菸）受到控制後，這種關係依然維持（見Peter & Siegrist, 2000）。引人興趣的是，對於上班工作的人們來說，大部分的心臟病發作是發生在星期一，可見度過週末之後，重返工作崗位的壓力被認為扮演一定角色（Kloner, 2006）。

　　最後，對於現存的CHD病人來說，僅是要求他們針對指定的主題對一小群（但帶有評價的）觀眾發表5分鐘的演說，就足以引起大約20%病人的心臟功能產生可察覺的變化（見Sheps et al., 2002）。再者，對於那些對這種形式的心理壓力最具反應性的病人來說，他們在接下來5到6年中死亡的機率幾乎達到了3倍高—— 相較於較不具

反應性的病人。心理壓力已知提高了血管的收縮壓，也引起腎上腺素的升高；心理壓力也可能減少氧氣對心肌的供應（Yeung et al., 1991）。這些研究結果說明了，壓力不必要達到嚴重或極端的地步才會與日後的致命後果產生關聯。

一、壓力反應

　　為了理解為什麼壓力會導致身體和心理的問題，我們需要知道當我們感受壓力時，我們的身體會發生什麼事情。面對壓力源的威脅時，身體將經歷一連串的生理變化，其中有兩個不同系統涉及在內。交感-腎上腺髓質（sympathetic-adrenomedullary, SAM）系統是針對於動員身體的資源，以便為戰鬥或逃跑反應（fight-or-flight response）作好準備（見Gunnar & Quevedo, 2007）。壓力反應起始於下視丘（hypothalamus），它激發交感神經系統（SNS），接著引起腎上腺內部（腎上腺髓質）分泌腎上腺素和正腎上腺素，隨著這些物質經由血液在體內循環，它們引起心跳加速（我們所有人都熟悉的），它們也使得身體較快速代謝葡萄糖。第二個涉入壓力反應的系統稱為下視丘-腦垂腺-腎上腺（HPA）系統（參考圖5.3）。除了激發SNS，下視丘也釋放一種激素，稱為「促腎上腺皮質釋放激素」（CRH），它經由血液傳送，這種激素激發腦垂腺（或腦下垂體），腦垂腺然後分泌「促腎上腺皮質激素」（adrenocorticotropic hormone, ACTH），引起腎上腺皮質（腎上腺的外部）製造「葡萄糖皮質激素」，也稱為壓力激素（stress hormones）。在人類身上，所製造的壓力葡萄糖皮質激素被稱為可體松（cortisol）。圖5.3說明了這一連串的事件。

　　在緊急情況中，可體松是有良好作用的激素，它使得身體為戰鬥或逃跑作好準備。它也抑制先天的免疫反應，這表示假如受傷實際發生，身體對受傷的發炎反應（inflammatory response）將被延後。換句話說，逃離的優先權高於療傷，而組織修復則次要於保持生存，這種情形很明顯具有存活的價值——假如你需要逃離一頭才剛攻擊你的熊的話。它也解釋了為什麼可體松（cortisone，皮質素）注射有時候被用來減輕受傷關節的發炎現象。

　　但是可體松也有不利的一面，假如可體松反應不被關閉，它可能傷害腦部細胞，特別是在海馬迴部位（Sapolsky, 2000）。在非常基本的層面上，壓力對你的腦部帶來不良作用，它甚至可能阻礙成長（當嬰兒蒙受壓力時，他們不會以正常方式增加體重，因此「無法茁壯」）。所以，大腦有感受器（receptors）以偵察可體松，當這些感受器活化時，它們傳送回饋的信息，針對於抑制一些腺體的活動，因為這些腺體涉及壓力反應；如果壓力源持續不退，使HPA軸線保持活躍，可體松將會繼續釋放。雖然短期的可體松製造具有高度的適應性，但是長期過度活化的HPA軸線（伴隨高濃度在血液中流動的可體松），可能會帶來重大問題。

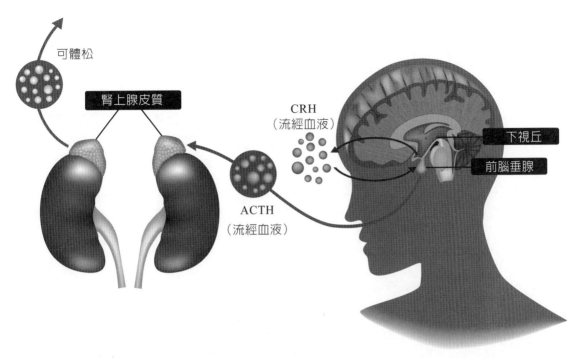

長期的壓力導致腎上腺激素可體松的分泌，將會提升血糖和增強代謝。這些生理變化協助身體維持長久的活力，但是付出的代價是免疫系統活動力的減退。

圖5.3　下視丘-腦垂腺-腎上腺（HPA）軸線

二、心理-身體連結

　　壓力與身體失調狀況之間連結牽涉到一些疾病（像是感冒），但這些疾病與神經系統的活動沒有直接關係，這表示壓力可能引起對於疾病全面的脆弱性——經由損害免疫功能。心理神經免疫學（psychoneuroimmunology）探討神經系統與免疫系統之間的交互作用。雖然一度認為免疫系統基本上是「排他的」，只會對外來物質的挑戰產生反應，但我們現在知道情形不是如此，神經系統與免疫系統會互通訊息，以一些我們現在慢慢開始理解的方式。

　　證據繼續累積，指出大腦影響免疫系統，而免疫系統也影響大腦。換句話說，個人的行為和心理狀態可能影響免疫功能。經由影響在血液中運行的神經化學物質的濃度，免疫系統的狀況也會影響現行的心理狀態和行為傾向；接下來，這些作用便改變了大腦的狀態。例如，我們已看到葡萄糖皮質激素可能導致壓力引起的免疫抑制（immunosuppression），短期內，這可能具有適應性（優先逃離，然後療傷）。然而，很合理地，更長時間的壓力可能為免疫系統造成麻煩。為了理解為什麼會發生這種情形，我們需要簡短描述一下免疫功能的基本原理。

三、理解免疫系統

　　免疫系統（immune system）保衛身體免於受到外來物質的傷害，像是病毒和細菌。在許多方面，免疫系統可以被比喻為警察單位，如果它過於薄弱，便無法有效地發揮功能，身體將會屈服於入侵的病毒和細菌而受到傷害。反過來說，假如免疫系統過於強勢而不具選擇性，它可能轉而攻擊身體自己的正常細胞，這就是在自體免疫疾病（autoimmune diseases）上發生的情形，諸如風濕性關節炎和紅斑性狼瘡。

　　免疫系統的第一道防線是白血球。這些白血球（leukocytes）（或淋巴細胞——lymphocytes）是在骨髓中製造，然後貯存在遍布身體的各個處所中，諸如脾臟和淋巴結。有兩大類重要的白血球，第一種稱為B-細胞（B-cell），因為它是在骨髓（bone marrow）中發育完成，B-細胞製造特定的抗體（antibodies），針對於應付特定的抗原。抗原（antigens，它是antibody generator的縮寫）可以是一些外來物質，諸如病毒和細菌；也可以是一些內部侵犯者，諸如腫瘤和癌細胞。第二種重要的白血球是T-細胞（T-cell，如此命名是因為它是在胸腺中發育完成，胸腺是一種重要的內分泌腺）。當免疫系統被激發時，B細胞和T細胞活化起來並快速增殖，發動各種形式的反擊（參考圖5.4）。假如這種情形沒有發生，你勢必將會死於疾病感染。

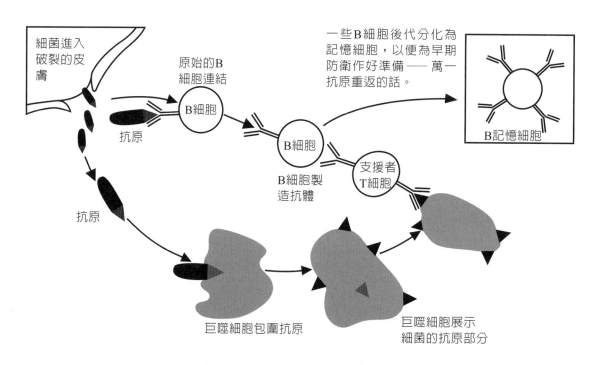

圖5.4　免疫系統對細菌感染的反應

（摘自J. W. Kalat, 2001.生物心理學）

　　T細胞以不活化的形式在血液和淋巴系統中循環，每個T細胞在它的表面上具有一些感受器，它們辨認一種特定的抗原。然而，T細胞無法自行辨認抗原，它們變得活化是當稱爲「巨噬細胞」（macrophages）的免疫細胞偵察到抗原而開始吞噬及消化抗原時。爲了使T細胞活化起來，巨噬細胞會釋放一種化學物質，稱爲介白素（interleukin-1，即白血球介素）。在巨噬細胞的協助之下，T細胞變得活化，就能開始破壞抗原（Maier et al., 1994）。

　　B細胞在結構上不同於T細胞。當B細胞辨認出抗原時，它開始分裂並製造抗體，這些抗體在血液中循環，這個過程受到T細胞所釋放之「細胞激素」（cytokines，像是interleukin-1）的促進。抗體的製造需要五天左右的時間（Maier et al., 1994）。然而，假如該抗原在未來再度出現的話，免疫系統的反應將會快速多了，這是因爲免疫系統擁有對該入侵者的「記憶」。

　　B細胞和T細胞的保衛活動受到該系統另一些特化成分的支援及加強，最主要是天然殺手細胞（natural killer cells）、巨噬細胞及顆粒細胞（granulocytes）。免疫系統對於抗原入侵的反應受到極爲錯綜的協調及統籌，需要許多成分發揮健全的功能。

第三節　壓力與免疫系統的運作

　　你會感到訝異嗎？當你獲知壓力以24%-40%的比例減緩外傷的痊癒時（Gouin & Kiecolt-Glaser, 2011）。這是因爲壓力牽涉到免疫系統的抑制（Segerstrom & Miller, 2004）。雖然短期壓力（諸如參加考試的壓力）會連累免疫系統，但是更爲持久的壓力源（諸如失業，或是與家人或朋友的人際困擾），才會與最爲全面的免疫抑制連結起來。失業的人擁有較低的免疫運作水平，但好消息是，一旦他們找到另一項工作，免疫功能將會再度回復正常（Cohen et al., 2007）。

一、壓力與細胞激素

　　你現在知道壓力引起免疫系統的失調、減緩傷口的痊癒，以及使得我們較易於感染疾病，但是這是如何發生的呢？爲了更進一步理解，你需要知道關於細胞激素的一些事情。細胞激素是一些小型蛋白質分子，它們是免疫系統的重要成分，細胞激素充當化學信使，使得免疫細胞能夠互通信息。你可能聽過的一種細胞刺激是干擾素（interferon），它被當作處方開給癌症病人、多發性硬化症病人，以及C型肝炎病人。

　　使得細胞激素（cytokines）特別引人興趣的是，除了與免疫系統傳達訊息，它們尚具有更寬廣的效應，重要的是，它們影響大腦。研究人員過去認爲免疫系統是一

種自給自足的實體，我們現在知道情形並非如此，而是大腦與身體一起作用以協調對於疾病的反應。例如，當你生病時，你傾向於感到疲倦、昏昏欲睡及食慾不振，這是典型的生病行為，我們所有人都很熟悉，但是你可能不知道的是，疾病的這些症狀起因於（至少局部地）特定細胞激素的效應。這些細胞激素對大腦發生作用，而這是我們感到如此不舒適的原因（Dantzer & Kelley, 2007）。雖然不愉快，但這樣的感受是高度適應的，使得我們從日常的工作撤退下來、休息及照顧自己，直到我們較為舒適些。

不僅大腦受到免疫系統產物（諸如細胞激素）的影響，大腦與免疫系統之間密切的溝通也意味著大腦能夠影響免疫歷程。記住這一點，我們在這一章稍後將會討論的一些發現（例如，憂鬱與身體疾病之間連結，以及樂觀態度和社會支援的健康效益）就顯得極為合理。

二、慢性壓力與發炎

假如短期壓力（像是參加考試）是不利的，那麼長期或慢性壓力會更為惡劣嗎？在這裡，答案為「是的」。研究證據指出，在經歷延續壓力的人們身上，發炎反應會升高，這是因為長期壓力似乎干擾了身體關掉細胞激素製造的能力。

在平常情況下，介白素-1（IL-1）和其他細胞激素激發HPA軸線，導致可體松的增加。可體松（即所謂的壓力激素）被認為可調節（關掉）細胞激素的製造。換句話說，細胞激素的製造啟動了負回饋環（negative feedback loop），這樣的設計是為了預防過度或誇大的免疫反應或發炎反應。然而，慢性壓力似乎損害身體應對信號的能力，這樣的信號將會終止免疫系統的反應性，而其結果是發炎。

慢性發炎是廣泛健康困擾和疾病的風險因素，這些包括了心血管疾病、第二型糖尿病、氣喘、骨質疏鬆症、風濕性關節炎，以及其他許多病況（Ershler & Keller, 2000; Jaremka et al., 2013）。這就是為什麼當醫生想要評鑑一個人的心臟病風險時，他們現在會檢測C-反應性蛋白質（CRP）的存在——肝臟針對IL-6所製造的分子。CRP是在肝臟中合成的蛋白質，高濃度的CRP表示身體廣布的發炎反應。

慢性壓力會採取許多形式。一項相關研究的探討指出，婦女當照顧她們罹患阿茲海默症的家人時，她們顯現較高濃度的IL-6——相較於預期「搬家」壓力的婦女，或沒有承受這兩種壓力源的婦女（Lutgendorf et al., 1999）。即使擔任照顧者的婦女的年齡比起另兩組婦女年輕6到9歲，以及即使IL-6濃度已知隨著年齡而增加，這項差異依然被發現。另一項研究則建立起種族歧視（另一種形式的慢性壓力）與非裔美國人偏高的CRP濃度之間關聯。

第四節 情緒與健康

我們已經描述壓力如何造成免疫系統的失衡，然後以許多方式損害健康，但是壓力不是完整的情節，負面情緒（negative emotions）似乎也有同樣的不良效應。因為大腦影響免疫系統，心理因素對我們的健康和安寧有莫大的重要性，諸如你如何看待問題、你如何因應挑戰，以及甚至你的氣質，這些因素都可能直接影響你基礎的身體健康。

一、性格

關於探討心臟病發展之心理促因的嘗試上，這可以回溯到鑑定A型行為模式（Type A behavior pattern）（Friedman & Rosenman, 1959）。A型行為的特徵是：(1)過度競爭的驅力；(2)極度傾注於工作；(3)缺乏耐心或時間急迫；及(4)富有敵意（hostility）。

A型人們致力於求勝——即使當他們只是在跟小孩遊戲時！我們大致上都認識幾個這樣的朋友，而「A型」的措詞現在已相當普遍被使用在平常談話中。

我們對A型行為的興趣是在「Western Collaborative Group Study」的結果被發表後才逐步擴大，這項調查包含3,150位身體健康的男性，年齡在35歲到59歲之間，他們在進入研究時被評定為A型或B型（B型性格不具有A型的特質，他們傾向於較為放鬆、較為隨遇而安以及較沒有時間急迫性）。所有男性然後被審慎地追蹤達8.5年。相較於B型性格，A型性格在追蹤的過程中發展出冠心病的機會達2倍高，而且有8倍的較高風險出現重複發作的心肌梗塞（Rosenman et al., 1975）。

第二項關於「A型行為與CHD」的重要研究是「Framingham心臟病研究」，這起始於1948年，涉及對來自麻州Framingham地方的一個大型樣本的男性和女性施行長期的追蹤（Kannel et al., 1987）。約略1,700位沒有CHD的受試者在1960年代中期被評定為A型或B型。在八年的追蹤期間對於CHD發生率的資料進行分析，所獲致結果不僅證實前一項研究的重大發現，而且也延伸到女性身上。然而，隨著更新近的研究，我們現在已經清楚，A型構念中的敵意成分（包括憤怒、蔑視、恥辱、憤世嫉俗及不信任）與冠狀動脈疾病有最密切的相關（Chida & Steptoe, 2009; Wong et al., 2013）。

較新近的發展是鑑定「苦惱」或D型性格（Type D personality）的人們（Denollet et al., 2000）。當人們擁有D型性格時，他們傾向於體驗負面（消極）情緒，也容易感到不安全及憂慮。當男性有CHD而且在長期情緒苦惱的測量上得分偏高時，他們

在5年的追蹤期間較可能有致命及非致命性的心臟病發作——相較於不具有這些D型人格特質的男性（Denollet et al., 2000）。當人們在D型性格的負面情感性成分上得分偏高時（參考圖5.5），他們也有增高的風險在心臟手術後發生較多困擾（Tully et al., 2011）。

測驗：你是D型性格嗎？

與D型性格有關的社交困擾和情緒困擾可能增加你產生心臟病的機率。閱讀每項陳述，勾選適宜的數值以指定你的應答。沒有對或錯的應答，你自己的印象才是唯一需要考慮的事情。

①參加測驗

勾選你的應答	不正確	稍微不正確	中立	稍微正確	正確
1.當我遇到別人時，我很易於跟他們接觸。	4	3	2	1	0
2.對於不重要的事情，我經常緊張不安。	0	1	2	3	4
3.我經常跟陌生人交談。	4	3	2	1	0
4.我經常感到不快樂。	0	1	2	3	4
5.我經常焦躁起來。	0	1	2	3	4
6.我經常在社交互動中感到壓抑。	0	1	2	3	4
7.我對事情抱持黯淡的觀點。	0	1	2	3	4
8.我發現不容易跟別人開始交談。	0	1	2	3	4
9.我經常心情低落。	0	1	2	3	4
10.我是屬於封閉的那種人。	0	1	2	3	4
11.我寧願別人跟我保持距離。	0	1	2	3	4
12.我經常發現自己為一些事情擔憂。	0	1	2	3	4
13.我經常意志消沉。	0	1	2	3	4
14.當社交時，我經常找不到值得談論的事情。	0	1	2	3	4

②加總你的應答

負面情感性：
把你在第2、4、5、7、9、12及13題上的分數加總起來

社交抑制：
把你在第1、3、6、8、10、11及14題上的分數加總起來

③對結果的評分

如果你的負面情感性在10分或以上，而且你的社交抑制在10分或以上，那麼你符合D型性格的標準。

圖5.5　D型性格的特徵

（摘自Johan Denollet, 1998，性格與CHD：D型量表-16）

二、憂鬱

就像壓力，憂鬱也與低落的免疫功能發生關聯（Kiecolt-Glaser et al., 2002）。再者，憂鬱與免疫系統抑制之間的關係，至少局部地獨立於可能誘發消沉感受的一些特定情境或事件。換句話說，處於憂鬱的狀態增添了一些東西，這超出了壓力源促發消沉心情的任何負面效應。

憂鬱也是心臟病上的一項因素。當人們有心臟病時，他們比起健全的人大約有3倍的機率較可能也是憂鬱的（Chesney, 1996; Shapirp, 1996）。這可能不會特別令你感到詫異，如果你有心臟病，或許你也會有憂鬱症。然而，憂鬱遠為常出現在有心臟病的人們身上──相較於它出現在其他重大身體疾病的人們身上，像是癌症（Miller & Blackwell, 2006）。再者，對於伴隨高度憂鬱症狀的心臟病病人來說，在心臟病發作後，他們有3倍的機率較可能在接下來的五年中死亡──相較於沒有顯現高度憂鬱的病人（Glassman, 2007; Lesperance et al., 2002）。研究也指出，在心臟病發作後，快樂感缺失（anhedonia，憂鬱的症狀之一，其特色是發自內心深處地失去對生活的樂趣）特別能夠預測增高的死亡率（Davidson et al., 2010）。

憂鬱顯然也是CHD成形的風險因素（risk factor）。對包括幾近90萬個參與者的一些前瞻性研究進行後設分析（meta-analysis），這項分析顯示，對於在未來發展出心臟病或實際心臟病發作的風險中，憂鬱率涉到30%的這些增高的風險（Gan et al., 2014）。即使當其他潛在的混淆變項（諸如生活型態）已被考慮在內，憂鬱與未來的心臟問題之關聯依然保持。

為什麼憂鬱與心臟病如此密切關聯？當前的見解是，這是心理-身體連結的另一個實例。如先前提到，壓力被認為將會活化免疫系統，引起促發炎（proinflammatory）細胞激素的製造，諸如IL-1和IL-6。長期暴露於這些促發炎細胞激素，被認為將導致大腦的變化，表現在憂鬱的症狀上。憂鬱接著可能與壓力交互作用而更進一步增強發炎反應（這些反應自然地由壓力暴露所引發），這就像是火上添油（Fagundes et al., 2013）。促發炎細胞激素也引起血管中凝塊（plaques）的成長，使得這些凝塊較可能鬆脫，進而引起心臟病發作。換句話說，如圖5.6所說明的，心臟病與憂鬱之間的連結是由於發炎反應和發炎細胞激素的存在（見Miller & Blackwell, 2006; Robles et al., 2005）。

三、焦慮

憂鬱不是與CHD產生連結之唯一形式的負面情感，研究已經證實畏懼性焦慮（phobic anxiety）與心臟病猝死的偏高風險間的關係。在一項經典的早期研究中，

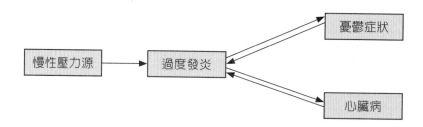

這個模式指出發炎作用如何調節慢性壓力源、憂鬱症狀及心臟病之間的關係。壓力源活化免疫系統，進而導致持續的發炎反應。隨著長期暴露於發炎的分子產物，當事人被預期發展出憂鬱的症狀，而且經歷心臟病的進展。

圖5.6　壓力、發炎、憂鬱與心臟病

（摘自Miller & Blackwell, 2006）

Kawachi、Colditz及其同事們（1994）檢視幾近3萬4,000位男性專業人員，這些人因為恐慌症、懼曠症及廣泛性焦慮症而接受評鑑。在兩年追蹤研究的過程中，對於具有最高度焦慮的男子來說，他們因心臟病猝死的機率達到6倍高。這些發現在第二項研究中被重複驗證，第二項研究的受試者是幾近2,300位男子，他們參與於常態的老化研究（Kawachi, Sparrow et al., 1994, 1995）。另一些前瞻性研究以女性為對象，這些女性在研究開始時沒有心臟病，但她們的畏懼性焦慮也與心臟病猝死的較高風險連結起來（Albert et al., 2005）。

四、社交孤立與缺乏社會支援

我們如何生活（以及我們對社交孤立的感受）也會造成重大差別。研究已指出社會因素與CHD發展之間的強烈關聯。當猴子被單獨安置時，牠們有高達4倍的動脈粥狀硬化症（atherosclerosis，脂肪囤積在血管內，最終造成阻塞）發生率——相較於被安置在社交組的猴子（Shively et al., 1989）。寂寞的人也有發展出心臟病的偏高風險。寂寞是一種不同於社會支援或憂鬱的構念，它與當事人社交網絡大小的任何客觀量數沒有密切關聯。在一項研究中，3,000位沒有心血管問題的男性和女性接受追蹤研究超過十九年。在兩次分隔的評鑑中，那些報告高度寂寞的女性有76%的較高機率在隨後幾年中發展出心臟病。即使當另一些變項（諸如年齡、吸菸、身體活動及憂鬱）在統計上列入考慮後，這種關聯依然維持。引人興趣的是，在男性身上沒有發現寂寞與憂鬱之間的連結（Thurston & Kubzansky, 2009），這可能是因為女性比起男性遠為可能報告寂寞的感受。

對於已經有CHD的人們來說，類似的證據指出，情緒上受到支持的感受造成重大差別。一項研究以已經發生過心臟病發作的人們為對象，那些報告他們擁有低

度情緒支持的人們有幾近3倍高的機率將會發生另一次心臟病事件（Berkman et al., 1992）。在另一項研究中，如果CHD病人沒有結婚或沒有一位他們能夠推心置腹的朋友的話，他們在接下來五年中的死亡率達到3倍高（Williams et al., 1992）。回應這些發現，Coyne及其同事（2001）已顯示，婚姻關係的品質預測了充血性心臟衰竭病人四年的存活率。雖然至今仍不確定，但是情況可能是，來自婚姻緊張的壓力，或來自缺乏社會支援的壓力，誘發了免疫系統的發炎反應，進而引起憂鬱和心臟問題。另一種可能的情況是，憂鬱（經常牽涉到人際關係的困擾）可能以自己的名義誘發發炎反應。

五、正面情緒

因為負面情緒與不良健康狀況的關聯，所以我們有必要避免這些負面情緒，諸如憂鬱、焦慮及憤怒（見Kiecolt-Glaser et al., 2002）。另一方面，對生活的樂觀態度，以及缺乏負面情緒，可能對於健康大有裨益（見Rasmussen et al., 2009）。

或許你已熟悉正向心理學（positive psychology）的字眼，這個心理學學派把焦點放在跟我們的身心健康有直接關連的一些人類特質及資源上，諸如幽默、感激及憐憫。在Witvliet及其同事（2001）的研究中，他們要求大學生挑選一項真實生活的人際冒犯事件（諸如被拒絕、被背叛，或個人侮辱），這是他們以往經歷過的。研究人員然後收集自我報告的資料，以及當大學生想像該事件時，測量他們的心跳、血壓及臉部肌肉張力。大學生以兩種方式想像冒犯事件，一是帶著寬恕的心情，另一是不寬恕。在寬恕的狀況中，學生被要求原諒對方，或發展出對加害者的同理心；在不寬恕的狀況中，他們被要求維持受害者的角色、在他們心裡重演傷害情節，以及心中抱持積怨。

研究發現顯示，當被要求寬恕時，受試者確實報告較多同理心和寬容的感受。至於當被要求反芻而不寬恕時，受試者報告他們感到較為消極、憤怒、哀傷、激發及失去控制，他們的額頭也顯現較大的張力。重要的是，他們的心跳加速、血壓上升，而且他們的皮膚電導性（SNS激發程度的量數）顯露他們處於高度激發狀態。但更為令人印象強烈的是，即使當心懷怨恨的想像已經結束，而受試者被通知放鬆下來後，他們卻無法做到。換句話說，緬懷往昔的傷害所引發的高度生理激發狀態不能被輕易地抹消。

這些發現有什麼含意？雖然轉瞬即逝的憤怒感受或許不會對我們造成真正傷害，但是當人們傾向於反覆思量別人對他們所作的不當行為時，他們可能正在對自己造成重大傷害。就像持久憤怒感受和偏高的心血管反應，會為心臟病和免疫系統功能帶來不良後果，心懷怨恨也會危害我們的健康。實際上，近期的研究顯示，大學年齡

的成年人當在寬恕的測量上得分較高時，他們在身體和心理健康問題上的症狀較少（Toussaint et al., 2015），寬恕的態度也作用為緩衝器，以對抗壓力對心理健康的不良效應，不過在身體健康方面尚未發現類似的連結。雖然先前描述的研究是屬於橫斷設計，且縱貫研究已顯示較為寬恕的態度預測較少的身體症狀，但是較少的身體症狀不能預測較為寬恕的態度（Seawell et al., 2014）。換句話說，最可能的情況是，寬恕態度造成了健康的差別，而不是健康的人擁有較為寬恕的態度。假如情況如此的話，這裡有一個重要的生活信息，雖然不一定容易做到，但寬恕那些曾經冒犯我們的人可以降低我們的壓力水平，而且增強我們的身體健康和情緒安寧。

六、情緒調節的重要性

假使敵意、憂鬱及焦慮都預測冠心病的發展，那麼調節自己的情緒會有助益嗎？研究顯示它的答案為「是」。在一項以沒有心臟病史的男女為對象的研究中，發現那些最無法控制自己憤怒的人，在接下來10-15年中發展出較多心臟困擾（Haukkala et al., 2010）。在另一項研究中，1,122個男性被追蹤平均達13年，再度地，那些有最良好情緒調節技巧的人，最不可能發展出心臟病（Kubzansky et al., 2011）。統合這些發現，它們指出自我調節技巧（self-regulation skills）可能非常重要，不僅對我們的心理安適如此，對我們的身體健康也是如此。雖然調節我們的情緒不是容易的事情，不過學習如何保持情緒控制值得我們去努力。

第五節 壓力相關身體障礙症的治療

如你已經知道，環境壓力源經常與身體疾病的發展有密切連結。不幸地，一旦疾病已經成形且身體變化已經發生，撤除壓力源可能不足以導致復原及恢復健康，這進一步強調了預防的價值，也指出壓力管理（stress management）的重要性。

一、生物干預

當人們發生重大身體疾病時，他們顯然需要就他們的問題接受醫療處置，對於CHD病人來說，這樣的處置可能包括外科手術，以及一些藥物以降低膽固醇，或降低血液凝塊的風險。然而，考慮到憂鬱與CHD風險之間的強烈關聯，治療憂鬱也至關緊要。不幸地，大部分有臨床憂鬱的人們並未接受治療，這為他們的CHD增添了不必要的額外風險。再者，在預測已經發生過心臟病發作病人的死亡率上，即使沒有其他醫

學風險因素會比憂鬱更爲重要（Welin et al., 2000），然而醫生經常沒有處理他們心臟病病人的憂鬱。反而，他們僅視憂鬱爲病人罹患有生命威脅的病症（醫療驚恐）之可以理解的後果（Glassman, 2005）。在那些心臟病發作時有重度憂鬱的病人當中，許多人沒有接受憂鬱症的治療，他們大約半數在一年內再度心臟病復發（Hance et al., 1996）。然而，研究已顯示，如果對受擾於心肌梗塞而且處於憂鬱狀態的病人施以抗憂鬱藥物的話，每年有數千條生命可以被拯救回來。在一項研究中，病人被施以「選擇性血清素再吸收抑制劑」（SSRIs）的治療，他們遠爲不可能死亡，或有另一次心臟病發作——相較於沒有服用抗憂鬱藥物的病人（Taylor et al., 2005）。另外也值得一提的是，在這項研究中，採用認知治療（CBT）卻無助於降低病人的死亡率，雖然CBT治療確實有助於緩解憂鬱（見Berkman et al., 2003; Glassman, 2005）。

二、心理干預

當面對壓力時，我們如何協助自己維持健康？如我們已經提過，開發有效的情緒調節技巧頗有助益。證據顯示，下列的方法也有莫大裨益。

情緒傾吐

打開心胸，以有系統的方式寫下你的生活困擾或你內心深處的感受，這似乎對於許多身體不適的人是一種有效的治療（Frattaroli, 2006; Pennebaker, 1997）。這種盡情傾吐的方式已被發現有助於加速傷口的痊癒（Koschwanez et al., 2013）。在被診斷有自體免疫疾病（諸如紅斑性狼瘡和風濕性關節炎）的人們身上，傾吐式的寫作也似乎提供了一些中等效益，在三個月的追蹤評鑑中降低病人的疲勞（Danoff-Burg et al., 2006）。然而，研究也顯示，在接受癌症治療的病人身上，傾吐式寫作似乎無助於改善睡眠困擾、憂鬱或整體的生活品質（Lepore et al., 2015）。另一些證據顯示，在發生婚姻問題而分居的人們身上，傾吐式寫作甚至可能妨礙情緒復原（Sbarra et al., 2013）。換句話說，研究發現經常混合不一，因此傾吐式寫作絕不是萬靈丹。

在涉及情緒傾吐的研究中，病人在寫作的初步階段經常感到情緒苦惱的增加，隨後在追蹤期間顯現身體狀況的改善。然而爲什麼情緒傾吐可以爲一些病人提供臨床效益，我們還不是很清楚。一個可能原因是病人被提供了情緒宣洩（emotional cathar-sis，或情緒淨化）的機會；另一個可能性是寫作給予人們機會重新思考他們的困擾，或降低這些困擾看起來多麼具有威脅性。這被稱爲是重新架構（reframing）。但是視問題的性質和發生的時機而定，始終存在風險，即傾吐式寫作有時候可能導致反芻（「爲什麼他離開我？」），而不是重新架構（「那是一段不良關係，我很慶幸能夠脫身」）。如果情況如此的話，在煩亂的生活事件發生後，太早從事傾吐式寫作可能

使得事情更糟，而不是更好。不過，對於較屬於過去的事件，我們可以合理推斷，情緒宣洩和重新思考問題二者可能有助於增進免疫功能，或者降低了壓力激素在血液中的濃度。隨著研究的進展，我們將會更為理解是什麼因素決定傾吐式寫作是否帶有助益（涉連變項──moderator variables），以及傾吐式寫作是經由什麼機制（中介變數──mediating variables）來發揮作用。

生理回饋

生理回饋（biofeedback）程序針對於使得病人更為察覺自己身體內部的反應，像是心跳速率、肌肉張力或血壓。它借助監視儀器偵測那些反應，然後加以擴大且轉換為不同強度的燈號或聲號的線索，以便當事人「看到」或「聽到」身體內部的生理變化。因此，病人的任務就是控制這些外在信號的強度，以便達成所想要的反應（例如，降低血壓，或降低臉部肌肉的張力）。長期下來，病人變得更為意識上察覺到自己的內部反應，然後當有必要時能夠改變這些反應。

生理回饋似乎有助於治療一些病況，諸如頭痛（Nestoriuc et al., 2008）。在經過平均11次療程後，病人報告他們症狀的改善，以及他們的頭痛頻率降低下來；再者，這些治療效果傾向於長時間保持穩定。雖然對於兒童和青少年特別有助益，成年人當有長期的偏頭痛時，也可以從生理回饋法得到輔助。

放鬆技術與靜坐

針對一些選定的壓力相關疾病，研究人員已檢驗各種行為放鬆技術的效果，所得結果變動不一，但普遍具有鼓舞性。例如，證據已顯示，放鬆技術（relaxation techniques）能夠協助「本態性高血壓」的病人（見Blumenthal et al., 2002）。放鬆訓練也能協助緊張性頭痛的病人（Holroyd, 2002）。然而，一般而言，頭痛還是以生理回饋法處理較具成效，優於只以放鬆法處理，但是最佳的臨床效果發生在當這兩種治療法被結合起來時（Nestoriuc et al., 2008）。

當前的研究焦點是放在靜坐上（meditation，或冥想）。Schneider及其同事（2005）已顯示，每天實施超覺靜坐（Transcendental Meditation，屬於印度瑜珈的一種靜坐方式）可能有助於降低血壓。在這項研究中，194位有長期高血壓的病人被隨機指派到兩種情況中，一是接受超覺靜坐的訓練，另一是接受漸進式肌肉放鬆的訓練（涉及以有系統的方式拉緊及放鬆各個肌肉群），還有些病人只接受一般資訊（關於生活風格的改變將對他們有所裨益）。研究結果顯示，當病人每天兩次實施20分鐘的超覺靜坐後，他們的舒張壓顯著地降低下來，其效果不但優於被提供有益健康的醫學資訊的病人，也優於實施肌肉放鬆的病人。

◆ 認知-行為治療法

CBT已被顯示對於頭痛是有效的干預（Martin, Forsyth & Reece, 2007），也對另一些類型的疼痛頗具成效。在減輕兒童重複發作的腹部疼痛的抱怨上，CBT取向的家庭治療法顯著更具成效——相較於例行的小兒科照護（Robins et al., 2005）。一些CBT技術也已被使用於風濕性關節炎的病人。相較於那些接受標準醫療照護的病人，病人當接受CBT後，他們在身體、社會及心理方面顯現較良好的運作（Evers et al., 2002）。

第六節　壓力與心理健康

我們到目前為止的焦點是在於描述壓力的本質，強調壓力在身體疾病上扮演的角色。但是，如我們在前面已重複提到，當我們承受壓力時，我們不僅在身體上付出代價，我們的心理也會付出代價。在這一節中，我們將討論當承受的壓力已壓倒我們的適應能力及因應能力時，它所帶來的心理後果。更具體而言，我們將集中在三種DSM障礙症上，適應障礙症（adjustment disorder）、急性壓力症（acute stress disorder），以及PTSD，所有這些都是暴露於壓力所促發，但它們之間有重要的差別。在適應障礙症中，壓力源是普遍經歷的一些事情，而且心理反應的性質較不嚴重；對比之下，急性壓力症和PTSD二者涉及暴露於更具創傷的壓力源，這可能導致短期的困擾（急性壓力症），或導致更為長期及強烈的失能狀態（PTSD）。

一、適應障礙症

適應障礙症是對一些常見壓力源（例如，離婚、所愛的人的死亡、失去工作）的心理反應，造成臨床上顯著的行為症狀或情緒症狀。壓力源可能是單一事件（諸如到外地就讀大學），或涉及多重壓力源（諸如事業失敗和婚姻不睦）；當人們經歷重度壓力而超過了他們的因應資源時，就有理由被診斷為適應障礙症（Strain & Newcorn, 2007）。為使診斷能夠成立，症狀必須在壓力源發生的三個月內開始出現。此外，當事人必須經歷比起該情勢所被預期的更多苦惱，或是無法再如往常那般地發揮功能。

在適應障礙症狀中，當壓力源結束，或是在當事人學會適應該壓力源時，當事人的症狀將會減輕或消失，但如果症狀延續超過六個月，臨床專家建議把診斷改為另一些精神疾病。適應障礙症或許是治療師所能指派給案主，最不具汙名化及最輕微的診斷。

二、失業引起的適應障礙症

工作相關的問題可能給員工造成重大壓力（Lennon & Limonic, 2010），但是失業可能更具壓力。每次當社會一進入經濟蕭條期或發生公司重整，就有許多人面臨被解僱的命運。失業對少數族群的年輕男性特別是一個重大問題，許多人住在經濟持久不景氣的地區，很少有工作展望。美國黑人的失業率是白人的2倍高（勞力統計局，2013）。

如何管理與失業有關的壓力，這需要很大的因應能力，特別是對於先前有充裕收入的人們來說。有些人找到方法以保持專注力和高度動機，即使這有時候可能非常困難。然而，對另一些人來說，失業可能帶來重大的長期不良效應，最令人堪憂的一項發現是，失業（特別是長期的）增加了自殺的風險（Borges et al., 2010; Classen & Dunn, 2011）。失業也為其他家庭成員造成不少的損害，特別是兒童，當兒童的家庭中雙親之一失去工作時，他們有15%的較高機率在學校中留級（Stevens & Schaller, 2009）。

三、創傷後壓力症

在DSM-5中，創傷後壓力症（posttraumatic stress disorder, PTSD）跟其他障礙症合組而被列在新的診斷類別下，稱為「創傷及壓力相關障礙症」；適應障礙症和急性壓力症也是這個新的診斷類別的一部分。這是因為重大壓力的經驗是所有這些病況形成的核心要素。

PTSD的診斷是在1980年首度進入DSM（參考稍後所列PTSD現行的臨床準則）。在那個時候，精神醫學開始了解，許多退伍軍人經過越戰的軍事服役後，他們情緒上留下傷痕而無法重返正常的文明生活。把PTSD納入診斷系統中的提議最初遭到反對，但是共識逐漸浮現，任何極端、恐怖及高壓的事件，如果具有生命威脅性而且超出日常經驗的範圍的話，都可能導致一些心理症狀，就類似越戰退伍軍人所經歷的那些。換句話說，在PTSD進入DSM的時候，它被視為是對「異常」（abnormal）壓力源的「正常」（normal）反應（見McNally, 2008）。在專欄5-1中，我們描述PTSD的診斷準則如何隨著時間而演變。

專欄5-1

PTSD之診斷準則的演變

當PTSD首度被引入DSM時，診斷準則要求所暴露的創傷事件是「超出平常人類經驗的範圍」，而且將會引起「幾乎每一個人重大的苦惱症狀」，它提供的範例包括強暴、地震、拷問及軍事戰鬥。換句話說，重點是放在壓力源本身的性質上，而不是放在受害者的情緒反應上（Breslau & Kessler, 2001; McNally, 2008; Shalev, 2009）。

重大的變動發生在DSM-IV，不僅是現在可被用來診斷PTSD的經驗範圍拓寬了，它也要求當事人的反應涉及「強烈恐懼、無助或驚慌」，符合條件的事件現在包括獲知親密朋友或親人的死亡（只要死亡是突然而不可預測的）、被診斷出有生命威脅的重大疾病，或獲知他人經歷的創傷事件。簡言之，重點已發生變動，從壓力源的特性轉為受害者的經驗。不再構思PTSD為對異常壓力源的正常反應，在DSM-IV中，PTSD被視為對極端形式壓力的病態（pathological）反應（McNally, 2008）。

在DSM-5中，PTSD的診斷準則已被緊縮，創傷事件現在必須是由當事人直接經歷──因為該事件發生在你身上，或是因為你目擊（親身）一些創傷事件發生在別人身上。現在已不再能經由電子媒體（當你觀看恐怖事件的電視畫面可能發生的情況）間接地經歷創傷。如同以前，現在也為「經由獲知另一個人的死亡而經歷創傷」保留一個條款，然而，這個人必須是親密的朋友或親戚，而且他們的死亡必須是暴力或意外的。另一項變動是撤除當事人以特定方式反應（也就是，伴隨恐懼、無助或驚慌）的必要條件，因為這可能與事件本身的反應混淆在一起（McNally, 2009），也使得女性較可能獲得這項診斷。界定「創傷暴露」不是一件容易的事情，儘管如此，我們相信DSM準則所作的這些修正整體而言是適宜的。經由這些方式緊縮診斷準則，意味著PTSD更可能保持一種有分別的診斷──為經歷壓倒性生活事件的人們特別保留的診斷。至於僅是在他們電腦或電視螢幕上觀看創傷事件的人們（而且對他們所看到的畫面非常苦惱），他們不再能被診斷為PTSD。

創傷壓力源包括戰鬥、強暴、被關在集中營，以及經歷天然災難，諸如海嘯、地震或龍捲風，這些都是恐怖的經驗，如可以預期的，在創傷事件的立即餘波下，壓力症狀極為常見。然而，對大多數人來說，這些症狀會隨著時間而減少。Rothbaum和Foa（1993）報告，95%的女性在受到強暴的兩個星期內符合PTSD的症狀準則；在強暴的一個月後，這個數值減少到63.3%的女性，三個月後，有45.9%的女性被診斷為PTSD。因此，隨著時間而自然恢復是常見的型態。

　　然而，在PTSD的情況中，即使當創傷事件已經過去且危險已經結束時，壓力症狀無法平息下來。反而，這時候穩固下來的是對於創傷事件的記憶，造成創傷事件被不由自主地再度經歷，伴隨同樣充分的情緒作用力，顯現原來經驗的特徵（MaNally, 2015）。雖然能夠記住潛在有生命威脅的經驗，對我們的整體生存具有高度的適應性，但是擁有延續、強烈及侵入性的記憶，進而引起極端的壓力症狀，顯然就不具適應性，這就是為什麼PTSD被認為是一種精神疾病。

DSM-5 「創傷後壓力症」的診斷準則

註 下列準則適用於成年人、青少年及6歲以上的兒童。

A.暴露於實際或具威脅性的死亡、重傷或性暴力，以下列一種（或更多）的方式：

1.直接經歷這（些）創傷事件。

2.親身目擊這（些）事件發生在別人身上。

3.獲知這（些）創傷事件發生在親密的家人或親近的朋友身上。如果是家人或朋友之實際或具威脅性的死亡，這（些）事件必須是暴力或意外的。

4.重複經歷或大量暴露於這（些）創傷事件令人嫌惡的細節（例如，第一線搶救人員收集身體殘塊；警察反覆暴露於兒童受虐的細節）。

　　註 準則A4不適用於經由電子媒體、電視、電影或圖畫的暴露，除非這樣的暴露與工作有關。

B.出現下列一項（或更多）與創傷事件有關的侵入性症狀，始於創傷事件發生之後：

1.對於創傷事件的反覆、不自主及侵入性之令人苦惱的回憶。

　　註 在6歲以上兒童身上，創傷事件的一些主題或層面可能在遊戲中被重複表達。

2.反覆出現惱人的夢境，夢境的內容及／或情感與創傷事件相關。

　　註 在兒童身上，可能是無法辨識內容、嚇人的一些惡夢。

3.出現解離反應（例如，回憶重現——flashbacks），個案的感受或舉動像是創傷事件再度發生。（這樣的反應可能以不同程度出現，最極端的表現是完全失去對現場環境的覺察）。

　　註 在兒童身上，針對創傷的重演可能發生在遊戲中。

4.當接觸到內在或外在象徵或類似創傷事件某一層面的線索時，個案產生強烈或延長的心理苦惱。

5.面對內在或外在象徵或類似創傷事件某一層面的線索時，個案產生明顯的生理反應。

C.持續逃避與創傷事件相關的刺激，始於創傷事件發生之後，顯現下列一項或兩項的逃避行為：

1.迴避或致力於逃避與創傷事件密切相關的痛苦記憶、思緒或感受。

2.迴避或致力於逃避一些外在提醒之物（人物、地方、對話、活動、物件、場合），因為這些提醒之物將會引發與創傷事件密切相關的痛苦記憶、思緒或感受。

D.與創傷事件相關之認知上和情緒上的負面改變，始於或惡化於創傷事件發生之後，顯現下列兩項（或以上）的特徵。

1.無法記得創傷事件的重要情節（典型上是由於解離性失憶，而不是因為頭部受傷、酒精或藥物等其他因素所造成）。

2.對於自己、他人或世界之持續且誇大的負面信念或期待（例如，「我壞透了」、「沒人可以信任」、「這世界非常危險」、「我整個神經系統永久毀壞了」）。

3.對於創傷事件的起因或結果，抱持持續且扭曲的認知，導致個案怪罪自己或他人。

4.持續的負面情緒狀態（例如，恐懼、驚恐、憤怒、罪惡感或羞愧）。

5.對於重要活動的參與或興趣，很明顯地減低下來。

6.感到疏離（detachment）或疏遠（estrangement）於他人。

7.持續地無法感受到正面情緒（例如，無法感受到快樂、滿足或鍾愛的感覺）。

E.與創傷事件有關的警覺（arousal）和反應性（reactivity）發生明顯的改變，始於或惡化於創傷事件發生後，顯現下列兩項（或以上）的特徵：

1.暴躁行為和無預兆地發怒（在很少或沒有誘發因素下），典型地表現為對他人或物件的言語攻擊或肢體攻擊。

2.不顧後果（reckless）或自殘的行為。

3.過度警戒（hypervigilance）。

4.誇大的驚嚇反應。

5.專注力的問題。

6.睡眠困擾（例如，入睡困難、難以維持睡眠、或睡眠不安穩）。

F.症狀（準則B、C、D及E）持續期間超過一個月。

G.這樣的困擾引起臨床上顯著的苦惱，或造成在社交、職業或其他領域上的功能減損。

H.這樣的困擾無法歸因於某一物質（例如，藥物或酒精）的生理效應，或無法歸之於另一種身體病況所致。

（資料來源：DSM-5，2013，美國精神醫學會）。

四、急性壓力症

PTSD的診斷需要症狀持續至少一個月，這表示在先前描述的研究中，那些在遭強暴的兩個星期內產生症狀的女性，將不會被診斷為PTSD，反而，適切的診斷應該是「急性壓力症」。當個案在經歷創傷事件後不久產生症狀，而且症狀持續至少三天，至多四個星期時，這種情況就適合急性壓力症的診斷。這項診斷的存在表示，那些發生症狀的人不必要等待整整一個月才被診斷為PTSD。反而，他們可以在經歷症狀時就趁早接受治療（Cardeña & Carlson, 2011）。再者，假如症狀持續超過四個星期，診斷就會從急性壓力症改為創傷後壓力症。研究已顯示，當人們在創傷事件後不久發展出急症壓力症，他們有偏高的風險將會繼續發展為PTSD（Kleim et al., 2007）。這說明了早期干預的重要性。

當然，PTSD不是創傷經驗後唯一可能發展出來的障礙症，Bryant及其同事（2010）執行一項大型樣本的前瞻性研究，對象是在意外事件中受到重傷的人們。他們在受試者受傷時進行評鑑，然後在三個月和十二個月的追蹤研究中再度評鑑。研究人員發現，在受傷的十二個月後，31%的病人報告有精神疾病，而22%所發生的障礙症是他們先前不曾經歷過的。最常見的障礙症是憂鬱症（9%）、廣泛性焦慮症（9%）及PTSD（6%）。

第七節 創傷後壓力症：起因和風險因素

在PTSD中，創傷事件被認為引起了病態回憶（pathological memory），這是該障礙症所特有臨床症狀的核心成分（McNally, 2013）。PTSD的臨床症狀可被組成四大領域：

1. 侵入性：反覆地再度經歷創傷事件——經由惡夢、侵入性意象，以及對該創傷之提醒之物的生理反應性。

2. 逃避：致力於逃避關於創作的思緒、感受或提醒之物。

3. 認知上和情緒上的負面改變：這包括感到疏離的症狀，以及像是羞愧或憤怒的負面情緒狀態，或是扭曲地責怪自己或他人。

4. 警覺和反應性：過度警戒、當驚嚇時過度反應、攻擊行為，以及不顧後果的行為。

一、PTSD在一般人口中的盛行率

根據NCS-R（the National Comorbidity Survey Replication）的估計值，美國PTSD的一生流行率是6.8%（Kessler, Berglund, Demeler, et al., 2005），然而，這個數值遮蔽了PTSD盛行率的性別差異，NCS-R的資料顯示，PTSD的一生流行率在女性身上較高些。在他們生活的過程中，9.7%的女性和3.6%的男性將會發展出這種障礙症。

PTSD盛行率在男性和女性身上的差異相當令人好奇，很重要的原因是研究顯示，男性遠爲可能暴露於創傷事件（Tolin & Foa, 2006）。有些人則表示性別差異反映一個事實——女性較爲可能暴露於一些性質的創傷經驗，諸如強暴，而這可能先天上更具創傷性（Cortina & Kubiak, 2006）。然而，即使當創傷事件的類型受到控制後，女性仍然顯現較高的PTSD發生率，而且傾向於有較嚴重的症狀（Tolin & Foa, 2006）。這表示男女之間存在一些差異，這可能決定了他們在經歷創傷後發展出PTSD的風險。

二、創傷經驗後的PTSD的發生率

災難事件（包括天然發生和人類引起二者）絕非很少發生，在典型的年度中，無數的人暴露於各種可能引起PTSD的創傷事件。例如，在世界各地，每年發生超過900次芮氏規模在5級到8級之間的地震（Naeem et al., 2011）。海嘯也毀滅了沿海的村莊，至於颶風、龍捲風及洪水則摧毀許多人的生命及生計。當然，有些居住處所較爲安全，這就莫怪在全世界範圍來說，人們經歷較少天然災難的地區，以及戰爭和組織暴力較少見的地區，PTSD的發生率也傾向於較低。

PTSD盛行率的估計值在不同研究中廣泛變動（Sundin, et al., 2010），這種情形的其中一個原因是，PTSD的發生率似乎視創傷的類型而有所差別。更具體來說，起因於人類意圖的創傷事件（諸如強暴）較爲可能引起PTSD——相較於在性質上不是關於個人的創傷事件（諸如意外事件和天然災難）（見Charuvastra & Cloitre, 2008）。例如，Shalev和Freedman（2005）在中東的同一社區中，比較車禍後和恐怖分子攻擊後的PTSD發生率。訪談是在創傷事件發生後的一個星期和四個月後施行，雖然人們在一個星期的訪談時所報告的症狀沒有差異，但是在四個月時，恐怖攻擊的倖存者的PTSD發生率，遠高於那些在車禍中存活下來的人。當創傷事件涉及人類所作的一些恐怖事情時，或許更難以逆來順受，因爲它們可能破壞了我們的安全感——我們經常假定身爲法定的社會群體的成員應該遵守規則才對。

關於PTSD的發展，另一個很重要的因素是對創傷事件的直接暴露程度。在審視

二十五年期間所有發表的災難研究後，Neria、Nandi及Galea（2008）估計，對直接暴露於災難的成年人來說，PTSD的發生率分布在30%-40%之間。另一方面，拯救人員的PTSD盛行率傾向於較低（5%-10%），或許因為他們不是直接暴露於創傷事件──當事件正發生之時。儘管如此，這些數字說明了拯救人員的PTSD風險，它們也顯示災難的餘波留下了大量受到精神打擊的人群。

最後，我們應該指出，PTSD發生率跨越不同研究間的差異，有時候可能牽涉到PTSD被定義的方式，也涉及它被評鑑的方式。根據問卷所得的估計值，傾向於高於根據臨床訪談所得的估計值。例如，在針對伊拉克戰爭中荷蘭退伍軍人的研究中，問卷評鑑獲得21%的PTSD發生率。然而，當結構式診斷晤談被派上用場時，只有4%的退伍軍人符合PTSD的準則（Engelhard et al., 2007）。當問卷測量被使用時，過高估計值的原因包括誤解問卷上題目的意義、症狀的存在幾乎沒有引起功能的減損，以及把不屬於發生在創傷事件期間或之後的症狀也算在內。

三、創傷後壓力症的起因

我們知道不是每個人暴露於創傷事件都將會發展出PTSD，這表示有些人可能較易於發展出PTSD。為了預防和更良好治療這項障礙症，我們因此需要更為理解什麼因素涉入它的發展。如我們已提過，創傷壓力源的性質和它如何直接被經歷，這可能造成壓力反應的重大差異（見Dohrenwend et al., 2013）。因此，如果壓力水平足夠高的話，一般人可被預期在創傷事件後將會發展出一些心理障礙（可能是短暫的，或長期的）。但是為什麼一個人的折損點（breaking point，即忍耐限度）不同於另一個人的折損點呢？下一節中，我們將強調顯然重要的一些領域。

四、個別風險因素

在經歷創傷事件上，不是每個人都有同等的風險，有些職業先天就負荷較大的風險，諸如軍人或消防隊員（相較於圖書館員）。使得個人較可能暴露於創傷的風險因素，包括：(1)身為男性；(2)低於大學的教育程度；(3)兒童期曾經有品性問題；(4)個人有精神疾病的家庭史；及(4)在外向和神經質測量上的得分偏高（Breslau et al., 1991, 1995）。美國黑人暴露於創傷事件的發生率也高於美國白人。

一旦個人已經暴露於創傷事件，有什麼因素提高個人發展PTSD的風險呢？如我們已提過，身為女性是一項風險因素。另一些已經被鑑定出來的個別風險因素，包括(1)偏高的神經質（傾向於體驗負面情感）；(2)原先已有憂鬱和焦慮的困擾；及(3)個人有憂鬱、焦慮及物質濫用的家族史（見McNally, 2015; Wilk et al., 2010）。反映這

種情形，對於軍事人員的前瞻性縱貫研究已經證實，在部署前所測量的精神困擾顯著提高了部署後發展出PTSD的風險（Sandweiss et al., 2011）。這說明了在部署之前施行心理健康甄選的重要性，以便為那些可能最脆弱的士兵提供追加的資源及支持。

低度的社會支援也已被指出為風險因素，然而，這裡的一個問題是，社會支援通常是在當事人已產生PTSD後才進行評鑑，這造成難以把「前因」與「後果」區分開來。所顯現的PTSD症狀使得當事人疏遠別人，因此降低了所被供應的社會支援？抑或缺乏適當社會支援是其起因涉入了PTSD的發展？當然也有可能是這兩種歷程都在發揮作用。另一個問題是人們在創傷後不久對自己的壓力症狀所作的評價。如果人們相信他們的症狀是個人脆弱的象徵，或如果他們相信別人將會因為他們正經歷症狀而引以為恥，他們有增高的風險會發展出PTSD，即使當初始症狀的程度已在統計上受到控制（Dunmore et al., 2001）。

在事情的另一面，是否有一些因素可能具有「防護性」以便緩衝PTSD的效應？「良好的認知能力」在這裡似乎很重要。Breslau、Lucia及Alvarado（2006）收集6歲兒童的智商（IQ）資料，這些兒童住在底特律附近。當這些兒童抵達17歲時，他們接受訪談以評估他們暴露於創傷的程度，以及PTSD的發生率。對於6歲時擁有高於115智商分數的兒童來說，他們到了17歲時較不可能經歷過創傷事件；再者，如果他們曾經暴露於創傷，他們有發展出PTSD的較低風險。這些發現說明，個人擁有較高的智商，可能是避免經歷創傷和發展出PTSD的防護因素，因為擁有平均智商或低於平均智商的兒童，在PTSD上有類似的風險；類似的發現也在越戰退伍軍人的研究中被報告出來（Kremen et al., 2007）。

為什麼較高的創傷前認知能力提供了對抗PTSD的防護作用？一種可能性是，當人們擁有較多智能資源時，他們較有能力從他們的創傷經驗中塑造一些意義，然後將之轉換為某種個人的論述（narrative）。在這一章先前，我們討論過有系統地寫下苦惱事件的治療效益（Pennebaker, 1997），或許對於擁有較高認知能力的人們來說，他們天生就較能夠把他們的創傷經驗，納入他們的生活論述中，以一些最終具有適應性和情緒防護作用的方式。

五、生物因素

關於PTSD患者的腦部，我們知道些什麼？研究顯示在PTSD患者身上，他們稱為海馬迴（hippocampus）的腦區似乎發生容積的減少（Pittman et al., 2012）。海馬迴已知涉及記憶，它也是已知對壓力產生反應的腦區。在一項具有歷史意義的研究中，Gilbertson及其同事（2002）測量戰場退伍軍人的海馬迴容積，包括罹患和沒有罹患PTSD的人們。研究結果顯示，罹患PTSD的退伍軍人具有較小的海馬迴容積——相

較於沒有罹患PTSD的退伍軍人。然而，這項研究之所以如此重要的原因，是因為所有受測的男性都是同卵雙胞胎（MZ twins）。當Gilbertson及其同事檢視罹患PTSD的戰場退伍軍人健全的同胞胎兄弟的海馬迴容積時，他們發現這些男子「也有較小的海馬迴容積」，就像他們的兄弟。對照之下，沒有罹患PTSD的戰場退伍軍人，以及他們的同胞胎兄弟（沒有涉入戰場），則擁有類似（及較大的）海馬迴容積。因此，這些發現指出，基於一些我們尚未理解的原因，在暴露於創傷的人們身上，較小的海馬迴容積可能是發展出PTSD的脆弱因素。但是也有另一種可能性，即創傷在某種程度上縮小了海馬迴的容積。後設分析顯示，當人們曾經暴露於創傷（但是沒有罹患PTSD）後，他們具有較小的海馬迴——相較於不曾暴露於創傷的人們（Woon et al., 2010）。換句話說，縮小的海馬迴容積可能不僅是PTSD的風險因素，也是創傷暴露的後果。

這個領域的研究有一個重大的困擾，也就是與PTSD相關的許多腦部異常（包括縮小的海馬迴容積）也在憂鬱人士身上被發現。因為PTSD和憂鬱是高度共存（co-morbid）而共同發生的障礙症，因此這使得研究人員難以確認，哪些腦部異常是PTSD所特有，哪些則可能起源於憂鬱（Kroes et al., 2011）。但是預期PTSD將以完全專門及有區別的方式跟腦部異常連結起來，而且不跟其他任何障礙症共通，這樣的看法或許有一點天真。我們知道壓力在憂鬱症發展和在PTSD發展上扮演一定角色，我們也知道壓力（經由葡萄糖皮質激素）對一些腦區（像是海馬迴）具有負面影響，而這些腦區對健全的情緒功能相當重要，那麼為什麼當我們檢視壓力牽涉在內的一些障礙症時，我們不應該期待看到它們的患者具有一些共通性？

六、社會文化因素

身為少數族群的成員，似乎置人們於發展出PTSD的較高風險。DiGrande及其同事（2011）探討在2001年911事件中，從世界貿易中心大樓被疏散的3,271位民眾，在攻擊事件的2到3年後，仍有15%的人被評鑑為PTSD。相較於白人，非洲裔和拉丁美洲裔的倖存者較可能發生PTSD。回應本章稍前關於復原力的討論，當人們擁有較高的教育程度和較高的年度收入時，他們整體來說有較低的PTSD發生率。

重返負面及不支持的社會環境，也會提高對創傷後壓力的脆弱性（Charuvastra & Cloitre, 2008）。在為期一年的追蹤研究中，對象是在贖罪日戰爭（1973年10月6日到24日，埃及和敘利亞對以色列的奇襲戰）在前線受到精神損傷的以色列男子。Merbaum（1977）發現，這些男子不僅繼續出現重度焦慮、憂鬱及廣泛的身體抱怨，而且（在許多案例中）他們顯然隨著時間變得更為混亂。Merbaum假定這些男子更進一步的心理惡化是由於社區的負面態度，在一個如此依賴軍事力量以維持生存的國家

中，大量的汙名（不光榮的標誌）被貼在戰場的心理崩潰上。因爲這項烙印，許多男子不僅在他們社區中受到孤立，他們也會自我責備，把這種情形視爲個人的失敗，這些感受加劇了士兵已經充滿壓力的處境。

第八節　壓力症的預防與治療

一、預防

預防PTSD的一種方式是降低創傷事件的發生頻率。雖然天然災難是不能避免的，但我們可以致力於減少青少年接近武器，這將能降低學校暴力和槍擊的次數；另一些法律和社會政策方面的變動也可帶來有益的效果。

另外也值得考慮的是，經由使人們預先作好準備，而且提供他們必要的訊息和因應技巧，這是否能夠預防對於壓力的不良適應的反應？如我們前面提過，這種方法有助於正面臨重大手術壓力的人們。另一項研究進一步支持這個想法，它發現心理預備可以促進政治活躍分子的復原力——他們經常遭到逮捕及拷問（Basoglu et al., 1997）。對於士兵、消防隊員及另一些經常暴露於創傷事件的人們來說，爲極度壓力源作好適當的訓練和準備可能也有莫大益處。一項研究檢視世界貿易中心現場的拯救人員及復原人員的PTSD，所得發現與上述觀點保持一致（Perrin, DiGrande, et al., 2007）。根據這項調查，PTSD發生率隨著職業而有顯著差別，較低的發生率出現在警察（6.2%），而最高的發生率被發現是志工（volunteers）（21.2%）——他們原先的職業完全無關於拯救工作和復原工作（例如，金融或不動產的工作）。

研究人員已廣泛探討如何運用認知-行爲技術，以協助人們管理潛在高壓的情境或艱困事件（Brewin & Holmes, 2003）。這種預防策略通常被稱爲壓力接種訓練（stress-inoculation training），它經由改變人們在壓力事件之前或期間對自己所說的事情，以使他們準備好忍受預期的威脅。然而，儘管這些方法有所裨益，我們幾乎不可能爲大部分的災難或創傷情境作好心理準備，因爲它們在本質上通常是不可預測及無法控制的。

二、壓力症的治療

許多人在暴露於創傷壓力源後，將會產生一些症狀，然後逐漸地開始康復，不需要任何專業的援助。在恐怖分子攻擊世貿中心後，許多哀慟和危機諮商師湧向紐約市，因爲原本預期無數的人將會尋求心理協助。然而，相對上很少人尋求專業援助，

原先撥下好幾百萬美元打算支付提供免費諮商的成本，卻很少被動用到（McNally et al., 2003）。隨著時間經過，以及隨著朋友和家人的協助，很典型的情況是，受創的人們自然地復原。

🔹 電話熱線（telephone hotline）

今日，美國大部分的城市都已設立電話熱線，以協助正承受重大壓力的人們。除了自殺專線外，針對強暴和性侵害受害人的專線也已成立，還有一些是針對逃家而需要援助的人。許多熱線是由志工擔任職員，關於使用者對熱線的滿意程度，志工的技巧和理解力扮演了重要的角色（Finn et al., 2010）。研究也顯示，當援助者對打電話的人展現同理心和敬重時，通常會得到最正面的成果（Mishara et al., 2007）。

🔹 危機干預（crisis intervention）

危機干預是針對特別高壓的情境，不論是在災難事件或家庭處境已變得難以忍受時（Brown et al., 2013; Callahan, 2009; Krippner et al., 2012），這是一種短期的危機治療，聚焦於個體或家庭當前的困境（Scott & Stradling, 2006）。雖然醫療問題可能也需要緊急處理，但是治療師在這裡主要是關切情緒本質的問題。危機取向治療法（crisis-oriented therapy）的核心假設是，個體在創傷之前有良好的心理運作，因此，治療重點僅在協助當事人度過當前的危機，不是在於「重塑」（remaking）他的人格。

在這樣的危機場合中，治療師通常相當主動、協助澄清問題、建議行動方案、提供安撫，而且以另一些方式提供所需的資訊及支持。單一療程的行為治療已被顯示降低地震創傷受害人的恐懼，且提供他們升高的控制感（Basoglu et al., 2007）。雖然在這種單一療程後，當事人絕非就此一勞永逸，但他們接受了知識及學習技巧，這將協助他們在接下來幾個星期和幾個月中對自己生活獲致更良好的控制。

🔹 心理簡報（psychological debriefing）

心理簡報的方法是針對那些經歷過災難（或曾經暴露於另一些創傷情境）的人們而設計，以便協助及加速他們的痊癒過程（Day, 2007）。作為核心策略，創傷的受害人被提供情緒支持，也被鼓勵討論他們在危機期間的經驗（Dattilio & Freeman, 2007），討論通常頗具結構，對於創傷的一些普通反應會被常態化。「重大事故壓力簡報」（Critical Incident Stress Debriefing, CISD; 見McNally et al., 2003）是一種形式的心理簡報，CISD的單一療程持續3到4個小時之間，它是以團體形式實施，通常在「重大事故」或創傷後的2天到10天中舉辦。

心理簡報目前仍頗有爭議，相關文獻的審查普遍不支持它的臨床效益（Bisson et

al., 2009; Devilly et al., 2006; McNally et al., 2003）。雖然那些接受「簡報療程」的人通常報告對整個程序感到滿意，也對主辦單位的熱心提供援助感到滿意，但尚未有良好控制的研究顯示，這種方法降低了PTSD的症狀，或加速了平民的復原（見Adler et al., 2008）。

顯然，創傷倖存者不應該被單獨留下來撿拾他們生活的片段。如我們早先提到，缺乏社會支援是PTSD發展的風險因素。再者，提供正確性質的社會支援可以促進復原。最適宜的危機干預可能不是那些遵循明確程序的方法，也不是當創傷倖存者尚未準備好就催促他們表達情緒。反而，最有效益的干預可能是明確地對準當事人需求的方法，而且根據當事人的狀況安排介入的時機。

🎯 藥物治療（medications）

如我們已看到，當事人經歷創傷情境經常報告有強烈焦慮或憂鬱的感受、麻痺感、侵入性思想及睡眠障礙，為了緩解這些困擾，病人經常接受抗鬱劑的治療。抗精神病藥物（像是那些用來處理思覺失調症的藥物）有時候也被派上用場（Bartzokis et al., 2005; David et al., 2004）。然而，這許多藥物具有效果的證據相當薄弱。相較於安慰劑，抗鬱劑（特別是SSRIs，諸如fluoxetine [Prozac]、Paroxetine [Paxil]及venla-faxine [Effexor]）提供適度的效益。不過很少有證據指出，大部分其他藥物能夠提供顯著的效益（Hoskins et al., 2015）。

🎯 認知-行為治療法（congitive-behavioral treatments）

如果你一再地觀看同一部恐怖電影，那會發生什麼情形？隨著觀看的次數，你會發現恐懼減低下來，電影變得不再那麼令人驚恐了。延長暴露法（prolonged expo-sure）是一種行為取向的治療策略，它現在被用來處理PTSD（Cloitre, 2009）。它的運作完全依循相同的原理，病人被要求生動而逼真地敘述創傷事件，一遍又一遍，直到他們的情緒反應減退下來。這個程序也涉及反覆或長時間地暴露於所害怕（但客觀上無害）的刺激，這些刺激是病人因為創傷相關恐懼而正在逃避的，至於暴露可能是以實境或想像的方式進行（Foa & Rauch, 2004; Powers et al., 2010）。延長暴露法也可以補充另一些行為技術（Taylor, 2010）。例如，放鬆訓練也可以被用來協助當事人管理創傷事件後的焦慮。

因為延長暴露治療法涉及說服案主面對他們所害怕的創傷記憶，因此在這種性質的臨床干預中，治療關係可能極為重要（Charuvastra & Cloitre, 2008）。案主必須足夠信任治療師以著手於暴露治療。在所有臨床工作中，治療師需要提供安全、溫暖及支持的環境，以便促進臨床變化；對那些受創的人們來說，以及那些極不易信任他人的人們來說，他們特別有必要擁有一位能夠勝任、理解及關懷的治療師。

延長暴露法對於PTSD是一種有效的療法（Doane et al., 2010; Powers et al., 2010）。在近期的研究，以在軍中服役的女性為對象，經過10次且每次90分鐘的療程後，發現它導致症狀減輕，也降低女性符合PTSD診斷準則的人數──相較於另一個樣本的女性，她們接受的治療側重於他們現行的生活困擾（Schnurr et al., 2007）。然而，延長暴露法有一項疑難，那就是它傾向於比起其他療法有較高有退出率，這無疑是因為對於PTSD患者來說，要求他們暴露於自己的創傷記憶中是有一些困難。另一個目前關切的問題是，治療效果可以持續多久。在前述的研究中，延長暴露法的較長期效果沒有預期中來得堅定。

認識到PTSD的治療有必要改善，另一些療法現在正在開發及改良中，Ehlers及其同事（2005）開發一種PTSD的療法，它是建立在該障礙症的認知模式上。更具體來說，它認為PTSD之所以持續不退，就是因為經歷過創傷的人們對發生在他們身上的事情，從事過度負面及特有的評價──以一種製造了重大、當前的威脅感的方式。PTSD的認知治療法就是立意於改良案主對於創傷（或它的後果）過度負面的評價（appraisals）、降低案主當回憶創傷事件時所感受的威脅，以及排除不切實際的認知策略和行為策略。

證據已顯示這種治療途徑非常有效，在三項不同研究中，它們對接受認知治療的病人與被指派到候補名單控制組的病人進行比較，發現認知治療組的復原率顯著高於控制組，其範圍從71%-89%。退出率也非常低，事實上，唯一退出治療的病人是一位女性，她搬到國外（Ehlers & Clark, 2008）；再者，這些治療獲益顯然延續到治療已經結束之後。證據更進一步指出，症狀的改善是源自於負面評價的改良，正如認知模式所預測的（Kleim et al., 2013）。

另一項令人興奮的治療發展似乎深受案主的歡迎，它是虛擬實境暴露療法（virtual reality exposure therapy）（參考專欄5-2）。此外，另有些初步證據指出，傾吐式寫作（或抒發性寫作，我們先前描述過）可能也具有效益（Kleim et al., 2013）。

專欄5-2

虛擬實境暴露療法──針對軍事人員的PTSD

大量軍事人員在部署的六個月內開始顯現PTSD的徵兆（Milliken et al., 2007）。然而，因為烙印作用，許多士兵不願意尋求援助，如一位海軍陸戰隊隊員解釋的，「我不想要我的軍方檔案上寫著：我發瘋了」（Halpern, 2008）。

在這方面，一項迫切需要的開發是採用電腦模擬和虛擬實境，以提供某種暴

露治療。雖然這樣的方法已不是新鮮事，科技進展現在容許虛擬實境方案客製化（customized），以便儘可能密切地反映個別士兵的創傷經驗。隨著滑鼠的移動，治療師可以添加一些創傷相關的線索，諸如地面的震動、煙硝的氣味，以及AK-47發射的聲音。治療典型是短期的（四個星期），由4次到6次90分鐘的個別療程所組成。第一次療程是致力於取得創傷的充分細節（發生在那一天的什麼時候、氣候狀況、場所、聲音、氣味，等等），以使得虛擬實境的經驗儘可能地符合現實。隨著治療的進展，新的線索可以被添加到方案中，以提供更進一步的暴露經驗。

　　早期報告指出，虛擬實境暴露治療實質地減輕了PTSD症狀，而且增進整體的功能（Gerardi et al., 2008; Reger & Gahm, 2008）。重要的是，虛擬實境治療途徑也被士兵們廣泛接受，遠勝過傳統的談話治療（Wilson et al., 2008），如一位士兵所說的，虛擬實境「聽起來太酷了」（見Halpern, 2008）。考慮到漸多的退伍軍人現在被診斷為PTSD，任何形式的治療只要受到士兵們的歡迎，而且能夠為失能症狀提供緩解的話，它就應該被趁早推廣。

三、創傷與身體健康

　　如果壓力與身體健康的困擾產生關聯，那麼心理創傷在我們的身體健康上扮演著什麼角色？在發問這個問題上，我們繞一圈後又回到原點，再度承認心理-身體連結的重要性。雖然像這樣的問題直到近期才開始吸引實證研究的注意，但其所得發現值得我們關切，例如，在一個被檢測帶有HIV陽性的男女樣本中，早先的創傷（發生在研究的多年之前，而且通常是在兒童期）高度預測了樣本因為HIV而死亡，也預測因為其他原因而死亡（Leserman et al., 2007）。在一項較近期的研究中，對於在監禁期間遭到拷問的女性政治犯來說，當在她們被釋放的十年或二十年後進行評鑑時，她們在PTSD和心血管疾病二者上有偏高的發生率（Ghaddar et al., 2014）。換句話說，創傷事件不僅對心理有不良作用，它們也損害了身體。雖然這方面的機制仍然在探索中，但是這些發現再度強調壓力和創傷在身體健康和心理安寧二者上所扮演的角色。

第六章

恐慌、焦慮、強迫及它們的障礙症

　　焦慮（anxiety）是擔憂「可能的未來危險」（possible future danger）的一種綜合感受，至於恐懼（fear）則是面對「立即危險」（immediate danger）所產生的警覺反應。DSM已鑑定一組障礙症，稱為焦慮症（anxiety disorders），它們共通的症狀是呈現臨床上顯著的焦慮或恐懼。焦慮症影響大約29%的美國人口（在他們一生的某些時候），而且對女性來說是最常發生的障礙症分類，對於男性則排行第二（Kessler, Berglund, Delmar, et al., 2005）。在任何十二個月的期間，大約18%的成年人人口受擾於至少一種焦慮症（Kessler, Chiu, et al., 2005）。焦慮症為當事人（以及為更一般的社會）製造了大量個人、經濟及健康照護的困擾，在所有精神疾病中，焦慮症具有最早的初發年齡（Kessler, Aguilar-Gaxiola, et al., 2009），它們也與一些身體病況偏高的盛行率產生關聯，包括氣喘、慢性疼痛、高血壓、關節炎、心血管疾病及腸躁症（Roy-Byrne et al., 2008）。焦慮症患者是醫療設施高度的使用者（Chavira et al., 2009）。

　　歷史上，焦慮症被視為典型的神經官能症（neurotic disorders），根據佛洛依德的觀點，這些神經官能症的發展是當精神內在衝突引起重大焦慮時。在佛洛依德的論述中，焦慮是一些原始慾望（源於本我）與禁止它們表達（源於自我和超我）之間產生內在競爭或衝突的徵兆。然而，「neurosis」的用語在1980年已從DSM中被撤除。此外，在DSM-III中，一些不涉及明顯焦慮症狀的障礙症，被重新分類為解離症或身體型障礙症。在DSM-5中，這個趨勢更往前邁進一步，強迫症（OCD）不再被分類為一種焦慮症，它現在獨立為一個類別，稱為「強迫症及相關障礙症」。

第一節　恐懼與焦慮的反應型態

　　關於如何區別「恐懼」和「焦慮」這兩種情緒，從來沒有完全一致的看法，歷史上，最常見之辨別恐懼和焦慮反應型態（response patterns）的方式，是決定是否存在清楚而明顯的危險來源——會被大多數人認定的真正危險。當危險來源很明顯時，所體驗的情緒被稱為恐懼（例如，「我害怕蛇」）；然而，在焦慮方面，我們往往無法清楚指出什麼是危險所在（例如，「我擔憂我父母的健康」）。

一、恐懼

　　近些年來，許多傑出的研究人員已在恐懼與焦慮反應型態之間提出更基本的區別（例如，Barlow, 2002; Bouton, 2005; McNaughton, 2008），根據這些理論家的觀點，恐懼是一種基本情緒（為許多動物所共有），牽涉到自律神經系統之「戰鬥或逃

跑」反應的活化。這是一種對任何迫近的威脅幾乎瞬間的反應，諸如針對危險的掠食動物，或針對拿槍指著你的人。

它的適應價值是作為對迫近危險的原始警覺反應，以使得我們能夠逃避。當恐懼反應發生在缺乏任何明顯的外在危險時，我們就說當事人有自發的恐慌發作（panic attack）。恐慌發作的症狀幾乎相同於在恐懼狀態下所經歷的那些情況，除了恐慌發作經常伴隨著逼近毀滅的主觀感受，包括害怕死亡、害怕發瘋或害怕失去控制——這些認知症狀大致上在恐懼狀態中不會發生。因此，恐懼和恐慌具有三種成分：

1. 認知／主觀的成分（例如，「我將要死去」）。
2. 生理的成分（例如，心跳加速和呼吸急促）。
3. 行為的成分（例如，逃避或逃離的強烈衝動）。

這些成分只是「鬆散地結合在一起」（Lang, 1985），這表示個人可能顯現恐懼或恐慌的生理跡象及行為跡象，卻沒有太多主觀的成分，或反之亦然。

二、焦慮

對照於恐懼和恐慌，焦慮反應型態是一種複雜混合的不愉快情緒和認知，二者較為取向於未來，也遠比恐懼來得擴散（Barlow, 2002），但就像恐懼，焦慮不僅有認知／主觀的成分，也有生理和行為的成分。在認知／主觀的層面上，焦慮涉及負面心境、擔心未來可能的威脅或危險、自我執迷，以及無法預測未來威脅或無法加以控制（假使它發生的話）的感覺。在生理的層面上，焦慮通常製造一種緊張和長期過度激發的狀態，這可能反映了為應付危險所作的風險評估及預備狀態（「某些可怕的事情可能發生，我最好為它作好準備」）。雖然不像恐懼那般有所謂戰鬥或逃跑反應的活化，但焦慮確實使當事人處於戰鬥或逃跑反應的蓄勢待發狀態——假使預期的危險發生的話。在行為的層面上，焦慮可能製造一種強烈傾向使個體試圖避開可能面臨危險的情境，但是焦慮並沒有產生想要立即逃離的行為衝動（但恐懼則有）（Barlow, 2002）。關於「焦慮在描述上和功能上有所區別於恐懼或恐慌」的觀念，存在兩方面的支持證據，一是對恐慌與焦慮之主觀報告的統計分析，另一是來自大量神經生物學上的證據（例如，Bouton, 2005; Davis, 2006; Grillon, 2008）。表6.1對恐懼和焦慮的成分進行比較及對照。

焦慮的適應價值是在於它協助我們為可能的威脅作好規劃及準備。在輕微到中等的程度上，焦慮實際上增進學習和表現，例如，對於你下一次考試或網球比賽表現的輕度（適度）焦慮實際上是有助益的。但是，雖然焦慮在輕微或中等的程度上通常是適應性的，當焦慮變成長期而嚴重時，它變成是不良適應的，如我們在被診斷為焦慮症的人們身上所看到。

表6.1　恐懼和焦慮的成分

成分	恐懼	焦慮
1.認知／主觀	「我處於危險中！」	「我擔憂什麼將會發生。」
2.生理	心跳加速，出汗	緊張，長期過度激發
3.行為	試圖避開或逃離	普遍迴避

　　雖然有許多威脅性的情境會無條件地挑起恐懼或焦慮，但我們有許多恐懼和焦慮的來源是學得的。多年來關於人類和動物的實驗已經證實，基本的恐懼及焦慮的反應型態是高度可制約的（Fanselow & Ponnusamy, 2008; Lippm 2006），這也就是說，先前中性及新式的刺激（制約刺激）當被重複與令人害怕或不愉快的事件（非制約刺激，諸如各種身體外傷或心理創傷）配對呈現後（而且可信賴地預測那些事件後），也能夠獲得能力而自行引發恐懼或焦慮（制約反應）。這樣的制約學習完全是正常及適應性的歷程，使得我們所有人能夠學會預期即將發生的害怕事件——假使有可靠的信號居先於這些事件的話。儘管如此，這個正常及適應性的歷程在某些情況下，也可能導致臨床上重大恐懼和焦慮的發展。

　　舉例而言，一位名叫Angela的女孩，有時候在夜晚看到及聽到她父親對她母親施加身體虐待，在這種情形發生四或五次後，每當Angela聽到她父親的汽車在傍晚時停進車庫中，她就開始焦慮起來。在這樣的情境中，各種初始中性的刺激可能偶然地開始充作線索，指出一些有威脅性及不愉快的事件即將發生——從而開始自行引發恐懼或焦慮。我們的思想和意象也可能充當制約刺激，進而能夠引發恐懼或焦慮的反應型態，例如，甚至當想起她父親時，Angela就開始感到焦慮。

第二節　焦慮症及它們共通性的縱覽

　　焦慮症（anxiety disorders）的特色是一些不切實際、不合理的恐懼或焦慮，而且會引起臨床上顯著苦惱及／或一些重要領域的功能減損。在這個類別中，DSM-5認定5種障礙症：

1. 特定畏懼症（specific phobia）。
2. 社交焦慮症狀（social anxiety disorder）或社交畏懼症（social phobia）。
3. 恐慌症（panic disorder）。
4. 特定場所畏懼症（agoraphobia）。
5. 廣泛性焦慮症（generalized anxiety disorder）。

對於這些障礙症的患者來說，他們至少在兩個方面上互有差異：一是他們所感受「恐懼或恐慌vs.焦慮」症狀的程度；另一是他們最深入牽涉的情境或物體的性質。例如，對特定畏懼症或社交畏懼症的患者來說，不僅當面臨他們所害怕的物體或情境時，他們會產生恐懼或恐慌的反應，甚至對於他們有可能面臨所畏懼的情境，他們也會產生恐懼反應。對於恐慌症患者來說，他們感受到二者，一是經常的恐慌發作，另一是針對另一次發作的可能性的強烈焦慮。對於特定場所畏懼症的患者來說，他們極力迴避各種所畏懼的情境，從開放的街道到橋梁以迄於擁擠的公共場所。對照之下，對於廣泛性焦慮症的患者來說，他們主要是體驗一種擴散焦慮的綜合感受，擔憂許多潛在不順利的事情可能發生；有些人可能也經歷偶爾的恐慌發作，但這並不是他們焦慮的重心所在。另外有必要提到的是，許多人已有一種焦慮症，他們將會發生至少另一種焦慮症及／或憂鬱，不論是同一時間發生，或發生在他們生活的不同時間點（Brown & Barlow, 2009; Kessler, Berglund, Demler, et al., 2005）。

考慮到跨越焦慮症的這些共通性，你應該不致於感到訝異，這些障礙症的基本起因有一些重要的相似性（以及許多差異性）。在生物起因方面，我們看到遺傳成分促成了這些障礙症，至少有一部分的遺傳脆弱性可能是非特定的，或在各個障礙症間是共通的（Shimada-Sugimoto et al., 2015）；在成年人身上，共通的遺傳脆弱性也表明在心理層面上，至少局部是經由一種稱為「神經質」（neuroticism）的人格物質發生作用。神經質是一種感受負面心情狀態的性情或傾向，它是焦慮症和情緒障礙症二者共通的風險因素（Klein et al., 2009）。最核心涉入大部分焦慮症的大腦結構，普遍是在邊緣系統和某些部位的皮質，以及一些神經傳導物質（最主要涉及GABA、正腎上腺素及血清素）。

在共通的心理起因方面，我們將看到對一系列刺激之恐懼、恐慌或焦慮的古典制約作用，在許多焦慮症上扮演重要的角色（Mineka & Oehlberg, 2008; Mineka & Zinbarg, 2006）。此外，當人們感知他們缺乏對自己環境或對自己情緒（或二者）的控制時，他們似乎較易於發展出焦慮症，這樣的無法控制性的感知之所以發展出來，很大部分取決於人們所成長的社會環境，包括父母的管教風格（Hudson & Rapee, 2009; Mineka & Zinbarg, 2006）。對一些焦慮症來說，不實或扭曲的認知模式可能也扮演重要的角色。最後，人們被教養的社會文化環境也具有重要影響——關於人們對什麼性質的物體及經驗變得焦慮或感到恐懼。如同本書所描述的其他障礙症，生物心理社會的途徑（biopsychosocial approach），最適合理解所有不同類型的起因如何彼此交互作用，從而導致這些焦慮症的發展。

最後，如我們將看到，各種焦慮症的有效治療上也存在許多共通性（Barlow, 2004; Campbell-Sills & Barlow, 2007），對每種障礙症來說，漸進地暴露於所害怕的刺激、物體及情境（直到恐懼或焦慮開始習慣化），構成了單一最強有力的治療成

分。對一些焦慮症而言，添加認知重建（congitive restructuring）技術，可以提供追加的效益——經由協助案主理解他關於焦慮情境扭曲的思考模式，以及這些模式如何可被改變。藥物在治療所有這些障礙症上可能也有效果（除了特定畏懼症），它們可被劃分為兩大類：抗焦慮藥物和抗憂鬱藥物。

　　我們首先從畏懼症談起，它們是最常見的一些焦慮症。畏懼症（phobia）是指持續而不成比例地害怕一些特定物體或情境，儘管它們只存在很少或沒有實際的危險，仍然導致當事人對這些所害怕情境大量的迴避行為。如我們將看到，畏懼症可以劃分為三大類：(1)特定畏懼症；(2)社交畏懼症；及(3)特定場所畏懼症。

第三節　特定畏懼症

　　當個人顯現強烈而持續的恐懼，這樣的恐懼過度或不合理，而且是因為特定物體或情境的呈現才引發時，這個人就被診斷為有特定畏懼症（specific phobia）（參考DSM-5專欄）。當特定畏懼症患者實際面臨所害怕的刺激時，他們通常顯現立即的恐懼反應，就像是恐慌發作一樣——但前者存在清楚的外在誘發因素（APA, 2013）。這就不奇怪，這樣的人會竭盡所能避免接觸他們所害怕的刺激，有時候甚至避開看上去無害的象徵事物，諸如照片或電視畫面。舉例而言，幽閉畏懼症（claustrophobia）的當事人可能不擇手段避免進入封閉空間或電梯，即使這表示需要爬許多層的樓梯，或表示需要拒絕必須搭乘電梯的工作，這種迴避行為是畏懼症的基本特徵。它之所以發生是因為畏懼反應本身是相當不愉快的，也是因為畏懼症當事人對某些可怕事情將會發生的可能性的不合理評價。表6.2列出DSM-5中五種亞型的特定畏懼症。

DSM-5　「特定畏懼症」的診斷準則

A. 對特定物體或情境（例如，飛行、高度、動物、接受注射、看到血）的顯著恐懼或焦慮。

　　註　在兒童身上，恐懼或焦慮可能透過哭鬧、發脾氣、僵硬或依偎而表達。

B. 所畏懼的物體或情境幾乎總是引起立即的恐懼或焦慮。

C. 所畏懼的物體或情境被積極迴避，或帶著強烈的恐懼或焦慮加以忍受。

D. 就特定物體或情境所造成的實際危險來看，以及就社會文化脈絡來看，該恐懼或焦慮是不成比例的。

E. 該恐懼、焦慮或迴避行為是持續的，一般而言持續六個月或更久。

F. 該恐懼、焦慮或迴避行為引起臨床上顯著苦惱，或造成社交、職業或其他重要領域的功能減損。

G. 該困擾無法以另一種精神疾病的症狀作更好的解釋，包括特定場所畏懼症、強迫症、創傷後壓力症、分離焦慮症或社會焦慮症的症狀。

（資料來源：DSM-5，2013，美國精神醫學會）。

雖然受擾於特定畏懼症的人們通常知道，他們的恐懼多少是過度或不合理的，但他們卻表示自己愛莫能助，假使他們試圖接近所害怕的對象，他們將會被恐懼或焦慮所擊退，可能從輕微的憂慮和苦惱的感受（通常是還在若干距離之外時），以迄於戰鬥或逃跑反應的完全活化（activation）。不論它是如何開始，隨著當事人每次迴避所害怕的情境而他的焦慮就隨之降低下來，畏懼行為將傾向於受到強化。此外，當事人因為生活機能受損所衍生的附帶獲益（諸如增加的注意力、同情心以及對他人行為的一些控制），可能有時候也強化了畏懼症。

表6.2　DSM-5中關於特定畏懼症的亞型

畏懼症類型	實例
動物型	蛇類、蜘蛛、狗類、昆蟲、鳥類
自然環境型	暴風雨、高度、水
血液－注射－受傷型	看見血液或傷口、被打針、看見某人坐在輪椅上
場所型	公共交通工具、隧道、橋梁、電梯、飛行、駕駛車輛、封閉空間
其他類型	梗塞、嘔吐、「空間畏懼症」（當事人害怕假使遠離牆壁或其他支撐物則將會跌倒）

摘自DSM-5（APA, 2013）。

一、盛行率、初發年齡及性別差異

特定畏懼症相當常見，它的一生流行率是大約12%（Kessler, Chiu, et al., 2005）。畏懼症遠為常發生在女性身上，雖然性別比例隨著畏懼症的類型而有所變動。例如，大約90%-95%的動物型畏懼症患者是女性，但是對血液-注射-受傷型畏懼症來說，其性別比例不到2：1；動物型畏懼症通常起始於兒童期，血液-注射-受傷型畏懼症和牙科畏懼症也是如此。然而，另一些畏懼症（諸如幽閉畏懼症和駕駛車輛畏懼症），則傾向於在青少年期或成年早期才開始（Barlow, 2002; Öst, 1987）。

二、心理起因

多種心理起因被認為涉入特定畏懼症的起源，從深植的心理動力的衝突，到相對上直截了當的恐懼的創傷制約，以迄於眾多的個別差異——發生在有此種制約風險的人們身上。

精神分析的觀點

根據精神分析的觀點，畏懼症代表對抗焦慮的一種防衛，這樣的焦慮是起源於本我（id）被壓抑的衝動。因為「知道」被壓抑的本我衝動是太危險的事情，焦慮因此被轉移到一些外在的物體或情境上，這些物體或情境跟該焦慮的真正對象具有一些象徵的關係（Freud, 1909）。

視畏懼症為學得的行為

Wolpe和Rachman（1990）根據學習理論提出一種解釋，試圖說明畏懼行為是經由古典（經典）制約作用而發展出來，當原先中性的刺激與創傷或痛苦事件配對呈現後，恐懼反應很快地也會受制約於這些刺激。我們還可預期，一旦獲得之後，這份恐懼將會類化（generaliza）到另一些類似的物體或情境中。

替代性制約作用（vicarious conditioning）。直接的創傷制約不是個人所能學得不合理恐懼的唯一方式，僅僅觀看畏懼的當事人對他們所害怕的物體展現恐懼行為，即可能引起觀看者的苦惱，從而造成恐懼從一個人傳遞到另一個人身上——經由替代或觀察的古典制約作用。此外，觀看非恐懼的當事人遭受令人驚嚇的經驗，也可能導致替代性制約作用。例如，一位男子當還是幼童時曾經目擊他的祖父在臨終前嘔吐，在這個創傷事件後不久，男孩就發展出強烈及持續的嘔吐畏懼症；實際上，這位男子在中年時甚至意圖自殺，當他有一次感到反胃而害怕將會嘔吐時（Mineka & Zinbarg, 2006）。

利用恆河猴為對象的動物研究已大為增進我們的信心，即強烈恐懼的替代性制約確實可能發生。在這些實驗中，Mineka和Cook及他們的同事（1984, 1991, 1993）顯示，實驗室飼養的猴子最初並不害怕蛇類，但單純地透過觀察野生猴子展現對蛇類的畏懼反應，牠們很快地就發展出對蛇類近似畏懼症的害怕反應。只要暴露於野生猴子對蛇類的反應4-8分鐘後，實驗室猴子就獲得顯著的恐懼，而且直到三個月後仍沒有跡象顯示這份恐懼已減退下來。此外，僅透過從錄影帶（即電視畫面）觀看作為楷模的野生猴子對蛇類展現畏懼行為，實驗室猴子也能學得恐懼反應，這意味著大眾媒體也在人們的畏懼替代性制約上扮演一定角色。

學習上的個別差異。考慮到人們所經歷的創傷和他們觀察他人的經驗，為什麼沒

有更多人發展出畏懼症（Mineka & Oehlberg, 2008）？一個原因是生活經驗的個別差異，強烈影響制約恐懼（或畏懼症）是否會實際上成形。很重要的是，有些生活經驗可能充當「風險因素」，使得當事人較易於發生畏懼症，另有些經驗則可能在畏懼症的發展上充當「防護因素」（Mineka & Sutton, 2006）。例如，有些幼兒觀察到他們的母親對蛇類或蜘蛛有正面的反應，他們後來對蛇類或蜘蛛暴露顯現較少恐懼——相較於沒有看到他們的母親跟蛇類或蜘蛛有正面經驗的幼兒（Egliston & Rapee, 2007）。像這些結果說明了，父母（及其他人）如何接近兒童，可能有助於影響兒童日後的恐懼及焦慮的經驗。

研究已顯示，一旦畏懼症已獲得，我們的認知（或思想）可能協助維持我們的畏懼症。例如，畏懼症患者不斷地保持警覺，注意他們所害怕的物體或情境，以及注意其他跟他們畏懼症相關的刺激（McNally & Reese, 2009）；對照之下，非畏懼症的人傾向於不把他們的注意力放在威脅性的刺激上（Mineka et al., 2003）。此外，畏懼症患者也顯著高估在驚嚇事件後，所害怕對象曾經出現（或將會出現）的可能性。這種認知偏差（cognitive bias）可能隨著時間的經過，協助維持或強化畏懼症患者的恐懼（Muhlberger et al., 2006; Öhman & Mineka, 2001）。

學得一些恐懼（及畏懼症）的進化預備性。你是否注意到，人們遠為可能發生蛇類、水、高度及密閉空間的畏懼症，相對之下較少有機車、槍枝及鏈鋸的畏懼症，即使後者物體至少也同樣可能造成創傷？這是因為我們的進化史已影響我們最可能會害怕哪些刺激。靈長類動物和人類似乎「在進化上已準備好」快速地把一些物體（諸如蛇、蜘蛛、水及密閉空間），與令人驚恐或不愉快的事件連結起來（Mineka & Öhman, 2002; Öhman, 1996; Seligman, 1971）。這種預備學習（prepared learning）的發生是因為在演化過程中，一些物體或情境曾經對我們的早期祖先構成真正的威脅，因此對於那些能夠快速獲得對這些物體或情境的恐懼的靈長類動物和人類來說，他們才能在自然淘汰上享有優勢（表示他們比起那些不畏懼這樣事物的個體更常存活下來）。因此，「預備的」（prepared）恐懼不是先天或天生的；反而，這些恐懼是容易獲得的，或特別地抗拒消除作用。對比之下，槍枝、機車及鏈鋸沒有出現在我們的早期進化史中，所以沒有傳遞任何這樣自然淘汰上的優勢。

實驗證據強烈支持畏懼症的預備理論，在一系列採用人類受試者的重要實驗中，Öhman及其同事（見Öhman, 1996, 2009; Öhman & Mineka, 2001）發現，恐懼較有效地受制約於恐懼-關聯的刺激（蛇類和蜘蛛的幻燈片）——相較於受制約於恐懼-不關聯的刺激（花朵和香菇的幻燈片）。再者，一旦個體獲得對恐懼-關聯刺激的制約反應，即使當恐懼-關聯刺激（但不是恐懼-不關聯刺激）是被下意識地（subliminally）呈現時（也就是瞬間的呈現），以致於刺激尚未被意識上察覺到，這些反應（包括相關大腦部位的活化，即杏仁體）依然可被引發（例如，Carlsson et al., 2004; Öhman et al., 2007）。這種對畏懼刺激的反應的下意識活化，可能有助於說明畏懼症某些層面的不合理性（irrationality）。這也就是說，畏懼症患者可能無法控制他們的恐懼，因為該恐懼可能源於不是意識所能控制的認知結構（Öhman & Mineka, 2001; Öhman & Soares, 1993）。

三、生物起因

遺傳和氣質的變項也會影響恐懼制約作用的速度及強度（Gray, 1987; Hettema et al., 2003; Oehlberg & Mineka, 2011）。這也就是說，視他們的氣質或性格而定，有些人較可能或較不可能獲得畏懼症。例如，Kagan及其同事（2001）發現，對於在21個月大時被認定為行為抑制型（behaviorally inhibited，即過度膽怯、害羞、容易苦惱，等等）的幼兒來說，他們到了7到8歲時會有較高風險發展出多項特定畏懼症──相較於非抑制型的幼兒（32% vs. 5%）。

幾項行為遺傳學研究也指出，特定畏懼症的發展具有適度的遺傳成分。例如，大型的雙胞胎研究顯示，同卵雙胞胎較可能共有動物型畏懼症和自然環境型畏懼症（諸如對高度或水的畏懼）──相較於異卵雙胞胎（Hettema, Prescott, et al., 2005; Kehdler et al., 1999b）。然而，相同的研究也發現，非共同的環境因素（也就是，個人特有的經驗，不是雙胞胎共有的）在特定畏懼症的起源上扮演實質的角色，這項結果支持「畏懼症是學得的行為」的觀念。另一項研究發現，動物型畏懼症的遺傳性有別於一些複雜的畏懼症（諸如社交畏懼症和特定場所畏懼症）的遺傳性（Czajkowski et al., 2011）。

四、治療

龐大的文獻已顯示，特定畏懼症最有效的療法是暴露治療（exposure therapy），這是一種行為治療，涉及在控制的情況下使案主暴露於引發畏懼的刺激或情境（Choy et al., 2007; Craske & Mystkowski, 2006）。在暴露治療中，案主被鼓勵漸進地使自己暴露於（獨自一人，或是在臨床人員或朋友協助之下）他們所害怕的情境，而且需要維持足夠長的期間，直到他們的恐懼開始減退下來。這種程序的一項變化形式稱為參與式行為示範（participant modeling），它通常比起單獨地暴露更為有效。這裡，治療師冷靜地示範如何與所害怕的刺激或情境進行互動（Bandura, 1977, 1997），這些技術使得案主能夠理解，那些情境不像他們所認為的那般令人驚恐，而且他們的焦慮（雖然令人不愉快）是不具傷害性的，將會逐漸消散（Craske & Mystkowski, 2006; Craske & Rowe, 1997）。新的學習被認為居間促成療效──經由在杏

仁體（最核心涉及恐懼的情緒）部位改變腦部活化。

對一些畏懼症來說，諸如小型動物畏懼症、飛行畏懼症、幽閉畏懼症及血液-受傷畏懼症，當只能施行一次療程時（長達三個小時），暴露治療通常頗具成效（Öst, 1997; Öst et al., 2001）。這可能是一種優勢，因為如果只需要求診一次，有些人才較可能尋求治療。對於具有特定畏懼症的青少年，這種療法也已顯示有高度成效（Ollendick et al., 2009）。

幾項近期的進展，甚至更進一步提高暴露治療的「可行性」和「有效性」，由於暴露於像是高度和飛機的事物不一定方便實施（例如，如果案主或臨床人員不住在靠近機場之處），為了解決這個問題，心理學家已開始使用虛擬實境（virtual reality）以模擬不同種類的畏懼情境。控制的研究已提出非常有展望的結果，所獲得的療效足堪比擬於真實情境（現場）的暴露（Choy et al., 2007; Parsons & Rizzo, 2008; Rothbaum et al., 2006）。

研究人員已嘗試以另幾種方式增進暴露治療的效果。一般而言，單獨使用認知重建技術所產生的療效，遠不如使用暴露本位的技術，至於加進認知技術到暴露治療中，一般而言並未增添太多效果（Craske & Mystkowski, 2006; Wolitzky-Taylor et al, 2008）。同樣的，藥物治療本身是無效的，甚至有一些證據指出，抗焦慮藥物可能干擾了暴露治療的效益（Antony & Barlow, 2002; Choy et al., 2007）。然而，近期的研究已顯示，一種稱為D-cycloserine的藥物（已知在動物身上可促進制約恐懼的消除）可以增進暴露治療的效果，特別是在虛擬實境中處理對高度的恐懼（Norberg et al., 2008; Ressler et al., 2004），然而D-cycloserine本身沒有療效。

第四節　社交畏懼症

社交畏懼症（或社交焦慮症）的特色是，當事人明顯而持續地害怕一種或多種特定的社會情境（諸如公開演說、在公共廁所排尿，或在公開場合進食或寫字，參考DSM-5專欄）。在這些情境中，當事人害怕他可能暴露於他人的仔細打量和潛在的負面評價，及／或害怕他可能因為行為失當而招致困窘或羞辱。因為他的害怕，社交畏懼症當事人不是逃避這些情境，就是懷著重大苦惱加以忍受。公開演說的強烈恐懼是單一最常發生的社交畏懼症類型。DSM-5也鑑定出兩種亞型的社交畏懼症，一種是針對於表現（performance）的情境，諸如在大眾面前講話；另一種則較為廣泛，包括許多非表現的情境，諸如在公開場所進食。當人們有較為廣泛亞型的社交畏懼症時，他們經常顯著地害怕大多數社會情境（而不僅是一些），他們經常也有畏避型人格障礙症的診斷（Stein & Stein, 2008）。

DSM-5　「社交焦慮症」的診斷準則

A. 因爲擔憂可能受到別人的檢視，當事人對於暴露在一種或多種社交情境感到顯著的恐懼或焦慮。這方面實例包括社交互動（例如，交談、跟不熟悉的人會面）、被觀察（例如，吃東西或喝飲料），以及在別人面前表現（例如，演講）。

> 註　在兒童方面，該焦慮必須發生在同儕背景中，不僅是在跟成人互動期間。

B. 當事人害怕他所展現的行爲或顯示的焦慮症狀將會受到負面評價（也就是將會感到羞愧或困窘，或將會導致被拒絕或冒犯他人）。

C. 這些社交情境幾乎總是引發恐懼或焦慮。

> 註　在兒童身上，該恐懼或焦慮可能是以其他方式表達出來，像是在社交情境中哭鬧、發脾氣、僵硬、依偎、退縮或講不出話。

D. 這些社交情境被迴避，或懷著強烈的恐懼或焦慮加以忍受。

E. 就社交情境所造成的實際威脅來看，以及就社會文化脈絡來看，該恐懼或焦慮是不成比例的。

F. 該恐懼、焦慮或迴避行爲是持續的，通常延續六個月或更久。

G. 該恐懼、焦慮或迴避行爲引起臨床上顯著苦惱，或造成社交、職業或其他重要領域的功能減損。

H. 該恐懼、焦慮或迴避行爲不能歸之於某一物質（例如，濫用藥物、臨床用藥）的生理效應，也不是另一種身體病況所引起。

I. 該恐懼、焦慮或迴避行爲無法以另一種精神疾病的症狀作更好的解釋，像是恐懼症、身體臆形症或自閉症類群障礙症。

J. 假如存在另一種身體病況（例如，巴金森氏症、肥胖症、因爲燒傷或受傷而毀容），該恐懼、焦慮或迴避行爲明顯地與之無關，或是過度的。

（資料來源：DSM-5，2013，美國精神醫學會）。

一、盛行率、初發年齡及性別差異

　　大約12%的人口將會在他們一生的某些時候符合社交畏懼症的診斷準則（Kessler, Berglund, Demler, et al., 2005; Ruscio et al., 2008）。社交畏懼症較常見之於女性（大約60%的患者是女性），它典型地在青少年期或成年早期開始發生（Bruce et al., 2005; Ruscio et al., 2008）。幾近2/3的社交畏懼症患者在他們一生的某些時候也受擾於一種或多種另外的焦慮症，而大約50%也在這同時受擾於憂鬱症（Kessler, Chiu et al., 2005; Ruscio et al., 2008）。大約1/3的患者會濫用酒精以減低他們的焦

慮,以及協助他們面對自己所害怕的情境(例如,喝酒之後才參加聚會;Magee et al., 1996)。再者,因為他們的苦惱和迴避社交情境,平均而言,社交畏懼症患者擁有較低的就業率和較低的社經地位,而且大約1/3患者在一種或多種生活領域上有重大的減損(Harvey et al., 2005; Ruscio et al., 2008)。最後,這種障礙症長久地持續下去,一項研究發現只有大約1/3患者在12年期間中自發地康復(Bruce et al., 2005)。

二、心理起因

就像特定畏懼症,社交畏懼症普遍涉及學得的行為,受到進化因素的塑造,這樣的學習最可能發生在遺傳上或氣質上有風險的人物。

■ 社交畏懼症是學得的行為

就像特定畏懼症,社交畏懼症通常似乎起源於「直接或替代性古典制約」(direct or vicarious classical conditioning)的單純樣例,諸如經歷/目擊自覺的社交挫敗或蒙羞,或是身為/目擊被責備或批評的對象(Mineka & Zinbarg, 1995, 2006; Tillfors, 2004)。在兩項研究中,56%-58%的社交畏懼症患者回想及指認出直接的創傷經驗,視之為涉及他們社交畏懼症的起源(Öst & Hugdahl, 1981; Townsley et al., 1995)。另一項研究指出,在社交畏懼症患者的成人樣本中,92%報告在兒童期發生過被重大的嘲笑及戲弄的事件──相較之下,強迫症患者的組別只有35%報告有這樣的生活史(McCabe, Antony, et al., 2003)。Öst和Hugdahl(1981)也報告他們的受試者中,有另外13%記得發生過某種替代性制約經驗。

一項研究訪談一組社交畏懼症患者,發問關於他們對自己在社交畏懼情境中的形象,也發問那些形象起源於何處(Hackmann et al., 2000)。96%的患者記得一些社交創傷經驗,而這些經驗牽涉到他們當前對自己在社交畏懼情境中的形象,這些記憶的主題包括曾經「因為焦慮症狀而遭到批評」(例如,滿臉通紅),以及曾經「因為過去的批評而在大眾面前感到羞怯及不自在」,諸如「先前曾經被霸凌而被稱『沒有用的人』」(Hackmann et al., 2000, p. 606)。然而,就如在特定畏懼症的情形,我們有必要記住,不是在社交情境中經歷直接或替代性制約的每個人,都會發展出社交畏懼症,這是因為經驗上的個別差異在什麼人將會發展出社交畏懼症上,扮演重要的角色。

■ 從演化的脈絡看待社交恐懼和畏懼症

就定義上來說,社交恐懼和畏懼症涉及害怕自己同一物種的成員。對比之下,

動物的恐懼和畏懼症通常涉及害怕潛在的掠食動物，雖然動物的恐懼或許是演化來引起對潛在掠食動物之戰鬥或逃跑反應的活化，不過有些學者提出，社交恐懼及畏懼症則是演化為支配階級的副產品，支配階級（dominance hierarchies）在像是靈長類動物之中是很常見的社會制度（Dimberg & Öhman, 1996; Öhman et al., 1985）。支配階級是經由社會團體成員之間攻擊性的接觸而建立起來，挫敗的個體通常會展現恐懼及順從的行為，但只有在很少的情況下才會試圖完全逃離該情境。因此，這些研究人員表示，這就難怪對於有社交畏懼症的人們來說，他們會忍受處身於他們所害怕的情境，而不是逃離及避開那些情境，就像有動物型畏懼症的人們經常作的那樣（Longin et al., 2010; Öhman, 2009）。

✚ 無法控制與不能預測的知覺

　　暴露於無法控制和不能預測的壓力事件（諸如父母分居及離婚、家庭衝突，或是性虐待），可能在社交畏懼症的發展上扮演重要的角色（Mathew et al., 2001; Mineka & Zinbarg, 1995, 2006）。無法控制和不能預測的知覺，經常導致順從及缺乏自信的行為，而這正是社交焦慮或社交畏懼的群體的特點所在。這種行為特別有可能發生，假使無法控制的知覺是起源於實際的社交挫敗——這已知在動物身上導致順從行為和恐懼二者的顯著提升（Mineka & Zinbarg, 1995, 2006）。符合這項發現的是，社交畏懼症患者對他們生活中的事件有偏低的個人控制感（Leung & Heimberg, 1996），這種偏低的個人控制的預期，局部地是隨著被有些過度保護（及有時候拒絕）的父母撫養長大所發展出來（Lieb et al., 2000）。

✚ 認知偏差

　　認知變項也在社交畏懼症的起源及維持上扮演一定的角色，Beck和Emery（1985）表示，社交畏懼症患者傾向於預期別人將會拒絕他們，或將會負面地評價他們。這導致一種易受批評（攻擊）的感受——當他們處身於可能具有威脅的人群之中時。Clark和Wells（1995, 1997）也指出，社交焦慮群體的這些危險基模（danger schemas），導致他們預期自己將會以笨拙及不被接受的方式舉止，造成拒絕和失去地位。這樣的負面預期導致他們專注於自己在社交情境中的身體反應和負面的自我形象；導致他們高估他人如何輕易地將會看穿他們的焦慮；以及導致他們誤解他們留給別人的印象（Hirsch et al., 2004）。這般強烈的在社交情境中的自我專注（self-preoccupation）——甚至到了注意他們自己心跳的地步——干擾了他們有技巧地交往（互動）的能力（Hirsch et al., 2003; Pineles & Mineka, 2005）。因此，惡性循環（vicious cycle）可能逐漸發展出來：社交畏懼症患者轉向內部的注意力和有些笨拙的互動，可能導致他人以較不友善的方式加以回應，因而證實了他們的預期（Clark,

1997; Clark & McManus, 2002）。

　　社交畏懼症的另一項認知偏差是傾向於以負面方式解讀模糊的社交訊息，而不是以良性的方式（例如，當有人對你微笑時，這是表示他們喜歡你？抑或表示他們認為你愚蠢？）。再者，社交焦慮人士所記住的是他們所作的負面偏差的解讀（Hertel et al., 2008）。有些學者提議，這些偏差的認知歷程結合起來維持了社交畏懼症，或許甚至促成了它的發展（Hirsch et al., 2006）。

三、生物起因

　　最重要的氣質變項是行為抑制（behavioral inhibition），它與神經質和內向二者共有一些特徵（Bienvenu et al., 2007）。行為抑制的嬰兒容易因為不熟悉的刺激而顯得苦惱，他們也顯得害羞而迴避，較可能在兒童期變得膽怯，然後到了青少年期顯現偏高的風險會發展的為社交畏懼症（Hayward et al., 1998; Kagan, 1997）。例如，一項經典研究以一大群兒童為對象，這些兒童因為他們父母的情緒障礙症而被認定有焦慮的風險，在這些兒童中，那些在2歲到6歲之間，被評定為高度行為抑制的兒童，有幾近3倍高的機率甚至在兒童中期（平均年齡10歲）就被診斷為社交畏懼症（22%）——相較於在2歲到6歲時被評定為低度行為抑制的兒童（8%; Hirshfeld-Becker et al., 2007）。

　　另一方面，雙胞胎研究的結果已顯示，社交畏懼症有相當程度的遺傳促成；根據估計，大約30%的變異數（variance）可被歸之於遺傳因素（Hettema, Prescott, et al., 2005; Smoller et al., 2008）。儘管如此，這些研究也暗示，在發展出社交畏懼症上，甚至有更大比例的變異數是起因於非共同的環境因素，這說明了學習的強烈角色。

四、治療

　　社交畏懼症的治療集中在兩方面，即認知治療和行為治療，有時候也涉及藥物治療。

◧ 認知和行為治療

　　如同特定畏懼症，延續及漸進地暴露於所害怕的情境（在這裡是指社交情境），已被證實是非常有效的療法。隨著研究揭示社交畏懼症特有的內在扭曲的認知，認知重建（congitive restructuring）技術已被添加到行為技術中，衍生了一種認知-行為治療（Barlow et al., 2007）。在認知重建中，治療師嘗試協助社交畏懼症的案主，檢定他們內在負面的自動化思想（negative automatic thoughts）（「我無法說一些引人興

趣的話」或「沒有人會對我感到興趣」）。在協助案主理解這樣的自動化思想（通常就發生在意識的表層之下，但可以被接近）經常涉及認知扭曲後，治療師協助案主經由邏輯再分析以矯正這些內在的思想和信念。邏輯再分析的過程可能涉及發問自己一些問題以挑戰自動化思想：「我是否確切知道我將會找不到任何話題？」或「緊張不安就必然等同於看起來愚蠢嗎？」

　　在一項頗具成效的這類治療中，案主被指派一些練習，他們操縱自己注意力的焦點（內在vs.外在），以便對自己展示內在自我聚焦（self-focus）的不利效應；他們也接受錄影的回饋，以協助他們矯正自己扭曲的自我形象。這樣的技術已非常成功地被運用來治療社交畏懼症（Clark et al., 2006; Heimberg, 2002; Mörtberg et al., 2007）。這些年來，許多研究已顯示，暴露治療和認知-行為治療產生可匹敵的效果。然而，一項研究指出，認知治療的這種新的變化形式，可能比起暴露治療更具效果（Clark et al., 2006）。再者，至少一項研究現在已顯示，單純地訓練社交畏懼症患者在15分鐘的實驗室作業期間，掙脫出負面的社交線索，然後在4到6個星期中重複施行8次，就能造成社交焦慮症狀相當顯著的減輕，以致於幾近3/4的參與者不再符合社交畏懼症的準則（Schmidt et al., 2009）。

藥物治療

　　不像特定畏懼症，社交畏懼症有時候能夠以藥物加以治療，最具效果及最被廣泛使用的藥物是幾類抗鬱劑（包括單胺氧化酶抑制劑和選擇性血清素再吸收抑制劑）（Ipser et al., 2008; Roy-Byrne & Cowley, 2002）。在某些研究中，這些抗鬱劑的效果幾乎可比擬於認知-行為治療法，然而，在幾項研究中，新式的認知-行為治療法遠比藥物產生重大的改善（Clark, Ehlers, et al., 2003）。再者，藥物必須長期服用，才能確保不至於復發（Stein & Stein, 2008）。因此，行為和認知治療法勝過藥物的清楚優勢是，它們大致上造成遠為持久的改善，而且復發率相當低；實際上，案主經常在治療結束後繼續發生改善。最後，幾項研究也已顯示，當D-cycloserine（在特定畏懼症的治療中討論過）被添加到暴露治療時，治療獲益會更快速發生，也更為實質（Guastella et al., 2008）。

第五節　恐慌症

　　恐慌症（panic disorder）的定義和特徵是發生恐慌發作（panic attacks），通常似乎是「突如其來」地出現。根據DSM-5的恐慌症診斷準則，當事人必須經歷重複發生及非預期的發作，而且在至少一個月中，必須持續擔憂會有另一次發作，或憂慮發

作之時的後果（通常稱為預期的焦慮）。為了讓此類事件符合恐慌發作的正式診斷，必須在十三項症狀中發生過至少四項的突然發作。這些症狀中大部分是身體方面，雖然有三項是認知症狀（見DSM-5專欄的最後三項）。恐慌發作是相當短暫但強烈的，症狀會出其不意地出現，通常在10分鐘內達到尖峰強度；發作通常會在20-30分鐘內平息下來，很少持續超過1個小時。對照之下，焦慮期間典型地沒有這般突兀的發作，也較為持久。

恐慌發作通常是「出其不意」或「不提供線索」的，因為這樣的發作似乎不是由當前情境的一些可辨認的狀況所引起。實際上，它們有時候是在最不被預期的情境中發生，諸如在放鬆期間或在睡眠期間〔被稱為「夢境恐慌」（nocturnal panic）〕。然而，在其他情況下，恐慌發作被說成「情境傾向的」（situationally predisposed），只在有時候當個人處於特別情境中才會發生，諸如當正在開車時，或處身於群眾中。

因為恐慌發作的大部分症狀是身體方面的問題，這就難怪有多達85%的恐慌症患者認定他們身體出了狀況（通常是心臟、呼吸或神經系統方面的困擾），他們可能反覆地現身於急診室或醫生的診療室（Korczak et al., 2007; White & Barlow, 2002）。

DSM-5 「恐慌症」的診斷準則

A. 反覆發生非預期的恐慌發作。恐慌發作是突然湧現的強烈恐懼或強烈不適感，在幾分鐘之內達到高峰，而在這個期間出現下列四項（或更多）症狀：

　註　可能是從平靜狀態突然湧現，或是從焦慮狀態突然湧現。

1. 心悸、心臟怦怦跳動、或心跳加速。
2. 流汗（sweating）。
3. 發抖或顫慄。
4. 呼吸急促感，或窒息感（smothering，透不過氣來）。
5. 哽塞感（feeling of choking）
6. 胸部疼痛或不適。
7. 噁心或腹部不適。
8. 感到虛弱、步伐不穩、頭昏眼花，或快要暈倒。
9. 冷顫或發熱的感覺。
10. 感覺異常（paresthesias）（麻木或刺痛的感覺）。
11. 失去現實感（derealization，不真實的感覺）或失去自我感（depersonalization，感到疏離於自己）。
12. 害怕失去控制，或擔憂「快要瘋了」（going crazy）。

13.害怕即將死亡。

> 註　文化特有（culture-specific）的症狀（例如，耳鳴、頸部痠痛、頭痛、無法控制的尖叫或哭泣）可能會出現，這樣的症狀不應該被列爲四項必要的症狀之一。

B.至少其中一次發作有下列的一項或兩項症狀，爲期一個月（或更久）：

1.持續關注或擔心再一次的恐慌發作或發作的後果（例如，失去控制、心臟病發作、「快要瘋了」）。

2.在跟發作相關的行爲上，發生顯著不良適應的變化（例如，試圖避免恐慌發作的行爲，像是避免運動或避開不熟悉的情境）。

C.該困擾無法歸因於某一物質（例如，濫用藥物、臨床用藥）的生理效應，也不是另一種身體病況（例如，甲狀腺機能亢進、心肺疾病）所引起。

D.該困擾無法以另一種精神疾病作更好的解釋。

（資料來源：DSM-5，2013，美國精神醫學會）。

　　不幸地，正確的診斷經常拖延好幾年才會達成，但是通常個人在許多的醫學檢驗上已經花費不貲。因爲有心臟問題的病人有幾近兩倍的偏高風險發展出恐慌症（Korczak et al., 2007），這使得事情更爲棘手。即時的診斷及治療也很重要，因爲恐慌症引起的社會和職業功能的減損幾乎不遜於憂鬱症（Roy-Byrne et al., 2008），也因爲恐慌症會促成多種身體病況的成形或惡化（White & Barlow, 2002）。

一、特定場所畏懼症

　　傳統上，特定場所畏懼症（原先稱爲懼曠病）被認爲涉及對「廣場」（agora，希臘字，意指開放的集會場所）的恐懼。在特定場所畏懼症中（agoraphobia），最普遍害怕及迴避的情境包括街道和擁擠的場所，諸如購物中心、電影院及店鋪。排在隊伍中也是一件很困難的事情。有時候，特定場所畏懼症的發展的是作爲在一種（或多種）這樣的情境中產生恐慌發作的併發症。因爲關切他們可能會恐慌發作或病情突發，特定場所畏懼症患者會擔心置身於一些場所或情境時，逃避將會很困難或會感到困窘；或者如果有不好的事情發生，將會無法獲得立即的援助（參考DSM-5專欄）。典型地，特定場所畏懼症患者也對他們自己的身體感覺感到驚恐，所以他們也迴避將會引起生理激發的一些活動，諸如運動、觀看恐怖電影、飲用咖啡，以及甚至從事性活動。

　　隨著特定場所畏懼症初次發展出來，當事人傾向於迴避曾經產生發作的情境，但通常迴避行爲會逐漸蔓延到發作可能發生的其他情境。在稍微嚴重的個案上，特定場

所畏懼症患者甚至當放膽單獨離開家門也會感到焦慮。在非常嚴重的個案上，特定場所畏懼症是一種完全令人失能（disabling）的障礙症，當事人無法跨出家門一步，或甚至只蟄居在家中一處地方。

特定場所畏懼症是恐慌症常見的併發症（complication），然而許多特定場所畏懼症的病人沒有發生過恐慌，認識到這一點，特定場所畏懼症現在在DSM-5中被列為個別的障礙症。隨著特定場所畏懼症的發展，恐懼通常會逐漸延伸，越來越多家庭外的環境形勢變得具有威脅性。根據最新近的估計值，未伴隨恐慌的特定場所畏懼症的一生流行率是1.4%（Kessler, Chiu, et al., 2006）。

DSM-5　「特定場所畏懼症」的診斷準則

A. 對於以下五種場合中的兩種（或更多），當事人產生顯著的恐懼或焦慮：

1. 搭乘公共交通工具（例如，汽車、巴士、火車、船隻、飛機）。
2. 處身於開放空間（例如，停車場、市場、橋梁）。
3. 處身於封閉的場所（例如，商店、劇院、電影院）。
4. 排隊在行列中，或置身於群眾中。
5. 獨自待在自家之外的地方。

B. 當事人害怕或迴避這些場所，因為想起萬一發生類似恐慌的症狀時，或發生另一些令人失能或感到困窘的症狀時，可能很難逃脫或無法獲得協助（例如，年長者害怕跌倒、害怕失禁）。

C. 特定場所畏懼症的場合幾乎總是引發恐懼或焦慮。

D. 特定場所畏懼症的場合被積極地迴避、需要同伴在場，或是懷著強烈的恐懼或焦慮加以忍受。

E. 就特定場所畏懼症的場合所造成的實際危險來看，以及就社會文化脈絡來看，該恐懼或焦慮是不成比例的。

F. 該恐懼、焦慮或迴避行為是持續的，通常持續六個月或更久。

G. 該恐懼、焦慮或迴避行為引起臨床上顯著苦惱，或造成社交、職業或其他重要領域的功能減損。

H. 假如存在另一種身體病況（例如，發炎性腸道疾病、巴金森氏症），該恐懼、焦慮或迴避行為很清楚是過度的。

I. 該恐懼、焦慮或迴避行為無法以另一種精神疾病的症狀作更好的解釋。

　　註　特定場所畏懼症的診斷不需考慮是否存在恐慌症，假如當事人出現的症狀符合恐慌症和特定場所畏懼症的準則，那麼應該指定兩個診斷。

（資料來源：DSM-5，2013，美國精神醫學會）。

二、盛行率、初發年齡及性別差異

在成年人中，恐慌症（伴隨或未伴隨特定場所畏懼症）的一生流行率是大約4.7%，未伴隨特定場所畏懼症的恐慌症的情形較爲常見（Kessler, Chiu, et al., 2005）。恐慌症典型起始於20多歲到40多歲，但有時候在10多歲後期就初發（Kessler, Chiu, et al., 2006）。一旦恐慌症成形，它傾向於有慢性而令人失能的進程，雖然症狀的強度通常隨著時間起伏不定（White & Barlow, 2002）。實際上，一項長達十二年的縱貫研究發現，只有不到50%的恐慌症（伴隨特定場所畏懼症）病人在十二年中獲得康復，而康復者之中有58%在某些時候有復發情形（新的發作；Bruce et al., 2005）。女性在恐慌症上的盛行率約爲男性的2倍（Eaton et al., 1994; White & Barlow, 2002）。特定場所畏懼症也遠爲頻繁地發生在女性身上——相較於男性。在受擾於重度特定場所畏懼症的人們中，大約80%-90%是女性（Bekker, 1996; White & Barlow, 2002）。爲了比較的用途，表6.3摘要另一些焦慮症之盛行率的性別差異。

表6.3　性別與焦慮症一生風險之間的關聯

障礙症	比值（女性／男性）
特定場所畏懼症	2.0
特定畏懼症	2.0
恐慌症	1.9
廣泛性焦慮症	1.7
社交畏懼症	1.3

資料來源：根據15個國家的研究結果；Seedat et al., 2009 (WHO)。

關於特定場所畏懼症顯著的性別差異，最常見的解釋乃訴諸於社會文化的因素（McLean & Anderson, 2009）。在美國文化中（以及其他許多文化），社會較能接受產生恐慌的女性逃避她們所害怕的情境，而且當她們進入所害怕的場所時，需要值得信任朋友的陪伴；至於男性發生恐慌則較傾向於「硬挺下去」，這是因爲社會期待，也是因爲他們較爲果斷、工具性的生活之道（Bekker, 1996）。一些證據指出，恐慌症的男性患者較可能以尼古丁或酒精自我療傷，作爲一種應付及忍受恐慌發作的手段，而不是發展出特定場所畏懼症的迴避行爲（Starcevic et al., 2008）。

三、共存的障礙症

絕大多數的恐慌症患者（83%）有至少一種共存的障礙症（comorbid disorder），最常見的是廣泛性焦慮症、社交畏懼症、特定畏懼症、PTSD、憂鬱症及物

質使用障礙症（特別是吸菸和酒精依賴；Bernstein et al., 2006; Kessler, Chiu, et al., 2006；Zrolensky & Bernstein, 2005）。憂鬱在恐慌症患者之中尋常可見，大約50%到70%的恐慌症患者在他們生活的某些時候發生嚴重的憂鬱（Kessler, Chiu, et al., 2006）。或許跟產生恐慌發作的恐懼有關，他們可能也符合依賴型或畏避型人格障礙症的準則（見第十章）。

雖然一般認為自殺特別與憂鬱有所關聯，1980年代的一項重要研究指出，恐慌症是自殺行為有力的預測因素（Weissman et al., 1989）。後繼的研究則顯示，恐慌與自殺行為之間的連結，大致上能夠以一些共存的障礙症加以解釋，諸如憂鬱和物質濫用，這導致研究人員的結論是，恐慌本身不會提高自殺行為的風險（例如，Vickers & McNally, 2004）。然而，兩項近期相當大型的流行病學研究（一項以美國的1萬個人為對象中，另一項以21個國家的超過10萬個人為對象）已發現，恐慌症實際上與自殺意念和自殺企圖的偏高風險發生關聯，獨立於它與共存障礙症的關係（Nock et al., 2009, 2010）。

四、首次恐慌發作的時機

雖然恐慌發作本身似乎是「突如其來」（out of the blue）地出現，但是第一次發作經常是發生在苦惱的感受，或一些高度壓力的生活情勢之後，諸如失去所愛的人、失去重要的人際關係、失去工作，或犯罪受害者（Barlow, 2002; Klauke et al., 2010）。雖然不是所有研究都發現到這一點，但一些研究已估計，大約80%-90%的人報告他們第一次恐慌發作是發生在一項或多項負面生活事件之後。

儘管如此，對於在壓力事件後有恐慌發作的人們來說，不是所有人都會繼續發展出充分成形的恐慌症。當前的估計值是，幾近23%的成年人在他們一生中經歷過至少一次恐慌發作，但是大部分人沒有接著發展出正規的恐慌症（Kessler, Chiu, et al., 2006）。考慮到恐慌發作遠比恐慌症更為頻繁發生，什麼因素使得只有一小群人會發展出正式的恐慌症？關於恐慌症的起因，幾個不同的理論已針對這個問題提出它們的見解。

五、生物起因

恐慌症的生物起因包括遺傳現象、大腦活動及生化異常。

遺傳因素

根據家族和雙胞胎研究，恐慌症具有中等（moderate）的遺傳成分（Maron et al., 2010; Norrholm & Ressler, 2009）。在一項大型的雙胞胎研究中，López-Solà 及其同事（2014）估計，恐慌症狀的傾向中，有30%-34%的變異數可歸之於遺傳因素。如先前提過，這種遺傳脆弱性在心理層面上，至少局部地是以稱為「神經質」的重要人格特質表現出來（這接著跟行為抑制的氣質構造產生關聯）。幾項研究已開始鑑定，哪些特定的遺傳多態性（polymorphisms）造成了這中等的可遺傳性（Strug et al., 2010），不論是單獨發揮作用，或是在跟某些壓力生活事件交互作用之下（Klauke et al., 2010）。

恐慌與大腦

關於恐慌發作的神經生物層面，一項早期的重要理論指出，腦幹的藍斑（locus coeruleus，見圖6.1）扮演了重要角色，而正腎上腺素這種神經傳導物質，核心地涉及這個區域的大腦活動（Goddard et al., 1996）。然而，我們今日已認識到，相較於藍斑的活動，杏仁體偏強的活動在恐慌發作上扮演更核心的角色。杏仁體（amygdala）是位於海馬迴前方的一群神經核，也是邊緣系統（limbic system）重要的神經衝動的轉運站之一，它關鍵性地涉入恐懼的情緒。刺激杏仁體的中央核，已知會激發藍斑的反應，以及在恐慌發作期間發生的另一些自律、神經內分泌及行為的反應（例如，Gorman et al., 2000; Le Doux, 2000）。

邊緣系統

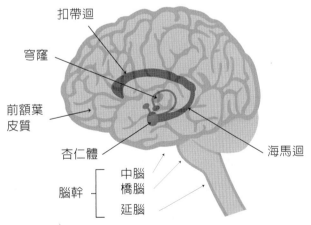

根據一項理論，恐慌發作可能起源於杏仁體的異常活動。當事人對於會有另一次恐慌發作所產生的預期焦慮，被認為起因於邊緣系統的海馬迴的活動，海馬迴已知涉及情緒反應的學習。特定場所畏懼症的迴避行為也是學得的反應，可能也涉及海馬迴和較高皮質中樞的活動（Gorman et al., 2000）。

圖6.1　恐慌、焦慮及特定場所畏懼症的生物理論

有些研究已提出,杏仁體是涉及所謂的「恐懼網路」（fear network）的核心區域,恐懼網路不僅跟腦部的較低區域（像是藍斑）連結起來,也跟較高的腦區（像是前額葉皮質）產生連結（Gorman et al., 2000）。根據這個觀點,恐慌症發作的產生是當恐懼網路被活化時,不論是經由皮質的輸入,或是經由較低腦區的輸入。因此,根據這個有影響力的理論,恐慌症傾向於在擁有異常敏感的恐懼網路的人們身上發展出來,他們的恐懼網路太容易被活化而不具適應性。這個理論符合一些研究發現,例如,恐慌症患者對很大聲的噪音刺激顯現高漲的驚嚇反應,也對這樣的應對顯現較慢的習慣化（habituation）（Ludewig et al., 2005；也見Shin & Liberzon, 2009）。Sakai及其同事（2005）使用功能性神經造影技術,所得結果也支持這個神經解剖的假說。異常敏感的恐懼網路可能具有局部的遺傳基礎,但也可能隨著反覆的壓力生活經驗而發展出來,特別是在生命早期（Ladd et al., 2000）。

恐慌發作本身是起源於杏仁體的活動,不論是皮質輸入所引起（例如,把某一刺激評估為極具威脅性）,或是來自較為下游的腦區（像是藍斑）的活動。對於發生過一次或多次恐慌發作的人們,以及對於在特定情境中會有另一次發作,繼續發展出顯著的制約焦慮的人們來說,海馬迴（hippocampus,也是邊緣系統的一部分,位於皮質下方,極為涉入情緒反應的學習；參考圖6.1）被認為引發這份制約焦慮（Charney et al., 1998; Gray & McNaugton, 2000）,且或許也涉及與特定場所畏懼症相關之學得的迴避行為（Gorman et al., 2000）。最後,恐慌發作期間發生的認知症狀（害怕即將死亡或失去控制）,以及對於可能具有威脅的身體感覺所造成危險的過度反應,這些可能是受到更高皮質中樞的居間促成（Etkin, 2010）。

✿ 生化異常

至今的研究顯示,兩種主要的神經傳導物質系統最為牽涉到恐慌發作——正腎上腺素能的系統和血清素能的系統（noradrenergic and serotonergic systems）（Graeff & Del-Ben, 2008; Neameister et al., 2004）。一些腦區之正腎上腺素能的活動可以激發與恐慌相關的心血管症狀（Gorman et al., 2000）,增強的血清素能活動也降低了正腎上腺素能的活動。這符合一些研究結果顯示,今日最被廣泛使用來治療恐慌症的藥物（SSRIs,選擇性血清素再吸收抑制劑）似乎提升了腦部血清素能的活動,但也降低了正腎上腺素能的活動。透過降低正腎上腺素能的活動,這些藥物減緩了與恐慌相關的許多心血管症狀（通常是由正腎上腺素能的活動所激發）（Gorman et al., 2000）。

許多恐慌症病人對於發生另一次發作懷有預期性焦慮,抑制性的神經傳導物質GABA也已被發現涉及預期性焦慮。GABA已知有抑制焦慮的作用,但已被發現在恐慌症病人大腦皮質的一些部位異常偏低（Goddard, et al., 2001, 2004）。

六、心理起因

✿ 恐慌的認知理論

　　恐慌症的認知理論提出，恐慌症患者對他們的身體感覺過度敏感，很容易就賦予這些感覺最可怕的解讀（Beck et al., 1985; D. M. Clark, 1986, 1997）。Clark指稱這種傾向爲災難化（catastrophize），也就是對他們身體感覺的意義作災難化的解釋。例如，個人發展出恐慌症，他可能注意到他的心跳正在加速，就斷定自己是心臟病發作；或注意到他有點頭昏眼花，就認定自己會暈倒，或認爲自己可能有腦部腫瘤。這些令人驚恐的想法可能引起更多焦慮的身體症狀，更進一步爲災難化的想法增添了燃料，導致惡性循環（vicious circle）的成形，進而在恐慌發作上達到頂點（參考圖6.2）。當事人不一定察覺到自己作出這些災難化的解讀，相反的這樣的想法通常剛好在意識領域的門外（Rapee, 1996）。這些自動化思想（automatic thoughts，如Beck所稱謂的）在某種意義上引起了恐慌。雖然至今還不清楚災難化的傾向是如何發展出來，但這個認知模式提出，只有抱持這種災難化傾向的人們，才會繼續發展出恐慌症（D. M. Clark, 1997）。

　　有幾方面的證據支持恐慌症的認知理論。例如，恐慌症患者遠爲可能以災難化方式解讀他們的身體感覺（Teachman et al., 2007），這樣的傾向愈強烈的話，恐慌就愈趨於嚴重（Casey et al., 2005）。這個模式也預測，如果改變他們對自己身體症狀的認知，應該有助於降低或預防恐慌。認知治療法已被發現對恐慌有良好成效，這方面的證據跟這項預測維持一致（D. M. Clark et al., 1994, 1997）。

✿ 恐慌症的綜合學習理論

　　過去幾十年來，恐慌症的綜合學習理論（comprehensive learning theory）已發展出來，它指出初始的恐慌發作是經由內部感覺的制約作用（interoceptive conditioning）（或外部感覺的制約作用），變得與原先中性的內在和外在線索連結起來，導致焦慮受制約於這些CSs，而且恐慌發作愈強烈的話，制約作用的發生將會愈堅定。另一些形式的工具學習和迴避學習可能也牽涉在內，但是在這裡不加以解釋（見Bouton, 2005; Bouton et al., 2001; Mineka & Zinbarg, 2006）。

　　這種焦慮受到與恐慌相關的內在或外在線索的制約作用，因此爲恐慌症三大要素中兩項的發展布置了舞臺：預期性焦慮和（有時候）特定場所畏懼症的恐懼。更具體而言，當人們經歷他們初始的恐慌發作時（令人驚恐的情緒事件，充滿強烈的內部身體感覺），內部感覺和外部感覺的制約作用，可能針對多種不同性質的線索而發生，從心悸亢進到頭昏眼花以迄於購物中心。因爲焦慮受制約於這些CSs，個人對於

恐慌的循環

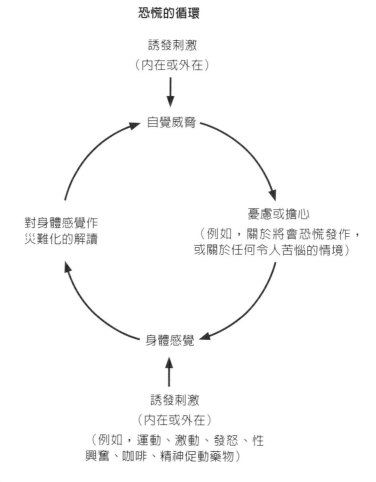

任何性質的自覺威脅可能導致憂慮或擔心，並且伴隨著各種身體感覺。根據恐慌的認知模式，假使當事人因此把他身體感覺的意義災難化，將提高自覺威脅的程度，因此製造更多的憂慮和擔心，也造成更多的身體症狀，而這為更進一步的災難化思想添加燃料，這種惡性循環可能在恐慌發作上達到頂點。初始的身體感覺不一定起源於自覺威脅（如該循環的頂部所顯示），也可能是來自其他來源（運動、發怒、精神促動藥物等，如該循環的底部所顯示）。（摘自Clark, 1986, 1997）

圖6.1 恐慌的循環

會有另一次發作的焦慮性擔憂（特別是在一些情境中）可能就發展出來，就如同對於恐慌發作可能發生的情境的特定場所迴避行為可能在一些亞群的人們身上發展出來。再者，近期的研究已證實，一旦個人發展出恐慌症，當事人對於另一些類似線索的制約反應會顯現較大的類化（generalization）——相較於沒有恐慌症的控制組（Lissek et al., 2010）。在恐慌症患者身上，制約焦慮反應的消退（extinction）也較為緩慢發生——相較於正常的控制組（Michael et al., 2007）。因為消退作用涉及抑制性學習（inhibitory learning），而這似乎在恐慌症中受到損害，這就難怪恐慌症患者也顯現受損的辨別制約學習（discriminative conditioning）——因為他們在學習CS是安全線

索上的能力缺失（Lissek et al., 2009）。

然而，另一種重要的效應是恐慌發作本身（恐慌症的第三項要素）也可能受制約於一些內在線索，這導致當人們無意識地體驗一些內部身體感覺時（CSs），恐慌發作似乎突如其來地發生。這個理論也說明，為什麼不是發生過幾次恐慌發作的每個人，都會繼續發展出恐慌症，而是當人們擁有一些遺傳、氣質或性格，或認知-行為脆弱性時，他們才會顯現焦慮和恐慌二者較強的制約作用（Barlow, 2002; Bouton et al., 2001; Mineka & Zinbarg, 2006）。

安全行為與恐慌的持續

為什麼已發展出恐慌症的人們會繼續有恐慌發作呢？儘管事實上他們對自己將會心臟病發作、死亡及發瘋的預測絕少（如果有的話）應驗。例如，有些恐慌症患者每星期有三或四次的恐慌發作，為期已達二十年；每一次他們都相信自己將會心臟病發作，但是從來不曾真正發生。在經歷過數以百次或千次的恐慌發作，卻不曾心臟病發作後，你可能會認為，從認知的角度來看，這種災難化思想已經這般多次被證實是錯誤的，它最後將會消失才對。然而證據已顯示，這樣的「反駁」不會發生，因為恐慌症患者經常在發作之前或期間會從事安全行為（safety behaviors；諸如緩慢呼吸，或隨身攜帶抗焦慮的藥物），他們因此傾向於把「災難沒有發生」錯誤地歸之於他們著手的這種安全行為，而不是歸之於「恐慌發作實際上不會導致心臟病發作」的觀念。類似地，當人們認為自己可能暈倒時，他們將傾向於倚靠堅固的物體（D. A. Clark, 1997; Salkovskis et al., 1996）。研究已顯示，在治療期間，很重要的是鑑定出這些安全行為，以便當事人能夠學會放棄這些行為，最終看出所害怕的災難依然沒有發生。實際上，很多研究已發現，在認知-行為治療期間要求案主放棄他們的安全行為，確實能夠提升治療的成效（Rachman et al., 2008）。

七、治療

行為和認知-行為的治療

最初之針對特定場所畏懼症的行為治療，是在1970年代早期發展出來，它涉及延長暴露於所害怕的情境，通常是在治療師或家人的協助之下。它的觀念是使得人們逐漸面對他們所害怕的情境，然後獲悉沒有什麼好害怕的。這樣的以暴露為基礎的治療相當有效，協助大約60%-75%的特定場所畏懼症患者顯現臨床上顯著的改善（Barlow et al., 2007）。這些效果在2年到4年的追蹤期仍被普遍良好地維持，但這也表示約略25%-40%患者的改善情形沒有達到臨床上顯著（clinically significant）的程度（Barlow et al., 2002）。

　　這些早期治療的一項限制是它們沒有特別針對恐慌發作來實施。隨著臨床人員逐漸認識到恐慌發作對大部分特定場所畏懼症患者的重要性，1980年代中期有兩種新的技術被發展出來。第一種新技術涉及暴露法的一種變化形式，稱為內部感覺暴露（interoceptive exposure），這表示有意地暴露於所害怕的內部感覺。它的概念是，對這些內部感覺的恐懼，應該以對外在特定情境的恐懼被治療的相同方式來進行治療──也就是說，透過延長暴露於那些內部感覺，以使恐懼可以消退下來。例如，恐慌症患者在治療中被要求從事多種活動（諸如過度換氣、搖晃頭部、原地跑步、摒住呼吸，或攝取咖啡因等等）以引起他們害怕的身體感覺，然後維持那些感覺，直到它們消退下來，從而使得他們習慣化對這些感覺的恐懼。

　　第二種被發展出來的技術是認知重建技術，它是基於認識到災難化的自動化思想可能協助維持了恐慌發作。例如，「恐慌控制治療」（panic control treatmant, PCT）是一種整合性的認知-行為治療法，針對於處理特定場所畏懼症的迴避行為和恐慌發作二者。一般而言，這種整合性的治療程序比起最初之以暴露為基礎的技術（完全集中於對外在情境的暴露），產生較良好效果（Arch & Craske, 2009; D. M. Clark, 1997）。實際上，許多研究已發現，70%-90%的恐慌症患者在8到14個星期的治療結束後不再有恐慌發作，而且效益在1到2年的追蹤期間仍被良好維持（Arch & Craske, 2008; McCabe & Gifford, 2009）。整體而言，這些認知和行為的治療法造成的改善幅度優於使用藥物（Arch & Craske, 2009; Barlow et al., 2002）。再者，這些療法已被擴展，而且顯示對於治療也有夢境恐慌的人們非常有效（Arch & Craske, 2008）。

藥物

　　許多恐慌症患者被開以benzodiazepine類別的抗焦慮藥物，諸如alprazolam（Xanax）或clonazepam（Klonopin），這些藥物的一項主要優點是它們非常快速起作用（30-60分鐘），所以在強烈恐慌或焦慮的急性情境中可能很有效益。然而，這些抗焦慮藥物也可能有相當不良的副作用，諸如昏昏欲睡和鎮靜作用，這可能導致認知和運動的表現受損。再者，這些藥物潛在地相當具有成癮性，表示隨著長期的服用，大部分人將會進展到中度到高度的劑量而發展出對該藥物的生理依賴（physiological dependence），造成當該藥物被停止服用時的戒斷症狀（例如，緊張不安、睡眠障礙、頭昏眼花及更進一步的恐慌發作）。戒除這些藥物可能非常緩慢而困難，而且它促成很高百分比的個案的復發（Pollack & Simon, 2009; Roy-Byrne & Cowley, 2007），這就是為什麼benzodiazepines不再被考慮為首選的治療的原因（Katon, 2006）。

　　在治療恐慌症和特定場所畏懼症上，另一類被派上用場的藥物是抗鬱劑（主要是包括三環抗鬱劑、SSRIs及最新近的血清素-正腎上腺素再吸收抑制劑）。相較於抗

焦慮藥物，這些藥物有其優點及缺點，一項主要優點是它們不會造成生理依賴，而且它們也能減輕任何共存的憂鬱症狀（Pollack & Simon, 2009; Ray-Byrne & Cowley, 2007）。然而，它們通常在被服用大約四個星期後才會有任何助益的效果，所以不太適用於急性的情境（當事人正產生恐慌發作之際）。此外，這類藥物有一些麻煩的副作用（諸如口乾舌燥、便秘及視力模糊——三環抗鬱劑；妨礙性興奮——SSRIs），許多人就因為這些副作用而拒絕服藥或停止服藥。最後，當藥物中斷後，復發率相當高（雖然沒有benzodiazepines類別的藥物那般高）。

今日，SSRIs要比三環抗鬱劑更廣泛被指定為藥方，因為SSRIs普遍對大部分病人來說較能忍受。再者，這兩種藥物普遍較受到醫生們的採用——相較於採用benzo-diazepines（因為相關的風險）（Roy-Byrne & Cowley, 2007）。

那麼結合抗焦慮藥物與認知-行為治療法（CBT）的效果呢？就短期而言，這樣雙管齊下的治療，有時候產生稍微優良的效果——相較於單獨採用任一種治療（Bar-low et al., 2007; Mitte, 2005）。此外，一項研究顯示，那些接受聯合治療的人，顯現較少的藥物副作用和較低的退出率——相較於那些僅服用藥物的人（S. M. Marcus et al., 2007）。然而，就長期而言，當藥物的效果漸減之後（特別是benzodiazepine藥物），那些曾經服藥的案主（聯合或未聯合認知或行為治療法）似乎顯現較大的復發可能性（Arch & Craske, 2008; Barlow et al., 2002; Marks et al., 1993），這或許是因為他們已把他們的獲益歸因於藥物，而不是歸因於他們的個人努力（Basoglu et al., 1994; Mitte, 2005）。有一種藥物已被顯示對於增進恐慌症對CBT的反應頗具前景，就是D-cycloserine，我們已在前面提過，它也能增進特定畏懼症和社交畏懼症的治療速度（Hofmann et al., 2015）。

第六節　廣泛性焦慮症

每個人都會感到擔憂，像是對未來一些事情的焦慮及不確定的狀態。實際上，這是一種適應性的情緒狀態，協助我們為可能的威脅進行規劃及作好準備，但是對一些人來說，他們對許多不同生活層面（包括輕微的事件）的擔憂已變成長期性、過度及不合理。在這些情況中，他們可能被診斷為廣泛性焦慮症（generalized anxiety disor-der, GAD）。DSM-5準則指定在至少六個月期間，當事人發生擔憂的日子必須多於不擔憂的日子，而且當事人必須感到很難控制自己的擔憂（參考DSM-5專欄）。

擔憂在另一些焦慮症中也會發生，但是這種擔憂在GAD中是本質所在。GAD患者最常擔憂的領域是家庭、工作、經濟狀況及個人疾病（Roemer et al., 1997）。他們不僅難以作出決定，而且在他們已設法作成決定後，他們還是不停地（即使已經

躺在床上後）擔憂可能的失誤和不可預見的情況，也許將證實該決定是錯誤的，從而造成災難。我們大部分人會認為，使得自己為一些我們無法控制其結果的事情感到苦惱，是沒有意義的事，但是GAD患者似乎無法領會這樣的邏輯。這就難怪他們就跟憂鬱症患者一樣，經歷類似程度的角色減損和低落的生活品質（Hoffman et al., 2008）。

DSM-5　「廣泛性焦慮症」的診斷準則

A. 對許多事件或活動（諸如工作或學業表現）的過度焦慮及擔憂，為期至少六個月，發生症狀的日子多於沒有症狀的日子。

B. 當事人發現難以控制自己的擔憂。

C. 該焦慮和擔憂牽涉到下列六項症狀中的三項（或更多）：

　　註　兒童只需要一項症狀。

　　1. 坐立不安、感到緊張或心煩意亂。

　　2. 容易疲累。

　　3. 注意力不集中，或腦筋一片空白。

　　4. 易怒（irritability）。

　　5. 肌肉緊繃。

　　6. 睡眠障礙（難以入睡或保持睡眠，或睡眠不安寧、對睡眠不滿意）。

D. 該焦慮、擔憂或身體症狀引起臨床上顯著苦惱，或造成社交、職業或其他重要領域的功能減損。

E. 該困擾無法歸因於某一物質（例如，濫用藥物、臨床用藥）的生理效應，也不是另一種身體病況（例如，甲狀腺機能亢進）所引起。

F. 該困擾無法以另一種精神疾病作更好的解釋。

（資料來源：DSM-5，2013，美國精神醫學會）。

一、盛行率、初發年齡及性別差異

　　大約3%的人口在任何一年期間受擾於GAD，5.7%則在他們生活的某些時候受擾於GAD（Kessler et al., 1994; Kessler, Berglund, Demler, et al., 2005; Kesser, Chiu, et al., 2005）。它也傾向於是慢性的，一項十二年的追蹤研究顯示，GAD患者中有42%在十三年後仍未見緩解（remission），而在那些已緩解的人們中，幾近半數曾經再度發作（Bruce et al., 2005; 也見Hoffman et al., 2008）。50歲之後，GAD似乎從許多人

身上消失（Rubio & Lopez-Ibor, 2007）；然而，它經常傾向於被「身體症狀障礙症」所取代——其特色是身體症狀和健康關注。

　　GAD在女性身上的發生率約爲男性的2倍（參考表6.3）。雖然GAD相當常見，大部分患者設法維持功能（縱使有一些角色減損），儘管他們高度的擔憂和低度自覺的安適（Stein, 2004）。他們較不可能前往診所尋求心理治療——相較於恐慌症或憂鬱症的患者。然而，GAD患者卻經常就一些身體抱怨（諸如肌肉緊繃、胃腸症狀或心臟症狀）現身在內科醫師的診療室　，他們被認爲是過度使用健康照護資源的一群人（就類似於恐慌症患者；Greenberg et al., 1999; Katon et al., 2002）。

　　因爲有60%-80%的GAD患者報告他們幾乎一生中都感到焦慮，其初發年齡通常很難決定；另有許多人報告它是緩慢且不知不覺地發作（Roemer et al., 2002; Wells & Butler, 1997）。然而，研究也已提供佐證，GAD經常好發於較爲年長的成年人，這是他們最常發生的焦慮症（Mackenzie et al., 2011; Stein, 2004）。

二、共存的障礙症

　　廣泛性焦慮症經常與另一些障礙症共同發生，特別是一些焦慮症和情緒障礙症，諸如恐慌症、社交畏懼症、特定畏懼症、PTSD及憂鬱症（Kessler Chiu, et al., 2005; Tyrer & Baldwin, 2006）。此外，許多GAD患者偶爾也發生恐慌發作，但是還不符合恐慌症的診斷（Barlow, 2002）。

三、心理起因

◾ 精神分析論的觀點

　　根據這個觀點，廣泛性焦慮（或游離性焦慮——free-floating anxiety）是起因於自我（ego）與本我（id）衝動之間的潛意識衝突。這樣的衝突因爲個人的防衛機制而未被適當處理，可能是防衛機制的瓦解，也可能是防衛機制不曾發展出來。佛洛依德相信，如果個人的性衝動和攻擊衝動得不到表達，或是當表達時受到懲罰，就會導致游離性焦慮。

◾ 不可預測及無法控制的知覺

　　無法控制及不可預測的嫌惡事件，遠比可控制及可預測的嫌惡事件更具有壓力，所以或許不令人意外地，前者製造更多的恐懼及焦慮（Barlow, 2002a; Craske & Waters, 2005）。這已使得研究學者假設，GAD患者可能曾經在他們生活中感受許多重

要事件為不可預測或無法控制的。例如，個人的上司或配偶擁有不可預測的惡劣心情，經常為了似乎微不足道的原因而發脾氣，這可能置個人於長期的焦慮狀態。

雖然涉及GAD之不可預測及無法控制的事件，通常沒有像涉及PTSD起源的事件那般嚴重及具創傷性，但是一些證據指出，GAD患者較可能在兒童期發生過一些創傷——相較於罹患其他幾種焦慮症的人們（Borkovec et al., 2004; Kendler, Hettema, et al., 2003）。再者，GAD患者很明顯地遠比非焦慮的控制組，對不確定性較不具容忍力（Dugas, Buhr & Ladoucer, 2004），這表示他們特別對於無法預測未來（我們沒有任何人能夠）而感到煩亂（Roemer et al., 2002）。此外，對不確定性的不能容忍度愈大的話，GAD就愈為嚴重（Dugas et al., 2007）。對受擾於強迫症的人們來說，他們似乎也有對不確定性的不能容忍度偏高的情形（例如，Behar et al., 2008），我們稍後將會討論。

◨ 支配感：免疫於焦慮的可能性

一項縱貫實驗以恆河猴為對象，它發現當幼猴在撫養過程中擁有對自己環境的支配感和控制感時，他們日後（7到10個月大時）較迅速適應驚恐的事件，也較容易適應新奇而引發焦慮的情境（Mineka et al., 1986; 也見Craske & Waters, 2005; Mineka & Zinbarg, 2006）。因此，生命早期控制和支配的經驗，能夠在一定程度上使個體免疫於壓力情境的傷害效應。在人類兒童身上，控制和支配的經驗經常也發生在父母-子女關係的背景中；因此，父母對他們子女需求的感應及回應，將會直接影響他們子女支配感的發展（Chorpita, 2001; Craske & Waters, 2005; Mineka & Zinbarg, 2006）。不幸地，對於焦慮的兒童來說，他們父母經常具有侵入、過度控制的管教風格，這只會促成他們子女的焦慮行為——經由使他們認為這個世界是一個不安全的處所，而他們需要保護、他們對之無能為力（Craske & Waters, 2005）。

◨ 擔憂的強化特性

擔憂過程現在被視為GAD的核心特徵，過去二十多年來成為許多研究的焦點。研究人員感到困惑的一個問題是：假如擔憂這麼引發焦慮而令人苦惱，為什麼當事人會繼續擔憂下去？Borkoves及其同事（Behar & Borkovec, 2006）調查兩件事情，一是GAD患者認為擔憂帶來什麼益處，另一是擔憂具有什麼實際功能。GAD患者最常認為擔憂帶來的效益是：

- 迷信的迴避災難（「擔憂使得所害怕的事件將較不可能發生」）。
- 逃避更深層的情緒主題（「擔憂我對大部分事情的憂心是一種轉移注意力的方式，以使自己不必擔憂更情緒化的事項，那些事項是我不願意想起的」）。
- 因應與準備（「擔憂所預測的負面事件，有助於我為它的發生作好準備」

（Borkovec, 1994, pp.16-17; Borkovec et al., 2004）。

　　一些證據指出，對於某一亞群的GAD患者來說，這些關於擔憂的正面信念，在維持高度的焦慮和擔憂上扮演關鍵的角色，特別是在GAD發展的早期階段（Dugas et al., 2007）。此外，關於擔憂實際充當的功能，這方面的研究發現有助於揭露為什麼擔憂歷程是這般自我維持。當GAD患者擔憂時，他們對嫌惡意象（aversive imagery）的情緒反應和生理反應實際上被壓制下來，這種對嫌惡的情緒反應和生理反應的壓制可能充當來強化擔憂的歷程（也就是提高它的發作機率；Borkovec et al., 2004; McLaughlin et al., 2007）。因為擔憂壓制了生理反應，它也使得當事人豁免於充分體驗或處理他正在擔憂的主題，我們已知道，為了使該份焦慮的消退（extinction）得以發生，這樣的充分處理是必要條件，因此，所擔憂主題的威脅意義就被維持下去（Borkvec et al., 2004; Sibrava & Borkovec, 2006）。最後，Borkovec也認為，擔憂歷程在迷信上被更進一步強化，因為當事人擔憂的大部分事情從不曾發生。

✤ 擔憂的負面後果

　　雖然擔憂可能具有強化性，但它的一些效應很明顯是負面的（Mineka, 2004）。例如，擔憂本身肯定不是一種享樂的活動，因為當事人揣想所有可能的災難性結果，它實際上可能導致更大的危險和焦慮的感受（以及較低的正面心境）（McLaughlin et al., 2007）。此外，當人們擔憂一些事情時，他們傾向於隨後會有更多負面的侵入性思想——相較於不擔憂的人。

　　最後，現在有許多證據指出，個人試圖控制思想和憂慮，可能很矛盾地剛好導致個人感受更多的侵入性思想，而且增強了無法加以控制的知覺（Abramowitz et al., 2001; Wells, 1999; Wells & Butler, 1997）。有些弔詭的是，這些侵入性思想可能作用為更進一步的誘因，成為更多擔憂的主題，從而對於擔憂的不受控感受可能就此發展出來，這就是落入這種循環的人在GAD中所發生的情形。如我們已提到，無法控制的知覺也已知牽涉到增高的焦慮，於是，焦慮、擔憂及侵入性思想的惡性循環可能就成形了（Mineka, 2004; Mineka & Zinbarg, 2006）。

✤ 對威脅性訊息的認知偏差

　　GAD患者不僅經常擁有令人驚嚇的思想，他們也以偏差的方式處理有威脅性的訊息，或許是因為他們擁有顯著的危險基模。當威脅和非威脅的線索二者都呈現在環境中時，焦慮的人傾向於把他們的注意力優先擺在有威脅性的線索上；而除非在限定的條件下，否則非焦慮的人不會顯現偏差，他們實際上可能顯現相反的偏差（MacLeod & Mathews, 2012; Mathews & MacLeod, 2005）。再者，這種對威脅線索的注意力，可能發生在訊息處理的很早期階段，甚至是在訊息已進入當事人的意識察覺之

前。假如當事人已經處於焦慮狀態,再把他的注意力自動地集中在環境中的威脅線索的話,這似乎將只會維持該焦慮,或甚至使之更惡劣。此外,近期證據也強烈支持這個觀念:這樣的注意力偏差也在焦慮上扮演致因的角色(MacLeod & Mathews, 2012)。例如,幾項研究已顯示,訓練非焦慮的人對威脅顯現注意力偏差,將導致他們在壓力情境中顯現較大的焦慮升高(Macleod et al., 2002);反過來說,訓練焦慮的人不把注意力放在威脅上,這將導致他們焦慮症狀的減少(MacLeod & Mathwes, 2012)。最後,焦慮的人也較可能想到不好的事情可能會在未來發生(MacLeod, 1999),而且他們有遠為強烈的傾向以有威脅的方式解讀曖昧(含糊)的訊息。

總之,幾個心理社會變項似乎促成了廣泛性焦慮的初始發作以及它的維持,不可預測及/或無法控制的生活事件的經驗,可能製造了焦慮的脆弱性,進而促成現行的焦慮。有些人也相信擔憂具有一些重要的功能,使得擔憂可能實際上受到強化,因為它減弱了生理激發。但是擔憂也具有一些負面後果,包括事實上擔憂引起更進一步的憂慮,而且製造了對於擔憂過程自覺無法控制的感受,更進一步增強了焦慮。最後,焦慮牽涉到對於威脅性訊息的自動化注意偏差和解讀偏差。

四、生物起因

◪ 遺傳因素

雖然GAD的遺傳因素證據有些混合不一,但看起來確實存在適度的可遺傳性,儘管可能略低於大多數的其他焦慮症,除了畏懼症外(Hettema, Prescott & Kendler, 2001)。幾項大型的雙胞胎研究已揭露,遺傳率估計值隨著個人的GAD定義而有所變動,但是罹患GAD的傾向中,大約15%-20%的變異數是出於遺傳因素(Hettema, Neale & Kendler, 2001; Kendler et al., 1992)。

證據逐漸堅定地指出,GAD和鬱症具有共同基礎的遺傳素質(Kendler, Gardnet, et al., 2007)。至於具有GAD及/或鬱症遺傳風險的當事人,究竟會發展成哪一種障礙症,這似乎完全取決於他們擁有的特定環境經驗(非共同的環境)。關於GAD和鬱症這種共同的遺傳素質,至少有一部分最好加以設想為是基本人格特質,即通常被稱為的神經質(neuroticism)—— 當事人易於感受負面的心情狀態(Hettema et al., 2004; Kendler, Gardner, et al., 2007)。

◪ 神經傳導物質和神經激素異常

GABA的功能缺損。1950年代,benzodiazepine類別的藥物被發現減低了焦慮,1970年代則發現這些藥物之所以發生效果是因為激發GABA的作用;GABA是一種神

經傳導物質，它被認為強力涉入廣泛性焦慮（Daivs, 2002; LeDoux, 2002; Nutt et al., 2006）。研究已顯示，高度焦慮的人顯現GABA方面的一種功能缺損，而GABA通常在我們大腦如何在壓力情境中抑制焦慮上，扮演重要的角色。benzodiazepine藥物之所以減低焦慮顯然是經由提升GABA在大腦一些部位（涉及焦慮的部位，諸如邊緣系統）的活動，以及透過抑制壓力激素可體松（cortisol，一種腎上腺皮質醇）。究竟是當事人（焦慮的人）的GABA功能缺損引起他們的焦慮，抑或GABA功能缺損是作為焦慮的後果，我們至今仍不清楚，但我們清楚的是，這種功能缺損促進了焦慮的維持。

更為近期，研究學者已發現另一種神經傳導物質——血清素，它也涉及廣泛性焦慮的調節（Goodman, 2004; Nutt et al., 2006）。目前，GABA、血清素及或許正腎上腺素看起來都在焦慮上扮演一部分角色，但是它們究竟如何交互作用，大致上仍不清楚（LeDoux, 2002）。

促腎上腺皮質釋放激素系統與焦慮。促腎上腺皮質釋放激素（corticotropin-releasing hormone, CRH）也強烈涉及焦慮的引發，它在廣泛性焦慮（及憂鬱）上扮演重要的角色（Leorardo & Hen, 2006; Maier & Watkins, 2005）。當受到壓力或自覺威脅的活化時，CRH刺激ACTH（促腎上腺皮質激素）從腦下垂體分泌出來，ACTH接著引起壓力激素可體松從腎上腺分泌出來（Leonardo & Hen, 2006），使可體松協助身體應付壓力。經由它對「終紋床核」（bed nucleus of the stria terminalis，杏仁體的延伸構造，現在被認為是居間促成廣泛性焦慮的重要腦區；參考圖6.1）的影響，CRH可能在廣泛性焦慮上扮演重要的角色（Davis, 2006; Lang et al., 2000）。

五、治療

■ 藥物治療

許多廣泛性焦慮症的案主求診於家庭醫師，試圖緩解他們的「心神不寧」（nerves，或神經過敏）或焦慮，或緩解他們各種功能上的（心因性的）身體困擾。在這樣的個案上，最經常被使用（有時候則是誤用）的是benzodiazepine（抗焦慮）類別的藥物，諸如Xanax或Klonopin，以便減輕緊張、減少其他身體症狀及放鬆下來。它們對擔憂和其他心理症狀的效果就沒有那麼大，再者，它們可能製造生理依賴、心理依賴及戒斷症狀；因此，它們容易成癮而難以戒除。一種稱為buspirone的新式藥物（來自不同的藥物類別）似乎也頗具成效，而且它既不具鎮靜作用（如昏昏欲睡），也不會導致生理依賴，它對於精神焦慮也具有較大的效果。然而，它可能需要2到4個星期才能顯現效果（Roy-Byrne & Cowley, 2002, 2007）。幾類抗憂鬱

藥物（像是那些用來治療恐慌症的藥物）也在GAD的治療上頗具成效，它們似乎比起benzodiazepines對於GAD的心理症狀有更大效果（Goodman, 2004; Roy-Byrne & Cowley, 2002, 2007），然而，他們也需要幾個星期才能產生適當的療效。

🔳 認知-行為治療

隨著臨床研究人員改良所使用的技術，廣泛性焦慮症的CBT也逐漸變得更具療效，它通常涉及結合行為技術（諸如深度肌肉放鬆訓練）和認知重建技術（針對於消除與GAD相關之扭曲的認知和訊息處理的偏差，也是在降低對輕微事件的災難化）（Barlow et al., 2007; Borkovec, 2006）。GAD最初被認為是焦慮症中最難治療的障礙症之一，且在某種程度上至今仍然如此。然而，臨床人員在這方面已大有斬獲，對許多控制性研究的定量審查顯示，CBT在所測量的大部分症狀上造成顯著改善（Mitte, 2005），採用CBT所帶來的改善幅度至少跟benzodiazepines的效果一樣大，而且它導致較低的退出率（也就是它較能被忍受）。

🔳 第七節 強迫症及相關障礙症

強迫症及相關障礙症（obsessive-compulsive and related disorders）過去在DSM中被分類為一種焦慮症，但是在DSM-5中，它們現在獨立為一個類別的障礙症。這個新的類別不僅包括OCD，而且也包括身體臆形症、儲物症（hoarding disorder）、摳皮症及拔毛症。

一、強迫症

強迫症（OCD）被界定為發生二者，一是強迫思想，另一是強迫行為，這些行為的執行是為了抵消（neutralize）那些強迫思想（參考DSM-5專欄）。強迫思想（obsessions）是指持續而反覆發生之侵入性的思想、意象或衝動，被當事人感受為引起困擾、不合宜及無法控制。人們當懷有這樣的強迫思想時，他們試圖加以抗拒或抑制，或試圖以另一些思想或行動加以抵消。強迫行為（compulsions）涉及外顯的重複行為，以冗長的儀式被執行（諸如洗手、盤查或排序），也可能涉及較為內隱的心理活動（諸如計數、祈禱或默唸一些字句）。OCD患者經常感到被驅使去針對強迫意念執行這種強迫的儀式化行為，而且關於強迫行為應該如何被執行，通常存在非常僵化的規則。強迫行為之所以被執行，其目標是在預防或降低苦惱，或是為了預防一些可怕的事件或情境。OCD經常是最為令人失能的精神疾病之一，因為它導致較低的生

活品質，以及造成大量的功能減損（Stein et al., 2009）。

此外，當事人必須認識到這些強迫思想是他自己心理的產物，而不是由外界所強加（這種情形可能發生在思覺失調症）。然而，強迫症患者對於他們的強迫思想和強迫行為究竟多麼不合理及過激所持的「洞察力」（即綜合而言的「病識感」），存在很大變動（Ruscio et al., 2010），在少數個案上，這種病識感在大部分時間都付之闕如。

DSM-5　「強迫症」的診斷準則

A.出現強迫思想、強迫行為或二者皆有：強迫思想的定義如(1)及(2)：

1.持續及反覆發生的一些思想、衝動或意象，被感受為（在困擾期間的某些時候）是侵入性及非自願的，而且在大部分個案引起明顯的焦慮或苦惱。

2.個案試圖忽視或壓制這樣的思想、衝動或意象，或試圖以另一些思想或行動（也就是，經由執行強迫行為）加以抵消。

強迫行為的定義如(1)及(2)：

1.重複的行為（例如，洗手、排序、檢查）或心理活動（例如，祈禱、計數、默唸一些字句），個案覺得被驅使針對強迫思想或根據一些必須被嚴格施行的規則來作出這些回應。

2.這些行為或心理活動的目的是為了預防或降低焦慮及苦惱，或為了預防一些可怕的事件或情況；然而，這些行為或心理活動，不是以符合現實的方式達成它們預計抵消或預防的事情，或顯然是過度的。

> **註**　年幼兒童可能無法清楚表達這些行為或心理活動的目的。

B.該強迫思想或強迫行為是很耗時的（例如，每天花超過一個小時的時間），或引起臨床上顯著苦惱，或造成社交、職業或其他重要領域的功能減損。

（資料來源：DSM-5，2013，美國精神醫學會）

我們大部分人都發生過輕微的強迫思想，像是我們是否記住鎖好門窗或關掉瓦斯爐。此外，我們大部分人偶爾也從事重複或刻板的行為，諸如檢查火爐、鎖上門窗或跨越紅磚道上的接縫。一項近期的研究發現，超過25%的美國人報告在他們生活的某些時候發生過強迫思想或強迫行為（Ruscio et al., 2010）。然而在OCD上，這樣的思想顯得過激而不合理，遠為執拗而令人苦惱，且相關的強迫舉動嚴重干擾了日常活動。OCD的診斷需要強迫思想和強迫行為耗費每天至少一個小時，而在嚴重的個案上，它們可能花掉當事人大部分的清醒時間。儘管如此，我們有必要指出，正常與異常的強迫意念和強迫行為存在於連續譜上，主要的差異是在強迫意念的頻率和強

度上,以及在強迫意念和強迫行為被抗拒和引人苦惱的程度上(Steketee & Barlow, 2002)。

許多強迫思想涉及對於汙染物恐懼、害怕傷害自己或他人,以及病態的懷疑。另一些較為常見的主題是對對稱(symmetry;例如,要求桌上的雜誌以「完全正確」的方式排列)的關切或需求、性方面的強迫意念,以及關於宗教或攻擊的強迫意念。這些主題在跨文化上和個人一生上相當一致(Steketee & Barlow, 2002)。

當強迫思想涉及暴力或攻擊的主題時,它可能包括妻子執迷於她可能毒害丈夫或子女的想法上;或女兒不停想像她把自己母親推下樓梯。即使這樣的強迫思想很少會化為實際行動,它們對於被糾纏的當事人而言仍然是極度困擾的來源。

OCD患者感到被驅使重複地執行一些舉動,這些舉動經常在他們看來似乎無意義而不合理,且他們有幾分不想要執行。主要有五種類型的強迫儀式:清洗、檢查、默唸、排列/安置,以及計數(Antony et al., 1998; Mathwes, 2009),其中有許多人展現多種儀式化行為。對較少數人而言,強迫行為是極度緩慢地(主要是強迫意念的緩慢)執行各種日常活動(諸如進食或穿衣打扮);對另一些人而言,強迫行為是保持事物完全對稱或「均衡」(evened up)(Mathews, 2009; Steketee & Barlow, 2002)。

清洗儀式有很大變動,從相對上輕微之儀式似的行為(諸如上廁後花費15-20分鐘洗手),以迄於更極端的行為(諸如每天花費幾個小時以消毒劑洗手,甚至達到雙手流血的地步)。檢查儀式也有很大的變動,從相對上輕微的行為(諸如離開家門前需要檢查所有燈光、電器設備及門鎖達二或三次)以迄於非常極端的行為(諸如回到個人認為自己可能撞到行人的十字路口,花費好幾小時檢查想像中的車禍的任何跡象)。清洗和檢查二者儀式通常需要執行一定數量的次數,因此也就涉及反覆計數。強迫行為或儀式化活動的執行通常帶來緊張的減除和滿意的感受,並伴隨一種控制感,雖然這種焦慮減除通常是轉瞬即逝的,這也就是為什麼同樣的儀式需要被一再地重複上演(Purdon, 2009; Steketee & Barlow, 2002)。

二、盛行率、初發年齡及性別差異

大約2%-3%的人在他們一生中的某些時候符合OCD的準則,而大約1%在特定一年中符合準則(Ruscio et al., 2010)。尋求治療的OCD患者中,超過90%的是兼具強迫思想和強迫行為二者(Foa & Kozak, 1995; Franklin & Foa, 2007)。當心理儀式(mental rituals)和像是計數的強迫性也被涵括為強迫行為時,這個數值跳升到98%。

離婚(或分居)及失業的人們在OCD患者中占有稍微偏高的比例(Torres et al.,

2006），這可能不值得訝異，當考慮到這種障礙症在人際關係和職業功能上所製造的重大困境。一些研究的結果顯示，OCD在成年人身上很少或沒有性別差異，這使得OCD相當不同於大部分的其餘焦慮症。然而，一項英國的流行病學研究已發現，性別比值是1.4對1（女性對男性；Torres et al., 2006）。雖然OCD普遍起始於青少年後期或成年早期，但它在兒童身上也並非少見，兒童的症狀則極爲類似於成年人的情形（Poulton et al., 2009; Torres et al., 2006）。兒童期或青少年早期的發作較常見之於男孩（相較於女孩），而且通常與較嚴重的病情有關聯（Lomax et al., 2009）。在大部分情況中，OCD是漸進地發作，但是它一旦成爲嚴重的病況，傾向於是長期性的，雖然症狀的嚴重程度經常隨著時間興衰不定（Mataix-Cols, et al., 2002）。

三、共存的障礙症

OCD經常與另一些焦慮症共同發生，最常見的是社交畏懼症、恐慌症、GAD及PTSD（Kessler, Chiu, Demler et al., 2005; Mathews, 2009）。再者，大約25%-50%的OCD患者在他們生活的某些時候發生憂鬱症，而高達80%發生過顯著的憂鬱症狀（Steketee & Barlow, 2002; Torres, et al., 2006），經常至少部分地是隨著罹患OCD而發生。

四、心理起因

■ 視OCD爲學得的行爲

在解釋OCD的起因上，Mowrer關於迴避學習的雙歷程理論（two-process theory）（1947）是主導的行爲觀點或學習觀點。根據這個理論，中性刺激透過古典制約作用而與令人害怕的思想或經驗連結起來，終至也能引發焦慮。例如，觸摸門把或握手可能與汙染的「害怕」想法連結起來，一旦達成這種連結，當事人可能發現，握手或觸摸門把引起的焦慮可以經由洗手而降低下來。洗手顯著地減輕了焦慮，所以洗手反應受到強化，這使得洗手較可能在未來再度發生——當另一些情境也引起關於汙染的焦慮時（Rachman & Shafran, 1998）。一旦學得之後，這樣的迴避反應極端地抗拒消除（Mineka & Zinbarg, 2006），再者，任何提高焦慮水平的壓力源可能導致動物的迴避反應頻率升高，或導致人類的強迫儀式頻率升高（Cromer et al., 2007）。

Rachman和Hodgson（1980）所執行的幾項經典實驗支持這個理論，他們發現，對大部分OCD患者而言，暴露於誘發他們強迫意念的情境（例如，門把或馬桶墊——對汙染懷有強迫意念的當事人而言）確實引起苦惱，這將延續適當的時間，然後逐漸

消退下來。然而，假使當事人在誘發後立即被容許從事強迫儀式，他的焦慮通常很快地減退（雖然只是短暫的），因而強化了強迫儀式。

因此，這個模式預測，暴露於所害怕的物件或情境應該在治療OCD上有助益，假使該暴露跟隨著儀式行為的預防的話，這使得當事人能夠看清該焦慮終將會自然地平息下來，不需要儀式行為（Rachman & Shafran, 1998）。對於處理OCD最有效的行為治療法（暴露與反應預防的治療）而言，這實際上是它的核心成分。因此，早期的行為模式在協助我們理解什麼因素維持強迫行為上很有益處，而且它也已衍生一種有效的療法。然而，它在解釋為什麼OCD患者首次發展出強迫意念上，以及解釋為什麼一些人從不曾發展出強迫行為上，就不是那般有用處。

認知起因

試圖壓制強迫思想的效應。當正常人試圖壓制不要的思想時（例如，「在10分鐘內不要想起白熊」），他們有時候會自相矛盾地增加這些思想的發生（Wegner, 1994）。如先前提過，「正常強迫思想」與「異常強迫思想」的差別，主要是在於當事人抗拒自己思想的程度，也在於他們認為那些思想不被接受的程度。因此，促成強迫思想（以及經常連結在一起的負面心情）頻繁發生的一項因素是，案主試圖壓制它們──這類似於我們前面討論過，GAD患者試圖控制他們的擔憂，卻是適得其反。

認知偏差及扭曲。認知因素也涉及OCD，更具體而言，OCD患者的注意力偏向與他們的強迫觀念相關之令人不安的題材上，大致上就像發生在其他焦慮症的情形（McNally, 2000; Mineka et al., 2003）。OCD患者似乎難以阻擋負面不相干的輸入或令人分心的訊息，所以他們可能試圖壓制由這份訊息激起的負面思想（McNally, 2000）。如我們已知道，嘗試壓制負面思想可能似非而是地（自相矛盾地）增加它們的發生頻率。這些人也對他們的記憶能力擁有較低的信心（特別是關於他們覺得對之負有責任的情境），這可能促成他們一再地重複儀式化的行為（Cougle et al., 2007; Dar et al., 2000）；另一個促成他們重複行為的因素是，OCD患者在兩方面能力上有所短缺，一是抑制動作反應的能力（Morein-Zamir et al., 2010），另一是抑制不相干（不適切）訊息的能力（Bannon et al., 2008）。

五、生物起因

近些年來，關於OCD的生物基礎的研究大為躍進，從探討它的遺傳基礎到大腦功能的失常，以迄於神經傳導物質的異常。所有這三方面研究累積的證據顯示，生物起因可能在OCD上扮演更強烈的角色──相較於本章所討論的其他障礙症。

遺傳因素

雙胞胎研究的證據已揭露，同卵雙胞胎在OCD上有中等程度的一致率，異卵雙胞胎的一致率則較低。在對14項已發表的研究所施行的審查中，發現所涵括的80對同卵雙胞胎中，有54對在OCD上呈現一致的診斷；至於在29對異卵雙胞胎中，只有9對呈現一致的診斷。這說明了OCD具有中度的可遺傳性，雖然它至少局部是出於非特定的「神經質」素質（Hanna, 2000; van Grootheest et al., 2007）。符合雙胞胎研究的發現，大多數家族研究已發現，OCD案主的一等親在OCD上有3倍到12倍較高的發生率——相較於OCD盛行率的現行估計值（Grabe et al., 2006; Hettema, Prescott, & Kendler, 2001）。最後，證據也顯示，早期初發的OCD具有較高的遺傳負荷量（genetic loading）——相較於後期初發的OCD（Grisham et al., 2008; Mundo et al., 2006）。

OCD與大腦

隨著腦部造影科技的進步，尋找OCD腦部失常的研究在過去三十年來熱烈地展開。這方面研究已揭露，失常主要是發生在一些皮質構造和皮質下構造，諸如基底神經節（basal ganglia）。基底神經節接著在杏仁體之處跟邊緣系統連結起來，邊緣系統可控制情緒的行為。一些研究採用PET掃描，它們已發現OCD患者在前額皮質的兩個部位上有異常偏高的活動，即眼窩前額皮質和扣帶回皮質／腦迴，它們也跟邊緣區域連結起來；OCD患者也在皮質下尾核（caudate nucleus，它是基底神經節的一部分）有異常偏高的活動。這些原始腦部迴路涉及執行一些原始型態的行為，諸如那些涉及性、攻擊及衛生關切（hygiene concerns）的行為。實際上，當症狀透過相關刺激（例如，不潔之物）加以誘發時（即活化強迫思想），這些區域的活動被更進一步增強（Evans, Lewis & Iobst, 2004; Rauch & Savage, 2000）。研究也已顯示，隨著良好治療的施行（經由藥物或行為治療法），這些失常活動至少有一些顯現局部的正常化（Baxter et al., 2000; Saxena et al., 2002, 2009）。因此，眼窩前額皮質的過度活化，再結合眼窩前額皮質、紋狀體／尾核與視丘之間功能不良的交互作用，可能就是OCD大腦功能失常的核心成分。這個迴路的功能失常，使得OCD患者無法展現對感覺、思想及行為的正常抑制（這只有在該迴路適當運轉時才會發生）。

神經傳導物質異常

隨著在1970年代一種稱為clomipramine（Anafranil）的藥物被發現，關於強迫症之起因的藥理學研究有了突破性的進展，clomipramine通常在處理OCD上頗具療效，它與其他三環抗鬱劑有密切關聯，但在處理OCD上更具效果（Dougherty et al., 2007）。研究已顯示，這是因為它對神經傳導物質血清素（serotonin）有更大的效用，而血清素現在已知強烈涉及OCD（Pogarell, Hamann, Popperl, et al., 2003;

Stewart et al., 2009）。再者，其他幾種來自SSRI類的抗憂鬱藥物──諸如fluoxetine〔Prozac（百憂解）〕──也對血清素有相對特異性的效果，它們也已被顯示在處理OCD上有大約同等的療效（Dougherty, Rauch, et al., 2002, 2007）。

OCD之血清素能系統的功能失調的真正本質仍不清楚。現行的證據指出，偏高的血清素活動和一些大腦構造對血清素偏高的敏感性似乎涉及OCD症狀。然而，我們已經清楚的是，血清素能系統（serotonergic systems）的功能失調本身不能充分解釋這種複雜的障礙症。另一些神經傳導物質系統（諸如多巴胺能系統、GABA系統及glutamate系統）似乎也牽涉在內，雖然它們的角色尚未被適切理解（Dougherty et al., 2007; Stewart et al., 2009）。最後，OCD患者必須服用clomipramine或fluoxetine的藥物達至少6到12個星期後才會出現OCD症狀的顯著改善（Dougherty et al., 2002, 2007; Baxter et al., 2000）。

六、治療

◆ 行為與認知-行為治療法

在OCD的治療上，最有效的行為療法稱為「暴露與反應預防」（exposure and response prevention）（Franklin & Foa, 2007; Stein et al., 2009）。暴露成分涉及要求OCD案主重複暴露自己（在引導之下想像，或以直接的方式）於將會誘發他們強迫意念的刺激（例如，對於有汙染恐懼的案主來說，這可能涉及在公共廁所中碰觸馬桶座）。反應預防的成分則是禁止他們從事他們的強迫儀式──他們通常會從事此類行為，以降低他們的強迫意念所引起的焦慮或苦惱。預防這些儀式被執行是這種療法的核心要素，以便案主能夠看清楚，假如他們容許足夠的時間經過的話，他們的強迫意念所製造的焦慮將會自然地消退。這種療法經常聽起來很折磨人，所以通常會先建立起案主的恐懼階層，然後從較易管理的第一步驟開始（例如，碰觸自己的鞋底），再逐漸進展到更為強烈的暴露上（例如，坐在骯髒的公共洗手間的地板上）。

雖然有些人拒絕這樣的療法或很早就退出，但對於堅持下去的案主來說，大部分人顯現50%-70%的症狀減除（Abramowitz et al., 2009; Steketee, 1993）。大約50%有顯著改善或非常顯著改善，另外25%有中等程度的改善，並有大約76%在幾年的追蹤期間仍然維持他們的治療效益，這些成果顯然優於藥物治療所獲致的效果（Abramowitx et al., 2009; Franklin & Foa, 2008）。另有些證據指出，D-cycloserine（該藥物已知有助於恐懼的消除）增進了CBT的效果（Andersson et al., 2015）。最後，一些研究人員表示，暴露與反應預防的療法可以經由添加認知療法而更進一步增進（Abramowitz et al., 2009）。考慮到OCD很少完全地緩解，總是留給案主一些殘

餘的強迫困擾或儀式，這方面的治療顯然需要更為精進。

🎛 藥物治療

儘管其他焦慮症對廣泛的藥物都有感應，OCD似乎對於影響血清素系統的藥物有最佳感應。這些藥物（諸如clomipramine和fluoxetine）可降低OCD症狀的強度，且有大約40%-60%的案主顯現至少25%-35%的症狀減除（相較於安慰劑的4%-5%；Dougherty et al., 2007; Iancu et al., 2000）。有些案主顯現更大的改善，但是大約30%-50%沒有顯現任何臨床上顯著的改善（Mancebo et al., 2006）。在對這些血清素能藥物沒有感應的案主中，大約有1/3服用小劑量的一些抗精神病藥物，可以產生顯著更大的改善（Bloch et al., 2006）。

就如同其他焦慮症，OCD之藥物治療主要的不利之處是，當藥物停止服用後，復發率通常非常高（高達50%-90%；Dougherty et al., 2007; Simpson & Liebowitz, 2006）。因此，許多人若沒有尋求另一些替代的行為療法（這具有較為持久的效益）的話，他們可能必須無限期地維持服用這些藥物。

最後，因為OCD在它最嚴重的形式上是那般重大地妨礙了當事人的生活功能，所以精神科醫師已開始重新檢視一些神經外科手術的有效性，以之處理嚴重而難以治癒的OCD（可能有多達10%被正式診斷為OCD的病人受到這樣的折磨）（Mindus, Rasmussen & Lindquist, 1994）。但在這樣的手術被盤算之前，當事人必須已受擾於嚴重OCD達至少五年，而且必須對任何迄今討論的現行療法（藥物或行為治療）沒有良好感應。幾項研究已顯示，大約35%-45%這些難以治癒的個案，對於神經外科手術有相當良好的反應——針對於破壞跟這種病況有牽連的一些腦組織（Dougherty et al., 2002; Jenike, 2000; Rück et al., 2008）。

七、身體臆形症

身體臆形症（body dysmorphic disorder, BDD）在DSM-IV-TR中被分類為一種身體型障礙症，因為它涉及執著於身體的一些部位。然而，因為它與OCD極為強烈的類似性，所以它在DSM-5中已被移出身體型障礙症之外，改列在「OCD及相關障礙症」的類別之下。BDD患者執著（專注）於他們外觀上一些自覺或想像的瑕疵（perceived or imagined flaw），甚至到了堅定相信自己是毀容或醜陋的地步（參考DSM-5專欄）。這種執著是如此強烈，它引起臨床上重大苦惱，以及社交或職業功能的減損。而雖然不被視為是診斷的必要條件，但大部分的BDD患者有強迫性的檢查行為（諸如過度地在鏡中檢查他們的外觀，或者遮掩或修飾自覺的瑕疵）。另一種很常見的症狀是迴避平常的活動，因為他們害怕他人將會看見該想像的缺陷而拒絕他們；

在嚴重的個案上，他們變得極爲孤立，以至於他們把自己關在房屋中，從不曾外出，甚至也不工作，他們的平均就業率據估計只有大約50%（Neziroglu et al., 2004）。這就難怪，他們平均的生活品質相當差勁（IsHak et al., 2012）。表6.4舉例說明BDD所干擾的活動範圍。

DSM-5 「身體臆形症」的診斷準則

A. 執著於自己身體外觀上一項或多項自覺的缺陷或瑕疵，但是別人無法察覺，或認爲僅是輕微的。

B. 在疾病過程的某些時候，個案針對外觀的擔心展現一些重複的行爲（例如，照鏡子檢查、過度的打扮、摳皮膚、尋求保證及安撫）或心理活動（例如，與他人比較自己的外貌）。

C. 這樣的執著引起臨床上顯著苦惱，或造成社交、職業或其他重要領域的功能減損。

D. 對外觀的執著無法以飲食障礙症個案對自己身體脂肪或體重的關切來作更好的解釋。

（資料來源：DSM-5，2013，美國精神醫學會）

表6.4　BDD干擾生活功能

困擾	BDD患者經歷過困擾的百分比
由於BDD，干擾了社交功能（例如，與朋友、家人或親密關係）	99
因為BDD，在一些期間中迴避幾乎所有的社交互動	95
因為BDD，曾經感到憂鬱	94
因為BDD，干擾了工作或學業的功能	90
因為BDD，曾經想到自殺	63
因為BDD，至少一個星期完全閉居家中	29
因為BDD，至少一次住進精神病院	26
曾經企圖自殺	25
因為BDD，曾經企圖自殺	14
錯過的天數	
因為BDD，錯過的工作天數	52天
因為BDD，錯過的上學天數	49天

（資料來源：摘自Katherine A. Phillips, 2005）

　　BDD患者可能關注身體的幾乎任何部位：他們的皮膚有瑕疵、乳房太小、臉太瘦（或太胖），或青筋外顯而破壞美觀等。一項大型研究發現，較常被自覺缺陷的部位包括皮膚（73%）、頭髮（56%）、鼻子（37%）、眼睛（20%）、腿（18%）、下巴（11%）、乳房／胸部／乳頭（21%）、腹部（22%）、嘴唇（12%）、體格（16%）及臉的大小／形狀（12%）（Phillips, 2005）。我們有必要記住的是，這些不只是我們大部分人對自己外觀所抱持的一般關心，它們遠為偏激，在許多個案上導致完全的執迷和重大的情緒痛苦。有些研究人員評估，大約半數的BDD患者關心他們的外觀已達到妄想的強度（Allen & Hollander, 2004）。另外也需要記住，儘管BDD患者相信自己身體部位有缺陷，但是別人甚至沒有看出這些缺陷，或即使他們看到了，但認為那僅是非常輕微的缺陷，屬於正常的範圍內。

　　BDD患者的另一個共同特徵，是他們經常就自己的缺陷尋求朋友和家人的保證及安撫，但這樣的擔保幾乎只能提供很短暫的緩解及安慰；他們也經常尋求自己的保證，每天無數次地在鏡子中檢查自己的外觀（雖然有些人完全躲開鏡子）。他們經常從事過度的打扮行為，通常設法經由服飾、髮型或化妝以掩飾他們自覺的缺陷（Sarwer et al., 2004）。

❖ 盛行率、初發年齡與性別差異

　　因為經常籠罩著這種障礙症的保密傾向，BDD盛行率的良好估計值很難取得。一些先導的研究學者評估，它不是一種罕見的障礙症，影響約略1%-2%的一般人口，在憂鬱症病人上則升高到8%（Buhlmann et al., 2010; Phillips, 2005; Rief et al., 2006）。BDD的盛行率在男性和女性身上似乎約略均等，雖然他們關注的主要身體部位傾向於有所不同（Phillips, 2005; Phillips & Diaz, 1997）。男性較可能關注他們的性器官、體格及日漸禿頭，至於女性傾向於較為關注她們的皮膚、腹部、胸部、腰部、臀部及腿部（Phillips, Menard, & Fay, 2006）。初發年齡通常是在青少年期，這正是許多人開始專注於自己外觀的時候。BDD患者也很常有憂鬱症的診斷，大部分的估計值都超過50%（Allen & Hollander, 2004），它甚至可能導致自殺企圖或完成自殺（Neziroglu et al., 2004; Phillips & Menard, 2006）。實際上，在幾近200位BDD病人中，Phillps和Menard（2006）發現，80%報告他們產生過自殺意念，而28%發生過自殺企圖。BDD也經常與社交畏懼症和強迫症同時存在，雖然發生率沒有像憂鬱症那般高（Allen & Hollander, 2004; Coles et al., 2006）。這就莫怪，就像OCD，BDD經常與不良的生活品質連結起來（IsHak et al., 2012）。

　　BDD的患者經常現身在皮膚科或整形外科醫師的診所，一項估計指出，超過75%的人尋求非精神科的治療（Phillips, Grant, Siniscalchi & Albertini, 2001）。另一項研究發現，那些尋求整形美容治療的人們中，8%符合BDD的診斷準則（Crerand, Sarwer, et al., 2004），雖然其他研究估計這個數值高達20%（Phillips, 2005）。機敏的醫師將不會答應病人的請託，他們反而會把這些人轉診給臨床心理師或精神科醫師。但經常的情況是，病人的請託被答應了——但不幸地，他們對於整形結果幾乎不會感到滿意；即使他們對於是結果感到滿意，這樣的病人仍然傾向於保有他們BDD的診斷（Tignol et al., 2007）。

✸ 與OCD和飲食障礙症的關係

就像OCD患者，BDD患者也有顯著的強迫意念，而且他們從事各種儀式化行為，諸如尋求保證、照鏡子檢查、拿自己跟別人比較，以及掩飾。再者，他們甚至比起OCD患者更為相信他們的強迫信念是準確的（Eisen et al., 2003）。除了症狀上的這些相似性，它們在可能的起因上也有所重疊，例如，相同的神經傳導物質（血清素）和相同的幾組腦部構造涉及這兩種障礙症（Rauch et al., 2003; Saxena & Feusner, 2006），而且對於OCD起作用的相同幾種療法，也是處理BDD上選的療法（Phillips, 2005）。

有些研究人員注意到BDD與飲食障礙症之間的相似性，特別是厭食症。這兩種障礙症最顯眼的相似性，或許是過度關切及執著於身體外觀、對自己的身體感到不滿意，以及對自己身體一些特徵的扭曲意象（Allen & Hollander, 2004; Cororve & Gleaves, 2001）。然而，我們有必要記住，BDD患者的外觀看起來正常，儘管被糾纏及苦惱於他們外觀的一些層面；對照之下，厭食症患者消瘦，但普遍對於他們外觀的這個層面感到滿意（Phillips, 2005）。

✸ 起因：生物心理社會的探討途徑

什麼引起BDD？我們的理解仍然在初步階段，但近期的研究似乎顯示，生物心理社會的模式提供了一些合理的假說。首先，一項近期的雙胞胎研究發現，「過度關切身體外觀之自覺或輕微的缺陷」是一種中等程度可遺傳的特質（Monzani et al., 2012）。其次，BDD似乎是發生（至少在今日）在把重大價值放在「外表吸引力和美貌」的社會文化背景中，而BDD患者經常抱持以外貌作為他們的首要價值。這表示他們的自我基模（self-schemas）深刻聚焦於這樣的觀念：「假如我的外觀有缺陷，那麼我就沒有價值」（這在一項研究中被60%的病人所贊同）（Buhlmann & Wilhelm, 2004, p.924）。為什麼會發生這種情況？一種可能性是，在許多個案上，當他們身為兒童時，就常因為他們的綜合外觀而受到強化，遠多於因為他們的行為而受到強化（Neziroglu et al., 2004）。另一種可能性是，他們曾經因為自己的外觀而受到嘲弄或批評，這造成嫌惡、羞恥或焦慮受制約於他們對自己身體一些部位的意象。例如，一項以BDD患者為對象的研究發現，56%-68%的病人報告發生過情緒疏失或

情緒虐待，而大約30%報告他們發生過身體虐待、性虐待或身體疏失（Didie et al., 2006）。

此外，不少實徵的證據現在已經證實，BDD患者對於與外表吸引力有關的訊息顯現偏差的注意及解讀（Buhlmann & Wilhelm, 2004）。他們選擇性地注意像是「醜八怪」或「美麗」等正面或負面的字眼，遠甚於他們對其他無關於外貌之情緒性字眼的注意；再者，他們傾向於把模稜兩可的臉部表情解讀為輕蔑或發怒——遠甚於控制組。這些注意及解讀的偏差是否扮演起因的角色，我們迄今還不清楚，但很顯然，假如在處理訊息上懷有這樣的偏差，至少會促使該障礙症（一旦它已發展出來）延續下去。

身體臆形症的治療

許多研究已發現，對於強迫症有效的治療方式，同樣也可用來有效治療BDD（Phillips, 2005）。一些證據指出，來自SSRI類別的抗憂鬱藥物通常也能造成BDD病人中等程度的改善，但也有許多人似乎沒受到助益，或只顯現尚可的改善（Phillips, 2004, 2005）。此外，一種把重點放在「暴露與反應預防」的認知-行為治療法，已被顯示在50%-80%接受治療的病人身上造成顯著改善（Sarwer et al., 2004; Simon, 2002）。這種治療方式側重在暴露於引發焦慮的情境的期間（例如，穿戴一些物件以突顯而不是掩飾該「缺陷」），要求病人檢視及改變對自己身體扭曲的知覺；另外也強調對於檢查反應的預防。治療獲益在追蹤期間普遍地被良好維持（Looper & Kirmayer, 2002; Sarwer et al., 2004）。

八、儲物症

儲物症（hoarding disorder）是一種引人興趣的病況，直到最近十五到二十年以來才引起研究的注意，主要是電視媒體近些年來的大幅報導所致。傳統上，儲物（或囤積）被視為OCD一項特有的症狀，但是這種分類逐漸受到質疑（Mataix-Cols et al., 2010），終至於儲物在DSM-5中被添列為一種新的障礙症。強迫性囤積（作為症狀）發生在大約3%-5%的成年人人口，以及發生在10%-40%被診斷為OCD的人們中（Mataix-Cols et al., 2010; Steketee & Frost, 2004）。儲物症患者收集而不願丟棄許多所有物，儘管這些物件似乎沒有用處或缺乏價值，部分地是因為他們對那些所有物發展出情緒依附（emotonal attachment）。此外，他們的居住場所極為擁擠而凌亂不堪，甚至到了妨礙日常活動的地步，像是霸占了原本作為浴室、廚房及走廊的空間。在嚴重的個案上，當事人實際上被他們所囤積的物品活埋（buried alive）在自己家中。

第七章

情緒障礙症與自殺

我們大部分人都會偶爾感到沮喪，考試不及格、沒有進入第一志願的大學或研究所，以及失戀等都是此類事件的樣例，可能在許多人身上促成低落的心境。然而，情緒障礙症（mood disorders）涉及遠為嚴重的心境變化，也維持遠為長久的期間。在這樣的個案上，心境障礙的強度和持續期間已明顯屬於不良適應的範圍，且通常導致人際關係和工作表現上的嚴重困擾。

第一節　情緒障礙症：總論

情緒障礙症所涉的兩種主要心境是躁狂（mania）和憂鬱（depression）。躁狂的特點是強烈且不符現實之興奮及欣快的感受，憂鬱通常涉及極度哀傷及沮喪的感受；有些人在某些時候經歷這兩種心境，但另有些人只經歷憂鬱狀態。這些心情狀態通常被視為位於心境頻譜（mood continuum）對立的兩端，正常的心情則位於中間地帶。

一、情緒障礙症的類型

我們將首先討論單相憂鬱症（unipolar depressive disorders），當事人只經歷憂鬱發作；然後我們轉到雙相情緒及其相關障礙症（bipolar and related disorders），當事人會經歷憂鬱發作和躁狂發作二者。

最常見的心境障礙是鬱症發作（depressive episode），當事人顯著地憂鬱或失去對原先愉悅活動的興趣（或二者），為期至少兩個星期，以及出現其他症狀，諸如睡眠或食慾的改變，或感到沒有價值（參考DSM-5專欄）。

另一種主要的心境發作是躁症發作（manic episode），當事人呈現極為高昂、欣快或奔放的心情，經常被偶爾爆發的激怒或甚至暴力所打斷——特別是當別人拒絕配合躁狂當事人的願望及規劃時。為了符合這項診斷，這些極端的心境必須持續至少一個星期。此外，當事人在這同一期間必須出現三項（或更多）的額外症狀，從行為症狀（諸如目標導向的活動顯著增加）到心理症狀（自尊心顯著高漲而心理活動可能加速，諸如意念飛躍或思潮奔湧），以迄於身體症狀（諸如睡眠需求減少、心理動作性激動）（參考DSM-5專欄）。

DSM-5 「鬱症」（major depressive disorder）的診斷準則

A. 在至少兩個星期的期間，出現下列症狀中的五項（或更多），造成先前功能的改變；至少有一項症狀是屬於：(1)憂鬱心情；或(2)失去興趣或愉悅感。

　註　不包括很清楚歸因於另一種身體病況的症狀。

1. 憂鬱心情，發生在整天的大部分時間，幾乎每天都如此，如當事人的主觀報告（例如，感到哀傷、空虛或無望）或他人的觀察（例如，看起來像在哭泣）所表明的（註：在兒童和青少年身上，可能是易怒的心情）。

2. 對所有（或幾乎所有）活動明顯降低的興趣或愉悅感，幾乎整天都如此、幾乎每天都如此。

3. 顯著的體重下降（當沒有實施節食時）或體重增加（例如，一個月內體重變化超過5%），或幾乎每天食慾的降低或增加。（註：在兒童身上，需要考慮無法達到預期體重）。

4. 幾乎每天都失眠或嗜眠。

5. 幾乎每天都心理動作性激動或遲緩（別人觀察到，不只是主觀感到不安或緩慢）。

6. 幾乎每天都很疲倦或無精打采。

7. 幾乎每天都感到沒有價值，或懷有過度或不恰當的罪惡感（可能達妄想的程度，不僅是對生病的自責或內疚）。

8. 幾乎每天出現思考能力和專注力的減退，或缺乏決斷力而猶豫不決。

9. 反覆想到死亡（不只是害怕死亡），反覆有自殺意念而無具體計畫，或有自殺的企圖或具體的計畫。

B. 這些症狀引起臨床上顯著苦惱，或造成社交、職業或其他重要領域的功能減損。

C. 這樣的發作無法歸因於某一物質或另一身體病況的生理效應。

　註　準則A到C適用於「鬱症發作」（major depressive episode, MDE）。

E. 從未發生過躁症發作或輕躁症發作。

（資料來源：DSM-5，2013，美國精神醫學會）

在較輕微的形式上，類似性質的症狀可能導致「輕躁症發作」（hypomanic episode）的診斷，當事人產生異常高昂、奔放或易怒的心情，為期至少四天。此外，當事人必須至少有另三項症狀，類似於涉及躁症的那些症狀，只是以較輕的程度出現。雖然躁症發作和輕躁症發作所列的症狀都相同，但是在輕躁症上，社交及職業功能的減損遠為輕多了，通常不需要住院。

DSM-5　「躁症發作」（manic episode）的診斷準則

A. 在一段明顯的時期中，當事人有異常而持續之高昂、奔放或易怒的心情，不斷地執行目標導向的活動，顯得精力充沛，延續至今一個星期，整天的大部分時間都如此，幾乎每一天都如此。

B. 在心情障礙的期間，當事人以顯著程度出現以下症狀中的三項或更多（如果心情只是易怒，則需要四項症狀），表示當事人的平常行為發生明顯的變化：

1. 膨脹的自尊心或誇大（grandiosity）。
2. 睡眠需求減少（例如，只睡眠三小時就感到獲得足夠休息）。
3. 比起平常多話，或不能克制地說個不停。
4. 思緒飛躍（flight of ideas），或主觀地感到思想奔馳。
5. 注意力分散（太容易被不重要或無關的外界刺激所吸引）。
6. 增加目標導向的活動（社交、工作、學業或性生活），或心理動作性激動（psychomotor agitation）（也就是，無意義的非目標導向的活動）。
7. 過度參與於很可能帶來痛苦後果的一些活動（例如，不知節制地大肆採購、隨意的性行為，或貿然的商業投資）。

C. 該心情障礙已嚴重到造成社交或職業功能的顯著減損，或有必要住院以避免傷害自己或他人，或出現精神病的特徵。

（資料來源：DSM-5，2013，美國精神醫學會）

二、情緒障礙症的盛行率

　　情緒障礙症的發生率相當驚人，至少是思覺失調症發生率的15倍到20倍，而且幾乎快接近所有焦慮症加總起來的發生率。在兩種嚴重的情緒障礙症中，鬱症（MDD，只發生鬱症發作，也稱為單相憂鬱症）最常發生，它的發生率在近幾十年來有明顯上升的趨勢（Kessler et al., 2003）。根據NCS-R（一項大型的流行病學的調查），單相憂鬱症的一生流行率幾近17%，十二個月的流行率是幾近7%（Kessler, Chiu, et al., 2005）。在全世界的範圍，情緒障礙症是排行第二最為盛行的障礙症（排在焦慮症之後），跨越不同國家，它的十二個月流行率的分布從1%-10%（WHO, 2004，參考圖7.1）。

　　再者，單相憂鬱症的發生率始終是女性遠高於男性（通常是大約2：1），類似於大多數焦慮症的性別差異（Hasin et al., 2005; Nolen-Hoeksema, 2012）。這些差異發生在全世界的大部分國家中。在美國，這項性別差異起始於青少年期，延續直到大約

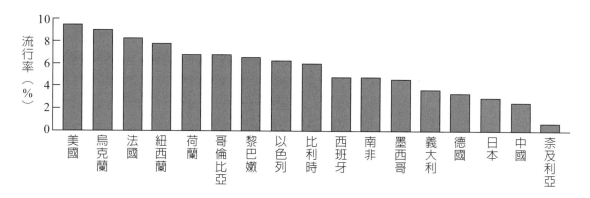

任何DSM-IV情緒障礙症的12個月澌率

圖7.1　情緒障礙症在各個國家的一年流行率

65歲，然後似乎就消失了。即使在學童之中，男孩同樣可能或稍微較可能被診斷為憂鬱症。

　　另一種重大的情緒障礙症是雙相情緒障礙症（bipolar disorder，出現躁症發作和鬱症發作二者），它遠為少發生。NCS-R估計，發展出正統形式的這種障礙症的一生風險是大約1%（也見Goodwin & Jamison, 2007），兩性在流行率上沒有值得注意的差異。

　　在對美國居民的全國性調查中，發現非裔美國人在情緒障礙上的發生率低於歐裔和拉丁美洲裔的美國人，後二者的發生率約略相等（Kessler, Chiu, et al., 2005; Williams et al., 2007）。對比之下，美國原住民擁有顯著偏高的發生率──相較於美國白人（Hasin et al., 2005）。至於在雙相情緒障礙症上，這些族群之間沒有顯著的差異。

　　另一些流行病學研究指出，單相憂鬱症的發生率跟社經地位（SES）成反比關係；這也就是說，較高發生率出現在較低社經族群（Kessler, Chiu, et al., et al., 2005; Monroe et al., 2009）。這可能是因為低社經地位導致逆境和生活壓力（Dohrenwend. 2000; Monroe & Hadjiyannakis, 2002）。然而，儘管較早先的研究指出，雙相障礙症的發生率在較高社經族群中有偏高情形，但是現行的證據（得自審慎控制的研究）卻未發現雙相障礙症與社經階級之間有所關聯（Goodwin & Jamison, 2007）。

　　另一個族群也在情緒障礙症上有偏高的發生率，這個族群包含在藝術領域擁有高度成就的人們。實際上，大量研究已顯示，單相和雙相障礙症（但特別是雙相障礙症）以驚人的頻率發生在詩人、作家、作曲家及藝術家身上（Jamison, 1993; Murray & Johnson, 2010）。Jamison也援引一些有此類創造力的知名人士的資料，以說明他們的多產時期如何與他們疾病的躁期、輕躁期及鬱期共同變動（co-vary）。一種可能的假說是，躁症或輕躁症實際上促進了創作歷程，而且憂鬱的強烈負面情緒體驗為

創作活動提供了素材。一項研究設法探討十九世紀傑出的美國女詩人狄金生（Emily Dickinson, 1830-1886），它為這個假說的後半部提供了支持——也就是說，狄金生在恐慌症和憂鬱症方面的痛苦經驗，為她在那些時期特別高素質的作品提供了觀念及原動力。然而，當詳細分析她在輕躁期的創作情形後，發現她的輕躁症狀提升的是她的動機和產出（output），但不是她的創作力本身（Ramey & Weisberg, 2004）。

第二節　單相憂鬱症

對大部分人來說，對一些事情感到哀傷、沮喪、悲觀及絕望是不陌生的感覺。憂鬱狀態是不愉快的（當我們正感受到時），但它通常不會持續很久，經過幾天或幾星期後就會自行消散，或當它達到一定強度後就會消失。更進一步而言，輕微而短暫的憂鬱可能實際上是「正常的」，而且就長遠的觀點來看可能是適應的，透過讓我們減慢速度，輕微憂鬱有時候使我們不必浪費大量精力於無益地追求不可能達成的目標（Keller & Nesse, 2005）。通常，我們預期當任何人經歷一些痛苦但常見的生活事件時，將會產生正常的憂鬱，諸如一些重大的個人失落、人際失落或經濟損失。

一、鬱症

為了達成鬱症（MDD）的診斷，當事人必須處於「鬱症發作」，而且不曾有過躁症發作、輕躁症發作或混合發作（參考DCM-5專欄）。另外也需要注意，很少有憂鬱症（包括較輕微的憂鬱症）的發生是不存在顯著的焦慮（例如，Merikangas et al., 2003; Mineka et al., 1998; Watson, 2005）。實際上，憂鬱症狀與焦慮症狀的測量之間有高度的重疊，包括在自我報告上和在臨床人員的評定上。在診斷的層面上，憂鬱症與焦慮症之間有很高的共病情形（comorbidity）（例如，Kessler et al., 2007; Watson, 2005）。

◈ 憂鬱症是一種重複發生的障礙症

當從事MDD的診斷時，通常也需要註明這是否為初次且因此是單次（single）發作，抑或它是重複（recurrent）發作（先前有過一次或多次發作的病史）。假如未接受治療的話，憂鬱發作典型持續大約6到9個月。在大約10%-20%的MDD患者身上，症狀已超過兩年而未發生緩解，這樣的實例被診斷為「持續性憂鬱症」（Boland & Keller, 2009; Gilmer et al., 2005）。

雖然大部分的憂鬱發作會緩和下來，但憂鬱發作經常在一些未來時刻重返。這種

症狀的重返可以分成兩個類型：復發（relapse）和再度發作（recurrence，再發）。復發是指症狀在很短期間內重返，這種情況或許反映的事實是：憂鬱症的內在發作尚未走完它的進程（Boland & Keller. 2002; Frank et al., 1991）。例如，當藥物治療被過早地終止時（在症狀已經緩解後，但是在內在發作真正結束之前），復發可能普遍地出現（Hollon & Dimidjian, 2009）。

「再度發作」是指憂鬱症新的發作的開始，發生在大約40%-50%經歷過憂鬱發作的人們（Monroe & Harkness, 2011）。隨著先前發作的次數，也隨著當事人所共存障礙症的數量，再度發作的機率跟著增加。不幸地，對於經歷多次憂鬱發作的人們來說，他們在兩次發作之間經常不是免除症狀的，反而在半數到2/3的時間中會有一些憂鬱症狀（Judd et al., 1998）。再者，在初次憂鬱發作之後，對於那些存有一些殘餘症狀，或伴有重大心理社會功能減損的人們來說，他們更可能將會再度發作——相較於那些症狀完全緩解的人們（Judd et al., 1999; Soloman et al., 2004）。

遍及生命週期的憂鬱症

雖然單相憂鬱症的初發最經常發生在從青少年後期到成年中期，事實上這樣的病情可能在任何時期展開，從兒童早期以迄於老年期。憂鬱症一度被認為不會發生在兒童期，但較近期的研究已在兒童身上發現重度憂鬱，而且據估計大約1%-3%的學齡兒童符合某種單相憂鬱症的準則，另有較少比例的兒童展現輕鬱症（Garber et al., 2009）。如同在成年人的情形，兒童的再發率也很高。

憂鬱症的發生率在青少年期陡然增高——對許多人而言是一個重大動盪的時期。實際上，一項審查已估計，約略15%-20%的青少年，在他們青春歲月的某些時刻受擾於憂鬱症，不到臨床程度的憂鬱影響另外10%-20%的青少年（Avenevoli et al., 2008; Lewinsohn & Essau, 2002），而青少年憂鬱症平均的初發年齡在過去幾十年來有降低的趨勢（Lewinsohn et al., 1993; Speier et al., 1995）。就是在這個時期，憂鬱症發生率的性別差異首度浮現（Hankin et al., 2008; Nolen-Hoeksema, 2012）。憂鬱症在青少年身上的長期效應可能持續至少到進入成年早期——當這樣的人們在許多領域顯現少量但顯著的心理社會功能的減損時，包括在他們的職業生活、他們的人際關係及他們綜合的生活品質（例如，Lewinsohn et al., 2003; Rudolph, 2008）。再者，發生在青少年期的憂鬱症非常可能在成年期再度發作（Avenevoli et al., 2008; Rudolph, 2008）。

憂鬱症也繼續發生在較晚期的生活中，雖然對超過65歲的人們而言，憂鬱症的盛行率顯著較低——相較於較年輕的成年人（Kessler et al., 2010），但老年人的MDD仍然被視為是重大的公共健康問題（Blazer & Hybels, 2009）。不幸地，晚年生活的憂鬱症可能難以診斷，因為它的許多症狀與幾種醫學疾病及失智症的症狀互有重疊

（Alexopoulos et al., 2002; Harvey et al., 2006）。

❖ 鬱症發作的特別註記

有些人符合鬱症發作診斷的基本準則，但他們也具有另一些型態的症狀或特徵，這是當從事診斷時有必要注意的，因爲它們牽涉到更進一步了解該障礙症的進程，以及了解它最有效的治療方式。這些不同型態的症狀或特徵在DSM-5中被稱爲特別註記（specifiers）。DSM-5在鬱症方面檢定出幾種在診斷上需要註明的特別註記，它們是鬱症發作伴隨憂鬱特徵（major depressive episode with melancholic features）、重度鬱症發作伴隨精神病特徵（severe major depressive episode with psychotic features）及鬱症發作伴隨非典型特徵（major depressive episode with atypical features）（參考表7.1）。

表7.1　鬱症發作的特性註記

特別註記	特有的症狀
伴隨憂鬱特徵	下列症狀的三項：清晨過早醒來、憂鬱心情有規律地在早晨惡化、顯著的心理動作性激動或遲緩、食慾不振或體重下降、過度罪惡感、性質上不同的憂鬱心情。
伴隨精神病特徵	妄想或幻覺（通常是符合心情的）；經常有罪惡感，及感到缺乏價值。
伴隨非典型特徵	心情反應性──當面對真正或可能的正面事件時心情隨之開朗；具有下列症狀中的兩項：體重明顯上升或食慾大增、過度睡眠、鉛樣麻痺（leaden paralysis，手臂和腿部感到像鉛一樣地沉重）、持久之對人際拒絕極度敏感。
伴隨季節模式	在過去兩年中，至少有兩次或兩次以上的鬱症發作是發生在每年的同一時期（通常是秋季或冬季），而且每年的同一時期（通常是春季）也必須發生症狀的完全緩解。在相同兩年期間沒有其他非季節型的鬱症發作。

二、持續性憂鬱症

持續性憂鬱症（persistent depressive disorder）──原先稱爲輕鬱症（dysthymic disorder）──的特色是整天的大部分時間都有持續的憂鬱心情，憂鬱心情的天數遠多於非憂鬱心情的天數，爲期至少兩年（對兒童和青少年而言只需一年）。此外，當事人在憂鬱期間必須有六項額外症狀中的至少二項（參考DSM-5專欄）。正常心情的期間可能會短暫出現，但通常只持續幾天到幾個星期（最長不超過兩個月）。這些間歇出現的正常心情，是持續性憂鬱症有所別於MDD的最重要特徵之一。

持續性憂鬱症相當常見，一生流行率據估計是在2.5%-6%之間（Kessler, Ber-glund, Demler, et al., 2005）。持續性憂鬱症的平均存續期間是4到5年，但它可能持

續達二十年以上（Klein et al., 2005）。在7.5年的追蹤期間，慢性壓力已被發現增加了症狀的嚴重性（Dougherty et al., 2004）。持續性憂鬱症通常起始於青少年期，在現身接受治療的病人中，超過50%是在21歲之前初發。一項長達十年的前瞻性研究以97位早發型輕鬱症病人爲對象，它發現74%在十年之內復原，但是在那些復原的病人中，71%復發，大部分的復發是發生在追蹤的大約三年之內（Klein et al., 2006；也見Klein, 2010）。

DSM-5　「持續性憂鬱症」的診斷準則

A. 整天的大部分時間都覺得心情憂鬱，憂鬱心情的天數遠多於非憂鬱心情的天數，爲期至少兩年。

　註　在兒童和青少年，可能是易怒的心情，爲期至少一年。

B. 當感到憂鬱時，出現下列兩項（或更多）症狀：

　1. 食慾不振或過度進食。

　2. 失眠或嗜眠（insomnia or hypersomnia）。

　3. 無精打采或疲倦。

　4. 低自尊及自卑。

　5. 專注力減退或難以做決定。

　6. 絕望的感受（feelings of hopelessness）。

C. 在該困擾的兩年期間（兒童或青少年爲一年），當事人不曾一次超過兩個月沒有出現準則A和B的症狀。

D. 符合鬱症準則的症狀可能會在兩年期間繼續出現。

E. 從不曾有過躁症發作或輕躁症發作，也從未符合循環型情緒障礙症的準則。

G. 該症狀無法歸因於某一物質（例如，濫用藥物、臨床用藥）的生理效應，也不是另一種身體病況（例如，甲狀腺機能減退）所引起。

（資料來源：DSM-5，2013，美國精神醫學會）

三、其他形式的憂鬱

✦ 死別與哀悼的歷程

　　我們通常視哀悼（grief）爲個人在所愛的人死亡後所經歷的心理歷程，而這個歷程似乎對男性來說要比對女性更爲艱辛（Bonanno & Kaltman, 1999）。哀悼通常具

有一些特性。實際上，Bowlby（1980）的經典觀察揭露，個人在失去配偶或親密家人後通常會有四個階段的「正常反應」：

1. 麻木而不能置信，可能持續從幾個小時到一個星期，且可能因為強烈苦惱、恐慌或憤怒的暴發而被打斷。

2. 思慕及尋求已逝者（較類似於焦慮，而不是憂鬱），可能持續幾個星期或幾個月。典型症狀包括不安、失眠及思緒專注於已逝者（或對已逝者感到憤怒）。

3. 混亂及絕望，這是發生在當個人最後接受死別為永久不變的事實時，然後嘗試建立新的身分（例如，身為寡婦或鰥夫），個人在這個階段可能符合憂鬱症的準則。

4. 某種程度的重整（reorganization），當人們逐漸開始重建他們的生活時，哀傷減退下來，對生命的熱情重返。

好幾十年來，這普遍被視為是哀慟的正常模式。正因為展現一些數量的哀傷症狀屬於正常的情況，使得DSM-IV-TR提議，在死別（喪親）後的前兩個月內不適宜作出憂鬱症的診斷，即使所有的症狀準則都符合。然而，這項兩個月的「排除條款」卻在DSM-5中被完全刪掉，引起頗大的爭議。

✤ 產後「心情低落」

雖然你可能認為嬰兒的誕生始終是令人愉快的事件，但是新手母親（偶爾是父親）有時候會發生產後憂鬱（postpartum depression），而已知這對嬰兒的發展會有不利影響（Ramchandani et al., 2005）。以往，一般咸信產後憂鬱症是相對上普遍的臨床現象，但較近期的證據指出，只有「產後心情低落」（postpartum blues）才稱得上相當普遍。產後心情低落的症狀典型包括易變的心境、容易哭泣、哀傷及易怒，通常還混合不少快樂的感受（Miller, 2002; Reck et al., 2009），這樣的症狀發生在高達50%-70%的婦女身上，在她們子女誕生後的十天之內，通常將會自行緩和下來（Miller, 2002; Nolen-Hoeksema & Hilt, 2009）。其中輕躁的症狀也經常被觀察到，混合一些較為憂鬱似的症狀（Sharma et al., 2009）。

研究已發現，相較於同樣年齡和同樣社經地位但並非剛產下子女的婦女，產後婦女沒有如預期的在憂鬱症上有較高的發生率（Hobfoll et al., 1995; O'Hara & Swain, 1996）。因此，一度堅信婦女在產後有特別高的風險發展出憂鬱症，但這樣的觀念並未獲得支持。然而，假如產後心情低落趨於嚴重的話，婦女仍有較大可能性發展出憂鬱症（Henshaw et al., 2004; Reck et al., 2009）。

在產後心情低落及憂鬱上，激素重新調整（Miller, 2002; O'Hara et al., 1991）和血清素能及正腎上腺素能功能的交替（Doornbos et al., 2008）可能扮演一定角色，雖然針對這個議題的證據混合不一。很明顯地，心理成分也牽涉在內，假如新手母親缺乏社會支援，或難以適應她新的身分和責任，產後心情低落或憂鬱將特別有可能

發生。此外，假如婦女有憂鬱症的個人史或家族史，導致她對生產的壓力有偏高敏感性的話，她也較可能發生產後心情低落或憂鬱（Collins et al., 2004; Miller, 2002; O'Hara & Gorman, 2004）。

◆ 經期前情緒低落症

經過多年的探討（也引起不少的爭議），DSM-5在憂鬱症的類別中引進一個新的障礙症，稱為「經期前情緒低落症」（premenstrual dysphoric disorder）。假如女性在過去一年的大部分月經週期中都發生一組症狀的話，就能作出這樣的診斷；特別是，在月經開始的前一個星期中，她必須有下列四項症狀中的一項（或多項）；而在月經開始後的幾天之內，這些症狀必須開始改善；然後在經期結束後，這些症狀轉為極輕微或消失。這四項症狀包括：(1)顯著的情感不穩，諸如心情波動；(2)顯著的暴躁或易怒，或人際衝突增多；(3)顯著的低落心境、絕望的感受或自我貶抑的想法；(4)顯著的焦慮或緊張，或激動的感覺。這個診斷另外列出七項症狀，上述症狀和下列症狀加總起來，個人必須達到五項症狀。這七項症狀包括：(1)對日常活動的興趣降低；(2)自認為專注力降低；(3)昏昏沉沉、容易疲倦或缺乏活力；(4)食慾明顯變化或過度進食；(5)嗜眠或失眠；(6)快要崩潰或失去控制的感覺；及(7)身體症狀，諸如乳房觸痛或腫脹、覺得全身浮腫、體重增加等等。在這種形式的憂鬱中，激素很明顯扮演了重要的角色。

第三節　單相情緒障礙症的起因

在考慮單相情緒障礙症的發展上，研究人員把重點放在生物、心理及社會文化因素的可能角色上。雖然每組因素通常是被個別地探討，最終的目標還是在於了解這些不同性質的起因如何交互關聯，以便發展出生物心理社會的模式。

一、生物起因

人們長久以來就已知道，各種疾病和藥物可能影響心境，有時候導致憂鬱、有時候則導致心情高昂或甚至躁狂。如我們將討論的，在過去半世紀以來，研究人員嘗試為單相障礙症建立起生物基礎，為此他們已考慮廣泛的一系列因素。

◆ 遺傳影響

家族研究已顯示，當個人有臨床上診斷的單相憂鬱症時，他的血親（blood relatives）在情緒障礙症上的盛行率大約是一般人口的2到3倍高（例如，Levinson, 2006, 2009; Wallace et al., 2002）；雙胞胎研究（在關於某一障礙症的遺傳影響力上，這可以提供更具決定性的證據）也指出，MDD有中等程度的遺傳促成，當同卵雙胞胎之一有MDD時，另一位也發展出MDD的機率，大約是同樣情況下的異卵雙胞胎的2倍；而在MDD的傾向上，大約31%-42%的變異數是起因於遺傳影響（Sullivan, Neale, & Kendler, 2000）。對於更嚴重、早發或重複發作的憂鬱症來說，其估計值實質上更高（70%-80%）。然而，值得注意的是，在大多數形式的MDD的傾向上，甚至更多的變異數是起因於非共同的環境影響（也就是家庭成員不共有的經驗）——相較於遺傳因素。

綜合來說，家族和雙胞胎的研究清楚說明了，MDD的致因模式上有中等程度的遺傳促成，雖然遺傳作用不像在雙相障礙症上那般大（Farmer et al., 2005; Goodwin & Jamison, 2007）。不幸地，關於持續性憂鬱症之遺傳促成的證據還很薄弱，因爲很少有研究針對這個主題（Klein, 2008）。最後，研究人員嘗試找出可能負責這些遺傳影響的特定基因，但至今尚未有良好成果，不過已顯露一些曙光（Levinson, 2006, 2009; Wallace et al., 2002）。

神經化學的因素

自1960年代以來，「憂鬱症可能起源於調節腦部神經細胞活動之神經傳導物質的微妙平衡受到破壞」的觀點，受到廣泛的注意，有大量證據指出，通常用來治療嚴重情緒障礙症的各種生物治療法（諸如電痙攣治療和抗憂鬱藥物），其作用就是影響了位於突觸之神經傳導物質的濃度或活動。這樣的早期發現，激勵了關於憂鬱症病原之神經化學理論的發展。

在1960年代和1970年代，研究注意力主要是放在兩種單胺類（monoamine class）的神經傳導物質上——正腎上腺素和血清素；因爲研究人員觀察到，抗憂鬱藥物似乎具有在突觸接合處增加這些傳導物質的可利用性的功效。這項觀察導致了頗具影響力的「單胺假說」（monoamine hypothesis）——憂鬱症有時候是由於這些神經傳導物質，在腦部重要的受納器基座（receptor sites）的絕對或相對的枯竭所致（Schildkraut, 1965），這種枯竭的發生可能是由於突觸前神經元合成這些神經傳導物的能力受損、由於神經傳導物質一旦被釋放到突觸中就加速衰退，或由於突觸後受納器的功能失常所致（Thase, 2009a）。整體而言，目前已知這些神經傳導物質涉及行爲活動、壓力、情緒表達及植物性功能（vegetative functions，像是食慾、睡眠及生理激發等）的調節——所有這些功能在情緒障礙症中是失常的（Garlow & Nemeroff, 2003; Southwick et al., 2005; Thase, 2009a）。

然而，到了1980年代，研究人員已經清楚，沒有這麼直截了當的機制能夠說明憂

鬱症的起因（Krishan & Nestler, 2010）。例如，有些研究已發現與單胺假說所預測的完全相反的情形，尤其在那些重度憂鬱的病人身上（Thase & Denko, 2008）。再者，只有少數的憂鬱症病人擁有偏低的血清素活動，而這些傾向屬於有高度自殺意念和自殺行為的病人。最後，即使抗憂鬱藥物的立即、短期效應，是提高正腎上腺素和血清素的可利用性，但這些藥物長期的臨床效應要直到2到4個星期後才會顯現，這時候神經傳導物質的濃度可能已經正常化。

　　另一些較近期的研究指出，多巴胺功能失常（特別是偏低的多巴胺能活動）在至少一些形式的憂鬱症上扮演重要角色，包括伴隨非典型特徵的憂鬱症和雙相憂鬱症（Krishnan & Nestler, 2010; Thase, 2009a）。

　　過去25到30年來，研究重點是放在各種神經傳導物質的複雜交互作用上（Treadway & Pizzagalli, 2014），幾個整合性的理論已被提出，除了神經傳導物質的角色外，它們也把失常的激素、失常的神經生理型態及生物節律等因素考慮進來（Garlow & Nemeroff, 2003; Thase, 2009a）。

▓ 激素調節系統的異常

　　另有些研究試著探討情緒障礙症的激素起因或相關因素（Southwick et al., 2005; Thase, 2009a），大部分注意力集中於下視丘-腦下垂體-腎上腺（HPA）的軸線上，特別是放在激素可體松上（cortisol，皮質醇），可體松是由腎上腺最外側部位所分泌，經由複雜的回饋環（feedback loop）進行調節。人類的壓力反應與HPA軸線升高的活動有關聯，而HPA軸線部分地受到正腎上腺素和血清素的控制。壓力或威脅的知覺可能導致下視丘的正腎上腺素活性化，這引起促腎上腺皮質釋放激素（CRH）從下視丘被釋放出來，接著引發促腎上腺皮質激素（ACTH）從腦下垂體被釋放出來。然後，ACTH在正常情況下經由血液循環被傳送到腎上腺的腎上腺皮質，可體松就在這裡被釋放出來。升高的可體松活動就短期來說是高度適應的，因為當面臨有生命威脅或壓倒性的生活情勢時，它促進了生存，然而，持續的升高會為有機體帶來傷害，包括促成高血壓、心臟病及肥胖（這些狀況在憂鬱症中也都偏高）（Stetler & Miller, 2011; Thase, 2009a）。目前已知道，在大約20%-40%門診憂鬱症病人中，他們血漿中的可體松濃度有偏高情形，至於重度憂鬱而住院的病人中，這個比例高達60%到80%（Thase et al., 2002）。可體松濃度持續的升高可能起因於增強的CRH活化（例如，在持續壓力或威脅的期間）、增多的ACTH分泌，或回饋機制的失效。

　　研究也已揭示，當憂鬱症病人擁有偏高的可體松時，他們也傾向於顯現記憶減損，以及在抽象思考和複雜的問題解決上發生困擾（Belanoff et al., 2001）。這些認知困擾可能與另一些發現有所關聯，它們顯示可體松延續的升高將會造成海馬迴細胞的死亡——海馬迴是邊緣系統的一部分，重大涉及記憶功能（例如，Southwick et al.,

2005; Thase, 2009a）。另一些研究已顯示，嬰兒期和兒童早期的壓力可能促成長期的變化，增強HPA軸線的反應性，這接著有助於解釋為什麼兒童在早期不利環境中養育，將有較高的風險在日後生活中發展出憂鬱症——當他們暴露於急性壓力源時（例如，Soutywick et al., 2005）。

　　另一個與憂鬱症有關聯的內分泌軸線是下視丘-腦下垂體-甲狀腺的軸線（Garlow & Nemeroff, 2003; Thase, 2009a）。例如，當個人的甲狀腺水平低落時（hypothyroidism，甲狀腺機能減退），他通常會變得憂鬱，而大約20%-30%的憂鬱症病人儘管有正常的甲狀腺水平，仍然顯現這個軸線的失調。再者，有些病人對傳統的抗鬱劑治療沒有感應，但是當施加促甲狀腺釋放激素時（導致升高的甲狀腺激素水平），他們顯現改善情形（Garlow & Nemeroff, 2003; Thase, 2009b）。

神經生理和神經解剖的影響

　　近些年來，神經生理學的研究設法探討較早期的神經學發現，即左側（但非右側）前額葉皮質的損傷（例如，來自中風）經常導致當事人的憂鬱（Davidson et al., 2009; Robinson & Downhill, 1995）。研究人員因此設想，當憂鬱症病人並沒有腦傷時，他們的憂鬱可能仍然與這同一區域偏低水平的腦活動有關聯，一些研究已支持這個觀點。當我們測量憂鬱症病人的大腦兩半球腦波圖（EEG）活動時，我們可以發現，在大腦前額葉區域的兩側出現不對稱或不均衡的EEG活動。特別是，憂鬱症病人在這些區域的左半球上顯現相對偏低的活動，但在右半球上顯現相對偏高的活動（Davidson et al., 2009; Stewart et al., 2010, 2011）。當採用PET神經造影技術時也獲致類似的發現（Davidson et al,, 2009; Phillips et al., 2003）。值得注意的是，緩解中的病人也顯現同樣的型態（Henriques & Davidson, 1990; Stewart et al., 2010, 2011），就連憂鬱症的高危險群兒童也是如此（Bruder et al., 2007）。這些較新近的發現似乎帶來希望，可以作為鑑定高危險群人們的一種方式，包括在初次發作上和在重複發作上。實際上，一項近期的研究已發現，在不曾發生憂鬱症的人們身上，左額葉的不對稱預測了在三年內鬱症（及輕鬱症）的初發（Nusslock et al., 2011）。

　　另一個涉及憂鬱症的腦區是海馬迴，海馬迴已知在學習和記憶上，以及在促腎上腺皮質激素的調節上極為重要。如先前提過，持久的憂鬱可能導致海馬迴容量的減少，可能是由於細胞萎縮或細胞死亡（例如，Koolschijn et al., 2009; Sapolsky, 2000）。此外，在不曾發生憂鬱症但有憂鬱症高風險的人們身上，他們被發現海馬迴容量有縮小的情況，這說明海馬迴容量的減少可能居先於憂鬱症的初發（Chen et al., 2010）。

　　最後，在憂鬱症（及焦慮症）人們身上，杏仁體（涉及對威脅的知覺，也涉及引導個人的注意力）傾向於顯現增強的活化，這可能與他們對於負面情緒訊息偏袒的注

意力有所關聯（Davidson et al., 2009; Disner et al., 2011; Phillips et al., 2003）。

睡眠與其他生物節律

　　雖然打從開始探討憂鬱症起，研究人員就已注意到憂鬱症患者有睡眠障礙的現象，但是直到最近，這些研究發現才與生物節律（biological rhythms）更總括的障礙建立起關聯。

　　睡眠。睡眠依其特性可被區分為五個階段，這五個階段在整個夜晚以相當不變的順序發生（第一到第四階段是非REM睡眠，第五階段則為REM睡眠）。REM睡眠的特色是快速眼動和作夢，也涉及其他身體變化。第一次REM階段通常直到接近第一次睡眠週期的尾端時才開始發生，大約是進入睡眠的75-80分鐘後。這個正常的睡眠-清醒週期被認為受到下視丘之交叉上核（suprachiasmatic nucleus）的調節（Steiger, 2007; Thase, 2009a）。憂鬱症患者顯現各種睡眠困擾，從清晨過早醒過來、在夜間斷續地醒過來（不良的睡眠維持），以迄於難以入睡，這樣的困擾發生在大約80%的住院憂鬱症患者身上，以及發生在大約50%的門診憂鬱症患者身上，並且在伴隨憂鬱特徵的病人身上特別明顯。

　　此外，一些研究採用EEG記錄，他們發現許多憂鬱症患者在入睡僅60分鐘或更短時間後就進入第一次的REM睡眠期（亦即，比起非憂鬱症患者提早15-20分鐘），而且在前半夜也顯現較大量的REM睡眠；他們快速眼動的強度和頻率也高於非憂鬱症患者（Tsuno et al., 2005），因為這是夜間大部分深度睡眠（階段三和四）通常發生的時期，所以憂鬱症患者的深度睡眠數量也遠低於正常情形。一是進入REM睡眠較短的潛伏期，另一是較少量的深度睡眠，這二者通常居先於憂鬱症的開始發作，且延續到復原之後，似乎暗示它們可能是某些形式憂鬱症的脆弱性（易罹性）指標（Hasler et al., 2004; Thase et al., 2002）。

　　晝夜節律。人類擁有許多晝夜（二十四小時，或每日）的週期，身體用以適當地應對變動的環境（例如，睡眠-清醒週期，移位活動週期）。這些晝夜節律（circadian rhythms）受到兩個相關的中樞「振盪器」（oscillators）的控制，振盪器的作用就像是內在的生理時鐘（biological clocks）。研究已發現，憂鬱症患者的所有這些節律呈現一些異常，包括心境、睡眠、食慾及社交互動的強烈變化。雖然心理學家仍然致力於理解晝夜節律的異常究竟如何促成憂鬱症的症狀，但很顯然的是，晝夜節律、人類壓力反應與像是憂鬱症的疾病之間是密切關聯的（Landgraf et al., 2014）。

　　陽光與季節。另一種相當不同性質的節律異常或失調，見之於季節型情感障礙症（seasonal affective disorder），大部分病人似乎對環境中所供應光線的總量有敏感反應（Oren & Rosenthal, 1992）。大多數人（但不是全部）在秋季和冬季變得憂鬱，然後在春季和夏季就又正常化（Goodwin & Jamison, 2007）。動物研究也已佐

證，許多基本功能（諸如睡眠、活動力及食慾）的季節性變化，與白天的光照量有關聯，也就是夏季的光照量遠多於冬季，除了在靠近赤道處之外。對於符合季節型模式的憂鬱症患者而言，他們通常顯現食慾增加和過度睡眠，而不是食慾減退及失眠（Howland & Thase, 1999）。他們在晝夜週期上也有清楚的失常情形，呈現稍弱於二十四小時的模式——相較於正常人們（Teicher et al., 1997）。大量針對季節型情感障礙症的研究已被執行，它們支持有控制地暴露於光線的治療效益（即使是人工光線），這之所以奏效可能是經由重建了正常的生物節律（Fava & Rosenbaum, 1995; Goodwin & Jamison, 2007）。雖然抗憂鬱藥物可能也有助益，但是長期來看，採用光線治療更具成本效率（Cheung et al., 2012）。

二、心理起因

對大部分的單相情境障礙症而言，心理起因的證據至少跟生物因素的證據一樣強烈。然而，很有可能的是，至少一些心理因素（諸如壓力生活事件）的效應，是受到它們所啟動的一連串潛在生物變化所居間促成。壓力源可能產生作用的方式之一是透過它們對生化平衡和激素平衡的影響，以及透過它們對生物節律的影響（Hammen, 2005；Monroe, 2008）。

▨ 壓力生活事件作為起因

環境壓力源已知涉及多種障礙症的初發，從一些焦慮症以迄於思覺失調，但是它們的角色還是在單相憂鬱症的案例上受到遠為透澈的探討。許多研究已顯示，重大壓力的生活事件，經常是作為單相憂鬱症的催化因素（Hammen, 2005; Monroe et al., 2009）。

在涉及促發憂鬱的壓力生活事件中，大部分是與失去所愛的人、對重要親密關係或對個人職業的重大威脅，嚴重經濟困境或重大健康困擾等有所關聯（Monroe et al., 2009）。例如，與重要他人的生離死別（因為離婚或死亡）與憂鬱症之間有強烈相關，雖然這樣的失落也傾向於居先另一些障礙症，諸如恐慌症和廣泛性焦慮症（Kendler, Hettema, et al., 2003; Kessler, 1997）。關涉羞辱成分的一些失落也可能特別有強勢力。當配偶罹患重症時，諸如阿茲海默症（老人失智症），照顧配偶的壓力也已知與一些障礙症的發作有密切關聯，包括憂鬱症和廣泛性焦慮症二者（Russo et al., 1995）。

研究學者在壓力生活事件之間施加一項重要的區分，一是無涉於個人行為和性格的壓力生活事件〔即獨立生活事件（independent life events），諸如因為個人的公司關閉而失去工作，或個人的宅邸在颶風中嚴重受創〕，另一是可能至少部分地是由憂

鬱的當事人的行為或性格所招致的事件〔從屬生活事件（dependent life events）〕。例如，憂鬱症患者有時候是因為他們不良的人際問題解決能力（諸如無法解決與配偶或子女間的衝突），才會招致壓力生活事件，而這種不良能力通常與憂鬱症有關。不良的問題解決接著導致較高水平的人際壓力，這再接著導致更進一步的憂鬱症狀。至今的證據顯示，從屬生活事件在憂鬱症的發作上扮演更強烈的角色——相較於獨立生活事件（Hammen, 2005; Kendler et al., 1999a）。

因為憂鬱症患者對於自己和對於周遭世界抱持截然的負面觀點，這使得關於壓力與憂鬱發作的研究更形複雜化（Beck, 1967; Clark, Beck & Alford, 1999）。因此，他們自己對壓力的知覺可能至少在某種程度上是起因於他們障礙症的認知症狀，而不是引起了他們的障礙症（Dohrenwend, 2006; Monroe, 2008; Monroe & Hadjiyannakis, 2002）。這也就是說，他們悲觀的態度可能導致他們評價事件為具有壓力，但獨立的評定人員（或正常的人們）將不會作這樣的評價。

許多研究採用較為精巧的生活壓力的測量（而不是完全依賴憂鬱症患者對事件的壓力程度的自我報告），像是以訪談為依據的技術，較近期針對這些研究的幾項審查顯示，重大壓力的生活事件在大約20%-50%的個案上，扮演致因的角色（最經常是在該事件發生後的一個月左右之內）（Hammen, 2005; Monroe & Harkness, 2005）。再者，對憂鬱症患者而言，當他們經歷壓力生活事件時，他們傾向於展現較嚴重的憂鬱症狀——相較於那些沒有經歷壓力生活事件的病人（Monroe & Hadjiyannakis, 2002）。在初次憂鬱發作的病人身上，這種重大壓力的生活事件與憂鬱症之間關係更是遠為強烈——相較於那些經歷重複發作的病人（Kendler, Thorton & Gardner, 2000）。事實上，根據Monroe和Harkness（2005）的估計，大約70%初次憂鬱發作的病人發生過最近的重大壓力生活事件，至於重複發作的病人則只有大約40%發生過最近的重大生活事件。

❖ 單相憂鬱症之不同類型的脆弱性

性格和認知的素質。研究人員大致上同意，神經質（neuroticism）是作為憂鬱症（以及焦慮症）之脆弱因素的主要性格變項（Klein et al., 2009; Zinbarg et al., 2011）。神經質或負面情感性（negative affectivity）是一種穩定及可遺傳的人格特質，涉及對負面刺激先天的（氣質上的）易感性。因此，當人們擁有高度的這種特質時，他們易於感受廣泛的負面心情，不僅是哀傷，也包括焦慮、罪疚及敵意等。再者，幾項研究也已顯示，神經質預測了較多壓力生活事件的發生（Kendler, Gardner & Prescott, 2003; Uliaszek et al., 2012）。除了作為脆弱因素，神經質也與從憂鬱症完全復原之較差的預後（prognosis）有關聯。最後，一些研究人員把憂鬱症的性別差異歸因於神經質的性別差異（Kendler et al., 2002; Sutin et al., 2010）。

　　另一些較有限的證據指出，高度的內向（introversion，或低度的正面情感性）可能在憂鬱症上也充當脆弱因素，不論是單獨作用，或是在跟神經質的結合之下（Watson et al., 2005）。正面情感性涉及的性情是感到喜悅、充滿活力、勇敢、自豪、熱情及自信；當人們在這種性情上偏低時，他們傾向於感到缺乏熱情、不具活力、遲鈍、平淡及厭倦。因此，不致於驚訝，這可能使得他們較易於發展出臨床憂鬱，雖然這方面的證據極為混合不一。

　　在憂鬱症的認知素質（cognitive diatheses）探討方面，研究焦點普遍是放在特定的負面思考模式上，這些模式使得有憂鬱傾向的人當面臨一件或多件的壓力生活事件時，較可能變得憂鬱。例如，有些人傾向於把負面事件歸之於內在、穩定及全面（global）的原因，他們將較易於變得憂鬱——相較於把同一事件歸之於外在、不穩定及專對（specific）原因的人們（Abramson et al., 2002）。當在考試上拿到低分時，悲觀或憂鬱的歸因可能是「我太笨了」；但對於同一事件，較樂觀的歸因可能是「老師有意出困難的考題，以使我們了解我們需要更為用功」。

　　早期逆境作為一種素質。早期環境的一連串逆境（諸如家庭動盪不安、父母心理病態、身體虐待或性虐待，以及另一些侵入、嚴厲及專制的父母管教）可能製造了在憂鬱症上短期及長期的脆弱性（易罹性）。這樣的因素之所以發生作用（至少部分地），是因為提升了個人在成年期對壓力生活事件的易感性，類似的發現也已在動物身上被觀察到（Slavich et al., 2011）。這樣早期環境逆境的長期效應，可能是由二者所居中促成，一是生物變項（諸如下視丘-腦下垂體壓力反應系統調節上的變動），另一是心理變項（諸如低落的自尊、不安全的依附關係、難以跟同儕建立關係，以及悲觀的歸因）（Goodman & Brand, 2009; Harkness & Lumley, 2008）。然而，我們也有必要了解，許多人經歷早年的不利處境仍然保有復原力；而且，假使暴露於早期逆境是適度的，而不是很嚴厲的話，這還可能發生一種壓力預防接種的效果，使得當事人較不容易受到日後壓力的不良影響（Parker et al., 2004）。這些壓力接種效應的達成，似乎是透過增強了對後來壓力源的社會情緒抵抗力和神經內分泌抵抗力。

心理動力論的觀點

　　根據心理動力的模式，源自童年的潛意識衝突和敵對感受，在憂鬱症的成形上扮演重要角色。佛洛依德特別感到印象深刻的是，憂鬱人士所展現強烈的自我批評和罪惡感，他相信這種自我譴責的來源是憤怒，原先是指向另一個人，後來則內轉而針對自己。這種憤怒牽涉到童年一些特別強烈而依賴的關係，諸如父母-子女關係，但是個人的需求或期待在這種關係中沒有得到滿足，於是在成年期的重大失落（不論是真正、想像或象徵的）重新活化了敵對及憤怒的感受，但此時是針對個人的自我（ego），進而製造了憂鬱症特色的自我譴責。

❖ 行為理論

在1970年代和1980年代，行為傳統的幾位理論家發展憂鬱症的行為理論，指出人們變得憂鬱是當他們的反應不再產生正強化時，或當他們負面經驗的頻率增加時（Ferster, 1974; Lewinsohn & Gotlib, 1995）。這樣的理論符合一些研究發現，它們顯示憂鬱症病人確實接受較少的言語強化及社交強化（不論是來自他們的家人或朋友）──相較於不處於憂鬱狀態且也承受較多負面事件的人們。再者，他們擁有較低的活動水平，而他們的心境似乎隨著他們的正面及負面經驗的頻率而變動（Lewinsohn & Gotlib, 1995; Martell, 2009）。然而，雖然這樣的發現跟行為理論保持一致，但它們並未顯示憂鬱症是這些因素所「引起」。反而，很可能是憂鬱症的一些主要症狀（諸如悲觀和缺乏活力）引起憂鬱症病人經歷較低頻率的強化，這接著可能有助於維持憂鬱狀態。引人興趣的是，受到這些行為理論的啟發，一種新式的行為治療法（行為活化治療）似乎已成為憂鬱症的有效療法（Dimidjian et al., 2011; Martell, 2009）。

❖ 貝克的認知理論

自1967年以來，貝克（Aaron Beck）的理論一直是關於憂鬱症之最具影響力的理論之一。貝克原先是一位精神病醫師，他對自己在執業早期所持憂鬱症的心理動力論感到幻滅，從而開始發展他自己的憂鬱症的認知理論（Beck, 1967, 2005）。當時，憂鬱症最突顯的症狀普遍被認為是情感或心境的症狀，但是貝克推斷，憂鬱症的認知症狀通常居先於情感或心境的症狀，而且引起了情感或心境的症狀，而不是反過來的關係（參考圖7.2）。例如，假使你認為自己是一個失敗者，或認為自己長得難看，那麼這些想法將會導致你憂鬱的心情實在是不足為奇。

經過這些年來，貝克的理論（一種素質-壓力理論）已變得更為精緻化，但仍然保有它的基本理念，即負面認知居於核心地位。首先，貝克主張個人持有潛在的致憂鬱基模（depressogenic schemas）或功能不良信念（dysfunctional beliefs），它們是僵化、偏激及不具建設性的一些信念。功能不良信念（當事人通常意識上察覺不到）的例子之一是，「假使沒有人喜歡我，那麼我的生命就沒有價值」。根據認知理論，當個人抱持這樣的信念，如果他又察覺到社會排斥的話，他將傾向於發展出憂鬱症。另一個例子是，假使個人抱持這樣的功能不良信念，「如果我不能圓滿成功的話，我就是一無是處的人」，當他感到挫敗時，他將易於發展出負面思想和憂鬱情感。

這些引發憂鬱的信念或基模被認為是在兒童期和青少期發展出來，隨著個人跟自己父母和重要他人負面的相處經驗而產生，而且它們被認為具有潛在素質（或脆弱性）的作用以發展出憂鬱症（Beck, 1967; Ingram et al., 2006; Morley & Moran,

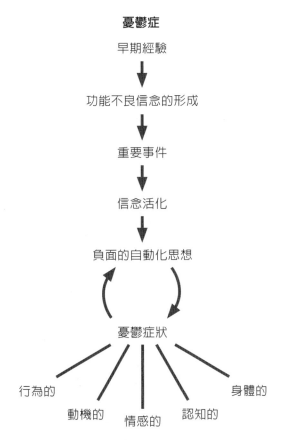

憂鬱症

早期經驗

↓

功能不良信念的形成

↓

重要事件

↓

信念活化

↓

負面的自動化思想

憂鬱症狀

行為的　　　　　　　　　　　身體的

動機的　　情感的　　認知的

根據貝克的憂鬱症認知模式，某些性質的早期經驗可能導致功能不良假設的形成，使得當事人在後來的生活中容易受到憂鬱症的侵犯──假使一些重大事件（壓力源）活化那些假設的話。一旦被激活，這些功能不良的假設將會引發自動化思想，接著就引起憂鬱的症狀──這更進一步為憂鬱的自動化思想添加燃料（摘自Fennell, 1989）。

圖7.2　貝克的憂鬱症認知模式

2011）。雖然功能不良信念在缺乏重大壓力源的情況下可能潛伏（休眠）多年，但是當它們被當前的壓力源或憂鬱心情所激活時，它們傾向於為現行的思考模式供應燃料，製造了負面自動化思想（negative automatic thoughts）的模式──這樣的思想通常剛好發生在意識表面之下，包含一些不愉快、悲觀的預測。這些悲觀預測傾向於集中在三個主題上，貝克稱之為負面認知三部曲（negative cognitive triad）：(1)對自我的負面思想（「我很醜陋」、「我沒有價值」、「我是一個失敗者」）；(2)對世界的負面思想（「沒有人關愛我」、「人們都惡劣對待我」）；及(3)對未來的負面思想（「這是沒有希望的，因為事情就是會那樣發生」）（Clark & Beck, 1999；參考圖7.3）。

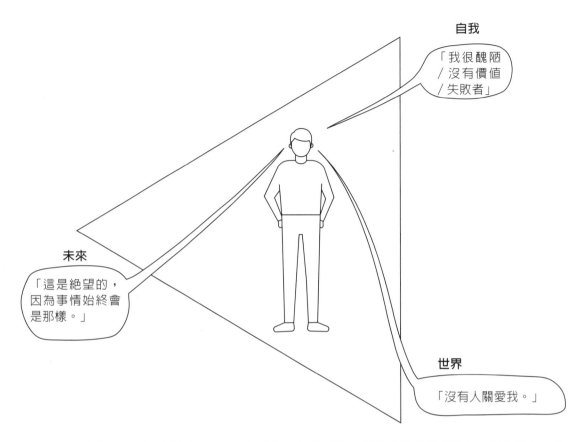

貝克關於憂鬱症的認知模式描述一種負面自動化思想的型態。這些悲觀預測聚焦在三個主題上：自我、世界及未來。

圖7.3 負面認知三部曲

貝克也假定，負面認知三部曲傾向於透過各種負面的認知偏差或認知失誤而被維持下來（也見Scher et al., 2005），每種都涉及以偏誤的方式，處理跟自己有關聯的負面訊息。這方面的樣例包括：

• 二分法或全有或全無式的推理（dichotomous or all-or-none reasoning）。這涉及偏激的思考傾向。例如，一位學生可能說，「除非我在考試上拿到A，否則就完全沒有意義」，他顯然漠視或低估自己不盡完美的表現。

• 選擇性摘錄（selective abstraction）。這是指個人傾向於把焦點放在所處情境的某個負面細節上，卻忽視該情境的其他要素。例如，有些人會說，「我今天沒有片刻感到愉快或歡樂」，這並不是因為他真正如此，而是因為他選擇性地只記得發生過的負面事情。

• 武斷的推論（arbitrary inference）。這涉及只根據薄弱證據或在沒有證據的情

況下，就馬上跳到結論上。當認知治療師初次指派家庭作業卻沒有奏效後，憂鬱症患者可能會說，「這種治療將永遠不會在我身上產生效果」。

• **過度類推**（overgeneralization）。這是指個人在一些事件上的負面經驗卻被類化為通則，進而影響了未來行為。例如，有些人可能會這麼想，「因為Alfred和Bertha對我感到不悅，所以我的所有朋友們必然不喜歡我，他們將不願意在任何事情上跟我共事了。」（摘自Fennell, 1989, p.193）

你不難看出這些認知扭曲如何有助於維持負面認知三部曲。換句話說，就你對於你自己、你的世界及你的未來的觀點上，假使你在這幾方面的思想內容已經是負面的，而且你還傾向於低估發生在你身上的良好事情，或根據薄弱的證據就導致負面結論的話，這些負面思想將不太可能消失。此外，就如潛在的功能不良信念（諸如，「假使沒有人喜歡我，那麼我的生命就沒有價值」）被激活時所引發負面認知三部曲那般，負面三部曲所引起的負面（消極）思考，也被利用來強化那些潛在信念。因此，認知理論的這每一種成分具有彼此強化的作用（如圖7.2所顯示）。再者，這些負面思想可能引致憂鬱症的另一些症狀，諸如哀傷、沮喪及缺乏動機。

✤ 憂鬱症的無助理論及絕望理論

正當貝克的理論是脫胎於他的臨床觀察和研究時（根據他在憂鬱症患者身上所看到蔓延的負面思考模式），憂鬱症的「學得無助感」理論則是起源於在動物研究實驗室所進行的觀察。Martin Seligman（1974, 1975）率先提出，學得無助感（learned helplessness）這種實驗室現象，可能提供了憂鬱症之有效的動物模式。1960年代後期，Seligman及其同事們（Maier, Seligman & Solomon, 1969; Overmier & Seligman, 1967）注意到，實驗室的狗首先被暴露於不可控制的電擊，稍後當這些狗被安置在牠們能夠控制電擊的情境中時，牠們卻以消極（不抵抗）而無助的方式展現舉止。但是對於原先暴露於等量但可控制電擊的動物而言，牠們稍後毫無困難就學會控制該電擊。

Seligman及其同事們發展出「學得的無助」假說以解釋這些效應，該假說指出，當動物或人類發現牠們無法控制嫌惡事件時（諸如電擊），牠們可能學到自己是無助的，這使得牠們缺乏動機，不願意在未來試圖加以應對，因此牠們展現被動、消極及甚至憂鬱的症狀。牠們也較慢才學會，假使牠們真的採取任何反應的話，是會有效的，這就類似於在人類憂鬱症上的負面認知心向（cognitive set）。這些在實驗室觀察到的現象（動物看起來像是陷入憂鬱狀態）引起Seligman的注意，最終使他提出憂鬱症的學得無助感模式（Seligman, 1974, 1975）。隨後的研究證實，無助的動物也顯現其他憂鬱症狀，諸如較低水平的攻擊性、食慾減退、體重降低，以及單胺神經傳導物質濃度的變化。在證實學得的無助也發生在人類身上後，Seligman進一步提出，

學得的無助可能也作爲人類某些憂鬱症的基礎。這也就是說，當人們面臨壓力生活事件，而他們對該事件無力控制或束手無策時，他們可能發展出一種症候群，就像是在動物身上所看到的無助症候群。

　　重新闡述的無助理論。許多研究針對於探討人類的無助，使得無助理論（helplessness theory）進行一些重大修正，特別是關於人類當面臨不可控制事件時所展現的一些複雜特性（Abramson, Seligman & Teasdale, 1978）。Abramson及其他學者特別提出，當人們（或許不同於動物之處）面對不可控制的負面事件時，他們會問自己爲什麼，而他們從事什麼性質的歸因（attributions）接著就是他們是否變得憂鬱的核心所在。這些研究學者提出人們當從事歸因時，所依循的三個重要維度：(1)內在／外在；(2)全面性／專對性；及(3)穩定／不穩定。他們表示，對負面事件之致憂鬱或悲觀的歸因是一種內在、穩定及全面性的歸因。例如，假使妳的男朋友對妳不好，而妳的結論是，「那是因爲我長得不好看，而且令人厭煩」，妳將大爲可能會變得憂鬱——相較於假使妳的結論是，「那是因爲他今天心情很惡劣，而他把脾氣發洩在我身上。」

　　Abramson及其同事（1978）也假定，對於抱持相當穩定而一致之悲觀歸因風格（pessimistic attributional style）的人們而言，當面臨不可控制的負面生活事件時，他們有發展成憂鬱症的素質或脆弱性。這種認知風格似乎（至少部分地）是透過社會學習而發展出來（Alloy, Abramson, Smith, et al., 2006）。例如，兒童可能透過觀察及仿傚他們父母所作的推論而學得這種認知風格。此外，父母可能就發生在他們子女身上的負面事件，傳達他們對此類事件的推論，或透過施行普遍負面的管教方式，諸如相當負面的心理控制（批評、侵擾及愧疚），以及缺乏溫暖及關懷。

　　這個重新闡述的無助理論導致了大量的研究。許多研究證實，憂鬱人士確實抱持著這種悲觀的歸因風格；但是，這當然並不表示悲觀的歸因風格扮演致因的角色。採用前瞻的研究設計，許多研究已檢視悲觀歸因風格在與負面生活事件交互作用之下，是否能夠預測憂鬱症的發作（Abramson et al., 1989; Alloy et al., 2008）；而有些研究結果支持這個理論，但另有些則否。

　　無助理論也被用來解釋憂鬱症上的性別差異。這個理論提出，由於女性在社會中的角色，她們較易於體驗對負面生活事件缺乏控制的感受。這些無助感受可能起源於貧窮、工作場所的歧視、對於女性較高的性虐待和身體虐待的發生率（不論是當前或童年時）、角色過度負荷（例如，身爲職業婦女和母親），以及對於男性在選擇長期伴侶時所重視的特質（諸如美貌、苗條及年輕）自覺較不受自己控制（Heim et al., 2000; Nolen-Hoeksema & Hilt, 2009）。至少有一些證據指出，這每一種情況都與高於預期的憂鬱症發生率有關聯，雖然這樣的結果是否涉及無助感受，則尚未被建立起來（Nolen-Hoeksema et al., 1999）。在結合神經質理論與無助理論之下，我們有必

要指出，有些證據顯示，神經質偏高的人較敏感於逆境的效應——相對於神經質偏低的人（Kendler et al., 2004; Lahey, 2009）。所以，考慮到女性有較高的神經質，再加上她們經歷較多不可控制的壓力，這就莫怪她們在憂鬱症上有較高的盛行率。

　　憂鬱症的絕望理論。無助理論的更進一步版本隨後被提出，稱之爲絕望理論（hopelessness theory）。Abramson及其同事（1989）主張，個人抱持悲觀的歸因風格再結合一個或多個負面生活事件，並不足以引起憂鬱症，除非個人首先感受到絕望狀態。絕望預期（hopelessness expectancy）被定義爲是個人自覺對於即將發生的事情完全無法控制，而且個人完全確信有重要的不良結果即將發生，或確信高度盼望的良好結果將絕不會發生。他們也指出，歸因的內在／外在維度對憂鬱而言是不重要的，反而，悲觀歸因風格的另兩個維度才是這個認知素質的重要成分。具體而言，他們主張，易於憂鬱的人不僅傾向於對負面事件作全面性及穩定的歸因，他們也對該事件其他可能的負面後果作負面的推論（例如，這表示更爲不好的事情也將會發生），以及對該事件對自我概念（self-concept）的含意作負面的推論（例如，這表示個人是沒有價值或有缺陷的）（Abramson, Alloy, et al., 2002）。

　　過去二十五年以來的研究已檢驗這個理論，在一項大型的縱貫前瞻性研究中，好幾百位被檢定屬於單相憂鬱症高危險群的大學生接受調查（因爲他們抱持悲觀的歸因風格和擁有功能不良的信念），所得證據支持絕望理論的一些重要理念（Abramson et al., 2002; Alloy, Abramson, Whitehouse, et al., 2006; Alloy et al., 2008）。例如，在2.5年的追蹤期間，對於那些在研究開始之前不曾憂鬱發作的高危險群大學生來說，他們在這個期間發展出憂鬱症（或共存的憂鬱症及焦慮症）初次發作的可能性大約爲低危險群大學生的4倍高（16.2% vs. 3.6%）。對於那些在加入研究之前已經有過憂鬱發作的大學生來說，高危險群大約有3倍高的機率，在2.5年的追蹤期間經歷憂鬱症的重複發作。

　　憂鬱症之反芻的反應風格理論。Nolen-Hoeksema的反芻反應風格理論是關於憂鬱症的一種認知理論（1991, 2000, 2012），它強調當人們經歷哀傷和苦惱的感受及症狀時，他們所展現不同性質的反應，以及他們有差別的反應風格如何影響他們憂鬱的進展。具體而言，當經歷這樣的感受時，有些人傾向於有意地聚焦在他們如何感受，以及他們爲什麼會有那樣的感受上——這個歷程稱爲反芻（rumination），牽涉到反覆及相對上消極的心理活動型態。對照之下，另有些人對這樣的感受展現較爲行動-取向或問題-解決的反應，他們使自己的注意力轉到另一些活動上，或實際上嘗試作一些事情，將有助於解決正導致他們哀傷及苦惱的問題。研究已一致地顯示，反芻的傾向存在穩定的個別差異，而大量反芻的人傾向於具有較冗長的憂鬱症狀，他們也較可能發展出正規的鬱症發作（Nolen-Hoeksema, 2000; Nolen-Hoeksema & Hilt, 2009）。

引人興趣的是，當變得憂鬱時，女性似乎比起男性較可能從事反芻（Nolen-Hoeksema & Aldao, 2011; Nolen-Hoeksema & Corte, 2004）。再者，自我聚焦（self-focused）的反芻使得個人加強回想起較多負面的自傳記憶，進而為憂鬱症的惡性循環添加素材（Hertel & Brozovich, 2010; Lyubomirsky et al., 1998）。重要的是，當反芻的性別差異在統計上受到控制後，憂鬱症上的性別差異就不再顯著（Nolen-Hoeksema & Hilt, 2009）。

對照之下，當心情低落時，男性較可能從事一些分心的活動（或攝取酒精），而分心（distraction）似乎減輕了憂鬱（Nolen-Hoeksema, 2012）。分心的活動可能包括看電影、打籃球或避免思考自己為什麼會憂鬱。我們還不清楚為什麼男女兩性在面對憂鬱時會有反應風格上的這些差異，但是它顯然建議，有效的預防措施應該包括教導女性尋求一些消遣或娛樂，而不是反芻負面的思想及心情。

◼ 情緒障礙症的人際效應

雖然沒有像認知理論那般清楚論述的憂鬱症人際理論（interpersonal theory）被提出，但已有大量研究對準於探討憂鬱症的人際因素。至少在憂鬱症的一些個案上，人際困擾和社交技巧缺損可能相當程度扮演了致因的角色。此外，憂鬱症製造了許多人際障礙，包括跟陌生人、跟朋友，以及跟家人的關係上（Hammen, 1995, 2005; Joiner & Timmons, 2009）。

缺乏社會支持和社交技巧缺損。在他們針對倫敦貧民區婦女的一項經典研究中，Brown和Harris（1978）報告，對那些不擁有親密和推心置腹關係的婦女而言，假使她們又面臨重大壓力事件的話，她們較可能變得憂鬱——相較於至少擁有一位密友或心腹之交的婦女。從那個時候起，更多研究支持這樣的觀念：當人們寂寞、社交孤立或缺乏社會支持時，他們較容易變得憂鬱，而且憂鬱人士擁有較狹窄和較不具支持性的社交網絡——這通常居先於憂鬱症的初發（Gotlib & Hammen, 1992; Cacioppo et al., 2006; Ibarra-Rovillard & Kuiper, 2011）。此外，有些憂鬱症患者顯現社交技巧的缺損。例如，相較於非憂鬱人士，他們似乎說話較為緩慢、較為單調及維持較少的眼神接觸，他們解決人際問題的技巧也較差（Ingram et al., 1999; Joiner & Timmons, 2009）。

憂鬱對他人的影響。憂鬱人士不僅有人際問題，而且不幸地，他們自己的行為也似乎使得這些問題更為惡化。例如，憂鬱人士的行為通常置他人於提供同情、支持及照顧的局面，然而，這樣的正強化不必然隨之發生。憂鬱行為可能（而且長期下來經常如此）引發他人的負面感受（有時候包括敵意）和排斥，包括陌生人、室友及配偶（Coyne, 1976; Ingram et al., 1999; Joiner & Timmons, 2009）。雖然這些負面感受起初可能使得身邊人們感到內疚，而至少在短期間內導致同情和支持，但最終經常演變

為持續惡化的關係，使得憂鬱人士感受更差（Joiner, 2002）。假使憂鬱人士從事過度的安撫尋求，將特別有可能招致社會的拒絕及排斥（Joiner & Timmons, 2009; Prinstein et al., 2005）。

婚姻與家庭生活。憂鬱症的人際層面也在婚姻與家庭關係的背景中受到徹底探討。對於發生婚姻苦惱的夫婦而言，他們有顯著比例是至少一方受擾於臨床憂鬱；而且婚姻不滿意與憂鬱之間有高度相關，對男性和女性都是如此（Beach & Jones, 2002; Rehman et al., 2008; Whisman, 2007）。另外，當夫婦一方有憂鬱症時，即使他的症狀已緩解下來，然而婚姻苦惱將會招致不良的預後。這也就是說，即使當事人的憂鬱症已經痊癒，但如果他／她有不滿意的婚姻的話，他／她有可能會復發，特別是另一方經常發表挑剔及敵對的評論時（Butzlaff & Hooley, 1998; Hooley, 2007）。

憂鬱在一位家庭成員身上的影響也可能擴及所有年齡的子女身上，父母的憂鬱使得子女有高度風險將會產生許多困擾，但特別是子女也發展出憂鬱的風險（Goodman, 2007; Hammen, 2009）。雖然不論是父親或母親，他們的憂鬱都會造成這些效應，但是母親憂鬱的影響稍微大些（Hammen, 2009）。這些影響之所以發生，部分是因為這些兒童繼承了多種特質，諸如氣質（包括害羞、行為抑制及神經質）、偏低的正面情緒及差勁的調節情緒能力，所有這些都是憂鬱症已知的風險因素（Durbin et al., 2005; Hammen, 2009）。此外，許多研究已援引資料佐證，憂鬱母親與她們子女之間不良的互動模式，可能造成傷害性的效果。例如，憂鬱母親在與她們子女的互動上顯現較多磨擦，也較少有玩樂嬉戲及相互酬賞的行為（Goodman & Gotlib, 1999）。她們也較少靈敏地回應她們的嬰兒，較少認肯她們嬰兒的體驗（Goodman & Brand, 2009）。再者，她們的年幼子女被提供多重機會在負面認知、憂鬱行為及憂鬱情感方面從事觀察學習。因此，雖然遺傳上決定的脆弱性顯然牽涉在內，但心理社會的影響力很明顯也扮演重要的角色（Hammen, 2009; Natsuaki et al., 2010），而證據正在累積，不適切的父母管教，居中促成父母憂鬱與他們子女憂鬱之間的連結（Goodman, 2007）。

第四節　雙相情緒及其相關障礙症

雙相情緒障礙症（bipolar disorders）不同於單相情緒障礙症之處，在於它呈現躁症發作或輕躁症發作，幾乎總是居先或跟隨於憂鬱時期。當個人經歷躁症發作時，他有顯著之高昂、欣快及奔放的心情，經常被偶爾爆發的激怒或甚至暴力所打斷──特別是當別人拒絕配合躁狂當事人的願望及規劃時。輕躁症發作也可能發生，它包含跟躁症相同的一些症狀，但是形式上較為輕微。雖然躁症發作和輕躁症發作所列的症狀

都相同，但是輕躁症造成的社交及職業功能的減損遠為輕多了，通常不需要住院。

一、循環型情緒障礙症

有些人發生循環性的心境變化，心情擺動的幅度比起正常情形來得嚴重，但是沒有在雙相情緒障礙症上所見那般劇烈。循環型情緒障礙症（cyclothymic disorder）是指在為期至少兩年之中，當事人多次發生輕躁症狀和憂鬱症狀；這是正規的雙相情緒障礙症較不嚴重的版本，因為它缺乏在雙相障礙症中所見之極端的心情和行為的變化、精神病特徵及重大的功能減損。

在循環型情緒障礙症的輕躁期中，所呈現症狀基本上是持續性憂鬱症的反面，在這個期間，因為增強的身體能量和心理能力，當事人變得特別有創造力和生產力；在兩次發作之間，當事人會有相當期間以相對上適應的方式發揮功能，但不曾超過兩個月沒有症狀。為了符合循環型情緒障礙症的診斷，當事人必須在至少兩年之中有多次出現輕躁症狀和憂鬱症狀的時期（兒童和青少年則為至少一年），而這些症狀必須引起臨床上顯著苦惱，或造成生活功能的減損（雖然沒有像雙相情緒障礙症那般嚴重）。當人們有循環型情緒障礙症時，他們有很大的風險後來會發展為正規的第一型或第二型雙相情緒障礙症（Goodwin & Jamison, 2007）。

在循環型情緒障礙症的鬱期，當事人的症狀極為類似在持續性憂鬱症中所見的情形，但是沒有存續期間的準則。個人的心情是沮喪的，很明顯地失去對平常活動（及消遣）的興趣或愉悅。此外，當事人也會顯現其他症狀，諸如無精打采、不能勝任的感受、社交退縮，以及悲觀、反覆沉思的態度。

二、雙相情緒障礙症（第一型和第二型）

第一型雙相情緒障礙症（bipolar I disorder）是DSM-5上的正式診斷名稱，雖然它也普遍被稱為躁鬱症（manic-depressive illness），它有別於MDD之處在於它有出現躁期（manic phase）。在這樣的混合發作中（mixed episode），正規的躁症發作和鬱症發作的症狀持續至少一個星期，不論這些症狀是混合出現，或是每隔幾天就快速交替出現（參考表7.2的摘要）。混合發作一度被認為相當少見，但是近期對18項研究進行審查，發現大約28%的雙相障礙症病人，至少在一些時候發生過混合狀態。再者，許多病人在躁症發作期間出現低落心情、焦慮、罪疚及自殺想法等一些症狀，即使這些症狀仍不夠嚴重而不符合混合發作的診斷。當病人初次躁狂發作是屬於混合發作時，他們有較差的長期後果——相較於最初是呈現鬱症發作或躁症發作的病人（Baldessarini et al., 2010; Dodd et al., 2010）。

表7.2　辨別第一型和第二型雙相情緒障礙症

第一型雙相障礙症
• 當事人具有充分成形的躁症。
• 當事人發生躁症發作和憂鬱時期。即使憂鬱時期沒有達到鬱症發作的門檻，仍然給予第一型雙相情緒障礙症的診斷。
第二型雙相障礙症
• 當事人發生輕躁時期，但是他／她的症狀低於正規躁症的門檻。
• 當事人發生憂鬱心情的時期，而且符合鬱症的準則。

　　假如當事人只顯現躁狂症狀，我們仍能假定雙相障礙症的存在，而鬱症發作最終將會出現。雖然一些研究人員提出「單相躁症」（也就是「純粹的躁症」）的可能存在（Kessler et al., 1997; Solomon et al., 2003），但是這項診斷的批評者表示，這樣的病人通常有一些雙相障礙症的親戚，而且很可能他們有輕度憂鬱尚未被發現（Goodwin & Jamison, 2007; Winokur & Tsuang, 1996）。

　　DSM-5也檢定出另一種形式的雙相障礙症，稱爲第二型雙相情緒障礙症（bipolar II disorder），當事人不曾經歷充分成形的躁症發作（或混合發作），但是發生過清楚的輕躁症發作和鬱症發作。第二型雙相障礙症相等於或稍微普遍於第一型雙相障礙症，當聯合起來，估計大約有2%-3%的美國人口將會受擾於這兩種障礙症（Kessler et al., 2007）。只有在大約5%-15%的個案中，第二型雙相障礙症會演進爲第一型雙相障礙症，這說明它們不是同形式的障礙症（Coryell et al., 1995; Goodwin & Jamison, 2007）。

　　雙相情緒障礙症均等地發生在女性和男性身上（雖然鬱症發作較普遍見之於女性），通常好發於青少年期和成年早期，平均的初發年齡是18到22歲（Goodwin & Jamison, 2007; Merikangas et al., 2007）。第二型雙相障礙症的平均初發年齡大約落後第一型雙相障礙症五年（Baldessarini et al., 2010）。第一型和第二型雙相障礙症二者典型是重複發作的障礙症，極少有人只經歷單次發作（Kessler et al., 2007）。在大約2/3的個案中，躁症發作要不是立即居先於鬱症發作，要不就是立即跟隨在鬱症發作之後；在其他個案上，躁症發作和鬱症發作是被隔開，當事人在這間歇期間有相對上正常的生活功能。圖7.4說明在雙相系列障礙症所能看到之不同型態的躁症、輕躁症及鬱症的症狀和發作。大部分雙相障礙症的病人會出現緩解期（periods of remission），他們在這期間相對上不具症狀，雖然這可能只發生在大約50%的天數（Kupka et al., 2007）。再者，高達20%-30%的病人在大部分時間繼續顯現重大減損（職業及／或人際功能）和心情不穩定，以及高達60%病人在兩次發作之間有慣性

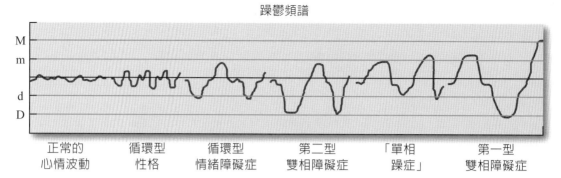

躁鬱頻譜

| 正常的
心情波動 | 循環型
性格 | 循環型
情緒障礙症 | 第二型
雙相障礙症 | 「單相
躁症」 | 第一型
雙相障礙症 |

圖形所示是心情的雙相頻譜。我們所有人都會發生心情的起伏跌宕，這是屬於正常的心情變動。對於具有循環型性格的人們而言，他們有較為顯著及例常的心情振幅。至於罹患循環型情緒障礙症的人們則會經歷一些符合輕鬱症之準則的時期（除了兩年的持續期間外），另有些時期他們則符合輕躁症的準則。第二型雙相障礙症的病人會有一些鬱症發作的時期和一些輕躁症發作的時期。單相躁症是極端罕見的病例。最後，第一型雙相障礙症的病人會有一些鬱症發作的時期和一些躁症發作的時期。（摘自Goodwin & Jamison, 1990）

圖7.4　躁症－鬱症頻譜

的職業或人際困擾。如在單相憂鬱症的情形，重複發作在性質上可能是季節性的，這種情形下的正式診斷是「雙相情緒障礙症伴隨季節性模式」（bipolar disorder with a seasonal pattern）。

雙相情緒障礙症的特性

相較於鬱症發作的持續期間，躁症和輕躁症發作的期間傾向於較短，鬱症的天數典型地是躁症或輕躁症天數的3倍（Goodwin & Jamison, 2007）。至於在雙相障礙症中，它的鬱症發作的症狀是否在臨床上有別於在單相鬱症發作中所見的症狀，這一直存有爭議（Cuellar, et al., 2005; Perris, 1992）。雖然它們的症狀有高度的重疊，但是也有一些顯著的差異。最被廣泛驗證的差異是，相較於單相鬱症發作的病人，雙相鬱症發作的病人傾向於顯現較為心情易變、較多精神病特徵、較多心理動作遲鈍（psychomotor retardation），以及較為物質濫用（Goodwin & Jamison, 2007）。對比之下，單相鬱症的病人（平均而言）顯得較為焦慮、激動、失眠、身體抱怨及體重流失（Johnson et al., 2009）。儘管在症狀上有高度相似性，但研究清楚指出，雙相障礙症的鬱症發作較為嚴重（相較於單相憂鬱症），因而不令人訝異，它也引起當事人較多角色功能的減損（Kessler et al., 2007）。

錯誤診斷可能帶來不良後果，因為單相和雙相鬱症的上選治療稍微有點不同。再者，有證據指出，一些抗鬱劑被用來治療原本認為的單相鬱症，可能實際上促發了躁症發作，因為病人實際上有尚未被發現的雙相障礙症，因此使得疾病的進展更為惡劣（Ghaemi et al., 2003; Whybrow, 1997）。

相較於單相障礙症的病人，雙相障礙症的病人在他們一生中受擾於較多次的發作，雖然這些發作傾向於較為短些，平均是3到4個月（Angst & Sellaro, 2000; Solomon et al., 2010）。約有5%-10%的雙相障礙症病人每年發生至少四次發作（不是躁症就是鬱症），這種型態被稱為快速循環（rapid cycling）。發展出快速循環的人們較可能是女性、有較多的發作史（特別是較多躁症或輕躁症發作）、有較早的平均初發年齡，以及從事較多次的自殺企圖（Coryell et al., 2003; Kupka et al., 2005; Nierenberg et al., 2010）。快速循環有時候是受到一些類別抗鬱劑的促發（Goodwin & Jamison, 2007; Kilzieh & Akiskal, 1999）。幸好，在大約50%的個案上，快速循環是一種短暫的現象，在大約兩年內將會逐漸消失（Coryell et al., 1995, 2003）。

綜合來說，從雙相障礙症中「完全康復」的機率是令人失望的，即使有廣泛的心境穩定藥物可供使用，諸如鋰鹽。一項審查估計，雙相障礙症病人花費他們生命的大約20%於發作上（Angst & Sellaro, 2000）。在一項為期二十年的前瞻性研究中，超過200位病人被追蹤平均達17年，它發現24%病人在復原的6個月內復發；77%在復原的4年內至少有過一次新的發作；而82%在7年內出現復發（Coryell et al., 1995）。另一項前瞻性研究（包括146位雙相障礙症的病人）則發現，在13年的追蹤期間，病人平均在47%的星期中出現一些症狀。在追蹤期間，鬱症症狀較常發生，大約是躁症或輕躁症症狀的3倍高（Judd et al., 2002, 2003）。

第五節　雙相情緒障礙症的起因

就如同單相障礙症，過去一世紀以來，雙相障礙症的許多致因已被提出。然而，生物的起因很清楚地居於主導的角色，而心理社會起因的角色受到的關注顯著較少。

一、生物起因

遺傳的影響

相較於單相障礙症，第一型雙相障礙症有更大的遺傳成分。當個人有第一型雙相障礙症時，他的一等親中大約8%-10%可被預期也會有雙相障礙症，對照於在一般人口中只有1%（Plomin et al., 2013; Willcutt & McQueen, 2010）。對於雙相障礙症的病人來說，他們的一等親也有單相鬱症的偏高風險，雖然反轉的論述未必為真（Akiskal & Benazzi, 2005; Goodwin & Jamison, 2007）。

雖然家族研究本身不能建立起該障礙症的遺傳基礎，但遠溯自1950年代以來的雙

胞胎研究的結果也指出了遺傳基礎，因為同卵雙胞胎在這些障礙症上的一致率（con-cordance rates）遠高於異卵雙胞胎。例如，一項審查檢視許多雙胞胎研究，它發現平均的一致率（共罹率）對同卵雙胞胎是大約60%，而對異卵雙胞胎則大約是12%（Kelsoe, 1997）。這方面的研究顯示，在發展出第一型雙相障礙症的傾向上，基因負責大約80%-90%的變異數（Goodwin & Jamison, 2007; McGuffin et al., 2003）。這是很高的遺傳率（heritability）估計值，不但高於單相障礙症，也高於任何其他成年期的重大精神障礙症，包括思覺失調症（Torrey et al., 1994）。

神經化學的因素

早期關於單相障礙症的單胺假說也被擴展來解釋雙相障礙症。它的主要內容是，假使憂鬱是正腎上腺素及／或血清素的缺乏或不足所引起，那麼或許躁狂是這些神經傳導物質的過量所引起。有一些良好證據支持在躁症發作期間增強的正腎上腺素活動，較不一致的證據支持在鬱症發作期間減弱的正腎上腺素活動（Goodwin & Jamison, 2007; Manji & Lenox, 2000）。然而，血清素活動在鬱期和躁期似乎都偏低。

如先前提過，正腎上腺素、血清素及多巴胺都牽涉到調節我們的心情狀態（Howland & Thase, 1999; Southwick et al., 2005）。關於多巴胺所扮演的角色，一些研究證據指出，幾個腦區中增強的多巴胺能的活動可能與過動、浮誇及欣快的躁狂症狀有關聯（Cousins et al., 2009; Goodwin & Jamison, 2007）。古柯鹼和安非他命已知有激發多巴胺的作用，高劑量服用這類藥物也會產生類似躁症的行為（Cousins et al., 2009），而像是鋰鹽的藥物可降低多巴胺能的活動，因此具有抗躁狂的作用。在憂鬱期間，則似乎呈現正腎上腺素和多巴胺二者功能的減退（Goodwin & Jamison, 2007; Manji & Lenox, 2000）。因此，這些神經傳導物質平衡的失調，似乎是理解這種令人失能疾病的關鍵因素之一。

激素調節系統的異常

一些神經激素的研究把重心放在HPA軸線上。可體松濃度在雙相障礙症的鬱期有偏高情形（如在單相鬱症的情形），但是通常在躁症發作期間沒有偏高情形（Goodwin & Jamison, 2007）。研究也聚焦在下視丘-腦下垂體-甲狀腺的軸線上，因為甲狀腺功能的異常經常伴隨心境的變化。許多雙相病人經常在這個軸線的運作上有微妙但顯著的異常，而施加甲狀腺激素往往使得抗憂鬱藥物有更良好的效果（Altshuler et al., 2001; Goodwin & Jamison, 2007）。然而，在雙相障礙症的病人身上，甲狀腺激素也可能促發躁症發作（Goodwin & Jamison, 2007）。

🔲 神經生理和神經解剖的影響

在PET掃描之下，我們可以看見腦部葡萄糖代謝率在憂鬱和躁狂狀態下的變動情形。這方面的幾項研究顯示，在憂鬱期間，流向左前額葉皮質的血液減少；但是在躁狂期間，前額葉皮質的另一些部位則有增加情形（Bermpohl et al., 2010; Goodwin & Jamison, 2007）。因此，在躁狂、憂鬱及正常心境的期間，當事人發生一些變換型態的腦部活動。

另幾項近期的神經生理研究則發現，雙相障礙症的前額葉皮質的活動發生一些缺損，這些似乎跟雙相病人顯現的一些神經心理功能的缺失有關聯，包括在問題解決、計畫、運作記憶（working memory）、轉移注意力，以及維持注意力在認知作業上等方面的困擾（Chen et al., 2011; Haldane & Frangou, 2004; Malhi, Ivanovski et al., 2004）。這類似於在單相鬱症所見的情形——在這裡是前扣帶皮質發生缺損（Langan & McDonald, 2009）。然而，大腦結構的造影研究顯示，一些皮質下的構造（包括基底神經節和杏仁體）在雙相障礙症中有擴大現象，但是在單相鬱症中是容積縮小。海馬迴容量的減少在單相鬱症中經常觀察到，但是在雙相鬱症中普遍沒有被發現（Konarski et al., 2008）。一些研究採用fMRI，也發現雙相病人涉及情緒處理的一些皮質下腦區（諸如視丘和杏仁體）有增強的活化——相較於單相病人和正常的控制組受試者（Chen et al., 2011; Malhi, Lagopoulos, et al., 2004）。一些後設分析提出初步的結論，即「額葉-邊緣」（frontal-limbic）活化的失調，重大涉入雙相障礙症的起因（Chen et al., 2011）。

🔲 睡眠與其他生物節律

有大量證據指出，雙相障礙症的生物節律（諸如晝夜節律）發生失調，即使在症狀已經大部分緩解後（Harvey, 2008; Murray & Harvey, 2010）。在躁症發作期間，雙相病人傾向於睡得非常少（似乎是自己選擇的，不是因為失眠），而這是在躁症發作開始之前最普遍發生的症狀；在鬱症發作期間，他們傾向於嗜眠（過度睡眠）。即使在兩次發作之間，雙相病人依然顯現重大的睡眠障礙，包括很高的失眠發生率（Harvey, 2008; Millar et al., 2004）。雙相障礙症有時候也顯現季節模式，就如單相憂鬱症那般，這說明季節性生物節律失調顯然牽涉在內。考慮到雙相障礙症本身循環的特性，這種對生物節律失調的關注，有希望為未來的整合理論補強生物基礎。這尤其需要列入考慮，因為雙相障礙症病人似乎特別敏感於（及容易受干擾於）他們日常循環期的任何變動——需要他們生理時鐘的重新設定（Goodwin & Jamison, 2007; Murray & Harvey, 2010）。

二、心理起因

 壓力生活事件

就如誘發單相鬱症發作那般，壓力生活事件在促發雙相鬱症發作上，似乎也相當重要。兒童期的壓力生活事件（例如，身體虐待和性虐待）和成年期的新近生活壓力源（例如，與朋友及伴侶的紛爭，經濟困境）二者，提升了是否會發展出雙相障礙症的可能性，也提升將會重複發作的可能性（Gilman et al., 2015）。

壓力生活事件如何運作而提升了復發的機會呢？素質-壓力模式將會表示，壓力生活事件經由活化潛在脆弱性而影響了障礙症的發作。另一種被假定的機轉是所謂的失衡效應（destabilizing effects），也就是壓力生活事件可能造成重要生物節律的失衡。雖然支持這個觀念的證據還在起步中，但它似乎是一個有前景的假說，特別是對躁症發作而言（Bender & Alloy, 2011; Grandin et al., 2006）。

 雙相障礙症的其他心理因素

另一些社會環境變項也可能影響雙相障礙症的病程，例如，一項研究發現，當雙相障礙症的病人也報告低度的社會支持時，他們在一年的追蹤期間顯現較多次鬱症再發，而這是獨立於壓力生活事件（也預測較多次的再發）的效應（Cohen et al., 2004；也見Alloy et al., 2010）。另有些證據指出，性格和認知的變項，可能與壓力生活事件交互作用之下決定了復發的可能性，例如，性格變項「神經質」已知跟憂鬱和躁狂的症狀連結在一起（Quilty et al., 2009）。另兩項研究發現，就如同在單相障礙症的情形，神經質預測雙相障礙症病人憂鬱症狀的增加。

另一項研究則發現，當抱持悲觀歸因風格的學生也正面臨負面生活事件時，他們顯現憂鬱症狀的增加，不論他們是雙相或單相障礙症的病人。然而，引人感興趣的是，當雙相障礙症的學生抱持悲觀的歸因風格而又經歷負面生活事件時，他們在另一些時間點也顯現躁症症狀的增加（Alloy et al., 2010; Reilly-Harrington et al., 1999）。

第六節 影響單相和雙相情緒障礙症的社會文化因素

雖然情緒障礙症的盛行率似乎在不同國家中有很大變異，我們很難對之提出決定性的證據，這是因為存在多種方法論上的疑難，包括不同文化採用不一致的診斷程序，也是因為憂鬱症狀似乎在各種文化中有很大變異（Chentsova-Dutton & Tsai, 2009; Kleinman, 2004）。

一、憂鬱症狀的跨文化差異

儘管憂鬱症發生在所有已被探討的文化中，但是它採取的形式有廣泛差異，就如它的盛行率也是如此（Chentsova-Dutton & Tsai, 2009; Marsella, 1980）。例如，在西方文化中，憂鬱症的「心理」症狀（例如，罪惡感、無價值感、自殺意念）相當顯眼，但是它們在一些非西方文化中卻很少被報告出來，諸如中國和日本，它們憂鬱症的發生率相對上偏低。反而，在非西方文化中，這些人傾向於展現較多「身體」症狀（例如，睡眠困擾、食慾減退、體重降低，以及失去對性活動的興趣）（Kleinman, 2004; Ryder et al., 2008; Tsai & Chentsova-Dutton, 2002）。

這些症狀差異起源於幾個可能原因。首先是在亞洲人的信念中，「心-身」是合一的，他們缺乏對較一般情緒的表露，而且心理疾病經常被視為不光榮的標誌（Chentsova-Dutton & Tsai, 2009）。為什麼對自己的罪惡感和負面思想在西方文化中相當普遍，但在亞洲文化中則否？另一個原因是西方文化視個體為獨立而自主的，所以當挫敗發生時，通常採取「內在」的歸因；對照之下，在許多亞洲文化中，個體被視為先天是跟他人相互依賴的。儘管如此，隨著像是中國這樣的國家在逐漸工業化和都市化的過程中，納入一些西方的價值觀，憂鬱症的發生率已大為升高——相較於幾十年前（Dennis, 2004; Zhou et al., 2000）。實際上，一項研究以香港和美國的青少年為對象，它發現香港青少年的憂鬱症狀和絕望的水平都高於美國（Stewart et al., 2004）。

二、盛行率的跨文化差異

如一些大規模的流行病學研究所揭示的，情緒障礙症的盛行率在不同國家顯現很大差異。例如，WHO的「全球心理健康調查」在超過20個國家中評估精神障礙症的盛行率和特性，揭示情緒障礙症的十二個月盛行率，從奈及利亞的0.8%延伸到美國的9.6%，如先前在圖7.1中所顯示的（WHD, 2004）。臺灣在憂鬱症上的一生流行率估計值是1.5%，日本是2.8%，美國則高達17.1%（Tsai & Chentsova-Dutton, 2002）。為什麼會有這麼廣泛的變異？原因無疑地極為複雜，在我們能夠充分理解之前，還有很多研究工作需要著手。初步的研究顯示，不同文化可能涉及不同水平的重大心理風險變項（像是反芻、絕望感及悲觀的歸因風格），也涉及不同水平的生活壓力（Abela et al., 2011）。

第七節 治療與結果

許多受擾於情緒障礙症（特別是單相障礙症）的病人不曾尋求治療，在沒有接受正規治療的情況下，大部分躁症和鬱症的病人將會在不到一年之內復原（通常只是短暫地）。然而，有鑑於今日所供應之廣泛的治療法，也考慮到當事人所忍受莫大的個人苦楚及失去生產力，愈來愈多這方面的病人正尋求治療。儘管如此，只有大約40%受擾於情緒障礙症的人們，有接受最起碼的適當治療，另外60%則沒有接受治療或受到不適當的照護（Wang, Lane, et al., 2005）。

一、藥物治療

抗鬱劑、心境穩定藥物及抗精神病藥物都曾被使用來治療單相和雙相障礙症。第一類抗鬱藥物是在1950年代開發出來；這些藥物被稱為單胺氧化酶抑制劑（MAOIs），因為它們壓制了單胺氧化酶的作用，酶（enzyme）負責分解正腎上腺素和血清素，一旦它們被釋放後。MAOIs在治療憂鬱上似乎有不錯的效果，但它們可能有潛在危險的（甚至有時候是致命的）副作用——假使病人攝取飽含酪胺酸的一些食物的話（例如，紅酒、啤酒、陳年乳酪、義大利香腸）。因此，這類藥物在今日不常被使用，除非其他類藥物已失效。「憂鬱症伴隨非典型特徵」是憂鬱症的一種亞型，它似乎特別對MAOIs有良好感應。

對於從中度到重度憂鬱的大部分病人而言（包括持續性憂鬱症的病人），自1960年代早期直到大約1990年，最妥當的藥物治療是採用一些標準的抗鬱劑〔稱為三環抗鬱劑（tricyclic antidepressants）因為藥物的化學結構而得名，TCAs〕，諸如imipramine，TCAs已知有促進單胺（monoamines）——主要是正腎上腺素和血清素——神經傳遞的作用（Thase & Denko, 2008）。然而，不湊巧地，只有大約50%病人顯現所謂的臨床上顯著改善，這些病人中許多仍有明顯的殘餘憂鬱症狀。幸好，那些對最初投藥沒有良好反應的病人，有50%當轉換不同的抗鬱劑或聯合另一些藥物使用下仍能獲得明顯改善（Hollon et al., 2002b）。

不幸地，TCAs有一些令人不舒服的副作用（例如，口乾舌燥、便秘、性功能障礙及體重增加）。雖然這些副作用通常隨著時間而減弱，但許多病人覺得它們如此令人不適，以至於他們在副作用消失之前就不願繼續服藥。此外，因為這些藥物在高劑量服用時有很強毒性，所以為自殺病人開這樣的處方有一些風險，他們可能過量服藥。

主要是因為三環抗鬱劑（TCAs）的副作用和毒性，於是醫師逐漸選擇開立另一

種處方，即選擇性血清素再吸收抑制劑（SSRIs）（Olfson & Marcus, 2009）。一般而言，這些SSRIs藥物的效果並未優於三環抗鬱劑；實際上，一些研究發現三環抗鬱劑在治療重度憂鬱上要比SSRIs更爲有效。然而，SSRIs傾向於只有較少的副作用，較能爲病人所忍受，而且當高劑量服用時較不具毒性。SSRIs主要的不良副作用是有性高潮的困擾和對性活動的興趣降低，雖然有些病人也會出現失眠、增強的生理激動及胃腸不適的現象（Thase, 2009b）。

這些藥物中，最常被指定爲處方的是fluoxetine、sertraline及paroxetine（各自的商品名稱是Prozac，Zoloft及Paxil）這三種藥劑，它們現在極受到各門專科醫師的歡迎。SSRIs不僅被使用來治療嚴重的憂鬱症，也被使用在有輕微憂鬱症狀的人們身上（Gitlin, 2002）。許多心理健康專業人員認爲，這樣的情形──對極輕微的病例開立SSRIs的處方──已變得泛濫。僅因爲該藥物能夠使得人們感到較有活力、好交際（外向）及較具生產力，就對基本上正常的人們開立這種藥方，可能會招致倫理上的爭議。

在過去十年來，幾種新式的非典型抗鬱劑（既不是TCAs，也不是SSRIs）也已近逐漸受到歡迎，每種都各有它的優勢（Marcus & Olfson, 2010）。例如，bupropion（Wellbutrin）不具有像SSRIs那麼多的副作用（特別是性方面的副作用），而且因爲它的激活作用，當憂鬱症涉及顯著的體重增加、失去活力及過度睡眠時，它特別有良好效果。此外，在重度或慢性憂鬱症的治療上，venlafaxine（Effexor）似乎優於SSRIs，雖然副作用的側面圖類似於SSRIs。另幾種非典型的抗鬱劑也已被顯示具有功效（參考第十六章）。

抗鬱藥物的治療過程

不幸地，抗鬱藥物通常需要至少3到5個星期才能產生效果，一般而言，假使經過大約6個星期後而仍然沒有改善的徵兆，醫師應該試用新的藥物，因爲大約50%對初次投藥沒有反應的病人，可能對另一類藥物有良好反應。另外，當症狀已緩解下來就停止用藥的話，這可能造成復發。假使沒有接受治療，憂鬱發作的自然進程典型是6到9個月。因此，當憂鬱病人只服藥3到4個月，然後就因爲感到好轉而停藥時，因爲內在的憂鬱發作實際上仍然存在（只是它的外顯症狀被壓抑下來），可能會造成復發（Gitlin, 2002; Hollon et al., 2002b, 2006）。因爲憂鬱症通常是一種重複發作的障礙症，醫師已逐漸建議，病人最好是持續服藥很長的期間（原則上是以同一劑量）以便預防再度發作（Nutt, 2010）。因此，除了治療外，這些藥物通常在預防上也能發揮效果──對於受擾於重複發作的病人而言（Hollon et al., 2006; Thase & Denko, 2008）。儘管如此，在治療的維持階段繼續服藥的病人中，有25%即使還在用藥仍然顯現MDD的重複發作（Solomon et al., 2005）。對於顯現一些殘餘症狀的病人而言，

他們最有可能復發，這說明了嘗試治療病人應該到症狀完全緩解的重要性（Keller, 2004; Thase & Denko, 2008）。

■ 鋰鹽與其他心境穩定藥物

在雙相障礙症之鬱症發作和躁症發作的治療上，鋰鹽（lithium）治療現在已廣泛被使用作為心境穩定劑（mood stabilizer）。「心境穩定劑」的用語通常是用以描述鋰鹽和相關藥物，因為它們有抗躁和抗鬱二者的效果——換句話說，它們在兩種方向上都發揮心境穩定的作用。鋰鹽較廣泛受到探討是被視為躁症發作的治療，而不是視為鬱症發作的治療；根據估計，大約3/4的躁症發作病人顯現至少部分的改善。在雙相鬱症發作的治療上，鋰鹽的效果並未優於傳統的抗鬱劑（雖然研究結果不太一致），而大約3/4顯現至少部分的改善（Keck & McElroy, 2007）。然而，抗鬱劑的治療牽涉到一些重大風險，像是加速促成躁症發作或快速循環，雖然這種狀況的風險可被減低下來，例如當事人也服用鋰鹽的話（Keck & McElroy, 2007; Thase & Denko, 2008）。

在預防躁症發作與鬱症發作之間循環上，鋰鹽通常具有效果（雖然不必然對伴隨快速循環的病人有效），而雙相障礙症病人經常被長期地維持鋰劑治療，即使當他們不處於躁期或鬱期時，僅是為了預防新的發作。不幸地，幾項大型研究已發現，維持鋰劑的病人中，只有大約1/3在五年的追蹤期間依然豁免於發作。儘管如此，維持鋰劑的病人確實有較少次的發作——相較於停止服藥的病人（Keck & McElroy, 2007）。

鋰劑治療會有一些令人不舒服的副作用，諸如昏昏欲睡、認知緩慢、體重增加、動作協調性降低及胃腸不適；長期服用鋰鹽有時候與腎功能不良有關聯，偶爾會造成腎臟的永久傷害，雖然很少會導致末期的腎臟疾病（Goodwin & Jamison, 2007; Tredget et al., 2012）。

在過去幾十年來，另一類藥物在治療雙相障礙症上的有效性也逐漸受到支持，它們被稱為抗痙攣劑（anticonvulsants）（諸如carbamazepine、divalproex及valproate）。許多病人對於鋰鹽沒有良好反應，或已發展出無法接受的副作用，這些藥物通常對他們有不錯的療效，而且它們也可以聯合鋰劑一起使用。然而，一些研究已指出，對於服用抗痙攣劑的病人而言，他們企圖自殺和完成自殺的風險幾近為服用鋰劑病人的2倍到3倍高（Goodwin et al., 2003; Thase & Denko, 2008）——這也點明了給病人服用鋰劑的另一個重大優點，假使他們能夠忍受它的副作用的話。

二、另一些生物治療法

❖ 電痙攣治療法

因為抗鬱劑通常需要3到4個星期才能產生顯著改善，當嚴重憂鬱的病人（特別是老年人）呈現有立即及嚴重的自殺危險性時（也包括那些伴隨精神病特徵或憂鬱特徵的病人），電痙攣治療法（electroconvulsive therapy, ECT）經常被派上用場（Goodwin & Jamison, 2007）。電痙攣治療法也適用於不能施用抗鬱藥物的病人（如老年病人），或會以其他方式抗拒藥效的病人（Heijnen et al., 2010; Mathew et al., 2005）。對大部分病人而言，通常需要6到12次療程（大約每隔一天施行一次）之後才會發生症狀的完全緩解。這表示大部分嚴重憂鬱的病人可以在3到5個星期內獲得重大改善（George et a., 2013）。這種治療會引起痙攣，通常在全身麻醉或服用肌肉鬆弛劑的情況下才能施加；它最常發生的立即副作用是意識混淆（confusion），雖然有一些證據指出它對認知有一些持久的不良效應，諸如失憶和反應時間減慢（Sackeim et al., 2007）。當電痙攣治療初步奏效後，通常會施加適當劑量的抗鬱劑或心境穩定藥物（如鋰劑）用以維持所達成的治療獲益，直到憂鬱發作的進程結束為止（Mathew et al., 2005; Sackeim et al., 2009）。ECT在躁症發作的治療上也很有效；審查相關的證據，發現它與80%躁症病人的緩解或顯著改善有關聯（Gitlin, 1996; Goodwin & Jamison, 2007）。當施行ECT後，通常有必要維持少許的心境穩定藥物以預防復發。

❖ 穿顱磁性刺激術

雖然穿顱磁性刺激術（transcranial magnetic stimulation, TMS）被使用作為另類的生物治療法，至今已有相當時日，但直到近十年，它才開始受到大量的研究注意。TMS是一種非侵入性的技術，容許對病人（在清醒的狀態下）腦部施加焦點的刺激，短暫但強烈的磁脈衝會傳送到皮質一些部位，產生輕微的電流以激發腦細胞活化（Goodwin & Jamison, 2007; Janicak et al., 2005）。這種程序不會引起疼痛，通常每星期施加五天的治療，為期2到6個星期。許多研究已顯示它相當有效——實際上幾乎可以比擬於單側ETC和抗鬱藥物（George & Post, 2011; Janicak et al., 2005; Schulze-Rauschenbach et al., 2005）。再者，TMS優於ECT之處，在於認知表現和記憶不會受到不利影響（有時候甚至是增進）——相較之下ECT經常會造成記憶-回憶的缺損（George et al., 2013）。最後，TMS顯然可以安全地使用在兒童和青少年身上，只有少數人會發生輕微而短暫的副作用，諸如頭痛（12%）和頭皮不舒服（3%）（Krishnan et al., 2015）。

◼ 深度腦部刺激

近些年來，深度腦部刺激（deep brain stimulation）已被探討作為一種治療途徑，特別是針對一些很難醫治的憂鬱症病人——當事人已對其他治療方式沒有感應，諸如藥物、心理治療及ECT。深度腦部刺激涉及在大腦深處植入電極（晶片），然後施加電流以刺激該區域（Mayberg et al., 2005）。雖然我們還需要更多研究，但初步結果顯示，它在治療頑固的憂鬱症上頗具潛力。

◼ 明亮光線治療法

在最近十年中，另一類非藥物的生物治療法逐漸受到注意，稱為明亮光線治療法（bright light therapy）。這種方法原先是使用來治療季節型情緒障礙症，但它現在已被顯示在非季節性憂鬱症的治療上也頗具效果（Golden et al., 2005; Lieverse et al., 2011）。

三、心理治療

自1970年代以來，幾種專門的心理治療法已被開發出來，它們已被證實在單相憂鬱症的治療上有不錯的效果，許多證據也指出，這些針對憂鬱症的心理治療法（不論是單獨使用，或結合藥物一起使用）在兩年的追蹤期內顯著降低復發的可能性（Hollon & Dimidjian, 2009; Hollon et al., 2005）。

◼ 認知-行為治療法

在針對單相憂鬱症的心理治療法中，有兩種療法最廣為所知，一是由貝克及其同事們（Beck et al., 1979; Clark, Beck & Alford, 1999）所發展的認知-行為治療法（cognitive-behavioral therapy, CBT），另一是由Klerman、Weissman及其同事們所發展的人際關係治療法（interpersonal therapy, IPT）。CBT是一種相對上短期的治療法（通常10到20次會期），它把焦點放在此時此地（here-and-now）的問題上，而不是放在較遙遠的致因上（這是心理動力心理治療法通常著手的議題）。例如，認知-行為治療法包括一些高度結構化及系統化的步驟，以教導單相憂鬱症的病人，如何有系統地評價他們功能不良的信念和負面的自動化思想；他們也被教導如何檢定及矯正他們在訊息處理上的偏誤或扭曲，然後揭發及挑戰他們潛在招致憂鬱的假設及信念。

認知治療法的有效性已充分在許多研究中受到佐證（Craighead et al., 2007; Hollon et al., 2002, 2006），當相較於藥物治療時，認知治療法至少有同等的效果——假使是由受過良好訓練的認知治療師所施行的話。認知治療法也似乎在預防復發上

有特殊的優勢，就類似於維持藥物所獲致的效果（Hollon, 2011; Hollon & Ponniah, 2010）。

在重度憂鬱症的治療上，近期的證據顯示，CBT也幾乎不遜色於藥物治療（De-Rubeis et al., 1999; Hollon et al., 2006）。例如，一項重要的研究針對中度到重度憂鬱的病人，發現有58%病人對認知治療法和藥物治療均有良好反應（DeRubeis, Hollon et al., 2005）。然而，在兩年追蹤期的尾聲，當所有認知治療和藥物治療都已停止達一年時，只有25%接受認知治療的病人有復發情形，相較之下藥物組則有50%病人復發（達到高度顯著差異）（Hollon & Dimidjian, 2009; Hollon et al., 2005）。

雖然絕大多數關於CBT的研究是把焦點放在單相憂鬱症上，近期則有證據顯示，稍加修改的CBT——在結合藥物治療的情況下——可能也在雙相障礙症的治療上相當有益處（Lam et al., 2003, 2005; Miklowitz, 2009）。

行為活化治療

在單相憂鬱症的治療上，另一種較為新近且有前景的技術稱為行為活化治療（behavioral activation treatment，或行為起動治療）。這種治療取向主要聚焦於使得病人更為積極主動，更為參與於他們的環境及他們的人際關係。這些技術包括規劃日常的活動（而且當從事這些活動時，評定它們的愉悅性和掌握性）、探索達成目標的其他替代行為，以及針對一些議題實施角色扮演。傳統的認知治療法也注意這些相同議題，但是在較窄的範圍內。對照之下，行為活化治療不特別側重直接改變病人的認知，反而是放在改變行為上，它的目標是提高正強化的程度，以減少病人的迴避行為和退縮行為（Dimidjian et al., 2011）。早期研究顯示它非常有前途，所獲致療效毫不遜於較為傳統的認知治療法（Jacobson et al., 2001）。事實上，一項研究已發現，對於中度到重度憂鬱的病人而言，他們接受行為活化治療後的表現等同於接受藥物治療，且甚至稍微優於接受認知治療的病人（Dimidjian et al., 2006），然而，認知治療在追蹤期間有較良好效果（Dobson et al., 2008）。因為行為活化治療較簡易的施行程序（這表示也較容易訓練合格的治療師），我們預期未來將會有更多研究注意力投入這種相對上新穎的治療法上。

人際關係治療法

人際關係治療尚未接受像CBT那般廣延的評估，也沒有那般廣泛被採用。然而，至今完成的研究強烈支持它在治療單相憂鬱症上的有效性（Cuijpers et al., 2011; Hollon & Ponniah, 2010）。實際上，人際關係治療法（IPT）似乎跟藥物治療或CBT有同等的效果（Hollon et al., 2002b; Weissman & Markowitz, 2002）。IPT強調當前人際關係的議題，嘗試協助當事人理解及矯正不良適應的互動型態（Bleiberg & Markowitz, 2008）。對於有重度重複發作之單相憂鬱症的病人而言，人際關係治療法也被顯示在長期追蹤中頗具成效（Frank et al., 1990; Weissman & Markowitz, 2002）。病人在三年的追蹤期接受每個月一次之延續的IPT，或接受延續的藥物治療的情況下，他們遠爲不可能出現重複發作──相較於維持安慰劑的病人（雖然維持藥物的效果還是勝過每個月一次的IPT）。再者，後設分析的資料指出，聯合IPT和藥物的維持治療與較低的再度發作率有關聯──相較於單獨維持藥物治療（Cuijpers et al., 2011）。

此外，IPT也已被修改以用來治療雙相障礙症，經由增添把焦點放在日常社會節律的穩定化上（social rhythms，假使失衡的話，可能在催化雙相發作上扮演一部分角色）。在這種新式的治療法中──稱爲「人際與社會節律治療法」──病人被教導如何認識人際事件對他們的社會節律和晝夜節律的影響，然後使得這些節律規則化。作爲藥物治療的幫手，這種治療法似乎很有展望（Miklowitz, 2009; Miklowitz & Craighead, 2007）。

❖ 家庭與婚姻治療法

當然，在任何治療方案中，很重要的是處理病人生活中不尋常的壓力源，這是因爲惡劣的生活處境可能導致憂鬱的重複發作，造成需要更長久的治療。許多研究支持這種觀點，它們發現單相和雙相障礙症（如在思覺失調症上的情形）的復發，與一些負面的家庭生活處境有高度相關（Hooley, 2007; Hooley & Hiller, 2001）。當憂鬱病人傾向於把配偶的行爲解讀爲對自己的批評時，他們似乎有偏高的復發率。例如，一些家庭治療法針對於降低家人的情緒表露或敵意，也設法提供家人關於如何因應躁症或鬱症發作的訊息，這已被發現在預防復發上非常有用處（Miklowitz, 2009; Miklowitz & Craighead, 2007）。對於已婚人士而言，假使他們既有單相憂鬱症又有婚姻失調問題，婚姻治療（把焦點放在婚姻失調上，而不是只放在病人身上）在降低病人的單相憂鬱症上跟認知治療一樣有效。婚姻治療有更進一步的益處，它比起認知治療能夠帶來更大的婚姻滿意度（Beach & Jones, 2002）。

▓▓ 第八節　自殺 ▓▓

自殺（suicide，有意地奪走自己的生命）的風險在所有類型的憂鬱中是一個顯著因素。幾乎所有精神障礙症都會提高自殺行爲的風險（Nock et al., 2009, 2010）；實際上，大約90%-95%自殺身亡的人發生過至少一種精神障礙症（Cavanagh et al., 2003; Nock, Borges, Bromet, Cha, et al., 2008），其中，憂鬱症是最常跟自殺行爲連

結在一起的障礙症。再者，當人們有兩種（或更多）精神疾病時，他們比起只有一種疾病的人甚至有更大的風險（Nock et al., 2010）。

在全世界的範圍，自殺目前是死亡的第十五大主要原因，占了所有死亡人數的1.4%（WHO, 2015a）。對比之下，全世界每年因自殺而死亡的人數多於所有戰爭、種族滅絕及人際暴力加總起來的死亡人數；換句話說，我們每個人更可能死於自己之手——相較於死於他人之手。再者，大部分專家同意，實際自殺的人數甚至更高於官方報告的人數，因為許多自我施加的死亡在官方紀錄中被歸之於另一些較「體面」的原因（以避免不光采的標誌）（Marzuk et al., 2002）。除了自殺死亡，根據估計，大約5%的美國人在他們生活的某些時候，曾作出非致命的自然企圖，而15%產生過自殺想法——通常被稱為「自殺意念」（Nock, Borges, Bromet, Alonso et al., 2008）。因此，只有大約1/3想過自殺的人會繼續作出自殺企圖。值得注意的是，從自殺想法轉移為自殺企圖的風險，在起心動念後的第一年內達到最高點，隨著時間拖得愈長，當事人就愈不可能採取行動。

另外也值得一提的是，對於大部分自殺身亡或作出非致命自殺企圖的人來說，他們對於奪走自己的生命是搖擺不定的（持著矛盾態度）。人們之所以作出自殺企圖最常發生在當他們單獨一人時，以及處於劇烈心理苦惱及苦悶的狀態，無法客觀地看待他們的問題，或無法評價替代的行動途徑時。因此，一項悲劇是許多人並不真正想要求死，另一項悲劇是那些被留存下來的人所感到持久的苦惱。針對還存活的人（不論是家人、朋友、同學或情侶）的研究顯示，因為自殺而失去所愛的人「是個人和家庭可能承受最大的負荷之一」（生命中難以承受的一種重荷）（Dunne, 1992, p.222）。

一、什麼人企圖自殺？

雖然研究人員仍然致力於理解為什麼人們著手自殺行為，但是關於哪些截面的人口有較高的風險，現在已有清楚而一致的發現。在幾乎所探討的全世界每一個國家中，女性顯著地比起男性較可能想起自殺和從事非致命的自殺企圖（Nock et al., 2008），但是男性自殺身亡的可能性約為女性的4倍高（WHO, 2015）。這種情形的發生很大部分是因為，男性在他們的自殺企圖上傾向於採取較為致命的手段（例如，舉槍自盡），女性則通常採取服藥（如安眠藥）過量的方式。

另一個全球一致的趨勢是，從青少年期到成年早期，自殺想法和自殺行為（包括自殺死亡）的發生率顯著增加。自殺很少發生在兒童身上，很大部分是由於幼童還不了解死亡的終結性，萬一他們有自殺想法，他們通常也缺乏付諸行動的手段；然而，從大約12歲開始，繼續升高到20多歲初期到中期，自殺想法和行為的盛行率顯

著增加（Nock et al., 2013）。自殺死亡的發生率也遵守類似的型態，後繼則在中年時（45到55歲）達到頂點，至於在生涯的其餘階段則稍微降低而趨於平緩。這種型態的一個明顯例外是，美國白人的自殺率從75歲開始呈現另一次顯著的升高（CDC, 2015c）。

整體的自殺率在過去一百年來保持相當穩定；然而，不同年齡組的發生率隨著時間有所變動。一項值得注意的趨勢是，在過去幾十年來，青少年和年輕人（從15歲到24歲）有逐漸升高的風險。為什麼自殺企圖和完成自殺的案例會在青少年期突然湧現？一個明顯的原因是，就是在這個生活時期中，憂鬱、焦慮、酒精使用、毒品使用，以及品性失序等問題也顯現遞升的盛行率，而所有這些因素都與升高的自殺風險有關聯（例如，Evans, Hawton & Rodham, 2004），手槍逐漸方便獲得可能也扮演一定角色。此外，青少年經由媒體而接觸到自殺（特別是那些名人的自殺）—— 經常是以聳動的字眼加以描述 —— 可能也促成了青少年自殺集體的提升，或許因為青少年極為易受暗示（suggestion）的影響，因而產生模仿行為（Hawton & Williams, 2002; Jamison, 1999）。一項審查估計，約有1%-13%的青少年自殺是感染因素（contagion factors）所造成（Velting & Gould, 1997）。最後，媒體很少討論自殺受害人所承受的精神疾病，這個事實可能更進一步提高了模仿的可能性。

許多大學生似乎也很容易發展出自殺意志和自殺計畫，像是學業要求、社交互動問題及職業選擇等結合起來的壓力源，或許再加上對他們基本價值觀的挑戰的交互作用之下，顯然使得一些學生無法繼續適應他們生活情境的要求。

二、精神障礙症

為什麼（及如何）這麼多障礙症與自殺產生連結？近期的研究已揭露，不同障礙症牽涉到自殺管道的不同部分。例如，如你可能預期，憂鬱症是最強烈預測哪些人將會發展出自殺想法的障礙症；然而，它未能預測擁有自殺想法中的哪些人將會繼續遵照這些想法而作出自殺企圖。實際上，只有當障礙症的特色是躁動和攻擊行為／衝動行為時，它們才能預測當事人將會奉行他們的自然想法（即完成從想法到行動的過渡），這些障礙症包括創傷後壓力症、雙相情緒障礙症、行為規範障礙症及間歇暴怒障礙症（Nock et al., 2009, 2010, 2014）。

三、與自殺相關的一些心理社會因素

為什麼有些人經歷強烈的心理痛苦，使得他們覺得有必要選擇自殺來逃避痛苦？它的解答絕不是簡單的事情。自殺最好被理解為許多不同因素結合起來的終端產物，

這些因素起始於生物脆弱性，也可能回溯到童年時光。兒童期的不良成長背景包括家人的心理病態、童年的虐待及家庭不穩定（Bruffaerts et al., 2010; Gureje et al., 2011）。這些早期經驗被認爲與生物脆弱性交互作用之下，提升了一些人格特質的風險，諸如絕望感、衝動性、攻擊性、悲觀及負面情緒性，這可能接著升高自殺的風險（O'Connor & Nock, 2014; Yen et al., 2009）。在憂鬱症病人身上，另一些症狀似乎在短期中較爲可靠地預測自殺行爲，這些症狀包括重度焦慮、恐慌發作、重度快感缺失（anhedonia，沒有能力感受一般人所享受生活中的樂趣）、全面失眠、妄想及酒精濫用（Busch et al., 2003; Goodwin & Jamison, 2007）。實際上，一項研究以76位當還在住院時自殺的病人爲對象，根據醫院的紀錄，這些人當中有79%在自殺的前一個星期中發生過重度焦慮及躁動的行爲（Busch et al., 2003）。

另有些證據指出，當人們在自我（self）與死亡或自殺之間擁有強烈的內隱聯想（implicit association）時，他們有偏高的風險在未來會有自殺企圖，甚至超過及高於其他已知風險因素的效應（Nock et al., 2010）。內隱聯想是人們在兩個概念之間抱持的心理聯想，而他們不願意或無法報告出來。這樣的聯想可以使用「反應時間測驗」加以測量，諸如「內隱聯想測驗」（IAT），它要求人們把一些字詞分類到兩個組別之一（例如，「像我」或「不像我」）。研究人員已發現，自殺的人較快速把自殺相關字詞（例如，「死亡」，「自殺」）分類在「像我」的組別——相較於分類在「不像我」的組別，這提供新的方法以偵測及更良好地預測自殺行爲（Nock et al., 2010）。

四、生物因素

強烈的證據顯示，自殺有時候會在家族中流傳，而遺傳因素可能在自殺風險上扮演一定角色（Brent et al., 2015）。對跨越22項研究進行平均，同卵雙胞胎的自殺一致率大約是異卵雙胞胎的3倍高（Baldessarini & Hennen, 2004）。再者，這種遺傳脆弱性似乎至少部分地獨立於憂鬱症的遺傳脆弱性（Brezo et al., 2010）。

另外也有漸增的證據顯示，這種遺傳脆弱性可能牽涉到自殺的神經化學相關成分（這些成分已在許多研究中被發現）。更具體而言，自殺受害人經常顯現血清素功能的變動，即偏低的血清素能活動經常與偏高的自殺風險連結在一起，特別是暴力的自殺。不僅在自殺受害人的驗屍研究中，而且在自殺倖存者的血液檢驗中，這些研究都已發現當事人的血清素濃度有偏低情形，這種連結似乎無涉於精神疾病診斷，包括自殺受害人罹患憂鬱症、思覺失調症及人格障礙症。

五、自殺行為的理論模式

研究人員正嘗試以不同理論模式解釋所有先前關於自殺行為的發現，許多人採用素質-壓力模式來構思自殺，也就是潛在的脆弱性（例如，遺傳、神經生理方面）與壓力生活事件交互作用之下，引起自殺的想法及行為（Mann et al., 1999; Schotte & Clum, 1987）。另有些人則規劃更為具體的模式以解釋自殺行為，例如，Joiner關於自殺的人際-心理模式（interpersonal-psychological model）指出，自覺的累贅（perceived burdensomeness，例如，覺得自己像是他人的負擔）和受挫的歸屬感（thwarted belongingness，例如，覺得孤單）交互作用之下，引起自殺的想法及慾望。但是只有第三個因素的存在，即後天獲得的自殺技能（acquired capability for suicide，被認為經由痛苦或誘發的經驗而獲得），當事人才擁有慾望和能力作出致命的自殺企圖（參考圖7.5；Joiner, 2005）。沒有現存的模式能夠適當解釋自殺行為，不過研究人員尚在繼續致力於獲致更佳理解，以便我們能夠更準確預測及預防這些悲劇行為。

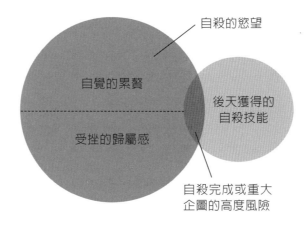

Joiner提出，當人們察覺自己成為他人的負擔，而且體驗受挫的歸屬感時，他們將會產生自殺死亡的慾望。然而，除非他們也有後天獲得的自殺技能，否則他們無法針對這項自殺慾望而採取行動。當這三個因素結合起來時，當事人就處於自殺的高度風險。（摘自Joiner, 2005）

圖7.5　Joiner關於自殺的人際-心理模式

第九節　自殺預防及干預

預防自殺是很困難的事情，大部分人當處於憂鬱而盤算自殺時，他們不會了解自己的思考是受限的，自己的決策是受損的，而他們需要援助。實際上，全世界範圍，僅大約40%有自殺想法或自殺企圖的人接受治療（Bruffaerts et al., 2011）。在接受治療的比率上，高收入國家（56%）遠高於低收入國家（17%）；這種治療最常是由

綜合科醫生所看診，而不是心理健康專業人員。自殺人士不願意尋求治療的主要原因是，他們不認為自己需要援助（58%表示如此），或他們想要自己解決問題（40%）（Bruffaerts et al., 2011）。目前，自殺預防主要著手於三方面工作：(1)當事人現行精神疾病的治療；(2)危機介入；及(3)對準高風險族群。

一、精神疾病的治療

為了預防自殺，一種方式是針對可能自殺的人士，醫治他們內在的精神疾病。以憂鬱症為例，這樣的治療通常是投以抗鬱劑或鋰劑。在成年人身上，研究證據顯示，抗鬱劑可以降低自殺想法和自殺行為——似乎是經由減輕憂鬱症狀（Gibbons et al., 2012）。就長期來說，鋰劑似乎是特別強有力的抗自殺藥劑，雖然不適用於急性處境（Goodwin & Jamison, 2007）。在治療重度焦慮和恐慌上（經常居先於自然企圖），Benzodiazepines也被建議可以派上用場。最後，聚焦於自殺預防的認知治療法也被發現很有助於減低再一次的自殺企圖（Brown, 2005）。

二、危機介入

危機介入的主要目標是協助當事人因應立即的生活危機。假如當事人已作出重大的自殺企圖，第一步驟涉及緊急醫療處置，繼之是轉診到住院或門診的心理健康中心，以便降低未來自殺企圖的風險（Stolberg et al., 2002）。

當人們打算自殺，但願意跟自殺防治中心的人員討論他們的問題時，防範措施主要放在：(1)跟當事人在短期中維持支持性及通常高度指導性的接觸；(2)協助當事人了解急性苦惱正減損他準確地評估處境的能力，進而使得他看出有處理問題的更良好方式；及(3)協助當事人了解當前的苦惱和情緒動盪不會是無止境的，終究將會成為過往雲煙。

三、聚焦於高風險族群

這是針對自殺的高風險族群規劃一些預防方案，以減緩他們的生活困擾，高風險族群包括老年人、青少年及自殺前科者。以老年人為例，這涉及讓老年人參與於協助別人的社交活動及人際關係中，當扮演這樣的角色時，這可以減輕老年人的孤立感和無意義感——通常源自被迫退休、經濟困境、喪偶、慢性疾病，以及感到不被需要。另一些方案也已鎖定青少年，他們因為先前的自殺意念及行為、情緒障礙症，或物質使用障礙症而被認定有偏高的風險（Zahl & Hawton, 2004a）。

第八章

身體症狀障礙症與解離症

　　你是否有過這樣的經驗（特別是當面臨重大壓力時），你感到自己像是恍惚地四處走動，或像是你不完全置身在那裡？那麼身體症狀呢？幾乎我們所有人至少偶爾會經歷輕微的解離症狀或身體症狀。實際上，在一般人口中，高達80%的人表示，他們在過去一個星期中發生過身體症狀（Hiller et al., 2006）。但是當對這些症狀的關切趨於嚴重，進而導致重大的苦惱或減損時，就可能被診斷爲身體症狀障礙症（somatic symptom disorder）。至於當「置身於自己之外」的感受變得如此持續而反覆發作，當事人產生深刻而不尋常的記憶缺失時（諸如不知道自己是誰），就可能被診斷爲解離症（dissociative disorder）。

第一節　身體症狀及相關障礙症：總論

　　身體症狀及相關障礙症（somatic sympton and related disorders）在DSM-5中是新的類別。這些障礙症位於變態心理學與醫學之間的交接地帶，它們是一組病況，不僅涉及身體症狀，也包括針對這些症狀的一些病態的思想、感受及行爲（APA, 2013）。

　　如先前提過，我們經歷一些身體感覺或症狀是很普通的事情。在大部分情況中，這些症狀將會自然消失，但是在大約25%的個案上，症狀持續較長期間，促使人們求診於醫生。遍及全世界的研究顯示，在引起人們尋求醫療的身體症狀中，大約20%-50%是醫學上無法解釋的，換句話說，它們找不到醫學起因（Kroenke, 2003）。對許多人而言，這就是故事的結局，當他們聽到所有檢驗都顯示他們的身體狀況正常時，他們感到滿意，但是有一組亞型的病人將會繼續極爲擔心事情不對勁了──他們可能有診斷不出來的疾病。這些人傾向於就他們的身體困擾繼續求助，會要求及經歷越來越多的醫學檢驗，也就是說他們執著於自己健康的一些狀況，已達到顯現重大功能減損的地步。如你可以預期，這樣的病人遠爲常出現在醫療背景中，而較不是心理健康診所。根據估計，大約20%的醫生看診是這類抱怨所引起（Steinbrecher et al., 2011），在美國，幾乎每一位家庭醫生都報告經常看診這些病人（Dimsdale, 2011）。

　　關於這些障礙症，另一個重要的因素是，當事人實際上無法支配他們的症狀。他們也不是有意地僞造症狀，或試圖欺騙他人，就大部分情況而言，他們眞正地相信一些很不對勁的事情發生在自己身上。在下面的討論中，我們特別把焦點放在這個類別裡四項最重要的障礙症狀上。它們是：(1)身體症狀障礙症；(2)罹病焦慮症；(3)轉化症；及(4)人爲障礙症。

第二節　身體症狀障礙症

身體症狀障礙症在這個類別中被視為最主要的診斷。這項新的診斷包括幾種障礙症，它們原先在DSM-IV中被視為各別不同的診斷。它們的舊稱是：(1)慮病症；(2)體化症；及(3)疼痛症。因此，大部分在過去被診斷為任何這些障礙症的人，現在將被正式診斷為身體症狀障礙症。例如，根據估計，大約75%原先被診斷為慮病症（hypochondriasis，當事人專注於害怕自己會感染重大疾病，或專注於相信自己實際上已罹患重大疾病，即使情況並非如此）的人，現在在DSM-5中將會被診斷為身體症狀障礙症（APA, 2013）。

為了達成身體症狀障礙症的診斷，當事人必須經歷一些慢性身體症狀而引起他們的苦惱；他們也必須經歷一些功能不良的思想、感受及／或行為，這個心理成分的添加是新增的。在DSM-IV中，它極為強調當事人的身體症狀是醫學上無法解釋的（雖然當事人的抱怨暗示著醫學狀況的存在，但是找不到身體病理加以解釋），然而在DSM-5中，身體症狀不再需要是醫學上無法解釋的（參考DSM-5專欄）。

DSM-5　「身體症狀障礙症」的診斷準則

A.一項或多項身體症狀，引起當事人苦惱，或造成日常生活的顯著困難。

B.跟身體症狀有關（或伴隨健康關注）的過度思想、感受及行為，如下列至少一項所表明：

1.當事人持續且不成比例地擔心他的症狀的嚴重性。

2.當事人對健康或症狀持續地抱持高度焦慮。

3.為了這些症狀或健康憂鬱，當事人投入過多的時間和精力。

C.雖然任何一項身體症狀不見得會持續存在，但是處於有症狀的狀態是持續的（典型地超過六個月）。

（資料來源：DSM-5，2013，美國精神醫學會）

DSM-5的另一個診上的斷變動是，它只需要一項身體症狀，換句話說，假如當事人有「任何」他們感到苦惱的身體問題（即使它只涉及單一症狀，且是醫學上可以解釋的），身體症狀障礙症的診斷也可能成立。當然，大部分病人有許多身體抱怨，而且即使只有一項症狀，當事人也可能蒙受顯著困擾。但是我們必須指出，基於這個原因，新的DSM-5準則將可能導致身體症狀障礙症診斷的增多。根據估計，身體症狀障礙症在一般人口中的盛行率將是5%-7%左右（APA, 2013）。然而，一些人已開始

批評，新的診斷準則過於寬鬆，將會導致許多人被錯誤認定爲有精神疾病（Frances, 2013b）。

此外，現行在DSM-5準則可能造成廣泛的病人被指定爲相同的診斷（Rief & Martin, 2014）。有些人將有許多症狀，有些人的症狀則極少；有些人的症狀具有醫學原因，另有些人則否。我們現在還不知道，這般廣泛組合的臨床狀況，是否將會妨礙新式治療法的成功開發。如我們在第一章提過，DSM必須始終被視爲是進展中的工作，我們預期身體症狀障礙症的診斷準則在未來將會被更進一步修訂。

一、身體症狀障礙症的起因

爲什麼人們會發展出身體症狀障礙症？DSM-IV中的身體型障礙症（somatoform disorders）類別的歷史根源，可以追溯到歇斯底里（hysteria）的精神分析概念，以及追溯到佛洛依德、Breuer及Janet的研究工作。長期以來認爲，這些症狀的發展是作爲防衛機制，以對抗尚未解決或不被接受的潛意識衝突。精神能量未被直接地表達，反而是導向較被接受的身體困擾上。

當前的見解採取遠爲認知-行爲的取向。當然，身體症狀障礙症在DSM-5中是新的障礙症，因此它尚未以自己的名義受到太多探討。儘管如此，在像是慮病症和身體型障礙症（現在被收編在新的診斷中）等的探討中，認知-行爲的觀點仍然是有效而具有啓發性。雖然存在幾種不同模式（Brown, 2004; Kirmayer & Taillefer, 1997; Rief & Barsky, 2005），但它們的核心特徵傾向於相當類似。首先，注意力集中於身體上，換句話說，當事人過度警覺，顯現對身體變化增強的意識；其次，當事人傾向於視身體感覺（sensations）爲身體症狀（symptoms），意味著身體感覺被認爲疾病；第三，當事人傾向於過度擔憂症狀所代表的意思，擁有災難化的認知；第四，因爲這份擔憂，當事人非常苦惱，爲他們所察覺的身體困擾尋求醫療診治。圖8.1說明了這個基本模式。

根據這項系統性闡述，身體症狀障礙症可被視爲知覺（察覺到良性的感覺，諸如個人的心臟停跳了一拍）和認知（「這是否表示我有嚴重的心臟毛病？」）二者的障礙症。當人們特別擔心自己的健康時，他們傾向於相信自己非常清楚及敏感於正發生在他們身體上的事情，但是情形看起來並非如此，反而，實驗研究顯示，這些人對於疾病相關訊息擁有一種注意偏袒（Gropalis et al., 2013；也見Jasper & Witthöft, 2011）。換句話說，由上而下的（認知）歷程——而不是由下而上的歷程（諸如身體感覺上的差異）——似乎造成了他們發生的問題。雖然他們的身體感覺或許沒有不同於正常控制組的感覺（Marcus, Gurley, et al., 2007），但是身體症狀障礙症的患者，似乎過度把注意力集中於他們的身體經驗，認定身體感覺爲症狀。他們也認爲自己的

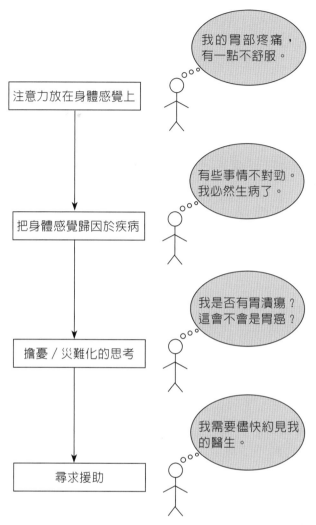

圖8.1 身體症狀障礙症的簡化模式

症狀比起實際情形更為危險，以及判斷某一疾病比起實際情形更可能發生，或更為危險。一旦他們已錯誤解讀症狀，他們傾向於尋找加以肯定的證據，然後低估那些顯示他們健康良好的證據；事實上，他們似乎相信，健康就意味著完全沒有症狀（Rief et al., 1998）。他們也認定自己能夠妥善應付疾病的可能性極低（Salkovskis & Bass, 1997），而且看待自己為體質虛弱、無法承受身體訓練或運動（Riebel et al., 2013; Wollburg et al., 2013）。所有這些傾向於製造一種惡性循環，他們對於疾病及症狀的焦慮導致了焦慮的生理症狀，這些症狀然後提供更進一步的素材（燃料），使得他們更為深信自己生病了。

　　研究人員也認為，個人過去在疾病方面的經驗（包括在自己和別人身上，以及經由媒體上的觀察），促成了對於症狀和疾病之一套功能不良假設的發展，這可能使得

個人容易產生身體症狀障礙症（Marcus, Gurley, et al., 2007; Salkovskis & Warwick, 2001）。這些功能不良假設可能包括這樣的觀念：「身體變化經常是重大疾病的徵兆，因為每一項症狀都必然有可被鑑定的身體起因」或「如果你不在察覺有異狀的時候就儘早求診於醫生，那麼一切都會太遲了」（Salkovskis & Bass, 1997, p.318），這是另一個由上而下（top-down）的認知歷程在運作的實例。

如我們已提過，身體症狀障礙症的病人經常現身在醫療診所，因為他們屢次地尋求醫學建議（例如，Bleichhardt & Hiller, 2006; Fink et al., 2004），致使他們每年的醫療成本遠高於一般人口（例如，Fink et al., 2010; Hiller et al., 2004）；高度的功能減損也經常發生，許多病人因為他們的身體症狀而嚴重失能（van der Leeuw et al., 2015）。身體症狀障礙症的病人較可能是女性，而且跟憂鬱和焦慮有高度的共存關係（Creed & Barsky, 2004; Voigt et al., 2012）。

雖然身體症狀障礙症通常伴隨大量的苦楚，它們可能在某種程度上被次級強化（secondary reinforcements）所維持下去。我們大部分人從孩提時期就學得，當我們生病時，我們會得到特別的安慰及注意，也可能被豁免上學或另一些責任。在DSM-IV的慮病症個案上，Barsky及其同事（1994）發現，他們的病人報告大量的童年期身體不適，因此錯過很多學校課程；在成長過程中，慮病症病人也傾向於在自己家人身上觀察到過多的疾病，這可能導致對於置身於疾病或痛苦的強烈記憶（Pauli & Alpers, 2002），而且或許也觀察到生病的人有時候獲得的一些附帶獲益（secondary benefits）（Cote et al., 1996; Kellner, 1985）。

最後還有必要指出，身體症狀障礙症的患者不是在詐病（malingering）──有意地偽裝一些症狀以達成特定的目標，諸如打贏個人的傷害訴訟。他們經歷的身體困擾引起他們的重大憂慮，如前面提過，這些症狀可能是大腦作用所引起，發生在個人意識覺知的雷達之下。

二、身體症狀障礙症的治療

認知-行為模式為身體症狀障礙症的起因提供了良好的解釋。因此，不至於驚訝，認知-行為治療法也被廣泛使用來治療這些障礙症（例如，Barsky & Ahern, 2004; Tyrer, 2011；也見Hedman et al., 2011，關於網路本位的CBT的實例）。這種治療取向的認知成分，把焦點放在評估病人對於疾病的信念上，然後矯正對於自己身體感覺的錯誤解讀。行為技術則包括，要求病人有意地專注於他們身體的一些部位，以引起無害的症狀，以便他們能夠了解，他們對自己身體感覺的選擇性知覺，可能在他們的症狀上扮演重大角色。有時候，接受CBT的病人也被指導從事反應預防（response prevention），也就是不再像他們往常那般地檢查自己的身體，也停止不斷地尋求他

人的安撫。一般而言，CBT的會期相對上簡短（6到16次療程），療程也可以以團體的形式實施（Weck et al., 2015）。除了有助於減輕身體症狀和對於症狀的焦慮，CBT取向也可以更普遍地降低焦慮和憂鬱的程度（Olatunji et al., 2014）。

除了CBT，某些類型的醫療管理（medical management）可以提供更進一步的效益，這可能涉及指定一位醫生，他將整合對病人的照護，包括定期地接見病人（從而嘗試預期新困擾的出現），以及針對新的抱怨提供身體檢查（從而接受所有症狀為正當的）。但是在這同時，醫生會避免不必要的診斷檢驗，只施加最起碼的藥物或其他治療（Looper & Kirmayer, 2002; Mai, 2004）。幾項研究已發現，這大為降低健保的花費，也增進了病人的身體功能，雖然不一定會減輕心理苦惱（Rost et al., 1994）。這正是為什麼這種方法最好聯合CBT使用的理由（例如，Bleichhardt et al., 2004; Mai, 2004）。

認知-行為技術也被廣泛使用來治療涉及疼痛（pain）的身體症狀障礙症，治療方案大致上包括放鬆訓練、為疼痛的真實性提供支持及驗證、規劃日常的活動、認知重建，以及對「無痛」（no-pain）行為的強化（Simon, 2002）。隨著接受這樣的治療，病人傾向於在失能和苦惱上顯現實質的減輕，雖然他們的疼痛程度傾向於只有較小幅度的變動。此外，抗憂鬱藥物（特別是三環抗鬱劑）和一些選擇性血清素再吸收抑制劑，已被顯示降低了疼痛強度——以一種無涉於藥物可能對心境產生影響的方式（Aragona et al., 2005; Simon, 2002）。

第三節 罹病焦慮症

罹病焦慮症（illness anxiety disorder）在DSM-5中是新的診斷，在這種新近認定的障礙症中，當事人對於自己已經得到或即將產生重大疾病抱持高度焦慮，這樣的焦慮令人苦惱及／或妨害生活運作，但是只有很少（或很輕微）的身體症狀（參考DSM-5專欄）。

DSM-5 「罹病焦慮症」的診斷準則

A. 當事人執著於自己正在罹患或已經罹患嚴重疾病的想法。

B. 身體症狀並未出現，或即使出現，也屬於輕微。如果另一種身體病況已經存在，或有發展出身體病況的高風險（例如，存在顯著的家族病史），該罹病想法很明顯是過度或不成比例的。

C.當事人極為擔心健康，很容易對自己健康狀況感到不安或驚慌。

D.當事人從事過度的健康相關行為（例如，反覆檢查他的身體是否有生病的跡象），或是展現不良適應的迴避行為（例如，逃避醫生看診，不願前往醫院）。

E.擔心罹病的情況已持續至少六個月，但是所擔心的特定疾病，可能在那段時間發生變動。

（資料來源：DSM-5，2013，美國精神醫學會）

　　根據估計，原先在DSM-IV中被診斷為慮病症的人們，大約25%將會在DSM-5中被診斷為罹病焦慮症，另外75%則將會被診斷為身體症狀障礙症。當慮病症伴隨重大的身體症狀時，該診斷將是身體症狀障礙症；當存在慮病症卻沒有任何身體症狀時（或只具有很輕微的症狀），診斷則將是罹病焦慮症。

第四節　轉化症

　　另一種列在「身體症狀及相關障礙症」診斷類別之內的障礙症是轉化症（conversion disorder），也稱為功能性神經症狀障礙症（functional neurological symptom disorder），「轉化症」是相對上近期的稱謂。歷史上，這種障礙症是被一起收編在「歇斯底里」（hysteria）用語下的幾種障礙症之一。

　　轉化症是精神病理學上最激起好奇心且令人困惑的病症之一，我們仍然能夠從中獲知許多心理現象。它的特色是呈現神經症狀，卻找不到神經學的診斷（見Feinstein, 2011）。換句話說，病人具有一些症狀或功能缺失，影響了他們的感官或動作行為，強烈暗示著當事人有一些身體病況或神經病況。然而，當施行醫學檢驗時，當事人的症狀或功能缺失的型態，不符合任何神經疾病或醫學狀況。一些典型的實例包括局部麻痺、失明、失聰及假性痙攣。當然，只有在實施充分的醫學檢查和神經學檢查後，才能作出這樣的診斷。另外也很重要的是，當事人不是有意地製造或偽裝那些症狀。反而，心理因素通常被判定扮演重要的角色，因為症狀經常隨著一些情緒或人際的衝突或壓力源而開始發作或惡化。

　　早期的觀察可以回溯到佛洛依德的論述，他表示大部分的轉化症病人很少顯現焦慮及害怕；也就是說，儘管他們有手臂癱瘓或失去視覺的症狀，卻沒有出現預期的焦慮及害怕。這種病人在描述自己有什麼毛病上似乎缺乏關心的態度（被稱為la belle indifférence——在法語是「漂亮的漠不關心」的意思），長期以來被視為是轉化症重要的診斷準則。然而，較嚴謹的研究後來顯示，「漂亮的漠不關心」（the beautiful indifference）實際上只發生在大約20%的病人身上；缺乏對症狀或其含意的關心也不是轉化症所特有。基於這些原因，這種現象在較新近版本的DSM中已不再被強調（Stone et al., 2006, 2011）。

　　許多人建議應該改變過去用來描述該障礙症的用語（例如，以心因性、功能性及解離性加以取代）。最終，DSM-5還是採取保守的作風，讓「轉化症」的用語保留下來，雖然現在已添加括弧「功能性神經症狀障礙症」（Stone, et al., 2011）。

DSM-5　「轉化症」（功能性神經症狀障礙症）的診斷準則

A. 出現一項或多項症狀，顯示自主運動或感覺功能受到影響（發生變動）。

B. 臨床上的證據顯示，該症狀不符合所認定的神經疾病或醫學狀況。

C. 該症狀或功能缺失無法以另一種身體或精神疾病作更好的解釋。

D. 該症狀或功能缺失引起臨床上顯著苦惱，或造成社交、職業或其他重要領域的功能減損，或需要醫療評估。

（資料來源：DSM-5，2013，美國精神醫學會）

一、轉化症症狀的範圍

　　轉化症的症狀範圍相當多樣化，這些症狀基本上可被劃分為四個類別：(1)感覺；(2)運動；(3)痙攣；及(4)前三種類別的混合呈現（APA, 2013）。

◨ 感覺症狀或功能缺失

　　轉化症可能牽涉幾乎任何感覺通道（sensory modality），其中最常發生在視覺系統（特別是失明及隧道視覺）、聽覺系統（特別是失聰），或感覺的靈敏度（特別是感覺缺失）。在感覺缺失（anesthesias，或麻木）的情況中，當事人失去對身體某一部位感覺的感受。

　　當發生轉化性失明時，當事人報告他看不見東西，但通常卻能在房間中走動（導航）而不會碰撞到家具或其他物件；在轉化性失聰中，當事人報告他聽不到聲音，但是當「聽到」他的名字時，他卻能轉到相稱的方向。這樣的觀察導致明顯的問題：在轉化性失明（及失聰）中，病人是實際上看不見（或聽不到），抑或感覺訊息仍被接收到，但是被阻擋在意識之外？一般而言，研究證據支持這個觀念：感覺輸入被登錄下來，但是不知如何被阻隔於外顯的意識辨認（外顯的知覺）。

運動症狀或功能缺失

運動型的轉化反應也包含廣泛的一系列症狀（例如，Maldonado & Spiegel, 2001；也見Stone et al., 2011）。例如，轉化性癱瘓經常侷限於單一肢體，諸如手臂或腿部，而功能喪失通常具有選擇性，只針對特定功能。例如，當事人可能無法寫字，卻能運用同一肌肉進行搔癢；或者當事人在大部分時間可能無法走路，但是在緊急時刻（諸如發生火災，不得不逃跑）卻能走動。最常見與說話相關的轉化性失常情形是失音症（aphonia），當事人只能以耳語的方式說話，雖然他通常能夠以正常的方式咳嗽（實際上，在器質性喉音癱瘓的情形中，咳嗽和發音二者都受到損害）。另一種常見的運動症狀稱為「喉頭異物感」（globus），當事人覺得有一腫塊塞在喉嚨之處（Finkenbine & Miele, 2004）。

癲癇或痙攣

另一種相對上常見的轉化症狀是痙攣，這些發作類似於癲癇症的痙攣，雖然它們不是真正的痙攣（Bowman & Markand, 2005; Stonnington et al., 2006）。例如，不像真正癲癇症痙攣發作的病人那般，病人沒有顯現任何EEG異常，也在事後沒有顯現意識混淆和記憶喪失。再者，轉化性痙攣的病人經常顯現過度的揮動手腳和扭動身體，而這在真正的痙攣中很少見；他們也很少在猝倒中傷害自己，很少會大小便失禁——如真正痙攣的病人經常會這樣。

二、轉化症診斷上的重要議題

因為轉化症的症狀能夠模擬各式各樣的身體病況，準確的診斷可能格外困難。當個人擁有可疑的轉化性症狀時，最關鍵性的是接受徹底的醫學和神經學的檢驗，然而，不妙的是，誤診仍然可能發生。儘管如此，隨著醫學檢測（特別是腦部造影）逐漸精巧化，誤診的發生率已從過去實質地降低下來。根據估計，1990年代的誤診率只有4%，從1950年代的幾近30%降下來（例如，Stone et al., 2005）。

另外有幾個準則也經常被用來辨別轉化症與真正的神經障礙症：

・轉化症的功能失調，往往無法明確地符合它所模擬的特定疾病的症狀。例如，轉化性癱瘓很少（或不曾）出現「癱瘓」的肢體有消瘦或萎縮的情形，除非是在罕見及長期的個案上。

・功能失調的性質具有高度的選擇性。如已經提過，在轉化性失明中，當事人通常不會碰撞到別人或物件，而「癱瘓」的肌肉在一些活動中可被使用，但在另一些則否。

‧在催眠或麻醉（藥物所引起的一種類似睡眠的狀態）的情況下，治療師通常可藉由暗示使得轉化症狀被消除、轉移或再度引發；同樣的，當個人從沉睡中出其不意醒過來時，他可能突然能夠支使「癱瘓」的肢體。

三、盛行率和人口統計的特徵

轉化症曾經在平民生活和（特別是）軍事生活中相對上常見。在第一次世界大戰期間，轉化症是在軍人（士兵）中最常被診斷的精神症候群；它在第二次世界大戰期間也相當普遍。轉化症典型地發生在高壓的戰鬥處境下，即使平常時候被認為很穩定的男人往往也不能倖免。在此，轉化性症狀（諸如雙腿癱瘓）使得士兵能夠逃避高度焦慮的戰鬥處境，卻不會被貼上懦夫的標籤，或不必接受軍事法庭的審判。

在被轉診到神經診所的病人中，轉化症占據大約5%；它在一般人口中的盛行率不詳，但即使是最高的估計值也只在0.005%左右（APA, 2013）。極引人興趣的是，轉化症盛行率的下降，似乎與我們對身體和心理疾病漸增的認識有密切關係；假使轉化症很容易就可被顯示缺乏醫學基礎的話，它顯然就失去了原有的防衛功能。當它在今日確實發生時，它最可能是發生在較低社經階級而住在偏遠地區人們，且他們也相對上缺乏醫療上的知識。

轉化症較常發生在女性身上，約莫為男性發生率的2倍到3倍高（APA, 2013）。它可能在任何年齡發展出來，但最普遍發生在青少年早期與成年早期之間（Maldonado & Spiegel, 2001）。它通常是在重大壓力源之後迅速發作，且經常在兩個星期內消退（假使該壓力源被排除的話），雖然它經常會再度發生（Merkler et al., 2015）。就像其他大部分的身體症狀障礙症，轉化症經常伴隨其他障礙症發生，特別是憂鬱症、焦慮症，以及其他形式的身體症狀或解離狀況。

四、轉化症的起因

轉化症被認為隨著某種壓力或內在衝突而發展出來，佛洛依德稱呼這些障礙症為「轉化性歇斯底里」（conversion hysteria），因為他相信那些症狀是壓抑的性能量（也就是，個人對他被壓抑的性慾望所感到潛意識衝突）的表達。根據佛洛依德的觀點，被壓抑的焦慮有浮出意識層面之虞，所以它被潛意識地「轉化」為身體障礙，從而使得個人避免處理那份衝突。當然，因為這不是在意識層面上進行，所以當事人察覺不到身體症狀的起源或意義。佛洛依德也認為，焦慮和精神內在衝突的減輕是維持病況的「主要獲益」（primary gain），但是他注意到，病人經常也有許多來源的「附帶獲益」（secondary gain），諸如獲得他人的同情及注意。

在心理動力論的圈子之外，佛洛依德關於轉化症起因的理論已很少被提及，但是他關於主要獲益和附帶獲益之機敏的臨床觀察，仍然被納入轉化症的當代觀點中。例如，當轉換爲學習理論的術語時，身體症狀可被視爲提供了負強化（嫌惡刺激的減輕或撤除），因爲失能狀態在某些方面可以使得當事人避免或逃避不能忍受的高壓處境，而不用爲其作爲承擔起責任。此外，它們也可能提供了正強化，以獲得他人的照顧、關懷及注意的形式。

五、轉化症的治療

如何最妥當治療轉化症？我們的認識極爲有限，因爲迄今只有很少良好控制的研究已被執行（例如，Bowman & Markand, 2005; Looper & Kirmayer, 2002）。一些住院病人有運動型轉化症狀，行爲取向的治療已被發現有良好的成效，它涉及指定一些訓練以增進移動或走動的能力，然後當病人顯現改善時，即時提供強化（例如，讚賞及贏得特權）。任何對失常動作行爲的強化被撤除，以便排除任何來源的附帶獲益（或繼發獲益）。一項小型研究使用這種治療法，在平均12天之中，所有10位病人都重獲他們移動或走動的能力，大部分病人在兩年的追蹤期間仍然維持改善（Speed, 1996）。至少一項研究也已採用認知-行爲治療法，順利地處理轉化性痙攣（LaFrance et al., 2009）。一些研究採用催眠再結合其他問題解決的治療法，研究證據顯示，催眠（或添加催眠到其他治療技術中）可能有良好效果（Looper & Kirmayer, 2002; Moene et al., 2003）。

第五節　人爲障礙症

我們迄今討論的障礙症都假定，經歷症狀的當事人是儘可能準確而忠實地報告他們的困擾，但有時候，人們會故意而自覺地假裝失能或疾病，DSM-S稱呼這種情形爲人爲障礙症（factitious disorder）。在人爲障礙症中，當事人有意地製造心理症狀或身體症狀（或二者）。雖然這可能令你感到有點奇怪，當事人的目標是爲了獲得及維持他扮演「生病角色」（sick role）（甚至到了需要反覆住院的地步）所被提供的利益，包括家人和醫療人員的注意及關懷（參考DSM-5專欄）。

在DSM-IV中，人爲障礙症自己成立一個類別；在DSM-5中，它已被移進「身體症狀及相關障礙症」的類別中，主要原因是在大部分人爲障礙症的個案中，當事人呈現身體症狀，而且也表達對於自己生病的信念。

DSM-5 「人為障礙症」的診斷準則

自為的人為障礙症（factitious disorder imposed on self）

A.偽造身體症狀或心理症狀，誘發受傷或疾病，經過鑑定為欺騙。

B.當事人對別人呈現自己生病、功能減損或受傷。

C.即使沒有明顯的外在獎賞（reward），仍有欺騙行為。

D.該行為無法以另一種精神疾病作更好的解釋，諸如妄想症或另一種精神疾病。

（資料來源：DSM-5，2013，美國精神醫學會）

人為障礙症與詐病（malingering）有什麼差別呢？主要差別是，在人為障礙症中，當事人沒有受到實質的外在獎賞。對比之下，在詐病的情況中，當事人故意製造或顯著誇大他的身體症狀，這樣的行為是受到外在誘因（external incentives）的激發，諸如逃避工作或兵役、規避罪行指控，或為了獲得賠償（APA, 2013; Maldonado & Spiegel, 2001）。

在人為障礙症狀中，病人可能暗中地變更他們的生理狀能（例如，經由服藥），以便模擬各種真實的疾病。實際上，他們可能冒有重大傷害或死亡的風險，甚至可能需要被安置在一些機構中——為了保護他們。

人為障礙症的盛行率尚未被正式確認，雖然在綜合醫院的病人中，它的範圍在0.5%-0.8%之間（Bouman, 2015）。人為障礙症也被認為較常見之於女性。關於這種障礙症的系統化研究還付之闕如，當前也沒有理論模式說明它為什麼會發展出來。然而，身為病人的角色所帶來的一些社會獲益被認為牽涉在內。

人為障礙症的一種危險的變奏曲是他為的人為障礙症（factitious disorder imposed on another）。在此，當事人有意地在另一個人身上製造身體疾病或精神疾病（或某一疾病的外觀）以尋求醫療協助，這個人通常是受到他／她看護的某個人（諸如小孩）（Pankratz, 2006）。在典型的樣例中，母親帶她的孩子接受身體病況的治療，但是病況是她蓄意引起的，為了製造症狀，母親可能不肯給小孩食物、加入血液到小孩的尿檢中、讓小孩服藥以引起嘔吐，或為溫度計加熱以使得小孩看起來像是發高燒。假如孩童住院，母親可能故意地汙染靜脈注射管線以使得小孩更為病重。當然，在這種形式的兒童虐待下，受害人的健康通常會受到重大危害，而社服單位或法律單位的介入是有必要的。在10%的這類個案中，母親的行動可能導致孩童的死亡（Hall et al., 2000）。

當受害人的臨床現象不是典型狀況、當實驗室結果不符合所認定的疾病，或是當受害人太過頻繁被送到同一所醫院或診所時，就可能懷疑是這種障礙症在作祟。加害人（通常擁有廣泛的醫學知識）傾向於極為抗拒，他們不願意承認真相（McCann,

1999）。他們也顯得熱愛及獻身於自己的小孩，使得健康中心的人員很難懷疑他們才是孩童問題的起因。根據估計，證實這項診斷的平均時間長度是14個月（Rogers, 2004）。如果加害人（注意：這項診斷是下給加害人，而不是受害人）察覺醫療人員已起疑心，他／她可能會突然終止跟醫院的接觸，然後現身在另一所醫院，全部戲碼再搬演一次。爲了偵察眞正病情，一項極爲實用的技術是在住院期間，採用隱藏式錄影設備觀察母親跟子女的互動情形。在一項研究中，41個被懷疑的個案中，最後有23個被判定是他爲的人爲障礙症，而這些判定的個案中，有56%是藉助監視錄影才落實這項診斷（Hall et al., 2000）。

一、辨別不同類型的身體症狀及相關障礙症

考慮到我們至今討論的所有診斷都涉及身體症狀的呈現，但我們該如何辨別它們？有時候，在辨別轉化症（或其他身體症狀障礙症）與詐病，或與人爲的「生病角色扮演」上，我們帶有相當程度的信心，但是在其他情況中，我們不容易作出正確的診斷。對於從事詐病（這沒有正式的診斷準則）和那些罹患人爲障礙症的人們而言，他們經由僞裝疾病或失能的症狀而自覺地行使欺詐，這個事實經常會反映在他們的舉止及態度上；對照之下，轉化症（以及其他身體症狀障礙症）的病人不是故意而自覺地製造他們的症狀，他們認爲自己是「症狀的受害人」，非常願意討論自己的症狀，經常達到鉅細靡遺的地步（Maldonado & Spiegel, 2001, p.109）。當被指出他們行爲的不一致（矛盾）時，他們通常不驚不慌，他們感受的任何附帶獲益僅是轉化症狀本身的副產品，不涉及爲症狀提供動機。另一方面，對於僞裝症狀的人們而言，當被問到症狀的事情時，他們傾向於是防備、規避（閃爍其詞）及猜疑的；他們通常不情願接受醫學檢驗，慢吞吞地談論他們的症狀，以避免騙人的把戲（託辭）會被揭穿。當被指出他們行爲上的不一致時，蓄意的詐欺者通常立即變得更爲防備（採取防守姿態）。

第六節　解離症：總論

解離症（dissociative disorders）是指一組異常狀況，涉及個人在正常情況下統合的意識、記憶、認同或知覺等功能發生分裂或瓦解（APA, 2013）。這裡所涵蓋的是整個精神病理領域中一些頗爲戲劇性的現象：人們記不得自己是誰，或記不得自己來自何處；以及人們擁有兩個或多個不同的身分或人格狀態，它們交替地支配個人的行爲。

　　就像身體症狀障礙症，解離症似乎主要是作為逃避焦慮及壓力的一些方式；或是為了應付一些生活困擾，否則這些困擾有淹沒個人平常的因應資源之虞。這兩類障礙症也使得當事人能夠否認對她／他「不被接受」的願望或行為的個人責任。在DSM所界定的解離症狀況中，當事人透過病態的解離以逃避壓力——基本上是經由逃避他自己自傳性的記憶或私人身分。總之，解離作用（dissociation）是指個人把引起心理苦惱的意識活動或記憶，從整體精神活動中切割開來，以使自己的自尊心或心理安寧不會受到威脅。DSM-5檢定出幾種病態解離，它們是：(1)失自我感障礙症／失現實感障礙症；(2)解離性失憶症；及(3)解離性身分障礙症。在DSM-5中，解離症被立即安排在「創傷及壓力相關障礙症」之後，反映了這二者之間存在密切關係。

第七節　失自我感障礙症／失現實感障礙症

　　兩種較常見的解離症狀是失現實感和失自我感。在失現實感中（derealization），個人對外在世界的現實感暫時地喪失；至於在失自我感中（depersonalization），個人對自己的自我感和現實感暫時地喪失。我們有高達50%-74%的人在自己生活中以輕微的形式至少發生過一次這樣的經驗，通常是發生在嚴重壓力、睡眠剝奪或感官剝奪的期間或之後（Khazaal et al., 2005; Reutens et al., 2010）。但是當失自我感或失現實感的發作變得持續而重複發生，而且妨害正常的生活功能時，就可被診斷為失自我感／失現實感障礙症。

　　在這種障礙症中，當事人持續或重複地感受到像是脫離於（detached from）他自己的身體及心理歷程，自己像是一位外界的旁觀者；有時候，當事人甚至感到自己像是飄浮在自己實質身體的上方，突然覺得自己截然不一樣，彷彿發生徹底的轉變，或自己不實際存在。不像在精神病狀態的期間，在失自我感的期間，當事人的現實驗證（reality testing）保持健全。另一些相關的失現實感體驗也可能發生，外在世界以各種方式被知覺為陌生及新奇的，顯得朦朧而不清楚。個人經驗的對象（自我或世界）經常被描述為孤立、沒有生氣、奇特及不熟悉；自己和他人被知覺為像是「機器人」，機械般地行動，缺乏主動或自我控制（Kihlstrom, 2001, p.267）。當事人也經常報告，感到自己彷彿正生活在夢境或電影中（Maldonado et al., 2002）。

　　符合這樣的報告，研究已顯示，在失自我感期間，當事人的情緒體驗減弱或降低——包括在主觀層面上和在神經活動及自律活動的層面上，當面對有威脅性或不愉快的刺激時，這些活動正常情況下會伴隨情緒反應而發生（Lemche et al., 2007; Phillips & Sierra, 2003; Stein & Simeon, 2009）。另一項研究則發現，他們似乎難以把片段的記憶組成準確或連貫的一系列事件。因此，時間扭曲（time distortion）是失自我

感經驗的關鍵成分（Simeon et al., 2008）。

在DSM-IV中，失現實感和失自我感被看待為兩種不同病況；在DSM-5中，它們則被結合起來，這是因為研究顯示，不論是從人口統計特徵、他們困擾的進程及嚴重性，以及他們共病的情況來看，顯著失現實感和顯著失自我感的人們看起來相當類似（見Lynn et al., 2015）。DSM-5關於失自我感／失現實感障礙症的現行準則列在DSM專欄中。

DSM-5　「失自我感／失現實感障礙症」的診斷準則

A. 存在持續或反覆發生的失自我感、失現實感，或兩者兼有的經驗：

1. 失自我感：在個人的思想、感受、感覺、身體或行動等方面，體驗到不真實、脫離或身為一個旁觀者（例如，知覺變動、扭曲的時間感、不真實或不存在的自我、情緒麻木及／或身體麻木）。

2. 失現實感：在周遭環境方面，體驗到不真實或脫離（例如，人物或物件被經歷為不真實、如夢境般、模糊、沒有生氣，或視覺上扭曲）。

B. 在失自我感或失現實感經驗的期間，現實驗證仍完好無損。

（資料來源：DSM-5，2013，美國精神醫學會）

如我們先前提到，短暫的失自我感或失現實感的症狀在一般人口中相當常見，這就是為什麼，為了符合診斷，失自我感或失現實感的發作必須是持續或反覆發生的。偶爾的失自我感／失現實感的症狀有時候也會被另一些人報告出來，包括思覺失調症、邊緣型人格障礙症、恐慌症、急性壓力症及創傷後壓力症的病人（Hunter et al., 2003）。

在迄今執行的主要流行病學調查中，解離症沒有被囊括進去，所以我們沒有正確的盛行率資料。根據統計，失自我感／失現實感障礙症的一生流行率是大約1%-2%的人口，男性和女性的發生率大致相等（APA, 2013; Reutens et al., 2010）。雖然該障礙症可能起始於兒童期，平均的初發年齡大約是16歲，只有少數人是在25歲後才發展出來（APA, 2013）。再者，在幾近80%的個案中，該障礙症有相當長期的進程，且在強度上很少或沒有波動情形（Baker et al., 2003）。它共存的病況可能包括情緒障礙症或焦慮症；在這些人們身上，畏避型、邊緣型及強迫型人格障礙症的發生率也有偏高現象（例如，Hunter et al., 2003; Mula et al., 2007; Reutens et al., 2010）。

雖然重度失自我感／失現實感的症狀可能令人驚嚇，往往使得當事人憂慮心理崩潰即將逼近，但這樣的憂慮通常是沒有依據的。然而，失自我感有時候會是發展為精神病狀態的早期徵候。在任一種情況中，不論是處理催化的壓力源或減輕焦慮，專業

援助可能有所益處。然而，不幸地，至今仍沒有明顯有效的治療，不論是經由藥物治療或心理治療。

第八節　解離性失憶症

倒行性失憶（retrograde amnesia）是指部分或全部無法回憶或辨認先前獲得的訊息或過去的經驗；對照之下，前行性失憶（anterograde amnesia）是指部分或全部無法保留新的訊息（Kapur, 1999; Gilboa et al., 2006）。持續的失憶可能發生在解離性失憶症上，它也可能起因於外傷性大腦損傷或中樞神經系統的疾病。假使失憶症是腦部病變（brain pathology）所引起，它通常涉及無法保留新的訊息和經驗（前行性失憶）。這也就是說，包含在經驗中的訊息沒有被登錄，也沒有進入記憶貯存（Kapur, 1999）。

另一方面，解離性失憶症（dissociative amnesia）通常侷限於無法回憶先前貯存的個人訊息（倒行性失憶），但這樣的失憶不能以一般的遺忘加以解釋。記憶的空白最常發生在不能忍受的高壓情勢之後——例如，戰時的搏鬥情形，或一些災難事件，諸如嚴重車禍、自殺企圖或創傷的經驗（Maldonado & Spiegel, 2007; Spiegel, 2007; Spiegel et al., 2011a）。在這種障礙症中，乍看之下遺忘的個人訊息仍然存在那裡，位於意識層面之下，它有時候在催眠或麻醉下施行訪談就會浮現出來，或在一些個案上失憶會自發地痊癒。

DSM-5　「解離性失憶症」的診斷準則

A.當事人無法記起重要的個人資料及訊息，通常是屬於創傷或壓力的事件，這種狀況不能歸之於一般的遺忘。

> 註　解離性失憶症最常發生在對某一特定事件或一些事件的局部失憶或選擇性失憶上；或對自己的身分和生活史發生廣泛的失憶。

C.這樣的困擾無法歸因於某一物質的生理效應（例如，酒精或其他藥物濫用，臨床用藥），也不是神經系統或其他身體病況所致（例如，局部複雜癲癇、短暫性全面失憶、閉合性頭部傷害／外傷性腦傷的後遺症，或其他神經系統的疾病）

（資料來源：DSM-5，2013，美國精神醫學會）

通常，失憶發作持續幾天到幾年之間，雖然許多人只經歷一次這樣的發作，有些

人在他們一生中有多次發作（Maldonado & Spiegel, 2007; Stanilbiu & Markowitsch, 2010）。在典型的解離性失憶反應中，當事人無法記得他們個人生活史的一些層面，或無法記得關於他們身分的重要事實。儘管如此，他們基本的習慣模式——諸如他們閱讀、談話及執行有技巧的工作等能力——仍維持完整；除了記憶短缺外，他們似乎是正常的（Kihlstrom, 2005）。因此，只有特定類型的記憶受到影響，心理學家稱這類記憶為情節記憶（episodic memory，關於所經歷的事件）或自傳記憶（autobiographical memory，關於所經歷的私人事件）。至於其他類型的記憶，如：語意記憶（semantic memory，關於語言及概念）、程序記憶（procedural memory，如何執行一些事情，諸如烹飪）及短期貯存的記憶，則似乎維持完整，雖然關於這個主題的研究還很少（Kihlstrom, 2005）。通常，他們在登錄（encoding，或編碼）新訊息方面沒有困難（Maldonado & Spiegel, 2007）。

　　在相當罕見的個案上，當事人可能更進一步從真實生活困境中撤退下來，透過進入一種稱為解離性遁走症（dissociative fugue）的失憶狀態。如「遁走」的字眼所暗示的（fugue在法文中表示「逃離」），它是採取實際逃離的一種防衛方式——當事人不僅對她／他過去的某些或所有層面發生失憶，而且實際脫離家庭環境。這種狀況通常伴隨對個人身分的混淆，或甚至是採取新的身分（雖然這些身分並不會如在解離性身分障礙症那般交替出現）。在遁走（漫遊）期間，這些人不清楚他們對自己先前階段的生活失去記憶，但是他們對於在遁走狀態期間所發生事情的記憶，本身是完整的（Kihlstrom, 2005; Kihlstrom & Schacter, 2000）；他們在遁走狀態期間的行為通常相當正常，不太會引人懷疑有什麼不對勁的地方。然而，遁走狀態期間的行為通常反映了相當不同於先前的生活風格，這很明顯說明了對過去生活模式的排斥。幾天、幾星期或有時候甚至幾年後，這類的人們可能突然從遁走狀態脫身出來，發現自己處於陌生的地方、從事新的職業，毫無所悉自己是如何抵達那裡。在其他情況下，只有在對於「他們是誰」進行反覆的質問及提醒後，他們才能從遁走狀態恢復過來。在上述兩種情況中，隨著從遁走狀態恢復過來，他們原先的失憶內容也會康復——但是針對他們遁走期間之新近、似乎完全失憶的狀況卻發生了。在DSM-5中，解離性遁走症被視為是解離性失憶症的一種亞型，而不是如它在DSM-IV中被視為個別的障礙症。

　　解離性失憶症的模式基本上類似於轉化症狀的模式，只不過後者是經由身體功能失調以逃避一些不愉快的情境，但是在前者，當事人潛意識地逃避對於該情境的任何思緒，或是在極端的情況下，遠離該事件的現場（Maldonado et al, 2002）。因此，當人們發生解離性失憶症時，他們通常正面臨極度不愉快的情境，而且他們看不出有可被接受的逃避方式。最終，壓力變得如此無法忍受，以至於他們只好壓抑自己大部分的人格，以及壓抑對該壓力情境的所有記憶。

第九節　解離性身分障礙症

解離性身分障礙症（dissociative identity disorder, DID）——原先稱爲多重人格障礙症（multiple personality disorder）——是一種戲劇性的解離症，它長久以來爲許多電影和媒體提供誇大而煽情的題材。在DSM-IV中，它需要當事人顯現兩種（或多種）不同身分（或人格狀態），它們以某些方式交替出現而支配當事人的行爲，當事人也無法記起重要的個人資料，但不能以一般的遺忘加以解釋。

在DSM-5中，診斷焦點有一些微妙的轉變，它現在需要當事人發生身分的分裂（disruption of identity），其特色是存在兩個（或多個）不同的人格狀態（personality states），以及有反覆的失憶發作。重要的是，這種身分的分裂可以是自己報告的，也可以是他人所觀察。換句話說，即使沒有他人見證不同的人格，DID現在仍可以被確診。

DSM-5的另一項變動是在DID的診斷準則中納入病態的附身（possession）。當某人經歷短暫性的意識狀態或身分的顯著交替出現時，這被稱爲發生恍惚狀態（trance）。當基於宗教或神靈的原因而自發地進入恍惚及附身狀態時，將不被視爲是病態的；然而，當它們是非自願地發生，超出被接受的文化背景之外，而且引起苦惱時，這就是嚴重的問題。

在DID的原型個案中，當事人出現不同的人格，可以被外界的觀察者所識別；每種身分看似擁有不同的個人史、自我意象（self-image）及姓名，雖然有一些身分只是部分地有別於及獨立於其他身分。在大部分情況中，個人有一種身分最常出現且占有個人的眞正姓名，它被稱爲主人身分（host identity）。在大部分個案上，主人身分不是最初的身分，它可能是或可能不是有最良好適應的身分。更替身分（alter identities）可能在許多引人注意的方面截然有別，包括性別、年齡、偏手性、筆跡、性取向、眼鏡的格式、優勢的情感、講外國語言及普通常識。例如，一種更替身分可能是無憂無慮、愛打趣及性挑逗的；另一種更替身分則是安靜、勤勉、莊重及拘禮的。首要身分或主人身分所壓抑的需求和行爲，經常會在一種或多種更替身分中自由地展現出來。一些角色——諸如小孩、保護者與迫害者，以及另一種性別的自己——很常出現在這些人的劇本中。

爲什麼捨棄原有的診斷名稱「多重人格障礙症」而改用DID呢？這是因爲我們逐漸認識到，「多重人格障礙症」可能傳達容易招致誤解的訊息，因爲它暗示當事人的空間、時間及身體受到一些不同的（但是充分地組織及連貫的）「人格」的多重占據。事實上，更替身分在任何意味上都還稱不上是「人格」，而只是反映了個人在整合各種層面的身分、意識及記憶上的失靈（Spiegel, 2006）。DID的稱語較良好捕

捉了這方面的意思，如在DSM-5準則中所作的修訂（參考DSM-5專欄）。實際上，Spiegel（這個領域的一位傑出的理論家）表示，「問題不是在於擁有一個以上的人格，而是擁有不到一個的人格」（Spiegel, 2006, p.567）。

更替身分在不同時間點接掌個人的行為，而它們的轉換（switch）典型地非常迅速發生（幾秒鐘的事情），雖然較為漸進的轉換也可能發生。當轉換發生時，DID病人經常對於發生過的事情呈現記憶空白的狀況——特別是關於發生在另一些身分上的事情，但是這種失憶不一定是對稱的；也就是說，有些身分可能比起其他身分知道更多關於一些更替身分的事情。總之，DID這種狀況是正常情形下整合的記憶、身分及意識等層面不再處於整合狀態。DID的另一些常見症狀包括憂鬱、自殘行為、經常性的自殺意念及企圖、古怪的行為、頭痛、幻覺、創傷後症狀，以及其他失憶和遁走的症狀（APA, 2013; Maldonado et al., 2002）。DID最常見的一些共存的疾病包括憂鬱症、PTSD、物質使用障礙症，以及邊緣型人格障礙症（Maldonado & Spiegel, 2007）。一項近期的研究發現，在DID病人中，共存障礙症（根據結構式診斷晤談）的平均數量是5項，其中以PTSD最常出現（Rodewald et al., 2011）。

DID通常好發於兒童期，雖然大部分病人是在他們10多歲、20多歲或30多歲時才被診斷出來。女性被診斷為DID的人數約為男性的3倍到9倍，且女性傾向於比男性有較大數量的更替身分（Maldonado & Spiegel, 2007）。有些人相信，這種顯著的性別差異是因為，女性比起男性有遠為偏高比例的兒童期性虐待（childhood sexual abuse），但這仍是有高度爭議的論點。

DSM-5　「解離性身分障礙症」的診斷準則

A. 身分的分裂，其特色是出現兩種或多種不同的人格狀態，這可能在一些文化中被描述為「附身」的經驗。這種身分的分裂涉及自我感和代理感的顯著不連續（discontinuity），伴隨一些相關層面的變更，像是情感、行為、意識、記憶、知覺、認知及／或感覺動作的功能。這些徵兆和症狀可以是他人觀察到，或是個人自己所報告。

B. 在回憶日常事件、重要個人資料及／或創傷事件上反覆發生記憶斷層，這種現象不同於一般的遺忘。

D. 這樣的失調不是普遍被接受的文化或宗教實踐的正常部分。

　　註　　在兒童身上，該症狀不能解釋為想像的玩伴或其他幻想遊戲。

E. 該症狀不能歸因於某一物質的生理效應（例如，酒精中毒時的失去記憶或混亂行為），也不是另一種身體病況所致（例如，複雜性局部癲癇）。

（資料來源：DSM-5，2013，美國精神醫學會）

DID更替身分的數量有極大的變異，而且隨著時間而遞增。一項早期的審查檢視76個經典的個案，它報告這些個案中的2/3只擁有兩種人格，其餘的大部分則有三種人格（Tayler & Martin, 1944）。然而，較新近的估計值是，現在大約50%的個案顯現超過10種身分，有些應答者宣稱擁有高達100種身分。這種遞增的多重性的歷史趨勢，暗示著社會因素的運作，也或許是透過治療師的鼓勵（Lilienfeld et al., 1999; Piper & Merskey, 2004a, 2004b; Kihlatrom, 2005）。另一種新近的趨勢是，許多被報告出來的DID個案現在包含較多不尋常及甚至怪異的身分（諸如身為動物）── 相較於過去；也包含更多很難以置信的背景（例如，兒童期儀式化的重大虐待）。

一、DID的起因

在一些情況中，DID的起源可能是偽造或詐病，例如，在法庭審理中，被告及其律師可能利用DID（「我的其他人格幹的事」）試圖逃避犯罪的刑罰，但這樣的案例相對上罕見。

創傷理論與社會認知理論

假如DID不是有意的偽裝，那麼它如何發展出來？又如何被維持下去呢？在當代文獻中，最先被用來說明DID如何發展出來的主要理論是「創傷理論」（posttraumatic theory）（Gleaves, 1996; Ross, 1997, 1999）。絕大多數的DID病人（一些估計值超過95%）報告，當身為兒童時有嚴重而可怕的受虐記憶。圖8.2顯示幾項早期研究的結果；較新近的調查也報告類似的發現（Dorahy et al., 2015）。

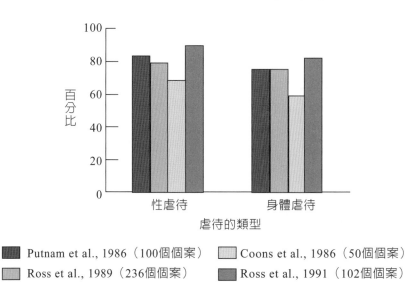

圖8.2　以DID病人為對象（總人數 = 488），四項個別研究所報告兒童期虐待的情形

　　根據創傷理論，DID起始於兒童當面對反覆發生的創傷虐待時，他們在嘗試因應上所衍生壓倒性的絕望感和無力感，在缺乏其他資源及逃避管道的情況下，兒童可能產生解離而遁入幻想中，轉成另外一個人。這種逃避可能透過像是自我催眠（self-hypnosis）的歷程而發生（Butler et al., 1996），而假使它有助於緩解虐待所引起的一些痛苦，它將會被強化並在未來再度發生。有時候，兒童會單純地想像該虐待正發生在另外一個人身上。假使兒童有幻想的傾向，而且長期繼續維持易於幻想的話，兒童可能不知不覺地在不同時間點塑造了不同的自我，這可能就為多重解離的身分發展打造了基礎。

　　但只有一小組經歷創傷體驗的兒童是易於幻想或自我催眠的，這導致一些學者認為，素質-壓力的模式可能適用於這裡。換句話說，對於那些易於幻想及／或容易進入催眠的兒童而言，當有嚴重虐待發生時，他們可能有發展出DID（或其他解離症）的素質（Butler et al., 1996; Kihlstrom, Glisky & Angiulo, 1994）。

　　逐漸地，對於那些視兒童期虐待在DID的發展上扮演關鍵性角色的學者而言，他們開始看待DID為或許是創傷後壓力症（PTSD）的一種複雜而慢性的變化類型；PTSD就定義上而言是暴露於一些極具創傷的事件所引起，包括虐待（Brown, 1994; Maldonado et al., 2002）。焦慮症狀在PTSD比起在DID上更為顯著，而解離症狀則在DID比起在PTSD上更為顯著。儘管如此，這兩類症狀都有在這兩種障礙症上呈現（Putnam, 1997）。再者，一些（但不是全部）研究學者估計，在被診斷為DID的人當中，有很高比例也有共存的PTSD診斷，這暗示一些重要的共同起因的可能性（Vermetten et al., 2006；也見Rodewald et al., 2011）。認識到這一點，DSM-5現在把「PTSD伴隨解離症狀」納入新的亞型。

　　對立於創傷理論另一端的是社會認知理論（sociocognitive theory），根據這個理論，當極為易受暗示的人學會採取及扮演多重身分的角色時，DID便發展出來，這主要是因為臨床人員不經意地提供暗示、使之合乎情理，以及加以強化；但也是因為這些不同的身分投合當事人的個人目標（Lilienfeld & Lynn, 2003; Lilienfeld et al., 1999; Spanos, 1994, 1996）。我們有必要理解的是，社會認知觀點不認為這種狀況是當事人有意或意識上的作為，反而，它是自然地發生，在當事人很少或完全不自覺的情況下（Lilienfeld et al., 1999）。這裡的猜疑是，過度熱心的臨床人員，也許因為著迷於DID的臨床現象，而且不智地使用像是催眠的技術，變成是誘發這種障礙症的主要原因，特別是在極易受暗示而有幻想傾向的當事人身上（例如，Giesbrecht et al., 2008; Piper & Merskey, 2004a, 2004b; Spanos, 1996）。

　　在關於社會認知假說的一項早期檢驗中，Spanos 及其同事（1985）證實，普通的大學生可在催眠之下，經由暗示而被引誘以展現在DID所見的一些現象，包括採取第二種身分、擁有不同的姓名，而且在人格量表上顯現不同的側面圖（profile）。

Spanos及其同事因此以實例說明，當受到情境力量的鼓勵時，人們能夠扮演第二種身分。在治療師的診療室之外，另一些情境力量也可能影響當事人，包括對個人過去行為的記憶（例如，身為孩童時）、對他人行為的觀察（例如，他人顯得果斷而自主，或顯得性感而賣弄風騷），以及媒體對於DID的描繪（Lilienfeld et al., 1999; Piper & Merskey, 2004b; Spanos, 1994）。

　　社會認知理論也符合一些證據，這些證據指出，大部分的DID病人在進入治療之前並未顯現該障礙症清楚的徵兆，而且更替身分的數量通常隨著接受治療的時間而遞增（有時候極具戲劇性）（Boysen & Van Bergen, 2013; Piper & Merskey, 2004b）。

　　另外也符合社會文化觀點的是DID盛行率的變動。由於它們戲劇性的本質，DID個案在小說、電視及電影中獲得大量的注意及宣傳報導，然而事實上，直到相當近期之前，DID在臨床業務上仍是極為罕見──或至少極少被診斷。但是自1970年代以來，DID個案的數量開始顯著增加，當時是一般大眾首度接觸DID的通俗報導。在大約同時，隨著DSM-III在1980年發表，DID（當時稱為「多重人格障礙症」）的診斷準則第一次被清楚地指定及說明，這似乎已導致臨床人員漸進地接受該診斷，且可能也促進了該病況在文獻中的報導。

　　在1979年之前，全世界的範圍，整個心理學和精神醫學文獻中只發現大約200個個案。但是到了1999年，僅僅北美地區就有超過3萬個個案被報告出來（Ross, 1999），雖然許多研究學者相信，這是過於浮濫的估計值（例如，Piper & Merskey, 2004b）因為，DID在一般人口中的盛行率估計值不容易獲得；很有可能的是，任何這樣的估計值都不是正當有效的──考慮到可靠地作出這種診斷是多麼困難的事情。然而，一項研究以紐約州北部地方的658個人為對象，它估計DID的盛行率是1.5%（Johnson et al., 2006）。

　　許多因素助長了所報告DID盛行率的顯著升高（雖然就算無條件接受這樣的估計值，DID仍然極為少見，大部分的開業心理治療師在他們的生涯中從不曾接見過一位DID病人）。然而，幾乎可以肯定的是，DID盛行率的增加有一部分是人為的（artifactual），它的發生是因為有些治療師在略為透露有更替身分存在的一些病人身上，刻意尋找DID的證據（特別是當病人處於催眠狀態下，而且極為易受暗示時）（Kihlstrom, 2005; Piper & Merskey, 2004b）。治療師可能也微妙地強化了新身分的浮現──經由對這些新身分顯現高度的興趣。儘管如此，這樣的因素可能無法解釋被診斷為DID的所有個案，因為DID已在世界的大部分地方被觀察到，甚至那些地方對於DID幾乎不具有任何個人或專業的知識，包括土耳其（Akyuz et al., 1999）和中國上海（Xiao et al., 2006）的偏遠地區。

　　社會認知理論也招致許多批評。例如，Spanos及其同事示範大學生在催眠狀態下的角色扮演固然引人興趣，但是它並未顯示這就是DID在真實生活中實際被引發的方

式。再者，雖然DID的一些「症狀」可以經由社會扮演而製造出來，這並不等同於證明該「障礙症」也能以這種方式製造出來（例如，Gleaves, 1996）。

 ### 虐待是否在DID上扮演致因的角色？

前面提過，DID病人有很高比例發生過童年受虐，但是虐待的記憶是否準確而值得信任，這已引起重大爭議。批評者（通常是社會認知理論的擁護者）表示，DID病人的受虐報告中，許多通常是在治療過程中開始出現，它們可能是不實記憶的結果，屬於高度誘導性問題和暗示技術的產品（Lilienfeld et al., 1999; Loftus & Davis, 2006; Yapko, 1994）。另一方面，殘忍的童年虐待過於頻繁地發生在DID病人身上，它可能對當事人的發展有極為不利的影響，或許助長了病態的解離（例如，Maldonado & Spiegal, 2007; Nash et al., 1993）。

如果嚴重的童年虐待確實發生，我們如何決定它是否為發展出DID的關鍵起因？不巧地，這個問題不容易回答。例如，兒童虐待經常發生在也受擾於另一些來源的逆境及創傷的家庭環境中，這些逆境包括精神病態、極度疏失及貧窮等。這些相關來源逆境中的一種或多種情況，可能實際上也扮演致因的角色（Lilienfeld et al., 1999; Nash et al., 1993）。再者，童年虐待也被宣稱導致許多不同形式的精神病態，包括憂鬱症、PTSD、飲食障礙症、身體症狀障礙症及邊緣型人格障礙症，此處僅是列舉其中一些。或許我們最多只能說，童年虐待可能在許多障礙症上扮演非特定（nonspecific）的角色，再伴隨另一些更為特定的因素之下，才能決定哪種障礙症會發展出來。

第十節　解離症的文化因素、治療及結果

一、解離症的文化因素

所有障礙症都發生在文化脈絡之內，DID也不能例外。毫無疑問地，解離症（特別是它們較戲劇化的形式，諸如DID）的盛行率，受到這種現象在其所處文化背景中被接受或容許程度的影響——不論是視為正常現象或視為法定的精神障礙症。實際上，在美國社會中，接受及容許DID作為一種法定障礙症，長期下來發生很大的變動。

許多相關現象，諸如神靈附身和解離性的恍惚狀態，在世界的許多不同地方經常發生，而當地文化也加以認可（Krippner, 1994; Spiegel et al., 2013）。當這樣的經驗是出自意志、暫時性，以及作為宗教或神靈儀式的一部分而發生時，它們不一定是有

問題的。然而,當它們是非本意的,也引起當事人的苦惱時,附身狀態就被視爲是病態的。

病態附身的特徵相當類似於DID,它們包括身分上有區別的變化,以及對於事件完全或局部的失憶。然而,在病態附身中,其他的身分並未被體驗爲另一個內在的人格狀態,而是被視爲外在的精靈、力量或神明。DSM-5在DID的診斷準則中納入病態附身,這使得該診斷更適用於來自廣泛文化背景的人們,它也表示DID可能以兩種不同形式呈現:附身的形式和非附身的形式。換句話說,該障礙症如何呈現在很大程度上取決於文化因素(Spiegel et al., 2013)。

二、解離症的治療與結果

不幸地,關於解離性失憶症和失自我感障礙症的治療,至今仍缺乏有系統的控制性研究被執行;因此關於「如何有成效地加以治療」,我們所知實在不多。許多個案史被提供,但缺乏在同一時間評估的控制組,或缺乏接受非特定治療的控制組,使得我們無從知道各種治療法的有效性(Kihlstrom, 2005)。

一般而言,失自我感障礙症/失現實感障礙症可能相當抗拒治療,雖然治療可能對相關的困擾具有益處,諸如焦慮症和憂鬱症。有些人認爲,催眠(包括自我催眠技術的訓練)可能有助益,失自我感障礙症的病人可以學會解離,然後「重新連結」(reassociate),從而對他們失自我感和失現實感的經驗獲致一些控制感(Maldonado & Spiegel, 2007)。許多類別的抗憂鬱、抗焦慮及抗精神病的藥物已被嘗試,有一些具有適度的效果。然而,一項隨機化的控制性研究顯示,服用Prozac(百憂解)與服用安慰劑兩組之間沒有差異(Simeon et al., 2004)。近期的研究發現,實施重複式穿顱磁性刺激術(rTMS)於顳葉與頂葉連接處,似乎對於治療解離症頗具前景(Mantovani et al., 2011)。經過三個星期的治療後,半數受試者顯現失自我感的顯著減輕,至於那些不起反應的病人,再追加三個星期的治療後,也顯現症狀改善。

在解離性失憶症上,很重要的是讓當事人處身於安全的環境中,並單純地使得她/他脫離於自覺爲有威脅性的情境,這有時候就容許記憶自發地恢復。除了藥物外——諸如benzodiazepines、barbiturates(巴比妥酸鹽)、sodium pentobarbital及sodium amobarbital——催眠通常也被用來促進對於被壓抑及解離的記憶的回想(Maldonado et al., 2002)。在記憶被喚回後,病人需要在治療師的協助下逐步透析(疏通)那些記憶,以便該經驗能夠以新的方式被重新建構。然而,除非那些記憶能夠被獨立地證實,否則它們不應該就表面價值而被接受(Kihlstrom, 2005)。

關於DID病人,大部分當前的治療取向是建立在「創傷理論」的假設上,亦即該障礙症是虐待所引起(Kihlstrom, 2005)。大部分的治療師設定「把先前分離的更替

身分整合起來」（連同它們集體地同化在主人人格中）作為治療終極的目標（例如，Maldonado & Spiegel, 2007）。DID病人通常會對這個過程展現大量抗拒，他們視解離作用為一種保護策略（例如，「我知道我父親可以奪走我的一部分，但他無法奪走全部的我」；Maldonado & Spiegel, 2007, p.781）。當成功的整合發生時，病人最終發展出統一的人格，雖然也經常見到病人只是達成部分的整合。另外也很重要的是，評估DID的其他症狀和相關障礙症是否發生改善。事實上，治療似乎較可能導致症狀的改善（以及生活功能上相關的改善），但是達成對不同更替身分之充分而穩定的整合則相對上困難多了（Maldonado et al., 2002）。

典型的治療方式是心理動力及洞察力取向的療法，重點在於揭露及透析被認為導致該障礙症的創傷及其他衝突（Kihlstrom, 2005）。在DID大部分的治療上，最普遍被使用的技術之一是催眠（Kluft, 1993; Maldonado et al., 2002），透過催眠的運用，治療師通常能夠接觸不同的身分，然後重建個別的、表面上分離的身分狀態之間的連結。主要目標是整合各個人格成為單一身分，以便更有能力應付當前的壓力源。顯然，成功地度過這個關鍵的治療階段需要高超的治療技巧；這也就是說，治療師必須強烈地投入自己，也需具備深厚的專業能力。遺憾的是，不是所有治療師都具備這樣的功力。

大部分文獻中的報告是屬於單一個案的治療摘要，關於治療結果的資料，很少有大型研究的結果被報告出來，而且這些研究都缺乏控制組。儘管如此，很清楚的是，DID不會僅因為時間的經過就自發地緩解（Kluft, 1999; Maldonado et al, 2002）。例如，Ellason和Ross（1997）報告他們的追蹤調查，這些DID病人原先在專門的單位接受住院治療，在被准許出院兩年後，最初135位這樣的病人中有54位被找到且接受有系統的評估。所有這些病人（特別是那些已達成完全整合的病人）在他們生活的各種層面普遍呈現顯著的改善，然而，只有54位病人中的12位已達成他們身分的完全整合。這樣的結果似乎很有展望，雖然我們必然極想知道81位「失蹤」病人的臨床狀況，他們的進展可能較不順利。另一項長達十年的追蹤研究也報告類似的結果——根據對25位接受治療的DID病人的較小樣本。這些病人中只有12位在十年後被找到，其中6位已達成完全的整合，但是2位則出現部分的復發（Coons & Bowman, 2001）。一般而言，這方面研究已發現：(1)為了治療能夠獲致成效，它必須是長期延續的，經常長達許多年；及(2)個案愈為嚴重的話，所需的治療就愈久（Maldonado & Spiegel, 2007; Maldonado et al., 2002）。

第九章

飲食障礙症與肥胖

根據DSM-5（APA, 2013），飲食障礙症（eating disorders）的特徵是飲食行為的持續失調。這一章中，我們將討論DSM-5所列三種最重要的成年人飲食障礙症；我們也將檢視肥胖，肥胖在DSM中不被視為一種飲食障礙症或精神病況，然而，它的盛行率以驚人的速率爬升。因為肥胖很清楚地涉及失常的飲食模式，我們把它囊括在這一章中。

第一節 飲食障礙症的臨床層面

對於飲食障礙症的人們來說，他們顯現失常的飲食模式，損害他們的健康或良好運作的能力。我們接下來將描述DSM-5中的三種飲食障礙症：厭食症、暴食症及嗜食症。

一、厭食症

厭食症（anorexia nervosa）的術語按照字義是指「神經失調引起的缺乏食慾」。然而，這個定義是一種誤稱，因為缺乏食慾既不是核心障礙，甚至也不必然真正如此。厭食症的核心是對苗條身材的追求，達到毫不留情的地步，所涉行為造成體重的顯著降低（參考DSM-5專欄）。從DSM-IV到DSM-5，一項重要改變是無月經（amenorrhea，月經停止）不再是作出這項診斷的必要條件。研究已顯示，當女性繼續有月經週期但符合厭食症的所有其他診斷準則時，她們心理上非常類似於那些有停經現象的女性（Attia & Roberto, 2009）。再者，無月經的準則也不能使用於男性、青春期前的女孩，以及採用激素避孕法的女性。

DSM-5 「厭食症」的診斷準則

A.限制攝取身體所需的能量，導致對當事人的年齡、性別、發展狀況及身體健康而言顯著過低的體重。「顯著過低體重」被界定為體重低於最起碼的正常值，對兒童和青少年而言，低於最起碼的期望值。

B.對於體重增加或變得肥胖的強烈恐懼，或有持續的妨礙體重增加的行為，即使體重仍然顯著低於標準。

C.當事人在覺知自己的體重或身材方面有障礙，體重或身材對自我評價產生不當的影響，或持續地缺乏認識目前偏低體重的嚴重性。

（資料來源：DSM-5，2013，美國精神醫學會）

　　即使他們可能看起來極為消瘦或甚至衰弱，許多厭食症的病人否認自己有任何麻煩。實際上，他們可能對自己的體重減輕感到洋洋得意。儘管如此，他們經常會刻意隱瞞自己的削瘦，像是穿上寬鬆的衣服，或有時候甚至攜帶沉重的物件，以使自己看起來胖些或重些。假使他們需要量體重時（例如，到醫院接受體檢），厭食症病人可能喝下大量的水以暫時增加自己的體重。

　　厭食症有兩種形式：節制型（restricting type）和嗜食／清除型（binge-eating／purging type），這兩種亞型的主要差異在於病人如何維持他們極低的體重。在節制型中，病人的重心是放在限制自己所攝取食物的份量上，卡路里攝取受到嚴格的控制；病人經常試圖避免在他人面前進食，而當坐上餐桌時，他們可能過度緩慢地進食、把食物切成很小的片塊，或暗地裡丟棄食物（Beaumont, 2002）。

　　在厭食症狀的嗜食／清除型中，病人嗜食、清除，或嗜食並清除。嗜食（binge）是指失去控制地進食大量的食物，遠多於大部分人在同樣情況下和在同一時間長度中將會攝取的食物；繼這些嗜食之後，接著可能出現清除（purge）行為，也就是從他們體內排除所攝取的食物。清除的方法通常包括自我誘導的嘔吐，或不當使用瀉藥、利尿劑及灌腸劑；另一些不涉及清除的補償行為是過度運動或禁食。然而，即使是清除策略也不能防止來自食物的所有卡路里不被身體所吸收。

　　飲食障礙症的病人經常展現一些扭曲的價值觀（參考表9.1，它提供一些樣例），那些節制型厭食症的個案經常受到他們的大力讚賞。一位病人報告，她的厭食症不算「成功」，因為她未能達到極低的體重，她相信厭食症當事人真正成功的正字標記是挨餓致死，而能夠完成這點的人是令人敬畏的（Bilik & Kendle, 2000）。

表9.1　厭食症扭曲的思考

「當我量體重時，我有一個規則。如果我體重增加，那麼我在接下來的日子中挨餓，但如果我體重降低，那麼我也一樣挨餓。」
「骨頭才表明我們真正的存在，讓它們展露出來。」
「不完美的身體反映了不完美的當事人」。
「厭食不是自我施加的疾病，它是自我控制的生活格調。」
「它不是剝奪，它是解放」。

二、暴食症

　　暴食症（bulimia nervosa）的特色是無法控制地暴飲暴食，為了避免這造成的體重增加，當事人採取一些不適宜的行為，諸如自我誘導的嘔吐和過度運動。暴食症是相對上近期才被認定為一種精神症候群，它在1987年才被納入DSM中。相較於DSM-

IV，DSM-5在暴食症的診斷準則上稍微放鬆（參考DSM-5專欄）。暴食和清除行為現在必須平均每個星期發生一次（而不是一個星期兩次），且持續三個月以上。

　　嗜食／清除型厭食症的臨床畫面與暴食症有許多共通之處。實際上，一些研究人員表示，暴食型厭食症真正而言應該被視為另一種形式的暴食症，至於它們的差異則在於體重。就定義上來說，厭食症病人是嚴重地體重不足，但是暴食症病人並沒有這種情況。因此，如果當事人嗜食或清除，也符合厭食症的準則，那麼診斷是厭食症（嗜食／清除型），而不是暴食症。換句話說，厭食症的診斷「勝過」暴食症的診斷。

　　厭食症和暴食症病人的共通之處是專注於他們的身材及體重。然而，不像厭食症的病人，暴食症的病人典型是屬於正常體重，或有時候甚至稍微過重。

DSN-5　「暴食症」的診斷準則

A.暴食的重複發作，暴食發作具有下列兩項特徵：

1.在個別的一段期間中（例如，在任何兩個小時內），進食大量的食物，遠多於大多數人在類似期間與狀況之下所進食的數量。

2.在發作期間，感覺對於進食行為失去控制（例如，覺得自己無法停止進食，或無法控制吃什麼、吃多少）。

B.重複出現的不當補償行為以避免體重增加，諸如自我催吐，不當使用瀉藥、利尿劑或其他藥物，禁食，或過度運動。

C.暴食和不適宜補償行為二者的發生，平均而言至少每個星期一次，持續三個月以上。

D.自我評價受到身材和體重的不當影響。

E.該障礙不是僅發生在厭食症發作的期間。

（資料來源：DSM-5，2013，美國精神醫學會）

　　暴食症通常起始於節制的飲食，也許當事人想要苗條些。在這些早期階段中，當事人厲行節食，只攝取低熱量的食物；但是隨著時間的進展，早先節食的決心逐漸被消磨殆盡，當事人開始吃一些「被禁止的食物」，像是馬鈴薯片、披薩、蛋糕、冰淇淋及巧克力，當然，有些病人暴食被供應的任何食物。在一般的暴食期間，有些人可能攝取高達4,800卡路里的食物（Johnson et al., 1982）。在暴食過後，為了收拾失控的狀態，當事人開始催吐、禁食、過度運動或濫用瀉藥。然後，這樣的模式持續下去，因為即使暴食症病人厭惡他們的行為，但清除行為減緩了他們對變胖的恐懼。

　　厭食症病人經常否認他們疾病的嚴重性，當別人對他們的消瘦狀況表示震驚及關

心時，他們往往感到不解。至於暴食症病人則經常心懷羞愧、罪惡及自我責備，爲了他們無法管控自己暴食的衝動。

三、嗜食症

嗜食症（binge-eating disorder, BED）是DSM-5中新添的診斷。原先在DSM-IV中，嗜食被授予暫定的地位，這鼓勵研究人員加以探討。研究現在已支持，BED是一種有分別的臨床症候群（Wonderlich et al., 2009），它因此進入DSM中，作爲新的正式診斷。

雖然BED與暴食症具有一些共通的臨床特徵，但是也存在重要的差異。在暴食之後，BED病人不會從事任何形式的不適當「補償」（compensatory）行爲，以防止體重增加，諸如清除行爲、使用瀉劑或甚至運動（表9.2對不同類型的飲食障礙症之間類似及差別之處作個摘要）。BED也較少有飲食的節制 —— 相較於典型的暴食症或厭食症（Wilfley et al., 2000）。典型的嗜食平均攝取1,900卡路里（Bartholme et al., 2006），不至於驚訝，嗜食症經常涉及過重或甚至肥胖（Hudson et al., 2007; Pike et al., 2001）。雖然就像在暴食症的情形，體重不是達成診斷的要素。

DSM-5 「嗜食症」的診斷準則

A.暴食的重複發作，暴食發作具有下列兩項特徵：

1. 在個別的一段期間中（例如，在任何兩個小時內），進食大量的食物，遠多於大多數人在類似期間與狀況之下所進食的數量。

2. 在發作期間，感覺對於進食行爲失去控制（例如，覺得自己無法停止進食，或無法控制吃什麼、吃多少）。

B.暴食發作伴隨下列三項（或三項以上）特徵：

1. 飲食速度遠快於正常情形。

2. 進食到過度飽足而達到不舒服的地步。

3. 即使身體不覺飢餓，仍然進食大量食物。

4. 因爲進食過多會感到困窘，所以獨自進食。

5. 暴食之後感到厭惡自己、憂鬱、或有重大的罪惡感。

C.對於暴食情形感到顯著苦惱。

D.平均而言，暴食至少每個星期發生一次，持續三個月以上。

E.暴食不涉及重複使用不適當的補償行爲，也不是僅發生在暴食症或厭食症發作的期間。

（資料來源：DSM-5，2013，美國精神醫學會）

表9.2 比較厭食症、暴食症及嗜食症

症狀	厭食型		暴食型		嗜食型
	節制型	嗜食／清除型	清除型	非清除型	
體重	顯著偏低	顯著偏低	正常體重或稍微過重	正常體重或稍微過重	通常過重或肥胖
害怕體重增加、變胖	是	是	是	是	否
身體意象	扭曲的知覺	扭曲的知覺	過度擔憂體重	過度擔憂體重	對於身體和體重可能不滿意
暴食	否	是	是	是	是
清除行為	否	是	是	否	否
使用非清除方法以避免體重增加	是	是	是	是	否
感到對於飲食缺乏控制	否	在嗜食期間	是	是	是

四、初發年齡和性別差異

　　厭食症和暴食症在青少年期之前發生的案例極少，雖然文獻中也有只不過7歲的兒童就發展出飲食障礙症，特別是厭食症（Bryant-Waugh & Lask, 2002）。厭食症最可能在16歲到20歲的人們身上發展出來；對於暴食症而言，最高風險的年齡組是21歲到24歲的年輕女性（Zerwas et al., 2014）。大部分嗜食症病人的年齡更大一些，普遍是在30歲到50歲之間。

　　飲食障礙症長久以來被認為主要發生在女性身上，雖然過去一度認為其性別比率高達10：1，較近期的估計值指出是3：1（Jones & Morgan, 2010）。這種趨勢反映的事實是，男性的飲食障礙症在過去可能被低度診斷，因為刻板印象上它們是屬於女性的障礙症；另一個原因是DSM準則可能存在一些性別偏差。這些準則強調對於體重和身材的憂慮（例如，想要苗條些），也強調體重控制的方法（節食），它們較是女性的行為模式；對男性來說，身體不滿意通常涉及想要較為肌肉發達。「過度運動以作為體重控制的手段」也較常見之於男性。因此，男性較不可能承認他們有飲食障礙症、較可能被錯誤診斷（當他們確實有該障礙症狀時），以及較不可能接受專家的治療（Jones & Morgan, 2010）。

　　在男性身上，飲食障礙症已確立的一項風險因素是同性戀。同性戀和雙性戀的男性在飲食障礙症上有較高的發生率──相較於異性戀的男性（Feldman & Meyer,

2007）。同性戀男性（就像異性戀男性）重視他們伴侶的外貌和年輕，因為同性戀男性（就像女性）尋求讓自己具有性魅力，所以身體不滿意可能對他們構成較大的問題──相較於對異性戀男性來說。另一些特定次團體的男性也在飲食障礙症上有偏高的風險，包括角力選手和賽馬騎師，他們需要「維持體重」以便競賽或工作（Carlat et al., 1997）。

五、飲食障礙症的盛行率

最常發生的飲食障礙症是嗜食症。在全世界範圍，依據最新近的資料，嗜食症的一生流行率是大約2%（Kessler et al., 2013）。在美國地方，以社區為依據的估計值，指出嗜食症的一生流行率女性是大約3.5%，男性是2%（Hudson et al., 2007）。另外值得一提的是，嗜食症的盛行率在肥胖人士之中較高，大約在6.5%-8%的範圍（Grilo, 2002; Sansone et al., 2008）。

全世界來說，暴食症的盛行率據估計是1%（Kesseler at al., 2013）。根據「全國共病調查」（NCS）的資料，暴食症在美國的一生流行率，女性是大約1.5%，男性是0.5%（Hudson et al., 2007）。厭食症略微較少發生，根據美國的估計值，厭食症的一生流行率，女性是0.9%，男性是0.3%（Hudson et al., 2007）。這些數值大致相等於瑞典的盛行率估計值，即女性在厭食症上的發生率是1.2%，男性是0.29%（Bulik et al., 2006）。

發展出厭食症的風險在二十世紀似乎有上升的趨勢。在一項研究中，厭食症的一生發生率在1945年後出生的人們身上較高──相較於在1945年前出生的人（Klump et al., 2007），這種情形對男性和女性都是如此。這樣的上升無法以臨床人員對厭食症有增進的認識和更良好的檢測作充分的解釋。暴食症新病例的數量（亦即發生率）從1970年到1993年也有上升的情形（Keel & Klump, 2003），然而，大部分新增的病例是發生在1982年之前。較近期的分析指出，暴食症的盛行率從1982年到1992年已降低下來，從1992年到2002年則維持穩定（Keel et al., 2006）；暴食症從1990年到2004年的穩定發生率也已被報告出來（Crowther et al., 2008）。

儘管如此，有許多青年人（特別是10多歲到20多歲的年輕女性）顯現失常的飲食模式或擁有對自己身體扭曲的自我知覺。例如，在一個4,746位國中生和高中生的樣本中，41.5%的女孩和24.9%的男孩報告在身體意象上發生困擾；超過1/3的女孩和幾近1/4的男孩表示，他們把大量重要性擺在體重和身材上──相較於擺在他們的自尊上（Ackard et al., 2007）。問卷研究更進一步指出，高達19%的學生報告有一些暴食症狀（Hoek, 2002）。

六、飲食障礙症的身體併發症

厭食症是最具致命性的精神疾病之一，厭食症病人（大部分是女性）的死亡率是一般人口中15歲到34歲年輕女性死亡率的5倍高（Keshavia et al., 2014）。當這樣的病人死亡時，最常是因為一些身體併發症。整體來說，大約3%的厭食症病人死於自我挨餓的結果（Signorini et al., 2007）。

因為長期的低血壓，厭食症的病人經常感到疲倦、衰弱、頭昏眼花及意識模糊，維生素B_1不足也經常呈現；這可以說明在低體重的厭食症病人身上所發現的一些憂鬱狀態及認知變化（Winston et al., 2000）。雖然只要病人增加體重，這許多困擾就解決了，但是厭食症可能造成在日後生活中有骨質疏鬆的偏高風險。這是因為頂點的骨質濃度正常情況下，是在成年早期的那些歲月中達成，如果在這個期間的飲食不健康的話，可能造成永久較為脆弱而易折的骨頭組織（Attia & Walsh, 2007）。

厭食症病人可能因心律不整（arrhythmias，不規則的心臟跳動）而死亡，有時候，這是重要電解質（諸如鉀離子）的重大失衡所引起，長期偏低的鉀離子濃度也可能造成腎臟傷害和腎衰竭，嚴重時將需要洗腎。

濫用瀉劑——發生在10%-60%的飲食障礙症病人身上（Roerrig et al., 2010）——使得所有這些問題更為惡化。瀉劑被用來引起腹瀉，以使當事人覺得苗條些，或從體內排除不想要的卡路里。瀉劑濫用可能導致脫水、電解質失衡及腎疾病，它還會傷害大腸及胃腸的管道。

雖然暴食症比起厭食症遠為不具致命性，它所引起的死亡率仍然為一般人口中類似年齡人們的2倍高（Arcelus et al., 2011）。暴食症也製造了一些身體困擾，除了電解質失衡和偏低的鉀離子濃度外，清除行為也使得病人有心臟異常的風險。另一項併發症是損害心肌，這可能是由於使用吐根糖漿（ipecac syrup），一種引起嘔吐的毒物。然而，更典型的情況是，病人的手部會產生骨痂（callus），這是因為他們把手指伸入喉嚨所致。在極端的個案上，像是牙刷等物件被使用來催吐，可能造成喉嚨的撕傷。

因為胃液是屬於酸性，反覆催吐經常造成牙齒受損，而當嘔吐後立即刷牙會造成更大傷害，因此口腔潰瘍和蛀牙是重複催吐常見的後果；眼睛周圍的紅色小斑點則是嘔吐的壓迫力所引起。

七、進程與結果

繼身體併發症之後，厭食症病人第二種最常見的死因是自殺。根據一項後設分析，最新近的估計值指出，厭食症病人自殺死亡的可能性是一般人口中同等年齡女性

的18倍高（Keshavia et al., 2014）。當病人年紀較大才初次接受臨床診治時，他們也較可能有早夭情形（Arcelus et al., 2011）。至於暴食症則與完成自殺的偏高風險沒有關聯，雖然有25%-30%的個案發生過自殺企圖（Franko & Keel, 2006）。

雖然一些病人的臨床結果是悲劇的，但是經過長期的努力，復原是可能的。Löwe及其同事們（2001）檢視厭食症病人的臨床結果——在病人首度尋求治療的21年後。反映了跟厭食症有關的高死亡率，16%的病人（所有都是女性）已過世，主要是因為飢餓的併發症或因為自殺而死亡。另有10%仍然受擾於厭食症，還有21%則是部分地復原。然而，在積極的一面，該樣本有51%在追蹤的時候達到完全復原；在另一項六年的追蹤研究中，厭食症病人接受門診的認知-行為治療法，結果52.1%的病人最終復原（Castellini et al., 2011）；這些發現為罹患厭食症的人們提供樂觀的展望。它們指出，即使經過一系列的治療失效後，厭食症的女性仍然可能重新好轉。

在暴食症方面，長期下來，預後傾向於相當良好。兩項關於治療結果的研究已指出，最初被診斷為暴食症的女性病人中，到了11到12年追蹤研究的尾聲時，70%病人已緩解下來，不再符合任何飲食障礙症的診斷準則（Keel et al., 1999; Fichter & Quadflieg, 2007）；然而，其餘30%繼續在飲食上發生重大困擾。幾種狀況預測了病人長期下來較惡劣的結果，包括物質濫用問題、較頻繁的暴食、較為擔憂身材，以及較長的發病期間（Castellini et al., 2011; Keel et al., 1999）。

最後，就像暴食症的病人，嗜食症病人也有很高比例的臨床緩解。經過密集的治療期間後，在60位病人的樣本中，2/3不再有任何形式的飲食障礙症（Fichter & Quadflieg, 2007）。在一項較大型研究中，137位義大利病人接受個別的認知-行為治療法，當在治療結束的六年後進行評鑑時，60%病人被發現已經復原（Castellini et al., 2011）。

值得一提的是，即使已經康復，許多從厭食症和暴食症復原過來的人，仍然有一些殘餘的食物問題。他們可能過度擔憂身材及體重、限定自己的食物攝取量，以及面臨負面心情狀態時過度進食及催吐（Sullivan, 2002）。換句話說，「康復」的觀念是相對的，有些人也許不再符合飲食障礙症所有的診斷準則，但可能仍然有食物和身體意象上的問題。

八、飲食障礙症與另一些精神病態的關聯

飲食障礙症的診斷經常與另一些精神病況產生關聯。事實上，共病（comorbidity）是通則，而不是例外（Hudson et al., 2007）。例如，約略68%的厭食症病人、63%的暴食症病人，以及幾近50%的嗜食症病人也被診斷有臨床憂鬱（Brewerton et al., 1995; Halmi et al., 1991; Hudson et al., 2007; O'Brien & Vincent, 2003）。強迫症

也經常發生在厭食症和暴食症的病人身上（Kaye et al., 2004; Milos et al., 2002）。此外，厭食症的嗜食／清除亞型和暴食症經常會併同發生物質濫用障礙症（substance-abuse disorder）。然而，厭食症的節制亞型傾向於與物質濫用的較高發生率沒有關聯（Halmi, 2010）。

飲食障礙症的病人經常被診斷有共存的人格障礙症（Cassin & von Ranson, 2005; Rø et al., 2005）。實際上，大約58%的飲食障礙女性病人可能也有人格障礙症（Rosenvinge et al., 2000）。符合這項發現，超過1/3的飲食障礙症病人曾經從事各種自殘行為（例如，割傷或燒傷自己），而這正是邊緣型人格障礙症的典型症狀（Paul et al., 2002）。

人格障礙症同樣在大約30%的嗜食症病人身上被報告出來，最常見的是畏避型、強迫型及邊緣型人格障礙症（Friborg et al., 2014）。嗜食症病人也在另一些障礙症上有偏高的發生率，包括焦慮症（65%）、情緒障礙症（46%），以及物質使用障礙症（23%）（見Hudson et al., 2007）。

九、跨越文化的飲食障礙症

雖然關於飲食障礙症的大多數研究是在美國和歐洲所執行，但飲食障礙症並不侷限於這些地區，像是在南非的白人和黑人大學生身上，普及的飲食障礙症困擾已被報告出來（le Grange et al., 1998）。厭食症和暴食症在許多地方也已成為臨床問題，包括日本、臺灣、香港、新加坡及韓國（Lee & Katzman, 2002）。

飲食障礙症的病例已在印度和非洲被佐證，它在伊朗的盛行率已可比擬於美國（Nobakht & Dezhkam, 2000）；好幾年前，首度發表的研究指出，中國大陸已出現5位男性被診斷為飲食障礙症（Tong et al., 2005），因此它絕不侷限於工業化的西方國家，飲食障礙症正成為世界性的問題。

然而，身為白種人顯然跟擁有一些次臨床（subclinical）的困擾產生關聯，這可能置個人於發展出飲食障礙症的較高風險。這樣的困擾的實例包括身體不滿意、節食及追求苗條。總共包含17,781位受試者的一項後設分析（meta-analysis）已顯示，這樣的態度和行為在白種人身上顯著更為普遍——相較於非白種人（Wildes et al., 2001）。雖然亞洲女性展現病態飲食的程度已接近於白人女性（Wildes et al., 2001），但長期以來認為，非裔美國人較不易發生次臨床形式的飲食困擾和身體意象的憂慮——相較於白種人。這可能有助於解釋為什麼飲食障礙症較少在黑人女性身上發現——相較於白人女性。例如，在一個包含1,061位黑人女性的樣本中，沒有任何厭食症的病例被發現；對照之下，在一個985位白人女性的樣本中，有15位（1.5%）符合厭食症的臨床準則。再者，黑人女性在暴食症上的發生率也低於白人女性（0.4%

vs. 2.3%）（見Striegel-Moore et al., 2003）。

然而，隨著少數族群愈來愈爲整合及內化白人、中產階級關於「苗條的意願」的社會價值觀，我們預期將會看到少數族群的飲食障礙症發生率逐步升高。作爲這方面的實例，Alegria及其同事（2007）已發現，美國出生的拉丁美洲裔居民在飲食障礙症上有較高的發生率——相較於那些不是在美國出生的居民。

隨著不同文化，飲食障礙症的一些臨床特徵也會發生變動，例如，香港的厭食症病人中，大約58%並不是過度擔憂肥胖，他們對拒絕進食所提出的原因是害怕胃膨脹（Lee et al., 1993）。對於居住在英國但祖籍是南亞（印度、巴基斯坦、孟加拉）的厭食症病人而言，他們也較不可能顯現肥胖畏懼症（fat phobia）的跡象——相較於祖籍英格蘭的病人（Tareen et al., 2005）。

在另一項研究中，迦納共和國（位於非洲西部）的厭食症年輕女性也不特別擔憂她們的體重或身材，但她們重視自我控制的宗教觀念，而克制食慾才是她們自我挨餓的動機（Bennett et al., 2004）。在最後的實例中，日本的飲食障礙症女性病人報告顯著較低程度的完美主義（perfectionism），也較不是爲了追求苗條——相較於美國的飲食障礙症的女性病人（Pike & Mizushima, 2005）。這些發現突顯了文化在飲食障礙症的臨床呈現上扮演重大的角色。

厭食症的個案在整個歷史中都被報告出來，它們也已被顯示發生在世界各地。有鑑於此，Keel和Klump（2003）的結論是，厭食症不是一種文化限定（culture-bound）的症候群，當然，如我們才剛提到，文化可能影響厭食症的臨床徵候。然而，更爲重要的論點是，厭食症不是僅因爲接觸到西方完美典型和現代對苗條的重視才會發生的一種障礙症；對照之下，暴食症似乎是一種文化限定的症候群。更具體而言，它似乎只會發生在一些人身上，這些人接觸過西方完美典型（苗條）的觀念、這些人有機會被供應大量食物，以及這些人能夠私底下施行清除行爲（Keel, 2010）。

第二節　飲食障礙症的風險因素及起因

飲食障礙症沒有單一的起因，很可能，它們反映了遺傳因素與環境因素之間複雜的交互作用，生物、社會文化、家庭及個別的變項可能都扮演一定角色。

一、生物的因素

遺傳成分

　　大量研究現在致力於探討飲食障礙症的遺傳因素，這是因為發展出飲食障礙症的傾向會在家族中流傳（Wade, 2010），對於厭食症或暴食症的病人而言，他們的血緣親族本身在厭食症及暴食症上也有偏高的發生率。在一項關於飲食障礙症大型的家族研究中，對於厭食症病人而言，他們親族在厭食症上的風險，是身心健康控制組的親族的11.4倍高；對於暴食症病人的親族而言，他們在暴食症上的風險，是身心健康控制組的親族的3.7倍高（Strober et al., 2000）。

　　另外也引人感興趣的是，對於飲食障礙症的病人而言，他們的親族也較可能受擾於另一些障礙症。例如，不論是厭食症、暴食症或嗜食症的病人，他們的親族被發現有憂鬱症的偏高發生率（Lilenfeld et al., 1998, 2006; Mangweth et al., 2003）。暴食症病人的親族有偏高的可能性發生酒精與藥物依賴的問題，至於厭食症病人的親族則在強迫症和強迫型人格障礙症上有偏高的風險（Lilenfeld et al., 1998）。

　　如你所知道，我們無法根據家族研究釐清遺傳影響力與環境影響力的相對貢獻，這方面的問題最好是透過雙胞胎研究和領養研究加以解決。目前，我們沒有任何領養方面的研究，但確實存在一些雙胞胎研究；綜合而言，這些研究顯示，厭食症和暴食症二者是可遺傳的障礙症（Wade, 2010; Fairburn & Harrison, 2003）。實際上，飲食障礙症的遺傳影響力，毫不遜色於雙相情緒障礙症和思覺失調症的遺傳影響力（Kaye, 2008）。

設定點

　　我們身體有一種堅定的傾向，它會抗拒身體太過於偏離某種生物上決定的「設定點」（set point），即我們個人身體試圖「保衛」的體重（Garner, 1997; Revussin et al., 2014）。任何人意圖達成及維持顯著偏低的身體質量（body mass），而且遠低於她／他個人的設定點時，可能會面臨內部生理的反抗，試圖使得身體重新接近它原先設定點的體重。

　　在防止我們太偏離於自己的設定點上，一種重要的生理反抗（physiological opposition）是飢餓。隨著我們失去越來越多的體重，飢餓上漲到頂端，將會促進飲食行為、體重增加，然後重新回到均衡狀態。厭食症病人絕不是擁有很少或沒有食慾，他們可能不斷地想起食物，但極度努力壓抑自己漸增的飢餓感。因此，長期節食很可能增強了可能性，即當事人將會面臨一些時期，他似乎無法抗拒飽食大量高卡路里食物的衝動。對於暴食症的病人來說，這些飢餓驅使的衝動，可能會逐步擴大為無法控制的暴飲暴食。

🔲 血清素

血清素（serotonin）這種神經傳導物質已知涉及強迫性、情緒障礙症及衝動性，它也調節食慾及進食行爲。因爲許多飲食障礙症病人對於抗鬱劑（以血清素爲目標）治療有良好反應，所以有些研究學者的結論是，飲食障礙症涉及血清素能系統的失調（Bailer & Kaye, 2011）。

我們不容易解讀關於血清素的資料，因爲我們不能確定，在神經化學上所發現的任何失調，究竟是飲食障礙症的主要起因，抑或這樣的失調僅是反映病人有營養不良、禁食及催吐等一些事實（也就是，它們是障礙症本身的後果）。此外，我們也有必要記住，血清素不是孤立地運作，血清素系統的變化也將會牽涉另一些神經傳導物質系統（例如，多巴胺、正腎上腺素），因此情況相當複雜。儘管如此，探討血清素在飲食障礙症上的角色仍然是一個活躍的研究領域。

二、社會文化的因素

在西方文化中，什麼是女性理想的身材？下一次，當你瀏覽印刷精美的時尚雜誌時，你不妨思索一下，它們在關於「何謂有魅力」上正在傳達給你的信息。多年以來，在像是《Vogue》、《Mademoiselle》及《Cosmopolitan》等雜誌的封面上，模特兒整體的身材已變得愈益瘦削（Sypeck et al., 2004）。年輕女性是此類雜誌貪婪的消費者，她們定期地受到不切實際的苗條模特兒形象的轟炸，而這些雜誌也在世界各地廣泛地發行。例如，《British Vogue》在超過40個國家發行，甚至在像是印度、阿根廷及肯亞等文化迥異的國家也被發現（Gordon, 2000）。再者，保持苗條的社會壓力可能在較高社經背景中特別有強勢力，因爲大多數罹患厭食症的女孩及女性，似乎出身這個階級（McClelland & Crisp, 2001）。

苗條被視爲完美身材而深植於文化中，很可能是從1960年代開始，雖然在這之前，女性當然也關注她們的體重和外貌，然而，過去被視爲有魅力及誘人的身材（例如，瑪麗蓮·夢露，屬於曲線玲瓏的身材）已不再受歡迎。一個具有歷史意義的事件是崔姬（Twiggy，屬於骨感的身材）正躍上時尚舞臺。崔姬是第一位以極爲瘦削而聞名的名模，雖然她的外觀最初被認爲令人震驚，但是沒有多久，時尚界開始擁抱她所展現的外觀。

Anne Becker及其同事們（2002）從事一項引人入勝的研究，它良好說明了媒體在製造「保持苗條」的壓力上的重要性。在1990年代早期，當Becker在斐濟（紐西蘭北方的南太平洋國家）執行研究時，她注意到有相當高比例的斐濟人屬於過重——就西方的標準來看；這種情形對於女性特別是如此。在斐濟人的文化中，肥胖身材令人

聯想到強壯、有工作能力、親切及寬宏大量（這些特質在斐濟相當受到重視）；對照之下，瘦削身材受到相當負面的看待，它被認為反映了體弱多病、無法勝任工作，或似乎正受到一些不良待遇。在文化層面上，肥胖遠比瘦削更受到喜歡，而節食被視為是違背習俗的。另外也令人印象深刻的是，他們全然缺乏任何可被視為飲食障礙症的身體狀況。

　　然而，自從電視在1990年代後期被引進斐濟後，文化氛圍改變了，斐濟人不僅能夠看到像是「Beverly Hills 90210」和「Melrose Place」等電視節目，而且許多年輕女性也開始表達對自己體重的擔憂和不喜歡自己的身體；再者，斐濟的女性首度地開始認真節食。在Becker的訪談中，她們表達對自己身體不滿意而希望減重及瘦身，這樣的動機，顯然起源於想要仿傚及媲美她們在電視上所看到的那些人物角色。

　　這個「自然實驗」提供了我們一些軼事性質的資料，關於西方對於苗條的價值觀，如何開始徐徐地滲入不同的文化環境中。雖然Becker沒有蒐集關於飲食障礙症本身的資料（她只是測量對於飲食的態度），且雖然這絕不是控制性的研究設計，但是來自斐濟的研究發現既有啟發性又有警示性。實際上，後繼的研究包含26個國家中的受試者，它們現在已證實，女性愈為接觸（暴露於）西方媒體的話（經由電視、電影、雜誌或音樂），她們就對自己的身體愈為不滿意（Swami et al., 2010）。

三、家庭影響力

　　臨床人員長期以來就注意到，對於厭食症病人來說，他們成長的家庭似乎經常出現一些問題，這促使許多臨床人員在治療介入上倡導家庭治療的途徑（Lock et al., 2001）。附和這種觀點，超過1/3的厭食症病人的報告，家庭功能不良是促成他們飲食障礙症發展的一項因素（Tozzi et al., 2003）。厭食症病人看待他們家庭為較為僵化、較不具凝聚力，以及具有較不良的溝通——相較於心身健全的控制組受試者（Vidovic et al., 2005）。

　　此外，對於飲食障礙症的病人來說，他們的許多父母持久地關注及重視苗條、節食及美好外觀的稱心合意（Garner & Gerfinkel, 1997），就像他們的子女，他們也擁有完美主義的傾向（Woodside et al., 2002）。

　　仍然，在試圖描述跟飲食障礙症有關的家庭特徵上，我們必須記住，當家庭中有一位飲食障礙症的病人時，這可能會以負面方式影響家庭的運作。這也就是說，因果關係（假使有這樣關係的話）可能是另一種方向。事實上，近期來自雙胞胎研究的縱貫資料顯示，失常的飲食態度可能居先於父母-子女衝突（Spanos et al., 2010）。假如這項發現在未來研究中被重複驗證，我們可能需要重新考慮家庭衝突的角色——它是否為發展出飲食障礙症的風險因素？

四、個別的風險因素

儘管生活在過度強調「保持苗條」的社會中，但不是每個人都會發展出飲食障礙症，不然的話，飲食障礙症將會遠為盛行。這表示必然有另一些因素提升了個人的易罹性，如我們先前提到，其中一些因素是生物層面的，另一些則可能在性質上偏向心理層面。例如，遺傳因素可能實際上影響一些特質（諸如完美主義、強迫性、焦慮），這些特質使得一些人較可能以失常的飲食模式來回應文化壓力。

◼ 性別

如前面提過，飲食障礙遠為頻繁地發生在女性身上，身為女性是發展出飲食障礙症的強烈風險因素，特別是厭食症和暴食症（Jacobi et al., 2004）。再者，這些障礙症的最大風險期間發生在青少年期。然而，嗜食症並不遵循這種模式，嗜食症的初發通常遠落在青少年期之後，且除了女性外，嗜食症也遠為常發生在男性身上。最後，對男性而言（但不是對女性），性取向是失常飲食的風險因素，如我們已提過，這可能是因為同性戀和雙性戀男性試圖對他們的男性對象保持自己的魅力，男性（不論他們的性取向）典型地較為重視對象的外貌（所謂視覺上的動物）。

◼ 內化苗條的完美典型

溫莎公爵夫人曾經說過，你從不可能太過富有或太過纖瘦，顯然，她已內化了苗條的完美典型，接受「保持苗條是極為稱心合意的」的觀念。你不妨思索一下，你在什麼範圍內也贊同這種思考模式？你是否看待苗條的人為不健康及脆弱？抑或你把「保持苗條」跟感到有吸引力、受歡迎及快樂聯想在一起？人們內化苗條的完美典型的程度跟一系列困擾產生關聯，這些困擾被認為是飲食障礙症的風險因素，它們包括了身體不滿意、節食及負面情感（Stice, 2002）。事實上，實徵的證據指出，內化苗條的完美典型可能是因果連鎖的早期成分，而在失常的飲食上達到頂點（McKnight Investigators, 2003; Stice, 2001）。

◼ 完美主義

完美主義（perfectionism，被定義為追求難以達成的高標準，再結合無法容忍犯錯）長久以來被視為是飲食障礙症的重要風險因素（Bruch, 1973），這是因為抱持完美主義的人們，遠為可能認同苗條的完美典型，而且無悔無怨地追求「完美的軀體」。另有人提出，完美主義促進了維持暴食的病態——透過毫不變通地厲行節食，然後啟動暴食／清除的循環（Fairburn et al., 1997）。

一般而言，研究支持完美主義與飲食障礙症之間的關聯（Bardone-Cone et al.,

2007），對於厭食症特別是如此。Halmi及其同事們（2000）探討322位厭食症的女性，發現她們在完美主義的測量上得分較高——相較於另一個沒有飲食障礙症的控制組樣本。無論她們是罹患節制型或嗜食／清除型的厭食症，厭食症的女性在完美主義上得分都較高。有很大比例的暴食症病人也顯現持久的過度完美主義的模式（Ander-luh et al., 2003; Garner & Garfinkel, 1997）。

　　當然，任何在飲食障礙症病人身上發現的人格特徵，可能是飲食障礙症本身的結果，而不是促成因素（就因果關係而言）。但假使情況如此的話，當從厭食症復原之後，完美主義將會接著降低下來，然而這種情況並沒有發生（Bardone-Cone et al., 2007）。在厭食症人們身上，完美主義似乎也是居先於失常的飲食，再度說明完美主義不是飲食困擾單純的相關因素。綜合來說，研究發現支持這樣的觀念——完美主義是一種持久的人格特質，置人們於發展出飲食障礙症的較高風險（Lilenfeld et al., 2006; Stice, 2002）。完美主義可能也具有遺傳基礎，在雙胞胎研究中，如所預期的，厭食症的雙胞胎被發現有高度的完美主義；然而，對於沒有罹患飲食障礙症的共同雙胞胎來說，他們也被發現有高度的完美主義傾向（Wade et al., 2008）。

　　引人感興趣的是，相較於飲食障礙症的女性，飲食障礙症的男性較不具有完美主義的傾向（Woodside et al., 2004）。假使男性普遍較不具完美主義的傾向，這可能有助於他們避免對體重和身材的過度擔憂——這似乎是發展出飲食障礙症的踏腳石。

◆ 負面身體意象

　　「保持苗條」的社會文化壓力造成的後果之一是，有些年輕女性在關於自己「多麼肥胖」上發展出高度侵入性及蔓延性的知覺偏差（Fallon & Rozin, 1985; Rodin, 1993; Wiseman et al., 1992; Zellner et al., 1989）。形成強烈的對比，阿米施教派（Amish）的年輕女性（她們的生活截然有別於現代世界）卻沒有顯現這樣的身體意象的扭曲（Platte et al., 2000）。這支持下述的觀念：許多年輕女性知覺她們自己身體的方式，跟媒體所呈現關於「理想」的女性身材之間出現落差，而社會文化的影響力顯然涉入這種落差的發展，這樣的知覺偏差導致年輕女性相信男性喜歡較為苗條的身材——相較於男性事實上的情形（Swami et al., 2010）。許多女性也認為自己受到其他女性的評價，而且相信她們的女性同伴，在關於體重及身材方面持有比起她們自己甚至更為嚴格的標準。

　　假使女性有合理的機會達成她們「理想」的身材——僅透過不超出一般的卡路里攝取，或透過維持正常的體重——那將是很不錯的事情，但是，這對大部分女性是不可能做到的事情。事實上，如Garner（1997）所指出的，美國年輕女性的平均體重在至少過去四十年來一直在遞增中，這或許是由於營養補給、小兒科健康照護及其他因素（例如，高卡路里食物的廣泛供應）的普遍改善所致。然而，隨著女性的平均體重

自1950年代後期以來不斷地遞增，像是《花花公子》摺頁女郎和「美國小姐」角逐者等文化上魅力偶像的體重，卻是以大致上同等的速率下降。基於科學的名義，兩位研究人員估算，高達70%《花花公子》摺頁女郎的身體質量指數（參考表9.3）低於18.5（Katzmarzyk & Davis, 2001）。

表9.3　計算身體質量指數

$$\frac{體重（磅）}{身高（英吋）^2} \times 703 = BMI \qquad 或 \qquad \frac{體重（公斤）}{身高（公尺）^2} = BMI$$

BMI	
健康	18.5-24.9
過重	25-29.9
肥胖	30-39.9
病態肥胖	40以上

　　研究文獻強烈指出，身體不滿意是病態飲食的重要風險因素（Mcknight Investigators, 2003）。實際上，在近期的前瞻性縱貫研究中，以幾近500位青少年女孩為調查對象，發現身體不滿意是預測飲食障礙症初發的最強力指標（Stice et al., 2011）。身體不滿意也與節食有關聯，以及與負面情感有關聯。顯然，如果我們不喜歡自己看起來的樣子，我們可能對自己感到惡劣，我們也可能嘗試減少體重，以便看起來好一些。

❖ 節食

　　當人們想要更瘦些時，他們通常屬行節食，幾乎所有飲食障礙症的病例都是起始於「正常」的節食，節食（dieting）在我們的文化中是家常便飯。你是否節食過？大多數人在他們生活的某些時候試過節食（Jeffrey et al., 1991）。根據估計，在任何時候，大約39%的女性和21%的男性正嘗試減重（Hill, 2002）。

　　節食在飲食障礙症的發展或惡化上是風險因素（Jacobi et al., 2004; Striegel-Moore & Bulik, 2007）。在一個大樣本的青少年女孩中，身體不滿意和節食的情況，預測了在一年追蹤期間的暴食症狀（Johnson & Wardle, 2005）；在另一項大規模的縱貫研究中，發現大多數繼續發展出厭食症的青少年女孩都曾經是節食者（Patton et al., 1990）。

　　然而，如我們都知道，不是每一個節食的人都會發展出飲食障礙症，而且在某些個案上，節食可能是有助益的。例如，當過重女性被隨機指派到兩組，一組接受低卡路里節食，另一組是候補名單控制組時（不涉及節食），那些接受節食的人們減重下

來，也顯現暴食症狀的減少（Presnell & Stice, 2003）。那麼，爲什麼節食會與飲食障礙症發生關聯呢？

　　一項大型的縱貫研究爲這個現象提供一些澄清，超過1,800位年輕人接受評鑑，然後被追蹤超過十年（Goldschmidt et al., 2012）。在每個時間點，他們被詢問是否正在節食。研究結果指出，施行節食確實預測了未來的暴食，然而，研究結果也強調其他因素的重要性。更具體而言，當節食的人也報告較多的憂鬱症狀，或擁有低度自尊時，他們才最可能在後來發展出暴食的困擾。換句話說，雖然節食本身是未來暴食的風險因素，低度自尊和憂鬱症狀製造了追加的風險。

　　雖然不包括在前面描述的研究中，但像是完美主義的因素可能也扮演了一定角色。那些對自己抱持最高期待的人，當他們未能符合他們自我施加的高標準時，他們也是最可能感覺惡劣的人。

✿ 負面情緒性

　　負面情感（negative affect，感覺惡劣）是引起身體不滿意的風險因素（Stice, 2002）。當我們感覺惡劣時，我們傾向於變得相當自我挑剔，可能會專注於自己的限制和短處，且擴大自己的瑕疵和缺損，飲食障礙症的病人似乎特別是如此。就像憂鬱症的病人，飲食障礙症的病人傾向於展現扭曲的思考模式，而且以扭曲的方式處理從環境所接收的訊息（Butow et al., 1993; Garner et al., 1997）。在許多案例上，他們有普及的負面自我評價（Fairburn et al., 1997），這些認知扭曲（我是肥胖的、我是失敗者、我沒有用處）具有使得人們對自己感覺更爲惡劣的潛在性。

　　以年輕女性爲對象的縱貫研究已證實，憂鬱狀態和普遍的負面情感，是日後有發展出飲食障礙症高度風險的指標（Johnson et al., 2002a; Leon et al., 1997）。再者，證據顯示負面情感可能產生作用而維持了暴飲暴食（Stice, 2002）。病人經常報告，當他們感到有壓力、意志消沉，或對自己感覺不悅時，他們往往從事暴飲暴食；他們也表示，在很短的期間內，飲食提供他們迫切需要的慰藉。這些報告極爲符合情感調節模式（affect-regulation model），這個模式視暴飲暴食具有轉移當事人注意力的作用，使之不放在負面感受上（Vögele & Gibson, 2010）。當然，主要的問題是在暴飲暴食後，病人通常感到失望及沮喪，或甚至對自己感到厭惡。簡言之，不良處境導致了使得情況更爲惡化的行爲。

✿ 兒童期性虐待

　　兒童期性虐待牽涉到飲食障礙症的發展（Jacobi, et al., 2004）。然而，關於性虐待是否眞正是飲食障礙症的風險因素，這還存在一些爭論（Stice, 2002）。在一項前瞻性研究中，Vogeltanz-Holm及其同事們（2000）無法發現早期性虐待預測了日後暴

食的發作。然而，另一項前瞻性研究則發現，如果兒童受到性虐待或身體疏失的話，他們在青少年期和成年期，有較高的飲食障礙症和飲食困擾的發生率（Johnson, Cohen, et al., 2002）。囊括53項研究的後設分析則揭示，兒童期性虐待與飲食病態之間有微弱但正向的關聯（Smolak & Murnen, 2002）。

　　這暗示兩個變項以某些方式發生關係，雖然該關係真正的性質還不清楚。一種可能性是，兒童受到性虐待後提升了他們發展出與飲食障礙症共存的其他障礙症的風險，這將表示，虐待是精神病態的一種綜合風險因素，而不是特定的風險因素。虐待可能也增加了飲食障礙症的其他已知風險因素，諸如抱持負面的身體意象，或懷有高度的負面情感。換句話說，從早期虐待到日後飲食障礙症的因果途徑，可能是間接的路線（而不是直接的路線），其中牽涉到一系列其他的中介變項（intervening variables）。

第三節　飲食障礙症的治療

　　飲食障礙症的病人通常對於康復感到相當衝突及矛盾，而大約17%重度飲食障礙症的病人，必須在違反他們意志的情況下被交付醫院接受治療（Watson et al., 2000）。病人也經常會有自殺企圖，使得臨床人員需要特別留意這方面的風險，即使當病人已接受大量處置時（Franko et al., 2004）。

一、厭食症的治療

　　厭食症的病人經常視該障礙症為一種長期的病況，他們普遍對自己復原的潛在性感到悲觀（Holliday et al., 2005）；他們也有高度的退出率，而嗜食／清除亞型的厭食症病人特別可能過早地終止住院治療（Steinhausen, 2002; Woodside et al., 2004）。

　　對於厭食症的病人，最立即的關鍵是恢復他們的體重到不會再危及性命的地步。在嚴重的個案上，這將需要住院，且採取像是強迫餵食和靜脈注射等強硬手段。再接下來是嚴格控制病人的卡路里攝取，然後朝著所鎖定一系列體重增加的目標進展。正常而言，這種短期的努力是有成效的，然而，假使治療方案沒有針對心理問題採取對策的話，任何體重的增加將只是短暫的，病人很快就會再度需要醫療關照。在一些個案上，積極的治療措施可能招致相反的結果（Strober, 2004）。

藥物治療

抗鬱劑有時候被使用來治療厭食症，雖然沒有證據顯示它們特別具有成效（Brown & Keel, 2012b）。對照之下，研究已顯示，採用稱爲olanzapine的抗精神病藥物可能有不錯的效果。抗精神病藥物（爲了協助紊亂的思考）例行是被使用來治療思覺失調症，但這些藥物在治療厭食症上也提供效益，因爲厭食症的特色就是對體型和身材抱持扭曲的信念。更重要的是，olanzapine的一項副作用是體重增加，雖然這對於思覺失調症病人是一種困擾，但是在厭食症的治療上，體重增加很明顯是稱心的事情。

家庭治療

對於罹患厭食症的青少年而言，家庭治療現在被視爲是上選的治療方式（le Grange & Lock, 2005）。在家庭治療中，治療師跟父母們共同合作以協助他們厭食的子女（通常是女兒）開始再度進食。在病人開始增加體重後，另一些家庭議題和困擾也被提出及採取對策，然後，在治療的最後階段，治療師協助病人發展出較爲自主自立而健全的關係，包括跟她父親及母親的關係（Lock et al., 2001）。

不至於訝異，家庭治療顯然對一些病人較具有成效，特別是當病人是在19歲之前發展出厭食症，而且失常的飲食型態不超過三年時，他們會有較顯著的改善——相較於失常現象更久些或罹患暴食症的病人（Dare & Eisler, 2002）。這強調了趁早治療的重要性，可以拯救一些病人免於終生的受苦。對於年紀較大或有長期厭食症史的病人來說，這種家庭治療法不幸地不太具有臨床效益（Wilson, Grilo, & Vitousek, 2007）。

認知-行爲治療

認知-行爲治療法（CBT）——包括改變行爲和改變不良適應的思考風格二者——已被證實在處理暴食症上相當有效果。因爲厭食症跟暴食症具有許多共同的特徵，CBT也經常被使用來治療厭食症（Vitousek, 2002）。建議的治療長度是一年到二年。治療的焦點涉及矯正關於體重和食物之扭曲的信念，以及關於自我之扭曲的信念，這樣的信念可能已促成了該障礙症（例如，「除非我很苗條，否則我的同伴將會拒絕我」）。儘管如此，CBT的成效還不是很彰顯。

二、暴食症的治療

◼ 藥物治療

暴食症病人相當常接受抗憂鬱藥物的治療，主要是因為發現許多暴食症病人也受擾於情緒障礙症後，研究人員才感興趣於採用這類藥物來治療暴食症病人。一般而言，病人服用抗鬱劑後的表現優於被給予沒有藥效之安慰劑藥物的病人，病人通常在服藥的前三個星期內就會有良好反應。如果病人沒有顯現早期改善，他們將不太可能從相同藥物的進一步治療中獲益（Sysko et al., 2010）。或許令人訝異的是，抗鬱劑似乎降低了暴食的頻率，以及改善病人的心境和他們過度關注自己的身材及體重（McElroy et al., 2010）。

◼ 認知-行為治療法

暴食症最主要的治療方式是CBT。關於CBT在處理暴食症上的臨床效益，多種控制性研究已被執行，包括治療後和長期追蹤的結果（Fairburn et al., 1993; Wilson, 2010）。這些研究也包括跟藥物治療（主要是抗鬱劑）和跟人際心理治療（IPT）進行比較，它們普遍顯示CBT是較為優異的治療方式。事實上，CBT和藥物治療雙管齊下的方式對於有效性只產生適度的增益——相較於CBT本身所能達成的有效性。

在針對暴食症的CBT上，「行為」成分的焦點是使得飲食型態正常化。這包括用餐的規劃、營養教育，以及終止暴食和清除的循環——透過教導當事人有規律地進食少量的食物。CBT的「認知」成分是針對於改變那些啟動或維持暴食循環的認知及行為，這項工作的完成，是經由挑戰經常在暴食症上呈現之功能不良的思考模式，諸如「全有或全無」或二分法的思考。

三、嗜食症的治療

BED已吸引研究人員的大量注意力，一些不同的治療途徑已被建議。由於嗜食症與憂鬱症之間高度的共病，抗憂鬱藥物有時候被使用來治療這種障礙症。另一些類別的藥物也成為興趣的焦點，諸如食慾抑制劑和抗痙攣藥物（McElroy et al., 2010）。

在心理治療方面，近期的研究顯示，人際關係治療法（IPT）和指導式CBT有不錯的效果，特別是在追蹤期間（Wilson et al., 2010）。

第四節　肥胖的問題

　　人類已進化到能夠貯存剩餘的能量成為脂肪，這具有明顯的優勢，它作為對抗食物不足的預防措施，在饑荒時期較為有可能存活下去。但是在我們現代世界，獲得食物對許多人已不再是問題，食物供應不虞匱乏，大量飽含熱量的食物唾手可得，這就莫怪，我們大部分人的體重逐漸增加。對一些人來說，問題變得甚至更為極端，造成了肥胖（obesity）。從這個角度來看，肥胖可被視為一種過度、慢性的脂肪貯存狀態（Berthoud & Morrison, 2008）。

　　在全世界，肥胖現在是重大的公眾健康問題，統計數字相當驚人。自1980年以來，肥胖的盛行率已遽增兩倍（世界衛生組織，2015c）。超過19億成年人屬於過重，而6億人屬於肥胖。在美國地方，近期的估計值顯示，35%成年人是肥胖，另外34%則是過重（Ogden et al., 2014）；換句話說，只有不到1/3的人口是屬於正常或健康的體重。

一、醫療問題

　　肥胖帶來了許多身體困擾上偏高的風險，這些包括高膽固醇、高血壓、心臟病、關節炎、糖尿病及癌症（Malnick & Knobler, 2006）。根據估計，到了2030年，治療這些困擾的成本，光在美國每年就要超過8,500億美元（Wang et al., 2008）。此外，肥胖人們的平均壽命減少5年到20年（Fontaine et al., 2003）。因此，不至於訝異，「世界衛生組織」（WHO）認定肥胖為全球前十大健康問題之一。

二、定義與盛行率

　　肥胖（obesity）是根據被稱為身體質量指數（body mass index, BMI）的統計數值而被界定，你可以依照表9.3的指示計算你的BMI。一般而言，當個人的BMI低於18.5，他將被視為體重不足，18.5到24.9被視為正常，25.0到29.9是過重，至於BMI超過30則被界定為肥胖。當個人的BMI超過40，或個人的體重超過正常狀況的100磅時，就被稱為病態肥胖；在這一點上，過度體重開始妨礙基本的活動，諸如走路，而且製造許多健康困擾。

表9.4 肥胖關聯的一些人口統計及行為的因素

因素	肥胖的盛行率將會增加，假使當事人是……
年齡	較為年長
性別	女性
種族或民族	屬於少數族群
社經地位	屬於低SES
家族史	肥胖父母的子女
婚姻狀況	已婚
子女	假使當事人有較多子女
吸菸	前任吸菸者

資料來源：摘自 Valdez & Williamson（2002），p.419。

三、肥胖與DSM

就診斷的觀點，肥胖不是一種飲食障礙症，它並沒有被囊括在DSM-5中。然而，Volkow和O'Brien（2007）認為，某些形式的肥胖是受到過度渴望食物的驅使。對於這種強迫性的食物攝取而且無力克制飲食（儘管有這樣的意願）的症狀，他們將之比擬為物質濫用和藥物依賴的症狀。另一些人也提出對應的觀點，他們傾向於視肥胖為一種「食物成癮」（見Cota et al., 2006）。還有些人提議，肥胖和成癮二者可能牽涉到重要腦區的失調，這些腦區涉及動機、獎賞及抑制性控制。當然，肥胖是一種大腦失調的觀念很具有爭議性，但它仍說明了許多關於肥胖的觀念正開始轉變。簡言之，「經由少吃一些，多運動一些」，我們很單純地就能決定控制自己的體重，這樣的觀念不一定符合科學事實。

第五節 肥胖的風險因素及起因

一、基因的角色

有些人能夠攝取高卡路里食物卻不會明顯發胖，你是屬於這種人嗎？或者，你似乎只要看一眼巧克力蛋糕就像是會增加幾磅？基因的繼承在很大程度上促成有些人容易變得肥胖，或促成有些人保持苗條。

苗條似乎會在家族中流傳（Bulik & Allison, 2002），研究人員已在一些動物身上發現與苗條及削瘦有關的基因；一種特殊的老鼠現在已被交配繁殖，即使當被餵

養高脂肪的食物，牠們也不會變胖。雙胞胎研究更進一步指出，基因在肥胖的發展和在暴食的傾向上都扮演一定角色（Bulik, Sullivan & Kendler, 2003; Javaras et al,, 2008）。事實上，特別與暴飲暴食有關的基因突變（genetic mutation）已被檢驗出來（Branson et al., 2003）。雖然在這項研究中，這種突變只在少數（5%）的肥胖人們身上被發現，但所有擁有該基因的肥胖人們都報告有暴食方面的困擾；對照之下，不具有該基因突變的肥胖人們中，只有14%顯現暴食的型態。

　　雖然我們經常尋求簡易性，希望找出少數基因，它們具有強力的效應，但是所得的證據顯示，BMI是多基因的，可能受到大量共同基因的重大影響。

二、牽涉食慾與體重調節的激素

　　在一年的期間中，一般人將會攝取約莫100萬卡路里，同時保持適度穩定的綜合體重。我們如何完成這項工作呢？答案在於我們的身體有能力調節我們在每天的基礎上進食多少，也在於我們的身體有能力在較為長期的基礎上，保持食物攝取與能量輸出之間的平衡。這與我們先前描述「設定點」的概念有重大關聯。

　　這種體內平衡系統（homeostatic system）的一個關鍵要素是稱為leptin的激素，leptin是一種由脂肪細胞所產生的激素，它提供關鍵的代謝信號，以便通知中樞神經系統關於身體脂肪的保存狀態。當身體脂肪的水平降低時，leptin將會減量製造，進而激發食物攝取（Ravussin et al., 2014）。少見的基因突變會造成身體無法製造leptin，使得當事人有不能飽足的食慾而導致病態肥胖。英國一位9歲女孩重達200磅，她因為雙腿太過肥胖而幾乎無法走動；當被發現她缺乏leptin後，她接受該激素注射的治療，她的體重不久就恢復正常（Farooqi et al., 2002; Montague et al., 1997）。

　　不幸地，當為過重的人們注射leptin時，在大多數個案上，它幾乎沒有效果。過重的人普遍在他們血液中有高濃度的leptin，問題是出在他們抗拒它的效應。事實上，有些人指出，肥胖可能起因於個人處於對leptin的抗拒狀態（Friedman, 2004）。然而，這並不是適當的解釋，因為即使瘦削的人也顯現對高濃度leptin的抗拒（Ravussin et al., 2014）。儘管這些複雜狀況，在抗肥胖藥物的研究中，leptin系統仍然是許多關注的焦點。

　　為什麼我們會在每天的固定時候感到飢餓，即使我們甚至沒有看到或聞到食物？原因可能是研究人員感興趣的另一種激素，稱為ghrelin。ghrelin是一種胃部產生的激素，它是一種強力的食慾刺激物，在正常的情況下，ghrelin濃度在用餐之前上升，在我們已進食之後下降。當ghrelin被注射進人類志願者體內時，它使得他們非常飢餓，這表示ghrelin是食慾控制系統的一個關鍵促成因素。

Prader-Willi症候群是一種少見的病況，病人的染色體異常製造了許多困擾，其中之一是很高濃度的ghrelin；這類病人極度肥胖，通常在30歲前就因為與肥胖有關的原因而死亡。當人們有Prader-Willi症候群時，他們對食物的渴望可能極為激烈，以至於食物必須被鎖藏起來，使得他們無法暴食。雖然這種遺傳疾病極為少見，但是像這樣的發現突顯了遺傳特質在飲食行為和體重的調節上的角色，它們也說明進食的生理驅策可能多麼強力，意志力可能不是它的對手。

三、家庭影響力

家庭行為模式可能也在過度進食和肥胖上扮演一定角色。在一些家庭中，高脂肪、高卡路里的飲食或對食物的過度強調，可能造成許多或所有家庭成員的肥胖，包括家庭寵物！在這樣的家庭中，肥胖嬰兒可能被視為健康的嬰兒，且嬰兒及兒童可能被施加壓力以攝取遠比他們想要還多的食物。在另一些家庭中，飲食（或過度飲食）成為減輕情緒苦惱或展現愛意的一種習慣手段（Musante et al., 1998）。當母親在懷孕期間吸菸，或當母親在懷孕時增加大量體重的話，她們子女在3歲時也有變得過重的較高風險（Gillman et al., 2008）。

家庭對於食物的態度也很重要，因為這些態度的後果可能會長時間跟隨著我們。肥胖牽涉到體內脂肪細胞（adipose cells）的數量及大小（Heymsfield et al., 1995）。肥胖人們擁有顯著較多的脂肪細胞——相較於正常體重的人們（Peeke & Chrousos, 1995）。當肥胖人們減輕體重時，細胞的大小將會縮小下來，但是數量維持不變。一些證據指出，脂肪細胞的總數量從兒童期開始就保持固定（Crisp et al., 1970），很有可能的是，對嬰兒和幼兒的過度餵食將造成他們發育出較多脂肪細胞，因此使得他們容易在成年期會有體重困擾。符合這個觀點，DiPietro及其同事（1994）發現，在四十年的追蹤研究中，504位過重兒童的樣本中，大多數人都已成為過重的成年人。

最後，一些證據指出，肥胖也可能是「社交感染的」（socially contagious）。一些引人興趣的研究已顯示，如果某個我們親密的人（例如，配偶、手足或朋友）變得肥胖，我們自己隨後也將會變得肥胖的機會大增（以高達57%的機會）。這種效應最顯著發生在同性關係之間（相對於異性關係），說明了社會影響力可能扮演重要的角色。對照之下，鄰居的體重增加則無關於住在附近的人隨後的體重增加，再度說明重要的是關係的親密性，而不是暴露於共同的環境因素（Christakis & Fowler, 2007）。雖然這種社交感染的機制還不清楚，很可能的情況是，我們親密朋友和家人的肥胖，可能導致我們改變自己對於體重的態度，或者可能影響了我們的飲食模式。

四、壓力與「安慰的食物」

當你感到有壓力或不快樂時，你會想要吃些什麼種類的食物？你會渴望胡蘿蔔或一片巧克力？高脂肪或高碳水化合物的食物，是當我們心情惡劣時有助於安慰我們的食物（Canetti, Bachar & Berry, 2002）。許多工人報告，當他們處於大量壓力下時，他們會吃些較無益於健康的食物和較高脂肪的食物——相較於他們壓力較輕的時候（Ng & Jeffery, 2003）。

飲食以求安慰的情況也在老鼠身上發現，當老鼠被安置在長期的壓力下（暴露於寒冷），牠們挑選較高脂肪及糖分的飲食（Dallman et al., 2003）。在這項研究中，另外也引人興趣的是，進食安慰食物的老鼠的腹部增加了體重，而當面臨新的急性壓力時，牠們變得較為鎮定。這促使研究人員推斷，糖類及脂肪食物有助於減低壓力反應系統的活化。

考慮到Dallman從承受壓力的老鼠所取得的資料，我們不難理解，體重增加（或維持過度體重的傾向）如何可從學習原理的角度相當單純地加以解釋。我們都受到制約而以進食來回應廣泛的環境刺激（在舞會中、在看電影或看電視時）。肥胖人們已被顯示受制約於較多線索（內在和外在的線索二者）——相較於正常體重的人們。這表示像焦慮、憤怒、無聊及沮喪等都可能導致過度飲食。回應這樣線索的進食反應因此受到強化，因為美食的味道是令人愉快的，也因為當事人的情緒緊張被降低下來。

五、肥胖的途徑

理解肥胖的起因是複雜的，因為它起源於遺傳、環境及社會文化等影響力的結合。然而，在走上肥胖的路徑上，很重要的一步是暴飲暴食。在一項包含231位青少年期女孩的前瞻性研究中，Stice及其同事們（2002）證實暴飲暴食（binge eating）是日後肥胖的指標，這表示我們應該更密切注意暴飲暴食的起因。

研究已顯示，暴飲暴食的途徑之一，可能經由個人順從苗條完美典型的社會壓力，雖然這似乎有點反諷（Stice et al., 2002）。身體沉重通常導致節食，接著當意志力（毅力）衰微時可能導致暴飲暴食（參考圖9.1）；另一種暴飲暴食的途徑可能是透過憂鬱和低自尊而發生影響。在Stice及其同事們的前瞻性研究中，除了憂鬱外，同伴們低度的支持使得女孩們有暴食的較高風險。我們也都知道，當兒童過重時，他們較可能受到同伴的排斥（Latner & Stunkard, 2003; Strauss & Pollack, 2003），因此增強了他們的負面情感。如圖9.1所顯示，回應負面情緒之暴飲暴食的模式，可能使得不良處境更為惡化，然後在惡性循環中增加體重、憂鬱及促成跟同伴的疏遠。

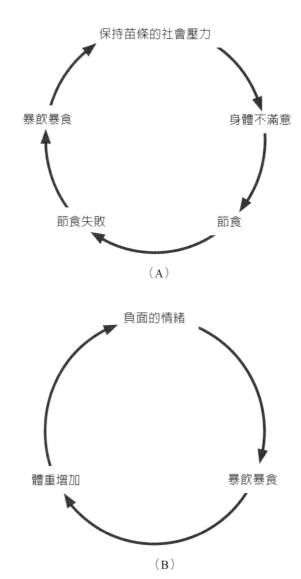

（A）

（B）

(A)肥胖的一種途徑是經由保持苗條的社會壓力。
(B)另一種途徑可能是透過憂鬱及低自尊而產生作用。

圖9.1　肥胖的途徑

第六節　肥胖的治療

一、生活方式的變更

減輕體重（瘦身）是許多美國人所關注的事項，新的減肥書籍、以網路為基地

的干預措施、節食輔助器材及瘦身方案等層出不窮，它們一直是重大商機所在。不幸地，大部分這些技術和計畫的成功率相當低。

在肥胖的治療上，第一個步驟是臨床途徑，原則上，它包括低卡路里飲食、運動，以及一些形式的行為干預。幾項研究已經證實，生活方式變更的途徑帶來正面效益，雖然其結果絕不是戲劇性的。

一些減重的團體方案也已被推出，像是「匿名節食協會」和「體重守護者」（weight watchers），它們提供營養教育、鼓勵會員記錄自己的食物日誌，以及提供支持及打氣。然而，只有「體重守護者」的減重方案被證實有適度的效能（Heshka et al., 2003）。

速成節食（crash diets）和激烈的治療以帶來戲劇性的減重（包括病人在醫院背景中斷食），現在已被認為是不合宜而無效的手段。雖然它們在短期中導致體重減輕，但是維持不了太久。實際上，在追蹤研究中，接受這些程序的人，體重通常更重於他們開始治療之前（Mann et al., 2007）。最後，減重之後的復發率相當高，這經常使得當事人感到氣餒。實際上，一些研究人員現在主張，肥胖抗拒心理的治療方法（Cooper et al., 2010），這使得預防更具重要性。

二、藥物治療

幾類藥物已被「食品暨藥物管理局」（FDA）核准使用，最好是結合低卡路里的飲食。Orlistat（Xenical）發揮作用的方式，是經由降低飲食中的脂肪一旦進入胃腸後能被吸收的數量；另一類藥物是以不同方式發揮作用，諸如lorcaserin（Belviq），它們是以血清素或其他神經傳導物質為目標。最新近被FDA核准的藥物是Contrave，它結合naltrexone（用來治療藥物成癮及酒精成癮）和bupropion（用來治療憂鬱症，以及協助戒菸）二者。

所有這些藥物提供適度的臨床效益，所產生的減重效果優於安慰劑（Fabricatore & Wadden, 2006）。然而，這之間的差異並不特別令人印象深刻，而且通常遠低於（大約原先體重的3%-9%）病人尋求的效果（Pucci & Finer, 2015）。例如，服用Orlistat一年後，病人平均減輕他們治療前體重的大約9%。控制組在這個期間服用安慰劑，所減輕的體重不到6%（Heck et al., 2000; Yanovski & Yanovski, 2002）。Sibutramine（Meridia）這種藥物多年來被廣泛使用，最近則從市場被撤回，因為安全的顧慮。

三、減肥手術

對於病態肥胖的人們，減肥手術或胃繞道手術（gastric bypass surgery）是最有效的長期處置方式（Bult et al., 2008; Moldovan & David, 2011）。幾種不同技術可被使用，包括減少胃部的貯存容量，以及有時候則是縮短小腸的長度，以便食物的養分較少被吸收。在手術之前，胃部或許可以容納大約1夸脫的食物及液體；在手術之後，胃部只能容納一只玻璃杯的食物量，暴飲暴食變成實際上不可能。手術只要花費幾個小時，但因為它是在肥胖病人身上施行，復原可能有一定困難。

肥胖的手術治療傾向於造成重大的體重減輕，平均在44磅到88磅之間（Bult at al., 2008）。引人興趣的是，在特定形式的手術程度之後，食慾激素ghrelin的濃度也壓抑下來。當然，也有一些病人設法找到方法在手術後繼續暴食（Kalarchian et al., 1998），而且傾向於在18個月期間重新恢復他們的體重（Hsu et al., 1998）。

四、預防的重要性

降低肥胖的盛行率現在是最優先的事項，但是想要預防肥胖，它必須首先被辨認出來。令人驚奇的，近期在芬蘭的一項研究中，當家中有一位過重或肥胖的兒童時，57%的父母未能認定他們的子女為過重（Vanhala et al., 2009）。在這項芬蘭的研究中，兒童期肥胖被一些因素所預測，包括兒童的父母之一是肥胖者、省略早餐、習慣性過度進食，以及不從事身體活動。因為我們知道，兒童期肥胖將預測成年期的肥胖，因此父母的教育顯然非常重要。

減重是很困難的事情，因為它是一場對抗生物機制的戰鬥，這樣的機制針對於維持我們自己現行的體重，這突顯了首先就不要增重的重要性。在八年的期間，一般成年人（在20到40歲的範圍）將會增重大約14磅到16磅（Hill et al., 2003）。這如何加以避免呢？人們經常視大部分的體重增加為不可避免，但這可以經由增加能量消耗，以及減少食物攝取雙管齊下的方式加以預防，這實行起來可能比我們想像中還要容易些。Hill及其同事們已計算，我們所需作的只是每天減少熱量攝取僅僅100卡路里，或每天多走一英里的路。這裡是完成這點的一些簡單方式：

• 當你進餐時，少吃三口食物。例如，三口漢堡等於100卡路里。

• 多爬樓梯、多走幾步路，或停車離你的預定地稍遠一些。一英里的路只不過多走2,000到2,500步，而我們可以在整天中以小額的增量加總起來。

• 多睡一些。研究已顯示，嬰兒一天的睡眠少於12個小時的話，較可能在3歲時過重（Taveras et al., 2008）。成年人一晚只睡5到6個小時的話，他們長期下來會增加較多體重——相較於那些一晚睡7到8個小時的人們（Chaput et al., 2008）。

　　經由使得這些習慣成為你每天例行生活的一部分，你將能夠預防你年長時體重增加，也有助於增進你全面的健康。

第十章

人格障礙症

個人特有的特質（traits）、因應風格，以及在社會環境中的互動方式，是在兒童期浮現出來，然後正常情況下在青少年後期或成年早期結晶（具體化）為穩固的模式。這些模式構成了個人的人格（personality），即表現個人特色的一組獨特的特質和行為。今日，人格研究學者之間存在相當一致的見解，即大約五個基本的人格特質維度，可被用來描述正常人格的特徵。這個關於人格特質的「五大因素模式」（five-factor model）包括了下列五個特質維度：神經質（neuroticism）、外向／內向（extraversion/introversion）、開放性（openness to experience）、親和力（agreeableness/antagonism）及審慎度（conscientiousness）（例如，Goldberg, 1990; Jonh & Naumann, 2008; McCrae & Costa, 2008）。

第一節　人格障礙症的臨床特徵

對我們大部分人而言，我們的成年人格隨著社會的要求而進行調整，換句話說，我們容易順應大部分的社會期待。對照之下，有些人擁有的一些特質極為缺乏變通性而不良適應，因此對於社會所期待他們的一些變動的角色，他們無法適當地發揮功能，或無法符合社會的要求。在這樣的情況下，我們就說他們具有人格障礙症（personality disorder）。大部分人格障礙症普遍具有的三個特徵是：(1)長期性的人際困難；(2)個人認同或自我感方面的困擾；及(3)無法在社會中適當地運作（Livesley & Jang, 2000）。

為了達成人格障礙症的診斷，當事人持久的行為型態必須是「普及」（pervasive）及「不具彈性」（inflexible），以及「穩定」（stable）及「持續長久」（long duration）。它也必須「引起臨床上的重大苦惱或損害重要領域的功能」，而且表明在下列的至少兩種領域上：認知、情感、人際功能或衝動控制。

從臨床的觀點來看，人格障礙症的患者不僅為自己的生活帶來困擾，經常也造成他人生活同樣程度的困擾。他們的行為傾向於是混亂、惹人討厭、不可預測，以及以各種程度不被接受。不論人格障礙症的患者發展出哪一種特質模式（例如，固執、明顯的敵意、猜疑或害怕被拒絕），這些模式都籠罩著他們對每個新情境的反應，導致了同樣的不良適應行為不斷重複，因為他們無法從先前的錯誤或困擾中學到教訓。

人格障礙症典型地不是源於對近期壓力的不良反應——如在創傷後壓力症或許多憂鬱個案上的情形。反而，這些障礙症大致上是起源於不具彈性（僵化）、扭曲的人格及行為模式漸進的發展，造成當事人持續地以不良適應的方式知覺世界、思考世界及建立與世界的關係。在許多個案上，早期生活中的重大壓力生活事件也作為促因，為這些僵化及扭曲的人格型態的發展布置了舞臺。

　　人格障礙症的範疇相當廣泛，所涉的行為問題在形式和嚴重程度上有很大的差異。在較輕微的個案上，我們發現患者仍然維持適當的功能，但是卻被他們的親戚、朋友或同事描述為惹麻煩、怪異、偏執或難以了解。他們可能難以跟他人發展出親密的關係，或難以跟有親近關係的人們相處。在較嚴重的個案上，我們發現他們可能以偏激及通常不道德的手段（發洩行為）對抗社會，許多這樣的人被關進監獄，雖然也有些人能夠操縱他人，使自己不會被逮捕。

　　DSM-5根據各種人格障礙症在特徵上的相似性，把它們組合為三大群。

　　1. A群：包括妄想型、孤僻型及思覺失調型人格障礙症。這些障礙症的病人通常顯得奇特或怪異，伴隨不尋常的行為，從不信任、多疑以迄於社會疏離。

　　2. B群：包括做作型、自戀型、反社會型及邊緣型人格障礙症。這些障礙症的病人的共同傾向是戲劇化、情緒化及脫離常軌。

　　3. C群：包括畏避型、依賴型及強迫型人格障礙症。對照於前面兩大群，焦慮和畏懼通常是這些障礙症的重要部分。

　　近些年來，幾項流行病學研究已評估人格障礙症的盛行率。一些研究是在美國執行，另一些則在歐洲執行，但整體的盛行率估計值傾向於相當近似。它們顯示在接受晤談的過去2到5年中，10%-12%的人符合至少一種人格障礙症的準則（Lenzenweger, 2008; Torgersen, 2012）。換句話說，大約每10個人就有1個人可被診斷為某種人格障礙症。當我們考量DSM類群時，我們發現C群障礙症最為常見，其盛行率在7%左右。A群障礙症次之，大約是4%，最後，B群障礙症的盛行率稍為低些，在3.5%-4%的範圍（Torgersen, 2012）。由於類群之間有高度的共病，一些人符合不只一種類群人格障礙症的準則，所以每個類群人們的百分比加總起來超過10%-12%。

　　從1980年初次進入DSM，直到DSM-IV-TR，人格障礙症一直被記碼在不同的軸向，即第二軸向。這是因為它們被視為不同於標準的精神症候群（記碼在第一軸向），因此應該作不一樣的分類。然而，在DSM-5中，多軸向系統已被放棄，而人格障礙症現在被同樣列在精神疾病之下。人格障礙症經常與另一些障礙症共存，包括焦慮症、情緒障礙症、物質使用問題，以及性困難和性功能障礙。總括的證據指出，被診斷為人格障礙症人們中，大約3/4也有另一種障礙症（Dolan-Sewell et al., 2001）。

表10.1　人格障礙症的摘要

人格障礙症	特徵	一般人口中的點盛行率	性別比率估計值
A群			
妄想型	對他人的懷疑及不信任；傾向於視自己為無過失的；對自覺的他人的抨擊保持警戒。	1.5%	男性=女性
孤僻型	缺損的社會關係；沒有能力且也不盼望跟他人建立起關係。	1.2%	男性>女性
思覺失調型	奇特的思考模式；偏離常態的知覺及說話，妨礙了跟他人的溝通和社交互動。	1.1%	男性>女性
B群			
做作型	自我戲劇化；過度關注有吸引力；假使尋求注意受挫的話，傾向於易怒而脾氣爆發。	1.2%	男性<女性
自戀型	誇大；沉迷於接受他人的注意；自我推銷；缺乏同理心。	<1%	男性>女性
反社會型	缺乏道德或倫理的發展；無法遵從被公認的行為楷模；欺騙而愛撒謊；無恥地操縱他人；身為兒童時有品性問題的病史。	1%女性 3%男性	男性>女性
邊緣型	衝動；不合宜的憤怒；急劇的心情轉換；長期的厭倦感；自我傷殘或自殺的企圖。	1.4%	男性=女性
C群			
畏避型	對於拒絕或社交貶抑過度敏感；害羞；對於社交互動和建立新的人際關係感到不安全。	2.5%	男性<女性
依賴型	難以在人際關係上分離；當獨處時感到不舒服；委屈自己的需求，只為了保持跟他人的關係；猶豫不決。	1%	男性<女性
強迫型	過度關注秩序、規則及瑣碎的細節；完美主義；缺乏感情表現及溫暖；難以放鬆下來而享受樂趣。	2.1%	男性>女性

資料來源：Torgersen（2012）。

◎點盛行率的平均值是得自11項不同的流行病學研究。一生流行率的估計值大約是3倍高。人格障礙症較常見之於臨床人口——相較於社區樣本。

 第二節　人格障礙症研究上的一些挑戰

一、診斷人格障礙症的困難

　　人格障礙症發生誤診的情況可能多於任何其他類別的障礙症。主要問題之一是，各種人格障礙症在分類和組群上有許多重疊的特徵；另一個問題是，它們的診斷準則沒有被清楚地界定，這些準則經常不夠準確，或實際上不易遵循，這些情況都造成診斷的信度和效度相當低。即使多種半結構式晤談表和自陳問卷已被開發出來，情況依然沒有太大改善（Clark & Harrison, 2001; Livesley, 2003; Trull & Durrent, 2005）。

當然，這是在人格障礙症上採取「類別」途徑所固有的問題，有鑑於此，過去二十年來，幾位理論家改採「維度」的途徑。這假定人格（及人格障礙症）較是一種連續頻譜，因此，研究注意力已放在開發維度系統上，以便評鑑人格障礙症所涉的症狀及特質（例如，Clark, 2007; Krueger & Eaton, 2010; Trull & Durrett, 2005; Widiger et al., 2009）。

現今最具影響力的或許是五大因素模式，它有助於研究人員理解不同人格障礙症之間的共通性和差別性。在這個模式中，這五個基本人格特質也各自具有一些次要成分或面向。例如，神經質的特質是由下列六個面向所組成：焦慮、憤怒-敵意、抑鬱、自覺意識、衝動及脆弱。所有高度神經質的人都擁有這些面向，只是哪一個面向最為顯著有很大變動。每種基本特質維度的所有面向，以及它們如何在不同人格障礙症病人之間發生差別，我們在表10.2中加以說明。經由評鑑當事人在這三十個面向上得分高或低，我們可以看出這個系統如何能夠解釋極大範圍的不同人格型態——遠多於DSM現行所分類的十種人格障礙症。

二、探討人格障礙症的起因上的困難

關於人格障礙症的起因，我們相對上所知不多。原因之一是，人格障礙症直到1980年納入DSM後，才開始獲得較為一致的研究注意，另一個原因起源於它們之間高度的共病（comorbidity）。例如，在早期對4項研究的審查中，Widiger及其同事發現，在符合一種人格障礙症診斷的病人中，85%也符合至少另一種診斷，許多人符合好幾種診斷（Widiger et al. 1991）。對幾近900位精神科門診病人進行研究，發現45%符合至少一種人格障礙症的診斷，而他們之中，60%有另一種診斷，25%有另兩種以上的診斷（Zimmerman et al., 2005）。這種高度的共病增加了困難，使得我們不易釐清哪些起因牽涉到哪一種人格障礙症。

在獲致關於人格障礙症起因的結論上，另一個問題是迄今很少有前瞻性研究被執行。反而，絕大多數研究是針對已經有該障礙症的病人，有些研究是依賴對早先事件回溯性的報告，另有些則有賴於觀察病人當前的生理、認知、情緒及人際功能。因此，任何關於起因的結論必須被視為暫定的。

表10.2　DSM-5人格障礙症與五大因素模式

NEO-PI-R 領域與面向	PAR	SZD	SZT	ATS	BDL	HST	NAR	AVD	DEP	OBC
神經質										
焦慮			高		高			高	高	
憤怒—敵意	高			高	高		高			
抑鬱					高	高		高		
自覺意識			高			高	高	高		高
衝動					高					
脆弱					高			高	高	
外向										
溫暖		低	低			高			高	
群居		低	低			高		低		
果斷								低	低	高
活躍										
興奮尋求				高		高		低		
正面情緒		低	低			高				
開放性										
幻想			高		高	高				
審美										
感情		低				高				
行動			高							
觀念			高							
價值										低
親和力										
信任	低		低		低	高			高	
坦誠	低			低						
利他行為				低			低		高	
順從	低			低	低				高	低
謙遜							低		高	
和善				低			低			
審慎度										
勝任能力					低					
秩序										高
負責				低						高
爭取成就							高			高
自律				低						高
慎重				低						

註釋：PAR＝妄想型；SZD＝孤僻型；SZT＝思覺失調型；ATS＝反社會型；BDL＝邊緣型；HST＝做作型；NAR＝自戀型；AVD＝畏避型；DEP＝依賴型；OBC＝強迫型。

資料來源：摘自Widiger et al., (2002)。

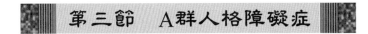

第三節　A群人格障礙症

一、妄想型人格障礙症

　　妄想型人格障礙症（paranoid personality disorder）的病人對他人抱持普遍猜疑及不信任的態度，經常從普通談話中讀出隱藏的意義。他們傾向於視自己為無過失的，反過來將他們自己的過錯和失敗怪罪於他人——甚至到了歸咎於他人不良或邪惡動機的地步。這些人長期地緊張及「保持警戒」，經常性地預期他人的詭計及詐欺，然後尋找線索以驗證他們的預期，同時對所有反面的證據置之不理。他們經常沉迷於懷疑朋友的忠誠，因此不願意對他人推心置腹；他們普遍地積怨及懷恨，拒絕原諒自覺的侮辱及輕蔑，很快就產生惱怒的反應，有時候會有暴力行為（Bernstein & Useda, 2007; Oltmanns & Okada, 2006）——所有這些導致他們有許多的人際障礙。妄想型人格障礙症的盛行率在社區中是大約1%-2%，女性和男性的發生率大致相等（Torgersen, 2012）。

DSM-5　「妄想型人格障礙症」的診斷準則

A. 對他人廣泛的不信任和猜疑，以致於他人的動機被解讀為惡意的，從成年早期開始且呈現在各種場所中，如下列四項（或更多）所顯示：

1. 沒有充分依據之下，懷疑他人正在利用、傷害或欺騙自己。

2. 沒有正當理由就懷疑朋友或同事的忠誠或可信任度。

3. 不願意對他人推心置腹，因為沒必要地害怕一些消息將會被他人惡意地拿來對付自己。

4. 從他人良性的評論或事件中聽出隱藏之貶抑或威脅的意義。

5. 持續地積怨或懷恨；無法寬恕他人對自己的侮辱、傷害或輕蔑。

6. 當自覺人格或名譽受到抨擊時，馬上就惱怒回應或反擊。

7. 無憑據地屢次懷疑配偶或性伴侶的忠貞。

（資料來源：DSM-5，2013，美國精神醫學會）

　　我們必須記住的是，妄想型人格通常並不是精神病患者，這也就是說，他們在大部分時間仍跟現實有清楚的接觸，雖然他們可能在壓力期間經歷暫時性的精神病症狀，持續從幾分鐘到幾個小時（APA, 2013）。至於思覺失調症的病人也具有一些在妄想型人格上所發現的症狀，但他們還有其他許多障礙，包括較為持久地失去與現實

的接觸、妄想（delusion）及幻覺（hallucination）。儘管如此，當人們有妄想型人格障礙症時，他們確實有偏高的風險發展出思覺失調症（Lenzenweger, 2009）。

✖ 致因

關於妄想型人格障礙症的重要致因，我們迄今所知不多。基因傳遞的發生可能是透過繼承了高水平的對立（低親和力）和神經質（憤怒─敵意），這些是屬於妄想型人格障礙症的主要特質（Widiger, Trull, et al., 2002; Hopwood & Thomas, 2012）（參考表10.2）。至於被懷疑扮演一部分角色的心理社會致因，包括了父母的疏失或虐待，以及暴露於暴力的成年人；雖然早期不利經驗與成年妄想型人格障礙症之間的任何連結，很明顯不是專對這種人格障礙症，而是在其他障礙症上也可能扮演一部分角色（Battle et al., 2004; Grover et al., 2007; Natsuaki et al., 2009）。妄想型人格障礙症的症狀在重大腦傷後也似乎會增加，也經常在古柯鹼長期使用者身上發現（見Hopwood & Thomas, 2012）。

二、孤僻型人格障礙症

孤僻型人格障礙症（schizoid personality disorder）的病人通常無法建立社交關係，也缺乏這方面的興趣。因此，他們典型地沒有好朋友，可能的例外是他們親近的親屬。這些人無法表達自己的感受，在他人看來顯得冷淡而疏遠，他們通常缺乏社交技巧，經常被歸類為是獨行俠或個性內向者，偏好獨居和獨自進行的工作，但不是所有獨來獨往的人或內向性格者，都具有孤僻型人格障礙症（Miller et al., 2001）。他們在許多活動中無法享受樂趣，包括性活動，他們也很少結婚。

更普遍而言，他們不太有情緒上的反應，很少體驗到強烈的正向或負向情緒，反而顯現普遍冷漠的心境。這些缺失促成了他們顯得冷淡而疏遠（Miller et al., 2001; Mittal et al., 2007）。孤僻型人格障礙症的盛行率略高於1%，較常發生在男性身上（Torgersen, 2012）。

從五大因素模式的角度來看，他們顯現極高水平的內向（特別是在溫暖、群居及正面情緒上偏低）；他們也在對感覺開放上偏低（開放性的一個面向），以及在爭取成就上偏低（例如，Hopwood & Thoms, 2012）。

✖ 致因

就像妄想型人格障礙症，孤僻型人格障礙症也不是大量研究的焦點，主要是因為這兩類病人原本就不熱衷於（或不願意）參加研究。孤僻型人格特質已被顯示有相當高的可遺傳性，大約55%（Kendler et al., 2006）。符合早期理論家的觀念，也有證

據指出，孤僻型人格障礙症的症狀在一些個案上確實居先於精神病（Bolinskey et al., 2015）。孤僻型人格與自閉症類群障礙症之間也有一些連結，這令人感到興趣，考慮到近期的研究指出，思覺失調症與自閉症可能具有一些共同的遺傳基礎。

DSM-5　「孤僻型人格障礙症」的診斷準則

A.廣泛的疏離於社交關係的行為模式，在人際環境中只作有限的情緒表達，從成年早期開始且呈現在各種場合中，如下列四項（或更多）所顯示：

1.不欲求也不享受親近關係，包括身為家庭的一員。

2.幾乎總是選擇孤單的活動。

3.幾乎不感興趣與另一個人發生性經驗。

4.幾乎無法從任何活動中享受樂趣。

5.缺乏親近的朋友或知己，除了一等親外。

6.對於他人的稱讚或批評顯得漠不關心。

7.顯現情緒冷漠、疏離或平淡的情感。

（資料來源：DSM-5，2013，美國精神醫學會）

認知理論家提出，孤僻型人格障礙症的病人展現冷淡而疏遠的行為，是因為不良適應的內在基模（schemas），這導致他們視自己為自給自足的獨行俠，而且視他人為侵擾性的。他們的核心功能不良信念可能是，「我基本上是孤單的」（Beck et al., 1990, p.51）或「人際關係是紊亂而不稱心的」（Beck et al., 2004）。不幸地，我們不知道為什麼有些人會發展出這樣功能不良的信念。

三、思覺失調型人格障礙症

思覺失調型人格障礙症（schizotypal personality disorder）的病人也是過度內向，而且有廣泛的社交及人際的缺失（就像孤僻型的情形），但除此之外，他們還有認知及知覺上的扭曲，以及在思想的表達和行為上顯得奇特而古怪（Kwapil & Barrantes-Vidal, 2012; Raine, 2006）。雖然他們通常仍維持與現實的接觸，但顯現高度擬人化及迷信的思想；在極度壓力下，他們可能發生暫時性的精神病症狀（APA, 2013）。實際上，他們經常相信自己擁有魔幻的力量，也能施行一些神奇的儀式。另一些認知-知覺的困擾包括關係意念（相信他人的談話或姿勢具有特殊的意義或個人的重要性）、怪誕的言談及妄想的信念（疑神疑鬼）。他們在思想、談話及其他行為上的怪異性是這種障礙症最穩定的特徵（McGlashan et al., 2005），而且類似於經常

在思覺失調症病人身上所見的那些症狀。事實上，許多研究學者認定思覺失調型人格障礙症為微弱形式的思覺失調症（Lenzenweger, 2010; Raine, 2006）。

DSM-5 「思覺失調型人格障礙症」的診斷準則

A.廣泛的社交及人際缺失的行為模式，顯現在對親近關係強烈的不舒服和偏低的能力，也有顯著的認知或知覺的扭曲，以及行為乖僻（eccentricities），從成年早期開始且呈現在各種場合中，如下列五項（或更多）所顯示：

1. 關係意念（ideas of reference）（排除關係妄想）。

2. 怪異的信念或神奇的思考，影響當事人的行為，且不符合次文化的規範（例如，迷信、相信有千里眼、心電感應或「第六感」；在兒童和青少年身上則為奇怪的幻想或執迷）。

3. 不尋常的知覺經驗，包括體錯覺。

4. 怪異的思考及談話。

5. 猜疑或妄想的觀念化。

6. 不適切或狹隘的情感。

7. 行為或外觀顯得奇特、怪誕而偏離常態。

8. 缺乏親近朋友或知己，除了一等親外。

9. 過度的社交焦慮，並未隨著熟識程度而減低；傾向於有妄想性害怕，而不是對自己的負面評價。

（資料來源：DSM-5，2013，美國精神醫學會）

致因

思覺失調型人格障礙症具有中等程度的可遺傳性（Kwapil & Barrantes-Vidal, 2012; Lin et al., 2006, 2007; Raine, 2006），它跟思覺失調症的遺傳關係長期以來已被懷疑。事實上，這種障礙症似乎是易於罹患思覺失調症的類群的一部分，經常發生在思覺失調症病人的一些一等親身上（Kendler & Gardner, 1997; Kwapil & Barrantes-Vidal, 2012; Tienari et al., 2003）。思覺失調型人格障礙症與思覺失調症之間的生物關聯相當顯著（Cannon et al., 2008; Jang et al., 2005; Siever & Davis, 2004; Yung et al., 2004）。

有鑒於此，你可能不會太驚訝，如果青少年有思覺失調症人格障礙症的話，他們已被顯示有偏高的風險，在成年期發展出思覺失調症和思覺失調類群的精神病（Asarnow, 2005; Cannon et al., 2008; Raine, 2006; Tyrka et al., 1995）。儘管如此，

有人提議存在另一種亞型的思覺失調型人格障礙症，它與思覺失調症沒有遺傳上的關聯。這種亞型的特色是認知和知覺的缺損，且反而是與童年虐待和早期創傷連結在一起（Berenbaum et al., 2008; Raine, 2006）。青少年期的思覺失調型人格障礙症涉及偏高地暴露於壓力生活事件（Anglin et al., 2008; Tessner et al., 2011）和低度的家庭社經地位（Cohen et al., 2008）。思覺失調型人格障礙症的盛行率據估計，在一般人口中是大約1%，男性的發生率略微高些（Torgersen, 2012）。

第四節　B群人格障礙症

一、做作型人格障礙症

做作型人格障礙症（histrionic personality disorder）病人的關鍵特徵是過度尋求注意（attention-seeking）的行為和情緒化。根據DSM-5，假使不是身為注意的焦點，這些人傾向於感到不受重視；他們有活力、戲劇化及過度外向的作風，通常保證他們能夠誘使他人把注意力投向自己，但是這些特性不一定導致穩定而滿意的關係，因為他人總會不耐煩於提供這種程度的注意力。為了尋求刺激和注意力，他們的外觀和行為通常相當做作、誇張而情緒化，也可能會有性挑逗和性誘惑（Freeman et al., 2005）。他們可能試圖透過引誘行為和情緒操縱以控制他們的伴侶，但他們也顯現大量的依賴（Rasmussen, 2005; Blagov et al., 2007）。通常，他們被認為是自我中心、虛榮及過度在意他人的贊同，這造成他們在別人的印象中是過度反應、膚淺及不真誠的。

DSM-5　「做作型人格障礙症」的診斷準則

A. 廣泛的過度情緒化和尋求注意的行為模式，從成年早期開始且呈現在各種場合中，如下列五項（或更多）所顯示：

1. 當置身於自己不是注意焦點的情境中會感到不舒服。
2. 當與他人交往時，經常有不合宜的性誘惑或性挑逗的行為。
3. 展現情緒快速的轉換和膚淺的表達。
4. 經常性地利用身體外觀以吸引他人對自己的注意。
5. 說話具有過度印象主義（空泛、浮誇）的風格，且缺乏細節。
6. 顯現自我戲劇化、裝模作樣及誇大的情緒表情。
7. 易受暗示，容易受他人或外在情境所影響。

8.認為自己的人際關係要比實際情形更為親密。

（資料來源：DSM-5，2013，美國精神醫學會）

做作型人格障礙症的盛行率在一般人口中是略高於1%，雖然一些人相信它的發生率正在減退（Blashfield et al., 2012; Torgersen, 2012）。一些研究顯示，這種障礙症較常發生在女性身上（Lynam & Widiger, 2007），性別差異的可能原因已引起爭議。一項審查指出，這項性別差異不值得驚訝，考慮到診斷準則所涉的那些特質，許多是較常發生在女性身上。

致因

至今很少系統化的研究針對做作型人格障礙症而執行，它與許多障礙症有高度的共存關係，包括邊緣型、反社會型、自戀型及依賴型人格障礙症（Bakkevig & Karterud, 2010; Blagov & Westen, 2008）。一些證據顯示，做作型人格障礙症與反社會型人格障礙症具有遺傳上的關聯。這裡的構想是兩者存在一些共同的基礎素質，這些素質在女性身上較可能表明為做作型人格障礙症，而在男性身上則表明為反社會型人格障礙症（例如，Cale & Lilienfeld, 2002）。從五大因素模式的角度來看（參考表10.2），做作型病人有極高水平的外向性，包括高度的群居、興奮尋求及正面情緒。他們高度的神經質則特別涉及抑鬱和自覺意識的面向；他們在對幻想開放的面向上也偏高（Widiger et al., 2002）。

認知理論家強調不良適應基模的重要性，即繞著「注意需求」（need for attention）打轉以驗證自我價值的基模。核心的功能不良信念可能包括，「除非我使人著迷，否則我一無是處」和「假使我無法令人感到有趣，他們將會離棄我」（Beck et al., 1990, p.50），但迄今沒有系統化的研究探索這些功能不良信念如何發展出來。

二、自戀型人格障礙症

自戀型人格障礙症（narcissistic personality disorder）的病人傾向於誇大自我重要性，沉迷於被讚美，以及對他人的感覺缺乏同理心（Pincus & Lukowitsky, 2010; Ronningstam, 2005, 2009, 2012）。在診斷自戀型的病人上，「誇大」（grandiosity）似乎是最重要而被廣泛使用的診斷準則，誇大通常表明在當事人強烈地傾向於高估自己的能力和成就，同時低估他人的能力和成就。他們強調頭銜、自命特權，期待他人自發地順從自己的意願；雖然他們似乎視自己這些奢侈的期待為自己應當獲得的。他們以刻板的行為方式（例如，經常自我推薦及自誇），試圖贏得他們所渴望的喝采及認可；因為他們相信自己如此特殊，他們往往認為只有另一些高水準的人士才

能了解自己，或他們只應該跟這樣的人士交往。最後，他們對頭銜的重視也牽涉到他們不願意爲自覺的輕蔑而寬恕他人，他們很容易動怒（Exline et al., 2004）。

許多研究已指出，除了誇大的形式外，自戀應該還有另一種亞型，即脆弱型自戀（vulnerable narcissism）（Cain et al., 2008; Ronningstam, 2005, 2012）。脆弱型並未清楚反映在DSM準則中，但是長久以來被研究人員和臨床人員觀察到。脆弱型自戀者擁有非常易折而不穩定的自尊；對這些人而言，傲慢和優越僅是一種僞裝，以掩飾他們強烈的羞愧，以及對於排斥和批評的過度敏感（Cain et al., 2008; Miller et al., 2010; Pincus & Lukowitsky, 2010; Ronningstam, 2005, 2012）。脆弱型自戀者可能完全沉迷於傑出成就的幻想，但同時對於自己的野心感到深刻的羞愧。由於害怕被拒絕或批評，他們可能迴避人際關係；他們強烈尋求他人的讚賞，這可能有助於保護他們脆弱的自尊。

自戀型人格還有另一種核心特質（除了誇大外），即他們不願意或無法採取他人的觀點，也就是無法從「自己」之外的立場去看待事情。換句話說，他們缺乏同理心的能力，但同理心顯然是成熟的人際關係的基本要素。

從五大因素模式的角度來看，自戀型人格障礙症的特色是高度人際對抗／低親和力、低利他性，以及鐵石心腸（缺乏同理心）。他們也顯現高度的幻想傾向（開放性）和高度的憤怒-敵意及自覺意識（高神經質的面向）（Widiger et al., 2002）。

在社區樣本中，符合自戀型人格障礙症診斷門檻的人口略低於1%，而且較常見之於男性（Torgersen, 2012）。這樣的性別差異是可預期的，考慮到這種障礙症最主要的一些人格特質原先就具有性別差異（Lynam & Widiger, 2007）。

DSM-5　「自戀型人格障礙症」的診斷準則

A.廣泛的誇大（在幻想或行爲上）、需要被讚賞及缺乏同理心的行爲模式，從成年早期開始，且呈現在各種場合中，如下列五項（若更多）所顯示：

1. 對自我重要性的誇大感（例如，誇大成就及才能，在沒有相稱的成就下期待被認爲優越）。

2. 沉迷於無止境的成功、權力、顯赫、美貌或理想愛情的幻想中。

3. 相信自己是「特殊」而獨特的，只能被另一些特殊或高地位的人們（或機構）所理解，自己也只應該跟這些人交往。

4. 需要過度的讚美。

5. 強調頭銜、自命特權（例如，不合理地期待自己有特殊待遇，或別人應該主動地順從自己的期待）。

6. 傾向於在人際關係上榨取及剝削他人（例如，占別人便宜以達到自己的目的）。

7.缺乏同理心：不願意承認或認同別人的情感及需求。

8.經常妒羨他人，或相信別人正妒羨自己。

9.顯現自大、傲慢的行為或態度。

（資料來源：DSM-5，2013，美國精神醫學會）

致因

關於自戀型人格障礙症的病原，一項重要發現是，誇大型自戀和脆弱型自戀顯然涉及不同的起因。誇大型自戀普遍與兒童期的虐待、疏失或不良父母管教沒有關聯。實際上，一些證據指出，誇大型自戀牽涉到父母的過度評價（overvaluation）；對照之下，脆弱型自戀牽涉到情緒虐待、身體虐待及性虐待，也涉及父母管教的風格，其特色是侵入性、控制性及冷漠（Horton et al., 2006; Miller, 2011; Miller & Campbell, 2008; Otway & Vignoles, 2006）。

三、反社會型人格障礙症

反社會型人格障礙症（antisocial personality disorder, ASPD）病人的顯著特徵，是他們傾向於持續地對他人的權益置之不顧，或侵犯他人的權益；他們是透過欺騙、攻擊及反社會行為等的結合而達成這點。這些人具有終身之無法社會化及不負責行為的型態，絕少顧慮到安全——不論是他們自己的安全或他人的安全。這些特徵導致他們反覆地與社會發生衝突，而有很高的比例最終被關進監獄。當事人必須年滿18歲才會被診斷為ASPD；再者，為了達成診斷，當事人必須在15歲之前已出現「行為規範障礙症」（conduct disorder）的症狀。在15歲之後，當事人也必須有一些事情的證據，像是反覆的違法行為、欺騙、衝動、攻擊，或是在工作或財務事項上一貫的不負責任。

ASPD的盛行率在一般人口中是大約2%-3%（Glenn et al., 2013）。它較常發生在男性身上（大約3%）——相較於女性（大約1%）。雖然一些研究指出，男性占壓倒性的多數，其比值甚至達到5：1（Hare et al., 2012）。如你從診斷準則中可以預見，ASPD在監獄樣本中極為常見，大約47%的入獄男性和21%的入獄女性符合ASPD的診斷（Glenn et al., 2013）。

DSM-5 「反社會型人格障礙症」的診斷準則

A.廣泛的漠視及侵犯他人權益的行為模式，自15歲開始，如下列三項（或更多）所顯示：

1.無法遵從社會規範，像是守法行為，經常遊走於法律邊緣。

2.欺騙成性，顯現在反覆說謊、使用假名，或為了個人利益或樂趣而詐欺。

3.行事衝動，不能預先規劃。

4.易怒而好攻擊，顯現在經常發生鬥毆。

5.行事魯莽，無視於自己或他人的安全。

6.一貫地不負責任，顯現在無法維持工作或亂開空頭支票。

7.缺乏良心的譴責，顯現在無動於衷或合理化──對於自己造成他人的傷害、苛待或偷竊。

B.當事人至少年滿18歲。

C.在15歲前就有行為規範障礙症的證據。

（資料來源：DSM-5，2013，美國精神醫學會）

「反社會型人格障礙症」的詞語經常與「精神病態」（psychopathy）被交換使用，但這是錯誤的，雖然ASPD與精神病態之間存在一些重疊，但它們不是同一件事情。ASPD現行的DSM準則把重點放在可觀察的行為上，諸如說謊、打鬥或亂開空頭支票。對照之下，在精神病態的構念中，較多注意力是放在人格特徵上，諸如外表的魅力、缺乏同理心及操縱他人。

🦋 致因

研究已顯示，基因在反社會型人格障礙症和犯罪行為上扮演一定角色。雙胞胎研究和領養研究的結果都指出，反社會行為或犯罪行為具有中等的可遺傳性（Carey & Goldman, 1997; Hare et al., 2012; Sutker & Allain, 2001），ASPD也是如此（Waldman & Rhee, 2006）。然而，繼承的是些什麼，就不是那般清楚，它可能是衝動性、低度焦慮、攻擊傾向，或這些與另一些素質的結合。

許多環境因素也涉及ASPD的發展，這些包括低家庭收入、貧民窟生活、父母的不良督導、擁有年輕的母親、在單親家庭中長大、父母間的衝突、有一位不良少年的手足、疏失、家庭人數偏多，以及父母的嚴格紀律（Farrington, 2006; Granic & Patterson, 2006）。另一些也頗重要的非共同環境因素（非共同是因為它們不一定是家庭中所有子女都會經歷），包括擁有不良少年的同儕、身體虐待或性虐待，以及各種學業或社交的經歷。研究人員也提出，這些環境影響力與遺傳素質互動之下（基

因型-環境交互作用），決定了哪些人成爲罪犯或反社會型人格（Carey & Goldman, 1997; Hare et al., 2012; Moffitt, 2005）。

　　Cadoret及其同事們（1995；也見Riggins-Caspers et al., 2003）執行一項卓越的研究，他們發現對於親生父母被診斷有ASPD而被領養的兒童而言，假使他們的領養父母暴露他們於不利環境的話，他們將較可能發展出反社會型人格──相較於假使他們的領養父母暴露他們於較爲正常的環境。這裡，不利環境的特性包括了下列：婚姻衝突或離婚、法律糾紛及父母的心理病態。基因-環境交互作用的類似關係也在具有行爲規範障礙症（通常是ASPD的兒童期預兆）之高風險或低風險的雙胞胎身上發現；在這項研究中，環境風險因素是身體虐待（Jaffee et al., 2005）。

　　反社會行爲與物質濫用之間的關係相當強烈，有些人懷疑是否有共通的因素導致了酒精中毒和反社會型人格二者。支持這個觀念，研究顯示，它們高度的共病率有顯著的遺傳關聯（Krueger et al., 2002; Slutske et al., 1998; Taylor & Lang, 2006）。再者，一項研究發現，ASPD和其他外化障礙症（externalizing disorders，像是酒精與藥物依賴，以及行爲規範障礙症）均具有強烈的共同遺傳脆弱性；環境因素則在決定當事人將會發展出哪種障礙症上較爲重要（Hicks et al., 2004; Krueger et al., 2007）。

■ 發展的觀點

　　ASPD可以追溯起源到兒童期，特別是對男孩來說。兒童期所展現反社會行爲的數量是在成年期發展出ASPD診斷的單一最佳指標；愈爲年幼就開始發生行爲問題的話，風險就愈高（Robins, 1978, 1991）。前瞻性研究已顯示，那些有早期「對立反抗症」（oppositional defiant disorder）病史的兒童，最爲可能在成年時發展出ASPD（Lahey et al., 2005）。對立反抗症的特色是對權威者的敵對及反抗的行爲模式，通常在6歲的時候開始，繼之是在大約9歲時早發的行爲規範障礙症。行爲規範障礙症的特色是持續的攻擊他人或動物、破壞財物、愛撒謊或偷竊，以及在家裡或學校重大違規等行爲模式。

　　第二種經常是成年期ASPD之先驅的早期診斷是注意力不足／過動症（attention-deficit/hyperactivity disorder, ADHD）。ADHD的特徵是無法靜止下來、不能專心、衝動行爲、簡短的注意廣度，以及容易分心（參考第十五章）。當ADHD結合行爲規範障礙症發生時（這發生在至少30%-50%的個案上），導致當事人有高度可能性將會發展出重度攻擊形式的ASPD（Abramowitz et al., 2004; Lahey et al., 2005）。實際上，Lynam（1996, 1997, 2002）指稱兼具ADHD和行爲規範障礙症的兒童爲「初出茅廬的社會病態人格」。

　　漸增的證據指出，一些遺傳傾向造成輕度的神經心理失調（諸如導致過動或注意

力不足的那些傾向），再連同彆扭（不易相處）的氣質，可能是初發行為規範障礙症的重要促成因素，而這經常導致持續一生的成年期ASPD。

關於所有這些究竟如何發生，圖10.1呈現一個綜合的中介模式。但是，遺傳變項究竟如何與環境壓力交互作用，而為後來的反社會行為布置了舞臺？我們目前還無法獲致任何堅定的結論。不過，很可能的是，腦部發育的失調扮演了一定角色。例如，基因的變異可能在發育過程中改變血清素的濃度，這接著可能（隨著當事人成熟）損及腦部的結構、功能及連結（Buckholtz & Meyer-Lindenberg, 2014）。另外也知道的是，反社會型人們在前額葉皮質的結構和功能上顯現異常（Yang & Raine, 2009），雖然這些異常的起源仍不清楚。無論如何，考慮到這個關鍵腦區在決策上，以及在行為控制和情緒控制上所扮演的角色，我們可以預期，當人們的這個腦區功能失調時，他們可能從事廣泛的不智及反社會的行為（Buckholtz, 2015）。當然，我們目前想把整個拼圖組合起來仍有很長的路要走，但是基因、不利環境經歷與腦部發育之間的連結將會是未來研究的重點。

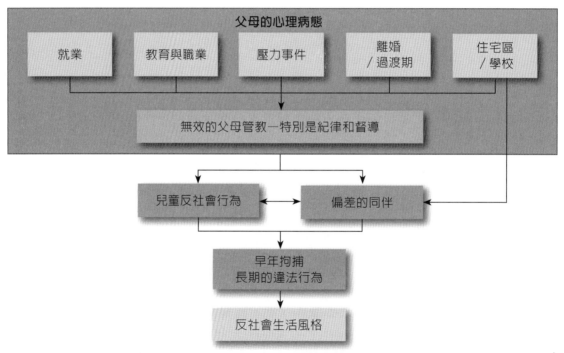

在這個模式中，每個情境變項已被顯示與男孩的反社會行為產生關聯，這接著跟成年期的反社會行為發生關聯。在女孩身上，反社會行為遠為少見，也已被發現長期下來較不穩定，因此較難以預測（Capaldi & Patterson, 1994）。

圖10.1　說明家庭背景與反社會行為之間關聯的模式

四、邊緣型人格障礙症

邊緣型人格障礙症（borderline personality disorde, BPD）病人顯現一種行為模式，主要特徵是他們在人際關係、自我形象和心情上的衝動性和不穩定，核心特徵是情感不穩定（affective instability）。這本身顯現在對於環境誘發物極為強烈的情緒反應上，很慢才能重返基線的情緒狀態。情感不穩定的另一個特色是急劇而快速的心情變換，從一種情緒到另一種情緒（Livesley, 2008; Paris, 2007），再結合很不穩定的自我形象（self-image）和自我感（sense of self）。BPD病人經常有長期的空虛感，難以形塑「自己真正是誰」的感受，他們也努力於應付高度負面的自我概念（self-concept），發現難以忍受孤單一個人。

考慮到他們的情感不穩定，再結合不穩定的自我形象，這就莫怪，BPD病人擁有極不穩定的人際關係。這些關係傾向於是激烈如暴風雨般的，通常涉及把朋友或愛人（或甚至治療師）過度理想化，不久之後就結束於痛苦的失望、幻滅及憤怒中（Gunderson et al., 1995; Lieb et al., 2004）。BPD病人的一個問題是非常害怕被離棄，這可能是為什麼他們如此注意拒絕的徵兆，而且很快從他人的行為察覺到拒絕的原因之一（Staebler et al., 2011）。研究進一步顯示，BPD病人非常善於（準確地）從人們的臉孔偵察憤怒的徵兆，然而，當他們被呈現中性臉孔時，他們也傾向於錯誤察覺為憤怒（Veague & Hooley, 2014）。或許因為他們害怕被拒絕，因此BPD經常「測試」他們的親密關係。研究已支持BPD病人對拒絕的察覺與他們強烈、不可控制的憤怒之間因果關聯（Berenson et al., 2011）。

BPD的另一項重要特徵是衝動性（impulsivity），表現在快速回應環境的誘發物，毫不思索（或關心）長期的後果（Paris, 2007）。這些人的高度衝動性，再結合他們極度情感不穩定，經常導致變化無常、自我毀滅的行為，諸如危險的性行為或魯莽駕駛；自殺企圖也絕非少見。在社區樣本中，幾近1/4被診斷為BPD的人報告他們有過至少一次自殺企圖（Pagura et al., 2010）。在臨床樣本中，其發生率甚至更高（大約35%；見Asnaani et al., 2007）。再者，雖然這樣的企圖有時候被視為是操縱性的（manipulative），可是它們需要被非常認真看待，因為大約8%-10%的BPD病人最終以自殺結束他們的生命（Oldham, 2006; Skodol, Gunderson, et al., 2002）。自我傷殘（self-mutilation）（諸如反覆的割腕行為）是邊緣型人格另一項重要的特徵（參考DSM-5專欄）。然而，另有許多人從事自殘行為（諸如割傷或燒傷皮膚），卻沒有BPD，這種狀況被稱為「非自殺式自我傷害」（nonsuicidal self-injury, NSSI），它現在已列入DSM-5中作為暫定的病況，需要更進一步的研究。

DSM-5 「邊緣型人格障礙症」的診斷準則

A. 廣泛的在人際關係、自我形象及情感表現上不穩定的型態，以及有顯著的衝動性，從成年早期開始且呈現在各種場合中，如下列五項（或更多）所顯示：

1. 瘋狂地努力於避免真實或想像的被離棄。

2. 不穩定及激烈的人際關係模式，特徵為在理想化與貶抑兩極端之間轉換。

3. 認同障礙：顯著而持續之不穩定的自我形象或自我感。

4. 至少在兩個具有潛在自我傷害的領域中展現衝動行為（例如，大肆揮霍、性雜亂、物質濫用、魯莽駕駛、暴飲暴食）。

5. 反覆的自殺行為、自殺的姿態及威脅，或自殘行為。

6. 由於心情顯著地過度反應，導致情感不穩定（例如，強烈陣發的煩躁不安、易怒或焦慮，通常持續幾個小時，很少超過幾天）。

7. 長期的空虛感。

8. 不合宜而強烈的憤怒，或難以控制憤怒（例如，經常發脾氣、持續地憤怒、反覆的肢體衝突）。

9. 暫時性而與壓力相關的妄想意念，或重度的解離症狀。

（資料來源：DSM-5，2013，美國精神醫學會）

除了情感性和衝動性的行為症狀外，高達75%的BPD病人也有認知症狀，這些包括相對上短暫或暫時性的發作，他們似乎失去與現實的接觸，且經歷精神病似的症狀，諸如幻覺、妄想意念或嚴重的解離症狀（Lieb et al., 2004）。這些短暫的精神病發作最可能發生在壓力期間，雖然它們在其他時候也會呈現（Stiglmayr et al., 2008）。考慮到BPD眾多及多樣化的症狀，就不會太訝異，這種人格障礙症造成社交、學業及職業功能上的顯著減損（Bagge et al., 2004; Grant et al., 2008）。

估計值是大約1%-2%的人口可能符合BPD的診斷（Lenzenweger et al., 2007）。然而，BPD在臨床背景中相當常見，它在大約10%的門診病人，以及在15%-20%的精神科住院病人中被發現（Asnaani et al., 2007; Hooley et al., 2012; Trull, 2015）。雖然早期研究發現，大約75%在臨床背景中獲得這種診斷的人是女性，但這樣的發現可能起因於尋求治療的性別失衡，而不是該障礙症的盛行率。符合這個觀點，較近期針對社區居民的流行病學研究，已顯示相等的性別比值（Coid et al., 2009; Grant et al., 2008）。

共存的障礙症

BPD很少被單獨診斷，它經常與多種其他障礙症共同發生。然而，使得BPD不尋

常的是，它傾向於與內化障礙症（諸如情緒障礙症和焦慮症）發生共病，但也會與外化障礙症（諸如物質使用障礙症）發生共病（Eaton et al., 2011）。在一個社區居民的大型樣本中，BPD最強烈涉及鬱症和躁症，另一些也經常產生關聯的是恐慌症、特定場所畏懼症、廣泛性焦慮症，以及創傷後壓力症（Tomko et al., 2014）。

BPD與其他人格障礙症也有很高的共同發生率。BPD能夠與全部範圍的其他人格障礙症發生共病，雖然它跟思覺失調型、自戀型及依賴型障礙症具有特別高的共病率（Tomko et al., 2014）。從五大因素的模式來看，BPD被構思為涉及高神經質、低親和力、低審慎度，以及對感情和行動的開放性偏高（參考表10.2）。

🔲 致因

BPD在家族中流傳。在迄今最為方法論上嚴謹的研究中，當個人有BPD時，他的血親也被診斷為BPD的風險是一般人口的4倍高（Gunderson et al., 2011）。當然，我們必須記住，僅因為某一障礙症在家族中流傳，這不一定表示必然是基因在起作用。然而在BPD的情況中，我們有許多原因相信基因是重要的，實際上，它們可能在該障礙症上負責40%的變異數（variance）（Amad et al., 2014）。但是不要認為這就表示BPD（作為一種障礙症）是繼承而來，反而，最可能繼承的是基因賦予個人易於產生一些人格特質，像是在BPD中很顯眼的神經質或衝動性的特質（Hooley et al., 2012; Paris, 2007）。這些繼承而來的特質也不是專對於BPD，而是賦予個人在一系列其他精神病理狀況上也有偏高風險，一旦你了解這點，你就較易於理解為什麼BPD如此頻繁與其他障礙症共病。它也有助於解釋為什麼我們看待情緒障礙症、焦慮症、衝動控制障礙症及其他人格障礙症為BPD的家族成員（Zanarini et al., 2009）。

但是有哪些基因涉入呢？我們至今仍不能確定。迄今的研究大部分聚焦在與兩大系統有關的候選基因上，一是血清素系統（血清素是涉及心情和衝動性的神經傳導物質），另一是多巴胺系統（多巴胺特別涉及衝動控制、認知，以及對於獎賞的敏感性）。

無論如何，環境因素被認為在邊緣型特質上負責了最大比例（55%）的變異數。我們也知道，基因影響個人對環境壓力源的敏感性（Caspi et al., 2010），因此很可能，這樣的經歷和其他環境影響力與基因交互作用之下，決定了什麼人將會在後來的時間點發展出障礙症（參考圖10.2，它說明可能的素質-壓力模式）。

在環境方面，兒童苛待和其他極端的早期生活經驗，長期以來被認為涉及BPD。重要的是，兩項前瞻性社區本位的研究已顯示，兒童期逆境和苛待提高了在成年期發展出BPD的風險（Johnson et al., 1999; Widom et al., 2009）。這些發現符合一大堆回溯性研究，後者顯示BPD病人經常報告在兒童期大量的負面事件，以及有時候是創傷事件。例如，在一項關於虐待和疏失的大型研究中，Zanarini及其同事（1997）詳細

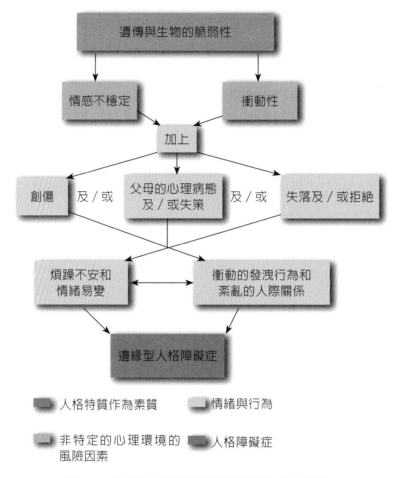

圖10.2　邊緣型人格障礙症多維的素質-壓力理論

（摘自 Paris (1999)。）

訪談超過350位BPD病人和超過100位其他人格障礙症的病人。他們發現BPD病人報告顯著較高的虐待發生率——相較於其他人格障礙症的病人（雖然也相當高）：情緒虐待（73% vs. 51%）、身體虐待（59% vs. 34%），以及性虐待（61% vs. 32%）。整體來說，大約90%的BPD病人報告某種形式的兒童期虐待或疏失。

　　雖然這些數字相當驚人，但兒童期逆境不能被視為只針對邊緣型人格的特定風險因素，它在所有其他人格障礙症上也以相當高的發生率被報告出來（Hengartnet et al., 2013; Moran et al., 2010）。我們也應該記住，兒童期虐待幾乎總是發生在有各種其他問題的家庭中，包括貧窮、婚姻不睦、父母分居、父母物質濫用，以及家庭暴力。總之，不良的兒童期經歷，提高了個人在廣泛的人格困擾上的風險，包括BPD，但不限於BPD。

　　所以，我們如何最佳理解BPD的起因？就目前來說，我們可以合理地建議，一些人（由於他們的遺傳素質）可能對於負面的早期生活經歷的效應極為敏感，這些高壓的早期經歷可能製造了HPA軸線長期的失調、塑造了腦部發育，以及或許損害涉及情緒調節的關鍵大腦迴路（見Hooley et al., 2012）。但是為什麼大腦運作上的這些困擾會發展出來，我們仍不清楚。我們只能說，遺傳因素可能與負面的兒童期經歷在交互作用之下，製造了神經迴路上的問題，而這些迴路涉及心情、思考及行為的調節。這有助於解釋為什麼那麼多的功能領域在BPD中受到侵害，以及為什麼BPD病人發現他們的情緒那麼難以控制。

第五節　C群人格障礙症

一、畏避型人格障礙症

　　畏避型人格障礙症（avoidant personality disorder）的病人，顯現極端的社會抑制和內向性，導致終身之狹窄的社交關係，不願意進入社會互動中。因為他們對他人的批評和拒絕（冷落）過度敏感及害怕，他們並不追求人際關係，儘管他們渴望感情，卻經常是孤單而無聊。不像孤僻型人格，他們無法享受自己的孤獨，畏避型人格想要跟他人接觸，然而，他們沒有能力自在地建立跟他人的關係，這引起他們強烈的焦慮。他們在社交場合中極為生硬而呆板，對自己百般挑剔，這就莫怪，畏避型人格障礙症經常與憂鬱發生關聯（Grant, Hasin, et al., 2005; Sanislow et al., 2012）。

　　感到笨拙和社交不勝任是畏避型人格障礙症兩項最普遍及穩定的特徵（Mc-Glashan et al., 2005）。此外，研究人員已佐證，這種障礙症的病人也顯現更廣泛的畏縮不前，迴避許多新奇的處境及情緒（包括正面情緒），以及在感受愉悅的能力上也發生缺損（Taylor et al., 2004）。這種障礙症較常在女性身上被診斷出來，它的盛行率大約在2%-3%。

　　同樣是獨來獨往的人（社交孤立），孤僻型人格與畏避型人格之間的關鍵差異是，畏避型人格是害羞、不安全及對批評過度敏感的，至於孤僻型人格則是疏遠、冷淡及相對上對批評漠不關心的（Millon & Martinez, 1995）。畏避型人格渴望人際接觸，但因為害怕被拒絕而迴避之；至於孤僻型人格則對建立起社交關係既不抱持希望也缺乏能力。另一方面，畏避型人格障礙症與廣泛性社交畏懼症（第六章）之間反而較沒有清楚的界限。許多研究發現這兩種障礙症之間有實質的重疊，這導致一些研究學者推斷，畏避型人格障礙症可能僅是廣泛性社交畏懼症稍微較為嚴重的表明（Alpert et al., 1997; Carter & Wu, 2010; Tillfors et al., 2004），不應當成為獨立（性質相

異）的診斷（Chambless et al., 2008）。

DSM-5　「畏避型人格障礙症」的診斷準則

A. 廣泛的社交抑制、感到不能勝任，以及對於負面評價過度敏感的行為模式，從成年早期開始且呈現在各種場合中，如下列四項（或更多）所顯示：

1. 因為害怕被批評、不贊同或拒絕，避免涉及重大人際接觸的工作場所及活動。
2. 除非確信會被喜歡，否則不願意與他人交往。
3. 因為害怕會被羞辱或嘲笑，即使在親密關係中也顯得拘謹而克制。
4. 在社交場合過度專注於被批評或被拒絕。
5. 因為感到不能勝任而在新的人際情境中自我設限。
6. 看待自己為社交笨拙、不具吸引力，或低劣於他人。
7. 極度不願意冒險從事任何新的活動，僅因為害怕將會困窘或尷尬。

（資料來源：DSM-5，2013，美國精神醫學會）

❖ 致因

有些研究顯示，畏避型人格可能起源於先天「抑制性」的氣質，這促使嬰兒和兒童在新奇而不明確的情境中顯得害羞而抑制。挪威的大型雙胞胎研究已顯示，在畏避型人格障礙症突顯的一些特質顯現適度的遺傳影響力，而畏避型人格障礙症的遺傳脆弱性至少部分地是與社交畏懼症共同具有（Reichborn-Kjennerud, Czajkowski, Torgersen, et al., 2007）。再者，也有證據指出，「害怕受到負面評價」（在畏避型人格障礙症中突顯的特徵）是中等可傳承的（Stein et al., 2002）；至於在這種障礙症中偏高的內向和神經質，它們同樣也是中等可傳承的。這種具有遺傳和生物基礎的抑制性氣質通常可能充當素質，隨著一些兒童同時經歷父母的情緒虐待、拒絕或屈辱，就導致了畏避型人格障礙症（Alden et al., 2002; Bernstein & Travaglini, 1999; Kagan, 1997）。在抑制性氣質的幼兒身上，這樣的虐待和拒絕特別可能導致擔憂和畏怯的依附模式（Bartholomew et al., 2001）。

二、依賴型人格障礙症

依賴型人格障礙症（dependent personality disorder）的病人顯現極度需要被照顧，這導致依靠和順從的行為。當有可能分離或有時候單純地必須獨處時，他們也顯現強烈的害怕，因為他們視自己為不合格及笨拙的（Bornstein et al., 2015; Widiger &

Bornstein, 2001）。這些人通常環繞他人以建立起自己的生活，視自己的需求和觀點為從屬的，以使他人涉入自己生活中，因此，他們可能隨便地挑選配偶。他們通常無法適宜地對他人發脾氣，因為害怕將會失去對方的支持，這意味著依賴型人格可能依存在心理上或身體上的受虐關係中。假使沒有大量的建議和安撫的話，他們很難以從事決定，即使是簡單的日常決定；這是因為他們缺乏自信心而感到無助，即使當他們實際上已發展出良好的工作技巧或其他能力時。只要他們不被要求獨自完成的話，他們可以有良好的運作。

根據估計，依賴型人格障礙症發生在稍低於1%的人口，較常見之於女性（Bornstein et al., 2015; Torgersen, 2012）。這項性別差異不是由於從事診斷上的性別偏見，而是一些人格特質在女性身上有較高的發生率，諸如神經質和親和力，這在依賴型人格障礙症中是突顯的特徵（Lynam & Widiger, 2007）。依賴型人格障礙症經常共存另一些障礙症，包括情緒障礙症、焦慮症、飲食障礙症，以及身體症狀障礙症。依賴型人格障礙症與其他人格障礙症之間的共病率也很高，特別是孤僻型、畏僻型、邊緣型及做作型人格障礙（Bornstein et al., 2015）。根據五大因素的模式，依賴型人格障礙症牽涉到高度的神經質和親和力（Lowe et al., 2009）。

DSM-5 「依賴型人格障礙症」的診斷準則

A.廣泛及過度地需要被照顧，導致順從和依靠（黏人）的行為，而且害怕分離，從成年早期開始且呈現在各種場合中，如下列五項（或更多）所顯示：

1. 當缺乏他人給予大量建議和保證，當事人難以從事日常的決定。
2. 需要他人為自己大多數重大的生活領域承擔責任。
3. 只因為害怕失去他人的支持或贊同，難以表達跟他人不同的意見。
4. 難以自行啟動計畫或靠自己從事一些事情（起因於對自己的判斷力或能力缺乏信心，而不是缺乏動機或精力）。
5. 為了獲得他人的關照及支持而願意委屈求全，甚至作一些不愉快的事情。
6. 當獨處時感到不舒服或無助，只因為害怕無法照顧自己。
7. 當一段親密關係結束時，急切地尋求另一段關係作為照顧及支持的來源。
8. 不切實際地專注於害怕將會被留下來自己照顧自己。

（資料來源：DSM-5，2013，美國精神醫學會）

 致因

根據估計，在依賴型人格障礙症的症狀中，大約30%-60%之間的變異數可以歸因

於遺傳因素（Bornstein et al., 2015; Gjerde et al., 2012）。另幾項人格特質，諸如神經質和親和力，也具有遺傳成分（Widiger & Bornstein, 2001）。很可能的情況是，兒童首先擁有依賴和憂慮的遺傳傾向，再加上父母的管教是權威和過度保護（無助於促進他們子女的自主性和個體化，反而是強化依賴行為），這使得兒童特別易於受到不利影響，導致兒童相信自己是不適任的，而且他們的福祉必須依賴他人（Widiger & Bornstein, 2001）。認知理論家描述這些人的核心信念為像是：「我是完全無助的」和「只有跟能幹的人在一起，我才能夠適當動作」（Beck et al., 1990, p.60; Beck et al., 2004）。

三、強迫型人格障礙症

強迫型人格障礙症（obsessive-compulsive personality disorder, OCPD）病人的主要特徵是完美主義和過度關注於秩序及控制，不要移動他們整齊辦公桌上的任何東西！他們沉迷於維持心理和人際的控制，部分地是透過審慎注意規則、秩序及作息表而發生。他們非常慎重自己所作的事情以避免犯錯，但因為他們專注的事項通常是微不足道的，以至於他們的時間管理很差勁，往往無法看清較大的畫面（Yovel, Revelle & Mineka, 2005）。這種完美主義通常是相當功能不良的，它可能導致他們從不曾完成計畫。他們也傾向於埋首於工作，完全排除休閒活動，難以放鬆下來或純粹為了樂趣而作一些事情（Widiger & Frances, 1994）。在人際的層面上，他們不願意把工作託付（授權）他人，而且相當僵化、固執及無情——這就是他們留給別人的印象。研究已指出，僵化、頑固、完美主義，以及不願意授權是OCPD最普遍及穩定的特徵（Grilo et al., 2004; McGlashan et al., 2005; Ansell et al., 2008; Samuel & Widiger, 2011）。

雖然名稱聽起來類似，OCPD病人不具有真正的強迫意念或強迫儀式，雖然這是強迫症（OCD，參考第六章）個案的特徵。實際上，只有大約20%的OCD病人併同有OCPD的診斷，這並未顯著不同於OCPD在恐慌症病人身上的發生率（Albert, et al., 2004）。引人感興趣的是，厭食症病人之中，大約20%-61%的人也併同有OCPD的診斷（Samuels & Costa, 2012），這是合理的，考慮到完美主義和僵化是這兩種病況的主要特徵。OCPD與情緒障礙症及焦慮症之間也有顯著的共病情形（Reichborn-Kjennerud & Kundsen, 2015）。在社區樣本中，OCPD的點流行率是大約2%。這種障礙症稍微較常見之於男性（Torgersen, 2012）。

DSM-5　「強迫型人格障礙症」的診斷準則

A. 一種廣泛的行為模式，當事人過度專注於秩序、完美主義，以及心理和人際的控制，因而犧牲了變通性、開放性及效率，從成年早期開始且呈現在各種場合中，如下列四項（或更多）所顯示：

1. 過度專注於細節、規則、秩序或行程表，反而失去了活動的重點。

2. 極度的完美主義而妨礙了任務的完成（例如，因為不能符合自己過度嚴格的標準而無法完成計畫）。

3. 過度埋首於工作和生產力，完全排除了休閒活動和友誼（不能以明顯的經濟需要加以解釋）。

4. 對於道德、倫理或價值觀的事情過度嚴苛、一絲不苟及缺乏彈性（不能以文化或宗教的認同加以解釋）。

5. 不願意拋棄破舊或沒有價值的物件，即使它們已不具感情的價值。

6. 不願意把任務或工作託付他人，除非對方完全按照自己作事情的方式。

7. 對自己和對他人的花錢作風極為吝嗇而小氣；金錢被視為應該貯存的東西，以預防未來的災難。

8. 顯得僵化而頑固。

（資料來源：DSM-5，2013，美國精神醫學會）

🔲 致因

從五大因素的模式來看，強迫型人格擁有極高的審慎度（Samuel & Widiger, 2011）。這導致他們極為熱衷於工作、完美主義及過度控制行為；他們在果斷（外向的一個面向）上也偏高，在順從（親和力的一個面向）上則偏低。另一個有影響力的生理維度的模式（Cloninger, 1987）指出，強迫型人格的當事人擁有低度的新奇尋求（也就是，他們避免變化）和低度的獎賞依賴（也就是，他們過度工作而犧牲了享樂的追求），但擁有高度的傷害避免（也就是，他們對嫌惡刺激有強烈反應，試圖避開之）。研究也已證實，OCPD特質顯現適度的遺傳影響力（Calvo et al., 2009; Reichborn-Kjennerud, Czajkowski, Neale, et al., 2007）。

第六節　人格障礙症的治療與結果

人格障礙症普遍地很難治療，部分地是因為就定義上而言，它們是相對上持久、

廣延及不具彈性的行為模式和內在體驗。再者，許多不同的治療目標可能被設定，而有些是較難達成的。治療目標可能包括減輕主觀的苦惱、改變特定的功能不良的行為，以及改變整體行為型態或全面的人格結構。

在許多個案上，人格障礙症的人們只在他人堅持下才加入治療，他們通常不認為自己需要改變。再者，對來自A群和B群的人們來說，他們普遍很難建立及維持良好關係，包括跟治療師的關係。特別是B群病人，他們可能把自己關係中典型的發洩行為帶進治療情境。不是在言語的層面上處理他們的問題，他們可能對治療師發怒，而在治療期間製造衝突。在人格障礙症的治療上，沒有完成治療是一個特別問題；一項審查報告，平均37%的人格障礙症病人過早退出治療（McMurran et al., 2010）。

一、針對特定的人格障礙症調整治療技術

治療技術經常必須稍加修正及調整，例如，考慮到傳統的個別心理治療法傾向於在已經過度依賴的病人（如在依賴型、做作型及邊緣型人格障礙症上）身上助長了依賴性，我們有必要開發一些治療策略以特別對準於改變這些特質。那些來自焦慮／害怕的C群的病人（諸如依賴型和畏避型人格）可能也會對他們認為來自治療師的任何批評過度敏感，因此，治療師需要極度審慎以確定這種情形不會發生。

對於嚴重人格障礙症的病人，治療在發洩行為可以受到約束的情境中施行可能較為有效。例如，為了安全的原因，許多邊緣型人格障礙症的病人有時候需要住院，因為他們經常發生的自殺行為。然而，局部住院計畫正逐漸被採用作為住院治療的中繼及較不昂貴的替代方案（Azim, 2001）。在這些計畫中，病人住在家裡，只有在星期一到星期五的白天接受廣延的個別及團體的治療。幾項在荷蘭執行的研究顯示，對於B群和C群人格障礙症而言，短期的住院治療比起門診治療來得有效（Bartak et al., 2010, 2011）。

認知治療也逐漸被派上用場，它假定與人格障礙症相關的功能不良的感受和行為，大致上是基模（schemas，即思考的風格）所造成，這些基模傾向於引起一致的偏差判斷，導致當事人容易發生認知失誤（例如，Beck et al., 2003; Leahy & Mc-Ginn, 2012; Pretzer & Beck, 2005）。改變這些內在的功能不良的基模相當困難，但卻是人格障礙症之認知治療法的核心所在，它涉及採用標準的認知技術以監控自動化思想、挑戰謬誤的邏輯，以及指派行為作業以致力於矯正病人功能不良的信念。

二、治療邊緣型人格障礙症

在所有人格障礙症中，大部分的臨床和研究注意力是放在BPD的治療上，這是

由於這種障礙症的嚴重性，也因為它具有自殺的高風險。心理治療被認為是不可或缺的，藥物也被派上用場，但通常是作為心理治療的幫手（Bateman et al., 2015）。

心理社會的治療

Marsha Linehan（1993; Lynch & Cuper, 2012；Neacsiu & Linehan, 2014）開發一種特別適用於BPD的認知與行為治療法，稱為辯證行為治療法（dialectical behavior therapy, DBT），它現在已被廣泛採用。Linehan相信，病人無法忍受強烈負面情感的狀態是這種障礙症的核心成分；治療的主要目標之一是鼓勵病人接受這種負面情感，而不用從事自我毀損或其他不良適應的行為。因此，Linehan開發一種問題導向（problem-focused）的治療法，這是建立在很清楚的一系列目標上：(1)首先降低自殺和其他自我傷害的行為；(2)降低那些妨礙治療的行為，諸如錯過療程、說謊及被迫住院；(3)降低那些妨礙穩定生活型態之逃避現實的行為，諸如物質濫用；(4)增進行為技巧以便調節情緒、增進人際技巧，以及增進對苦惱的容忍力；及(5)病人選定的其他目標。

辯證行為治療法是採取個別治療和團體治療雙管齊下的方式（以及電話指導）。在團體背景中，病人學習人際有效性、情緒調節及苦惱忍受技巧。個別治療師接著（利用療程和電話指導）協助病人檢視及改變有問題的行為模式，以及如何有效地運用新近學得的技巧。

DBT顯然是針對BPD之有效能的治療（Binks et al., 2006; Neacsiu & Linehan, 2014）。病人接受DBT後，顯現較少的自我毀損和自殺行為，憤怒水平也降低下來（Linehan et al., 2006; Lynch et al., 2007），證據也顯示，這些獲益可被維持下去（Zanarini et al., 2005）。

另一種關於BPD的心理社會處置方式涉及心理動力治療法的變化形式。Kernberg（1985, 1996）及其同事們（Koenigsberg et al., 2000；也見Clarkin et al., 2004）已開發一種心理動力的心理治療法，它比起傳統的心理動力治療法更具有指導性。這種方法稱為移情-聚焦心理治療（transference-focused psychotherapy）（Yeomans et al., 2013）。治療的首要目標是在加強這些人脆弱的自我，特別是聚焦於他們首要的原始防衛機轉，即「分裂」（splitting）——這導致了他們「非黑即白」、「全有或全無」的思考，也導致他們在對自己和對他人（包括治療師）的反應上，在「全好」或「全壞」之間快速轉換。因此，治療的重大目標之一是協助他們看到這些極端之間的灰色地帶，然後整合對自己和對他人的正面及負面觀點成為較具差別性（較具有層次）的觀點。雖然這種治療通常昂貴而費時（經常持續好幾年），它至少在一項研究中已被顯示跟DBT（現在被視為最受好評而有效的治療法）具有同等療效（Clarkin et al., 2007）。我們現在等待這些發現在其他治療中心被重複驗證，以更進一步支持

這種療法的有效性。

最後，還有一種頗具前景的治療方式值得一提。Bateman和Fonagy（2010）已開發一種新的治療法，稱爲智性化（mentalization），這是利用治療關係以協助病人發展出他們在準確地理解自己的感受和情緒上所需要的技巧，以及理解他人的感受和情緒所需要的技巧。關於「智性化本位治療」的隨機化控制檢驗已顯示，它是針對BPD的一種有效能的治療；再者，許多臨床改善似乎甚至在八年的追蹤後仍被維持（Bateman & Fonagy, 2008）。雖然DBT仍然是很受歡迎的治療法，但是令人激勵的是，BPD病人現在被供應其他的治療選項。

❖ 生物治療

藥物經常被用在BPD的治療上，實際上，許多BPD病人服用多種藥物，但是沒有證據支持它們的效用（Bateman et al., 2015）。抗憂鬱藥物（最常是來自SSRI類別）被廣泛使用，雖然沒有令人信服的證據指出它們是有效的，只有當病人有共存的情緒障礙症時，它們才最爲適宜（Silk & Feurino, 2012）。一些第二代的抗精神病藥物（諸如topiramate和danzapine）和心境穩定藥物（諸如aripiprazole、valproate及lamotrigine）可以在短期內稍微減輕症狀。然而，如同所有藥物治療，它的風險和效益需要被愼重地權衡。

三、治療反社會型人格障礙症

大部分ASPD病人不太感到個人苦惱，也不認爲自己需要治療，但是懲罰普遍是無效的。許多人已觸犯法律而在服刑場所（監獄或感化院）參加更生方案，但這些方案的成效通常有限。即使當有更多及更良好的治療設施被供應時，有效的治療仍然是有待挑戰的任務。許多臨床研究人員專攻這方面的治療，他們的結論是，這種障礙症在目前還很難治療——假使不是不可能的話（Hare et al., 1999）。

反社會人格的生物治療（包括電痙攣治療和藥物）尚未受到有系統的探討，部分是因爲很少證據指出這樣的途徑會有任何實質的效果。再者，即使有效的藥物治療已被發現，依然存在的問題是，這些人普遍缺乏服藥的動機（Markovitz, 2001）。

認知-行爲治療法通常被認爲最有希望提供較有效的治療（Hare et al., 2012; Harris & Rice, 2006），這些干預的共同目標包括了下列：(1)增進自我控制、自我批判的思考，以及社會觀點的採取；(2)增進對受害人的覺知；(3)教導憤怒管理；(4)改變反社會的態度；及(5)矯治藥物成癮。這樣的干預需要受控制的情境，以便治療師能夠施加或撤消強化，而當事人無法離開治療（諸如住院或監獄的環境）；這是因爲當治療反社會行爲時，我們是對待整體的生活型態，而不僅是一些特定、不良適應的

行為（例如，Hare et al., 2012）。即使是這些多層面的認知-行為取向的治療，最佳的方案通常也只能產生適度的轉變，雖然它們在治療年輕的違法者（青少年）上稍微較具效果——相較於年長的違法者，通常是不妥協、終身的反社會性格。再者，雖然這樣的治療可能當還在監獄或拘留所中施行時，有助於降低被收容者的反社會行為，但是當事人一旦被釋放後，治療效益通常很難類化到真實世界中（Harris & Rice, 2006）。

幸好，即使沒有接受治療，許多精神病態和反社會型人格的犯罪活動在40歲之後會減退下來，可能是因為趨於薄弱的生物驅力、對於自我挫敗行為較良好的洞察力，以及社會制約作用的累積效應。這樣的人經常被稱為是「燃燒殆盡的精神病態人格」。例如，一項重要的研究追蹤一組男性精神病態人格的病人長達許多年，它發現犯罪行為的水平在40歲後清楚而顯著地降低下來；然而，這些人中仍有超過50%在40歲後繼續被逮捕（Hare, et al., 1988）。

第十一章

物質相關障礙症

大多數人使用過酒精，許多人則嘗試另一些藥物，諸如菸草、大麻或古柯鹼，因此，使用像是酒精和菸草的物質是統計上正常的，不被視為病態。然而，當過量攝食而導致重要領域的功能減損和其他負面後果時，它們的使用就被認為是異常的。成癮行為（addictive behavior）是指建立在對某一物質或活動之病態需求上的行為，它可能涉及物質濫用，諸如尼古丁、酒精、迷幻藥或古柯鹼等物質。成癮行為是我們社會今日所面對最蔓延而強硬的心理健康問題之一。

最常被使用的問題物質是那些在中樞神經系統（CNS）影響心智功能的藥物，或稱為精神促動藥物（psychoactive drugs），包括酒精、尼古丁、巴比妥酸鹽、鎮靜劑、安非他命、海洛因、迷幻藥及大麻等。這其中一些藥物（諸如酒精和尼古丁）可以由成年人合法購買；另有些（諸如巴比妥酸鹽或鎮痛劑）可以在醫療監督下合法使用；還有些（諸如海洛因、迷幻藥及安非他命）則是違法的。

這一章中，我們將討論物質相關障礙症（substance-related disorders）的起因和結果，以及它們的治療。但在這之前，我們先對下列用語進行簡要的區別：

• 物質濫用（substance abuse）通常涉及過度使用某一物質，造成：(1)潛在有危險性的行為，諸如在中毒的狀態下駕駛；或(2)儘管有持續的社交、心理、職業或健康的問題，仍然繼續使用。

• 物質依賴（substance dependence）包括較為嚴重的一些物質使用障礙症，通常涉及顯著的生理需求，需要增加物質的使用量才能達到所想要的效果。在這些障礙症中，依賴意指個人將會顯現對某一藥物的耐藥性，及／或當該藥物不再供應時將會發生戒斷症狀。

• 耐藥性（tolerance）是指需要增加某一物質的使用量才能達到所預期的效果。它是起因於體內的生化變化，進而影響了身體對該物質的代謝率和排除速度。

• 戒斷症狀（withdrawal symptoms）是指像是盜汗、震顫及緊張等身體症狀，它們伴隨戒除某一藥物而發生。

第一節　酒精相關障礙症

一、酒精濫用與依賴的盛行率、共病性及人口統計資料

酒精濫用與酒精依賴在全世界是一個重大問題，因為過度飲酒對使用者的生活（以及他們的家人和朋友）帶來的衝擊，它們是最具破壞性的精神障礙症之一。美國大約13%的人，在他們一生的某些時候符合DSM關於酒精濫用的準則，大約5%符合酒精依賴的準則（Kessler, Berglund, Demler, et al., 2005）。當然，有更高比例的人

們飲酒。具體而言，在2013年，12歲以上的美國人中，超過半數（52.2%）報告他們現行（也就是，在過去三十天中）飲用酒精：大約1/4（22.9%）報告有狂歡情形，而6.3%報告是重度飲酒者（SAMHSA, 2014）。

過度使用酒精的潛在不利效應可以說是不勝枚舉。重度飲酒與一些後果有關聯，像是身體易受傷害（Cherpitel, 1997）、婚姻不睦（Hornish & Leonard, 2007），以及捲入對親密伴侶的暴力（Eckhardt, 2007）。酒精依賴者的平均壽命比起一般人的平均壽命大約少了12年。酒精顯著降低個人在認知作業（諸如問題解決作業）上的表現，而且作業愈複雜的話，受損就愈嚴重（Pickworth et al., 1997）；酒精依賴者有很高比例會發生器質損害，包括腦部萎縮（Gazdzinski et al., 2003）。酒精濫用與廣泛的一些負面健康結果的偏高風險發生關聯，諸如糖尿病、中風及心血管疾病（Molina et al., 2014）。

每年因為車禍意外而死亡及重傷的案件中，超過40%與酒精濫用有關聯（Chou et al., 2006）。酒精濫用也與下列的統計數值有關聯：所有兇殺案的大約40%-50%（Bennett & Lehman, 1996）、所有暴力傷害案的40%，以及所有強暴案的50%以上（Abbey et, al., 2001）。美國每三位被逮捕的人中就有一位跟酒精濫用有關聯，而超過43%跟警察的暴力衝突涉及酒精（McCelland & Teplin, 2001）。

美國的酒精濫用與酒精依賴分布在所有年齡、教育、職業及社經階層中。酒精濫用也經常見之於一些似乎不太可能的人選，像是神職人員、政治家、外科醫師、執法官員及青少年等；酒精依賴者給人的形象往往是貧民區蓬頭垢面的居民，但這顯然是不準確的。關於酒精中毒的一些迷思列在表11.1中。

傳統上，大部分的問題飲酒者——因為酒精濫用而出現生活困擾的人們——是男性；男性成為問題飲酒者的可能性約為女性的5倍（Helzer et al., 1990）。然而，這個比值可能隨著時間而拉近，因為女性的飲酒型態似乎正在轉變中（Zilberman et al., 2003）。問題飲酒（problem drinking）可能在任何生活階段發展出來，從兒童早期直到老年期。超過65歲的男性之中，大約10%被發現是重度飲酒者（Breslow et al., 2003）。對世界各地不同文化團體的酒精中毒發生率進行調查，發現隨著不同文化樣本，呈現不一致的發生率（Hibell et al., 2000）。

超過37%的酒精濫用者受擾於至少一種共存的精神障礙症（Lapham et al., 2001）。考慮到酒精是一種抑制劑，不令人訝異地，憂鬱症在經常跟酒精中毒共病的精神障礙症中排名很高；物質濫用障礙症與飲食障礙症也有很高的共病率（Harrop & Marlatt, 2009）。不出乎意料的，許多酒精中毒者最終自殺身亡（McCloud et al., 2004）。過量飲酒者除了為自己帶來嚴重問題外，他們也造成他人的嚴重困擾（Gortner et al., 1997）。酒精濫用也以很高的頻率跟人格障礙症併同發生（Grant Stinson et al., 2004）。

表12.1　關於酒精與酒精濫用的一些常見的錯誤觀念

迷思	事實
酒精是一種興奮劑。	酒精實際上既是神經系統的興奮劑，也是抑制劑。
你總是能夠從剛喝過酒的當事人呼吸中偵測到酒精。	我們不一定能夠偵察到酒精的存在，有些人多年以來已成功掩飾他們的酒精使用。
1盎司86純度的酒精飲料所含的酒精多於兩罐12盎司的啤酒。	兩罐12盎司的啤酒含有多於1盎司的酒精。
酒精能夠協助一個人睡得較熟。	酒精可能干擾深度睡眠。
在有明顯的中毒徵兆之前，判斷力還不會受損。	早在中毒的動作徵兆清楚顯現之前，就已發生判斷力受損。
喝混酒將會比喝純酒（等量酒精的話）較容易酒醉。	實際上是血液中的酒精濃度決定是否酒醉，無關於混酒。
喝幾杯咖啡可以抵消酒精的效應，使得飲酒者「清醒過來」。	喝咖啡不會影響中毒（酒醉）程度。
運動或沖冷水澡有助於加速酒精的代謝。	運動及沖冷水澡無助於加速酒精的代謝。
「意志堅強」的人不需要擔心會成為酗酒者。	酒精是有誘惑性的，它能夠降低甚至「最堅強意志」的抵抗力。
不像海洛因那般，酒精不會造成真正的成癮。	酒精具有強烈的成癮特性。
一個人不會僅喝啤酒就成為酗酒者（酒鬼）。	個人可以透過喝啤酒而攝取大量的酒精。當然，決定一個人是否會成為酒精中毒者的是酒精的多寡。
酒精遠比大麻不具危險性。	因為酒精問題而參加治療方案的人數，遠多於因為大麻濫用而參加治療的人數。
在重度飲酒者之中，肝臟的傷害遠在腦部傷害之前出現。	重度酒精使用可能先表明在器質性腦部傷害上，然後肝臟傷害才被檢測出來。
海洛因的生理戒斷反應被認為遠比酒精的戒斷來得危險。	伴隨海洛因戒除所產生的生理症狀對於當事人而言，不會比酒精戒斷更令人害怕或更具傷害性。實際上，酒精戒斷比起鴉片類的戒斷更具致命性。
每個人都飲酒。	實際上，美國有28%的男性和50%的女性是戒除酒精的。

DSM-5　「酒精使用障礙症」的診斷準則

A. 酒精使用的問題型態，導致臨床上顯著的苦惱或減損，如下列至少兩項所表明，發生在十二個月的期間內。

1. 經常攝取大量酒精或長時間攝取酒精，超出所預期的程度。
2. 持續地渴望或不成功地嘗試戒除或控制酒精使用。

3. 花費很多時間在取得酒精、使用酒精，以及從它的效應恢復過來所必要的活動上。

4. 渴求、或有強烈的使用酒精的慾望。

5. 反覆喝酒造成無法履行工作、學校或居家方面的重大義務。

6. 儘管喝酒已導致持續或反覆的社交或人際困擾，當事人仍然繼續喝酒。

7. 因為喝酒而放棄或減少重要的社交、職業或休閒活動。

8. 在會造成身體傷害的情況下反覆喝酒。

9. 儘管知道酒精可能已引起持續或反覆的身體或心理問題，當事人仍然繼續喝酒。

10. 耐受性，如下列二項之一所界定：

　　a. 顯著需要增加酒精的使用量，才能達成中毒或想要的效果

　　b. 隨著繼續使用等量的酒精，它的效果顯著降低。

11. 戒斷，如下列二項之一所表明：

　　a. 酒精特有的戒斷症候群（參照酒精戒斷準則A和B）。

　　b. 服用酒精（或密切相關的物質，諸如安眠藥benzodiazepine）以減緩或避免戒斷症狀。

（資料來源：DSM-5，2013，美國精神醫學會）

二、酒精相關障礙症的臨床現象

在理解酒精對腦部的生理效應上，我們已獲致大量進展，例如，酒精攝取削弱行為抑制、損害學習和記憶，以及對判斷力、決策及動作協調產生負面影響。

✦ 酒精對腦部的效應

酒精對於腦部具有複雜的效應，在較低的層面上，酒精活化大腦的「愉悅區域」（pleasure areas），這些區域釋放被貯存在體內具有類似鴉片作用的腦內啡（endorphin）（Braun, 1996）；在較高層面上，酒精降低腦部功能，抑制腦部的一種興奮性神經傳導物質glutamate，這接著減緩腦部一些部位的活動（Koob, Mason, et al., 2002）。腦部glutamate的抑制損害有機體學習的能力、影響較高級的腦部中樞、損害判斷力和其他理性作用，以及降低自我控制力。隨著行為約束的減弱，飲酒者可能沉迷於衝動的滿足，這樣的衝動平常是被壓抑下來。運動不協調很快就顯而易見，而飲酒者對於寒冷、疼痛及其他身體不適的辨別力及知覺變得遲鈍。通常，飲酒者體驗

到一種溫暖、奔放及幸福的感受。在這樣的心情下，不愉快的現實被遮蔽起來，而飲酒者的自尊感和勝任感提升。偶然相識的人成為最好和最知心的朋友。飲酒者進入一種廣泛愉快的不真實的世界，所有憂慮被暫時地拋在腦後。

在美國各州中，當血液中的酒精含量達到0.08%，當事人就被認為喝醉酒（酒精中毒），至少是已不適合駕駛。肌肉協調、說話及視覺都已受損，而思考歷程顯得混淆。然而，即使在達到這種程度的酒醉之前，當事人的判斷力就已受損以至於經常誤判自己的狀況。例如，飲酒者傾向於表達對他們安全駕駛能力的信心，但事實上這樣的舉動早已是相當不安全。當血液中的酒精含量達到大約0.5%時（雖然真正程度多少隨個人而異），整個神經平衡都已失控，當事人失去知覺（昏迷）；失去意識顯然在這裡充當安全裝置，因為超過0.55%的濃度通常具有致命性。

一般而言，決定酒醉的是實際集結在體液中的酒精數量，而不是所攝取的酒精數量。然而，酒精的效應隨不同飲酒者而有差異，取決於他們的身體狀況、他們胃裡的食物數量，以及他們喝酒的持續時間。此外，酒精使用者可能逐漸累積起對該藥物的耐藥性，以至於需要不斷增加攝取量才能產生所想要的效果。女性代謝酒精的效率不如男性，因此較少量的酒精就可能導致酒醉（Gordis et al., 1995）。

另一種與過度酒精攝取有關的現象是宿醉（hangover），當事人會產生頭痛、反胃、疲乏及認知減損等症狀，在喝酒後8到24小時的期間（Verster et al., 2010）。研究人員仍然試圖理解什麼因素引起宿醉，一些主導的理論把焦點放在脫水上（dehydration），連同一些酒精代謝物（諸如乙醛）的累積，以及身體免疫反應的引發（Penning et al., 2010）。儘管缺乏對宿醉起因的理解，但是很明顯的，除了令人不愉快外，宿醉也具有危險性，導致像是在認知減損下駕車等問題（Hoiseth et al., 2015）。

酒精依賴的發展

過度飲酒可被視為是不知不覺地進展，從早期、中期以迄於後期的酒精相關障礙症，雖然有些濫用者不是依循這種演進型態。許多研究人員堅持，酒精是一種危險的有毒物質，即使只是少量攝取；但另有些人認為，適量的酒精對大多數人是無害的。然而，對懷孕婦女而言，即使適量也被認為是有危險性的，胎兒酒精症候群（fetal alcohol syndrome, FAS）便是起因於胎兒在母體中蒙受嚴重的酒精中毒（再加上營養不良），導致嬰兒出現各式各樣解剖上和智力上的缺陷。

長期酒精使用的身體效應

對於過量飲酒的人們而言，臨床狀況是相當不利的（Turner et al., 2006）。除了大約5%-10%是經由呼吸、排尿及流汗所排除外，所攝取的酒精必須由身體加以吸收

（消化）。酒精代謝工作是由肝臟所執行，但是當大量的酒精被攝取時，肝臟可能嚴重過度負荷，最終蒙受不可復原的傷害（Lucey et al., 2009）。事實上，有15%-30%的重度飲酒者發展出肝硬化，這是一種涉及廣泛的血管硬化的疾病。每年3萬6,000位肝硬化死亡的人數中，許多是與酒精有關聯（CDC, 2015b）。

酒精也是高卡路里的藥物。一品脫的威士忌，足夠調成大約8杯到10杯的普通雞尾酒，並提供大約1,200卡路里，約莫是一般人每天所需要卡路里的半數（Flier et al., 1995）。因此，酒精的攝取會減低飲酒者對其他食物的食慾，然而酒精不具有營養價值，所以過度飲酒者可能發生營養不良（Derr & Gutmann, 1994）。再者，重度飲酒會損害身體利用營養物的能力，所以營養不足無法透過服用維生素加以補充。許多酒精濫用者也產生漸多的胃腸症狀，諸如胃部疼痛（Fields et al., 1994）。

▓ 酒精濫用與依賴的心理社會效應

除了各種身體困擾，重度飲酒者經常也受擾於慢性疲勞、過度敏感及抑鬱。最初，酒精似乎為處理各種生活壓力提供了一處避風港，特別是在急性壓力的期間——經由掩蔽無法忍受的現實，以及增強飲酒者的勝任感和價值感。然而，過度使用酒精最終會產生反效果，可能造成不當的推理、不良的判斷力及漸進的人格退化。行為典型地會變得粗魯而不適宜，飲酒者逐漸地不願意承擔責任，個人的外觀失去自尊，疏忽配偶和家人，以及普遍地變得神經質、易怒及不願意討論自己的問題。

隨著判斷力受損，過度飲酒者可能無法維持工作，且普遍變得沒有能力應付生活上新的要求（Frone, 2003）。綜合的人格失序和退化可能反映在失業和婚姻破裂上。在這個時候，飲酒者綜合的健康狀況可能已經惡化，腦部和肝臟的傷害可能已經發生。例如，有一些證據指出，即使還沒有呈現嚴重的器質症狀之前，酒精中毒者的腦部就已經累積一些擴散的器質傷害（Sullivan, Deshmukh, et al., 2000），而甚至輕度到中度的飲酒，也可能不利影響記憶能力和問題解決能力（Gordis, 2001）。

▓▓▓ 第二節　酒精濫用與依賴的起因 ▓▓▓

在試圖鑑定問題飲酒的起因上，有些研究人員強調遺傳和生化因素的角色（Hartz & Bierut, 2010）；另有些指出心理社會的因素，視問題飲酒為應付生活壓力上的一種不良適應的行為模式；還有些則側重社會文化的因素，諸如酒精的近便性和社會對過度飲酒的贊許性。如我們將看到，所有這些因素的某種結合，似乎影響了發展出酒精濫用或酒精依賴的風險。就如大多數其他形式的不良適應行為，可能也存在幾種類型的酒精濫用與依賴，每種具有多少不同型態的生物、心理社會及社會文化的

起因。

一、酒精濫用與依賴的生物起因

　　為什麼像是酒精、古柯鹼及鴉片類等物質會產生這麼強大的效力，以至於只使用少許藥物後，就在某些人身上產生壓倒性的支配力？雖然這個領域的專家們對於真正的機制尚未達成一致的看法，但有兩個重要因素很明顯地牽涉在內。首先是大部分成癮藥物有能力活化腦部的一些區域，進而產生內發的愉悅（intrinsic pleasure）及有時候立即而強力的獎賞。第二個因素涉及個人的生理結構（或體質），包括他的遺傳繼承物和環境影響力（學習因素），使得個人覺得需要尋求一些改變心理狀態的物質。酒精成癮的發展是一種複雜的歷程，牽涉到許多成分——除了一些精神促動物質特有的生化特性外，體質的脆弱性和環境的助長作用也包括在內。

❖ 成癮的神經生理層面

　　各種精神促動藥物的生化特性有所差異，它們在如何快速進入腦部上也有差異。投藥有幾種路線，包括口腔服用、鼻子吸食及靜脈注射；酒精攝取通常是以喝飲料的方式，這是最緩慢的路線，至於古柯鹼通常是經由吸食或注射的方式。神經化學歷程如何引起成癮？這個核心角色是由藥物在活化「愉快路徑」（pleasure pathway）上所扮演。中央皮質邊緣多巴胺路徑（mesocorticolimbic dopamine pathway, MCLD）是精神促動藥物在腦部活化的中樞，MCLP是由大腦居中部位的神經細胞所組成，稱為腹側被蓋區（ventral tegmental area），它跟另一些大腦中樞連結起來，諸如伏隔核（nucleus accumbens），然後再連結到前額皮質（prefrontal cortex）。這個神經系統涉及一些功能，像是情緒、記憶及滿足的控制，酒精經由激發腦部的這個區域而引起欣快感（euphoria）。研究已顯示，對MCLP施加直接的電刺激，會引起當事人莫大的愉快，而且具有強烈的強化性質（Littrell, 2001）。藥物攝取導致腦部獎賞（酬償）系統的活化被強化，因此促成更進一步的使用，腦部暴露於成癮藥物而改變它的神經化學構造，造成一些行為結果。隨著繼續使用該藥物，對該物質的神經適應（neuroadaptation），或對該物質的耐受性及依賴性將會發展出來。

❖ 遺傳的脆弱性

　　遺傳素質是否可能導致個人發展出酒精濫用的問題，這一直受到廣泛的探討。許多專家同意，個人在發展出對藥（像是酒精）成癮力量的敏感性上，遺傳的特性扮演重要的角色（Volk et al., 2007; Plomin & DeFries, 2003）。幾方面研究指出遺傳因素在物質相關障礙症上的重要性。

39項研究總共調查6,251位酒精中毒者和4,083位非酒精中毒者的家人,已追蹤超過四十年。針對這39項研究的一項審查指出,幾近1/3的酒精中毒者至少雙親之一也有酒精問題(Cotton, 1979)。同樣的,Cloninger及其同事們(1986)探討酒精中毒者的子女,他們報告有強烈證據支持酒精中毒的可繼承性。他們發現,對男性而言,當雙親之一是酒精中毒者時,這提升他們酒精中毒的發生率從12.4%達到29.5%;而當雙親都是酒精中毒者時,發生率驟升到41.2%。對女性而言,當雙親都不是酒精中毒者時,她們的發生率只有5.0%;當雙親之一是酒精中毒者時,發生率是9.5%;至於當雙親都是酒精中毒者時,發生率是25.0%。

領養研究也為酒精問題的遺傳易罹性提供證據。研究已針對酒精中毒者的子女施行,這些子女在生活早期就已被安排領養,所以沒有受到他們親生父母的環境的影響。例如,Goodwin及其同事們(1973)發現,當酒精中毒父母的子女被非酒精中毒的養父母所領養時,他們仍有幾近2倍的可能性在20多歲後期會發生酒精問題──相較於他們的親生父母不是酒精中毒者而也被領養的子女(作為控制組)。在另一項研究中,Goodwin及其同事們(1974)探討兩組受試者,一組是酒精中毒父母的兒子在嬰兒期被非酒精中毒的父母所領養,另一組是這樣的兒子被他們生身的酒精中毒父母所養大。被領養和非領養的兒子二者,後來都有偏高的酒精中毒發生率──各自是25%和17%。這些研究人員的結論是,出生於酒精中毒的父母(而不是被酒精中毒的父母所養大),顯著提升了兒子將會成為酒精中毒者的風險。

另一種理解酒精相關障礙症先驅的方式是探討酒精中毒前的性格,這樣的人有物質濫用的高風險,但是尚未受到酒精的侵害。酒精風險的性格已被描繪出來:當事人在酒精濫用上有繼承而來的先天傾向;此外,這樣的人是衝動、偏好冒險及情緒不穩定的。

有些研究已顯示,一些族群──特別是亞洲人和美國原住民──對於酒精具有異常的生理反應,這種現象被稱為「酒精發紅反應」(alcohol flush reaction)。亞洲和愛斯基摩的受試者傾向於在攝取酒精後顯現一些過度敏感的反應,包括皮膚泛紅、血壓降低、心悸及噁心(Gill, Eagle, et al., 1999)。這種生理反應在大約半數的亞洲人身上被發現(Chen & Yeh, 1997),它是起因於一種突變的酶(酵素)在代謝過程中無法分解肝臟中的酒精分子(Takeshita et al., 1993)。雖然文化因素可能也扮演一部分角色,但是亞洲族群相對上較低的酒精中毒發生率,可能跟酒精發紅反應引起的身體不適有關聯(Higuci, Matsushita et al., 1994)。

遺傳──所有的情節?

就如本書所描述的其他障礙症,遺傳性本身不是所有的情節,而它在酒精相關障礙症的發展上扮演的真正角色仍然不清楚。這個議題繼續引起爭議,有些專家不能

信服遺傳性在物質濫用障礙症上的首要角色；關於「酒精中毒傾向於在家族中流傳」之普遍一致的觀察，他們認為這樣的遺傳機轉或模式不足以充分解釋所涉的行為。畢竟，當父母有酒精相關問題時，大多數子女並未自身也發展出物質濫用障礙症——不論他們是否被自己的親生父母所養大。

總之，雖然許多證據顯示遺傳因素在酒精中毒起因上的關聯，我們仍不清楚它們扮演的實際角色。就目前而言，酒精中毒的遺傳解讀仍然是吸引人的假說；然而，我們需要更進一步的研究才能更有信心地堅持這種觀點。但是遺傳性本身似乎不太可能解釋所有範圍的酒精與藥物的問題。社會環境仍然被視為是強大的力量——在為使用酒精與其他藥物提供近便性和動機二者上。McGue（1998）提出，在決定這種障礙症上，遺傳影響的機制應該被視為跟心理和社會的因素是相容的，而不是競爭的。

■ 遺傳影響力與學習

當我們談到家族或體質的差異時，我們並未嚴格限制我們的解釋於遺傳繼承上。反而，學習因素顯然在預決的行為傾向的發展上扮演重要的角色。當然，個人擁有物質濫用的遺傳素質或生理脆弱性，並不是該障礙症的充分原因。個人也必須相當程度上暴露於該物質，成癮行為才可能出現。在酒精的情況中，幾乎美國的每一個人都在某種程度上暴露於該藥物——大部分情況中是透過同儕壓力、父母榜樣及廣告宣傳（Andrews & Hops, 2010）。酒精相關問題的發展牽涉到生活在某種環境中，而這樣的環境助長了對該物質初始及延續的使用。經由學習的作用，人們受制約於刺激，傾向於以特定的方式從事反應，學習顯然在物質濫用和反社會型人格障礙症的發展上扮演重要的角色。在我們的每天生活中，很清楚地存在許多對於使用酒精的強化。然而，研究也已顯示，精神促動藥物（諸如酒精）含有內發的獎賞特性——除了社會情境或藥物具有降低憂慮或挫折的作用外。藥物激發了腦部的愉快中樞而發展出它自己的獎賞系統。

二、酒精濫用與依賴的心理社會起因

濫用酒精的人不僅變得生理上依賴酒精，他們也會發展出強力的心理依賴（psychological dependence）——他們變得社交上依賴該藥物以協助他們享受社交情境。

■ 父母輔導的失職

穩定的家庭關係和父母的輔導對於兒童來說是極為重要的塑造影響力（Hasin & Katz, 2004），而這種穩定性在物質濫用者的家庭中經常付之闕如。當父母是重度的酒精或藥物濫用者時，他們的子女容易自身也發展出物質濫用及相關問題（Erblich et al., 2001）。我們從自己早年生活中的重要人物身上所學得的經驗和教訓，對於我們身爲成年人時會產生重大影響。當兒童在早期生活中暴露於負面角色楷模及家庭功能失調，或是因爲他們身邊的成年人提供有限的輔導而經歷另一些負面處境時，他們通常在邁開人生的步伐上就舉步維艱（Fischer et al., 2005）。這些發育的經驗會直接影響兒童日後是否會涉入不良適應的行爲，諸如酒精或藥物濫用。

一項精巧的研究針對於評估，負面的社會化因素是否可能影響酒精使用，Chassin及其同事們（1993; Trim & Chassin, 2004）重複發現，父母的酒精濫用將牽涉到青少年的物質使用。他們然後評估幾種可能的中介因素（mediating factors），這些因素可能影響青少年是否開始使用酒精。他們發現，父母的管教技巧或父母的行爲，牽涉到青少年的物質使用。更具體而言，酒精濫用的父母較不可能掌握他們子女的動向及作爲，而這種缺乏監督經常導致青少年加盟於使用藥物的同儕。此外，壓力和負面情感（較盛行於父親或母親酗酒的家庭）與青少年的酒精使用有關聯（Chassin et al., 1993）。極度壓力的童年經驗，諸如身體虐待（Douglas et al., 2010; Kaufman et al., 2007）或幼童性虐待可能也使得個人日後容易發生問題。

🔲 心理脆弱性

近些年來，許多研究聚焦在酒精相關障礙症與另一些障礙症之間的連結，諸如反社會型人格、憂鬱及思覺失調症，以便決定一些人是否較易於發生物質濫用障礙症。在思覺失調症的病人中，大約半數要不是有酒精或藥物濫用，就是有酒精或藥物依賴（Kosten, 1997）。此外，反社會型人格障礙症、酒精與攻擊行爲有密切的關聯（Moeller & Dougherty, 2001），而在審查8個酒精治療方案上，Morganstern及其同事（1997）發現，那些接受酒精治療的人們中，57.9%有人格障礙症，而22.7%符合反社會型人格障礙症的準則。不少研究也已顯示，憂鬱症與酒精濫用之間存在關係，而且它們之間的關聯可能存在性別差異（Kranzler et al., 1997）。

🔲 壓力、緊張減除與強化

一些研究學者已指出，典型的酒精濫用者對自己的生活不滿意，他們不能或不願意忍受緊張和壓力（Rutledge & Sher, 2001）。Hussong及其同事們（2001）報告，酒精攝取與負面情感性（諸如焦慮和身體抱怨）之間有高度的關聯。換句話說，許多酒精中毒者喝酒是爲了放鬆下來。根據這個觀點，任何人只要發現酒精有助於減低緊張的話，就有濫用酒精的危險性，即使沒有特別高壓的生活處境。然而，緊張減除（tension reduction）的起因模式難以被接受爲唯一解釋性的假說，假使這種歷程是主要起因，我們可以預期物質濫用障礙症將會遠比現今情形更常發生，因爲酒精能夠爲大部分的使用者減除緊張。此外，這個模式沒有解釋爲什麼有些過度飲酒者，能夠

維持對他們飲酒的控制而繼續在社會上發揮功能，但另一些人卻辦不到。

✦ 社交效能的期待

一些研究設法探討這樣的觀念：認知期待可能在飲酒的啟動和飲酒行為的維持（一旦當事人已開始使用酒精後）二者上扮演重要的角色（Marlatt et al., 1998）。許多人——特別是青少年——期待酒精使用將會降低緊張和焦慮，以及提升性慾望和生活愉悅（Seto & Barbaree, 1995）。根據這個交互影響的模式（the reciprocal influence model），青少年開始飲酒是因為期待使用酒精將會增加他們的受歡迎程度，進而被同儕所接納。研究已顯示，社交利益的期待可能影響青少年決定是否開始飲酒，以及預測他們是否維持酒精攝取（Christiansen et al., 1989）。

這個觀點給予專業人員一些重要而強力的手段，以便阻斷年輕人飲酒，或至少延後它的初發。從這個角度來看，青少年的酒精使用可以加以迎擊，經由提供青少年一些較有效的社交工具，以及採取各種方式在他們開始飲酒之前改變這些期待。一些研究人員提議，預防努力應該針對兒童來施行（在他們開始飲酒之前），以便期待與飲酒之間交互強化的正回饋循環（positive feedback cycle），將從不會被建立起來（Smith et al., 1995）。

✦ 婚姻及其他親密關係

對於擁有較少親密及支持性關係的成年人而言，他們傾向於在哀傷或敵意後顯現較多飲酒行為——相較於那些擁有親密同伴及擁有較正面關係的人們（Hussong et al., 2001）。過度飲酒經常起始於婚姻或其他親密私人關係的危機階段，特別是導致傷害及自我貶低的一些危機。婚姻關係可能實際上剛好維持過度飲酒的行為模式，而婚姻伴侶相互對待的方式可能促成了配偶的過度飲酒。例如，當妻子濫用酒精時，丈夫經常沒有察覺的事實是，漸進而不可避免地，他每天所作的許多決定是建立在他的妻子將會飲酒的預期上，而這些預期接著可能使得飲酒行為更可能發生；最終，整個婚姻的重心可能就擺在物質濫用的配偶的飲酒行為上。在某些案例中，丈夫或妻子可能也開始過度飲酒。當然，這樣的關係不限於婚姻伴侶，它們也可能發生在熱戀情侶或親密友誼上。

在美國地方，酒精的過度使用是離婚最常見的原因之一（Perreira & Sloan, 2001），且通常是兩個最常發生原因（經濟問題和性方面問題）的潛在因素。當然，酒精濫用者或依賴者人際關係的惡化，更進一步擴大了他們生活上的壓力及失序狀態。對許多人而言，婚姻關係的破滅可能是頗具壓力的處境，而離婚的壓力和通常接踵而至之不穩定的適應期，可能導致增多的物質濫用。

家庭關係問題也已被發現是養成酗酒行為的核心因素（Dooley & Prause,

2007）。在探討酒精濫用的可能病原的一項縱貫研究中，Vaillant及其同事們（1982）描述六項家庭關係因素，它們顯著牽涉當事人酗酒行為的養成，包括：(1)有酒精中毒的父親；(2)重大婚姻衝突；(3)鬆弛的母親監督和不一致的紀律；(4)在早年歲月多次的家庭搬遷；(5)缺乏跟父親的「依附」；及(6)缺乏家庭凝聚力。

三、社會文化的起因

在西方文明中，酒精使用在社交生活上是很普遍的一部分，社交事件經常繞著酒精使用打轉，而在進餐之前及期間飲酒是常有的事情。酒精通常被視為「社交潤滑劑」，具有降低緊張的作用，因此，一些研究人員指出，除了生理和心理因素外，社會文化因素也在美國人酒精濫用與依賴的偏高發生率上扮演一定角色。

關於文化態度對於飲酒的影響，最明顯的實例見之於回教徒和摩門教徒，他們的宗教價值觀禁止酒精的使用；至於正統派的猶太人，他們傳統上只限於在宗教儀式上使用酒精。因此，在這些族群中，酒精中毒的發生率極低，對照之下，酒精中毒的發生率在歐洲國家之間偏高。例如，一項調查顯示，在年輕人之中，最高的酒精使用率發生在丹麥和馬爾他，那裡每5位學生就有1位報告在過去三十天內喝酒達到10次（ESPAD, 2000）。引人興趣的是，歐洲和另6個受到歐洲文化影響的國家——阿根廷、加拿大、智利、日本、美國及紐西蘭——所占的世界人口比例不到20%，卻消耗了80%以上的酒精（Barry, 1982）

個人在酒精作用力之下所表現的行為，似乎受到文化因素的影響。Lindman和Lang（1994）在8個國家中探討酒精相關行為，他們發現大部分人表達這樣的觀點，即攻擊行為經常在他們多喝了幾杯酒之後發生。然而，「酒精導致攻擊行為」的預期跟文化傳統有關，也跟早期暴露於暴力或攻擊行為有關。

總之，我們可以檢定出「人們為什麼喝酒」的許多原因，以及什麼情況可能促使他們這麼做、什麼情況則會強化飲酒行為，但是這些因素究竟如何結合而造成當事人成為酒精中毒者，我們至今仍不太清楚。

第三節　酒精相關障礙症的治療

酒精濫用與依賴很難以治療，這是因為許多濫用酒精的人拒絕承認自己有問題，他們在「達到最惡劣狀況」之前不願意尋求援助；此外，許多人確實接受治療，但他們在治療完成之前就退出。DiClemente（1993）指稱藥物成癮為「否認的疾病」（diseases of denial）。綜合而言，酒精使用障礙症的人們中，只有不到1/3接受治

療，而現行關於酒精相關障礙症的治療顯現適度（modest）的效果（Hasin et al., 2007; Magill & Ray, 2009）。一般而言，在飲酒問題的治療上，跨學科的取向似乎最具效果，因為飲酒問題通常是複雜的，需要具有變通性和個別化的治療程序（Margolis & Zweben, 1998）。此外，物質濫用者的需求隨著治療進展而改變，治療目標通常包括解毒、身體復健、控制酒精濫用的行為，以及使當事人了解他能夠不藉助酒精而因應生活困擾且過著遠為有效益的生活。

傳統的治療方案通常以完全戒酒作為目標（Ambrogne, 2002），然而，有些方案試圖提倡控制性的飲酒，作為問題飲酒者的治療目標。不論治療方法是什麼，復發可以說是屢見不鮮；因此，這個領域的許多人視復發為在治療和復原的過程中，必須面對及採取對策的因素。

一、在治療酒精濫用與依賴上使用藥物

生物途徑包括各種治療措施，諸如減低渴望的藥物、緩和解毒過程的藥物，處理共存的不良健康問題，以及處理可能引起飲酒行為的心理健康問題。

■ 使用藥物以阻斷對飲酒的渴望

戒酒硫（disulfiram，商品名稱是Antabuse）是一種預防酒徒再度飲酒的藥物，它使乙醛在血液裡累積起來，從而產生各種不愉快的體驗，諸如頭暈、噁心、嘔吐、盜汗及抽搐性頭痛。然而，這種嚇阻式的治療很少被倡導作為唯一的處置，這是因為藥物通常是自我施行的，酒精依賴的病人當從醫院或診所被釋放後，他們可能單純地停止使用戒酒硫，然後開始再度飲酒。事實上，這類藥物的主要價值似乎是它們能夠在某段期間中打斷酒精濫用的循環，然後讓有效的治療法在這段期間內接手。

另一種也已被採用而似乎頗具前景的藥物是拿淬松（naltrexone，一種鴉片類的拮抗劑），它經由阻斷酒精產生愉悅的效應而有助於減低對酒精的「渴望」（craving）（NIAAA, 2004）。有些研究已顯示，拿淬松降低酒精濫用者的酒精攝取，也減低了他們飲酒的誘因——相較於被給予安慰劑的控制樣本（O'Malley, Jaffe, et al., 1996）。最後，acamprosate也被發現有助於降低飲酒和重度飲酒（Jonas et al., 2014），雖然它的特性仍然在探討中（Gueorguieva et al., 2007; Lee et al., 2010）。

■ 使用藥物以降低急性戒斷的副作用

在急性中毒的時候，初始的焦點是放在解毒上（排除當事人身體內的酒精物質）、放在處理戒斷症狀上，以及放在身體復健的醫療措施上。在戒斷症狀的治療上，主要目標之一是減輕該症候群所特有的身體症狀，諸如失眠、頭痛、胃腸不適及

顫抖。醫療途徑的核心是預防心律不整、痙攣、譫妄及死亡。這些步驟通常可以在醫院或診所中受到良好管控，至於像是Valium等藥物已重大改革了戒斷症狀的處置。

然而，使用鎮靜劑（為了減輕焦慮和協助睡眠）不能促成酒徒長期的康復，且可能僅是轉移為對另一種物質成癮。通常，除了戒除酒精外，病人也必須學習戒除鎮靜劑，因為這兩種藥物都易於被誤用。再者，在藥物的影響之下，病人甚至可能重回酒精使用。

二、心理治療的途徑

一旦病人的飲酒已獲得控制，解毒之後最好接著施行心理治療，包括家庭諮商和利用社區資源。雖然個別的心理治療有時候具有效果，但是在酒精相關問題的處理上，心理社會措施的重點通常涉及團體治療、環境干預、行為治療，以及「匿名戒酒會」（AA）所採取的途徑。

團體治療

團體治療（group therapy）已被顯示對於許多臨床問題具有效果，特別是物質相關障礙症（Velasquez, Maurer, et al., 2001）。在團體治療之對質式的交談中，酒精濫用者經常被迫（或許生平首次）面對他們的問題，以及他們否認或低估自己問題的傾向。對於那些沉迷於否認自己責任的人們而言，這些團體場合可能極為艱苦，但這樣的對待也有助於他們看到應付自己處境的嶄新可能性，經常，這開拓了道路以便學習如何較有效處理他們的飲酒問題。

在某些案例上，當事人的配偶和甚至子女可能被邀請參加團體治療；在另一些情況中，家庭治療本身就是治療實施的核心焦點。考慮到酒精濫用與依賴可能造成家庭關係的重大張力，在這樣的個案上，家庭治療涉及精巧的平衡，包括：(1)教導飲酒者關於他的飲酒為家庭帶來的後果；(2)討論家人在助長飲食行為上可能已扮演的任何角色；及(3)規劃家庭在未來如何能最妥當地運作。

環境干預

如同其他嚴重的不良適應行為，針對酒精濫用或依賴的完整治療方案，通常需要有一些措施以緩和病人所嫌惡的生活處境，環境的支持已被顯示在酒精濫用者的復原上是重要的成分。酗酒者經常疏遠於家人和朋友，也經常失業或工作岌岌可危。因此，他們通常是孤單的，居住在貧困的社區，他們不受到諒解，也缺乏人際支持，所以僅協助他們學習較有效的因應技巧是不夠的，假使他們的社會環境仍帶有敵意和威脅性的話。對那些曾經住院的人們來說，中途之家（halfway houses，立意於協助他

們重返家庭和社區）通常是完整治療方案的重要助手。

◆ 行為與認知-行為的治療

行為治療經常被使用來處理酒精相關障礙症，也已被證明有不錯的療效。行為治療有好幾種類型，一種是嫌惡制約作用（aversive conditioning），它涉及安排廣泛一系列的有害刺激與酒精攝取配對呈現，以便抑制飲酒行為。例如，酒精攝取可能與電擊或會引起反胃的藥物（如催吐劑）配對呈現。

認知-行為治療法（CBT）經常被用來處理酒精相關問題（Marlatt, 1985; Witkiewitz & Marlatt, 2004），這種途徑結合二者，一是認知-行為的干預策略，另一是社會學習論與行為示範。這種途徑通常被稱為「技巧訓練程序」，它依賴一些技術，諸如教導關於酒精的特定知識、培養在一些情境中（當事人在這些情境中有酒精使用的偏高風險）的因應技巧、矯正認知及期待、學習壓力管理技巧，以及提供生活技巧的訓練（Connors & Walitzer, 2001）。雖然CBT在許多心理狀況上是被廣泛採用的處置方式，但它在酒精問題的治療上迄今只顯現適度的效果（Magill & Ray, 2009）。

自我控制的訓練技術也已紛紛問世，例如，一種途徑是經由變更飲酒者的社交網絡以改善飲酒的後果，它被發現有良好成效（Litt et al., 2007）；對青少年進行動機訪談也被發現在減少物質使用上頗具前景（Macgowan & Engle, 2010）。現在甚至有電腦本位的自我控制訓練方案被供應，已在控制的研究中被顯示有助於降低問題飲酒（Fals-Stweart & Lam, 2010; Neighbors et al., 2004）。

三、匿名戒酒會

匿名戒酒會（Alcoholics Anonymous, AA）是治療酒精中毒的一種實際有用的途徑，據報導具有相當的成效。這個組織是在1935年由Bob醫生和Bill W.兩位男子在俄亥俄州所創立，根據自身復原的經驗，他們開始協助其他酒精中毒者。從那個時候起，AA已成長為超過200萬名會員，參加全世界超過10萬個AA團體（匿名戒酒會，2015）。

匿名戒酒會的運作主要是作為一種自助的諮商方案，強調當事人跟自己的關係和團體關係二者。AA接受有飲酒問題的青少年和成年人、完全免費、不保留紀錄或個案史、不參與政治運動，以及不加盟於任何宗教派別——雖然心靈成長是它治療方法的關鍵層面。為了確保匿名性，會員只使用名字（不提姓氏）。聚會有一部分是致力於社交活動上，但是大部分還是用在討論參與者的酗酒問題，通常會有那些已不再飲酒的會員親身作證，這樣的會員通常會把他們先前酒精依賴時期的生活，跟他們現在戒除酒精所過的生活作個對照。我們在這裡需要指出的是，「酒精中毒者」（alcoholic）的用語被AA及它的會員所採用以指稱二者，一是目前正過度飲酒的當事人，另一是已不再飲酒但是必須（根據AA的理念）繼續在未來戒除酒精攝取的當事人。這也就是說，在AA的觀念中，個人終身是酒精中毒者，不論個人目前是否飲酒；個人絕無法從酒精中毒「痊癒」過來，而只是「處於復原中」。

AA復健方案的一個重要層面是，它藉由協助酒精中毒者接受酒精中毒（就像其他許多問題）是比他們自身更大的力量，以之解除個人責任的負擔。今後，他們不用再視自己為意志薄弱或缺乏道德力量，而只要單純視自己為擁有一些苦惱，即他們不能飲酒，就如同其他人可能無法忍受某些類型的藥物。透過相互援助和另一些擁有過類似經驗的團體成員的安撫，許多酒精中毒者獲得對自己問題的洞察力、嶄新的決心、更高的自我強度，以及更有效的因應技術。當然，個人持續參與於團體將有助於預防復發的危機。

四、治療結果的研究

酒精相關障礙症治療的結果有很大變異，取決於所探討的族群，也取決於所採用的治療設施及程序。治療結果廣泛延伸，從處理重度物質濫用者的偏低成功率，以迄於當採用現代化治療和更生輔導程序時，所達到的70%-90%的復原率。對於也被診斷有人格障礙症或情緒障礙症的物質濫用者而言，他們傾向於在酒精治療上有較差的結果──相較於那些僅被診斷有酒精濫用問題的人們（Woelwer, Burtscheidt, et al., 2001）。此外，治療在下列情況下最可能發揮效果：當個人了解自己需要援助時、當適當的治療設施被供應時，以及當個人定期地參加治療時。當事人擁有跟治療師的正面關係，也與較良好的治療結果有關聯（Connors et al., 1997）。

第四節　藥物濫用與依賴

除了酒精外，我們社會中最常跟濫用和依賴產生關聯的精神促動藥物還包括：(1)鴉片劑，包括鴉片和海洛因；(2)鎮靜劑，諸如巴比妥酸鹽；(3)興奮劑，諸如古柯鹼和安非他命，以及咖啡因和尼古丁；(4)抗焦慮藥物，諸如benzodiazepines；(5)止痛劑，諸如OxyContin；及(6)幻覺劑，諸如LSD（Whoriskey, 2013）。這些和另一些藥物的效應摘要在表11.2中。

根據估計，12歲以上的美國人中，2,200萬人報告在過去一年中使用至少一種違禁藥物（SAMHSA, 2014）。根據「監督未來」研究，使用任何違禁藥物的年度盛行率，對十二年級學生是37%，對大學生是35%，而對19至28歲的人是34%（Johnston

表11.2　經常涉及藥物濫用的精神促動藥物

分類	藥物	效果
鎮靜劑	酒精（乙醇）	減低緊張 促進社交互動 「消除」感覺或事件
	巴比妥酸鹽 　Nembutal (pentobarbita) 　Seconal (secobarbital) 　Veronal (barbital) 　Tuinal (secobarbital and amobarbital)	減低緊張
興奮劑	安非他命 　Benzedrine (amphetamine) 　Dexedrine (dextroamphetamine) 　Methedrine (methamphetamine) 古柯鹼（coca）	增加警覺及自信感 降低疲倦感 維持長時間清醒 增加持久力 激發性慾
鴉片劑 （麻醉劑）	鴉片及其衍生物 　鴉片 　嗎啡 　可待因 　海洛因 美沙酮（合成的麻醉劑）	減輕身體疼痛 引起放鬆和愉悅的幻想 減輕焦慮和緊張 治療海洛因依賴
幻覺劑	大麻（Cannabis） 　印度大麻（Marijuana） Hashish 梅司卡林（仙人掌屬植物） 　Psilocybin（蘑菇植物） 　LSD (lysergic acid diethylamide-25) 　PCP (phencyclidine，天使塵)	引起心情、思想及行為的變化 「擴展」個人的心智 引起恍惚
抗焦慮劑 （輕鎮靜劑）	Librium (chlordiazepoxide) Miltown (meprobamate) Valium (diazepan) Xanxz	減輕緊張和焦慮 引發放鬆和睡眠

et al., 2009）。雖然藥物濫用與依賴可能發生在任何年齡，但它們最常發生在青少年期和成年早期（Campbell, 2010）。

　　在濫用藥物的人們中，行為模式有很大變動，視藥物使用的類型、劑量及存續期間而定；視當事人的生理和心理構造而定；以及在某些案例中，視藥物經驗發生的社會背景而定。因此，關於當代社會中較常涉及濫用與依賴的一些藥物，我們最好是各別加以對待。

第五節 鴉片與它的衍生物

鴉片（opium）是取自罌粟未成熟果莢的物質，它是大約18種已知為生物鹼（al-kaloids）的化學物質的混合物，從藥理上來看，鴉片具有麻醉和止痛兩種特性。鴉片的衍生物包括嗎啡（morphine，以希臘神話的睡眠之神命名）、海洛因（heroin）及可待因（codeine，常被使用在一些咳嗽糖漿中）。

在一項調查中，大約240萬美國人承認試用過海洛因，而幾近25萬人承認在過去十二個月中使用過海洛因（USDHHS, 1997）。2011年，在所有與藥物濫用相關而送進急診室的病人中，海洛因過量使用就占了大約20%（SAMHSA, 2013）。

一、嗎啡和海洛因的生物效應

靜脈注射或吸食海洛因的立即效應是持續60秒左右的欣快發作（湧現的快感），許多成癮者將之比擬為性高潮。然而，海洛因和嗎啡使用的立即效應也可能包括嘔吐及噁心。這種快感湧現之後是飄飄然（high）的感覺，成癮者在這個期間典型地處於昏昏欲睡及退縮的狀態，身體的需求（包括對食物及性的需求）顯著降低下來；放鬆、欣快（euphoria）及出神幻想的愉悅感傾向於占優勢。這些效應持續4到6個小時，繼之（在成癮者身上）是負面階段，產生對更多藥物的渴求。

當使用鴉片劑一段時期後，普遍會導致對該藥物的生理渴求，至於建立起用藥習慣所需的時間因人而異，根據估計連續使用三十天的期間通常就足以成癮。然後，使用者發現他們已在生理上依賴該藥物；也就是當他們不再服用時，他們將會感到身體不舒服。此外，鴉片劑的使用者也逐漸建立對該藥物的耐藥性，以至於漸增地需要更大的劑量才能達到預定的效果。

當鴉片劑成癮者沒有在大約8個小時內服用一劑該藥物時，他們開始發生戒斷症狀，這些反應的特性和嚴重程度取決於許多因素，包括慣常使用的麻醉劑的劑量、兩次用藥的時間間隔、成癮的持續期間，以及特別是成癮者的健康狀況及人格特質。

戒除海洛因不一定是危險或甚至非常痛苦的，許多成癮者自行戒斷而不需要援助。然而，戒斷對某些人可能是極度折磨的經驗，初期症狀包括流鼻水、流眼淚、流汗、坐立不安、呼吸加速及對於該藥物的強烈渴望，隨著時間經過，這些症狀可能變得更為嚴重。典型地，發冷與發熱的感覺交替出現，伴隨過度流汗、嘔吐、腹瀉、腹部絞痛、背部和四肢疼痛、嚴重頭痛、明顯顫抖及各種程度的失眠。受到這些身體不適的侵襲，當事人拒絕食物和水分，再伴隨嘔吐、盜汗及腹瀉，這往往導致脫水和體重減輕；偶爾，症狀也包括譫妄、幻覺及躁動。心血管衰竭也可能發生，這可能造成

死亡。假使立即注射嗎啡的話，成癮者所體驗的主觀苦惱會暫時中止，而生理平衡很快地恢復。

戒斷症狀通常在第三或第四天會減退下來，然後到了第七或第八天就會消失了。隨著症狀的消退，當事人恢復正常的飲食和飲水，體重也會迅速地回復。在戒斷症狀已終止後，當事人原先對該藥物的耐藥性將會減低下來；因此，假使當事人再服用先前的高劑量可能有造成過量服藥的風險。

二、嗎啡和海洛因的社會效應

典型地，鴉片劑成癮者的生活逐漸地以「獲得和使用藥物」爲中心打轉，所以成癮經常導致社會上不良適應的行爲——隨著當事人最終被迫說謊、偷竊及結交不良朋友以維持藥物的供應。許多成癮者訴諸輕度竊盜以支援他們的惡習，另有些成癮者轉向賣淫以作爲支援他們成癮行爲的手段。

除了降低倫理和道德的約束外，成癮對於當事人的安適也有不利的身體效應，例如，破壞了免疫系統（Theodorou & Haber, 2005）。生活風格因素可能導致進一步的問題；例如，不當的飲食可能導致健康惡化，增加容易罹患各種身體疾病的可能性。使用未經消毒的器材也可能導致各種問題，包括肝炎造成的肝臟傷害和AIDS病毒的傳染。此外，注射過量的海洛因可能引起昏迷和死亡。美國最常發生的藥物相關死亡涉及結合使用海洛因、古柯鹼及酒精。婦女在懷孕期間使用海洛因將使得她們未出生的子女冒有可怕後果的風險，一種不幸的結果是早產兒（premature baby），這些早產兒本身也對海洛因成癮，而且很容易招致一些疾病。

鴉片劑成癮經常導致個人福祉逐漸惡化（Brown & Lo, 2000）。例如，一些研究已顯示，鴉片劑積極地改變免疫系統，使得當事人易於發生器官傷害（McHugh & Kreek, 2004）。這些成癮者往往被發現有健康不良和普遍人格退化的情形，但這並不是直接起因於該藥物的藥理效應，反而通常是隨著成癮者變得愈益渴望獲得每天所需的劑量，因此付出了金錢、適當飲食、社會地位及自尊的代價所造成。

三、鴉片劑濫用與依賴的起因

沒有單一的因果模式適合說明對鴉片劑的所有成癮行爲，遺傳和環境的影響力二者似乎都扮演一定角色（Kendler, Sundquist, et al., 2012）。關於開始使用海洛因，人們最常援引的三個原因是愉悅、好奇及同儕壓力（例如，Fulmer & Lapidus, 1980）。愉悅是單一最普遍的原因——被81%的成癮者所提出。另一些原因也扮演部分角色，諸如試圖逃避生活壓力、個人適應不良及社會文化處境。有些學者也提出，

各種形式的物質濫用（諸如吸菸、飲酒及藥物使用）都牽涉到一種人格特徵，稱之為「感覺尋求」（sensation seeking），它本身被認為是經由遺傳和生物機制而促成，也是經由同儕影響力而促成（Zuckerman, 2007）。

四、生理成癮的神經基礎

濫用的藥物之所以起作用，是經由在腦部的不同神經受納器（或感受器）產生影響，研究人員已找到針對鴉片劑的受納器基座（receptor sites）。這樣的受納器基座是一些特化的神經細胞，以供應特定精神促動藥物的嵌入，就像鑰匙插入專屬的鎖孔。人類身體也在中樞神經系統和腦下垂體製造它自己鴉片似的物質，稱為腦內啡（endorphins）。海洛因插入鴉片受納器（取代腦內啡），但是遠為快速而強烈地發生作用，引起先前所描述的極度欣快感，這種強烈的正面感受導致有些人一再地使用海洛因，有時候每天使用多次，以便再度體驗那種欣快感。長期下來，使用者建立起耐藥性，需要越來越多的劑量才能引起相同的高潮感受。隨著反覆的服用，當藥物消退時，當事人也將會開始經歷戒斷症狀，因此要不是設法捱過那些症狀，要不就再度服用，以便中止該戒斷症狀，再度體驗欣快感。這可能養成一種惡性循環，對許多人來說是很難逃避的。

然而，不是所有藥物都是經由結合（貼附）鴉片受納器才發揮作用，所有成癮行為，包括藥物（例如，酒精、鴉片劑、古柯鹼）和非藥物（例如，賭博）二者，似乎還存在一個共通的路徑。「成癮的多巴胺理論」（dopamine theory of addiction）指出，成癮是多巴胺獎賞路徑功能失調的結果（Diana, 2011; Wise, 1980）。如先前在酒精成癮的討論中提到，這個路徑也稱為「愉快路徑」。成癮的多巴胺理論的早期版本指出，所有成癮藥物和行為活化多巴胺獎賞路徑，因此引起愉悅，而且增進未來的藥物使用和從事成癮行為的可能性。

然而，幾十年來的研究已說明，成癮所涉情況遠為複雜多了，針對藥物使用所體驗的愉悅，並非僅是多巴胺水平升高的結果（Berridge & Kringelbach, 2015; Nutt et al., 2015）。再者，研究人員也逐漸理解，腦部並不存在簡易、單一的愉快路徑。雖然多巴胺在成癮的神經理解上扮演重要的角色，但是另一些神經傳導物質（以及另一些解釋加總起來）可能也需要，才能充分理解人們如何及為什麼會對物質使用和其他行為成癮。

五、治療與結果

在鴉片劑成癮的治療上，初步工作就類似於處理酒精中毒，也就是涉及恢復當事

人的身體和心理健康，然後提供援助以度過戒斷期。成癮者通常非常擔心戒斷引起的身體不適，但是在醫院環境中，它較不會那般險峻，通常會施加藥物以減緩肉體的痛苦。

在生理戒斷完成之後，治療重點就放在協助當事人良好適應他的社區，且進一步戒除使用鴉片劑。然而，就傳統而言，預後是不利的，有許多案主退出治療（Katz, Brown, et al., 2004）。戒斷海洛因並未撤除對該藥物的渴求，因此，在海洛因成癮的治療上，關鍵目標必須是在減輕這種渴求。為了處理對海洛因的生理渴求，紐約Rockefeller大學的一個研究團隊開發了一種途徑，它涉及使用美沙酮（methadone）藥物再結合復健方案（諮商、團體治療及其他程序），針對於促進成癮者的「全面再社會化」（total resocialization）。美沙酮溴化氫物是一種合成麻醉劑，它跟海洛因具有同等的生理成癮的特性，它之所以發揮效用在於它滿足成癮者對於海洛因的渴求，卻不會引起嚴重的心理損害——假使它只在正式的臨床背景中被視為「治療」而施行的話。這種方法已被顯示降低成癮者的藥物使用，同時增進他們的認知表現（Gruber et al., 2006; Kreek et al., 2010）。

另一些藥物也已被使用來治療海洛因成癮，諸如丁基原啡因（buprenorphine），它似乎在作為海洛因的代用品上跟美沙酮同樣有效，但是副作用較少（Ling et al., 2010）。丁基原啡因之所以起作用，部分地是作為對海洛因的拮抗劑而引起與海洛因使用連結的「滿足感」（Mendelson & Mello, 1992）。然而，這種藥物不會產生海洛因特有的生理依賴（Grant & Sonti, 1994），而且停止使用也不會有嚴重的戒斷症狀。就像美沙酮，假使輔佐以行為治療法的話，丁基原啡因似乎在維持戒毒上才會有最大效能（Bickel, Amass, et al., 1997）。

第六節 興奮劑

對照於鴉片劑是在抑制（減緩）中樞神經系統的作用，古柯鹼、安非他命、咖啡因和尼古丁則是在激發（加速）CNS的作用。

一、古柯鹼

就像鴉片，古柯鹼（cocaine）是一種植物性產物，它可以經由吸食、吞嚥或注射的方式而被攝取。然而，古柯鹼是以不同於酒精或鴉片的方式影響腦部，古柯鹼的主要效應是阻斷突觸前的多巴胺輸送裝置（它的工作是從突觸收回過量的多巴胺），因此增加多巴胺在突觸的供應，以及增進接收細胞的活化。古柯鹼仍然是違禁藥

物；然而，12歲以上的美國人口中，大約0.6%報告在過去一個月中曾經使用古柯鹼（SAMHSA, 2013）。

就像鴉片劑，古柯鹼促發一種欣快狀態，持續4到6個小時，使用者在這期間體驗到自信心和滿足感，然而，這種安適狀態可能跟隨著頭痛、昏眩及坐立不安。當古柯鹼被長期濫用時，當事人可能發生急性中毒的精神病症狀，包括令人驚嚇的視、聽及觸幻覺——就類似於在急性思覺失調症上所看到情況。

長期下來，許多人發展出對古柯鹼的急性和慢性的耐藥性。再者，在古柯鹼的長期效應上，該藥物濫用所涉的認知減損可能是重要的考量（Abi-Saab et al., 2005; Mann, 2004）。古柯鹼使用者經常會發生一些重大的心理和生活的困擾，包含就業、家庭、心理及法律的問題，都較可能發生在古柯鹼使用者身上——相較於非使用者。古柯鹼濫用者所發生的許多生活困擾，部分是源於為了維持他們的習慣所需要的大量金錢。最後，女性在懷孕期使用古柯鹼的話，她們置自己的嬰兒有健康問題和心理問題的較高風險。

✵ 治療與結果

古柯鹼依賴的治療在許多方面類似於涉及生理依賴的其他藥物的治療（Schmitz et al., 2004）。為了降低生理渴求（作為心理治療的一部分），也為了確保對治療的順從，像是拿淬松和美沙酮等藥物被用來減低古柯鹼使用（Carroll et al., 2004; Weinstock et al., 2010）。在立即戒斷期間，當事人會有緊張和意志消沉的感受，這需要加以處理。

儘管古柯鹼成癮的潛在性，心理干預已被證實在處理古柯鹼依賴上相當有效，這方面最常被採用的是CBT和後效管理（contingency management, CM）二者。古柯鹼依賴的CBT把重點放在教導病人認知技巧和行為技巧，以協助他們平穩走過日常生活和艱困處境，不用沉迷於藥物使用。CBT已被證實是減少古柯鹼使用的有效方法，即使是以完全電腦化的形式施行（Carroll et al., 2014）。CM是建立在操作制約作用的原理上，它為達成雙方同意的治療目標（例如，尿液檢驗合格）而提供獎賞或經濟誘因，CM已被顯示在治療古柯鹼依賴上比起CBT稍微更具效果（Dutra et al., 2008; Farronato et al., 2013）。

二、安非他命

今日，安非他命（amphetamine）偶爾在醫療上被派上用場，像是抑制食慾（當減重被認為有必要時）、治療猝發性睡眠症（narcolepsy，一種睡眠失常現象，個人正在白天清醒活動時，突然失去意識，進入暫時性的睡眠狀態），以及治療過動的

兒童。令人好奇的是，安非他命是一種興奮劑（stimulants），但是它對於ADHD兒童卻具有鎮靜的效果，而不是興奮的效果。安非他命有時候也被作為處方，以緩和輕度的憂鬱感、消除疲倦，以及維持持久的警覺性。然而，迄今為止，安非他命最常被當作娛樂的用途，最典型的使用者是對於該藥物引起的高昂感受感到興趣的年輕人（Klee, 1998）。大約7%藥物相關的急診室醫療涉及安非他命或甲基安非他命（SAMHSA, 2013）。

安非他命濫用的效應

　　儘管有合法的醫療用途，但安非他命並不是額外的心理能量或身體能量之不可思議來源。反而，安非他命促進使用者更大量消耗他們自己的資源，通常達到有危險性的疲乏地步。安非他命是心理上和生理上成癮的藥物，身體很快就會對它們建立起耐藥性（Wise, 1996）。因此，成癮的濫用者可能服用很大的劑量，而這對於非使用者已具有致命性。在某些個案上，使用者「注射」安非他命以獲致更快速和更強烈的藥效。

　　當超過處方劑量時，安非他命的攝取會造成血壓升高、瞳孔放大、說話不清楚或說話很快、盜汗、顫抖、容易激動、失去食慾、混淆及失眠。當注射高劑量時，Methedrine（甲基安非他命）可能提升血壓而足以引起立即的死亡。此外，長期濫用安非他命可能導致腦部損害和廣泛的一些精神病態，包括一種稱為「安非他命精神病」的障礙症——看起來類似於妄想型思覺失調症。自殺、殺人、傷害及其他各種暴力舉動，也經常涉及安非他命濫用。

治療與結果

　　這方面的研究仍然有限（Baker & Lee, 2003）。雖然戒斷安非他命通常是安全的，有一些證據指出，當事人對該藥物的生理依賴，是在治療上需要考慮的重要因素（Wise & Munn, 1995）。在某些個案上，突然從長期、過量使用安非他命加以戒斷，可能導致腹部絞痛、噁心、腹瀉及甚至痙攣，再者，突然戒斷經常會產生疲倦及憂鬱感；憂鬱通常在48到72個小時中達到高峰，維持它的強度1到2天，然後傾向於在數天之中逐漸減輕下來。輕度的憂鬱和倦怠的感受可能持續幾個星期或甚至幾個月。假使發生腦傷的話，殘餘效應可能包括專注力、學習能力及記憶力的減損，伴隨所導致之社交、經濟及人格的惡化。

三、咖啡因與尼古丁

　　DSM-5包含了對兩種可合法取得且被廣泛使用物質的成癮：咖啡因和尼古丁。雖

然這些物質不會呈現廣延及自我破壞的問題（如在藥物和酒精使用障礙症上所發現那般），但它們在我們的社會中製造了重大身體與心理健康的問題，這是基於下列幾個原因：

• 這些物質很容易被濫用，人們很容易對之成癮，因為它們被廣泛使用，且大部分人從早期生活就暴露於這些物質。

• 任何人只要有意圖使用這些物質的話，他們幾乎是唾手可得；事實上，因為同儕壓力，個人在所處社會中很難避免使用這些物質。

• 咖啡因和尼古丁二者很明顯具有成癮特性，使用它們會誘發進一步的使用，直到它們成為個人日常生活中的必需品。

• 個人很難停止使用這些物質，不但是因為它們的成癮特性，也是因為它們如此深植於社會場合中（然而，尼古丁使用在許多環境中是不受歡迎的）。

• 大部分人當打算「杜絕習慣」時會很難以應付戒斷症狀，經常產生相當大的挫折感。

• 這些物質（特別是尼古丁）已被廣泛注意，它們會導致一些健康困擾和不良副作用（USDHHS, 1994）。美國每7件死亡中就有1件與吸菸有關聯。

✦ 咖啡因

咖啡因（caffeine）這種化學成分常見之於日常使用的許多飲料和食物中，雖然咖啡因的攝取在當代社會中被廣泛養成習慣，也在社交上被倡導，但過度的咖啡因攝取可能產生問題。咖啡因的負面效應涉及中毒，而不是戒斷，且不像對於像是酒精或尼古丁等物質的成癮，咖啡因的戒斷不會產生嚴重症狀，除了頭痛外，但通常是輕微的。

如在DSM-5中所描述的，咖啡因相關障礙症包括一些症狀，像是心神不定、緊張不安、興奮、失眠、肌肉抽搐及胃腸不適等，它發生在攝取含有咖啡因的物質後，諸如咖啡、茶、可樂及巧克力。至於多少份量的咖啡因會造成中毒，這顯然因人而異。

✦ 尼古丁

尼古丁（nicotine）是一種有害的生物鹼，它是菸草中主要的作用成分，尼古丁在像是香菸、口嚼菸草及雪茄等物質中被發現，它甚至被用來作為殺蟲劑。菸草使用在一般人口中是一個重大問題。美國12歲以上的人口中，使用某種形式的菸草的人數，據估計是7,100萬人，或大約28.4%的人口（SAMHSA, 2009），然而，估計有63%的女性和53%的男性從不曾吸菸（Pleis et al., 2009）。DSM-5含有尼古丁濫用的診斷類別，菸草使用障礙症的準則完全相同於其他成癮障礙症（addictive disorders）。

有強烈證據指出尼古丁依賴症候群的存在（Malin, 2001; Watkins, Koob & Markou, 2001），它幾乎總是起始於青少年期，然後延續到成年的生活，成為一種難以戒掉而危害健康的習慣。一些研究指出，尼古丁可能具有抗焦慮的特性；支持這個觀點，尼古丁的使用已被發現在焦慮症患者中有很高有盛行率（Morissette et al., 2007）。近期來自中風相關腦傷的證據指出，尼古丁成癮可能受到大腦接近耳朵的一個部位的控制，稱為腦島（insula）。中風病人的那個腦區（腦島埋在外側裂深部）受到損傷的話，他們報告對於香菸的渴望消失了，這個結果說明腦島可能是吸菸成癮的重要中樞，但是還需要更多研究以支持這個結論。

如它在DSM-5中被稱謂的，「菸草戒斷症」（tobacco withdrawal disorder）。起因於個人停止或減少含有尼古丁物質的攝取——在個人已發展出對該物質的生理依賴之後。尼古丁戒斷的診斷準則包括：(1)每天使用尼古丁，為期至少幾個星期；及(2)在停止或減少尼古丁攝取之後產生下列症狀：渴求尼古丁；易怒、挫折或生氣；焦慮；難以集中注意力；坐立不安；心跳減慢；以及食慾增加或體重上升。其他幾項與戒斷尼古丁有關的身體併發症包括：代謝率下降、頭痛、失眠、顫抖、咳嗽增加，以及在需要注意力的作業上表現受損。

這些戒斷症狀通常持續幾天到幾個星期，視尼古丁使用習慣的程度而定。有些人報告在他們戒菸的幾個月後繼續抱有對尼古丁的渴望。一般而言，尼古丁戒斷症狀以類似於其他成癮藥物戒斷的方式運作——它們是有時限的；隨著藥物的停用，戒斷症狀也逐漸減退（Hughes, 2007）。

尼古丁戒斷的治療。 過去三十年來，許多治療方案已被開發以協助癮君子戒菸（Hughes, 2007）。這樣的方案採用許多不同方法，包括社會支持團體；各種藥物媒介，以便用較安全的方式取代吸菸；自我導向的轉變，這涉及給予當事人關於改變自己的行為所必要的指導；以及採用心理學程序的專業治療，諸如行為或認知-行為的干預。一項較近期的研究提供吸菸者關於他們頸動脈和股動脈的超音波照片，再連同戒菸的諮商，結果這一組吸菸者比起控制組顯現較高的戒菸率（Bovet et al., 2002）。

一般而言，菸草依賴能夠順利地被治療，而大部分的戒菸計畫有適度的良好成效，但它們平均而言只有20%-25%的成功率（Hays et al., 2001）。Killen、Fortmann及其同事們（1997）發現，採用尼古丁貼劑和提供錄影帶及書面資料的方式，在兩個月後產生顯著的戒菸率（36%——相較於安慰劑狀況的20%）。然而，這個戒菸率在六個月後降到只有22%，幾乎相等於安慰劑或控制組的樣本。新近，使用bupropion（Zyban）藥物以預防意圖戒菸的癮君子的復發似乎頗具前途，只要當事人繼續服用的話，該藥物可以降低復發的可能性；但是一旦停止服用的話，復發率就又近似於其他治療方式（Barringer & Weaver, 2002）。癮君子自我報告之最高的戒菸率發生在一

些病人身上，這些病人因為癌症而住院（63%）、因為心血管疾病而住院（57%），或因為肺部疾病而住院（46%）（Smith, Reilly, et al., 2002）。顯然，癮君子最終還是在重大疾病面前低頭了。

第七節 鎮靜劑

超過一百年以來，稱為巴比妥酸鹽（barbiturates）的強力鎮靜劑（sedatives）已被供應作為入眠的幫手（López-Munoz et al., 2005），雖然巴比妥酸鹽具有合法的醫療用途，但它們是極度危險的藥物，經常與生理依賴和心理依賴有關，也與致命的過度劑量有關。

一、巴比妥酸鹽的效應

巴比妥酸鹽一度被醫師廣泛使用以使病人平靜下來及引發睡眠，它們作為抑制劑（多少有點像酒精）以減緩中樞神經系統的作用（Nemeroff, 2003），且顯著降低了在認知作業上的表現（Pickworth et al., 1997）。攝取巴比妥酸鹽後不久，當事人將體驗到放鬆的感覺，緊張感似乎消失了，繼之是身體和智能的倦怠，傾向於昏昏欲睡而最終入眠——這樣感覺的強度視所服用巴比妥酸鹽的類型和份量而定，強烈劑量幾乎立即引發睡眠；過度劑量會有致命性，因為它們導致腦部呼吸中樞的麻痺。巴比妥酸鹽常見的效應也包括決策和問題解決能力的受損、動作遲緩、說話緩慢及突然的心情轉變（Lemmer, 2007）。

過度使用巴比妥酸鹽會導致耐藥性增加，也導致生理和心理的依賴，它也可能造成腦傷和人格退化。不像鴉片劑的耐藥性，巴比妥酸鹽的耐藥性不用增加到一定劑量才會引致死亡，這表示使用者可能很容易就攝取致命的過度劑量，不論是有意或意外的。

巴比妥酸鹽經常伴隨酒精被服用。有些使用者聲稱，他們可以藉由合併服用巴比妥酸鹽、安非他命及酒精而達成強烈恍惚的狀態。然而，巴比妥酸鹽和酒精合併使用的一個可能效應是死亡，因為每種藥物都會促發及增強另一種藥物的作用。

二、治療與結果

如同其他許多藥物，我們在治療上通常有必要辨別二者，一是巴比妥酸鹽中毒（起因於過度劑量的毒性效應），另一是涉及藥物戒斷的症狀，因為這二者所需的治

療程序是不同的。相較於鴉片劑的戒斷，巴比妥酸鹽的戒斷症狀更為危險、嚴重及持久。當經歷巴比妥酸鹽戒斷時，病人變得焦躁、憂慮以及雙手和臉部有明顯的震顫；另外的症狀通常也包括失眠、虛弱、噁心、嘔吐、腹部絞痛、心跳加速、血壓升高及體重減輕，病人也可能發展出急性的譫妄精神病。

對於習慣服用高劑量的病人而言，戒斷症狀可能持續長達一個月，但是通常在第一個星期結束時就會減輕下來。幸好，巴比妥酸鹽成癮的戒斷症狀，可以藉由逐漸施加較少劑量的巴比妥酸鹽本身（或另一種產生類似效果的藥物）而減到最低限度。然而，戒斷方案仍然是有危險性的，特別是如果巴比妥酸鹽成癮還夾雜酒精中毒或對其他藥物的依賴。

第八節　幻覺劑

幻覺劑（hallucinogens）是被認為會引起幻覺的一些藥物，然而，這些配製品事實上通常不會「製造」感官意象，而是扭曲感官意象，以至於當事人以不一樣及不尋常的方式看到或聽到一些事物，這些藥物通常被稱為「致幻劑」（psychedelics）。這個類別的主要藥物是LSD（lysergic acid diethylamide，麥角酸二乙基醯胺）、梅司卡林（mescaline）、裸蓋菇素（psilocybin）、迷幻藥及大麻。

一、LSD

幻覺劑中最強力、無嗅、無色及無味的藥物是LSD，它只需要比起一粒鹽還少的劑量就能造成中毒；它是一種化學上合成的物質，最先由瑞士化學家Albert Hoffman在1938年所發現。大約在1950年，LSD為了研究的目的而被引入美國，但儘管大量的研究，LSD迄今未被證實具有醫療上的用途；它基本上只是作為一種「消遣」藥物，但隱含許多的心理危險性。

服用LSD之後，當事人典型地經歷大約8小時之感官知覺的變動、心情搖擺不定，以及產生失自我感和疏離感。LSD的體驗不一定是愉快的，它可能極具創傷性，而扭曲的物件和聲音、錯覺的顏色及新奇的思想，可能具有威脅性而令人驚嚇。例如，在一些案例上，當事人經歷「惡性旅程」可能會放火引燃自己、從高處躍下，以及服用一些已經證明結合LSD將會致命的藥物。

二、梅司卡林和裸蓋菇素

在這兩種幻覺劑中，梅司卡林是來自仙人掌頂端一種小型、圓盤狀的產物（龍舌蘭花蕾），至於裸蓋菇素則是得自多種墨西哥的蘑菇。這些藥物在墨西哥、美國西南部和中南美洲的原住民紀念儀式中被使用了好幾個世紀。這兩種藥物都有改變心智和致幻的特性，但是它們的主要效果似乎是使得當事人能夠看到、聽到，以及以另一些不尋常方式經歷事件——進入「非一般現實」（nonordinary reality）的領域。如同LSD，沒有明確的證據顯示這兩種藥物有助於「擴展意識」或創造新的思路，反而，它們只是改變或扭曲經驗而已。

三、迷幻藥

迷幻劑（Ecstasy）藥物——或MDMA（3,4-methylenedioxy-methamphetamine）——既是幻覺劑，也是興奮劑，它作為一種舞會藥丸（即俗稱的搖頭丸）而深受年輕人的歡迎。該藥物最初是在1914年由製藥公司默克取得專利權，打算作為減肥藥銷售，但該公司最後決定不推出市場，因為該藥物不良的副作用。在1970和1980年代，該藥物接受進一步的評估和檢驗，以觀察是否可能在心理治療中被用來處理廣泛的一系列狀況，諸如創傷後壓力、畏懼症、心身疾病、憂鬱症、自殺意圖、藥物成癮及人際關係障礙（Grob, 2000），然而，它在這些功能上的價值並未受到支持。目前，這種藥物被視為是「危險」的藥物，而且被「藥品管理局」（DEA）列為第一級管制藥物（Murray, 2001），它目前在美國只能透過非法的管道取得。

迷幻藥在化學作用上類似於甲基安非他命，也類似於幻覺劑梅司卡林，它產生的效果類似於其他興奮劑。通常在攝取迷幻藥大約20分鐘後，當事人體驗一種「快感」（rush），繼之是平靜、有活力及幸福的感覺。迷幻藥的藥效可能持續幾個小時。當服用該藥物後，除了所產生高度的活力和興奮外，當事人經常報告有強烈的顏色及聲音的體驗，也報告有輕微的幻覺（Fox et al., 2001; Lieb et al., 2002; Soar et al., 2001）。MDMA藥物是一種會導致上癮的物質，但它不像古柯鹼具有那麼強烈的成癮性。服用MDMA會伴隨一些不利的後果，諸如噁心、盜汗、牙齒緊閉、肌肉抽筋、視力模糊及幻覺等（Parrott, 2001）。

四、大麻

雖然大麻（marijuana）可被歸類為一種輕幻覺劑，但是相較於LSD、梅司卡林及其他重幻覺劑引起的效應，大麻的效應在性質、強度及持續時間上都顯著不同。大麻

是提取自大麻植物Cannabis sativa的綠葉和開花的頂部；這種植物生長在全世界溫暖的氣候中，包括印度、非洲、墨西哥、南美及美國的許多地區。

　　大麻的使用可以追溯到遙遠的歷史。大麻顯然在古代中國早已為人所知（Blum, 1969），它被中國皇帝神農氏列在《本草綱目》的藥草中，大約是寫於西元前2737年。直到1960年代之前，美國的大麻使用大致上侷限於較低社經地位和少數族群的成員，或只有在娛樂界及相關領域被使用。但是大麻使用在今日已是尋常的事情，在美國，12歲以上的人們中有7.5%報告在過去一個月中曾經使用大麻（SAMHSA, 2014）。大麻使用在未來可能會持續遞增，考慮到它已在一些州中被合法化，即使根據聯邦法律的規範，它仍然是違法的。在近期的調查中，因為藥物問題而前往急診室求助的人們中，有18.5%是屬於大麻濫用（SAMHSA, 2013）。

◼ 大麻的效應

　　大麻的的特定效應有很大變異，視藥物的品質和劑量、使用者的性格和心情、使用者過去用藥的經驗、社會背景及使用者的期待等因素而定。然而，大體上一致的是，當大麻被吸入時，慣常使用者會產生輕度中毒的狀態。這種狀態是一種輕微的欣快感，它的特色是安適感提升、知覺敏銳度增強及愉悅輕鬆感的湧現，通常伴隨飄浮或浮動的感覺。感官輸入被強化（intensify）。大麻對於腦部具有改變當事人內部時鐘（internal clock）的效應（O'Leary, Block et al., 2003），通常，當事人的時間感被延伸或扭曲，以至於只持續幾秒鐘的事件，可能被感受為似乎涵蓋更長的期間；短期記憶也可能受到影響，像是當事人發覺三明治被咬了一口，但不記得自己什麼時候咬過。對大部分使用者而言，他們報告愉快的體驗被加強了，包括性交。當被吸入時，大麻很快就被吸收，它的效果在幾秒鐘到幾分鐘內顯現，但很少持續超過2到3個小時。

　　大麻短期的生理效應包括心跳適度加快、反應時間變慢、輕度的瞳孔收縮、眼睛充血和發癢、口乾及食慾增加；再者，大麻會引起記憶功能失調和訊息處理減緩（Pope, Gruber, et al., 2001）。長期而持續的高劑量服用傾向於導致當事人懶洋洋、無精打彩及被動，連同偏低的生活成就（Lane, Cherek, et al., 2005）。最後，長期服用的不良副作用還包括降低了自我控制（Earleywine, 2002）。高劑量的大麻可能引起極度欣快、歡愉及愛說話，但它也可能引起強烈焦慮和憂鬱（Zvolensky et al., 2010），以及引起妄想、幻覺和另一些精神病似的經驗。證據顯示，日常的大麻使用與出現精神病症狀之間存在強烈的關聯（Raphael et al., 2005）。

◼ 治療

　　當戒除大麻使用時，有些使用者報告有一些不舒適之近似戒斷的症狀，諸如神

經質、緊張、睡眠困擾及食慾變動（Budney et al., 2003; Zickler, 2002）。對於大麻依賴的成年人，心理治療的方式已被顯示有助於減低大麻使用（大麻治療方案研究團體，2004），然而沒有特定的治療法已被發現比起其他更為有效（Nordstrom & Levin, 2007）。沒有藥物治療已被顯示在處理大麻依賴上非常有效（Nordstrom & Levin, 2007）；然而，一項近期研究採用buspirone治療大麻依賴，所顯現的改善情形稍微優於安慰劑組（McRae-Clark et al., 2009）

第九節　嗜賭症

　　雖然病態賭博（pathological gambling）不涉及化學成癮物質，但因為強迫性賭徒特徵所在的人格因素，它仍被許多人視為一種成癮障礙症（Petry & Madden, 2010）。就像物質濫用障礙症，病態賭博所涉行為是由短期獲益所維持，儘管長期下來破壞了個人的生活。病態賭博與酒精濫用障礙症之間有高度的共病率（Blanco et al., 2010），也與人格障礙症有高度的共病率（Sacco et al., 2008）。病態賭博也被稱為強迫賭博（compulsive gambling），它是一種漸進性的障礙症，特色是頻繁地失去對賭博的控制，沉迷於賭博和從賭博獲得金錢，以及儘管不利後果仍然繼續賭博。

　　在全世界範圍，病態賭徒的人數大約是1%-2%的成年人口（Petry, 2005）。男性和女性似乎有相等的發生率（Hing & Breen, 2001），然而，病態賭博的發生率隨著不同次群體而異，例如，酒精濫用和尼古丁成癮的人們顯然有偏高的風險。

　　文化因素似乎也在賭博問題的發展上扮演重要角色，病態賭博特別易於發生在一些文化團體中（例如，中國人，猶太人），以及發生在一些少數族群（例如，美國原住民），或許是由於賭博行為的近便性和被接受性（Alegria et al., 2009; Raylu & Oei, 2004）。強迫賭博會重大影響賭徒家庭的社會、心理及經濟狀況。事實上，研究已發現，很高比例的病態賭徒涉入與賭博有關的犯罪（Blaszczynski et al., 1989）、涉入家庭暴力（Afifi et al., 2010），以及涉入另一些攻擊罪行（Folino & Abait, 2009）。

　　病態賭博似乎是學得的行為模式，極為抗拒消除作用。一些研究顯示，戒除賭博與賭博行為的發生頻率及持續期間有關。然而，許多人成為病態賭徒，乃是因為他們首次賭博時就贏得一大筆錢；機率本身就能解釋有一定比例的人會擁有這樣「新手的好運」（beginner's luck），個人在這個初步階段所獲得的強化，可能是後繼病態賭博的重要因素。因為每一個人都會偶爾贏錢，間歇強化（intermittent reinforcement，操作制約中最有效能的強化方式）的原理可以解釋賭徒儘管輸了很多錢，為什麼仍然繼續賭博。

DSM-5 「嗜賭症」的診斷準則

A. 持續和反覆的不當賭博行為，導致臨床上顯著的減損或苦惱，如當事人展現下列四項（或更多）行為所表明，發生在十二個月的期間內：

1. 需要增加賭博的金額，才能達成所渴求的興奮。

2. 當試圖減少或戒除賭博時，感到心神不寧或易怒。

3. 多次想要控制、減少或戒除賭博，卻不成功。

4. 心思經常盤據在賭博活動上（例如，持續想要再活在過去的賭博經驗中、規劃下一次賭博、想辦法找錢賭博）。

5. 當感到苦惱時（例如，無助、內疚、焦慮、憂鬱），經常從事賭博。

6. 當賭輸後，經常想要改天去翻本（討回個人的損失）。

7. 說謊以隱瞞涉入賭博的程度。

8. 為了賭博，已經危害或失去重要關係、工作或教育機會。

9. 因為賭博，依靠他人提供金錢以解除經濟困境。

B. 該賭博行為無法以躁症發作作更好的解釋。

（資料來源：DSM-5，2013，美國精神醫學會）

研究已顯示，病態賭博經常與另一些障礙症共同發生，特別是物質濫用，諸如酒精和古柯鹼依賴（Kausch, 2003; Welte et al., 2004），以及衝動控制障礙症（Grant & Potenza, 2010）。那些共存物質濫用障礙症的人們通常會有最嚴重的賭博問題（Ladd & Petry, 2003）。

至於嗜賭症（gambling disorder）的起因，有些研究提出早期創傷可能促成強迫賭博的發展（Scherrer et al., 2007）。雖然學習無疑地在人格因素（作為病態賭博的基礎）的發展上扮演重要角色。近期的研究顯示，腦部涉及動機、獎賞及決策的一些機制，可能影響了人格的基礎衝動性（Chambers & Potenza, 2003）。這些研究人員提出，青少年期發生在大腦的神經發育事件可能涉及動機及衝動的行為。近期的研究也指出，遺傳因素可能在發展出病態賭博習慣上扮演一定角色（Slutske et al., 2010）。

病態賭博的治療頗為類似其他成癮障礙症，最廣泛被採用的治療途徑是CBT（Okuda et al., 2009）。儘管退出率相當高，但完成治療的人顯現了實質的改善，86%在一年的追蹤期被認為「不再是」病態賭徒（Sylvain et al., 1997）。然而，另一項研究（Hodgins & el-Guebaly, 2004）報告非常高的復發率，只有8%在接受治療的十二個月後完全戒賭。

另一些病態賭徒訴之於匿名戒賭會（Gambler's Anonymous, GA）。這個組織

是以「匿名戒酒會」（AA）為範本，透過團體討論的方式分享彼此經驗，以便控制他們的賭博行為。GA團體已在美國的一些大型城市成立，雖然它的效果還不是很彰顯。最後，研究已指出，當家庭關係問題也被面對及採取對策時，病態賭博的治療才能獲致更正面的結果（McComb et al., 2009）。

　　病態賭博在美國正在遞增中（Potenza, 2002），特別是隨著賭博法令的放寬和網路賭博的興起（Griffiths, 2003）。有鑑於病態賭徒極為抗拒治療，更多努力應該放在開發更有效的預防措施和治療方案上。

第十二章

性偏差、性虐待與性功能障礙

　　愛與滿足的性關係是我們快樂的重要泉源之一，當缺乏這樣的關係時，許多人往往窮其畢生的時光致力追求。性慾是我們生活中最關心的事情之一，它影響我們跟什麼人談情說愛及發生性關係，也影響我們跟對方相處及獨處時的愉悅感。

　　相較於我們迄今所討論的其他許多障礙症，我們對於性偏差、性虐待及性功能障礙的認識並不多。此外，性領域的研究人員相對上偏少，而在臨床心理學和精神醫學期刊中，所發表關於性偏差與性功能障礙的論文也較少，這種現象的主要原因之一是性禁忌（sex taboo）。雖然性對於大部分人是重要的關切事項，但是許多人難以公開地談論性——特別是當所涉行為可能被社會烙印或汙名化時，如同性戀在過去的情形。這造成不容易取得性方面的認識，甚至是最基本的事實，諸如各種性活動的頻率、對性的感受及性態度等。

　　為什麼性研究的進展較為緩慢，第二個原因是許多與性有關的議題，包括同性戀、青少年性行為、墮胎及兒童期性虐待，是我們社會中最具衝突性與爭議性的話題。事實上，性研究本身就極具爭議性，很難以籌募到研究資金。

第一節　同性戀觀念的演進

　　過去半世紀以來，同性戀的地位發生了極大的變動，包括在精神醫學界、心理學界，以及在綜合而言的許多西方社會中。在還不太遙遠的過去，同性戀是一個禁忌的主題，現在，這個題材在許多電影、脫口秀、劇場及電視連續劇中被公開而坦誠地談論，包括以男同性戀者（gay men）和女同性戀者（lesbians）為主角。如我們將看到，精神醫學和心理學的發展在這些轉變上扮演重要的角色。1974年，同性戀被正式從DSM（先前的版本把同性戀歸類為一種性偏差）中除名；今日，它不再被視為一種精神疾病。我們將簡要審視心理健康領域內對於同性戀的態度，以之說明對於人類性慾各種表達的態度如何可能隨著時間而轉變。

一、視同性戀為一種疾病

　　閱讀在1970年之前所寫關於同性戀的醫學和心理學文獻，可能是一種令人混淆的經驗，特別是如果個人認同今日盛行的觀點的話。相關的論文包括「娘娘腔的同性戀：一種兒童期疾病」和「同性戀的矯治」。然而，我們必須公平地指出，「同性戀人士為精神病患」的觀點相對上還是寬容的；相較之下，一些更早先的觀點甚至視同性戀人士為罪犯，需要被下獄監禁（Bayer, 1981）。英國和美國文化長期以來就對同性戀行為採取懲罰的手段，在十六世紀，英王亨利八世宣布「雞姦（肛交）是可憎

且可鄙的惡行」，是足以被判處死刑的重罪，直到1861年，最高刑罰才被減為10年徒刑；同樣的，美國的法律也相當壓抑同性戀，直到近期之前，同性戀行為繼續在某些州被視為犯罪行為（Eskridge, 2008）。最後在2003年，美國「最高法院」作出裁決，判定德州州法律「禁止同性二人之間的性行為」是違憲的（Lawrence & Garner v. Texas），於是首度，這項裁決在美國為性隱私建立充分的憲法權利。

在十九世紀後期和二十世紀初期，幾位著名的性學家——諸如Havelock Ellis和Magnus Hirschfeld——指出，同性戀是天生而符合心理常態的。佛洛依德自己對於同性戀人士的態度也顯著領先他的時代，這充分表達在他動人心弦的〈一封寫給美國母親的信〉中（1935）。

親愛的女士：

……我收到妳的信，信中提及妳兒子是一位同性戀者。我最感到印象深刻的是，妳在信中不曾以「同性戀」這個字眼來描述妳的兒子。我想問妳的是，為什麼妳要迴避這個字眼？同性戀無疑不是有利的，但是也不必要感到羞恥，它不是罪行，也不是墮落，它不能被歸類為一種疾病……。古往今來，許多很值得尊敬的人是同性戀人士，有幾位還是世界的偉人（柏拉圖、米開朗基羅、達文西等等）。因此，視同性戀為罪行而加以迫害，不但不公平，也是殘酷的……。

妳問我是否能夠提供協助，我推想妳的意思是問我，我是否能夠消除同性戀，然後以正常的異性戀加以取代。我的回答是，一般來說，我們無法承諾可以達成這樣的要求……。

誠摯地祝福妳

佛洛依德　敬上

二、同性戀不是一種病態

1950年左右，「視同性戀為疾病」的觀點開始受到挑戰，包括來自科學家和來自同性戀人士本身。科學研究帶來的衝擊包括金賽博士（Alfred Kinsey et al., 1948, 1953）發現，同性戀行為遠比先前所認為的更為普遍；另一些有影響力的研究也證實，即使是受過訓練的心理學家，他們也無法辨別同性戀受試者與異性戀受試者在心理測驗結果上有什麼差別（Hooker, 1957）。

同性戀人士也開始挑戰精神醫學「視同性戀為一種精神疾病」的正統觀念。1960

年代見證了急進同性戀解放運動的興起，它抱持更為堅定而不妥協的立場，即「同性戀是正當的」。那個十年結束於在紐約市發生著名的「石牆暴動」（Stonewall riot）——因為警察不當對待同性戀人士而點燃——它送出清楚的信號，即同性戀人士將不再容忍被當作次等公民對待。到了1970年代，公開的同性戀精神科醫師和心理學家，在自身的心理健康專業內發出聲浪，要求把同性戀從DSM-II（1968）中除名。經過1973年和1974年激烈的爭辯之後，美國精神醫學會（American Psychiatric Association, APA）在1974年舉行會員投票，以5,854票對3,810票的投票結果把同性戀排除於DSM-II之外。

從這一點起，這個領域的研究轉為開始探討同性戀人士的心理健康事項，幾項大型調查已檢視擁有（及沒有）同性戀感受或行為人士的心理問題發生率（Chakraborty et al., 2011; Sandfort et al., 2001; Herek & Garnets, 2007）。同性戀人士顯然在一些心理問題上有偏高的風險，例如，相較於異性戀男女，同性戀男女在焦慮症和憂鬱症上有較高的發生率（Bostwick et al., 2010）。至於同性戀人士是否有自殺的偏高風險，這仍然有所爭議（Savin-Williams, 2006），近期研究發現同性戀男性在自殺方面沒有較高的風險（Cochran & Mays, 2011）。同性戀女性則有物質濫用的較高發生率（Herek & Garnets, 2007）。雖然仍不清楚為什麼同性戀人們有某些困擾的較高發生率（Bailey, 1999; Cochran, 2012），一個似乎合理的解釋是，這樣的困擾起因於壓力生活事件，而壓力則與同性戀所承受的社會汙名化有關聯（Herek & Garnets, 2007）。

過去五十年已帶來重大進展，在大部分已開發國家中，同性戀正逐步獲得法律權利和社會接納。例如，在2010年，首度有過半數的美國人認為成年人之間的同性戀關係是道德上可接受的（蓋洛普民調，2010）。許多美國人現在支持同性情侶的婚姻，而在2015年6月，美國最高法院裁決，同性情侶可以在所有50個州中合法結婚。然而，在世界的一些地方，平權（equal rights）和接納的進展遠為落後，像是在非洲和中東的一些國家中，大多數人反對同性戀（Pew Research Center, 2013），而在其中少數國家中，同性戀人士可能被判死刑。在對待同性戀人士上，這種顯著跨文化和歷史的變動應該提醒我們，在認定某一現行不受歡迎或不尋常的特質為病態上，我們務必抱持審慎的態度，因為有時候，發生問題的是文化，而不是個人。

第二節　性偏好症

性偏好症（paraphilic disorders，原先稱為性倒錯）的特徵是重複而強烈的性激發，呈現在幻想、衝動或行為上，它們普遍涉及：(1)性吸引的異常對象（例如，高

跟鞋、幼童）；(2)不尋常的求歡行為（例如，偷看不知情女性的裸體，或違背他人的意願下暴露自己的性器官）；或(3)意欲引起自己或他人的痛苦及羞辱。

性偏好（paraphilias）一直挑戰以往的DSM編輯小組，這是基於兩大原因。首先，一些性偏好（特別是戀童症）被廣泛認為是變態，即使性偏好當事人沒有感到苦惱。例如，考慮一個有戀童癖的人猥褻幼童，但是不感到罪疚，大多數人相信這樣的人有精神疾病。過去，即使缺乏當事人的苦惱，戀童症也可被診斷；摩擦症和暴露症也是如此，這二者所涉性舉動通常沒有徵得對方的同意。第二個原因是另有一些性偏好可以跟心理健康及愉快共存，例如，一些人有足踝戀物癖，而他們對自己的性興趣感到舒適，甚至也找到樂意的伴侶愉快地取悅他們，但另有些人則感到重大的羞愧及內疚（Bergner, 2009）。過去，只有懷抱強烈羞愧及內疚（或與他們的戀物癖有關的其他困擾）的足踝戀物癖者，才會被診斷為性偏好症。DSM-5在性偏好與性偏好症之間納入一項實用的區別（Blanchard, 2010），性偏好是不尋常的性興趣，但它們不必然引起傷害，不管是對自己或對他人；只有當它們引起這樣的傷害，它們才會成為性偏好症。因此，足踝戀物癖者有性偏好，但只有那些由於他們的性興趣而蒙受苦惱的人，他們才有性偏好症。

雖然輕微形式的這些狀況可能發生在許多正常人的生活中，性偏好症當事人的特色是堅持（在某些個案上是相對專門地）他的性慾專注於所涉的行動或物件上，否則通常不可能達到高潮。性偏好也經常具有強迫的性質，有些人需要每天多達4次到10次的高潮解放（Garcia & Thibaut, 2010）。性偏好症患者可能有，也可能沒有持續的願望想要改變自己的性偏好。

我們不易估計性偏好症的盛行率，因為許多人不願意揭露這樣的偏差行為（Griffifths, 2012）。DSM-5檢定出八種特定的性偏好症：(1)戀物症；(2)畏裝症；(3)戀童症；(4)窺視症；(5)暴露症；(6)摩擦症；(7)性施虐症；及(8)性被虐症。性偏好症有一個附加的類別，稱為「其他特定的性偏好症」，包括幾種較為少見的障礙症，諸如戀猥褻電話症（telephone scatologia）、戀屍症（necrophilia）、戀獸症（zoophilia）、戀截肢症（apotemnophilia）、戀糞症（coprophilia）、戀尿症（urophilia）及灌腸症（klismaphilia）等。雖然一些不同的性偏好症傾向於共同發生，我們以下各別加以討論。

一、戀物症

在戀物症中（fetishism），當事人涉及使用一些無生命的物件或身體的一部分（通常不會誘發性慾，如足踝）以獲得性滿足（參考DSM-5專欄）。就如在性偏好症上普遍的情形，極少有女性戀物症的個案被報告出來（Mason, 1997）。戀物症患者

所眷戀物件的範圍包括頭髮、耳朵、手、內衣、鞋子、香水，以及與異性有關的另一些類似物件，當事人使用這些物件以達到性興奮和性滿足的模式有很大變異，但是通常牽涉到在親吻、撫摸、品嚐或嗅聞該物件的同時手淫。戀物症患者在正常情況下不會干擾他人的權利，除了以偶發的方式像是要求伴侶在性交時穿戴該物件。許多男性對於女性的隨身物件（像是胸罩、束腰帶、襪子及高跟鞋）有強烈的性著迷，但是他們通常不符合戀物症的診斷準則，因為這些隨身物件不是他們性激發所必要或強烈偏好之物，儘管如此，它們說明了近似戀物的偏好在男性中有很高的發生率。戀物症經常發生在施虐-被虐待活動的背景中，但是相對上很少在性侵犯者身上看到（Kafka, 2010）。

　　為了獲得所需的物件，戀物症患者可能從事偷竊、竊盜或甚至攻擊行為，他們最常偷取的物件或許是女性的內衣褲。在這樣的情況下，犯罪行為的興奮和懸疑本身往往強化了性刺激，且有時候實際上形成了盲目地戀物，所偷取的物件本身已不具重要性。

　　關於戀物症的病原，許多理論強調古典制約和社會學習的重要性（Hoffmann, 2012）。例如，我們不難想像，女性的內衣褲如何可能透過它與性和女性肉體的密切關係而具有色情的色彩。但是，只有少數男性發展出戀物行為，所以在性反應的可制約性上必然存在個別差異（就如同在恐懼和焦慮反應的可制約性上也存在類似差異，如第六章中所討論）。當男性在性可制約性上偏高時，他們將易於發展出一種或多種戀物行為。

DSM-5　「幾種不同性偏好症」的診斷準則

戀物症（fetishistic disorder）

A. 持續至少六個月，當事人藉由使用無生命物件，或藉由高度專注於非性器官的一些身體部位而產生重複及強烈的性激發，表明在個人的幻想、衝動或行為上。

B. 這些幻想、性衝動或行為引起臨床上顯著苦惱，或造成社交、職業或其他重要領域的功能減損。

C. 愛戀的物件不侷限於在異性裝扮上所使用的衣物配件（如在異裝症的情形），或不侷限於專門為了性器官觸覺刺激的用途而設計的裝置（例如，振動器）。

異裝症（transvestic disorder）

A. 持續至少六個月，當事人藉由跨性別裝扮（cross-dressing）而產生重複及強烈的性激發（sexual arousal），表明在個人的幻想、衝動或行為上。

B. 這些幻想、性衝動或行為引起臨床上重大苦惱或減損。

戀童症（pedophilic disorder）

A. 在至少六個月的期間中，當事人藉由與青春期前兒童或兒童們（通常是指13歲或更年幼）的性活動而產生重複及強烈的性激發，表明在個人的幻想、衝動或行為上。

B. 當事人已經將性衝動訴諸戀童行動，或這些性衝動或幻想引起顯著的苦惱或人際困境。

C. 當事人已至少16歲，而且至少比準則A的兒童年齡大5歲。

> 註　不包括青春期後期的個人牽涉到與12或13歲兒童進行中的性關係。

窺視症（voyeuristic disorder）

A. 持續至少六個月，當事人藉由偷窺不知情他人的裸體、脫衣過程或從事性活動而產生重複及強烈的性激發，表明在個人的幻想、衝動或行為上。

B. 當事人已在未徵得他人同意下行使這些性衝動，或這些性衝動或幻想引起重大苦惱或減損。

C. 當事人經歷性激發及／或行使性衝動時已至少年滿18歲。

暴露症（exhibitionistic disorder）

A. 持續至少六個月，當事人藉由暴露自己生殖器於不預期的他人而產生重複及強烈的性激發，表明在個人的幻想、衝動或行為上。

B. 當事人已對未徵得同意的他人行使這些性衝動，或這些性衝動或幻想引起重大苦惱或減損。

摩擦症（frotteuristic disorder）

A. 在至少六個月的期間中，當事人藉由碰觸或摩擦未徵得同意的他人而產生重複及強烈的性激發，表明在個人的幻想、衝動或行為上。

B. 當事人已在未徵得他人同意下行使這些性衝動，或這些性衝動或幻想引起臨床上重大苦惱或減損。

性施虐症（sexual sadism disorder）

A. 在至少六個月的期間中，當事人藉由另一個人的身體或心理痛苦而產生重複及強烈的性激發，表明在個人的幻想、衝動或行為上。

B. 當事人已對未徵得同意的他人行使這些性衝動，或這些性衝動或幻想引起臨床上重大苦惱或減損。

性被虐症（sexual masochism disorder）

A. 在至少六個月的期間中，當事人藉由被羞辱、痛打、綑綁或其他方式引致痛苦而產生重複及強烈的性激發，表明在個人的幻想、衝動或行為上。

B. 這些幻想、性衝動或行為引起臨床上重大苦惱或減損。

（資料來源：DSM-5，2013，美國精神醫學會）

二、異裝症

　　根據DSM-5，異性戀男性涉及男扮女裝以獲得性興奮或性滿足，就可能被診斷為異裝症。通常，異裝症好發於青少年期，且涉及在穿戴女性服飾或內衣褲的同時手淫。R. Blanchard（2010）假定大部分異性戀異裝症患者的心理動機為「自體女性愛好」（autogynephilia）：藉由想像或幻想自己身為女性以產生倒錯的性興奮（Blanchard, 1993; Lawrence, 2013）。性學專家Magnus Hirschfeld最先檢定出這類男扮女裝的男性，他們透過想像自己是女性而達成性興奮：「他們並非被外面的女性所吸引，反而他們是被自己內在的女性所吸引。」（Hirschfeld, 1984, p.167）。不是所有異裝症（transvestic disorder）男性都顯現清楚的自體女性愛好的徵候，有些男性似乎相當類似於典型的戀物症患者，他們專注於所愛好女性衣物的細節，沒有明顯的自己成為女性的幻想。在異裝症患者中，自體女性愛好的幻想強度預測他們的性別不安（gender dysphoria，指對於個人性別相應身體特徵的不舒適，或對於個人指定性別的不舒適）。就像其他形式的戀物症，異裝症不會對他人造成公然的傷害，除非是當伴隨像是偷窺或破壞財物等違法舉動，這樣的舉動是少見的，絕大多數的異裝症患者是無害的。雖然有些男同性戀者偶爾會「男扮女裝」，但他們通常不是為了性愉悅才這樣作，因此不能算是異裝症患者。

　　瑞典的一項大型調查發現（以超過2,400位男女為對象），幾近3%男性和0.4%女性報告曾經從事至少一次性愛的跨性別裝扮，但是該障礙症的實際盛行率顯然更為低多了（Langstrom & Zucker, 2005）。

　　1997年，超過1,000位經常跨性別裝扮的男性接受調查，研究結果顯示，他們絕大多數（87%）是異性戀者，83%有過婚姻，而60%在調查的時候是在婚姻狀態中（Docter & Prince, 1997）。許多人設法不洩露自己女裝打扮的祕密，至少是維持一段期間，然而，妻子通常會發覺到，而且呈現廣泛的反應，從完全接納以迄於極度困擾。

三、窺視症

　　當個人涉及偷看不知情女性的脫衣過程及裸體，或偷看情侶從事性活動以達到自己的性興奮或性滿足時，就可能被診斷為窺視症（voyeuristic disorder）。經常，這樣的人在偷窺活動的同時會從事手淫。如他們經常被稱為「窺視狂」（Peeping Tom），從事這些犯法行為的主要是年輕男性。窺視症經常與暴露症共同發生，它也涉及對於性被虐和跨性別裝扮的興趣（Langstrom & Seto, 2006）。窺視症也被認為是最常發生的違法性活動（Langstrom, 2010）。

　　年輕男性如何發展出這種行為型態？首先，對大部分異性戀男性而言，觀看誘人

的女性肉體本來就具有性刺激性。此外，傳統上籠罩著性活動的隱私性和神祕感，傾向於增添對性行為的好奇心；其次，假使年輕男性擁有這樣的好奇心，而又對於他與異性的關係感到害羞及不勝任的話，他可能接受性窺視的替代方式，這可以滿足他的好奇心，且在某種程度上滿足他的性需求，卻不用面對實際上接近女性可能發生的傷害，他因此避免了接近女性可能帶來的拒絕及低落的自我地位。事實上，偷窺的活動經常提供了重要之補償性的權力感，像是祕密支配著不知情的受害人，這可能促成了這種行為型態的維持。

近些年來，關於「成人」電影、錄影帶及雜誌之更為寬容的法律，或許已消除了對性行為的大部分神祕感，而且也提供了有意圖的偷窺者替代的滿足來源。然而，對許多偷窺者而言，這些電影和雜誌或許無法提供適當的替代途徑 —— 關於祕密觀看不知情伴侶的性行為，或觀看女性在「真實生活」中的裸體（在她們誤信自己正在享受隱私的情況下）所能提供的快感。再者，色情素材對偷窺行為的實際影響仍然有待探討，因為關於窺視症的盛行率從來沒有良好的流行病學資料，雖然它被認為是最常發生的性偏好症之一（Langstrom, 2010）。在前面所提瑞典的大型調查中，它發現11.5%的男性和3.0%的女性曾經在某些時候從事窺視活動（Langstrom & Seto, 2006）。

雖然窺視者可能在行為上變得魯莽，因而被發現或甚至被逮捕，但他們通常不會有任何其他與之相關的嚴重犯罪行為或反社會行為。事實上，許多人或許都擁有一些偷窺的傾向，但卻因為現實的考量（如被逮捕的可能性）及關於隱私權的道德態度而壓抑下來。

四、暴露症

當涉及在不適當的環境下，也未徵得別人（通常是陌生人）的同意時，就對他人暴露自己的生殖器，這樣的人可能被診斷為暴露症（exhibitionistic disorder）（法律名詞是妨礙風化罪）。通常，受害人的震驚會引致這些人高度的性激發。暴露可能發生在一些僻靜的地方，如公園；或發生在較為公眾的場所，如百貨公司、教堂、戲院或公車上。在城市中，暴露症患者（或俗稱的暴露狂 —— flasher）經常開車接近學校或公車站，在汽車中暴露自己的性器官，然後迅速開車逃走。在許多案例中，暴露反覆發生在相當固定的場合下，諸如只在教堂或公車中，或發生在同樣的鄰近地區及在每天的同樣時間。對於男性暴露狂而言，典型的受害人通常是他所不認識之年輕或中年的女性，雖然兒童和青少年也可能被鎖定作為目標（Murphy, 1997）。

暴露症經常起始於青少年期或成年早期，它在美國、加拿大及歐洲是最常向警方報案的性犯罪行為，占了所有性犯罪案件的大約三分之一（McAnulty et al.,

2001）。根據一些估計值，高達20%的女性曾經是暴露症或窺視症的受害對象（Kaplan & Krueger, 1997; Meyer, 1995）。雖然這種性偏好症的盛行率沒有良好的流行病學資料，前面所提以2,400位瑞典人為對象的調查已報告，4.1%男性和2.1%女性發生過至少一次暴露行為（Langstrom & Seto, 2006）。暴露症經常與窺視症共同發生，也傾向於與性施虐-被虐興趣和跨性別裝扮共同發生（Langstrom, 2010）。

　　在某些案例上，個人在暴露下體的同時也會作一些暗示性的姿勢或手淫，但是通常只有暴露而已。相當少數的暴露症患者會有攻擊舉動，有時候包括針對成年人或兒童之強制的性犯罪。有些男性暴露生殖器可能是因為他們有反社會型人格障礙症，而不是性偏好症（Langstrom, 2010）。

五、摩擦症

　　當個人在未徵得他人同意下，藉由以自己生殖器摩擦（或碰觸）對方身體來達到性興奮時，就可能被診斷為摩擦症（frotteuristic disorder）。就如窺視症，摩擦症反映了對一些事情不適宜及持續的興趣，但是在雙方同意的背景中，許多人對這些事情是引以為樂的。摩擦症經常與窺視症和暴露症共同發生（Langstrom, 2010）。身為摩擦舉動的受害人，這經常發生擁擠的公車或地下鐵的例常乘客身上。有些人推測，摩擦症患者意圖在未獲同意下性碰觸他人，這表示他們有更嚴重性犯罪的風險，但是現行沒有證據支持這個觀點（Langstrom, 2010）。因為摩擦症典型地需要他人非自願的參與，如果摩擦舉動發生，就可以作出摩擦症的診斷，不論當事人是否對於他的衝動感到苦惱。

六、性施虐症

　　在DSM-5中，當個人涉及對另一個人施加心理或身體的痛苦，以達成自己的性興奮或性滿足時，就可能被診斷為性施虐症（sexual sadism disorder）。施虐幻想通常包括支配、控制及羞辱的主題（Kirsch & Becker, 2007）。在某些個案上，施虐活動逐漸導致或終止於實際的性關係；在另一些個案上，只從施虐儀式本身就可以獲得充分的性滿足。例如，施虐者可能用剃刀割傷女性，或用針刺傷女性，然後在這過程中感受到高潮。

　　施虐者對他人施加痛苦的手段可能包括綑綁、鞭打、拳打腳踢、咬傷、割傷或燒傷；施虐舉動的強度有很大變異，從幻想到嚴重的傷殘及甚至殺害。輕微程度的施虐（及被虐）在許多文化中屬於性愛前戲的慣例；我們社會中的許多伴侶——異性戀和同性戀均有可能——例行地從事這樣的行為，通常相當地儀式化。因此，我們在這裡

有必要辨別二者，一是對於施虐-被虐行為之暫時或偶爾的興趣，另一則是屬於性倒錯的虐待狂。調查已經發現，大約5%-15%的男女偶爾地享受自願的施虐及／或被虐的活動（Baumeister & Butler, 1997; Hucker, 1997）。性倒錯的施虐狂和被虐狂──施虐-被虐活動已成為達到性滿足所偏好或唯一的手段──遠為少見；但是它們併同發生在同一個人身上並非少見（Kirsch & Becker, 2007）。DSM-5需要性施虐症的診斷保留給兩種情況，一是受害人未被徵得同意，另一是施虐經驗引起苦惱或人際困境。許多性施虐的個案具有共存的障礙症，特別是自戀型、孤僻型或反社會型人格障礙症（Kirsch & Becker, 2007）。性施虐者再伴隨這些人格障礙症的話，他們可能特別不具同理心，因此可能實際行使他們的性衝動。

極端的性施虐者可能在稍後手淫時，會心理上重演他們折磨他人的情景。許多連續殺人犯是性施虐者，他們有時候會記錄或拍攝下自己施虐的舉動。一項研究描述了20位性虐待連續殺人犯的特性，這些人在美國和加拿大各地犯下了149件謀殺案（Warren, Dietz & Hazelwood, 1996）。大部分的殺人犯是白人男性，發生在他們20幾歲後期或30幾歲初期的時候。他們的殺人案件長期下來具有顯著的一致性，反映了他們對於受害人的痛苦、恐懼及驚慌的性興奮。編舞式的侵害（choreographed assaults）使得他們能夠徹底地控制他們受害人的死亡。有些殺人犯報告，操控另一個人的生與死，使他們有像上帝般的感受，這點特別令人感到振奮。這個樣本中，85%報告有一致的暴力性幻想（violent sexual fantasy），而75%會蒐集跟暴力主題有關的一些資料，包括他們施虐行為的錄音帶、錄影帶、照片或素描，或是一些性虐待的色情影片及春宮畫。

七、性被虐症

在性被虐症中（sexual masochism disorder），當事人藉由跟另一個人關係上痛苦及失體面（貶低）的經驗，而感受到性刺激和性滿足。根據DSM-5，當事人必須涉及被羞辱、被痛打或被綁縛等舉動。

在雙方同意的施虐-被虐關係中，它通常包含一位支配、施虐的「主人」，另一位則是順從、被虐的「奴隸」，不論在異性戀或同性戀關係中，這種情況並不乏見。這樣的被虐者通常不會想要跟真正的性施虐者合作，他們想要合作的對象是那些願意在他們設定的界限內傷害或羞辱他們的人。被虐症顯然遠比施虐症更常發生，而且發生在男性和女性二者身上（Baumeister & Butler, 1997; Sandnabba et al., 2002）。

然而，一些少見形式的被虐經驗是有疑問的，一種特別危險的被虐形式稱為「自體窒息式性愛」（autoerotic asphyxia），涉及自我勒頸而達到氧氣缺乏的地步。雖然一些作家推測，當腦部失去氧氣供應時，這似乎會增加高潮的強度，但是沒有證據顯示，自體窒息式性愛的實踐者是為了這個動機。對照之下，對這樣實踐者的探討已

發現，他們的性幻想是強烈被虐層面的（Hucker, 2011）。在美國大部分的主要城市中，法醫應該都熟悉這樣的案件，即死者被發現窒息死亡，身旁擺一些受虐狂的色情雜誌或其他助性的用具。根據估計，美國每年有500到1,000例的意外死亡是這類性活動所造成（LeVay & Baldwin, 2012）。雖然自體窒息式性愛遠為常見於男性，它也會發生在女性，而且它回溯幾百年前已在許多文化中發生過。在某些案例上，它發生在兩個或多個人們之間雙方同意或不同意的施虐-被虐活動中（McGrath & Turvey, 2008）。

八、性偏好症的起因與治療

關於性偏好症，幾個因素可能在它們的發展上相當重要。首先，許多研究學者已注意到，幾乎所有性偏好症的病人是男性；女性性偏好的情形相當少見，她們在文獻中只有少數的個案報告（Fedoroff et al., 1999）。其次，性偏好症通常起始於青春期或青少年早期的時候。第三，性偏好症的病人通常有強烈的性驅力（sex drive），有些男子經常一天手淫好幾次。第四，性偏好症病人經常有一種以上的性偏好，例如，對於在自體窒息式性愛的過程中意外死亡的男性而言，他們的屍體有25%-33%被發現是局部或完全男扮女裝（Blanchard & Hucker, 1991）。沒有明顯的原因說明性被虐症與異裝症之間的關聯。為什麼會這樣呢？

Money（1986）及另一些人提出，男性容易發生性偏差與他們較為依賴視覺的性意象（visual sexual imagery）有密切關聯。這表示男性的性興奮（性激發）在較大的程度上依賴物理（有形）的刺激特性——相較之下，女性的性興奮可能較為依賴情緒脈絡，諸如伴侶間的相依相戀。假使如此的話，男性可能容易跟無關性慾的刺激（諸如女性的腿部或高跟鞋）建立起性方面的連結，而這最可能發生在進入青春期後，當性驅力高漲時。許多人相信，這些連結的產生是源於經典制約和工具制約的作用，也是源於經由觀察和模仿而發生的社會學習。當觀看性偏好刺激時（例如，模特兒穿著內衣的照片），或當發生對於性偏好刺激的幻想時，男孩可能手淫，而高潮釋放所具有的強化作用，可能被用來制約對於性偏好刺激的強烈吸引（Kaplan & Krueger, 1997; LeVay & Baldwin, 2012）。然而，這個假說無法解釋，儘管對著女性穿褲襪和胸罩的照片或影像手淫幾乎是普遍的經驗，為什麼只有少數男性發展出對這些物件的戀物症。

關於性偏好症的治療，絕大多數研究是以性罪犯為對象來執行，否則文獻上只有很少數個案被報告出來，這是因為大部分性偏好症患者不會為自己的狀況而尋求治療。因此，我們稍後討論性罪犯的治療時，我們才討論性偏好症的治療，因為其中一些罪犯有性偏好症。

第三節 性別不安

　　性別不安（gender dysphoria）是指對個人性別相應的身體特徵感到不舒適，或對個人的指定性別感到不適切。「性別不安」在DSM-5中是新的術語，以之取代原先的「性別認同障礙症」（gender identity disorder），這是為了作有效的描述，也是基於理論上中立的立場。這也就是說，原先被診斷為性別認同障礙症的人必然經歷性別不安，但這是否一定是由於非典型的性別認同發展，則較不清楚。性別不安也較為符合維度的取向（不安的程度隨人而異），而且在同一個人身上的程度可能隨著時間而變動（Cohen-Kettenis & Pfafflin, 2010）。性別不安可在兩個不同生活階段被診斷，也就是在兒童期，或是在青少年期或成年期。

DSM-5　「兒童性別不安」的診斷準則

A.個人所感受／展現的性別與指定性別之間顯著不一致，持續至少六個月，如下列準則中的至少六項所表明（必須包含準則A1）：

1. 強烈渴望成為異性，或堅持自己就是異性（或者不同於自己指定性別的另一些性別）。

2. 在男孩（指定性別）方面，強烈偏好異性打扮，或模仿女性打扮；在女孩（指定性別）方面，強烈偏好只穿著典型的男性服裝，且強烈抗拒穿著典型的女性服裝。

3. 在假扮遊戲或幻想遊戲中，強烈偏好跨性別的角色。

4. 強烈偏好刻板印象上屬於異性的玩具、遊戲或活動。

5. 強烈偏好異性的玩伴。

6. 在男孩（指定性別）方面，強烈拒絕典型的男孩玩具、遊戲及活動，強烈迴避粗魯扭鬥的遊戲；在女孩（指定性別）方面，強烈拒絕典型的女孩玩具、遊戲及活動。

7. 強烈不喜歡自己的性器官。

8. 強烈渴望擁有符合自己所感受性別的主要及／或次要性徵（sex characteristics）。

B.這些狀況與臨床上顯著苦惱或與社交、學業或其他重要領域的功能減損有關聯。

（資料來源：DSM-5，2013，美國精神醫學會）

　　當男孩發生性別不安時，他們明顯地執迷於傳統上女性的活動（Cohen-Kettenis

& Klink, 2015）。他們可能偏好女性化的穿著打扮；他們享受刻板觀念上屬於女孩的活動，諸如玩洋娃娃和扮家家酒；他們通常避開需要粗魯扭鬥的遊戲，經常表達想要成為女孩的渴望；他們往往被同伴稱之為「娘娘腔」（sissy）而加以排擠。

當女孩發生性別不安時，她們通常不情願父母試圖為她們作傳統女性化的穿著打扮，她們偏好男孩的服飾和短頭髮；她們所幻想的英雄通常是一些強有力的男性人物，像是蝙蝠俠和超人；她們對洋娃娃不太感興趣，倒是對運動較有興趣。雖然所謂的「野丫頭」（tomboy，指男孩子氣的女孩）也經常擁有許多或大部分的這些特質，但是對於被診斷為性別不安的女孩而言，她們的特色是渴望實際上成為男孩，或渴望長大後成為男人。對於這類診斷的女孩而言，她們受到自己同伴較良好的對待（相較於發生性別不安的男孩），因為扮異性的行為在女孩身上較能被容忍（Cohen-Kettenis et al., 2003）。在診所轉介的性別不安中，男孩在數量上遠多於女孩，約為5：1的比值（Cohen-Kettenis et al., 2003），在另一項研究中是3：1（Cohen-Kettenis et al., 2006）。這種失衡有一定比例可能反映了父母較為關心男孩的女性化行為——相較於對女孩的男性化行為的關心。

對於性別不安的男孩而言，他們長大成人後最常發生的結果似乎是同性戀，而不是變性慾（transsexualism）（Zucker, 2005）。在Richard Green（1987）的前瞻性研究中，44位非常女性化的男孩接受調查，只有一位在18歲時尋求變性手術。大約3/4成為同性戀或雙性戀的男子，且顯然對於自己的生理性別感到滿意。然而，幾項後繼的研究（以診所轉介的兒童為對象）發現，對於性別不安的男孩而言，10%-20%後來在16歲或18歲時被診斷為變性慾，而大約40%-60%認定自己為同性戀或雙性戀，這個百分比可能隨著他們更為年長而增加（Zucker, 2005）。另幾項較小型的前瞻性研究以被診斷有性別不安的女孩為對象，它們發現有35%-45%可能顯現持續的性別不安（導致許多人渴望重新認定性別的手術），而大約半數有同性戀取向。

然而，在迄今最大型的前瞻性研究中，它追蹤25位性別不安的女孩（3到12歲）到進入成年早期（平均23歲），發現在持續的性別不安上和在同性戀上稍微較低的發生率。在追蹤期間，3位被歸類為對她們的性別感到不滿，而這3位中的2位想要施行重新認定性別的手術。然而，32%有同性戀或雙性戀的幻想，而24%從事同性戀或雙性戀的行為。這些發生率很清楚遠高於從性別不安在人口中的基本率（base rates）所預期的，但是沒有像在性別不安的男孩中那般高（Drummond et al., 2008）。

DSM-5　「青少年和成人性別不安」的診斷準則

A. 個人所感受／展現的性別與指定性別之間顯著不一致，持續至少六個月，如下列準則中的至少兩項所表明：

1. 個人所感受／展現的性別與主要及／或次要性徵之間顯著不一致（或就較年幼的青少年而言，所預期的次要性徵）。
2. 強烈渴望除去個人的主要及／或次要性徵，因為與個人所感受／展現的性別顯著不一致（或就較年幼的青少年而言，渴望防止所預期次要性徵的發育）。
3. 強烈渴望擁有異性的主要及／或次要性徵。
4. 強烈渴望成為異性（或不同於自己性別的另一些性別）。
5. 強烈渴望被當作異性（或不同於自己指定性別的另一些性別）一般對待。
6. 強烈相信自己擁有異性（或不同於自己指定性別的另一些性別）典型的感受和反應。

（資料來源：DSM-5，2013，美國精神醫學會）

考慮到許多這樣的兒童通常在成年期有良好適應，他們應該在身為兒童時被認為有精神疾病嗎？有些人表示，這樣的兒童不應被視為「異常」，因為阻礙他們追求快樂的主要是社會，是社會不能容忍跨性別行為。然而，許多探討這些兒童的研究人員堅持，這些兒童和青少年對於他們生理性別與他們心理性別之間落差（矛盾）所感到的苦惱和不滿意，適合被稱為一種精神障礙症（Zucker, 2005, 2010）。再者，這些兒童經常受到他們同伴的不良對待，也經常跟他們父母陷入緊張的關係，即使他們的跨性別行為沒有傷害任何人。總之，儘管有些人表示兒童期性別不安不應該出現在DSM-5中（Vasey & Bartlett, 2007），它現在仍然以「兒童性別不安」的診斷被保留（Zucker, 2010）。

一、性別不安的治療

對於性別不安的兒童和青少年而言，他們通常是由父母帶來接受心理治療。專家們嘗試從兩方面著手，一是處理兒童對於自己生理性別的不快樂，另一是舒緩兒童與他們父母及同儕之間的緊張關係。當兒童有性別不安時，他們經常也會有其他廣泛的心理問題和行為問題，諸如焦慮症及情緒障礙症，這也需要治療關照（Zucker et al., 2002）。治療師試著改善此類兒童的同儕關係和父母關係，透過教導他們如何減低自己跨性別的行為，特別是在可能引起人際困擾的場合中。性別不安通常是採取心理動力的方式加以處置——也就是透過檢視內在的衝突。

關於兒童性別不安，兩個相關事實特別具有臨床上的重要性。首先，如我們已提過，大部分性別不安的兒童沒有成為性別不安的成人，這些困擾普遍在兒童期緩解下來（Wallien & Cohen-Kettenis, 2008）。其次，當個人進入青少年期仍然有性別不

安時，他們很可能進入成年期後依然如此，而他們也較可能採取醫學步驟以轉換身體的性別。許多性別不安兒童打消或堅持性別取向的關鍵時期，似乎是在10到13歲（Steensma et al., 2011）。

二、變性慾

變性慾者是指發生性別不安而渴望改變自己性別的成年人，外科手術的進展已使得這個目標局部是可行的，雖然頗為昂貴。至於有性別不安但不渴望改變自己生理性別的成年人則通常被稱為「transgendered」。變性慾（transsexualism）很明顯是一種極為少見的障礙症。過去，歐洲的研究顯示，大約每3萬位成年男性和每10萬位成年女性中才有1位尋求重新認定性別的手術（即變性手術）。然而，較近期的估計值指出，在西方國家中，大約1萬2,000位男子就有1位實際上接受變性手術（Lawrence, 2007）。直到相當近期，大部分研究學者仍假定，變性慾是兒童期性別不安的成年版本，而實際上情況也經常是如此。這也就是說，許多變性慾者身為兒童時有性別不安（儘管事實上大部分有性別不安的兒童並沒有成為變性慾者），而他們成年後的行為也大致上相似。對於大多數「女性轉男性」的變性慾者而言，情況也大致上如此，幾乎所有這樣的人回想她們童年時極像個野丫頭，這些男性化特質不曾減弱地持續到成年期。大部分（但不是所有）女性轉男性的變性慾者在性方面受吸引於女性。

然而，因為大部分有性別不安的兒童並沒有成為變性慾的成年人（反而是成為同性戀者或雙性戀者），所以變性慾必然存在另一些重要的決定因素。一種假設是，一些產前的激素作用力，影響了哪些兒童將會發展出性別不安，而且後來成為變性慾者（Meyer-Bahlburg, 2011）。另一種假設是，一些家庭較有系統地支持男孩的去女性化（defeminization）——相較於其他家庭。

三、變性慾的治療

在協助青少年或成年人解決他們的性別不安上，心理治療通常不具有效益（Cohen-Kettenis et al., 2002; Zucker & Bradley, 1995），唯一已被顯示有效的治療法是變性手術。在實際施行手術前，變性慾者需要先接受幾個月的激素治療（hormonal therapy），他們通常也必須如他們希望成為的性別那般生活至少一年。假使順利通過試驗期，他們才能接受手術，而且需要無限期地繼續服用激素。

隨著外科手術科技的進步，變性手術的預後已大為改善。根據1990年對治療結果文獻的審查，發現在220位男性變為女性的變性慾者中，87%有滿意的結果（表示他們不後悔自己的決定）；至於在130位女性變為男性的變性慾者中，97%有良好的

結果（Green & Fleming, 1990）；較爲新近的研究也報告了類似的發現。因此，大部分的變性慾者對於變性手術的結果感到滿意，雖然滿意的程度有所不同（Cohen-Kettenis & Gooren, 1999; Lawrence, 2006）。儘管經過審慎篩選後，變性慾的病人有相當良好的成功紀錄，但這樣的手術仍然有爭議性，因爲有些專家繼續堅持，透過徹底的解剖構造上的變換以處理精神障礙症是不適當的。

第四節 性虐待

性虐待（sexual abuse）是指涉及身體上或心理上強迫手段的性接觸，至少有一方（例如，兒童）無法合理地表達自己不同意。這樣的虐待包括戀童症、強暴及亂倫。但多少有點反諷的是，這三種形式的虐待中，只有戀童症被列入DSM-5。這部分地反映了社會看待這些侵害行爲的嚴重性，也就是看待強制性的性侵害者爲罪犯，而不只是有精神障礙症（雖然很明顯地，許多罪犯也有精神障礙症）。

一、戀童症

根據DSM-5，當成年人對於與青春期前兒童的性活動，懷有重複而強烈的性衝動或幻想時，就可能被診斷爲戀童症（pedophilic disorder）；行使這些慾望不是該診斷的必要條件，假使這些慾望已引起當事人苦惱的話。DSM-5也指出所謂的兒童是指「13歲以下」的人。

戀童症患者與兒童的性互動經常涉及撫摸、玩弄或嘴巴接觸兒童的生殖器，插入肛門或陰道的性行爲較爲少見。雖然性插入和相關的暴力經常對兒童造成傷害，但是傷害通常只是副產品，而不是他們行爲的目標，否則他們也將被診斷爲性施虐症（雖然少數被診斷爲戀童症的男子也是性施虐者）（Cohen & Galyker, 2002）。

幾乎所有戀童症患者都是男性，而大約2/3的受害人是女孩，典型地是在8歲到11歲之間。有些戀童症患者（特別是那些侵犯青春期前兒童的人們）相對上不在意他們受害人的性別，他們關切的只是受害人的年齡。相較於異性戀的戀童症患者，同性戀的戀童症患者傾向於有較多受害人（Blanchard, 2000; Cohen & Galynker, 2002）。一項調查發現，大多數戀童症患者曾經使用兒童的黃色照片和色情影片（Seto, 2004）。

性侵害兒童的人較可能從事自我辯護的認知扭曲，包括相信兒童將可從跟成人的性接觸中獲益，以及相信通常是兒童啓動這樣的接觸（Marziano et al., 2006）。就動機上而言，許多戀童的加害人似乎是害羞及內向的，但仍然渴望能夠掌握或支配另一

個人；有些人也會理想化兒童期的一些特質，諸如純潔、無條件的愛，或單純。事實上，最常見的戀童症患者或許是那些不具人際社交技巧的男子，他們之所以受到兒童的吸引，就是因為他們感到能夠控制他們與兒童之間的關係。

戀童症經常起始於青少年期，且持續個人的一生。許多人從事與兒童或青少年有關的工作，以便他們有廣泛的機會接近兒童。另幾項研究顯示，相較於強暴犯，戀童症的男性遠為可能當身為兒童時受到過性虐待或身體虐待（Daversa & Knight, 2007; Lee & Katzman, 2002）。

最後，不是所有戀童症患者都會加害兒童，在一項保密的研究中，許多德國男子因為他們的戀童感受而求助於心理健康中心，30%報告他們從不曾跟兒童發生過性接觸，然而，他們大部分人觀看過兒童色情影片（Neutze et al., 2011）。

二、亂倫

文化上禁止家庭成員（諸如兄妹、姊弟，或父母與子女）之間的性關係；假使發生這樣的關係，就被稱為亂倫（incest，或近親相姦）。雖然少數社會曾經認可特定的亂倫關係，例如，埃及法老曾經有娶自己姊妹的既定習俗，目的是為了防止皇族血統受到「汙染」，但在人類社會中，亂倫的禁忌幾乎是普遍一致的現象。亂倫經常會生下有智能和生理問題的孩子，因為近親遠為可能擁有同樣的隱性基因（通常具有不良的生理效應），因此生下的孩子擁有兩套隱性基因；或許是基於這個原因，許多非人類的動物和所有已知的靈長類都已演化出來，即傾向於避免近親之間的交配。人類避免亂倫的機制似乎是，個人會對於自己從早年就不斷接觸的人們缺乏性興趣。例如，對於在以色列集體農莊一起被撫養而沒有血緣關係的兒童而言，當他們長大成年後，很少跟來自他們被養育團體的其他人結婚或發生戀情（Kenrick & Luce, 2004）。就進化上來說，這是有道理的，在大部分文化中，共同被養育的兒童通常具有血緣關係。

在我們自己的社會中，亂倫的實際發生率很難估計，因為亂倫通常只有當被提報到相關機構時才會曝光。亂倫當然也比一般所認為的更常發生，部分地是因為許多受害人不願意說出亂倫事件，或不認為自己受害。兄妹（姊弟）亂倫是最常發生的亂倫形式，即使它很少被報告（LeVay & Baldwin, 2012）。第二常發生的形式是父女亂倫；母子亂倫被認為相當少見。通常，亂倫的侵害者不會止步於家庭中的一位子女（Wilson, 2004），有些亂倫的父親染指所有自己的女兒，隨著她們依序地進入青春期。

三、強暴

強暴（rape）是指一個人受到另一個人實際或威脅的暴力強迫下所發生的性活動（參考圖12.1）。在大部分州中，強暴的法律定義限定於強迫的性交，或以陰莖或其他物件強行插入他人身體內部。法定強姦罪（statutory rape）是指與未達法定年齡（通常訂為18歲）的人們進行性活動，即使是取得對方的同意。在絕大多數的情況下，強暴是由男性對女性施加的侵害行為；雖然在監獄環境中，經常也有男性侵害男性的案例。有別於強暴，性侵害（sexual assault）所指稱的舉動涉及不想要的性接觸，像是在未徵得同意下撫摸另一個人。

這裡有必要指出的是，強迫的性交不是人類所特有，它也發生在動物界的許多物種身上，這表示強暴已進化為一種繁殖的策略，以供雄性產下較多後代。強暴也發生於大部分的人類社會中（包括尚無文字記載的社會）（Lalumiere et al., 2005）。

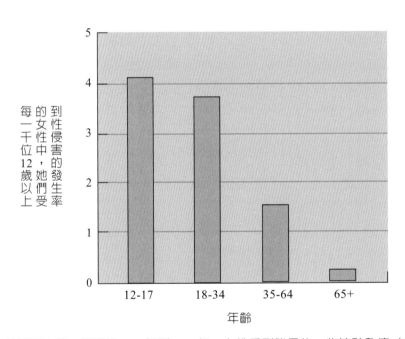

這些資料得自美國司法部，說明從2005年到2010年，女性受到強暴的一些統計數值（根據Planty et al., 2013）

圖12.1　性侵害的統計數字

盛行率

強暴案盛行率的估計值有廣泛變異，這至少部分地是因為不同研究對強暴的精確定義有所差異，也是因為資料蒐集的方式（例如，直接或間接的詢問）有所差異。根據美國司法部人口普查的資料，強暴和性侵害的發生率近些年來已降低下來，從1995

年每年0.5%女性的發生率，降到2010年的每年0.2%（Planty et al., 2013）。這些百分比可能看起來偏低，但它們表示12歲以上的女性中，每年每200位到500位就有1位遭受強暴或性侵害，這是令人無法接受的很高數值。對於34歲以下而住在低收入及偏遠地區的女性來說，她們有受到強暴和性侵害的最高風險。此外，大部分性暴力案件的加害者是受害人所認識的人（78%），這可能是為什麼只有少數這樣的性侵害涉及使用武器，諸如手槍或刀子（11%）（Planty et al., 2013）。

強暴傾向於是重複性的活動，而不是孤立的行動，且大部分的強暴案是有計畫的事件。大約80%的強暴犯是在他們住家的鄰近地區犯案；大部分強暴案發生在夜晚的都市背景，場所則從漆黑而荒涼的街道、建築物的電梯及走道，以迄於公寓或住家。所有強暴案中，大約1/3涉及一位以上的侵害者，且通常伴隨毆打的行為。

除了施加於受害人的身體傷害外，心理創傷也可能很嚴重，導致許多女性受害人發展出PTSD。強暴可能也會對受害人的性功能產生不良影響，進而妨礙了她的婚姻或其他親密關係。雖然很少有系統化的研究是針對於受到強暴的男性，最近的一項研究以40位強暴案的男性受害人為對象，發現幾乎所有受害人在遭受強暴後都經歷一些長期的心理苦惱，包括焦慮、憂鬱、偏高的憤怒感及自我形象的失落（Walker et al., 2005）。

強暴犯的一些特性

根據美國聯邦調查局（FBI）對於被逮捕與定罪的強暴犯所蒐集的資料，強暴案通常是由年輕男性所犯下；大約60%被逮捕的強暴犯是低於25歲，絕大部分是集中在18到24歲的年齡組。根據警方的資料，大約30%-50%的強暴犯已婚，而且在犯罪當時仍跟他們妻子生活在一起。整體而言，他們來自社經階級的低端，且通常有犯罪的前科（Ward et al., 1997）。他們也很可能在兒童期經歷過性虐待、暴力的家庭環境及不一致的父母管教（Hudson & Ward, 1997）。

有一種亞型的強暴犯，稱為約會強暴犯（date rapists），是由男子在約會或其他社交場合中強暴熟識的女性，他們具有稍微不同的人口統計剖析圖，即他們通常是中產到上層階級的年輕男性，很少有犯罪紀錄。然而，就像入獄的強暴犯，這些男子的特色是雜交、敵意的男子氣概、情緒疏離，以及掠奪性人格（LeVay & Baldwin, 2012）。他們的受害人通常極為陶醉於他們的風采（Mohler-Kuo et al., 2004; Testa et al., 2003）。但是辨別這二者的主要是，入獄強暴犯顯現更為偏高的衝動行為和反社會行為——相較於約會強暴犯。

一些證據指出，有些強暴犯也受擾於性偏好症（Abel & Rouleau, 1990; Freund & Seto, 1998）。例如，強暴犯經常報告有週期性、重複及強迫性的強暴衝動，他們典型地嘗試控制這些衝動，但是該衝動有時候變得如此強烈，致使他們最後付諸行

動。許多強暴犯也有其他性偏好。例如，在一項包含126位強暴犯的研究中，28%被診斷有暴露症，18%則有窺視症（Abel & Rouleau, 1990）。少數強暴犯是性施虐症患者，他們的特色是非常暴力的侵害，較是受到侵害行為的誘使，而較不是受到性刺激。

在性格方面，強暴犯經常具有下列特性：衝動、容易發怒、缺乏私人親密關係，以及對社會線索或壓力感受性遲鈍（Giotakos et al., 2004）。許多強暴犯也顯現在社交和溝通技巧上的一些缺失（Emmers-Sommer et al., 2004）；他們在對女性的感受和意圖的認知評估上也有所缺失（Ward et al., 1997）。例如，他們在執行有成效的交談所需的技巧上特別欠缺，但這是發展跟女性雙方同意的關係所必要的。此外，他們在社交互動期間似乎不擅於解讀女性的負面線索，經常把友善的行為解讀為輕佻或性挑撥（Emmers-Sommer et al., 2004）。這可能導致不妥當的行為，而被女性感受為是性侵擾。

估計值是只有20%-28%的強暴事件有跟警方報案，相較之下搶劫事件達到60%，但是報警的強暴案數量在過去幾十年來已大為增加（Magid et al., 2004）。在被逮捕的男性中，只有大約半數被定罪；這些之中，只有大約2/3入獄服刑（LeVay & Baldwin, 2012）。定罪通常只被處以輕刑，而刑期無法遏止性侵害者偏高的再犯率，這造成的結果是，大部分強暴犯並未住進監獄，他們仍在我們的社區中走動。

四、性侵害者的治療與再犯

一般而言，性侵害者的再犯率實際上顯著低於其他許多類型的犯罪。然而，當性侵害者具有偏差的性偏好時（例如，暴露症、戀童症及重度施虐症的男子），他們有特別高的再犯率（Dickey et al., 2002; Langevin et al., 2004）。一項研究追蹤三百位性侵害罪犯長達二十五年，它發現超過半數的人被控訴至少另一次性侵害罪行（Langevin et al., 2004）。近期的審查則發現，性慾化的暴力（即偏好施虐或強迫的性行為）是再犯最強烈的預測指標，另一些預測指標包括負面的社會影響力、不良的認知問題解決，以及孤單（Mann et al., 2010）。強暴犯的再犯率隨著年齡穩定下降，但是對於侵害兒童的罪犯而言，除非到50歲後才會顯著降低下來（Dickey et al., 2002; Hanson, 2002）。

心理治療法

性侵害罪犯的治療通常至少具有下列四個目標之一：矯正性興奮和性吸引的型態、矯正認知與社交技巧以便跟成年伴侶有較為適宜的性交往、改變將會增加再犯機會的一些習慣或行為，或是減低性驅力。在矯正性興奮型態的嘗試上，這通常牽涉到

嫌惡治療法（aversion therapy），也就是性偏好刺激（諸如針對戀童症患者之青春期前裸體女孩的幻燈片）被使用來跟嫌惡事件（諸如強迫吸入有害的氣味，或對手臂施加電擊）配對呈現。另一種用以取代電擊嫌惡治療法的方案是內隱敏感法（covert sensitization），也就是病人在想像或觀看性偏好刺激的同時想像高度嫌惡的事件；或在輔助式內隱敏感法中，當病人的性興奮達到最高潮時，引入難聞的味道以引起病人噁心及反胃（Beech & Harkins, 2012）。

偏差的性興奮型態也需要以對可接受刺激的興奮加以取代（Maletzky, 2002）。最經常的情況是，研究人員嘗試把高潮的愉快刺激與涉及雙方同意的成年人之間性行為的性幻想加以配對呈現。例如，性侵害罪犯被要求在想像偏差幻想的同時手淫，在射精已經不可避免的時刻，病人轉換他的幻想為較為適宜的主題。雖然嫌惡治療法已被顯示在實驗室中多少具有效果（Maletzky, 1998; Quinsey & Earls, 1990），但是這種治療變化是否能夠良好類化到病人的外在世界，這仍有待確認——特別是如果病人的動機逐漸式微的話。雖然嫌惡治療法仍然被廣泛使用來處理性侵害罪犯，但它不被當作是唯一的治療法加以使用（Marshall, 1998）。

另一些心理治療是對準於降低再犯的機會。認知重建（cognitive restructuring）嘗試排除性侵犯者的認知扭曲，因為它們可能在性侵害上扮演一定角色（Maletzky, 2002）。此外，社交技巧訓練（social-skills training）也被提供，以協助性侵害者（特別是強暴犯）學會較有效地處理來自女性的社交訊息，而且較適宜地與女性進行互動（Maletzky, 2002; McFall, 1990）。

較近期的後設分析檢視了43項研究，包含幾近1萬位性侵害罪犯，它確實發現接受治療的罪犯較不可能再度性侵害（Hanson, Gordon, et al., 2002），但是效果適度而已：12.3%接受治療的罪犯被控以另一次性侵害，相較之下未接受治療的罪犯是16.8%。無論如何，現今的認知-行為技術顯然遠比舊式的技術（諸如嫌惡治療法）更為有效。

✸ 生物與手術的治療

近些年來，SSRI類的抗鬱劑已被發現有助於治療各種性偏好症——透過降低了性偏好者的慾望和行為。然而，它們無助於治療性侵害的罪犯。針對性侵害的罪犯，最具爭議性的治療法是去勢（castration）——不論是以手術割除睪丸，或是透過有時候稱為「化學去勢」的激素治療（Berlin, 2003; Bradford & Greenberg, 1996）。手術和化學去勢二者降低了睪固酮的濃度，這接著減低性驅力，使得侵害者能夠抗拒任何不適當的衝動。化學去勢通常涉及施加抗雄性激素類固醇荷爾蒙，諸如Depo-Provera和Lupron，但它們二者具有嚴重的副作用。一項非控制性的研究已發現，Lupron藥物產生令人印象深刻的結果：30位性偏好症的男子在治療之前，報告每個星期平均有48

次性偏差的幻想，但在治療期間完全沒有這樣的幻想（Rosler & Witztum, 1998）。然而，當停止服用藥物時，復發率非常高（Maletzky, 2002）。

在歐洲和較近期在美國所執行，對於有暴力傾向的性侵害累犯施以手術去勢，發現也獲致類似的結果（但沒有很高的復發率）（Weinberger et al., 2005）。這些研究通常包含各式各樣的性侵害罪犯，從戀童侵害者以迄於對成年女性的強暴犯。追蹤期有時候已超過十年。去勢罪犯的再犯率通常低於3%，相較之下未去勢罪犯的再犯率高於50%（Berlin, 1994; Green, 1992; Prentky, 1997）。儘管有很高的成功率，許多人認為這樣的治療是殘忍、不道德及不人道的措施（Farkas & Strichman, 2002; Gunn, 1993），雖然這種說法已受到挑戰（Bailey & Greenberg, 1998）。

引人感興趣的是，在一些近期的案例中，性侵害的罪犯自己提出被去勢的要求，以便交換較輕的判刑（LeVay & Baldwin, 2012）。不出乎意外的，許多治療方案現在採用激素治療和認知-行為治療雙管齊下的方式，它是寄望在罪犯已學得衝動控制的技術後，激素治療能夠逐漸減退下來（Maletzky, 2002）。

第五節　性功能障礙

性功能障礙（sexual dysfunction）是指對性滿足的慾望有所減損，或指達到性滿足的能力有所減損，這樣的減損在程度上有很大變異，但不論伴侶中哪一方被聲稱是功能障礙，關係中的雙方在性享受上都典型地受到不利影響。性功能障礙皆會發生在異性戀和同性戀伴侶二者身上。在某些個案上，性功能障礙主要是由心理或人際因素所引起；在其他個案上，身體因素是首要原因，包括服藥產生的副作用。近些年來，在性功能障礙的解釋和治療上，生物層面較居於優勢，雖然一些心理治療法已受到實徵上驗證（empirically validated），而心理社會因素很清楚地也扮演致因的角色（Heiman, 2002; Heiman & Meston, 1997; Segraves & Althof, 2002）。

今日，研究人員和臨床人員通常把人類的性反應劃分為四個不同階段——如Masters和Johnson（1966, 1970, 1975）以及Kaplan（1979）最先所提議的。根據DSM-5，障礙可能發生在前三個階段的任一階段。

1. 第一個階段是慾望期（desire phase），包括對於性活動的各式幻想，或是對於發生性活動的渴望感。

2. 第二個階段是興奮期（excitement phase），它的特色是性愉悅的主觀感受和伴隨這種主觀愉悅而來的生理變化，包括男性的陰莖勃起，在女性方面則是陰道潤滑和陰蒂膨脹。

3. 第三個階段是高潮期（orgasm），這個期間出現性緊張的釋放和性愉悅的尖

峰。

4. 最後的階段是消退期（resolution），當事人在這個期間有放鬆和安適的感受。

性功能障礙有多麼普遍？顯然，我們不容易針對這樣敏感的話題從事大規模的研究。儘管如此，「全國健康與社會生活調查」（Laumann, Paik & Rosen, 1999）仍設法評估一般人的性困擾，它隨機挑選3,159位美國人，詢問他們在過去十二個月中是否發生過各種性功能障礙的任何症狀，結果發現性困擾相當普遍，有43%的女性和31%的男性報告在前一年中發生過至少一種這些困擾。對女性而言，所報告性困擾的發生率隨著年齡而遞減；對男性而言，它則是遞增。具體而言，女性最常發生的抱怨為缺乏性慾望（22%）和性興奮障礙（14%）；對男性而言，最常報告的是太早達到高潮（21%）、勃起功能障礙（5%），以及缺乏性興趣（5%）。這表示有相當高比例的人們在他們生活中的某些時候發生過性功能障礙。

引人興趣的是，稍後的研究以遍及世界29個國家的2萬7500位群眾為對象，揭示相當類似的結果（Laumann et al., 2005）。東亞和東南亞國家報告稍微偏高的性困擾發生率——相較於其他大部分國家。

DSM-5　「各種性功能障礙」的診斷準則

男性

男性性慾低落障礙症（male hypoactive sexual desire disorder）

A. 持續或重複之對性活動的性慾望及性幻想的不足（或缺乏）。這是由臨床專家在考慮一些影響性功能的因素後所作的判斷，諸如年齡，以及個人生活的一般情境和社會文化背景。

B. 準則A的症狀已持續至少大約六個月。

C. 準則A的症狀引起當事人臨床上顯著苦惱。

D. 該性功能障礙無法以無關於性的精神疾病、嚴重人際關係苦惱的後果，或其他重大壓力源的後果作更好的解釋，也無法歸因於某一物質／醫藥的效應，或另一種身體病況所致。

勃起障礙症（erectile disorder）

A. 下列三項症狀必須至少出現一項，它們發生在大部分或所有（大約75%-100%）性活動的場合中。

1. 在性活動期間，顯著地難以達成勃起。

2. 在維持勃起直到完成性活動上有顯著困難。

3.勃起硬度顯著地減弱。

B、C及D同上。

早洩（premature or early ejaculation）

A.在跟伴侶的性活動期間持續或重複發生的射精型態，個人在陰莖插入陰道的大約一分鐘之內、在個人希望的時機之前就射精。

> 註　雖然早洩的診斷可以適用於個人從事一些非陰道的性活動，但是關於這些活動特定的時間準則尚未建立。

B、C及D同上。

遲洩（delayed ejaculation）

A.下列二項症狀必須出現至少一項，它們發生在大部分或所有（大約75%-100%）跟伴侶進行性活動的場合中，而個人並無意拖延。

1.顯著的射精延遲。

2.顯著的不常或沒有射精。

B、C及D同上。

女性

女性性興趣／興奮障礙症（female sexual interest/arousal disorder）

A.缺乏或顯著降低的性興趣／興奮，如下列症狀中的至少三項所表明：

1.對性活動缺乏興趣或降低興趣。

2.缺乏或偏低的性思想及性幻想。

3.沒有或偏低的性活動邀約，且通常對於伴侶的主動邀約不接受。

4.在性活動期間缺乏／降低的性興奮及愉悅感，發生在大部分或所有（大約75%-100%）的性行為經驗中。

5.對於任何內在或外在的性慾／色情刺激（例如，書面、口語、視覺的素材）缺乏／降低的性興趣及性興奮。

6.在性活動期間缺乏／降低的生殖部位或非生殖部位的感覺，發生在大部分或所有（大約75%-100%）的性行為經驗中。

B、C及D同上。

骨盆性器疼痛／插入障礙症（genito-pelvic pain/penetration disorder）

A.持續或反覆地發生下列一項（或多項）困難：

1.性交時的陰道插入。

2.當陰道內性交或企圖插入時，顯著的外陰道或骨盆疼痛。

3.在預期插入、插入期間或插入後，個人對外陰道或骨盆疼痛有明顯的恐懼或焦慮。

4.在企圖陰道插入時，骨盆底肌肉發生繃緊或緊縮。

B、C及D同上。

女性高潮障礙症（female orgasmic disorder）

A.下列症狀必須出現至少一項，它們發生在大部分或所有（大約75%-100%）性活
動的場合中。

1.高潮明顯地延遲發生、不常發生或完全沒有發生。

2.高潮感受的強度明顯地降低。

B、C及D同上。

（資料來源：DSM-5，2013，美國精神醫學會）

一、男性的性功能障礙

　　基於文化的原因，可能也是基於生物的原因，性被認爲對於男性特別重要。當
然，利用男性對於性功能障礙的擔憂，製藥公司每年賺進龐大的金額，特別是關於
「勃起障礙症」（erectile disorder）的藥物治療。

■ 男性性慾低落障礙症

　　當男性持續至少六個月，由於偏低的性慾望或性幻想，因而感到苦惱或造成減損
時，就可能被診斷爲「性慾低落障礙症」。這種障礙症的可能起因包括來自伴侶、雙
方關係、文化信念或態度、個人脆弱性（例如，不良的身體意象），或身體病況等方
面問題。在一項大型的調查中，它發現最年長年齡組（50到59歲）受擾於偏低性慾望
的機率是最年幼年齡組（18到29歲）的3倍高（Laumann et al., 1999）。偏低慾望的
指標包括每天使用酒精、壓力、未婚狀況及不良健康。在英國的一項大型調查中，男
性在性方面最常報告的困擾是性興趣低落（17.1%的男性）（Mercer et al., 2003）。
然而，這個男性樣本中，只有少數人（1.8%）的偏低性慾望是達到診斷所必要的六個
月期間。大多數專家相信，男性性慾低落障礙症（male hypoactive sexual desire dis-
order）是後天獲得或情境的，而不是終身的。典型的情境風險因素包括憂鬱和關係
壓力。

　　治療。關於男性偏低性慾望的治療，很少研究被報導出來。有些男性的睪固酮
（testosterone）濃度顯著偏低，則睪固酮注射會有所助益（Brotto, 2010）。因爲心
理因素與男性偏低的性慾望有較爲密切的關聯（相較於激素因素），心理治療可能對
其他男性較爲有效。

✦ 勃起障礙症

無法達到或維持適當的勃起以順利地完成性交，這在以往被稱為陽萎（impotence，或性無能），它現在則被稱為男性勃起障礙症（male erectile disorder）。在終身的勃起障礙症中，當事人擁有適當的性慾望，但從來無法維持足夠的勃起時間以達成滿意的持續插入。在後天或情境的勃起障礙症中，當事人在需要勃起的性活動上至少曾有一次成功的經驗，但是目前無法引起或維持所需陰莖堅硬的程度。終身勃起不足是相對上少見的障礙症，但是所有年齡的大部分男性偶爾會在引起或維持勃起上發生困難。在探討性功能障礙的盛行率上，一項研究估計，7%的18到19歲男性和18%的50到59歲男性報告有勃起障礙症（Laumann et al., 1999）。

Masters和Johnson（1975, 1992）以及Kaplan（1987）假定，勃起功能障礙主要是對於性表現的焦慮所造成。然而，在審查所累積的證據後，Barlow及其同事們（1984, 1996）貶低焦慮角色本身的重要性，因為在某些情況下，焦慮實際上可能增強有正常功能的男女的性表現（Palace & Gorzalka, 1990; Sbrocco & Barlow, 1996）。

Barlow（2002a）強調，對於性功能障礙的病人而言，干擾他們性興奮的似乎不是焦慮本身，而是經常與焦慮牽連在一起的認知分心（cognitive distractions）。換句話說，病人在性接觸期間關於自己性表現的負面想法（「我將無法興奮起來」或「她將會認為我表現差勁」）分散了他們的注意力；這種對負面想法的關注，而不是焦慮本身，才是妨礙性興奮的原因。再者，這樣的自我挫敗（self-defeating）思想不僅降低了性愉悅，它也可能增加焦慮——假使勃起沒有發生的話。這接著可能為更進一步的負面、自我挫敗的思想供應了燃料（Sbrocco & Barlow, 1996）。

當服用一些抗憂鬱藥物後（特別是SSRIs），高達90%的男性會發生勃起困擾，而這是男性援引為停用這些藥物的主要原因之一（Rosen & Marin, 2003）。勃起問題也是老化常見的結果。一項研究調查超過1,400位男子，發現從57歲到85歲男性之間，37%報告有顯著的勃起困難，隨著年齡越大，困擾也逐漸增加（Lindau et al., 2007）。然而，完全而永久的勃起障礙症在60歲前也相當少見。再者，研究已指出，男女在他們80多歲和90多歲時通常仍有不錯的能力享受性交（Masters et al., 1992; Meston & Rellini, 2008）。例如，一項研究以80歲到102歲之間的202位身體健康的男女為對象，它發現幾近2/3的男性和1/3的女性仍然有性交行為，雖然這通常不是他們最常發生的性活動的形式（Bretschneider & McCoy, 1988）。

在老年人身上，勃起障礙症最常見的起因是血管疾病，它導致陰莖的血流量減少，或導致陰莖留置血液以維持勃起的能力降低。因此，動脈硬化、高血壓和其他容易促成血管病變的疾病（諸如糖尿病），經常會導致勃起障礙症。吸菸、肥胖及酒

精濫用是相關的生活風格因素，而生活風格的改變可以改善勃起功能（Gupta et al., 2011）。最後，影響神經系統的一些疾病（諸如多發性硬化症）也可能導致勃起困擾。

治療。近些年來，各種治療法──主要是醫療方式──已被派上用場，通常是當認知-行為治療法已失敗後。這些包括：(1)藥物治療，像是Viagra、Levitra及Cialis；(2)注射平滑肌鬆弛劑到陰莖勃起室（海綿體）中；及(3)安裝真空唧筒（Duterte et al., 2007; Rosen, 1996）。在極端的個案上，人工陰莖植入手術可能被派上用場，這些裝置可以打入氣體以提供所要求的勃起程度。

1998年，革命性的新藥品威而剛（sildenafil）被引進美國市場而受到廣泛注意。威而剛發生作用是透過使得氧化氮（涉及陰莖勃起之主要的神經傳導物質）更充分供應。威而剛是口服劑型，在性活動至少30分鐘到60分鐘前服用。不像其他某些針對勃起功能障礙的生理治療法，威而剛只有當個人存在某些性慾望時才會促進勃起。因此，對立於一些迷思，威而剛不會增進性慾，也不會促成自發的勃起（Duterte et al., 2007; Segraves & Althof, 2002）。另兩種在2003年引進被用來治療勃起功能障礙的相關藥物是Levitra（vardenafil）和Cialis（tadalafil），其中Cialis的效果更為持久（高達36個小時）。

這些藥物的臨床試驗令人印象深刻。在雙盲研究中，服用至少50mg的威而剛後，超過70%的男性報告他們的勃起狀態有所改善；相較之下，服用安慰劑只有不到30%（Carlson, 1997）。威而剛的副作用相對上較少，也較不嚴重（例如，最常見的副作用是頭痛和臉部發紅，發生在大約10%-20%的病人身上）。但是，有嚴重心臟疾病的人們則不被建議使用（Duterte et al., 2007）。另有一些研究顯示，這些藥物的效益可以被進一步增強──當結合認知-行為治療法使用時（Bach et al., 2004; Meston & Rellini, 2008）。

早洩（premature ejaculation）。是指持續而重複地在極少性刺激下發生高潮和射精。它可能發生在陰莖插入之前、當時或不久後，而且是在當事人希望的射精時機之前。早洩的結果經常使得伴侶無法達到滿足，也經常為早洩的男性帶來極度困窘，使得當事人對於未來是否會再度發生早洩抱持破壞性的焦慮。男性當從初始的性接觸就發生過這種困擾的話，他們通常會嘗試降低自己的性興奮，像是經由避免過度刺激、經由自我分心，以及藉由「旁觀」的手段──亦即心理上採取觀察者的角色，而不是參與者的角色（Metz, et al., 1997）。

早洩的精確定義必然會有些獨斷。例如，案主的年齡必須加以考慮──所謂的「年輕男性是快槍俠」（quick trigger）的說法絕不僅是一種迷思（McCarthy, 1989）。實際上，大約半數的年輕男性抱怨有早洩情形；不令人訝異的，早洩也很可能發生在長期禁慾之後。至少直到60歲前，早洩是最常發生的男性性功能障礙，然後

勃起功能障礙在年長男性身上成爲較普遍的障礙症（Meston & Rellini, 2008; Segrave & Althof, 2002）。

治療。許多年來，大部分性治療師認爲早洩是心理作用引起的，可以透過行爲治療良好地加以矯治，諸如採用「暫停與緊握」（pause-and-squeeze）的技術。較爲近期，針對行爲治療無法奏效的男性，藥物干預的可能性開始受到探討。研究已發現，阻斷血清素再吸收的抗鬱劑，諸如paroxetine（Paxil）、sertraline（Zoloft）、fluoxetine（Prozac）及dapoxetine（Priligy），能夠顯著延長早洩男性的射精潛伏期（Porst, 2011）。然而，證據已顯示，藥物只有當它們被一直服用時才能奏效。

◼ 遲洩

遲洩（delayed ejaculation）是指持續地在性交期間無法射精，它發生在僅大約3%-10%的男性。男性完全無法射精的案例相當少見。對於在性交時難以射精的男性而言，大約85%仍然能夠藉由其他的刺激手段而達到性高潮，特別是透過獨處時的手淫（Masters et al., 1992）。在較輕微的個案上，男性可以在伴侶面前射精，但是只能透過手動或嘴部刺激的方式。

在另一些個案上，遲洩可能與特定的身體問題有關（諸如多發性硬化症），或與服用某些藥物有關。例如，我們已提過，阻斷血清素再吸收的抗鬱劑似乎能夠有效治療早洩。然而，在其他男性身上，這些同樣藥物——特別是SSRIs——有時候延遲或阻礙性高潮到了不愉快的程度（Ashton et al., 1997; Meston & Rellini, 2008）。這些副作用相當常見，但通常能夠使用像是Viagra等藥物加以處理（Ashton et al., 1997）。

治療。心理治療法包括配偶治療，使男性嘗試習慣於經由跟伴侶的性交而發生高潮，而不是經由手淫。除了加強生殖器刺激外，心理治療也要強調降低對於性表現的焦慮，教導當事人不要把重心放在產生高潮上，而是放在性愉悅和親密關係上（Meston & Rellini, 2008; Segraves & Althof, 2002）。

二、女性的性功能障礙

雖然我們對男性的性功能障礙所知較多，但是很清楚的，女性也會在性興趣、性興奮及性高潮上發生一些困擾。

◼ 女性性興趣／興奮障礙症

研究已顯示，當女性的性慾望偏低時，他們傾向於在性活動中也有偏低的性興奮，反之亦然。因此，針對女性，DSM-5把「偏低性慾望」和「偏低性興奮」結合爲

一種障礙症，稱爲「女性性興趣／興奮障礙症」（female sexual interest/arousal disorder）。

　　關於低落的性驅力在多大程度上具有生物基礎，這仍然有所爭論，但是在許多（及或許大部分）個案上，心理因素顯然比起生物因素更爲重要（Meston & Bradford, 2007; Segraves & Woodard, 2006）。然而，因爲人們對於性活動頻率的偏好有很大變動，什麼人來決定何謂「性慾望不足」呢？DSM-5很明白地指出，這項判定留給臨床專家，在他們考慮當事人的年齡和他／她的生活背景後。

　　先前或現行的憂鬱症或焦慮症可能促成許多性慾望障礙症的個案（Meston & Bradford, 2007）。雖然性慾望障礙症的發生通常沒有明顯的身體病理，但是有證據指出，生理因素有時候扮演一定角色，例如，在男女雙方，性慾望部分地取決於睪固酮（Meston & Rellini, 2008），因此，性慾望困擾隨著年齡遞增，這可能部分地可歸之於睪固酮濃度的減退。此外，我們早已知道，來自SSRI類別的抗憂鬱藥物經常降低了性慾望。但心理因素被認爲也促成性慾望障礙症，包括偏低的關係滿意、日常的繁瑣及憂慮、偏高的意見不合及衝突，以及雙方感情不好及氣氛不佳等（Meston & Rellini, 2008）。在某些個案上，過去不愉快的性經歷（諸如強暴）可能也促成它的發展。

　　女性的性興奮障礙症原先被稱爲性冷感（frigidity），多少帶有輕蔑之意。在DSM-IV中，女性性興奮障礙症（缺乏性興奮的感受，以及對大部分或所有形式的性慾刺激沒有感應）在許多方面對應於男性的勃起障礙症（也稱爲性無能）。它主要的身體徵候是在性刺激期間，女性的外陰部和陰道組織無法產生特有的膨脹及潤滑，這種狀況可能使得性交相當不舒服，而高潮勢必不可能。

　　雖然低落的性興奮的起因尚未被充分理解，它可能的原因包括：(1)早期的性創傷；(2)對於性的「邪惡面」（evils）抱持扭曲的觀點；(3)不喜歡（或厭惡）當前伴侶的性行爲（例如，伴侶暴力）；及(4)伴侶單調而乏味的性活動劇本。一項引人感興趣的研究也發現，性興奮障礙症的女性顯現較低的觸覺靈敏度（tactile sensitivity）——相較於其他女性；她們觸覺靈敏度愈低的話，她們的性興奮功能障礙就愈爲嚴重（Frolich & Meston, 2005）。

　　至於性興奮障礙症的生物起因，它可能包括：(1)爲了治療焦慮和憂鬱而服用SSRIs；(2)發生一些醫學疾病（例如，脊髓損傷、癌症治療、糖尿病）；及(3)雌性激素濃度的減退（發生在停經期間和之後）。

　　治療。雖然自遠古以來，人類就感興趣於尋找各式藥物以增進性慾望，但迄今尚未存在有效的春藥（aphrodisiacs）。睪固酮維持治療顯然只對睪固酮濃度極低的男女具有效果；也就是說，提高這種重要性激素的濃度到高於正常水平，並不會帶來療效（Meston & Rellini, 2008）。

幾項研究已發現，維持bupropion（一種非典型的抗鬱劑）服用（相較於安慰劑）改善了性慾望低落女性的性興奮和高潮頻率（Segraves et al., 2004）。另一種藥物，flibanserin（Addyi）也被開發以增進女性的性慾望，它在2015年8月已獲得FDA的核准。

關於性慾望低落，沒有已建立地位的心理治療。傳統上，治療師把重點放在：(1)教育；(2)溝通訓練；(3)對於功能不良信念（關於性慾）的認知重建；(4)性幻想訓練；及(5)感覺聚焦訓練（Meston & Rellini, 2008）。感覺聚焦練習（sensate focus exercises）也被使用來治療另幾種形式的性功能障礙。它們涉及教導配偶把注意力集中在雙方觸摸所帶來的愉悅感覺上，不用顧及實際進行性交或性高潮的目標。

關於女性偏低的性興奮，很少控制的治療研究已被執行（Meston & Bradford, 2007），雖然臨床經驗提議，心理治療和性治療可以扮演重要的角色，通常，所使用的技術類似於在增進性慾望上所使用的那些技術。廣泛使用的陰道潤滑劑可以有效地掩飾及處理許多女性這種障礙症的症狀，但是潤滑劑無法增進生殖器的血液流動或性器感覺。

此外，因為女性的生殖器反應，部分地依賴跟男性生殖器反應相同的神經傳導物質系統，許多人深感興趣，像是Viagra、Levitra或Cialis是否也對女性有正面效果——就類似於它們對男性的正面效果（Meston & Rellini, 2008）。不幸地，我們現在已經清楚，這些藥物對於女性的效果遠不如男性那般（Basson et al., 2002; Meston & Relinin, 2008）。很有可能，女性的性慾望和性興奮較為依賴雙方關係的滿足感和心情——相較於它們對男性的重要性。

◆ 骨盆性器疼痛／插入障礙症

這種障礙症代表DSM-5的一項重大變動。在DSM的原先版本中，「性疼痛症」被劃分為陰道痙攣（vaginismus）和性交疼痛（dyspareunia）二者，但因為科學研究並不支持它們的劃分，它們現在結合起來，在DSM-5中統稱為「骨盆性器疼痛／插入障礙症」（genito-pelvic pain/penetration disorder），也就是當性交插入時，個人的外陰道或骨盆發生疼痛或肌肉緊縮（不是肌肉痙攣），伴隨對陰莖插入的性活動的明顯恐懼及焦慮。

這種障礙症較可能具有器質起因，而較不是心理起因。至於身體起因的一些實例，包括：(1)陰道或內部生殖器官的急性或慢性的感染或發炎；(2)隨著老化而發生的陰道萎縮；(3)陰道撕裂留下的傷痕；或(4)性興奮不足。這種性功能障礙相當少見，但是當它發生時，它可能引起極度苦惱，包括對受害的女性和對她的性伴侶——有時候可能導致性伴侶的勃起不能或射精障礙（Segraves & Althof, 2002）。

治療。在過去關於陰道痙攣和性交疼痛的治療研究中，認知-行為的干預在一些

個案上具有成效。CBT技術傾向於包括：(1)關於性行為的教育；(2)鑑定及矯正不良適應的認知；(3)漸進的陰道擴張練習以便利陰道插入；及(4)進展性的肌肉放鬆（Bergeron et al., 2001）。很有可能，骨盆性器疼痛／插入障礙症包含幾種有差別的症候群，它們具有不同的病原，也潛在地需要不同的處理方式。假使如此，我們獲知愈多，我們就能有更好的治療選項。

女性高潮障礙症

　　女性性高潮功能障礙的診斷較為複雜，這是因為性高潮的主觀性質在女性之間有廣泛變異，在同一位女性身上也隨不同時間而異，以及取決於性刺激的類型（Graham, 2010）。根據DSM-5，女性高潮障礙症（female orgasmic disorder）是指女性在正常的性興奮期之後，顯現持續或重複的性高潮延遲或缺乏。在這些女性中，假使沒有對陰蒂施加直接的補充刺激的話，許多人在性交期間例行地無法體驗性高潮；實際上，這種型態相當普遍，它通常不被視為是功能障礙（Meston & Bradford, 2007）。少數比例的女性只有透過對陰蒂直接的機械性刺激才能達到性高潮，像是強力的手指撫弄、口部刺激，或是使用電動按摩器。甚至有更少數女性在任何已知刺激情況下都無法產生性高潮，這種狀況被稱為終身型（lifelong type）性高潮功能障礙，就類似於男性的終身型勃起障礙症。

　　但較普遍的情形是，女性只在某些情況下才會難以產生性高潮，或者過去能夠達到性高潮，但是目前很少發生（Meston & Bradford, 2007）。Laumann及其同事（1999）發現，這種障礙症的發生率在21歲到24歲之間達到最高，隨後就減退下來。另一些研究則估計，大約每3位或4位女性中，就有1位報告在過去1年中發生過顯著的性高潮困難（Meston & Bradford, 2007）。

　　什麼引起女性高潮障礙症？這尚未被充分理解，但是多重的促成因素已被提出。例如，有些女性在性關係中感到害怕及不夠格，女性可能不確定她的伴侶是否認為她有性魅力，而這可能導致焦慮及緊張，然後妨礙了她的性享受。或者，她可能感到不能勝任或感到性罪惡（特別常見於有宗教信仰的女性）——因為她不能有性高潮或很少發生性高潮。

　　治療。這裡的一個重要議題是，這樣的女性是否應該尋求治療。大部分臨床專家同意，對於終身型性高潮障礙症的女性來說，假使她們想要享有性高潮的話，她們需要接受治療。然而，對於中等程度高潮易感性的女性來說，我們的觀點是，這個問題最好留給她們自己回答。假如她對於自己的易感性不滿意的話，她應該尋求治療。

　　對於尋求治療的人們來說，很重要的是要辨別終身型及情境型女性高潮功能障礙。認知-行為治療通常涉及教育案主關於女性的性慾和女性的性解剖構造，以及指導手淫練習。稍後，伴侶可能被囊括進來，以便跟案主探索這些活動。對於終身型高

潮功能障礙的女性來說，這樣的方案有極高的成功率 —— 至少是透過手淫以達到高潮。但是過渡為跟伴侶的性高潮可能就較為緩慢而困難（Meston & Rellini, 2008）。

「情境型」（situational type）高潮功能障礙是指女性在某些情境下、採取某些類型的刺激，或跟特定的伴侶才能產生高潮，但是不在她要求的這些條件下就無法。這種形式的高潮障礙症通常較難以治療，或許部分地是因為它通常牽涉到雙方關係的困境，這也很難以處理（Althof & Schreiner-Engel, 2000）。

第十三章

思覺失調症及其他精神病症

　　思覺失調症是一種嚴重的精神疾病，經常造成個人生活功能的重大減損，我們一般所謂的「瘋子」真正指的就是思覺失調症。

　　思覺失調症（schizophrenia，先前的中文都譯為精神分裂症，但為了避免汙名化，台灣精神醫學會已正式採用這個譯名）發生在所有文化的人群中，也發生在各種階級的人們。它的特徵是呈現一系列多樣化的症狀，包括在知覺、思考、行動、自我感，以及建立關係的方式上極為奇特而怪異。然而，思覺失調症的特徵是顯著失去與現實的接觸，因此被指稱為精神病（psychosis）。

一、思覺失調症的流行病學

　　在個人一生中，發展出思覺失調症的風險稍微低於1％，實際上大約是0.7％（Saha et al., 2005）。這表示每140位今天出生的人們中，就有1位當活到至少55歲時，將會發展出思覺失調症。當然，像這樣的統計並不表示每個人有完全相同的風險，這是平均的一生風險估計值。如我們稍後將看到，有些人（例如，那些父母之一是思覺失調症患者的人們）在統計上具有發展出該障礙症的較高風險。

　　另外有些族群似乎也有發展出思覺失調症之特別高的風險。例如，當父親在較高年齡（50歲或更年長）才產下子女時，他們的子女在長大後有發展出思覺失調症的偏高風險（Miller et al., 2011）。當父母之一在乾洗店工作時，他們子女也帶有風險因素（Perrin, Opler, et al., 2007）。第一代和第二代移民也有高於預期的思覺失調症發生率，特別是那些來自加勒比海和非洲國家的黑人，而又住在大部分是白人的社區的話（Bourque et al., 2011; Matheson et al., 2014）。雖然這些差異的原因尚未被充分理解，但它們已引起研究學者的莫大興趣。

　　絕大多數的思覺失調症個案起始於青少年後期和成年早期，18到30歲是這種疾病初發的尖峰期（Tandon et al., 2009），雖然思覺失調症有時候也在兒童身上發現，但這樣的個案較為少見（Green et al., 1992; McKenna et al., 1994）。思覺失調症也可能初發於中年期或更晚些，但是再度地，這不是典型情況。

　　引人感興趣的是，思覺失調症傾向於較早初發於男性身上。在男性方面，思覺失調症新病例的尖峰期是在20歲到24歲之間；女性的思覺失調症發生率在同樣的年齡期達到最大值，但是尖峰沒有男性那般顯著。在大約35歲後，男性發展出思覺失調症的數量顯著掉落下來，但女性卻沒有這種情形，反而，從大約40歲開始，女性的思覺失

調症新病例似乎顯現第二波漲潮（參考圖13.1），而且女性進入60多歲初期後，思覺失調症的初發呈現第三次的陡升（Abel et al., 2010）。

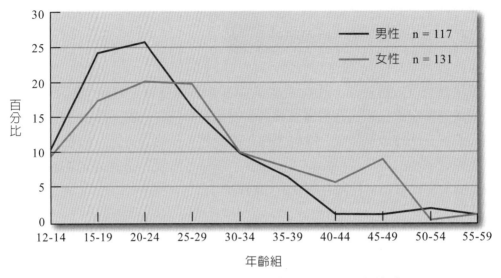

圖13.1　男性和女性之思覺失調症初發年齡的分布情形

資料來源：Haffner et al., (1998)。

　　除了有思覺失調症較早的初發年齡，男性也傾向於有較為嚴重形式的思覺失調症（Leung & Chue, 2000）。腦部造影研究顯示，那些與思覺失調症相關的大腦結構異常在男性身上較為嚴重——相較於女性。疾病嚴重性的性別相關差異，可能也解釋了為什麼思覺失調症較常見於男性。男性對女性的比值是1.4：1，所以，每3個男性發展出該障礙症，就只有2個女性如此（Aleman et al., 2003; Kirkbridge et al., 2006）。

　　如何解釋思覺失調症的女性病人有較良好的臨床結果？一種可能性是，女性的性激素扮演一些防護的角色。當雌性激素（estrogen）處於低水平（如在經期前）或正在下降時，思覺失調症女性病人的精神病症狀通常趨於惡化（Bergemann et al., 2007）。雌性激素的防護效果因此可能有助於解釋思覺失調症在女性身上的延遲初發，以及解釋女性在該障礙症上較有利的臨床進程。雌性激素水平在停經前後的減退，可能也解釋了為什麼晚發型（late-onset）的思覺失調症遠為可能發生在女性身上。最後，一些證據指出，女性的這種晚發型思覺失調症與較為嚴重的臨床呈現有關聯（Haffner et al., 1998）。

第二節　臨床徵候

如我們已提過，DSM是進展中的工作，診斷準則不是固定而一成不變的，反而是長期下來隨著新近研究發現的發表而微妙地更動。DSM-5關於思覺失調症診斷的現行準則列在DSM-5專欄中，它們非常類似於ICD（WHO, 2003）所頒布的診斷準則，ICD是在歐洲和世界其他地區被使用的診斷系統。

DSM-5　「思覺失調症」的診斷的準則

A. 呈現下列症狀中的至少兩項，每項症狀已出現至少一個月（假使被順利治療的話，則可能較短些），且其出現占有顯著比例的時間。至少有一項必須為(1)、(2)或(3)：

1. 妄想（delusions）。
2. 幻覺（hallucinations）。
3. 胡言亂語（例如，經常離題或前後不連貫）。
4. 重大混亂或僵直的行為。
5. 負性症狀（negative symptoms），如減弱的情緒表達或動機不足。

B. 自從疾病發作以來，一項或多項重要的領域（諸如工作、人際關係或自我照顧）的功能顯著低於發作前所達到的水準。

C. 持續至少六個月有這些障礙的病徵。這六個月期間，必須至少有一個月的症狀符合準則A（即活躍期的症狀）所述。

（資料來源：DSM-5，2013，美國精神醫學會）

一、妄想

妄想（delusion）基本上是指個人牢固及堅定抱持的錯誤信念，儘管有清楚的證據指出它違背事實。對於懷有妄想的人們而言，他們相信一些事物的存在，但是跟他們具有同樣社會、宗教及文化背景的其他人卻不相信，因此，妄想涉及思考內容（content）的障礙。不是所有懷有妄想的人們都受擾於思覺失調症，然而，妄想常見於思覺失調症，發生在超過90%的病人──在他們病程的某些時候（Cutting, 1995）。在思覺失調症上，一些類型的妄想或不實信念屢見不鮮。最明顯的包括了下列信念：個人的思想、感情或行動正受到外界作用力的控制（捏造的感受或衝動）；

個人私有的思想正被隨意地廣播給他人知道（思想廣播）；個人的思想好像不屬於自己，而是被一些外界作用力插入自己的頭腦中（思想插入）；或個人的思想已被一些外界作用力所掠奪（思想撤除）。另外也常見的是關係妄想（delusions of reference），即一些中性的環境事件（諸如電視節目或收音機所播放的歌曲）被認為具有特殊及個人的意義，是存心衝著病人而來。另一些怪異的命題——包括身體變更妄想（例如，胃腸失去作用）或器官切除妄想——也並非少見。

二、幻覺

幻覺（hallucination）是指在缺乏任何外界知覺刺激的情況下所發生的感官經驗，但是當事人似乎真實感受到；這相當不同於錯覺（illusion），錯覺是指對於實際上存在的刺激的錯誤知覺。幻覺可能發生在任何感覺通道，諸如聽覺、視覺、嗅覺、觸覺或味覺，其中，最常發生的是聽幻覺（例如，聽見聲音），它出現在高達75%的思覺失調症病人身上（Bauer et al., 2011）。對照之下，視幻覺較少發生（39%的病人），而觸幻覺、嗅幻覺及味幻覺甚至更為少見（1%-7%）。即使耳聾而被診斷有思覺失調症的人，有時候也報告有聽幻覺（Aleman & Laroi, 2008）。

幻覺通常在一些情感、概念或行為的層面上對病人具有重要關聯，病人可能變得情緒上涉入他們的幻覺，通常會把它們編入自己的妄想中。在某些個案上，病人甚至可能奉行他們的幻覺，遵照該聲音所告訴他們的去作一些事。對於認為自己社交上低劣的人們來說，他們傾向於把他們聽到的聲音察覺為較有勢力的人所說的話，因此會奉命行事（Paulik, 2011）。

在一項探討聽幻覺現象之引人興趣的研究中，Nayani和David（1996）訪談100位有幻覺的病人，詢問他們關於幻覺聲音的一系列問題。大多數病人（73%）報告，他們的「聲音」通常以正常交談的音量說話。幻覺的聲音經常是病人在真實生活中所認識人士的聲音，雖然有時候也會聽到不熟悉的聲音，或是上帝或魔鬼的聲音；大部分病人也報告，他們聽到一種以上的聲音，而當他們獨處時，他們的幻覺趨於惡化。最常發生的情況是，幻覺的聲音發出一些粗野而低級的措辭，可能是挑剔的（「你太愚笨了」）、專橫的（「給我喝牛奶」）或辱罵的（「醜陋的婊子」），雖然有一些聲音是愉悅及支持的（「我親愛的」）。

三、胡言亂語

妄想反映的是思想「內容」（content）的失常，或所表達觀念的失常。另一方面，胡言亂語（disorganized speech，或紊亂的言語）則是思想「形式」（form）失

常的外在表明。基本上，病人無法清楚說明自己的意思，儘管他們似乎以交談的方式使用語言，而且遵照掌管言語傳達的語義和語法的規則。這種失能不能歸之於低智力、不良教育或文化剝奪，許多研究學者指稱這種歷程爲聯想「出軌」或聯想「鬆散」（loosening），或在最極端的形式上被稱爲思想「不連貫」（incoherence）。

　　在紊亂的言語中，字詞和字詞組合聽起來像是在傳達意思，但是聆聽者卻是一頭霧水，摸不著說話者的頭緒所在。在某些個案上，完全新編造的字詞出現在病人的語言中；一個實例是「detone」這個字詞，看起來和聽起來像是有意義的字詞，但其實是新詞語（neologism）。臨床專家指稱紊亂思想表達方式上的這些問題爲形式思維障礙（formal thought disorder）、

四、混亂的行為

　　混亂的行爲（disorganized behavior）可能以多種方式表現出來，而目標導向的活動在思覺失調症中幾乎普遍地瓦解。這種損害發生在一些日常生活運作的領域中，諸如工作、社交關係及自我照顧，以至於旁觀者注意到當事人已不再是他／她自己。這表示當事人在日常事件上，已從先前能夠掌握的表現水準退化下來。例如，當事人可能不再能維持最起碼的個人衛生標準，或可能展現極度忽視個人的安全和健康。在其他個案上，嚴重混亂的行爲顯現在荒誕或不尋常的打扮上（例如，在大熱天穿著外套、圍巾及手套）。許多研究學者把這些「行政」行爲的瓦解，歸之於大腦皮質前額葉功能的損害。

　　僵直（catatonia）是甚至更爲顯眼的行爲障礙。僵直的病人可能顯現實際上缺乏任何動作及言語，而處於所謂僵直痴呆（catatonic stupor）的狀態。在其他時候，病人可能長時間地保持不尋常的姿勢，似乎不會感到有任何不適。

五、負性症狀

　　從早期以來，思覺失調症的兩種綜合症狀型態（或症候群）就已被區分開來，它們被稱爲正性（positive）症候群思覺失調症和負性（negative）症候群思覺失調症。研究學者從1980年代就開始強調正性症狀與負性症狀之間的差異（Andreasen, 1985），而這項區別在今日仍然有重要意義。

　　正性症狀（positive symptoms）反映了那些在正常的經驗和行爲的清單中，屬於過度或扭曲的現象，諸如妄想和幻覺，紊亂的思維（如胡言亂語所顯露的）也是以這種方式被看待。對照之下，負性症狀（negative symptoms）反映了在正常呈現的行爲中屬於不足或缺失的現象。

當前的思潮是負性症狀落入兩大領域（Barch, 2013; Kring et al., 2013）。第一個領域涉及低落的表達行為——不是在聲音、臉部表情或姿勢上，就是在說話上。這可能本身顯現在一些形式上，像是遲鈍的情感（blunted affect）、平淡的情感（flat affect）或失語症上（alogia），表示很少說話。另一個領域涉及低落的動機或缺乏愉快經驗，個人沒有能力啟動或延續目標導向的活動，這被稱為動機匱乏（avolitom）。例如，病人可能長時間坐在原地凝視前方的空間或觀看電視，對任何外界的工作或社交活動毫無興趣。極低的感受生活樂趣的能力被稱為快感缺失（anhedoria）。

雖然大部分病人在他們疾病的過程中展現正性和負性二者徵狀，但是負性症狀在臨床徵候中占有優勢絕不是病人良好預後的徵兆（Malla & Payne, 2005; Milev et al., 2005）。

六、思覺失調症的亞型

思覺失調症的呈現有大量的異質性（heterogeneity），而這種疾病的病人經常臨床上看起來相當不同。考慮到這一點，DSM-IV-TR檢定出幾種亞型的思覺失調症，這些之中，最具有臨床上意義的是：(1)妄想型思覺失調症，病人受到一些荒誕及不合邏輯的信念的支配，這些信念通常經過高度推敲而被組織成連貫的（雖然是妄想的）故事架構；(2)混亂型思覺失調症，它的特徵是胡言亂語（語無倫次）、錯亂的行為，以及平淡或不合宜的情感；及(3)僵直型思覺失調症，它涉及顯著的動作徵狀，反映了病人極度激動或僵呆。然而，採用這些亞型所執行的研究，無助於我們在這種疾病的病原和治療上獲致重要的洞察力。為了反映這一點，思覺失調症的亞型已不再被納入DSM-5中。

第三節 其他精神病症

思覺失調症是一種精神病症（psychotic disorder），但它不是唯一的一種，還有一些其他形式的精神病症，諸如情感思覺失調症、類思覺失調症、妄想症及短暫精神病症。

一、情感思覺失調症

DSM-5認定一種診斷分類，稱為情感思覺失調症（schizoaffective disorder）。這個診斷在概念上有混合的意思，因為它是使用來描述具有思覺失調症和重度情緒障

礙症二者特徵的病人。換句話說，當事人具有符合思覺失調症準則的精神病症狀，但是也在大量的時間中呈現顯著的心情變化。因為情緒障礙症可以是單相型或雙相型，所以也存在兩種亞型的情感思覺失調症（單相亞型和雙相亞型）。

DSM-5　「情感思覺失調症」的診斷準則

A. 在一段連續的疾病期間中，當事人同時發生情緒障礙症發作（鬱症或躁症）和思覺失調症準則A的症狀。

　　註　鬱症發作必須包括準則A1：憂鬱的心情。

B. 在一生的疾病期間，當沒有情緒障礙症發作時（鬱症或躁症），曾經有兩個星期（或更多）出現妄想或幻覺。

C. 符合情緒障礙症發作準則的症狀出現在整個疾病的大部分活躍期和殘餘期。

（資料來源：DSM-5，2013，美國精神醫學會）

　　一般而言，這些病人的預後位於思覺失調症病人的預後與情緒障礙症病人的預後的中間地帶（Walker et al., 2004）。研究已顯示，相較於思覺失調症的病人，情感思覺失調症病人的長期（十年）結果顯然好多了（Harrow et al., 2000）。

二、類思覺失調症

　　類思覺失調症（schizophreniform disorder）的分類是保留給一些思覺失調症似的精神病，持續至少一個月，但沒有持續超過六個月——因此不符合思覺失調症的診斷。它可能包含前面關於思覺失調症所描述的任何症狀。因為在首次精神病崩潰後，病症有早期緩解及持續緩解的可能性，類思覺失調症的預後優於已確立形式的思覺失調症。

DSM-5　「類思覺失調症」的診斷準則

A. 完全如同思覺失調症的診斷準則A。

B. 障礙症的發作持續至少一個月，但不超過六個月。當尚未等到復原就必須作出診斷時，應該註明為「暫時診斷」。

三、妄想症

就像許多思覺失調症的病人，妄想症（delusional disorder）的病人抱持一些信念（有時候會據以採取行動），但這些信念被他們身邊的人認為完全是不實及荒誕的。然而，不像思覺失調症的病人，被診斷為妄想症的病人可能在其他方面的舉止相當正常，他們的行為並未顯現思覺失調症特有的重大錯亂和表現上的缺損；此外，全面性的行為退化也很少在這種障礙症上觀察到，即使當它被證實是慢性時。

DSM-5　「妄想症」的診斷準則

A. 出現一種（或多種）幻想，持續一個月或更久。

B. 從不曾符合思覺失調症的準則A。

　　註　假使出現幻覺的話，它們並非主要症狀，而且跟妄想的主題有關。

C. 除了妄想或它們的相關問題的影響外，當事人的功能並未顯著減損，行為也沒有明顯的奇特或怪異之處。

D. 假如病程中發生躁症或鬱症的話，它們的發病時間相對於妄想發病時間是短暫的。

四、短暫精神病症

正如該字眼所意指的，短暫精神病症（brief psychotic disorder）涉及精神病症狀的突然發作，或呈現語無倫次或僵直的行為，即使通常有重大的情緒動盪，但是發作期相當短暫，經常只持續幾天的時間（太過短暫而不能認定為類思覺失調症）。在這之後，當事人重新回復他原先的功能水準，且可能再也不會有另一次發作。短暫精神病症的個案在臨床背景中並不常見，或許是因為它們太快緩解之故。短暫精神病症經常是由壓力所引起。

DSM-5　「短暫精神病症」的診斷準則

A. 呈現下列症狀中的一項（或多項），至少有一項必須為(1)、(2)或(3)：

　1. 妄想。

　2. 幻覺。

　3. 胡言亂語（例如，經常離題或前後不連貫）。

4.重大混亂或僵直的行為。

　　註　　假如是文化上認可的反應，不應該列入症狀。

B.失常的發作期至少一天，但少於一個月，最後完全回復到發作前的功能水準。

（資料來源：DSM-5，2013，美國精神醫學會）

第四節　遺傳和生物的因素

　　儘管從過去許多年來延續到今日，我們已投注大量的研究心力，但是關於是什麼引起思覺失調症，至今仍然沒有簡單的答案。我們接下來將討論目前關於思覺失調症病原（etiology）的一些認識。然而，最大的可能性是，沒有任一因素能夠充分解釋為什麼思覺失調症會發展出來。舊式之「先天vs.後天」的二分法（dichotomy）不但造成誤導，也失之過度簡單化。反而，遺傳因素與環境因素之間複雜的交互作用，通常承擔了最重大的責任。

一、遺傳的因素

　　研究學者長期以來就已發現到，思覺失調類型的疾病是「家族特有的」（familial），且傾向於「在家族中流傳」，有不可抹殺的證據指出，指標個案（index case）的血親在思覺失調症上有高於預期的發生率。圖13.2顯示的是當個人罹患思覺失調症時，他的各種血緣親屬發展出該疾病的風險的百分比。如你所看到，血緣關係的遠近性與發展出思覺失調症的風險之間存在強烈的關聯。例如，當指標個案（也稱淵源人──proband）罹患思覺失調症時，他的一等親（父母、兄弟姊妹及子女）在該疾病上的盛行率是大約10%，對於跟淵源人只共同擁有25%基因的二等親而言（例如，同父異母或同母異父的兄弟姊妹、伯父、舅父、姑媽、姨媽、姪子／女、孫子／女），他們在思覺失調症上的一生流行率接近3%。

　　當然，「在家族中流傳」不必然就牽扯到遺傳因素。「家族特有的」（familial）與「遺傳的」（genetic）二者並不是同義詞，某一疾病可能在家族中流傳，但不是基於遺傳的原因（假使我很肥胖，我養的狗也很肥胖，這中間的原因顯然無關乎遺傳）。如我們已再三強調，家族一致性型態的解讀絕對沒有那麼直接而單純，部分地是因為共同的基因與共同的環境（即基因賴以表現自己的環境）之間存在強烈的關係，因此，家族研究本身不能告訴我們為什麼某一疾病會在家族中流傳。為了解析基

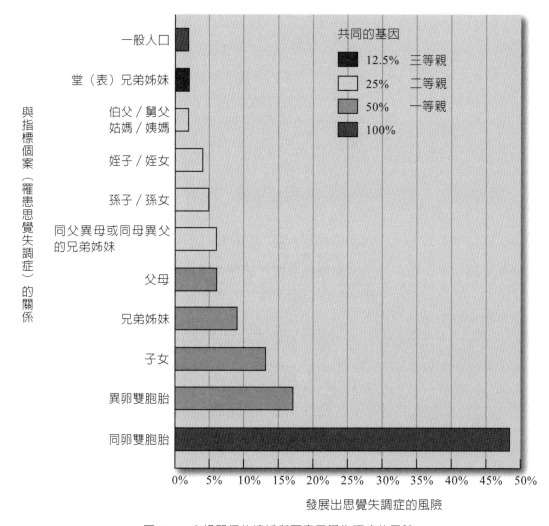

圖13.2 血緣關係的遠近與罹患思覺失調症的風險

資料來源：蒐集自以歐洲人口為樣本的家族與雙胞胎研究，從1920年到1987年之間（Irving Gottesman, 1991）。

因與環境各自的貢獻，我們需要進行雙胞胎研究和領養研究。

雙胞胎研究

　　如在情緒障礙症那般，大量的研究已普遍發現，同卵雙胞胎在思覺失調症上的一致率（concordance rate）顯著高於異卵雙胞胎或一般兄弟姊妹的一致率。雖然身為雙胞胎並未增加個人發展出思覺失調症的風險（雙胞胎的思覺失調症發生率並未高於一般人口的發生率），但是眾多的研究指出，同卵（MZ）雙胞胎在思覺失調症上的一致率，遠高於以其他任何方式發生關聯的人們，包括異卵（DZ）雙胞胎。

　　Torrey及其同事們（1994）審查全世界關於思覺失調症之雙胞胎研究的重要文獻。整體而言，MZ雙胞胎的一致率是28%，DZ雙胞胎則是6%，這表示隨著共同基因從100%降爲50%，思覺失調症的罹病風險減少了幾近80%。值得指出的是，當異卵雙胞胎之一罹患思覺失調症時，另一位雙胞胎（他們共有50%的基因）也罹患思覺失調症的一生風險是6%。雖然就絕對值而言，這屬於偏低的發生率，但它們明顯地高於在一般人口所發現之略低於1%的基線風險（baseline risk）。

　　假使思覺失調症完全是一種遺傳疾病，那麼同卵雙胞胎的一致率應該是100%才對。雖然MZ的一致率隨不同雙胞胎研究而有差異，而且有些研究學者報告了高於Torrey之28%的發生率，但它們從不曾接近過100%。因此，我們可以導出兩個結論：首先，基因無疑地在引起思覺失調症上扮演一定角色；其次，基因本身絕不是全部的情節。雙胞胎研究提供了一些最紮實的證據，說明環境在思覺失調症的發展上扮演重要的角色。但是爲什麼MZ雙胞胎之一會發展出思覺失調症，另一位卻不會，這仍然是一個謎。

🔳 領養研究

　　因爲雙胞胎方法無法把遺傳影響力與環境影響力眞正區隔開來，幾項研究嘗試克服這樣的缺點，他們的作法是採用所謂的「領養策略」。這裡，針對從早期（最好是從出生時）就被領養而後來發展出思覺失調症的病人，研究人員設法比較他們與血緣親屬以及與領養親屬在思覺失調症上的一致率。假使病人與血緣親屬的一致率高於病人與領養親屬的一致率的話，這將強烈暗示著遺傳的影響力；反之則是支持環境的起因。

　　第一個這類研究是由Heston在1966年所執行。Heston追蹤47位兒童，這些兒童是由罹患思覺失調症的母親在州立精神病院所生下，他們在出生72個小時內就被安置在親戚家庭或領養家庭。在他的追蹤研究中，Heston發現這些兒童中有16.6%後來被診斷爲思覺失調症。對照之下，50位控制組的兒童（從同樣領養家庭的兒童中挑選出來，但是他們的親生母親沒有思覺失調症）沒有任何一位發展出思覺失調症。除了有較大的可能性被診斷爲思覺失調症外，當母親有思覺失調症時，她們子女也較可能被診斷爲智能不足、神經官能症或精神病態人格（即反社會型人格），他們也較常牽涉到犯罪活動，花費較多時間在懲治機構中（Heston, 1966）。這些發現被認爲暗示著，母親所傳遞的任何遺傳傾向不是專對於思覺失調症，而是也包括容易發展出其他形式的精神病態的傾向，但是我們對於導出這樣的結論務必審愼。Heston的研究對於兒童的父親的精神病態並沒有提供任何資料，因此，我們無法知道兒童的一些困擾在什麼程度上是他們父親傳遞的遺傳傾向所致。

　　Heston的研究是首先鑑定出有思覺失調症的母親，然後追蹤她們被領養走的子女

的情況。另一種替代方案涉及找到在生活早期就被領養,而在成年時發生思覺失調症的病人,然後檢視他們的血緣親屬和領養親屬的思覺失調症發生率。在丹麥就執行了一項大規模的這類領養研究(Kendler & Gruenberg, 1984; Kendler et al., 1994; Kety, 1987; Kety et al., 1968, 1978, 1994)。所得資料顯示,罹患思覺失調症的被領養者,有遠為多的血緣親屬也有思覺失調症和「思覺失調類群」(schizophrenia-spectrum)的問題(例如,思覺失調型和妄想型人格障礙症)。更具體而言,105位血緣親屬中有13.3%自己也有思覺失調症或思覺失調類群的障礙症;對照之下,224位領養父母中只有1.3%顯現這樣的問題。

■ 領養家庭的素質

在丹麥的領養研究中,它並未對被領養兒童所被安置的寄養家庭的養育子女的適切性施行獨立的評鑑,直到Tienari及其同事們(1987, 2000, 2004)才把這項特徵增添到他們的研究設計中。透過訪談,他們首先檢視被領養兒童所長大的家庭環境的素質,他們然後檢視在「健全vs.功能不良」的家庭中長大的兒童的發展情形。研究結果顯示,家庭環境的不利程度預測了被領養兒童後來的問題。只有那些在功能不良家庭中長大「和」擁有思覺失調症之高遺傳風險的兒童,才會接下來自己也發展出思覺失調症相關的障礙症。對於擁有高遺傳風險而在健全家庭環境中長大的兒童而言,他們發展出思覺失調症的機率就一如低遺傳風險的兒童(參考圖14.4)。

這些發現很具重要性,因為它們表示,我們的遺傳構造可能控制我們是否容易受到自己環境的一些層面的影響。假使我們沒有遺傳風險,各種性質的環境作用力可能不太會影響我們;但假使我們擁有高度的遺傳風險,我們可能遠為容易受到一些類型的環境「風險」的侵害,諸如高度的溝通偏差或不利的家庭環境。但像是這樣的發現也提出令人興奮的可能性,即某些種類的環境可以保護在思覺失調症上擁有遺傳易罹性的當事人,使之不會發展出該疾病。

總括而言,這些發現指出,遺傳脆弱性與不良的家庭環境之間強烈的交互作用,在因果路線上導致思覺失調症。當然,你也可以爭議,那些進一步發展出問題的兒童引起了他們寄養家庭的失序及錯亂。然而,幾乎沒有證據支持這一種解釋(Tienari et al., 2004; Wahlberg et al., 1997)。這些研究顯然再度強力地證實素質-壓力模式——隨著它被應用於思覺失調症的起源。

■ 分子遺傳學

思覺失調症顯然具有遺傳基礎。現在的問題已不是基因是否促成思覺失調症,而是哪些基因涉入。研究人員已不再認為思覺失調症(就像亨丁頓病)將能以某一特定染色體上的單一突變基因加以解釋。當前的思潮是,在大部分個案上,思覺失調症

很可能涉及許多基因（好幾百個，或更多），它們共同作用而造成疾病的易罹性。個人的思覺失調症狀基因的「劑量」（dose），可以解釋為什麼一個人發展出思覺失調症，而另一個人則發展出思覺失調類群中較為輕微的變奏曲，諸如思覺失調型人格障礙症。

二、產前的因素

近些年來，研究學者已開始探討一些環境風險因素，它們可能引起思覺失調症，或是在遺傳上脆弱的當事人身上誘發該疾病。這些因素包括產前病毒感染、早期營養不良及出生期間的併發症。

病毒感染

「思覺失調症可能起因於某種病毒」並不是新穎的觀念。早在一個世紀前，Krae-pelin（1919）就曾表示，「在發育年齡受到感染可能具有因果的關聯性」。我們也知道，在北半球地區，有較多思覺失調症的病人是出生在1月到3月之間——遠高於根據機率的預期（Waddington et al., 1999）。是否可能有一些季節因素（諸如病毒）牽涉到思覺失調症的病原？

1957年，芬蘭發生一場嚴重的流行性感冒，Mednick及其同事們（1988）調查赫爾辛基的居民，他們發現當婦女在她們懷孕期的第四到第六個月正好碰上這場流行性感冒的話，他們生下的子女日後有偏高的思覺失調症發生率。隨後有幾項研究嘗試重複驗證這項發現，一些研究支持母親的感冒與她們子女日後的思覺失調症之間有所連結，另一些則否。但是這些研究的設計有一個疑慮，即研究人員無法知道母親是否真正在懷孕期發生感冒。

直到2004年，Brown及其同事們（2004）才設法解決這個疑難。他們在母親的整個懷孕期，定期地收集她們血清的樣本，這樣就能確定哪些母親在她們懷孕期發生過感冒。研究結果顯示，如果母親在懷孕的前三個月發生感冒的話，她們子女有7倍的較高風險，將會發展出思覺失調症或思覺失調類群的障礙症；更廣泛而言，在懷孕的前半段發生感冒的話，牽涉到3倍的較高風險。但因為樣本的人數太少，這些結果都沒有達到統計上顯著。

雖然效果大小相當有限，而且感冒很清楚地無法解釋很多思覺失調症的個案，但是任何這種關聯的存在很具有挑動性。另一些母親在懷孕期的感染，像是德國麻疹和毒漿體原蟲病（一種常見的寄生蟲感染），也牽涉到日後發展出思覺失調症的偏高風險（Brown, 2011; Khandaker et al., 2013）。但是母親的感冒如何能夠為她們子女二十或三十年後的思覺失調症打造了舞臺？一種可能性是，母親對於病毒的抗體

（antibodies）穿透了胎盤，然後以某種方式妨害胎兒的腦部發育；另一種可能性是感冒引起胎兒神經發育的傷害（Brown, Begg, et al., 2004）。

◙ 懷孕期和分娩期的併發症

另有些研究學者把焦點放在出生前後的併發症所導致的風險上。他們的研究發現，思覺失調症的病人遠為可能在懷孕期或分娩期發生過一些併發症（Cannon et al., 2002）。雖然分娩期併發症的類型多樣化，但許多生產時的麻煩（例如，胎位不正、過長的陣痛，或臍帶纏住嬰兒的頸部），可能影響了新生兒的氧氣供應。雖然我們仍有很多需要探討之處，但是研究再度指向在發育的關鍵時間對胎兒腦部的傷害。

關於思覺失調症可能是由妨礙了正常腦部發育的環境事件所引起或誘發，這種觀點的另一部分證據，來自在第二次世界大戰尾聲發生在荷蘭的一件悲劇。1944年10月，納粹的封鎖造成嚴重的饑荒，這影響了住在荷蘭西部的阿姆斯特丹市和其他城市的居民，「荷蘭飢餓冬季」持續不退，直到荷蘭在1945年5月獲得解放。在這段期間，該地區的人民嚴重營養不良，許多人餓死。不令人訝異的，生殖力普遍降低，而出生率陡然下跌。無論如何，有些兒童還是在這個期間出生。我們現在已經清楚，對那些在饑荒的高峰期被懷胎的兒童而言，他們有2倍的風險在日後發展出思覺失調症（Brown, 2011），早期的產前營養不良似乎是原因所在。究竟問題是在於綜合的營養不良，抑或缺乏特定的營養物質（諸如葉酸或鐵質），我們仍不清楚，但是再度地，一些事物似乎在關鍵階段危害了胎兒的發育。

◙ 母親的壓力

假使母親在她懷孕的第2到第5個月經歷極大壓力的事件，她的子女在思覺失調症上也有偏高的風險（King et al., 2010）。例如，在丹麥執行的大型人口調查中，母親在懷孕的前三個月中發生近親死亡的話，增加了她們子女在罹患思覺失調症有上67%的風險（Khashan et al., 2008）。目前，這被認為是母親壓力激素的增加通過胎盤而傳給胎兒，從而對於發育中的腦部產生負面影響，雖然它所涉的真正機制尚未被充分理解。

三、神經發育的觀點

我們在較前面提過，思覺失調症典型地在青少年後期或成年早期侵襲人們。但我們也才剛看到，一些被認為引致思覺失調症的因素發生在生活非常早期——在某些個案上甚至是在出生前。這是怎麼回事呢？大部分研究學者現在接受，思覺失調症是一種腦部發育在非常早期受到擾亂的疾病，思覺失調症的風險可能起始於存在一些基

因，假使被「開啓」的話，它們具有破壞神經系統正常發育的潛在性。當在產前暴露於環境的侵害時，可能啓動了這些基因，或可能以其他方式製造了麻煩（獨立於基因型）。這表示思覺失調症的舞臺（以失常的腦部發育的形式）可能在生命很早期就搭建好了。儘管如此，直到另一些誘發事件發生，或直到腦部的正常成熟加以揭露時，這些問題才會顯現出來。換句話說，這種病況直到腦部充分成熟時才會發生，典型地是在生命第二個十年的後期（Conklin & Iacono, 2002; Weinberger, 1987）。

至於什麼發生了差錯？我們還無法確定，腦部發育是一種複雜的歷程，牽涉到一系列預先擬定而循序漸進的事件（Romer & Walker, 2007）。然而，一種可能性是細胞遷移（cell migration）受到破壞，即一些細胞無法抵達它們預定的目的地。假使這種情形發生的話，大腦的「內部連結性」（internal connectivity）可能重大受到影響。神經細胞的遷移已知發生在懷孕期的第四到第六個月──這正好是母親的感冒似乎帶來最具破壞性結果的發育時期。此外，乾洗行業所使用的有機溶劑可能破壞胎兒的神經發育，這解釋了當父母之一在乾洗店工作時，爲什麼他們的子女有3倍的風險發展出思覺失調症。

第五節　腦部的結構和功能的異常

直到現代電腦科技興起之前，我們對活體受試者腦部結構特性的研究一直是徒勞無功，這些科技包括電腦斷層掃描（CAT）、正子斷層攝影掃描（PET）及核磁共振攝影（MRI）等。隨著這些技術被派上用場，我們對思覺失調症病人腦部的探討正在加速腳步，而且近些年來已獲得一些重要結果。

一、神經認知

認知減損被認爲是思覺失調症的核心特徵，病人在廣泛的一系列神經心理測驗上的表現極爲差勁，平均而言，落後健康的控制組幾乎一整個標準差（Heinrichs, 2005）。幾乎所有層面的認知都受到損害，特別是涉及注意、語言及記憶等方面。儘管如此，我們應該提醒一下，不是所有病人在所有領域都顯現重大減損，有些人的表現是在正常的運作範圍內，然而，即使是這些病人，可能也會顯現從他們先前認知功能的水平顯著地減退下來（Keefe, 2014）。實際上，新近的研究提出，個人擁有較低的IQ可能本身是之後發展出思覺失調症的獨立風險因素，而擁有較高的IQ可能在許多方面具有防護作用（Kendler et al., 2015）。

思覺失調症病人會顯現什麼性質的認知困擾？許多實例可以提供。例如，當被要

求對某一刺激儘可能快速而適當地作出反應時（這是反應時間的測量），病人的表現遠遠不如控制組的受試者（Nuechterlein, 1997）。此外，病人的運作記憶（working memory，指在短時間內所進行的思維活動，可以想作是我們「心理的黑板」）也有一些問題，當病人從事這方面作業時，他們顯現較少的前額葉腦部活動（Cannon et al., 2005）。

最後，在思覺失調症的最早期階段，病人的視覺和聽覺訊息處理的缺失就已經很明顯。例如，大約54%-86%的思覺失調症病人顯現眼睛追蹤（eye-tracking）功能不良，他們追視移動目標（諸如擺錘）的能力似乎有所缺損（Cornblatt et al., 2008）。總之，大量證據指出，思覺失調症病人的基本和高級認知處理二者都發生了問題。

二、社會認知

假如你正在吃晚餐，你的伴侶直盯著你的餐後甜點，說一些它看起來多麼美味的話，你會獲致怎樣的結論？你很可能假定，你的伴侶想要吃一口你的甜點。社會認知（social cognition）是關於我們如何認識、思考及回應社會訊息，包括別人的情緒和意圖。除了有基本神經認知（neurocognition）歷程的問題外，思覺失調症病人在社會認知上也顯現重大的減損（Pinkham, 2014）。例如，對我們大多數人毫無困難就能識破的種種微妙（或不是那麼微妙的）的社會線索（如關於甜點的例子），他們卻無法看穿。他們也對辨識臉孔的情緒（Kohler et al., 2010）有困難，以及難以辨識他人的談話所傳達的情緒（Hooker & Park, 2002）。

當然，健全的認知功能也需要個人在社會認知的測驗上表現良好。雖然社會認知和神經認知是相關的，但它們大致上是有分別的構念（Lee et al., 2013）。這二者有助於解釋病人能夠多麼良好地在真實世界中運作。然而，當牽涉到預測社交技巧或生活品質時，社會認知能力（諸如社會知覺、情緒辨識、偵察反諷的能力這一類）似乎扮演更重大角色——相較於神經認知技巧（諸如注意或記憶）（Maat et al., 2012; Pinkham, 2014）。

三、腦容量流失

腦室（ventricle）是位於腦部深處而充滿腦脊髓液的空腔。大量的研究已顯示，相較於控制組，思覺失調症病人有擴大的腦室，比起女性，男性病人特別可能受到影響（Lawrie & Abukmeil, 1998; Haijman et al., 2013; Shenton et al., 2001）。然而，我們也必須指出，擴大的腦室不是發生在所有病人身上，擴大的腦室也不是專對於思覺失調症，它也可能見之於那些罹患阿茲海默症、亨丁頓病及慢性酒精中毒的病人。

　　擴大的腦室之所以重要是因為它是腦組織數量缺失的指標。大腦在正常情形下占有頭顱內整個堅硬而密閉的空間，因此，擴大的腦室意味著鄰接腦室的一些腦區，在容量上不知怎麼地發生萎縮或減退，腦室的空間因此變得更大。事實上，MRI研究顯示，思覺失調症病人在整個腦容量上顯現大約3%的減退——相較於控制組（Hulshoffpol & Kahn, 2008）。這種腦容量的減退似乎出現在該疾病的非常早期，即使是新近才初發思覺失調症的病人，也比起控制組有較低的整體腦容量（Steen et al., 2006; Vita et al., 2006），或者顯現擴大的腦室的徵候（Cahn et al., 2002）。這些發現暗示著，一些腦部異常可能早於該疾病，而不是隨著未接受治療的精神病而發展出來，也不是隨著服用抗精神病藥物而發展出來。符合這個觀點，近期的研究顯示，腦容量變動可以見之於遺傳上高風險的人們，當疾病正開始發展時。實際上，有些人提議，這些變動可能在症狀的初發上扮演起因的角色（Karlsgodt et al., 2010; Sun et al., 2009）。

　　我們也知道，思覺失調症早期階段特有的腦部變化會隨著時間漸進地惡化。Cahn及其同事們（2002）在病人經歷第一次發作後，就開始測量他們腦部灰質（gray matter，由神經細胞所組成）總容量的變動情形。共34位病人（以及36位對照組的受試者）在研究開始時接受MRI腦部掃描，然後一年後再度接受掃描。研究結果顯示，思覺失調症病人的灰質容量隨著時間顯著地減退，但對照組則否。更具體而言，在這一年期間，病人的灰質容量減少幾近3%。

　　對於更長期失常病人的研究顯示，腦組織減少和腦室擴大不侷限於這種疾病的早期階段，反而，漸進性的腦部惡化（deterioration）持續許多年。總之，研究發現指出，除了是一種神經發育的疾病外，思覺失調症也是一種神經漸進的疾病，特徵是腦組織隨著時間而流失。

四、受損的腦區

　　近些年來，許多研究致力於探討哪些腦部構造特別與思覺失調症有關聯，大部分研究指向額葉，或指向顳葉及鄰近的一些區域，諸如杏仁核、海馬迴及視丘。然而再度地，我們必須強調，大部分病人的腦部看起來基本上是正常的，而且所報告的許多差異不是專對於思覺失調症。如你從本書的其他章節已知道，這些腦區也涉及另一些病況（例如，重度情緒障礙症）。許多研究已證實，當思覺失調症病人從事具有智能挑戰性的作業（諸如威斯康辛卡片分類測驗——WCST），或從事其他被認為需要大量額葉涉入的測驗時，他們顯現異常偏低的額葉活化。此外，額葉功能失調被認為負責了思覺失調症的一些負性症狀，且或許也涉及一些注意-認知的缺失（Cannon et al., 1998）。

有些證據指出，思覺失調症病人的顳葉和另一些顳葉內側區域可能受到損害，包括海馬迴（涉及記憶）和杏仁核（涉及情緒）（Bogerts, 1997; Nelson et al., 1998）。目前較為一致的觀點是，這些區域（特別是在左側，即對大部分人而言的優勢側）可能與思覺失調症的正性症狀有關聯（Bogerts, 1997; Cannon et al., 1998）。

最後，有些研究指出，相較於控制組，思覺失調症病人的視丘容量有減少的現象（Adriano et al., 2012; Haijma et al., 2013）。視丘接收幾乎所有進來的感官輸入，腦部的這個轉運中心跟許多不同的區域連結起來，這不免令人推測，視丘容量的減少可能使得它較無法完成工作，即較無法順利地濾掉不相干的訊息，這造成的結果是病人被感官訊息所淹沒。

五、白質的失常

當我們談到思覺失調症病人的腦容量流失，我們是指灰質腦細胞的流失。然而，漸多的證據指出，思覺失調症也涉及白質（white matter）的失常。神經纖維被包覆在髓鞘中（myelin sheath，在以化學方法保存的腦部中，看起來近似白色），髓鞘具有絕緣的作用，它增進神經細胞之間傳導的速度及效率；白質因此對於腦部的連繫具有關鍵的重要性。假使白質的完整性受到破壞，神經系統細胞的順利運轉將會發生問題。

研究已發現，思覺失調症病人的白質容量有減少的情形，同時白質本身也有結構的異常（Haijma et al., 201）。引人感興趣的是，這些異常在初次發作的病人身上可被發現，也在有遺傳高風險的人們身上發現，這表示它們不是疾病本身的結果，也不是治療（服用藥物）所造成的。基本問題似乎是在於連繫功能失常，也就是各個腦區之間失常的整合，特別是那些涉及額葉的腦區（Pettersson-Yeo et al., 2011），這可能有助於解釋思覺失調症的許多臨床特徵。例如，從這個角度來看，聽幻覺可以被認為起因於語言生成與語言理解之間的脫軌（不連貫），從而使得內在產生的談話（自我交談）似乎像是它是「被聽到的」。

六、神經化學

長久以來，研究學者就普遍認為，重大精神疾病是起因於腦部的「化學失衡」（chemical imbalances）。在思覺失調症的研究上，最受到深入探討的神經傳導物質是多巴胺。「多巴胺假說」（dopamine hypothesis）可以回溯到1960年代，它之所以被提出，主要是因為發現所有早期的抗精神病藥物（被稱為神經抑制藥物——neuro-leptics）都具有阻斷巴多胺媒介之神經傳導的共同特性，這導致研究學者提出了多巴

胺假說。多巴胺是一種類似正腎上腺素的兒茶酚胺，具有神經傳導的作用，它在運動控制系統和邊緣系統的活動方面扮演重要的角色。在已確認的大腦通路中，或許有半打的大腦通路是以多巴胺爲主要的神經傳導物質。

根據多巴胺假說，思覺失調症與邊緣系統的多巴胺能神經元的「過度活動」（造成多巴胺的過量）有關。這種情況的發生可能是透過增加多巴胺的合成或製造、透過釋放更多多巴胺到突觸中、透過降低多巴胺在突觸中被代謝或分解的速度，或透過阻斷神經元的再吸收；所有這些狀況都能夠增加多巴胺的全面供應，但因爲不太受到證據的支持，近期的研究轉爲探討病人是否有特別濃密及增生的多巴胺受納器（位於突觸後細胞膜上），或是否病人的受納器特別敏感（或兩者皆是）。新近採用PET掃描，這方面研究已獲致一些良好進展。

但是，多巴胺不是唯一涉入思覺失調症的神經傳導物質。例如，麩胺酸鹽（glutamate）是一種興奮性神經傳導物質，廣布於大腦中，它的傳導功能失調可能涉及思覺失調症。近期後設分析的結果指出，思覺失調症病人腦部的glutamate濃度偏低，包括在前額葉皮質和海馬迴的部位（Marsman et al., 2011），因此，思覺失調症的「glutamate假說」現在正吸引大量的研究注意。這方面研究仍然在早期階段，儘管如此，初步發現似乎頗有展望（Javitt, 2012; Lane et al., 2008）。

第六節　心理社會和文化的因素

一、不良的親子互動是否會引起思覺失調症

多年之前，父母經常被認爲導致他們子女的障礙症——透過他們的敵意、故意的拒絕或不當的管教。許多專家怪罪父母，父母對這樣的指責通常相應以憤怒或無動於衷。母親特別被挑選爲責難的對象，她們冷淡和疏遠的行爲被認爲是思覺失調症的根源所在——這樣的觀念在許多臨床領域中非常具有影響力（Fromm-Reichman, 1948）。這顯然對許多父母是一種難堪的處境，他們不僅要應付家庭中有一位子女罹患極具破壞性的疾病的困境，還要忍受外界（特別是心理健康專業人員）投注在他們身上譴責的眼光。

今日，情勢已大爲不同。四十年前盛行的理論已因爲缺乏實徵支持而沒落，例如，像是「思覺失調症是由有破壞性的父母互動所引起」（Lidz et al., 1965）的觀念已不再被採信。另一個承受不起時間考驗的觀念是「雙重困境」（double-bind，或稱雙重束縛）的假說（Bateson, 1959, 1960）。雙重困境發生在當父母呈現給子女相互矛盾（不能相容）的一些觀念、感受及要求時，例如，母親可能抱怨她的兒子缺乏

感情，但是當兒子充滿情意地接近她時，她卻又僵住或處罰他。根據Bateson的病因假說，這樣的兒子持續居於一種他無法勝任的處境，從而可能變得日益焦慮。根據推斷，這樣的混淆及矛盾的家庭溝通模式，長期下來終究會反映在他自己的思考中。然而，從來沒有可靠的證據足以支持雙重困境溝通模式的致病性。

反而，研究一再告訴我們，當家庭中有一位成員罹患思覺失調症時，家庭中的動盪和衝突，很可能是由於家庭中有一位嚴重失常的精神病成員所引起（Hirsch & Leff, 1975）。換句話說，並非家庭問題引致思覺失調症，家庭溝通問題應該是再三地試圖跟嚴重失常及混淆的成員溝通無效後的結果（Liem, 1974; Mishler & Waxler, 1968）。當然，一些家庭確實顯現不尋常的溝通模式，我們現在稱之為「溝通偏差」（communication deviance）。這些散漫無章和殘破不全的溝通，可能實際上反映親屬部分在思覺失調症上的遺傳易罹性（Hooley & Hiller, 2001; Miklowitz & Stackman, 1992）。然而，如我們在先前寄養家庭的研究中所提到，假使兒童沒有思覺失調症的遺傳風險的話，他們即使暴露於不利的家庭環境和溝通偏差，或許也不會有病態的後果（Tienari et al., 2004; Wahlberg et al., 1997）。

二、家庭與復發

雖然思覺失調症通常是一種慢性疾病，它的症狀可能在某些時候特別嚴重（例如，當復發時），而在另一些時候較不嚴重（例如，在緩解期間）。1958年，George Brown及其同事們注意到，思覺失調症病人離開醫院後的臨床進展，很大部分取決於他們返回什麼性質的生活處境。令人訝異的，當病人重返家庭中跟父母或配偶生活在一起時，他們有較高的復發風險──相較於當病人出院後獨居或跟兄弟姊妹住在一起；Brown推斷，高度情緒化的家庭環境可能對病人造成壓力。

在一系列的研究中，Brown及其同事們進一步發展出「情緒表露」（expressed emotion, EE）的構念。情緒表露是家庭環境的一種測量，建立於家庭成員在跟研究人員的私下訪談中如何談論病人（Hooley, 2007）。它具有三種主要成分：批評、敵意及情緒過度涉入（EOI）。這些之中最重要的是批評，反映了對病人的不喜歡或不滿；敵意是較為極端形式的批評，指出對病人作為一個人的排斥及拒絕。最後，EOI（emotional overinvolvement）反映了家庭成員對於病人的疾病戲劇性或過度憂慮的態度。

EE之所以重要是因為，研究已重複顯示它預測了思覺失調症病人的復發。在對27項研究的後設分析中，Butzlaff和Hooley（1998）證實，在出院後的9到12個月中，生活在高EE家庭環境中的思覺失調症病人，其復發風險是基線水平的2倍高。再者，對於長期罹病的病人而言，EE似乎是預測復發之特別有效的指標，即使它在預

測短期或中期罹病病人的復發上也有良好的效度。

　　當然，情形也可能是，家人單純地傾向於會對較爲嚴重失常的病人較爲挑剔及苛評，而這就是爲什麼EE會跟復發率發生相關的原因。然而，相關文獻的審查並未對這項假設提供強力支持（Hooley et al., 1995）。另外，即使當潛在重要的病人變項在統計上受到控制後，EE依然預測復發（Nuechterlein et al., 1992）。最後，研究還顯示，當家庭中的EE水平降低時（通常是經由臨床干預），病人的復發率也減低了（Falloon et al., 1985; Lam, 1991; McFarlane et al., 1995; Jesus-Mari & Streiner, 1994），這表示EE可能在復發歷程上扮演致因的角色。

　　但是，EE如何引起復發呢？有大量的證據指出，思覺失調症病人對於壓力極爲敏感（stress-sensitive）。符合素質-壓力模式，環境壓力被認爲與預存的生理脆弱性交互作用，進而增加了復發的機率（Nuechterlein et al., 1992）。例如，我們知道獨立的高壓生活事件較常發生在精神病復發之前——相較於發生在其他時候（Ventura et al., 1989, 1992），也可能在較長期間發揮它們的影響。再者，壓力反應在人類身上的主要徵候之一，是腎上腺皮質會釋放可體松（葡萄糖皮質激素——glucocorticoid）。動物和人類的研究顯示，可體松釋放引發多巴胺的活動（McMurray et al., 1991; Rothschild et al., 1985），葡萄糖皮質激素的分泌也影響glutamate的釋放（Walker & Diforio, 1997）。換句話說，兩種涉及思覺失調症之主要的神經傳導物質（多巴胺和glutamate），都受到當我們面臨壓力時所釋放之可體松的影響。

　　研究學者現在正利用功能性神經造影技術，以便更爲直接地獲知EE如何影響腦部。近期的發現顯示，聽到批評或暴露於情緒上過度涉入的評論，導致有精神病態脆弱性的人們展現不同型態的大腦活動——相較於正常的控制組（Hooley et al., 2009; Hooley, Gruber et al., 2010）。我們尚不知道顯現這種型態腦部活化的人們，是否有偏高的復發風險，雖然這是可以預期的。

三、都會生活

　　在都會環境中長大似乎增加了個人發展出思覺失調症的風險。Pederson和Mortensen（2001）在丹麥調查多達190萬人的大型樣本，他們發現，相較於在較爲鄉下地區度過他們童年的兒童，那些在都會環境度過他們前十五年生活的兒童，在成年期發展出思覺失調症的機率達2.75倍高。另一些方法論上健全的研究也證實這項關聯（Sundqusist et al., 2004）。雖然都會生活與日後思覺失調症的發展之間關聯的原因仍不清楚，但是這類研究提出了一種可能性，即某些思覺失調症的個案可能具有環境的起因（van Os, 2004）。根據估計，假如這個風險因素可以被排除（也就是，假使我們都生活在相對上鄉下的環境），思覺失調症個案的數量可以減少大約30%（見

Brown, 2011）。

四、移民

關於都會生活提高個人發展出思覺失調症的風險，這樣的發現說明壓力或社會逆境可能是值得考慮的重要因素。支持這個觀念，研究已顯示，新近的移民有遠為偏高的風險會發展出思覺失調症——相較於在這個國家土生土長的人們。檢視40項不同研究的結果（包含來自世界許多地方的各種移民團體），Cantor-Graae和Selten（2005）發現，第一代移民（也就是那些在另一個國家出生的人們）有2.7倍的風險發展出思覺失調症；對第二代移民而言（也就是雙親之一或雙親二人在國外出生的人們），相對風險甚至更高，達到4.5倍。換句話說，遷居到另一個國家似乎是發展出思覺失調症的風險因素。為何如此？一種可能性是，因為文化的誤解，移民較可能獲得這項診斷（Sashidharan, 1993）。然而，沒有令人信服的證據說明這種情形的發生（Harrison et al., 1999; Takei et al., 1998）。

或許最強烈的線索來自於發現，較深色皮膚的移民有發展出思覺失調症遠為偏高的風險——相較於較淺色皮膚的移民（Cantor-Graae & Selten, 2005）。這提高了一種可能性，即遭受歧視的經驗，可能導致一些移民產生對世界偏執及猜疑的態度，而這可能為思覺失調症的發展搭建了舞臺。另一種可能性是，以動物為對象的研究指出，社會弱勢和社會挫敗所產生的壓力，可能在關鍵的神經迴路上影響多巴胺釋放或多巴胺活動（Tidey & Miczek, 1996）。

五、思覺失調症的素質-壓力模式

生物因素無疑地在思覺失調症的病原上扮演一定角色，但是遺傳傾向可能受到環境因素的塑造，諸如產前暴露、病毒感染，以及發生在腦部發育關鍵期的一些壓力源（參考表13.1，關於非遺傳風險因素的摘要）；而有利的環境可能也降低了遺傳傾向將會導致思覺失調症的機率。如我們已討論的，有遺傳風險的兒童被寄養在健全的家庭環境後，他們的進展非常良好（Tienari et al., 2004; Wahlberg et al., 1997）。因此，你從這一章應該學習到的是，你要了解思覺失調症是一種受到遺傳影響的疾病，但不是遺傳上決定的疾病（Gottesman, 2001）。

表13.1　思覺失調症的非遺傳風險因素

• 年老的父親
• 病毒暴露
• 分娩的併發症
• 都會養育
• 頭部損傷
• 大麻使用
• 移民身分

　　「素質-壓力模式」（最初大致上是從思覺失調症的研究中衍生出來）所預測的正是這些類別的情節（例如，Walker & Diforio, 1997; Zubin & Spring, 1977）。圖13.3提供了一個概括的圖表，說明在思覺失調症的發展上，遺傳因素、產前事件、大腦成熟歷程及壓力之間如何交互作用。這有助於解釋為什麼過去致力於找出思覺失調症的單一起因都注定要失敗。「我們如何出生」和「我們如何生活」都重大促成了這種疾病的成形。

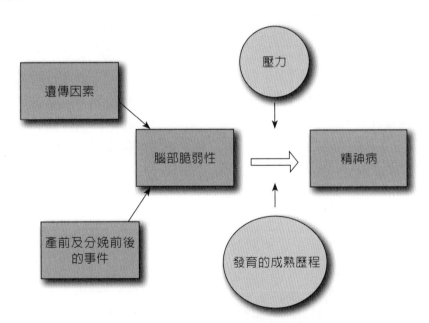

遺傳因素和後天的體質因素（諸如產前事件和分娩併發症）結合起來導致腦部脆弱性。正常成熟歷程結合壓力因素（家庭壓力、都會生活、移民，等等），可能推動脆弱的個人跨過門檻而成為思覺失調症。

圖13.3　思覺失調症的素質-壓力模式

第七節　治療與結果

　　在1950年代之前，思覺失調症的預後相當黯淡，且治療選項極為有限，大部分病人被送到偏遠、令人望而生畏及過度擁擠的公立醫院。有些病人被穿上約束衣，或接受電痙攣的「休克」（shock）治療，還有些人只被提供最基本的生存條件，然後任憑他們自生自滅，不被期待有離開精神病院的一天（Deutsch, 1948）。

　　戲劇性的改善在1950年代中期降臨，當時被稱為「抗精神病藥物」（antipsychotics）的一類藥物開始引進。經由使得病人平靜下來，以及實質地消除狂亂、危險及失控的病人行為，藥物治療（pharmacotherapy）幾乎在「一夕之間」改變了精神病院的環境，一個嶄新而充滿展望的時代終於來臨。

一、臨床結果

　　臨床結果的研究顯示，在發展出思覺失調症15到25年後，大約38%的病人獲得普遍良好的結果，且可以被視為是康復（Harrison et al., 2001）。然而，這並不表示病人重返他們發病前的狀況，反而，它表示在治療與藥物的協助之下，病人能夠有良好的生活運作。對少數病人而言（大約12%），長期被收容在療養院中是有必要的。大約1/3的病人顯現持續的疾病徵狀，通常具有明顯的負性症狀。當採用較為嚴格的標準來界定康復時，康復率只是適度而已。近期的估計值指出，康復率是大約14%（Jääskeläinen et al., 2013）。換句話說，雖然現在的情勢已遠優於五十或六十年前的情形，但是思覺失調症的「痊癒」尚未能實現。

✠ 死亡率

　　思覺失調症的健康風險不能被低估，這種疾病會降低個人的平均壽命，近期得自英國的資料顯示，男性病人的壽命減少14.6歲——相較於根據全國常模所預期的壽命；女性病人則減少17.5歲（Chang et al., 2011）。至於什麼因素牽涉到思覺失調症病人的早夭，被提出的因素包括長期服用抗精神病藥物、肥胖、吸菸、不良飲食、使用非法藥物，以及缺乏身體活動。相較於一般人口，思覺失調症病人的自殺風險也偏高，大約12%的病人以這種方式結束他們的生命（Dutta et al., 2010）。一般而言，當病人接受抗精神病藥物的治療時，他們的整體死亡率較低——相較於未接受治療的病人（Tiihonen et al., 2011）。

二、藥物的途徑

藥物被廣泛使用來治療思覺失調症，有超過60種不同的抗精神病藥物已被開發出來，它們共同的特性是能夠阻斷腦部的多巴胺D2受納器。

◆ 第一代抗精神病藥物

第一代抗精神病藥物（或稱為典型的抗精神病藥物）是指像chlorpromazine（Thorazine）和haloperidol（Haldol）這類藥物，它們是第一批被用來治療精神病症（psychotic disorders）的藥物。這些藥物在1950年代引進，改革了思覺失調症的治療，可被視為是二十世紀重大的醫療進展之一（Snarif et al., 2007）。至於較新近才被開發出來的就稱為第二代抗精神病藥物，或非典型的抗精神病藥物（atypical antipsychotics）。

大量的臨床試驗已證實抗精神病藥物的效能及有效性，此外，病人愈早服用這些藥物的話，他們長期下來傾向於有較良好的進展（Marshall et al., 2005; Perkins et al., 2004）。第一代抗精神病藥物之所以奏效，被認為因為它們是多巴胺拮抗劑（dopamine antagonists）。這表示它們阻斷了多巴胺的作用，主要是透過阻斷（占據）D2多巴胺受納器。

雖然根據藥品指示，抗精神病藥物服用1到3個星期後產生效果，但最大的臨床效益似乎是在展開治療的六到八個星期後才顯現（Bezchlibnyk-Butler & Jeffries, 2003），新的資料顯示臨床變化可以見之於治療的前24個小時內（Kapur et al., 2005）。這支持了「這些藥物產生作用是透過在D2受納器之處，干擾了多巴胺傳導」的觀念，因為多巴胺阻斷在病人服用抗精神病藥物的幾個小時內就展開了。

第一代抗精神病藥物對於思覺失調症的正性症狀最具效果，在使聲音（聽幻覺）安靜下來和減除妄想信念上，這些藥物提供病人顯著的臨床改善（Tandon et al., 2010）。然而，這需要付出一些代價，這些藥物常見的副作用包括昏昏欲睡、口乾舌燥及體重增加。許多病人服用這些藥物後也出現所謂的「錐體束外副作用」（extrapyramidal side effects, EPS），這是一種神經障礙，症狀包括震顫、肌肉強直、拖曳的步伐、不安寧及啟動運動困難，就類似於巴金森氏症的基本症狀。更長期服藥後，有些病人會出現遲發性自主運動障礙（tardive dyskinesia），即病人舌頭、嘴唇及下顎發生不自主的顫動。

◆ 第二代抗精神病藥物

1980年代，一種新類別的抗精神病藥物開始問世，最先被使用在臨床上的藥物是clozapine（Clozaril），雖然起初是特別保留給難以醫治的病人（那些對其他藥物無

法起作用的病人），但clozapine現在已遠爲廣泛被使用。

第二代抗精神病藥物的另一些樣例包括risperidone（Risperdal）、olanzapine（Zyprexa）、quetiapine（Seroquel）及ziprasidone（Geodon）。最近則添加了ar-ipiprazole（Abilify）和lurasidone（Latuda）。這些藥物之所以稱爲「第二代抗精神病藥物」，是因爲它們引起遠爲少的錐體束外症狀，並且它們在減輕思覺失調症的正性和負性二者症狀上也有顯著的效果。當前的見解是，第二代抗精神病藥物產生作用是經由阻斷遠爲廣泛的受納器 —— 相較於第一代的藥物。這些包括D4多巴胺受納器，也可能包括另一些神經傳導物質的受納器（Bezchlibnyk-Butler & Jeffries, 2003）。

除了具有較少的運動方面副作用外，病人服用這些新式的抗精神病藥物也較不可能再度住院（Rabinowitz et al., 2001）。然而，這些藥物也不是沒有其他的副作用，昏昏欲睡和體重增加相當常見，糖尿病也是重要的考量（Sernyak et al., 2002）。在少見的個案上，clozapine還會引起可能危及性命之白血球的驟降，稱爲顆粒白血球缺乏病（agranulocytosis），基於這個原因，病人服用這種藥物後必須定期接受血液檢驗。

三、心理社會的途徑

心理健康專業人員太慢才了解到，在思覺失調症的治療上採取完全的藥物途徑有其限制之處。幸好，我們現在正開始從過去的錯誤中學習。在改變對於思覺失調症治療的觀點上，最值得注意的指標來自美國精神醫學會（2004）的《思覺失調症病人治療的實務指南》，這份文件建議如何在各個階段（及針對不同嚴重程度）使用藥物以管理病人；然而，它也強調心理社會干預（psychosocial interventions）的重要性。我們以下對其中一些方法 —— 通常是結合藥物一起使用 —— 作簡要的論述。

◆ 家庭治療

家庭治療主旨是經由改變家庭中高水平的情緒表露（EE），以降低思覺失調症病人的復發。在實務的層面上，這通常涉及跟病人和他們的家人共同合作，以教導他們認識思覺失調症、協助他們改善他們的因應技巧和問題解決技巧，以及增進他們的溝通技巧，特別是家庭溝通的清晰度。

一般而言，這個領域的研究結果顯示，當家人接受家庭治療後，病人在臨床上有較良好表現，且復發率也較低（Pfammatter et al., 2006）。在中國執行的研究指出，這些治療措施也可被使用在其他文化中（Xiong et al., 1994）。

❖ 個案管理

個案管理人（case manager）的工作是協助病人找到他們所需要的服務，以便在社區中有正常的生活運作。基本上，個案管理人的作用就像是經紀人，介紹病人到將可提供所需要服務的專業人員之處（例如，協助安排住宿、治療及就業等）。「積極社區治療方案」是一種專門化的個案管理，通常，這些方案包含由各個領域的專業人員組成的團隊，被交付有限的個案，以擔保出院的病人不會被疏忽或在體制中「走失」；跨領域的團隊遞送病人所需的所有服務（見DeLuca et al., 2008; Mueser et al., 2013）。

❖ 社交技巧訓練

思覺失調症病人的人際技巧通常極為拙劣（Hooley et al., 2015），因為他們辨認基本臉部情緒（如快樂和生氣）能力的缺失，且因為他們根據表情從事社會判斷上的缺失（相較於控制組的受試者），他們的社交功能也大為削減（Hall et al., 2004）。社交技巧訓練的設計就是在協助病人獲得較良好的生活運作所需要的技巧，這些技巧包括就業技巧、人際關係技巧、自我照顧技巧，以及管理藥物或症狀的技巧。社交的例行程序被解析為一些較小、較易管理的成分；就交談技巧而言，這些成分可能包括學習進行眼神接觸，以正常及適度的音量說話，以及在交談中輪流說話等。病人學習這些技巧、獲得糾正性的回饋、利用角色扮演練習他們的新技巧，然後在自然環境中應用他們所學得的技巧（Bellack & Mueser, 1993）。

雖然一些早期研究的結果混合不一，不過最近期的研究發現則看起來較為正面。社交技巧訓練似乎確實協助病人獲得新的技巧、較有信心（果斷），以及改進他們整體的社交功能，這些改善也似乎長時間被維持。重要的是，病人接受社交技巧訓練後，他們較不可能復發，也較不需要住院治療（Kurtz & Mueser, 2008; Pfammatter et al., 2006）。

❖ 認知-行為治療

如你已經知道，認知-行為治療（CBT）的途徑已被廣泛使用於處理情緒障礙症、焦慮症及其他許多病況（Beck, 2005）。然而，直到相當近期，研究人員不曾考慮使用它們於思覺失調症病人，這無疑是因為思覺失調症被認為是太嚴重的障礙。在英國的研究人員和臨床人員的開創之下，認知-行為的途徑現在已在思覺失調症的治療上獲得推進力。這些治療法的目標是減低正性症狀的強度、減少復發及降低社交失能。在協力合作之下，治療師和病人探索病人的妄想及幻覺的主觀性質、檢視支持或反對它們真實性的各種證據，然後提交妄想的信念接受現實驗證。

一般而言，治療結果頗有展望。Tarrier及其同事們（1998, 1999）發現，病人接受CBT後顯現幻覺和妄想的減少——相較於接受支持性諮商或例行照護的病人。這些治療效益在一年後仍然維持。

個別的治療

在1960年之前，針對思覺失調症病人之最適宜的治療，是建立在佛洛依德學派上的精神分析取向的治療法。這就是諾貝爾獎得主John Nash——他是一位傑出的數學家，生平故事曾被拍成著名的電影《美麗境界》（*A Beautiful Mind*）——於1958年在麻薩諸塞州的McLean醫院所接受的治療方式。然而，到了1980年，情況有所轉變，研究開始指出，在某些個案上，心理動力的治療可能使得病情惡化（Mueser & Berenbaum, 1990），於是這種個別的治療不再受到歡迎。

針對思覺失調症的個別治療現在採取不同的形式。Hogarty及其同事們（1997a, 1997b）報告一項為期三年的控制性研究，以試驗他們所謂的「個人治療」（personal therapy）。個人治療是一種非心理動力式的治療，主要是在培養病人具備廣泛的一系列因應技術及技巧。這種治療是分階段的，表示它含有不同的成分，針對病人復原的不同時間點加以實施。例如，在早期階段，病人檢視他們的症狀與他們的壓力水平之間的關係，他們也學習放鬆技巧和一些認知技術；稍後，焦點是放在社交和職業技巧上。綜合而言，這種治療法似乎在增進出院病人的社會適應和社會角色表現上非常有效。

教導病人認識他的疾病和疾病的治療（這種途徑被稱為心理教育——psychoeducation）也很有助益（Xia et al., 2011）。除了標準治療外，如果病人也接受心理教育的話，他們較不可能復發，或較不可能再度住院——相較於只接受標準治療的病人。這些病人的整體功能也較好，較為滿意他們所接受的治療。所有這些告訴我們一件重要的事，即我們應該把病人囊括到他們自己的照顧中，而且增進他們對自己疾病的認識及理解。

第十四章

認知類障礙症

　　大腦是一個令人驚奇的器官，重量大約3磅，卻是在已知宇宙中最爲複雜的構造（Thompson, 2000），它也是唯一能夠探討及研讀自己的器官。大腦涉及我們生活的每一個層面，從飲食、睡眠以迄於戀愛。大腦從事決定，它也藏有使得我們成爲今天存在的所有記憶。不論我們身體不適或心理失常，大腦都牽涉在內。

　　因爲大腦如此重要，它被保護在密閉的空間中，外部覆上一層厚膜，稱爲硬腦膜（dura mater），爲了進一步保護，大腦被覆蓋在頭骨中（skull）。即使如此，大腦也易於發生許多來源的傷害。當大腦受到損傷時，經常造成認知變化，雖然可能也有另一些徵兆及症狀（諸如心境或人格的變化），但是認知功能的變化是腦部損傷最明顯的徵兆。

　　這一章中，我們將討論幾種障礙症，它們的發生是因爲腦部結構、功能或化學的變化。在一些個案上，諸如巴金森氏症或阿茲海默症，這些是內部變化所引起，導致腦組織的破壞。在另一些個案上，它們源自外界作用力造成的傷害，諸如意外事件或頭部重複重擊（這可能發生在拳擊、橄欖球或美式足球）引起的外傷性腦傷。

第一節　成年人的腦部損傷

　　相較於我們在本書中討論的許多障礙症，認知類障礙症的起因通常遠爲明確而具體。在DSM-IV中，這類障礙症原本被稱爲「譫妄、痴呆、失憶症及其他認知障礙症」，但是它們現在在DSM-5中組成一個新的診斷類別，稱爲「認知類障礙症」（neuroconitive disorders），這個用語較爲直截了當，也較爲概念上連貫。這個類別的障礙症涉及認知能力的減損，也被認爲是腦傷或疾病所引起。這個診斷類別的分支包括有譫妄（delirium）、認知障礙症（major neurocognitive disorder）、以及輕型認知障礙症（mild）；後二者是根據嚴重程度（severity）加以區分。

　　在每個廣延的診斷類別下，臨床人員需要註明該困擾被認定的起因。例如，對於被認定有阿茲海默症的病人，他們的診斷將是「阿茲海默症引起的認知障礙症」；對於腦部損傷是外傷性腦傷引起的病人，他們的診斷將是「外傷性腦傷引起的認知障礙症或輕型認知障礙症」。以這種方式，診斷提供了兩方面訊息，一是關於認知障礙症的起因，另一是它的嚴重程度。

一、腦傷的臨床徵兆

　　除了少數的例外，腦部的細胞體和神經通路顯然不具有再生能力，這表示它們的破壞將是永久的。當腦傷發生在較年長兒童或成年人身上，既定的功能可能喪失。至

於心智減損的程度通常與腦傷的程度有關。然而，這並非一成不變，很大部分取決於損傷的性質和位置，也取決於當事人發病前的勝任能力和性格。有些個案牽涉相對上嚴重的腦傷，但是心智變化卻令人驚訝地極為輕微；在另一些個案上，乍看之下輕微而有限的損傷，卻造成心理功能相當重大的變化。

二、擴散性vs.局部性傷害

　　一些認知障礙症已大致上被較充分理解，它們的症狀具有相對上固定的特徵，這些特徵在腦傷發生在類似部位及範圍的人們身上都可發現到。例如，輕度到中度的擴散性傷害（diffuse damage）——像是中度的氧氣剝奪或攝取有毒物質（諸如汞）可能發生的情形——經常造成注意力損害。這樣的當事人可能因為無法維持專注力於提取（retrieval）上而抱怨有記憶困擾，但是他貯存新訊息的能力仍保持健全。

　　對照於擴散性的傷害，局部的腦損傷（focal brain lesions）牽涉腦部結構有限區域的異常變化，這種損傷可能發生在有清楚界限的外傷性傷害上，或發生在對腦部某特定部位的血液供應中斷（中風）上。圖14.1解釋中風如何發生。

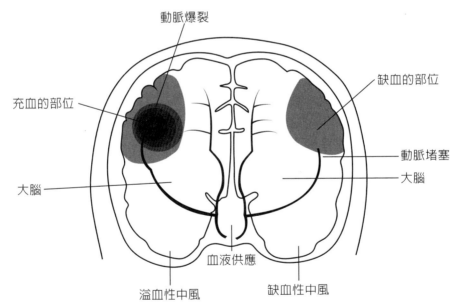

大部分中風發生在當腦部的動脈被凝塊所堵塞時；另一些案例（大約13%的中風）則是發生在當腦動脈爆裂時。這兩種形式都會招致不幸後果。

圖14.1　中風如何發生

（摘自Dr. Steve Warach，美國心臟學會）

　　腦損傷的位置和範圍決定了病人將會產生什麼困擾。如你已知道，大腦是高度特化（specialized）的組織（參考圖14.2）。舉例而言，大腦兩半球（雖然在許多層面上有密切的交互作用）牽涉到多少不同類型的心理訊息處理。雖然有過度簡化的風險，但是普遍被接受的觀點是，對幾乎每個人而言，依賴對熟悉訊息的序列處理（serial processing，或依序處理）的功能，諸如語言和解決數學方程式，大部分是發生在大腦左半球。反過來說，右半球似乎大體上是特化為在新奇情境中掌握整體意義、在非語文及直覺的層面上進行推理，以及對空間關係進行理解。即使在每個大腦半球內，各個腦葉和腦區也調解著不一樣的特化功能。

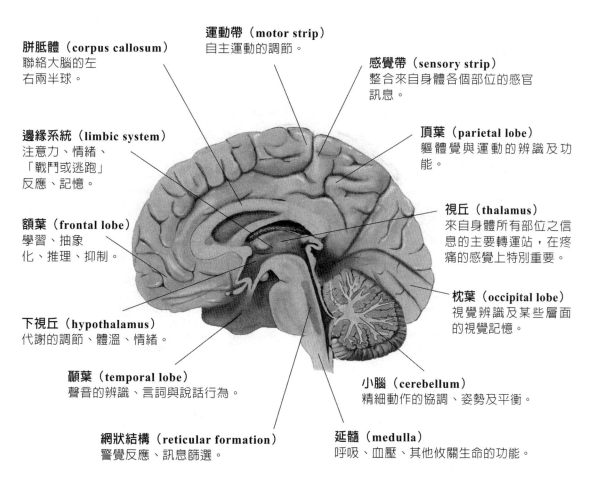

胼胝體（corpus callosum）
聯絡大腦的左右兩半球。

運動帶（motor strip）
自主運動的調節。

感覺帶（sensory strip）
整合來自身體各個部位的感官訊息。

邊緣系統（limbic system）
注意力、情緒、「戰鬥或逃跑」反應、記憶。

頂葉（parietal lobe）
軀體覺與運動的辨識及功能。

額葉（frontal lobe）
學習、抽象化、推理、抑制。

視丘（thalamus）
來自身體所有部位之信息的主要轉運站，在疼痛的感覺上特別重要。

下視丘（hypothalamus）
代謝的調節、體溫、情緒。

枕葉（occipital lobe）
視覺辨識及某些層面的視覺記憶。

顳葉（temporal lobe）
聲音的辨識、言詞與說話行為。

小腦（cerebellum）
精細動作的協調、姿勢及平衡。

網狀結構（reticular formation）
警覺反應、訊息篩選。

延髓（medulla）
呼吸、血壓、其他攸關生命的功能。

圖14.2　大腦構造與相關的行為

　　不巧地，許多類型的腦疾病或腦損傷是全面性的，因此它們的破壞效果是擴散性的，引起多重及廣泛的腦部迴路的中斷。腦部障礙症的一些後果描述在表14.1中。

表14.1 與腦疾病或腦損傷有關的一些功能減損

1. **記憶的缺損**。個人無法記住新近事件,顯然對過去事件的記憶可能保持較為健全。在嚴重的個案上,任何新的經驗無法被保存超過幾分鐘。

2. **定向感的缺損**。個人可能不知道他身在何處、當天的日期,或熟悉的人是誰。

3. **學習、理解和判斷力的缺損**。個人思考變得模糊、遲鈍或不準確。當事人可能失去預先規劃的能力,或無法理解抽象的概念,因此沒有能力處理複雜的訊息(或稱為「思想貧乏」)。

4. **情緒控制或調節的缺損**。個人情緒上過度反應,在沒有誘發下就發笑、哭泣或暴怒。

5. **情緒平淡或遲鈍**。個人情緒上過度貧乏,似乎對別人和事件漠不關心。

6. **行為啓動的缺損**。個人缺乏自我啓動的能力,需要被再三提醒接下來做些什麼,即使所涉行為仍然遠在個人的能力範圍內。這有時候被稱為「失去執行功能」。

7. **缺乏對適宜舉動的控制力**。個人在外觀、衛生、性慾或語言等領域的標準顯著降低。

8. **接受性和表達性語言能力的缺損**。個人無法理解書面或口說的語言,或無法以口說或書寫的方式表達自己的思想。

9. **視覺空間能力的缺損**。個人無法適當協調自己的動作。

第二節 譫妄

一、臨床徵候

　　譫妄(delirium)是一種常發生的症候群,它是一種急性混淆的狀態,介於正常的清醒與僵呆(stupor)或昏迷(coma)之間。它突然開始發作,牽涉到起伏不定之低迷的意識狀態。基本上,譫妄反映了大腦發生作用方式上的重大變化,除了意識水平上的障礙,譫妄也牽涉到認知變化,訊息處理能力受損,因此,影響像是注意、知覺、記憶及思考等基本功能。幻覺和妄想也相當常見(Trzepacz et al., 2002)。此外,這種症候群經常包括異常的精神運動性活動(psychomotor activity),諸如狂亂

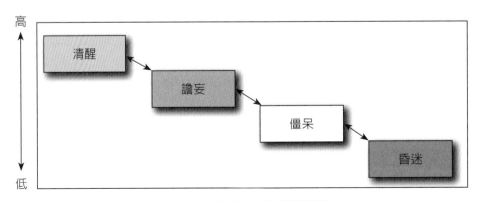

圖14.3 意識水平的連續頻譜

地揮動手腳，以及睡眠週期的障礙。譫妄的當事人基本上無法執行任何性質之有目的的心理活動，症狀的強度也會在二十四小時期間的過程中起伏變動。

譫妄是一種急性腦部失能的狀態，它的特色是混淆、不良注意力及認知功能障礙（參考DSM-5專欄）。譫妄在DSM-5中被視為個別的障礙症，而不是一種認知障礙症或輕型認知障礙症，因為它的嚴重性可能快速波動，而且也會跟認知障礙症（諸如阿茲海默症）同時存在，因此它不完全符合被歸類為認知障礙症或輕型認知障礙症。

DSM-5　「譫妄」的診斷準則

A. 注意力障礙（也就是引導、集中、維持及轉移注意力的能力降低）和察覺力（awareness）障礙（對環境的定向感降低）。

B. 該障礙在短期之中（通常是幾個小時到幾天）發展出來，代表從基準的注意力和察覺力發生變動，而且它的嚴重程度在一天的過程中起伏不定。

C. 另有認知上的障礙（例如，記憶缺失、失去定向感，或有語言、視覺空間能力或知覺的缺損。）

D. 準則A和C的障礙無法以另一種預存、確認或進展中的認知障礙症作更好的解釋，而且不是發生在醒覺度嚴重低落的情境中，諸如昏迷。

E. 根據病史、身體檢查或實驗室發現的證據顯示，該障礙是一些情況的直接生理後果，包括另一種身體病況、物質中毒或戒斷（也就是，由於濫用藥物或臨床用藥），暴露於某一毒素（toxin），或是由於多重病因。

（資料來源：DSM-5，2013，美國精神醫學會）

譫妄可能發生在任何年齡的人們身上，然而，老年人特別有高度風險，或許是因為正常老化（aging）引起的大腦變化。譫妄常見於接受外科手術後的老年人，超過80歲的病人特別是高危險群（Trzepacz et al., 2002）。在年齡光譜的另一端，兒童也是譫妄的高危險群，或許是因為他們的腦部尚未發育完成。除了高齡外，譫妄的另一些風險因素包括痴呆、憂鬱及菸草使用（Fricchione et al., 2008）。譫妄的一項可靠而簡易的篩選測驗是要求病人倒轉地背誦十二生肖的排序。你不妨試一下，如果你能無誤地從豬倒數至馬，那麼你沒有譫妄的機率很高！

譫妄盛行率的估計值有很大變異，視所探討人口的年齡而定。然而，10%-51%的病人接受手術後將會發生譫妄，其中接受心臟手術的病人似乎有特別高的風險；譫妄的出現也是不良預後的徵兆。譫妄與一些情況有重大相關，包括認知減退、較長的住院期、較多身體困擾，以及偏高的死亡率；25%的老年病人在發生譫妄的接下來六個月內死亡（Fricchione et al., 2008; Witlox et al., 2010）。

譫妄可能起因於幾種狀況，包括頭部受傷和感染。然而，譫妄最常見的起因是藥物中毒或戒斷，臨床藥物的毒性也導致許多譫妄的病例，這可以解釋爲什麼譫妄這般常見於接受外科手術後的老年人。

二、治療與結果

譫妄是一種道地的醫療緊急狀況，它的基礎原因必須被鑑定及處理。大部分的譫妄病例是可以回復的，除非當譫妄是由末期疾病或由嚴重腦部創傷所引起時。治療包含了藥物、環境安排及家庭支持。大部分病例所使用的藥物是神經抑制劑（neuroleptics）（Lee et al., 2004），這些是被使用來治療思覺失調症的同一類藥物。對於酒精或藥物戒斷引起的譫妄而言，benzodiazepines（諸如那些用來治療焦慮症的藥物）經常被派上用場（Trzepacz et al., 2002）。此外，環境安排是在協助病人保持定向感，諸如良好的照明、清楚的標誌，以及顯眼的日曆和時鐘。然而，有些病人（特別是老年人）可能仍然有定向感困擾、睡眠障礙及其他困難——即使在譫妄發作已好幾個月後。

第三節　認知障礙症

在DSM-5中，原先痴呆症（dementia）的廣泛診斷類別已被重新命名，它現在使用「認知障礙症」的用語，這麼做的主要原因之一是爲了降低烙印使用。

認知障礙症涉及認知能力的顯著缺損（deficits），這些缺損可能顯現在一些領域中，諸如注意、執行能力、學習與記憶、語言、知覺，以及社會認知（爲了理解、解讀及回應他人行爲所需的技巧）。但是關鍵的是，個人從先前達到的功能水準中減退下來（參考DSM-5專欄）。

DSM-5　「認知障礙症」的診斷準則

A. 有證據顯示從先前認知表現的水準上顯著減退下來，顯現在一項或多項認知領域中（諸如複雜注意力、執行功能、學習與記憶、語言、知覺-動作，或社會認知），證據則是根據以下兩項：

1. 個人所屬機構、熟知個人的資料提供者，或臨床專家所作的判斷，指出當事人的認知功能發生顯著減退。

2. 認知表現的實質減損，最好是由標準化神經心理測驗加以佐證，假使缺乏的話，可經由另一項量化的臨床衡鑑。

B. 認知缺損妨礙日常活動的自主性（諸如在支付帳單或管理藥物上需要協助）。

C. 認知缺損並非只出現於譫妄的情境。

D. 認知缺損無法以另一種精神疾病（例如，鬱症、思覺失調症）作更好的解釋。

（資料來源：DSM-5，2013，美國精神醫學會）

　　在老年人身上，認知缺損的初始發作通常是漸進的。在早期階段，當事人仍保有警覺，也能夠適度良好地調整自己以應對環境中的事件，但即使在早期階段，記憶已不可避免地受到影響，特別是對於新近事件的記憶。隨著時間的遞移，病人在許多方面顯現逐漸明顯的缺失，包括抽象思考、新知識或新技巧的獲得、視覺空間的理解、運動控制、問題解決及判斷等。這些經常伴隨情緒控制的減弱，以及伴隨道德和倫理意識的減弱，例如，當事人可能從事露骨的（不加掩飾的）性引誘。缺損可能是進行性（隨著時間愈為惡化）或靜止的，但是前者較為常見。偶爾，認知障礙症是可逆轉的，假使它具有可以被消除或矯治的基礎起因的話（諸如維生素缺乏）。認知障礙症的一些可治療的起因列在表14.2中。

表14.2　認知障礙症的一些可治療的起因

・藥物	・腦部的一些腫瘤或感染
・臨床憂鬱	・血液凝塊壓迫到腦部
・維生素B_{12}缺乏	・代謝失衡（包括甲狀腺、腎臟或肝臟的疾病）
・慢性酒精中毒	

　　至少50種不同失調狀況，會引起現在被囊括在認知障礙症類別中的各種認知缺損。它們包括一些退化性的疾病，諸如亨丁頓病（Huntington's disease）和巴金森氏症（Parkinson's disease）。另一些原因還包括腦溢血；一些傳染性疾病，諸如梅毒、腦膜炎及AIDS；顱內腫瘤和硬腦膜下血腫；特定食物（營養）不足（特別是維生素B）；嚴重或重複的頭部傷害；缺氧（anoxia，氧氣剝奪）；以及攝取或吸入有毒物質，諸如鉛或汞。如圖14.4所說明的，認知障礙症最常見的起因是退化性腦疾病，特別是阿茲海默症。

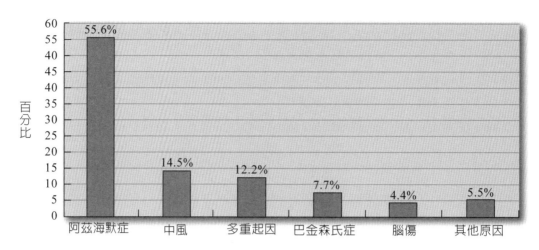

起因的呈現是根據它們在所有病例中所負責的百分比。

圖14.4　認知障礙症的起因

一、巴金森氏症

取名於James Parkinson（最先在1817年加以描述的英國醫師），巴金森氏症是排行第二最常見的神經退化疾病（居於阿茲海默症之後）。它較常見之於男性，在65到69歲的年齡組中，它的發生率是0.5%-1%；當超過80歲時，它的發生率提高到3%（Toulouse & Sullivan, 2008）。

巴金森氏症的特徵是運動症狀，諸如靜止震顫或僵硬動作。它的基礎原因是黑質（substantia nigra，基底神經節的一部分）部位的多巴胺神經元流失。多巴胺是涉及動作控制的一種神經傳導物質，當多巴胺神經元流失時，個人無法以一種受控而流暢的風格展現動作。除了運動症狀，巴金森氏症也牽涉一些心理症狀，諸如憂鬱、焦慮、冷淡、認知困擾，以及甚至幻覺和妄想（Chaudhuri et al., 2011）。隨著疾病的進展，認知缺損也變得明顯。長期下來，25%-40%的病人將會顯現認知減損的徵兆（Marsh & Margolis, 2009）。在早發型巴金森氏症上，遺傳因素顯然較為重要，至於環境因素則較為涉及晚發型的病例（Wirdefeldt et al., 2011）。引人感興趣的是，吸菸和飲用咖啡可能提供了對抗巴金森氏症成形的一些防護作用，雖然這方面的原因仍不清楚（Toulouse & Sullivan, 2008; Wirdefeldt et al., 2011）。

經由服用藥物，諸如pramipexole（Mirapex）或levodopa/carbidopa（Sinemet），巴金森氏症的症狀可被暫時降低下來；這些藥物的作用是增加多巴胺在腦部的供應，然而一旦藥效過去，症狀就又重返。另一種現在正被嘗試的治療法是「深層腦部刺激」（deep brain stimulation，見第十六章）。此外，幹細胞（stem cell）研究也正在上路中，似乎頗具展望。不過，直至目前，運動仍然是治療的重要

成分。在近期的研究中，在展開運動方案（包括每星期走路3次）的六個月後，病人不僅提升他們體適能的綜合水準，而且在動作功能、認知能力及綜合生活品質上也顯現效益（Uc et al., 2014）。

二、亨丁頓病

亨丁頓病是一種中樞神經系統的退化疾病，發生在每1萬人中的1人（Phillips et al., 2008），它是在1872年由美國神經學家George Huntington最先加以描述。這種疾病起始於中年（初發的平均年齡是大約40歲），男女的發生率大致相等。亨丁頓病的特徵是慢性、進行性的舞蹈症，即不自主和不規律的肢體抽動。然而，通常在初發動作症狀的許多年前，就已出現微妙的認知困擾，這些認知困擾無疑是腦組織漸進的流失所致（可以經由腦部造影偵察出來），在該疾病正式發作的十年之前就已開始發生（Shoulson & Young, 2011）。病人最終會進入痴呆（失智）狀態，且通常在病發的10年到20年內死亡。目前還沒有有效的治療能夠復原病人的功能，或減緩疾病的進程。

亨丁頓病是4號染色體上的單一顯性基因所引起，這表示任何人只要雙親之一有這種疾病，就有50%機率自己也會發展出疾病。目前的基因檢測已能針對高風險人們施行，以決定他們是否最終將會發展出這種疾病。然而，在美國，有這樣風險的人們中，只有大約10%選擇知道自己的遺傳命運是什麼（Shoulson & Young, 2011）。如果你也置身於這種處境，你會怎麼做？一項引人感興趣的發現是，絕大多數要求接受檢測的人是女性（Hayden, 2000）。

第四節　阿茲海默症

阿茲海默症（Alzheimer's disease, AD）是以它的發現者Alois Alzheimer（1864-1915）為名，Alzheimer是一位德國的神經病理學家，他在1907年首度描述這種疾病。阿茲海默症是痴呆最常見的起因（Jalbert et al., 2008），在DSM-5中，它被正式稱為「阿茲海默症引起的認知障礙症或輕型認知障礙症」。阿茲海默症（即俗稱的老人失智症）是一種進行性及致命的神經退化疾病，它呈現痴呆症候群所具有的一些特性，它有不容易察覺的初始發作，通常也有緩慢但漸進的惡化過程，最後終止於譫妄及死亡。自從卸任總統雷根（Ronald Reagan）在1994年11月宣布他被診斷有這種疾病後（雷根歿於2004年），大為提升了大眾對它的認識。

一、臨床徵候

AD的診斷是建立在對病人透澈的臨床衡鑑上，但除非病人已死亡後才能絕對地確認。這是因為必須施行屍體解剖，以便觀察腦部的類澱粉蛋白斑點（amyloid plaques）和神經原纖維糾結（neurofibrillary tangles）——這是阿茲海默症的神經病理最具區辨性的徵狀。在還活著的病人身上，只有當痴呆的所有其他可能起因被排除後，通常才能判定AD的診斷；這表示需要考慮個案史、家族史、生理檢驗及實驗室檢測等資料。

阿茲海默症通常在大約45歲後才開始發作（Malaspina et al., 2002）。有別於許多人的見解，它的特徵是多重認知缺損，而不僅是記憶方面的困擾。AD呈現逐漸衰退的過程，牽涉到緩慢的心智退化。在某些個案上，可能有身體疾病或另一些壓力事件作為它的里程碑，但是大部分的AD受害人幾乎是不知不覺地進入痴呆狀態，以至於不可能準確地決定該疾病什麼時候開始。AD的臨床徵候可能隨不同個體而有很大差異，取決於腦部退化的性質和範圍、當事人發病前的性格、所呈現的特定壓力源，以及環境支持的程度。

AD通常起始於當事人從活躍的生活中逐漸退縮下來，這包括社交活動和興趣的窄化、心理警覺性和適應性的減弱，以及對於新觀念和常規變更的容忍度降低。通常，病人的思想和活動變得自我中心而天真，包括專注於飲食、消化及排泄等身體功能。隨著這些變化趨於嚴重，另一些症狀也開始出現，諸如對近期事件的記憶缺損、「空洞」的談話（文法和造句仍然完整，但是籠統而似乎不得要領的表達，取代了有意義的交談；例如，「今天天氣很好，但是可能會下雨」）、紊亂、判斷力受損、激動不安及一些混淆時期。除非病況已進展到末期而病人已退化到植物性的水準，否則臨床徵候絕不是一成不變的。

所有AD病人中，大約有半數展現單純性退化的過程。這也就是說，他們逐漸失去各種心理能力，通常起始於對近期事件的記憶，然後進展到定向感障礙、不良的判斷力、疏忽個人衛生及失去跟現實的接觸，最終則達到失去身為成年人的獨立功能的地步。病人的顳葉是最先受到損害的腦區，因為海馬迴座落於此處，記憶減損是AD的早期症狀。顳葉腦組織的流失可能也解釋為什麼一些病人會發生妄想（Lyketsos et al., 2000）。雖然最普遍的是被迫害妄想，但是嫉妒妄想也不乏少見。在此，當事人持續地指控他／她的伴侶或配偶——通常也已邁入高齡而身體衰弱——在性方面不忠實；家人可能被指控在病人的食物中下毒，或被指控密謀竊取病人的財物。幸好，病人很少對所謂「作惡的人」（evil-doers）採取懲罰性的報復（以身體攻擊的形式），但是好鬥的行為模式確實偶爾會發生，這使得病人的管理更為複雜化。在對展現身體攻擊的AD病人的研究中，Gilley及其同事們（1997）發現，這些病人中有80%

是屬於妄想型。

　　假使接受適宜的治療——這可能包括藥物治療，以及維持平穩、安撫及不具挑撥性的社會環境——許多阿茲海默症的病人顯現症狀的些許減輕。然而，一般而言，在隨後幾個月或幾年的期間，病情將會持續地惡化及走下坡。最終，病人變得忘卻他們的周遭世界，纏綿在病床上，且淪落到植物性的狀態；對於疾病的抵抗力降低，他們往往因為肺炎或另一些呼吸或心臟系統的疾病而死亡。從首次臨床接觸的時間算起，病人存活時間的中數是5.7年（Jalbert et al., 2008）。

二、盛行率

　　阿茲海默症正快速地成為重大的公共健康問題，為社會和家庭資源帶來巨大的負荷，AD在所有痴呆的病例中占絕大的比例（Yegambaram et al., 2015）。雖然AD不是老化不可避免的結果〔例如，蕭伯納（George Bernard Shaw, 1856-1950）——英國的劇作家、評論家兼小說家；直到邁入90多歲還在寫劇本〕，年齡很清楚是重大的風險因素。對我們所有人而言，腦部容積從大約18歲後就開始減少，當我們抵達80歲的時候，我們的腦部已失去大約15%它原先的重量（Perl, 1999）。

　　根據估計，在個人抵達40歲後，阿茲海默症的發生率大約每隔5年就升為2倍（Hendrie, 1998）。儘管對60到64歲的年齡組而言，只有不到1%的人有AD，但超過85歲後，AD的發生率已高達40%（Jalbert et al., 2008）。在美國，超過500萬人跟AD生活在一起，每67秒就有一個人發展出AD（阿茲海默症協會，2015）。在全世界範圍，AD病人的數字超過3,500百萬人（Selkoe, 2012）；到了2030年，預計這個數值將會上升到不能置信的6,600百萬人（Vreugdenhil et al., 2012）。因此，關於AD盛行率的未來展望多少令人驚慌。假使我們屆時還未能解決預防AD（或在早期階段就遏止它的惡化）的問題的話，社會將會在照護數以百萬計失智的年長公民上，面對極為沉重的負荷。

　　基於一些還不清楚的原因，女性似乎有發展出AD之稍微偏高的風險——相較於男性（Jalbert et al., 2008）。實際上，Alois Alzheimer最初的個案是一位51歲婦女。女性傾向於比起男性活到較大歲數，但是女性在AD上有偏高的盛行率，可能無法完全根據這點加以解釋。然而，一項相關的因素可能是「孤單」。在一項包含800位老年人（大多數是女性）的研究中，那些報告他們感到孤單的人，在隨後四年的追蹤期中有2倍高的風險發展出阿茲海默症。這項連結無關於他們在認知測量上的分數，說明孤單不是認知減損的早期徵兆，也不是缺損的認知技巧的後果（Wilson, Krueger, et al., 2007）。因此，我們可以合理地提出，女性較可能感到孤單，這是因為她們活得較久，因此比起她們丈夫活到更大歲數。當試圖理解AD風險的性別差異時，這是

重要的考慮因素。

除了高齡和身爲女性外，AD的另一些風險因素包括身爲現行的吸菸者、擁有較少正式教育的年度、擁有較低的收入，以及擁有較低的職業地位（Jalbert et al., 2008）。近期的研究也指出，長期服用benzodiazepines（用來治療焦慮症的藥物），以大約50%幅度提升在日後發展出AD的風險（Billioti de Gage et al., 2014）。考慮到這些藥物多麼頻繁被當作處方用藥，這值得被愼重考慮。表14.3提供了摘要，關於迄今最受到充分探討的一些風險因素。

表14.3　阿茲海默症風險因素的摘要

• 高齡	• 較低職業地位
• 女性	• 頭部創傷
• 現行吸菸者	• 肥胖
• 較少教育年度	• 糖尿病
• 較低收入	

阿茲海默症的盛行率在北美和西歐較高，在像是非洲、印度和東南亞等地方則較低（Ballard et al., 2011; Ferri et al., 2005）。這樣的觀察已導致研究學者推測，生活風格因素（諸如飲食）可能牽涉在內。「地中海飲食」（Mediterranean diet）涉及大量攝取蔬菜、水果、堅果及橄欖油，適度攝取乳製品、魚類、家禽類及肉類，這似乎爲認知功能帶來助益（Ye et al., 2013）。對照之下，肥胖和帶有第二型糖尿病二者提高了發展出AD的風險（Christensen & Pike, 2015; Sridhar et al., 2015）。AD與糖尿病的關聯特別引人注意，因爲研究學者已發現，在最受到AD損害的一些腦區中，胰島素濃度異常地偏低。

三、起因

當我們描繪典型的AD病人時，我們通常會想像一位高齡的老年人。然而，AD有時候在生活的更爲早期就展開，影響40多歲或50多歲的人們。在這樣的個案上，認知減退通常相當快速。大量證據顯示，早發型的阿茲海默症有特別實質的遺傳成分，雖然不同的基因可能涉入不同的家族（Gatz, 2007）；基因也在晚發型AD上扮演一定角色。

早發型（early-onset）阿茲海默症的病例（只占有所有個案的1%-2%）似乎是由少見的基因突變所引起。至今，三種這樣的突變已被鑑定出來（Guerreiro et al., 2012）。第一種涉及APP（amyloid precursor protein）基因，它位於第21對染色體

上。APP基因的突變牽涉到AD在55歲到60歲之間的初發（Cruts et al., 1998），這種基因的顯性突變占了大約14%的早發型個案（Guerreiro et al., 2012）。

我們很早就已知道，唐氏症候群（Down syndrome，因為第21對染色體有三個所造成）的兒童當存活到超過大約40歲時，容易發展出類似阿茲海默症的痴呆（Bauer & Shea, 1986; Janicki & Dalton, 1993），他們也顯現類似之神經病理的變化（Schapiro & Rapoport, 1987）。此外，唐氏症候群的病例傾向於較常發生在有AD病人的家族（Heyman et al., 1984; Schupf et al., 1994），這些充分說明了AD與唐氏症候群之間的遺傳關聯性。

另一些甚至更早初發的病例似乎與第14對染色體上的基因（presenilin 1，稱為PS1）突變有關聯，也與第1對染色體上的PS2（presenilin 2）基因突變有關聯，這些基因與30歲到50歲之間的AD初發有關聯（Cruts et al., 1998）。然而，我們有必要記住，這些突變基因是正染色體顯性基因，因此在任何攜帶者身上幾乎總是引起AD，但極為少見。加總起來，APP、PS1及PS2基因突變，大概只占有不超過5%的AD病例。

大部分阿茲海默症的個案是「散發的」（sporadic），這表示它們發生在沒有任何家族史的病人身上，而且在生命後期才發展出來。在晚發型（late-onset）阿茲海默症的個案上，位於第19對染色體上的APOE（apolipoprotein）基因扮演重要的角色。這種基因登錄有血液蛋白質的密碼，有助於攜帶膽固醇通過血流。研究學者已發現，不同形式（對偶基因）的APOE以不一樣的方式預測晚發型AD的風險。三種這樣的對偶基因已被鑑定出來，其中的APOE-E4對偶基因顯著提高晚發型AD的風險。APOE-E4已被顯示是老年人記憶退化的重要指標，不論是否呈現有臨床痴呆（Hofer et al., 2002）。APOE-E4對偶基因較少見之於中國人 —— 相較於它在歐洲或北美地區人們身上的發生頻率；對照之下，非洲後裔的人士特別可能擁有這種對偶基因（Waters & Nicoll, 2005）。

APOE-E4對偶基因（可以從血液檢驗中偵測出來）在所有形式的AD中占有很高比例，包括早發型和晚發型，大約50%的AD病人擁有至少一份APOE-E4對偶基因的複本（Karch et al., 2014）。雖然令人興奮，但是這些發現仍然無法解釋所有的AD病例，甚至無法解釋所有晚發型AD的病例（Bergem et al., 1997）。許多人繼承有最具風險的APOE型態（兩份APOE-E4對偶基因）卻沒有屈服於AD。一項研究發現，只有55%擁有兩份APOE-E4對偶基因的人們，在80歲前發展出AD（Myers et al., 1996）；另有些人不具有這樣的APOE-E4風險因素，卻發展出AD。此外，有相當數量的同卵雙胞胎在該疾病上是不一致的（Bergem et al., 1997; Breitner et al., 1993）。像這些發現說明另一些基因的角色，也強調環境因素和生活風格因素在AD發展上的角色。

當前的觀點是，我們的基因易罹性與另一些遺傳因素交互作用，然後再與環境因素交互作用之下，決定了我們是否將會屈服於任何特定疾病。顯然，另一些牽涉AD發展的基因仍有待發現，然而，環境因素可能也扮演重要的角色。如我們已提到，AD在世界上不同地區有不同的盛行率，這暗示飲食可能是重要的中介環境變項（mediating environmental variable）。另一些被考慮的環境因素包括暴露於環境汙染物，諸如鋁或銅（見Yegambaran et al., 2015），以及發生頭部創傷。一項前瞻性研究已發現，創傷性腦傷牽涉到當事人有4倍高的風險發展出AD（Malaspina et al., 2002）。憂鬱的病史也提高了日後AD的風險。另一方面，暴露於非類固醇的抗發炎藥物（nonsteroidal anti-inflammatory drugs），諸如異丁苯丙酸（ibuprofen），減輕關節炎和風濕症發炎的消炎藥等，可能有防護的作用，導致較低的AD風險（in't Veld et al., 2001; Weggen et al., 2001）。當人們擁有較多認知貯備時（cognitive reserve），他們也有較低的風險（Ballard et al., 2011）。近期採用老鼠的研究更進一步指出，當暴露於較具有刺激性及新奇的環境時，減緩了腦部AD相關變化的發展（Li et al., 2013）。換句話說，經由審慎地避免暴露於風險、攝取有益健康的食物、過著較為興致盎然的生活，以及採取另一些預防的措施，我們有可能降低或延遲AD的發生。

四、神經病理

當Alois Alzheimer對他的病人施行首次的屍體解剖時，他鑑定出一些腦部異常，現在已知是該疾病的特徵所在。這些是：(1)類澱粉蛋白斑點；(2)神經原纖維糾結；及(3)腦部的萎縮。雖然斑點和糾結也在正常腦部發現到，但它們以絕對多的數量出現在AD病人的腦部，特別是在顳葉。

當前的觀點是，在阿茲海默症中，腦部神經元分泌一種黏性的蛋白質物質，稱為β類澱粉蛋白（beta amyloid），製造的速度快於它被分解及清除的速度，這種β類澱粉蛋白然後累積為類澱粉蛋白斑點（amyloid plagues）。這些物質被認為干擾突觸的功能，而且啟動一連串事件導致腦細胞的死亡。β類澱粉蛋白已被發現具有神經毒性（表示它會引起細胞死亡）。類澱粉蛋白斑點也在腦部引發局部的慢性發炎，然後釋放細胞激素（參考第五章），這可能更進一步惡化這個過程。更普遍而言，發炎反應現在逐漸被視為關鍵因素，不僅在AD的進行上，而且也在AD的養成上。

當個人擁有APOE-E4形式的APOE基因時，這牽涉到類澱粉蛋白在腦部較快速的累積（Jalbert et al., 2008）。動物研究也顯示，壓力使得類澱粉蛋白累積的神經認知後果更為惡化（Alberini, 2009; Srivareerat et al., 2009）。胰島素可能也在調節類澱粉蛋白上扮演一定角色（再度地，這有助於解釋為什麼飲食和糖尿病被鑑定為風險因素）。雖然一些科學研究人員相信，β類澱粉蛋白的累積在AD的發展上扮演主要角

色；另有些人懷疑，它可能是防衛反應，而不是起因。

　　神經原纖維糾結（neurofibrillary tangles）是指神經細胞內異常單纖維形成的網狀物，這些單纖維是由另一種稱為「tau」的蛋白質所組成。在正常、健全的腦部，tau的作用就像鷹架，支撐神經元內部的小管，以容許它們傳導神經衝動。在阿茲海默症中，tau發生變形而糾纏，引致神經元小管的崩潰。

　　雖然異常的tau集結可能獨立發生，但是我們有理由相信，tau蛋白質的集結會因為腦部類澱粉蛋白漸增的負荷量而加速進行（Shim & Morris, 2011），以老鼠為對象的動物研究已支持這個觀點（Götz et al., 2001; Lewis et al., 2001）。假使如此，那麼AD最有指望的治療，應該是那些能夠矯治及預防類澱粉蛋白集結（累積）的藥物。

　　另一種在AD上值得注意的變化，是關於神經傳導物質乙醯膽鹼（acetylcholine, ACh），這種神經傳導物質已知在記憶的調節上相當重要。雖然AD病人的神經元受到廣泛的破壞，特別是在海馬迴的區域（Adler, 1994; Mori et al., 1997b），但是證據顯示，最早期及最嚴重受到損害的構造是一群細胞體，它們位於基底前腦（basal forebrain），且涉及ACh的釋放（Schliebs & Arendt, 2006）。AD病人腦部ACh活動的降低，與他們所蒙受神經元傷害（也就是斑點、糾結）的範圍及程度有密切關聯。

　　製造ACh的細胞的流失使得不良的處境更為惡化，因為ACh在記憶上如此重要，它的枯竭重大促成了AD所特有的認知和行為的缺損。基於這個原因，抑制ACh分解（且因此增加了這種神經傳導物質的可供應性）的藥物〔稱為「膽鹼酯酶抑制劑」（cholinesterase inhibitors）〕能夠為病人帶來臨床上的效益（Winblad et al., 2001）。

五、治療與結果

　　儘管廣泛的研究努力，我們目前還沒有針對AD之有效的治療以恢復病人的功能——一旦這些功能已被破壞或失去後。在找到有效的療法之前，我們只有一些緩和性的措施以紓解病人及照護者的苦惱，以及儘可能減輕該疾病的一些併發症（如躁動和好鬥行為），因為它們增加了管理的困難。

　　常見之與AD（且也與其他的痴呆）有關的一些問題行為有四處遊蕩、大小便失禁、不恰當的性行為及不適切的自我照顧技巧，這些多少可以經由行為治療加以控制。因為行為治療法不需要依賴複雜的認知及溝通能力（這些都傾向於在AD病人身上缺乏），它們可能特別適合作為這類病人的干預措施。一般而言，就降低病人不必要的挫折及困窘，以及減少照顧者的困擾方面，治療結果的研究指出了中等的成效（Brodaty & Arasratnam, 2012; Gitlin et al., 2012）。

　　一些AD病人發展出精神病症狀，變得非常躁動，因此抗精神病藥物（就像那些

用來治療思覺失調症的藥物）有時候被施加以減緩這些症狀。然而，這些藥物必須被慎重使用。美國FDA提出警告，痴呆病人服用非典型抗精神病藥物，會有死亡的偏高風險（Schultz, 2008）。

另有些研究把焦點放在AD的乙醯膽鹼衰竭上，這裡的推論是，經由施加藥物以提高腦部ACh的可供應性，我們或許可以改善病人的認知功能。目前，這方面最有效的方法是經由抑制乙醯膽鹼酯酶（acetylcholinesterase, AChE，突觸後神經細胞膜所產生的一種酶，它把ACh分解為乙酸和膽鹼，從而終止突觸後的電位）的製造。根據這種理念，AD病人已被施加像是galantamine（Razadyne）、rivastigmine（Exelon）及donepezil（Aricept）等藥物。研究結果顯示，donepezil藥物比起安慰劑具有適度的良好成效──在改善認知功能和日常活動的表現上（Winblad et al., 2001）。然而，病人在治療期間仍顯現整體功能的持續減退，而且服藥也沒有降低住院的可能性（AD2000 Collaborative Group, 2004）。

在AD的治療上，最新被核准的藥物是memantine（Namenda），不像其他已核准的藥物，memantine不是膽鹼酯酶抑制劑。反而，它顯然是在調節神經傳導物質glutamate的活動，或許是經由保護細胞對抗過量的glutamate──經由局部地阻斷NMDA受納器。memantine可以被單獨使用或聯合donepezil一起使用，它似乎提供病人一些認知效益（Forchetti, 2005; Reisberg et al., 2003）。

還有一種路線的治療研究是針對於開發疫苗，這可能有助於清除任何累積的類澱粉蛋白斑點。雖然初始來自動物研究的發現似乎頗有展望（McLaurin et al., 2002），但是人類的疫苗臨床試驗在2002年提早終止──因為太危險的副作用。不幸的現實是，自從Namenda在2003年被核准後，沒有新的藥物再被推出市場。儘管如此，研究人員正在繼續探索新的治療途徑（例如，rTMS），許多製藥公司現在也正著手這個問題。

六、支援照護者

在過去幾十年中，護理之家的失智特殊照顧單位的數量已急劇增加，絕大多數的失智病人在他們死亡前將是住在這些機構中。然而，直到病人進入嚴重損害的階段之前，大部分人還是生活在社區中，接受他們家人的照顧；經常的情況是，照顧的重擔完全落在一個人身上。

不致於訝異，就整體而言，照護者（caregivers）有變得社交孤立的高度風險，也有發展出憂鬱的偏高風險（Richards & Sweet, 2009）。他們與病人的情結（bond，感情的連繫）愈堅定的話，他們就愈可能變得憂鬱而衰竭（Wojtyna & Popiolek, 2015）。對於AD病人的照護者而言，他們傾向於自己也服用高劑量的藥物，

而且報告許多壓力症狀、身體疼痛及不良健康（阿茲海默症協會，2015）。提供照護者諮商和支持性的治療很具有效益，這可以減輕他們對病人症狀的負面反應，也在相當程度上降低他們的憂鬱水平（Brodaty & Arasaratnam, 2012; Mittelman et al., 2004）。

第五節　HIV感染或血管疾病引起的認知障礙症

一、HIV-1感染引起的認知障礙症

人類免疫缺乏病毒（human immunodeficiency virus, HIV）感染會對免疫系統造成重大傷害，長期下來，這種感染可能導致後天免疫缺乏症候群（acquired immune deficiency syndrome, AIDS）。就全世界而言，HIV第一型病毒已使超過3,700萬人受到感染，且造成大約2,000萬人的死亡（Kaul et al., 2005）。撒哈拉沙漠以南的非洲是最受到侵害的地區（WHO, 2015d）。

除了摧毀身體外，HIV病毒也可能引起神經方面的疾病而造成認知困擾，這可能以兩種方式發生。首先，因為免疫系統的抵抗力減弱，HIV病人較容易蒙受一些少見的感染，像是由寄生蟲和真菌類所引起；然而，病毒也顯然有能力更直接地傷害腦部，導致神經元損害和大腦細胞的破壞（Snider et al., 1983; Kaul et al., 2005）。

HIV相關認知減損（HIV-associated neurocognitive impairment）的神經病理涉及腦部的各種變化，其中包括廣泛性萎縮、水腫及發炎等（Adams & Ferraro, 1997; Sewell et al., 1994）。沒有任何腦區能夠完全倖免，但是傷害似乎集中在皮質下的區域，特別是中央白質、腦室周圍的組織及較深層的灰質構造（諸如基底神經節和視丘），90%的AIDS病人在屍體解剖中顯現有這些變化的徵狀（Adams & Ferraro, 1997）。

AIDS的神經心理特徵（傾向於在HIV感染的後期階段出現，雖然通常是在AIDS本身充分發展之前）通常起始於輕度的記憶困難、精神運動性遲緩，以及注意力和專注力的減低（Fernandez et al., 2002）。在這個時間點後，病情的進展通常很快速，許多個案在一年內就顯現清楚的痴呆狀態，雖然更長期間的病程也曾被報告出來。AIDS痴呆的較後期階段包括行為退化、混淆、精神病性思維、情感冷漠及明顯的社交退縮。

根據1990年代早期的估計值，隨著HIV疾病邁入後期，20%-30%的病人會呈現HIV相關的痴呆。幸好，隨著高度即效性的antiretroviral治療法的來臨，它不僅協助

受感染的病人活得較久，而且也實質降低了HIV相關痴呆的盛行率。然而，雖然明顯痴呆的發生率降低下來，HIV仍然牽涉到一些認知困擾。一項近期研究以50歲以上的HIV陽性的病人為對象，發現他們有7倍高的風險被歸類為有輕度認知減損——相較於HIV陰性的人們。在HIV陽性組別中，輕度認知減損的發生率是16%；在HIV陰性組別中，發生率是2.5%（Sheppard et al., 2015）。這些發現說明，HIV陽性病人腦部老化的速度可能快於正常人們。

　　如這項研究所例證的，antiretroviral治療法無法完全防止HIV病毒傷害到腦部，這可能是因為當個人受到感染後，HIV很快就滲透到神經系統中。這所意味的是，即使新的治療法已使得HIV/AIDS成為一種慢性但易於管理的病況（至少對那些接受必要的藥物治療的人們來說），但為了避免與這種疾病相關的認知損害，預防感染仍然是唯一不會失誤的策略。

二、血管疾病引起的認知障礙症

　　血管疾病引起的認知障礙症（也稱為血管性痴呆——vascular dementia）。經常與AD混淆在一起，這是因為它也具有進行性痴呆之類似的臨床徵候，也是因為它的發生率和盛行率隨著高齡而遞增，但是就基礎的神經病理來看，它實際上是一種完全不同的疾病。在血管性痴呆中，一連串限定範圍的大腦梗塞——因為動脈疾病而阻斷對於腦部一些微小區域的血液供應，通常稱之為「小中風」（small strokes）——累積起來而破壞了廣延的腦部區域的神經元。這些受損的區域變得柔軟，且可能隨著時間而退化，只留下一些空洞。雖然相較於AD，血管性認知減損傾向於有較為多樣化的早期臨床徵候（Wallin & Blennow, 1993），但是細胞累進的流失導致了大腦萎縮和行為減損，最終就類似於AD的那些症狀（Bowler et al., 1997）。

　　血管性認知減損傾向於在50歲後才發生，它影響較多的男性——相較於女性（Askin-Edgar et al., 2002）。步態異常（例如，站立或走路不穩定）可能是這種疾病的早期指標（Verghese et al., 2002）。血管性認知減損比起AD較不常發生，它在65歲以上的社區樣本中，只占有大約19%的痴呆病例（Lyketsos et al., 2000）。這種情況的原因之一是，這些病人的平均病程短多了——因為病人容易發作中風或心血管疾病而突然死亡（Askin-Edgar et al., 2002）。相較於阿茲海默症，血管性痴呆也較常伴隨有情緒障礙症，或許是因為大腦皮質下區域受到較嚴重損害（Lyketsos et al., 2000）。

　　血管性痴呆的醫療處置（雖然相當棘手）比起AD稍微較具有希望，不像AD，大腦動脈硬化（大腦動脈的彈性減退）的基本問題可以在某種程度上經由醫療加以管理，或許降低了再一次中風的可能性。然而，照護者所面對之令人畏怯或氣餒的問題在兩種疾病中大致上相同，這指出了像是支持團體及壓力減除技術這一類措施的適宜

性。

第六節　失憶症

　　大部分認知障礙症涉及許多不同領域的減退。然而，當只有單一領域出現明顯減退時，認知障礙症的診斷也被使用，這可能發生在當腦傷造成重大記憶減損時。

　　在DSM-IV-TR中，有一種特定而有分別的診斷，稱為失憶症（amnestic disorder）。在DSM-5中，這類診斷的病人現在被診斷為記憶障礙症，至於障礙症的起因也被列出（例如，物質使用引起的認知障礙症）。然而，不像其他形式的認知障礙症，在以重大記憶減損為特徵的認知障礙中，實質的功能減退只發生在單一認知領域中，即記憶。

　　這類認知障礙症（為了速記的方便，我們將仍稱之為失憶症）的基本特徵是顯著失常的記憶。立即性的回憶（也就是複誦才剛聽到的事項的能力）通常沒有受到損害，對於遙遠過去事件的記憶通常也被良好保存。然而，當事人的短期記憶（short-term memory）典型地受到嚴重損害，以至於他無法回憶（記起）幾分鐘之前才發生的事件。為了彌補，病人有時候會虛構（confabulate）情節，也就是編造一些事件以填補他們記憶中的空白之處。

　　對照於其他形式的認知障礙症，在失憶症中，病人綜合的認知功能可能仍保持相當健全，當事人因此能夠執行複雜的作業，假使該作業提供關於自身每個階段之清楚線索的話。

　　腦傷是失憶症的根本原因。這樣的腦傷可能是中風、損傷、腫瘤或感染所引起（Andreescu & Aizenstein, 2009）。然而，不是所有腦傷都是永久的。柯氏症候群（Korsakoff's syndrome）是維生素B_1缺乏引起的失憶症，因為這一點，柯氏症候群相關的記憶困擾有時候可以被逆轉——假使該症候群在非常早期就被檢測出來，並且施加維生素B_1的話。柯氏症候群經常見之於長期酗酒的人們，或那些飲食不恰當的人們。

　　關於重大的記憶流失，另一種常見的起因是頭部外傷。此外，中風、腦部顳葉區域的外科手術、缺氧症（氧氣剝奪）及某些形式的腦部感染（諸如腦膜炎），也可能導致失憶症。在這些個案上，取決於對所涉神經構造造成傷害的性質及範圍，也取決於所採取的治療，失憶症可能隨著時間緩解下來。廣泛的一系列技術已被開發，以協助有良好預後的失憶病人記住新近的事件（Gouvier et al., 1997）。再者，因為程序記憶（procedural memory，也就是學習例行工作、技巧及動作的能力）在失憶病人身上通常被保存下來，即使病人缺乏對特定個人經驗的記憶，他們仍然能夠被教導執行

一些工作，這可以協助他們重新加入勞動人口（Cavaco et al., 2004）。

第七節　涉及頭部損傷的障礙症

外傷性腦傷（traumatic brain injury, TBI）經常發生，每年在美國影響大約200萬人們。TBI最常見的起因是跌倒，繼之則是汽機車車禍；另一些起因包括暴力攻擊和運動傷害（雖然絕大多數的這些案例從沒有被報告出來）。最可能發生TBI的有三個年齡組，即0到4歲的兒童、15到19歲的青少年，以及65歲以上的成年人。在每一個年齡組中，TBI的發生率都是男性高於女性（Faul et al., 2010）。在DSM-5中，像是「外傷性腦傷引起的認知障礙症」的診斷術語，被用來指稱起因於頭部損傷的認知減損。

一、臨床徵候

因為臨床徵候和殘餘困擾多少有些不一致，臨床專家提出二種綜合類型的TBI：(1)閉合性頭部傷害，病人的顱骨仍維持完整；(2)穿透性頭部傷害，病人的顱骨和顱骨下的腦組織被一些物件（如子彈）所貫穿。在閉合性頭部傷害中，腦部的傷害是間接的——慣性作用力所引起的，造成腦部與頭骨內側產生猛烈碰撞；或經由旋轉的力量，使得腦質量相對於腦幹產生扭轉。經常的情況是，閉合性頭部傷害也引起擴散的神經元損傷（因為慣性作用力）；換句話說，堅硬頭顱的快速移動在碰觸到不讓步的物體時突然停止，然而，內部較為柔軟的腦組織繼續移動，這對於神經纖維和它們的突觸連線會產生斷裂的效果。

重大的頭部傷害經常產生立即的急性反應，諸如失去意識，以及循環、代謝和神經傳導物質調節的中斷或瓦解。正常情況下，假使頭部傷害嚴重到足以造成失去意識，當事人會經歷倒行性失憶（retrograde amnesia），也就是無法記得緊接在該傷害前所發生的事件。顯然，這樣的創傷干擾了大腦把在創傷發生時仍然在處理的事件凝固（consolidate）為長期貯存（long-term storage）的能力。至於前行性失憶〔anterograde amnesia，也被稱為「創傷後失憶」（post-traumatic amnesia）〕所指的是，當事人無法把在創傷後一定期間內所發生的事件，有效地貯存在記憶中。這種失憶也經常被觀察到，它被許多人視為是不良預後的徵兆。

當個人因為頭部傷害而失去意識後，他通常會經過僵呆（stupor）和混淆（confusion）的階段，然後才逐漸恢復清楚的意識；這種意識的恢復可能是在幾分鐘的過程中完成，也可能花費好幾小時或好幾天。在嚴重的傷害而失去意識後，當事人的脈

搏、體溫、血壓和腦部代謝的另一些重要層面都會受到影響，存活可能也有疑問。在少見的病例上，當事人可能度過很長的期間仍未能恢復意識，這種狀況稱為昏迷（coma），昏迷的延續期間通常與腦傷的嚴重程度有關。假使病人生存下來，昏迷之後可能出現譫妄，也就是病人顯現強烈的激動，伴隨定向感障礙和幻覺。逐漸地，意識混淆澄清下來，病人可能重新恢復跟現實的接觸。腦傷的復原過程可能有很大的個別差異，不容易預測（Waters & Nicoll, 2005）。

每年有大量相對上輕微的閉合性腦震盪和腦挫傷發生，它們可能起因於車禍、運動傷害、跌倒及另一些不幸事件。即使搭坐雲霄飛車而產生高度的重力，可能也會在一些人身上引起腦部傷害，即在腦部精密的血管上造成細小的撕裂傷（Fukutake et al., 2000）。

有些人從事的運動也有發生腦震盪和腦傷的高風險。對男性而言，最高的風險來自打美式足球；對女性而言，最高的風險來自打英式足球（Lincoln et al., 2011）。再者，因為有所謂腦部發育的關鍵期，發生在從10歲到12歲；因此，男孩特別有必要避免擒抱、扭倒及衝撞的美式足球，直到他們已通過個階段（Satmm et al., 2015）。

腦震盪的徵兆列在表14.4中。無論如何，大多數腦震盪不涉及失去意識，但是有必要知道的是，在發生腦震盪後，大腦有4或5倍的機率易於受到第二次撞擊的傷害，而這種偏高的脆弱性可能持續好幾個星期。

表14.4　腦震盪的一些徵兆

• 短暫的失去意識	• 含糊或不連貫的談話
• 腦部混淆或朦朧的感覺	• 難以記住新近的訊息
• 對事件／傷害前後期間的失憶	• 頭昏眼花，暈眩
• 頭痛，趨於惡化而沒有消失	• 這些症狀可能沒有立即出現
• 噁心或反胃	• 有些症狀可能在幾天後才發展出來
• 過度昏昏欲睡	

二、治療與結果

腦傷的立即醫療可以預防進一步的損害；例如，瘀積的血液必須從頭顱內被移除，以避免壓迫到大腦組織。在許多案例上（包括一些初始可能被認為輕微的案例），除了立即的醫療處置，可能還需要輔佐以再教育和復健的長期方案。

雖然許多TBI病人從他們的腦傷中顯現很少的殘餘效應，特別是如果他們只經歷短暫的意識喪失，但另一些病人則蒙受明確而持久的損害。輕度TBI常見的一些後遺症包括慢性頭痛、焦慮、易怒、頭昏眼花、容易疲倦，以及記憶力和專注力受損

（Miller, 2011）。在廣泛性腦傷的情況下，病人綜合的智力水準可能明顯下降，特別是如果他／她蒙受顳葉或頂葉的損傷的話。大部分病人在重返他們的職場上顯著延遲，許多人完全沒有能力重返（Selassie et al., 2008）。另外也常見有受害人失去成年人社會角色的功能，這牽涉到嚴重的腦傷（Rassovsky et al., 2015）。整體而言，大約24%的TBI個案發展出創傷後癲癇（posttraumatic epilepsy），可能是因為腦部傷疤組織的增長所致。癲癇通常在頭部受傷的兩年內發展出來。在頭部受傷的幾十年後，當事人仍有憂鬱和另一些障礙症的偏高風險，諸如物質濫用、焦慮症及人格障礙症（Holsinger et al., 2002; Koponen et al., 2002）。

腦傷也可能造成人格的變化，相對上常見的變化是當事人變得較易於情緒上失去控制，這種情緒不穩定經常伴隨易怒或失去抑制（disinhibition），較少見的情況是，情感淡漠和妄想也可能出現（Max et al., 2015）。當發生重大外傷性腦傷後，高達40%的兒童被報告有人格變化；在經歷重大TBI的成年人樣本中，59%的個案被他們的重要他人（significant others）報告有人格變化（Norup & Mortensen, 2015）。至於人格變化的性質很大程度上取決於腦傷的部位及範圍（Prigatano, 1992），然而，即使超過半數蒙受TBI的病人發展出心理症狀，且即使這樣的症狀的緩解可以增進復健的結果，但是當前很少有研究嘗試探討這些障礙的風險因素、病因及治療（Rao & Lyketsos, 2002）。

雖然你可能會認為，因為大腦具可塑性，兒童在腦傷後的進展將會較為良好，但是情況不見得如此。對於經歷重大TBI的兒童而言，當他們受傷時愈為年幼的話（也因此擁有較少的語言、精細動作及其他能力），他們就愈可能蒙受不利影響。這是因為腦傷使得他們較難以學習新的技巧，也是因為年幼兒童打一開始就擁有較少已培養出的技巧。兒童的智能、處理速度、注意力及記憶都普遍受到影響，社交能力也受到損害。兒童腦傷的嚴重性、有限的社經資源及家庭功能不良，都在他們的復原程度上扮演一定角色（Catroppa et al., 2015; Karver et al., 2012; Rosema et al., 2012）。好消息是，當損傷輕微時，大部分兒童能夠擺脫逆境，不會有持久的負面效應（Satz et al., 1997）。

在跨過純粹的醫療階段後，TBI的治療通常相當冗長、困難及昂貴。它需要對神經心理功能施行審慎而持續的衡鑑，以及設計一些干預措施以克服仍存續的缺損。許多不同的治療途徑被派上用場，包括藥物治療、復健干預（諸如職能、物理及言語／語言治療、認知治療、行為治療、社交技巧訓練、職業輔導及休閒治療），以及個別、團體及家庭治療（Hampton, 2011）。通常，治療目標是在提供病人新的技術以代償那些可能永久失去的功能（Bennett et al., 1997）。然而，目前的研究顯示，TBI病人也可能從使用donepezil的治療中獲益；donepezil是一種AChE抑制劑，它被廣泛使用在阿茲海默症的治療上（Zhang et al., 2004）。表14.5呈現一些變項，它們牽涉

到病人在TBI後擁有較有利的結果。

表14.5　外傷性腦傷後臨床結果的預測指標

當呈現下列因素時，病人會有較有利的結果（預後）：
- 失去意識的期間或創傷後前行性失憶的期間相當短暫。
- 輕微的認知減損。
- 受傷前的人格功能良好。
- 較高的教育成就。
- 受傷前有穩定的工作史。
- 高度的復原動機，或儘可能運用剩餘的能力。
- 有利的生活處境。
- 早期干預。
- 適宜的復健及再訓練的方案。

資料來源：Bennett et al. (1997); Dikmen et al. (1994); Diller & Gordon (1981); Mackay (1994); MacMillan et al. (2002)。

第十五章

兒童期與青少年期的障礙症

　　在一項全國代表性樣本的調查中，它發現精神障礙症在兒童和青少年中相當頻繁地發生，大約半數（49.5%）的兒童和青少年在18歲前符合至少一項精神障礙症的準則（見圖15.1）（Merikangas et al., 2010）。焦慮症是最先發作的（通常在大約6歲時開始），繼之則是行為障礙症（11歲）、情緒障礙症（13歲）及物質使用障礙症（15歲）。自殺想法和行為在兒童身上很少見，但是從大約12歲起顯著地增加（Nock et al., 2013）。大約12%的青少年報告他們在18歲前產生過自殺想法，大約4%報告他們著手自殺企圖（Nock et al., 2013）。考慮到這些問題的盛行率和嚴重

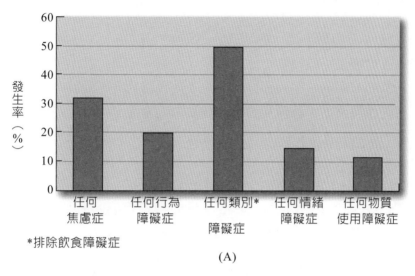

*排除飲食障礙症

(A)

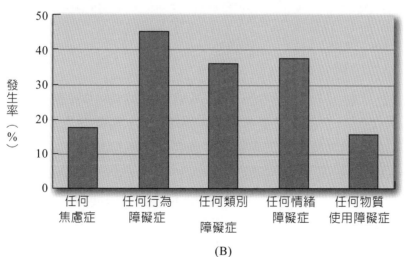

(B)

(A)顯示多少比例的美國青少年符合不同形式精神障礙症的DSM準則。(B)顯示那些青少年中有多少比例接受某種形式的治療。

圖15.1　兒童期和青少年期之精神障礙症的盛行率及治療

（摘自 Merikangas et al., 2010; Merikangas, He, et al., 2011）

性，研究學者正致力於更為理解兒童期和青少年期的障礙症。

　　DSM-5包含大量關於兒童期和青少年期障礙症的診斷，但因為篇幅所限，我們只挑選幾種障礙症，以之說明這個期間所發生問題的廣延光譜。

第一節　兒童和青少年的焦慮及憂鬱

一、兒童期和青少年期的焦慮症

　　大部分兒童容易產生恐懼、焦慮及不確定感，這是成長正常的一部分。在兒童期，我們許多人會害怕一些事物，像是高度、雷電、黑暗以及小丑等等，這樣的畏懼是人類發展正常的一部分，在大部分情況中不被視為病態，而且將會隨著時間加以擺脫。然而，在一些個案上，恐懼和焦慮的經驗如此極端、持續、造成損害，以及超越發展上的預期，此時兒童將被認定為有焦慮症。在DSM-5中，兒童期和青少年期焦慮症以類似於成年人焦慮症的方式被歸類；而且就如成年期那般，兒童期焦慮症經常併同發作憂鬱症（Kendall et al., 2010; O'Neil et al., 2010）。

　　焦慮症是在兒童和青少年身上最常產生的精神疾病，它們在生活的某些時刻發生在大約32%的美國少年人（Meikangas et al., 2010）。焦慮症在女孩之中有較高的發生率（38%）——相較於男孩（26%）；它們最常採取的形式是特定畏懼症（19%）、社交畏懼症（9%）、分離焦慮症（8%），以及創傷後壓力症（5%）（參考圖15.2）。

分離焦慮症

　　分離焦慮症（separation anxiety disorders）在DSM-5中被歸類在焦慮症（anxiety disorders）之下，這樣的兒童通常過度依賴，當被帶離他們主要的依附對象（諸如母親），或被帶離熟悉的居家環境時，他們顯得過度焦慮（Bernstein & Layne, 2006）。分離焦慮症的兒童通常缺乏自信心、在新奇的情境中憂心忡忡，且傾向於就他們年齡來說顯得不成熟。這樣的兒童經常被他們的父母描述為害羞、敏感、緊張不安、柔順、容易氣餒、憂慮，以及經常感動落淚。在許多個案上，有清楚的心理社會壓力源可以被鑑定出來，諸如親人或寵物的死亡。

　　當分離焦慮症的兒童被實際上帶離他們的依附對象時，他們通常會專注於病態的恐懼，像是擔憂他們父母可能會生病或死亡。他們無助地挨靠成年人、難以入眠，且變得極為苛求及蠻橫。分離焦慮稍微較常見之於女孩（9%）——相較於男孩（6%）。在許多個案上，分離焦慮症將會隨著時間自然消失（Cantwell & Baker,

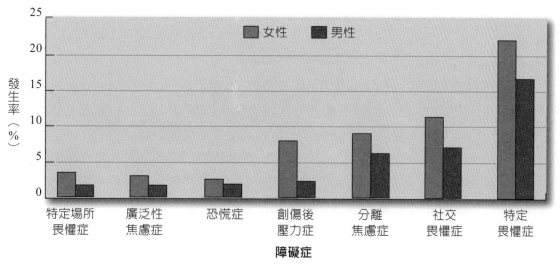

焦慮症在青少年之中頗為盛行，而且較常見之於女孩——相較於男孩。

圖15.2　女孩和男孩的焦慮症盛行率

（摘自 Merikangas et al., 2010）

1989）。然而，有些兒童繼續展現拒絕上學的問題（害怕離開家庭及父母而不願意上學），且繼續有隨後的適應困難。有偏高比例之分離焦慮症兒童也併同發生另一些以焦慮為基礎的障礙症，諸如畏懼症和強迫症（Egger et al., 2003; Kearney et al., 2003）。

❖ 焦慮症的起因

在解釋兒童期焦慮症上，研究學者已檢定出一些起因，雖然遺傳因素被認為促成焦慮症的發展，特別是強迫症（Nestadt et al., 2010），但社會和文化的因素在導致兒童的焦慮症上也頗具影響力。在兒童焦慮症的起源上，父母的行為和家庭壓力特別被援引為潛在有影響力的因素；然而，更廣泛的文化因素也是重要的考慮事項。

焦慮的兒童經常顯現不尋常的體質敏感性（constitutional sensitivity），這使得他們容易受到嫌惡刺激的制約。例如，他們可能很容易被很輕微的不順遂事件——玩具丟失了，或遇到過度熱情的狗——搞得心神不安，然後他們便很難以平靜下來，這個事實可能造成多餘的恐懼反應的累積及類化。

兒童可能因為早期的疾病、意外或失去親人（牽涉到疼痛及不適的一些事件）而感到焦慮，像是住院這樣經驗的創痛效應，會使得這些兒童產生不安全感及無力感；一些生活變動（諸如離開朋友而遷移到新的環境）的創傷本質，也可能對兒童的適應產生強烈的負面效應。

過度焦慮的兒童經常有過度焦慮及過度保護的父母（他們對於兒童暴露於外在

世界的危險及威脅過度敏感）作為他們的榜樣。通常，父母的過度保護傳達的意思是「對於子女的因應能力缺乏信心」，因此強化了兒童的無力感和不勝任感（Woodruff-Borden et al., 2002）。

冷淡或疏離的父母（Chartier et al,, 2001），或拒絕的父母（Hudson & Rapee, 2001），也會助長他們子女的焦慮。這造成兒童在掌握基本能力和在建立正面的自我概念上，可能感到未獲得適當的支持。當兒童反覆經歷失敗時（源於不良的學習技巧），這可能導致後來在面對「有威脅性」的情境時的焦慮或退縮的行為型態。另有些兒童可能有適當表現，但是對自己過度批評，當他們察覺自己表現不夠好而無法贏得自己父母的關愛和尊重時，他們感到強烈的焦慮及貶值。

◼ 治療與結果

以生物為基礎的治療。今日，對於兒童和青少年的焦慮症施加心理藥物的治療已逐漸普遍化（Vitiello & Waslick, 2010）。一般而言，使用來治療成年人焦慮症的相同藥物，也被使用來治療兒童和青少年的這些障礙症。最常被使用的藥物是benzodiazepines，它快速地抑制中樞神經系統（CNS），提供了鎮靜效果；至於選擇性血清素再吸收抑制劑（SSRIs）則是提升血清素的持久供應（Coffey & Zwilling, 2012）。

心理治療。認知-行為治療（CBT）已被顯示在降低兒童的焦慮症狀上頗具效果（Hirshfeld-Becker et al., 2010; Legerstee et al., 2010）。Kendall及其同事開創使用CBT於兒童焦慮上，運用正強化以增進兒童對待恐懼的因應策略（Chu & Kendall, 2004）。採取這種方式，臨床人員的療法可以針對兒童的特定問題來量身打造，而暴露於引發焦慮的刺激是這種療法特別重要的成分（Svensson et al., 2002）。

二、兒童期憂鬱症

就像成年人的憂鬱症，兒童期憂鬱症的症狀包括哀傷、退縮、哭泣、不良睡眠及食慾不振，以及在某些個案上有自殺想法或自殺企圖。過去，兒童期憂鬱症是根據使用於成年人基本上相同的DSM診斷準則而被分類。在兒童憂鬱症的診斷上，一項變動是「易怒」（irritability）經常被發現是主要症狀，它可能取代「低落心境」。

兒童和青少年的憂鬱症以頗高的頻率發生，大約12%的兒童和青少年在他們生活的某些時刻符合憂鬱症的準則，女孩有較高的發生率（16%）── 相較於男孩（8%）（Merikangas et al., 2010）；這些發生率在過去幾十年中普遍保持一致（Costello et al., 2006）。雖然憂鬱症也會發生在兒童身上，但兒童期的發生率偏低，直到青少年期才顯著升高。

兒童期憂鬱症的起因

那些牽涉到兒童期焦慮症的起因也適用於憂鬱症。

生物因素。 父母的憂鬱與子女的行為問題及心境困擾之間顯然存在關聯（Halligan et al., 2007; Hammen et al., 2004）。當父母有憂鬱症時，他們的子女較為受到損害、接受較多心理治療及有較多的心理診斷——相較於父母沒有精神障礙症的子女（Kramer et al., 1998）。當父母的憂鬱透過不良的互動影響子女時，情況特別是如此（Carter et al., 2001）。一項控制的研究探討家族史和憂鬱的初發，它發現當兒童來自情緒障礙的家庭時，他們有顯著較高的憂鬱症發生率——相較於那些來自正常家庭的兒童（Kovacs et al., 1997）。比起控制組父母的子女，憂鬱父母的子女也已顯示有較高的自殺企圖的發生率（7.8%）（Weissman et al., 1992）。

另一些生物因素也可能使得兒童容易招致像是憂鬱等心理問題，這些因素包括新生兒的生理變化，起因於母親在懷孕期間的酒精攝取，這是因為產前暴露於酒精與兒童期的憂鬱有重大關聯。M. J. O'Connor（2001）探討在子宮內暴露於酒精的兒童，他發現母親的酒精使用，與嬰兒的負面情感及兒童早期的憂鬱症狀之間存在連貫性。

負面生活事件和學習因素。 負面生活事件的經驗和不良適應行為的學習，似乎在兒童期憂鬱症的發展上相當重要，一些研究已指出，兒童暴露於早期創傷事件可能增加他們發展出憂鬱的風險。兒童當經歷過壓力事件後，他們特別容易陷入憂鬱狀態，這使得他們在壓力下容易產生自殺的想法（Siliberg et al., 1999）。隨著中樞神經系統在面對重大壓力下強烈或持久的敏感化（sensitization），這可能引起神經傳導物質系統的過度反應及變質，導致這些兒童隨後容易招致憂鬱症（Heim & Nemeroff, 2001）。

隨著兒童暴露於父母的負面行為或負面情緒狀態，他們可能自己也發展出憂鬱的情感（Herman-Stahl & Peterson, 1999）。研究人員已評估憂鬱的母親透過她們與幼兒的互動，而把她們低落的心境轉移給自己幼兒的可能性（Jackson & Huang, 2000）。這方面研究已發現，憂鬱母親無法有效地回應她們子女的需求（Goldsmith & Rogoff, 1997），憂鬱母親傾向於在應對她們幼兒上較不靈敏，也較為負面（Murray, Fiori-Cowley et al., 1996）。另一些研究則顯示，母親的負面（憂鬱）情感和壓抑的心境——顯露在她們缺乏感應的臉部表情和易怒的行為上——可能在她們幼兒身上引起類似的反應（Tronick & Cohn, 1989）。另有些研究指出，父親的憂鬱也與他們子女的憂鬱有所關聯（Jacob & Johnson, 2001）。總之，這一類研究已清楚顯示，憂鬱可能從這一代傳遞到下一代。

治療與結果

「兒童期和青少年期的憂鬱症就類似於成年期的憂鬱症」的觀點，促使研究人員使用對成年人有效的藥物，以之來治療那些展現情緒障礙症的兒童，特別是被認為有自殺風險的青少年（Greenhill & Waslick, 1997）；抗鬱劑是最常被使用的藥物（Emslie et al., 2010）。不幸地，關於使用抗憂鬱藥物於兒童身上的有效性，所得結果混合不一。一些研究使用fluoxetine（Prozac，百憂解）治療憂鬱的青少年，顯示該藥物的效果優於安慰劑（青少年憂鬱治療研究團隊，2004）。另一方面，除了會使得兒童和青少年產生一些不良的副作用（噁心、頭痛、緊張不安、失眠及甚至痙攣），一些研究顯示，抗鬱劑治療牽涉到兒童和青少年有自殺想法和自殺行為的偏高風險（Whittington et al., 2004）。

不論是處理憂鬱、焦慮或其他障礙症，在針對兒童的心理治療上，很重要的一個層面是提供兒童支持性的情緒環境，以便他們能夠學習較為適應的因應策略和有效的情緒表達。較年長的兒童和青少年通常能夠從正面的治療關係中獲益，他們在這樣的關係中能夠坦率地討論自己的感受（Stark, Laurent, et al., 1999）。較年幼的兒童和那些言語技巧欠佳的兒童則可以從遊戲治療中獲益。控制性的研究已顯示，認知行為治療法有助於顯著降低憂鬱青少年的症狀（Spirito et al., 2011）。Rawson和Tabb（1993）則顯示，短期的駐家治療（residential treatment）對於8歲到14歲的兒童頗有效果。在治療兒童和青少年的憂鬱症上，這些年來最盛行的途徑是採取藥物和心理治療雙管齊下的方式（Skaer, Robison, et al., 2000）。

第二節　侵擾行為、衝動控制及行為規範障礙症

我們接下來討論的障礙症涉及兒童或青少年與社會規範或與行為準則之間的關係。在對立反抗症和行為規範障礙症二者中，攻擊或反社會行為是焦點所在。如我們將看到，對立反抗症通常在大約8歲前顯現，而行為規範障礙症傾向於出現在9歲前。這些障礙症有密切的關聯，然而，我們有必要區別二者，一是持續不斷的反社會舉動，諸如縱火，因此侵害了他人的權益；另一是較不嚴重的發洩行為，許多兒童偶爾會不服從大人或發生打鬥。此外，對立反抗症和行為規範障礙症涉及一些惡行，可能違反或可能沒有違反法律。青少年犯罪（juvenile delinquency）是法律用語，用以指稱未成年者所犯下的違法行為。

一、對立反抗症

　　對立反抗症（oppositional defiant disorder, ODD）的基本特徵是重複出現對於權威人士之違拗、反抗、不服從及敵視的行為型態，持續至少六個月。ODD被組合為三個亞型：(1)生氣／易怒情緒；(2)好爭辯／反抗行為；及(3)有報復心的。這種障礙症通常起始於8歲，一生的流行率是10%，男孩有稍微較高的發生率（11%）——相較於女孩（9%）（Nock et al., 2007）。前瞻性研究已發現從ODD到行為規範障礙症的發展順序，而這兩種狀況具有共同的風險因素（Hinshaw, 1994）。這也就是說，幾乎所有行為規範障礙症的個案在發展上都有ODD作為先驅，但不是所有ODD的兒童都會在三年期間內繼續發展為行為規範障礙症（Lahey, McBurnett & Loeber, 2000）。這二者的風險因素包括家庭不睦、社經劣勢，以及父母本身的反社會行為（Hinshaw, 1994）。

二、行為規範障礙症

　　行為規範障礙症（conduct disorder, CD）的特徵是持續及反覆地違反規則，無視於他人的權益。CD初發的中數年齡是12歲（表示有半數的人是在12歲前發展出這種障礙症），一生流行率是10%（Nock et al., 2006）。就像ODD，CD較常見之於男孩（12%）——相較於女孩（7%）。

DSM-5　「行為規範障礙症」的診斷準則

A.這種障礙症是一種重複而持續的行為型態，它侵犯了他人的基本權益，或違反了相稱於當事人年齡的主要社會規範或標準，表明在過去十二個月中呈現下列十五項準則中至少三項（來自任何類別），至少有一項準則在過去六個月中仍然呈現：

攻擊他人及動物（aggression to people and animals）

1.經常欺凌、威脅或恐嚇他人。

2.經常引發打架。

3.曾經使用可能造成他人嚴重身體傷害的武器（例如，棍棒、磚塊、敲破的玻璃瓶、刀子、槍械）。

4.曾經有對他人的身體虐待（殘忍行為）。

5.曾經有對動物的身體虐待（殘忍行為）。

6.曾經直接面對受害人而竊盜（例如，搶奪婦女皮包、從背後襲擊搶劫、強行勒索、持械搶劫）。

7. 曾經強迫他人進行性行為。

破壞財產（destruction of property）

8. 曾經故意縱火以意圖造成嚴重損害。

9. 曾經故意毀損他人財產（以縱火之外的方式）。

詐欺或偷竊（deceitfulness or theft）

10. 曾經侵入他人住宅、建物或汽車。

11. 經常說謊以獲取財物或利益，或為了逃避義務（意即「誘騙」他人）。

12. 曾經在未面對受害人的情況下偷竊有相當價值的物件（例如，在非破壞闖入的狀況下行竊商店貨品；偽造）。

重大違規（serious violations of rules）

13. 經常不顧父母禁止而夜間在外遊蕩，在13歲之前即開始。

14. 當住在父母或監護人的家中時，至少兩次逃家在外過夜（或僅一次，但頗長期間未返家）。

15. 經常逃學，在13歲之前即開始。

B. 這樣的行為失常在臨床上造成社交、學業或職業功能的重大減損。

C. 假使當事人已18歲或更年長，必須不符合反社會型人格障礙症的準則。

（資料來源：DSM-5，2013，美國精神醫學會）

　　CD的臨床徵候有很大變異，經過統計分析以檢視這些症狀的集散情形，顯示CD有五種常見的亞型，每種分別由兒童主要從事下列行為所組成：(1)違反規定（占CD個案的26%）；(2)欺騙／偷竊（13%）；(3)攻擊行為（3%）；(4)嚴重形式的亞型1和2（29%）；及(5)亞型1、2和3的組合（29%）（Nock et al., 2006）。CD的兒童和青少年也經常併同發生另一些障礙症，諸如物質濫用障礙症（Goldstein et al., 2006）或憂鬱症狀（O'Connor et al., 1998）。在青少年女孩身上，CD顯著提升懷孕和物質濫用的風險（Zoccolillo et al., 1997），也有偏高風險日後發展出反社會型人格障礙症和一系列其他障礙症（Goldstein et al., 2006）。一項研究追蹤超過1,000位兒童許多年，直到他們進入成年期，它發現對於在成年期有精神障礙症的人們來說，25%-60%在兒童期或青少年期曾經有CD及／或ODD的病史（Kim-Cohen et al., 2003）。

三、ODD和CD的起因

　　過去二十年以來，我們對於兒童期品性問題發展的相關因素已有較深入的了解，幾項因素交互作用之下可能促成了該障礙症的成形。

❖ 自我存續的循環

累積的證據顯示，遺傳傾向（Simonoff, 2001）導致這些兒童偏低的語文智力、輕度的神經心理問題及彆扭的氣質，而這透過一套自我存續（self-perpetuate）的機制為早發型CD搭建了舞臺（Simonoff, 2001）。首先，兒童彆扭（難以取悅）的氣質可能導致不安全的依附（insecure attachment），這是因為父母發現很難以著手良好的管教（這是促成安全依附的重要成分）。此外，許多這類兒童已被佐證有偏低的語文智力及／或輕度的神經心理缺損（其中一些可能涉及像是維持注意力、計畫、自我監控及壓抑衝動行為等自我控制功能的減損），這可能也為品性問題終身的進程鋪設了道路。至於為什麼相對上輕微的神經心理缺損會造成這般蔓延的效應，Moffitt和Lynam（1994）提供下列的情節：學前兒童在理解語言上發生困難，且傾向於抗拒他的母親為他閱讀文字，這種缺損因此延遲了兒童就學的準備。當他真的入學後，老師忙碌的教學課程使得他們無法把注意力放在準備不足的學生身上。長期下來，經過幾年的成績低落之後，兒童可能被留級而實際年齡高於他的同班同學，這又為社交排斥搭建了舞臺。在這同時，兒童可能被安排接受補救教學方案，而他的同學都是一些有類似行為問題和學習障礙的學生。隨著捲入那些有品性問題的同儕，這使得他進一步暴露於違法行為——為了贏得同伴的接納。

❖ 初發年齡以及與反社會型人格障礙症的連結

對於在較早年齡就發展出CD的兒童來說，他們遠為可能在身為成人時發展出反社會型人格障礙症——相較於在青少年期才突然發展出CD的青少年（Copeland et al., 2007）。CD與反社會型人格之間連結在偏低社經階級的兒童身上更為堅定（Lahey et al., 2005）。這樣的兒童最先涉及ODD，然後涉及CD，最後在成年時被診斷為反社會型人格。雖然只有大約25%-40%的早發型CD個案，繼續發展為成人反社會型人格障礙症；超過80%早發型CD男孩繼續有社會功能不良的多重困擾（在友誼、親密關係及職業活動等方面），即使他們不符合反社會型人格障礙症的所有準則。對照之下，大部分在青少年期才發展出CD的人們，不會繼續轉為成人的反社會型人格；反而，他們的困擾只限於青少年歲月。

❖ 心理社會的因素

除了遺傳或體質的傾向可能使得個人容易發展出CD和反社會型人格外，家庭和社會環境的因素似乎也發揮強烈的影響力（Kazdin, 1995）。研究學者似乎普遍同意，CD兒童的家庭環境典型地具有一些特徵，包括失效的父母管教、拒絕、嚴厲而不一致的紀律，以及父母的疏失（Frick, 1998）。通常，父母有不穩定的婚姻關係

（Osborn, 1992），自身有情緒障礙或精神病態人格，無法提供子女一致的輔導、接納或感情。即使家庭是完整的，兒童生活在充滿衝突的家庭中感到明顯被拒絕。例如，Rutter和Quinton（1984b）指出，家庭不睦和敵視是界定失常父母與失常子女之間關係的主要因素，這對於兒童和青少年CD的發展特別是如此。這樣的不睦和敵視促成了不良與無效的父母管教技巧，特別是無效的紀律及督導。這些兒童的反社會行為受到家庭的「訓練」——直接地透過高壓及專制的交流方式，也間接地透過缺乏監督和一致的紀律（Capaldi & Patterson, 1994）。這種情形往往導致兒童在外頭與偏差的同儕為伍，增加了進一步學習反社會行為的機會。

除了這些家庭因素，另一些更廣泛的心理社會和社會文化的變項也增加兒童將會發展出CD的可能性，以及日後演變為成年期反社會型人格障礙症（Granic & Patterson, 2006）或憂鬱症（Boylan et al., 2010），諸如低社經地位、不良住宅區、父母的壓力及憂鬱，似乎都增加了兒童將會被捲入這種循環的可能性（Schonberg & Shaw, 2007）。

四、治療與結果

大致而言，我們社會對於反社會、攻擊的青少年傾向於採取懲罰而不是復健（重生）的態度，因此，它的重心是放在懲罰和「讓小孩得到教訓」上，然而這樣的處置似乎增強了他們的負面行為，而不是矯治負面行為。

關於ODD和CD的治療，重點傾向於是放在前面所描述之功能不良的家庭型態和更廣泛的環境上，藉以改變兒童的攻擊行為或其他不良適應的行為（Behan & Carr, 2000; Milne, Edwards, et al., 2001）。

幸好，過去幾十年來，研究學者已開發一些心理治療，它們已被顯示顯著降低CD和ODD。Alan Kazdin是這方面研究的一位開拓者，經由一系列研究，他發現標準的談話治療對於處理CD和ODD是無效的，然而，兩項心理技術被發現具有正面效果。其一是父母管理訓練（parent management training），也就是臨床專家教導父母如何有效地促進及強化他們子女的利社會行為，同時忽視攻擊或反社會行為（父母對子女的負面、攻擊行為的注意，實際上剛好強化該行為，而不是壓抑它）；另一種技術是臨床專家跟兒童會面，教導他們社交問題解決技巧（social problem-solving skills），諸如如何引發及展現對他人的較為適應的反應。這兩種技術的結合特別有助於減低兒童的品性問題，它的效果在治療結束後仍然良好維持（Kazdin, 2008b）。

第三節　神經發展障礙症

　　神經發展障礙症（neurodevelopmental disorders）是一組病況，特徵是早期發作而持續的進程，被認爲肇因於正常的腦部發育受到破壞（Andrews et al., 2009; Insel, 2014）。神經發展障礙症不同於焦慮和憂鬱之處，在於它們必然初發於兒童期；它們不同於ODD和CD之處，在於它們被認爲起因於腦部發育的顯著延遲或破壞，持續到進入成年期。雖然神經發展障礙症在性質上是異質性的，它們經常互相重疊，而且具有共通的風險因素。這一節中，我們審視一些最常見的神經發展障礙症。

一、注意力不足／過動症

　　注意力不足／過動症（attention-deficit/hyperactivity disorder, ADHD）的特徵是持續的行爲型態，當事人難以維持注意力及／或有衝動行爲，以及過度或誇大的運動性活動。我們在兒童期都發生過注意力低落或一些期間的過度精力充沛；然而，爲了符合ADHD的準則，這些困擾必須數目眾多、長久持續，以及在家庭、學校或工作場所引起重大減損。

　　或許部分地由於他們的行爲問題，ADHD兒童通常智力較低，其IQ大約低於平均值7到15分（Barkley, 1997），他們在神經心理測驗上也顯現缺失，這與他們不良的學業功能有關聯（Biederman et al., 2004）。他們經常顯現特定的學習障礙，諸如在閱讀或在學習另一些基本課程上有所困難，造成他們有停學和留級的很高風險。因爲他們的衝動性和過度活動，ADHD兒童通常有許多社交問題。過動兒童通常很難跟他們的父母和睦相處，這是因爲他們無法服從規定。他們的行爲問題也造成他們被自己同伴負面看待（Hoza, Mrug, et al., 2005）。

　　ADHD有頗高的盛行率，發生在大約9%的兒童和青少年身上（Merikangas et al., 2010）。雖然它不是在美國兒童和青少年中最爲盛行的障礙症（特定畏懼症見之於19%的這些少年人），但它是最常被健康專業人員確認的障礙症（Ryan-Krause et al., 2010）。這項落差的原因是父母遠爲可能帶著被懷疑有ADHD的兒童求診——相較於兒童擁有較不具破壞性的障礙症，諸如特定畏懼症。

　　ADHD在男孩身上有遠爲高的發生率（13%）——相較於女孩（4%）（Merikangas et al., 2010），它經常併同發生另一些外化障礙症，諸如ODD和CD（Beauchaine et al., 2010; Frick & Nigg, 2012）。ADHD見之於全世界的所有文化（Bauermeister et al., 2010）。

DSM-5 「注意力不足／過動症」的診斷準則

A.持續的不專注及／或過動-衝動的行為型態，干擾當事人的功能或發展，如下列
(1)及／或(2)所描述：

1. 不專注（inattention）：呈現至少六項下列「不專注」的症狀，已持續至少六
個月，其程度不相稱於個人的發展階段，而且對社交和學業／職業活動造成直
接的負面影響：

   註　這些症狀不是全然源於對立行為、違抗、敵對或無法理解工作或指示的
   表現。對於年紀大些的青少年和成年人來說（滿17歲以上），至少需有
   五項症狀。

   a. 經常無法密切注意細節部分，或經常在學校作業、工作或其他活動上粗心犯
   錯。

   b. 經常在工作或遊戲活動上難以維持注意力（例如，在上課、會話或長時間閱
   讀時難以保持專注）。

   c. 當直接談話時，經常像是沒有聽進去（例如，心思好像在別處，即使沒有任
   何明顯的分心事物）。

   d. 經常無法遵循指示把事情作完，且無法完成學校作業、家事或工作場所的職
   務（例如，開始工作後很快就失焦，容易岔開注意力）。

   e. 經常在規劃工作及活動上有困難（例如，難以處理依序的工作；難以按照順
   序擺放物件及所有物；凌亂、缺乏組織的工作；時間管理欠佳；無法準時交
   件）。

   f. 經常逃避、討厭或不願意從事需要持久心思付出的工作（例如，學校功課或
   家庭作業；對年紀大些的青少年和成年人來說，準備報告、填寫表格、閱讀
   長篇論文）。

   g. 經常遺失工作或活動所需的物件（例如，教材、筆、課本、工具、錢包、鑰
   匙、眼鏡、手機）。

   h. 經常易受外界刺激的影響而分心（對青少年和成年人來說，可能包括無關的
   思想）。

   i. 經常在日常活動上顯得健忘（例如，作家事、跑腿；對青少年和成年人來
   說，則是回電話、付帳單，記得邀約）。

2. 過動和衝動（hyperactivity and impulsivity）：呈現至少六項下列症狀，已持續
至少六個月，其程度不相稱於個人的發展階段，而且對社交和學業／職業活動
造成直接的負面影響：

   a. 經常手腳不停地擺動或輕敲／輕踏，或在座位上蠕動。

b. 在教室、辦公室或其他被期待保持安坐的場合中，經常離開座位。

c. 在不適宜的場所中，經常跑動或攀爬（在青少年或成年人身上，可能僅限於坐立不安的感受）。

d. 經常無法安靜地遊玩或從事休閒活動。

e. 經常處於「不停活動」的狀態，或行動像是「受到馬達所推動」（例如，無法在餐廳、會議中長時間安坐，或久坐不動會覺得不舒適；可能令別人感到他坐立不安或抓不住他）。

f. 經常不停地說話。

g. 經常在問題尚未講完前就衝口說出答案（例如，搶先說出別人要講的話；無法在交談中輪流發言）。

h. 經常難以等候輪到自己（例如，在排隊等候時）。

i. 經常打斷或侵擾他人（例如，貿然闖入他人的交談、遊戲或活動；沒有詢問或徵得同意下就動用別人的東西；對青少年和成年人來說，可能侵擾或接管別人正在做的事情）。

B. 在12歲前就已呈現幾種不專注或過動-衝動的症狀。

C. 有幾種不專注或過動-衝動的症狀呈現在兩種或更多情境中（例如，在家庭、學校或工作中；與朋友或親戚共處時；在其他活動中）。

D. 有清楚證據顯示，這些症狀干擾或降低社交、學業或職業功能的品質。

（資料來源：DSM-5，2013，美國精神醫學會）

◼ 青少年期之後的ADHD

雖然ADHD長期以來被認為是只發生在兒童期和青少年期的障礙症，在美國和國際上執行的研究顯示，大約半數的ADHD兒童將會在成年期繼續符合準則（Kessler, Green, et al., 2010; Lara et al., 2008）。然而，引人感興趣的是，大部分成人ADHD個案的特徵是一些不專注的症狀（95%），較少比例個案的特徵是過動（35%）（Kessler, Green, et al., 2010）。根據估計，大約4%的美國成年人符合ADHD的準則，較高的發生率落在那些男性、離婚及失業的人士身上（Kessler, Adler, et al., 2006）。它跟失業的連結可能是由於不易找到工作，但也可能是不良工作表現或缺勤所造成的。

◼ ADHD的起因

ADHD的特定起因一直受到廣泛爭議，如同大部分的障礙症，現存的證據指向遺傳因素（Ilott et al., 2010; Sharp et al., 2009）和社會環境因素（例如，產前的酒

精暴露；Ware et al., 2012）二者。神經生物學（neurobiology）的研究顯示，答案可能在於（至少部分地）ADHD患者的腦部發育方式。ADHD兒童擁有較小的腦部總容量——相較於沒有ADHD的兒童（Castellanos et al., 2002），而且他們的腦部似乎較緩慢（大約落後三年）成熟——相較於沒有ADHD的兒童（Shaw et al., 2007）。引人感興趣的是，這些成熟延遲最明顯見之於前額葉腦區（涉及注意及衝動的部位）。像這些發現爲理解這種障礙症邁出令人興奮的步伐，但是關於這些差異如何及爲什麼產生，問題仍然存在；解答這些問題不僅能夠導致更佳的理解，也能獲致更有效治療的開發。

治療與結果

雖然兒童期的過動從首次被描述以來已超過一百年，但是關於最有效的治療方法，意見仍然相當分歧，特別是關於使用藥物（諸如Ritalin，一種安非他命）以使過動兒童平靜下來，儘管如此，藥物治療在醫療單位中仍有很大的訴求。實際上，使用興奮劑以處理ADHD在近些年來顯著升高，特別是使用在過動的青少年身上（Zuvekas & Vitiello, 2012）。

引人興趣的是，研究已顯示，完全相反於它們在成年人身上的效應，興奮劑在兒童身上卻是具有鎮靜的效應。對ADHD兒童而言，這樣的藥物減低過度活動和容易分心，且在同時增加了他們的警覺性（Konrad et al., 2004），這樣一來，他們通常能夠在學校有遠爲良好的功能運作（Hazell, 2007; Pelham et al., 2002）。

Ritalin（methylphenidate）似乎也降低了ADHD兒童的攻擊數量（Fava, 1997）。事實上，許多過動兒童在正規班級中的行爲無法被接受，但是當他們服用這類藥物後，他們能夠以相對上正常的方式運作及進展。在五年的追蹤研究中，Charach、Ickowicz及Schachar（2004）指出，服藥的ADHD兒童在教師報告的症狀上顯現較大的改善——相較於沒有接受治療的兒童。然而，Ritalin可能有不少副作用，包括流向腦部的血液減少，這可能造成思考能力和記憶的減損；成長激素的破壞（導致兒童的軀體及腦部的成長受到壓制）；失眠；以及精神病症狀等。雖然安非他命無法治癒過動症，但它們在被批准用藥的大約1/2到2/3個案上減輕了行爲症狀。這類藥物的較新製劑稱爲Concerta，它具有類似的效益，但可能更適合青少年使用（Mott & Leach, 2004; Spencer, 2004b）。

另三種治療ADHD的藥物在近些年來也獲得不少研究注意。Pemoline是一種化學成分非常不同於Ritalin的藥物（Faigel & Heiligenstein, 1996），它是經由增進認知處理以改善兒童的教室行爲，且較少有不良的副作用（Bostic et al., 2000; Pelham et al., 2005）。Strattera（atomoxetine）是一種不受管制的藥物，不是屬於興奮類的藥劑，新近才獲得FDA的核准（FDA, 2002）。Strattera的副作用是食慾不振、噁心、嘔吐

及疲倦，黃疸的發展也曾被報告出來，且FDA（2004）警告有肝臟損害的可能性。另一種減輕ADHD兒童之衝動和過動症狀的藥物是Adderall，這種藥物結合安非他命和右旋安非他命（dextroamphetamine）二者成分；然而，研究者已顯示Adderall提供的效益並未優於Ritalin與Strattera（Miller-Horn et al., 2008）。關於處理過動兒童的症狀，雖然興奮劑的短期藥效已被確立，但是它們的長期效應仍未被充分理解（Safer, 1997a）。

雖然關於ADHD藥物的長期效應仍有疑問，近期的研究已顯示，ADHD成年人服用這些藥物顯現清楚的效益。例如，ADHD成年人在一些結果上有顯著偏高的風險，諸如車禍和自殺企圖；然而，當這些成年人使用ADHD藥物後，這些結果的風險顯著降低（Chang et al., 2014; Chen et al., 2014）。

有些專家較喜歡採用心理干預結合藥物治療的方式（Stein, 1999），針對ADHD而開發的行為干預技術包括「教室中良好行為的正強化」（DuPaul, Stoner, et al., 1998）和家庭治療法（Everett & Everett, 2001）。另一種治療過動兒童的有效途徑涉及採用行為治療技術，這些技術的特色是運用正強化，而且設法把學習材料和作業結構化，以使得失誤減至最低程度，並且儘量擴大立即的回饋和成就（Frazier & Merrill, 1998; Goldstein & Goldstein, 1998）。針對ADHD的行為治療法已被報告相當成功，至少就短期的效益而言。

在整套治療方案中，採取行為治療法和藥物治療雙管齊下的方式，已被報告顯現良好成效。Pelbam及其同事們（1993）發現，行為矯正術（behavior modification）和藥物治療二者顯著減輕ADHD的症狀，然而藥物似乎是這項治療中較有效的成分。

二、自閉症類群障礙症

自閉症類群障礙症（autism spectrum disorder，即我們通稱的「自閉症」）屬於一種神經發展障礙症，涉及一系列廣泛的問題行為，包括語言、知覺發展及運動發展的缺失，不適切的現實驗證，以及社交溝通的減損。

嬰兒期和兒童期的自閉症最先是由Kanner（1943）所描述。它折磨來自各種社經階層的兒童，而且似乎正在增加中──估計的發生率是每1萬名兒童中的30名到60名之間（Fombonne, 2005）。「疾病控制與預防中心」（Baio, 2014）近期的研究提出，自閉症發生率是大約每68位兒童中的1位。近些年來，所報告之自閉症病例的增加可能是由於研究之間方法論的差異、診斷程序的變動，以及大眾和專業人員對該疾病增進的認識等所致，而不是盛行率的實際提升（Williams et al., 2005）。自閉症通常在幼兒30個月大之前就可以鑑定出來，且可能在生命的前幾個星期就可約略猜測到。一項研究已發現，自閉的行為，諸如缺乏同理心、對他人不理不睬及缺乏模仿能

力等,早在20個月大時就已顯現(Charman, Swettenham, et al., 1997)。近期的研究顯示,早在嬰兒生活的前六個月,他們社交溝通問題的早期徵兆(特別是當掃描外界時,眼神不能聚焦在他人的臉孔及眼睛上)就已能偵測出來(Jones & Klin, 2014)。

DSM-5 「自閉症類群障礙症」的診斷準則

A. 在多重情境中持續有社交溝通和社交互動的缺損,如下列各項(發生在當前或過去)所表明(只是舉例說明,不是詳盡的範例):

1. 社交-情緒相互依存性的減損,所涉範圍從異常的社交接觸和無法來回地正常交談,到偏少跟別人分享興趣、情緒或情感,以迄於無法啟動或回應社交互動。

2. 使用於社交互動上的非言語溝通行為的缺損,所涉範圍從言語和非言語溝通的不良整合,到眼神接觸和肢體語言的異常,或理解及運用姿勢的缺損,以迄於完全缺乏臉部表情及非言語溝通。

3. 發展、維持及理解人際關係上的缺損,所涉範圍從難以調整行為以符合各種社會情境,到難以分享想像的遊戲,或難以結交朋友,以迄於缺乏對同儕的興趣。

B. 侷限而重複的行為、興趣或活動的模式,如下列至少兩項所表明:

1. 刻板(stereotyped)或重複的動作、使用物件或說話(例如,簡單的刻板動作、排列玩具或拋擲物件、模仿說話、奇特的語詞)。

2. 堅持同一性、不知變通地依循常規,或儀式化的言語或非言語的行為模式(例如,對輕微變化感到極為苦惱、難以轉換心情、僵化的思考模式、問候/打招呼的儀式化行為、每天固定路徑或吃相同食物)。

3. 極為侷限而固定的興趣,在強度或焦點上顯得異常(例如,強烈依戀或執著於不尋常的物件、過度劃定界限或堅持的興趣)。

4. 對感官輸入過強或過低的反應,或對於環境的感覺層面有不尋常的興趣(例如,明顯對於疼痛/溫度反應冷淡、對特定聲音或材質的不良反應、過度嗅聞或觸摸一些物件、對光影或動作的視覺著迷)。

C. 症狀必須在早期發展階段就出現。

註　原先在DSM-IV中被確診為自閉症、亞斯伯格症(Asperger's disorder)或其他未註明的廣泛性發展障礙症的人們,現在應該被診斷為自閉症類群障礙症。

(資料來源:DSM-5,2013,美國精神醫學會)

自閉症的臨床徵候

自閉症兒童顯現不一樣程度的減損及能力不足，主要及典型的徵狀是兒童似乎疏離於他人，即使是在生命的最早期階段（Hillman et al., 1992）。母親經常記得這樣的嬰兒從不會挨靠在身旁（不喜歡被撫摸），當被抱起來時從不會伸出雙手，當被餵食時從不會發笑或注視對方，以及從不會注意他人的進進出出。

社交缺失。典型地，自閉症兒童不會顯現對於情感或跟他人接觸的任何需求，他們甚至似乎不認識或不在乎自己的父母是誰。然而，幾項研究已質疑「自閉症兒童情緒平淡」的傳統觀點，這些研究已顯示，自閉症兒童確實有表達情緒，不應該被視為是缺乏情緒反應（Jones et al., 2001）。反而，Sigman（1996）指出，自閉症兒童似乎缺乏應對他人的能力，但事實上只是因為他們缺乏社會理解力（social understanding）——一種注意來自他人的社交線索的能力缺損。自閉症兒童被認為是「心理失明」（mind blindness），也就是沒有能力採取他人的態度，或無法如他人那般「看待」事情。例如，自閉症兒童似乎對於理解另一個人所指方位的能力有限。此外，自閉症兒童顯現注意力的缺失，也難以在所處環境中找出聲音的位置及方向（Hillman et al., 2007）。這些兒童經常顯現對聽覺刺激的厭惡反應，甚至聽到父母的聲音也會放聲大哭。然而，這樣的型態不一定是一致的，自閉症兒童可能在某一刻被非常輕柔的聲音所躁動或驚恐，而在另一刻則對巨大噪音置若罔聞。

言語缺乏。自閉症兒童無法有效地經由模仿進行學習（Smith & Bryson, 1994），這種功能不良可以解釋他們特有之言語使用的缺乏或嚴重受限。假使有言語呈現的話，它幾乎不是被用來傳達意思，除非以最基本的形式被使用，像是對於他人的提問回答「是」，或經由使用「模仿言語」（echolalia）——鸚鵡似地複述一些語句。儘管正常兒童嘗試驗他們發音的能力時，也會出現少量的複述父母言語的行為，但是大約75%的自閉症兒童會持續呈現複述語句的行為（Prizant, 1983）。

自我刺激。自我刺激（self-stimulation）通常也是自閉症兒童的特性之一，它經常是採取重複運動的形式，像是猛撞頭部、旋轉及擺動等，可能持續以小時計。另一些怪異及反覆的行為也經常發生。

維持同一性。許多自閉症兒童執迷於一些不尋常的物件，且對之形成強烈的依戀，諸如石頭、電燈開關或鑰匙。當他們對該物件的執迷受到擾亂時（例如，拿走該物件，或試圖以其他東西取代它的地位），或當環境中任何熟悉的事物被改變時（即使只是輕微的變化），這些兒童可能會大發脾氣或嚎啕大哭，直到熟悉的情境再度恢復為止，因此，自閉症兒童經常被視為是執著於「維持同一性」（maintaining sameness）。

✖ 自閉症的起因

自閉症是一種複雜的障礙症,它的真正病因仍然不詳。雙胞胎和手足研究已顯示,自閉症具有非常強烈的遺傳成分,例如,當兒童被診斷有自閉症時,他的2%-14%的手足也有自閉症,而大約20%會有自閉症的一些症狀(Newschaffer et al., 2007)。雖然具有清楚的可繼承成分,但是基因傳遞的實際模式尚未被理解。一方面,近期研究已顯示,數以百計的不同基因涉及自閉症的偏高風險,說明有許多不同路線發展出自閉症(Robinson et al., 2014; State & Šestan, 2012)。另一方面,研究也已顯示,同樣的基因變異牽涉到多種障礙症,例如,涉及自閉症偏高風險的一些相同基因,也提高了個人在ADHD、思覺失調症、雙相情緒障礙症及憂鬱症上的風險(Smoller et al., 2013)。

考慮到這種綜合病況的複雜性,我們如何知道什麼引起自閉症?研究學者正著手幾條研究途徑,以嘗試解答這個問題。他們正試圖決定多少比例的遺傳風險是繼承而來(52%),多少比例則是由於再次的(de novo)基因突變所致(3%)。再次的突變是指發生在卵子和精子上,因此傳遞到子女身體的每一個細胞中,儘管沒有出現在父母的DNA中。自閉症的大部分風險顯然是從個人的父母繼承而來(Gaugler et al., 2014),然而,有顯著比例的風險也是由於再次突變所致。隨著我們獲知這些訊息,我們就能採取步驟以降低基因突變的發生。例如,基因突變已被報告以較高比率發生在高齡男子的精子中,而且現在有集中的證據指出,父親在高齡才產下的子女有自閉症的偏高風險(D'Onofrio et al., 2014);像這些發現不能解釋這樣的突變如何或為什麼提高自閉症的風險,但是在計畫生育上有實際的用途。

✖ 自閉症的治療與結果

許多自閉症兒童的治療預後不佳,部分地是因為他們並未受到充分的治療(Moldin & Rubenstein, 2006)。再者,許多自閉症兒童接受一系列「一時流行」及「奇特」的治療法,但絕大部分終究是無效的。但是,好消息是,密集的行為治療已被證實有良好的效果。

行為治療。在住院的背景中,行為治療法已被成功地使用來排除自閉症兒童自我傷害的行為、掌握社交行為的基本原則,以及發展一些語言技巧(Charlop-Christie et al., 1998)。Ivar Lovaas(1987)是自閉症兒童之行為治療的一位先驅,他根據長期之實驗性的治療方案,報告了極為良好的治療結果。Lovaas及其同事們所開發的干預措施是相當密集性的,通常在兒童的家庭中施行,而不是在臨床背景中。在連續幾天的大部分清醒時間中,兒童被安排置身於一對一的教導情境。干預措施建立在兩種原理上,一是辨別訓練策略(強化),另一是後效嫌惡技術(懲罰)。治療計畫通常會

徵召父母的協助，重點放在教導兒童從跟「正常」同伴在眞實世界情境的互動中獲得學習。在接受治療的兒童中，47%達成正常的智力功能，另有40%獲得輕度智能不足的水準；相較之下，未接受治療的控制組兒童只有2%達成正常的功能，而45%獲得輕度智能不足的水準。然而，這些值得注意的結果，需要現場治療人員付出大量的努力；在長達兩年的期間，具備良好資格的治療師針對每位兒童實施每個星期至少40個小時的治療。

治療的有效性。自閉症兒童的預後通常不佳，特別是對於在2歲以前就顯現症狀的兒童。一般而言，自閉症治療的長期結果是不利的，造成治療不順利的一個重要因素是，自閉症兒童難以把學得的行爲類化到治療情境之外（Handleman, Gill & Alessandri, 1988）。當兒童有嚴重的發展障礙時，他們往往無法良好地在各種情境間轉移所學得的技巧，因此，他們在特定情境中所學得的行爲，似乎無法協助他們在其他情境中迎接挑戰。

相較於正常或智能不足兒童的父母們，自閉症兒童的父母在提供照護上更是在考驗耐性而充滿壓力（Dunn, Burbine, et al., 2001）。在試圖了解他們自閉的子女、提供日復一日的照護及尋找可能的教育資源上，自閉症兒童的父母經常發現自己處於極度挫折的處境。當家庭中有一位自閉症小孩時，這往往爲父母和其他子女帶來莫大的衝擊——他們經常也是心理治療所訴諸的對象。

三、抽搐症

抽搐（tic）是指持續、間歇的肌肉抽動或痙攣，通常只限於局部的肌肉群；這個詞語被廣義用來涵蓋眨眼、抽動嘴角、舔唇、聳肩、清喉嚨、作鬼臉（怪相），以及另一些動作。抽搐症（tic disorders）在DSM-5中被歸類在動作障礙症（motor disorders）之下。抽搐症最常發生在2歲到14歲之間（Evans et al., 1996），在某些情況下，如清喉嚨，當事人可能察覺到抽搐的發生，但通常他是習以爲常地展現該動作，沒有注意到它的發生。事實上，許多人甚至不知道自己有抽搐情形，除非有人提醒他們。抽搐症是一種跨文化的臨床現象（Staler et al., 1997），它的初發年齡（平均7歲到8歲）和個案的優勢性別（男性）也具有跨文化的相似性（Turan & Senol, 2000）。關於兒童和青少年的抽搐症盛行率，近期的研究指出，對暫時性的抽搐症而言，它的一生流行率是2.6%；對慢性抽搐症而言是3.7%；以及對妥瑞氏症而言是0.6%（Stefanoff et al., 2008）。

妥瑞氏症。妥瑞氏症（Tourette's disorder）在DSM-5的神經發展障礙症類別被歸類爲一種動作障礙症，它是極端的抽搐症，出現多重動作抽搐及一種或多種發聲抽搐。這種障礙症通常涉及不受控制的頭部擺動，伴隨像是咕嚕、喀擦、尖叫、鼻塞吸

氣或字詞等聲音。瑞典的流行病學研究已報告，兒童和青少年的妥瑞氏症盛行率是大約0.5%（Khalifa & von Knorring, 2004）。大約1/3的妥瑞氏症患者顯現穢語症（coprolalia），這是一種複雜的發聲抽搐，涉及說出一些不堪入耳的髒話。有些妥瑞氏症患者也會出現情緒的爆發（Budman et al., 2000）。

妥瑞氏症的平均初發年齡是7歲，大部分個案在14歲之前初發。這種障礙症經常持續進入成年期，它以大約3倍高的機率發生在男性身上。雖然妥瑞氏症的真正起因尚未被決定，但是證據顯示有強烈的生物基礎（Margolis et al., 2006）。此外，心理起因顯然也牽涉在內，諸如在社交情境中的自覺意識、不自在及緊張（Rosenberg et al., 1995）。

第四節　智能不足

智能不足（intellectual disability），也稱為智能發展障礙症（intellectual developmental disorder），其特徵是綜合心智能力的缺損，諸如推理、問題解決、計畫、抽象思考、判斷、學業學習，以及從經驗中學習（APA, 2013, p.31）。為了符合診斷，這些問題必須在18歲以前就已開始發生。因此，智能不足是根據二者加以界定，一是表現水準，另一是智力水準。這個定義完全不論及智力不足的起因，不論它主要是生物、心理社會、社會文化或這些因素的結合所致。就定義而言，任何於17歲以後初發而且功能等同於智能不足的狀態，就必須被認定為痴呆（dementia），而不是智能不足。這樣的區分有其重要性，因為當個人是在達到成熟後才發生智力功能的重大減損的話，他的心理處境將是極為不同於個人的智力資源在他一生發展中都低於正常的情況。

智能不足發生在全世界的兒童身上（Fryers, 2000），就它最嚴重的形式，它是父母重大困擾的來源，同時也造成社區之經濟與社會的負擔。在美國地方，正式診斷的智能不足的點流行率據估計大約是1%，這換算為人口數是大約260萬人。

一、智能不足的程度

輕度智能不足

人類智力測驗可產生IQ分數，它的平均數是100，標準差是15，這表示大部分人（95%）拿到的分數位於70到130之間。當個人拿到的IQ分數位於從50-55到大約70之間時（也就是低於平均數兩個標準差以上），就被稱為輕度智能不足；絕大部分被

診斷爲智能不足的人們是屬於輕度（mild）智能不足（參考表15.1）。在教育的背景中，這組人們被視爲是「可教育性智能不足」（educable），他們長大成年後的智力水準「可以比擬於一般8到11歲兒童的智力」，但是，這樣的陳述不能完全按照字義加以解釋。例如，假定輕度智能不足的成年人擁有10歲的心智年齡（也就是，他在智力測驗上的表現是位於一般10歲兒童的水準），但這實際上並不表示他在訊息處理的能力或速度上，等同於正常的10歲兒童（Weiss et al., 1986）。另一方面，他在正常情況下將會擁有較多的生活經驗，這將傾向於會提升所測得的IQ分數。

表15.1　智能不足的程度與IQ分數範圍

智能不足的程度	對應的IQ分數範圍
輕度智能不足（mild）	50-55到大約70
中度智能不足（moderate）	35-40到50-55
重度智能不足（severe）	20-25到35-40
極重度智能不足（profound）	低於20-25

　　輕度智能不足者的社會適應通常接近於青少年，雖然他們傾向於缺乏正常青少年的想像力、創造力及判斷力。通常，他們沒有顯現腦部病變或其他生理異常的徵狀，但因爲他們有限的能力而無法預知自己行動的後果，他們經常需要有某種程度的監督。在早期的診斷、父母的協助及特殊教育方案下，大多數輕度智能不足的人們能夠適應社會、掌握簡易的學業和職業技能，以及成爲自給自足的公民（Maclean, 1997）。

中度智能不足

　　中度智能不足者的IQ分數落在35-40到50-55之間。即使在成年期，中度智能不足者所達到的智力水準就類似於一般4歲到7歲兒童的能力。雖然有些人在教導下能夠從事少許的閱讀及書寫，且可以設法適度掌握口說的語言，但他們的學習速度緩慢，概念化的水平也極爲有限。他們經常顯得笨拙而不靈巧，且往往受擾於身體畸形和不良的運動協調性。有些中度智能不足者具有敵意和攻擊性；但較爲典型的情況是，他們是友善且不具威脅。一般而言，在早期的診斷、父母的協助及適當的訓練機會下，大部分中度智能不足者能夠獲致部分的獨立，包括在家庭或其他庇護環境中有差強人意的行爲、適度的日常自我照顧及生計維持；許多人也能夠掌握一些日常的技能（諸如烹飪或較不重要的看門工作）──假使提供他們在這些活動上的專門訓練的話。

◼ 重度智能不足

重度智能不足的IQ分數介於20-25到35-40之間，他們的言語發展嚴重遲滯，常見有感官缺陷和動作障礙。他們可以發展出有限的個人衛生和自助技能，這多少減輕對他人的依賴，但他們始終需要依靠他人的照顧。無論如何，許多人可以在某種程度上從訓練中獲益，他們也能夠在他人的監督下執行簡單的職業工作。

◼ 極重度智能不足

多數極重度智能不足者的IQ分數低於20-25，他們在適應行為上有嚴重缺陷，無法掌握任何最簡易的作業。假使有發展出任何實用性的言語的話，也是最基本的。他們通常有嚴重的身體畸形、中樞神經系統病變及遲緩的成長；也常見有痙攣發作、緘默症、耳聾及其他生理異常，這些人終其一生都必須仰賴他人的保護及照顧。不幸地，他們也傾向於健康情況較差，對於疾病的抵抗力較弱，平均壽命因此也較短。因為呈現明顯的身體畸形、嚴重的發展遲緩（例如，在進食固體食物上）及其他明顯的異常症狀，重度和極重度智能不足的個案通常在嬰兒期很容易就被診斷出來，這些人的整體智力功能顯現重大的缺損。

二、智能不足的起因

有些智能不足個案的發生牽涉到已知的器質性腦部病變（Kaski, 2000），在這些個案上，智能不足的程度幾乎至少是中度的，重度的個案也不乏少見。幸好，極重度智能不足非常少見，但這樣的個案總是涉及明顯的器質性損傷。

◼ 遺傳-染色體因素

智能不足（特別是輕度智能不足）傾向於在家族中流傳。同時，貧窮和社會文化剝奪也傾向於在家族中流傳。隨著早期及延續地暴露於這樣的不利處境，即使個人繼承了平均的智力潛能，也可能避免不了發展出低於平均的智力功能。

在相對上較不常見但較為嚴重的一些類型的智能不足 —— 諸如唐氏症（Down syndrome）和稱之為X染色體脆折症（fragile X）的遺傳性疾病 —— 的病原上，遺傳-染色體因素就扮演遠為清楚的角色。負責X染色體脆折症的基因（FMR-1）已在1991年被鑑定出來（Verkerk, Pieretti, et al., 1991）。在這樣的病症中，基因畸變造成代謝的變質，而代謝變質則不利地影響大腦的發育。當然，遺傳缺陷導致的代謝變質可能也牽涉智能不足之外的其他許多發展異常（例如，自閉症）（Wassink et al., 2001）。一般而言，當智能不足牽涉到已知的遺傳-染色體缺陷時，它們傾向於在性

質上是中度到重度的。

感染與毒性物質

智能不足可能與感染所致的一些病況有關聯，諸如病毒性腦炎或生殖器疱疹（Kaski, 2000）。假使懷孕婦女感染了梅毒或HIV-1，或假使她感染了德國麻疹，她的小孩可能會產生腦部傷害。

某些毒性物質，諸如一氧化碳和鉛，可能在胎兒發育期或在出生後造成腦部傷害（Kaski, 2000）。在少見的案例上，一些免疫製劑諸如抗破傷風血清或傷寒疫苗，可能導致腦部傷害。同樣的，假使懷孕婦女服用某些藥物，包括過量的酒精（West, Perotta & Erickson, 1998），將可能導致胎兒的先天性畸形；為嬰兒施加過度劑量的藥物可能造成中毒而引起腦部傷害。在少見的個案上，腦部傷害是起因於母親與胎兒之間的血型不相容。幸好，早期診斷和輸血可以降低這樣不相容的效應到最低限度。

創傷（物理傷害）

出生時的物理傷害可能造成智能不足（Kaski, 2000）。雖然胎兒在懷孕期正常情況下是受到充滿液體的囊袋的良好保護，且雖然胎兒的顱骨設計似乎也足以抵抗生產時的壓力源，但是損害發育的意外情況，也經常在分娩過程和出生後發生。因為胎位不正或其他併發症導致的難產，可能會無法挽回地傷害到嬰兒的腦部，顱內出血或許是這樣的出生創傷最常見的結果。缺氧（hypoxia）—— 由於延誤呼吸或其他原因而造成大腦的供氧不足 —— 是另一種可能傷害腦部的出生創傷。

離子化輻射能

近幾十年來，許多科學研究人員已把焦點放在離子化輻射能對性細胞和其他體細胞及組織的傷害性效應上。輻射能可能直接作用於受精卵，或可能引致父母之一（或父母二者）的性細胞發生基因突變，進而導致下一代的智能不足。傷害性輻射能的來源一開始主要限於高能量的X射線，作為醫學上診斷及治療的用途，但是後來已擴展至包括核子武器試爆及核能發電廠外洩事件等。

營養不良及其他生物因素

長期以來認為，在胎兒的早期發育期間，飲食中缺乏蛋白質和另一些基本營養素的話，可能會造成不可逆轉的生理及心智的傷害。然而，目前的觀點是，這種直接因果關係的假設可能過度簡化。在審視這個問題上，Ricciuti（1993）援引漸增的證據指出，營養不良可能較為間接地影響心智發展，亦即透過改變兒童的反應性、好奇心及學習動機。根據這個假說，這些缺失接下來將會導致智能技巧的相對遲緩。這裡的

含意是，至少一些涉及營養不良的智力缺陷是心理社會剝奪的特殊案例，但也會造成智能不足的結果。

第十六章

心理治療

　　我們大部分人都經歷過一些時光或情境，當我們跟親人或朋友談論過一些事情後，我們發現自己獲致顯著的裨益。就像所有良好的傾聽者，大部分治療師依賴的是接納、溫暖及同理心的態度，而且對他們的案主所呈現的問題採取不帶批判的處理方式。

　　但是除了提供當事人有談論的機會外，心理治療還有更多的東西。治療師也將會把心理干預措施引進這樣的關係，這些措施是針對於促進案主獲致新的理解、新的行為或二者。這些干預措施是審慎規劃而系統化地建立在一些理論概念上，就是這個事實使得專業的心理治療有別於較為非正式的援助關係。

第一節　治療的概論

　　根據估計，目前存在有好幾百種的治療方法，所涉範圍從精神分析以迄於禪宗靜坐（Zen meditation）。然而，醫療保健管理（managed care，即健保）時代的來臨已提出新式而逐漸嚴格的標準，即要求治療的效能（efficacy）必須在實徵上獲得證明。這一章中，我們將討論現今所使用的一些最被廣泛接受的生物治療法和心理治療法。

一、人們為什麼尋求治療

　　對於尋求治療的人們而言，他們的問題廣泛變異，解決問題的動機也各不相同，我們以下探討一些這樣的動機。

◆ 精神障礙症和高壓的生活處境

　　心理治療最明顯的人選或許是那些正經歷本書所描述的精神障礙症（或精神疾病）之一的人們。美國每年大約有15%的成年人接受心理健康治療，另一些國家的發生率則從1%延伸到12%（參考圖16.1）。不致於訝異，那些有嚴重病況的人們（已造成他們日常功能的重大減損）特別有可能尋求治療，然而，大部分接受治療的人並不符合精神障礙症的充分準則（WHO, 2004）。因此，為什麼他們尋求治療呢？許多人尋求治療是由於突發及高壓的處境，諸如離婚或失業——這樣的處境可能導致人們覺得被危機所淹沒或擊倒，而他們單憑己力無法應付或抗衡。

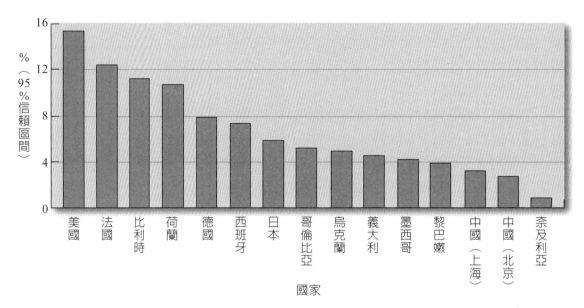

這些資料顯示不同國家中有多少比例的人們，報告他們在過去十二個月中為了心理問題或情緒問題而接受治療。（摘自WHO, 2004, JAMA）

圖16.1 各個國家心理健康治療的發生率

不情願的案主

有些人加入治療是經由間接的途徑，他們或許因為物質濫用或家庭暴力而接到法院的命令，要求他們接受心理治療；或者，他們為了自己的頭痛或胃痛而諮詢醫師，但醫師卻告訴他們，他們的身體沒有什麼毛病。當他們被轉介到治療師之處後，他們可能剛開始會表示反對，他們不認為自己的身體症狀具有情緒的基礎。案主接受心理治療的動機有很大的個別差異，不情願的案主可能有許多來源——例如，酒精中毒者受到配偶「接受治療或離婚」的威脅；或重罪嫌疑犯接受辯護律師的建議，假使他「接受治療」的話，那麼他或許可以獲得法官較有利的判決。相當多怒氣沖沖的父母帶著他們子女到治療師之處，要求治療師「矯治」他們子女「無法管束的行為」——他們認為這些行為無關於家庭背景。這些父母可能很驚訝而不願意承認，他們在塑造自己子女的行為模式上所扮演的角色。

一般而言，當發生困擾時，男性較不願意尋求協助。在憂鬱症的情況中，遠為多的男性表示，他們將絕不會考慮求助於治療師；當男性憂鬱時，他們甚至不情願從朋友之處尋求非正式的援助。再者，當男性確實尋求專業輔助時，他們傾向於發問較少的問題——相較於女性（Addis & Mahalik, 2003）。

為什麼會這樣呢？一種解答是男性較沒有能力辨識及指稱苦惱的感受，較無法認定這些感受為情緒困擾。此外，男性認同陽剛的刻板觀念，強調自我依賴和避免情緒

化，當他們考慮傳統的諮商時（重點放在各種情緒和情緒揭露上），他們也傾向於經歷較多性別角色衝突。對於以自己為傲或以情緒堅忍為傲的男子而言，為了像是憂鬱的問題而尋求協助，可能代表對他的自尊的重大威脅；尋求協助也需要放棄一些個人控制，這可能大相逕庭於他的意識形態：「真正的男人自立自強」。

❖ 尋求個人成長的人們

　　最後一組人們雖然加入治療，但他們的問題被認為相對上正常，這也就是說，他們似乎有不錯的成就、經濟穩定、擁有廣泛接納及關愛的家庭，而且已達成他們的許多人生目標。他們加入治療不是基於個人失望或失常的人際關係，而是因為覺得他們尚未符合自己的期待和標準，也尚未充分實現自己的潛能，這些人──部分是因為他們的問題較容易處理──通常能夠在個人成長（personal growth）上獲得實質的裨益。

　　從這些扼要的描述中，你應該清楚，沒有所謂「典型的」（typical）案主，也沒有所謂「模範的」（model）治療法。沒有任何一種當前所使用的治療法是適用於所有類型的案主。大部分權威人士同意，像是求變的動機和症狀的嚴重性等案主變項（client variables），對於治療的結果極為重要（Clarkin & Levy, 2004）。如我們將看到，當治療師在決定治療途徑上考慮到所涉案主的一些特性的話，不論採取什麼形式的治療都將相對上較具成效。

二、什麼人提供心理治療服務？

　　許多不同專業的成員，傳統上會為有情緒困擾的當事人提供建議及諮商，除了照顧他們病人的身體問題外，醫師經常也在情緒題材上成為被信任的商討對象。許多醫師受過訓練以辨識超出他們專門知識的一些心理問題，然後把病人轉介給另一些心理學專家或精神科醫生。

　　另一類可能廣泛接觸到情緒問題的專業團體是牧師。當個人正經歷情緒危機時，牧師或神父等神職人員經常是首先被告知的對象。雖然有些牧師受過訓練作為心理健康輔導員，但大部分人限定他們的諮商於宗教題材和心靈支持上，並不涉及提供心理治療。反而，就像綜合診療的醫師，他們也受過訓練以辨識那些需要專業處置的問題，然後轉介嚴重障礙的病人給心理健康專家。

　　第三類心理健康專業人員是臨床心理師、精神科醫師及精神科社工師，他們最常在心理衛生單位中施行心理治療。除了提供心理治療外，精神科醫師的醫學訓練和執照認證使得他們能夠開立精神促動藥物的處方，也能夠實施其他形式的醫療處置，諸如電痙攣治療法。就一般而言，精神科醫師不同於心理師之處，在於他們偏好採取生

物途徑（也就是藥物治療）以處理精神疾病，至於心理師則普遍是經由檢視和改變他們病人的行爲型態及思考模式，以處理病人的困擾。

在診所或醫院中（對照於個別的實施），廣泛的多種處置方式可以被派上用場，所涉範圍從使用藥物到個別或團體的心理治療，以迄於家庭、學校或工作場所的訪視（針對於矯治案主生活中不利的處境）──例如，協助教師能夠更爲理解及支持兒童案主的需求。通常，當把目標放在矯治案主的性格、行爲或二者時，這些探視的重要性完全不下於治療本身。

三、治療關係

治療關係是由案主和治療師二者帶到治療情境中的東西所演進出來。正常情況下，心理治療的結果取決於案主和治療師，是否順利地建立起有建設性的工作同盟（working alliance）。案主的主要貢獻是他的動機，當案主對他們的復原機會感到悲觀，或當案主對於採取行動以處理自己的問題及症狀感到猶疑不決時，他們對治療的反應將較不良好（Mussell et al., 2000）。

雖然治療同盟的定義有所不一致，它的關鍵要素是：(1)一種在解決問題上協力合作的感受；(2)病人與治療師之間對於治療的目標及任務的意見一致程度；及(3)病人與治療師之間有效的情感連結（Constantino et al., 2001; Martin et al., 2000）。清楚的溝通（訊息傳遞）也很重要。這無疑地受到在案主和治療師的背景中分享經驗的程度所促進。

對於大部分的研究人員和開業臨床人員而言，他們幾乎一致地認爲有效的「工作同盟」的建立，是心理治療獲益的核心所在，這項基本觀察也已獲得研究文獻的證實。就實質的意義而言，案主跟治療師的關係本身就具有治療的作用。

幾乎不下於動機的是，案主對於接受援助的期待也相當重要。這份期待本身通常就足以帶來實質的改善，這可能是因爲當病人預期治療具有效果時，他們將會更爲參與於治療過程（Meyer et al., 2002）。就如安慰劑通常有助於減輕相信其效果的病人的疼痛，當個人期待治療將會奏效時，他也較可能從中獲得助益。但這個事實不利的一面是，不論基於什麼原因，假使某治療法或治療師無法激發案主的信心的話，治療的有效性可能會大打折扣。

爲了引致案主的良性轉變，心理治療師必須協助案主放棄舊有之功能不良的行爲模式，進而以新式而良好運轉的模式加以取代。因爲案主將會在這方面提出多樣化的挑戰（反對意見），治療師必須有足夠的變通性以採用多種互動風格。

第二節　應該採取怎樣的治療途逕？

一、證據本位的治療

當製藥公司開發出新式藥物時，它在把該藥物推出市場之前必須先取得「聯邦食品暨藥物管理局」（FDA）對該藥物的核准，這特別是牽涉到需要透過人類受試者的研究，以證實該藥物具有效能（efficacy），也就是它能夠治癒或紓解某些目標狀況。這些檢測利用自願及被告知的病人作為受試者，被稱為隨機臨床試驗（randomized clinical trials, RCTs），或較簡單地稱為效能試驗（efficacy trials）。雖然這些試驗可能顯得相當複雜化，但基本設計是隨機指派（例如，透過拋擲錢幣）一半的病人服用假定「具有活性成分」的藥物，另一半病人則服用外觀上相同但是生理上「不具活性成分」的安慰劑（placebo）。通常，不論是病人或當面交付藥物的研究助理，都不被告知所服用的是哪種藥物；這份資料是由第三方以密碼記載下來。這種雙盲（double-blind）的程序是為了確保病人和研究助理雙方的期待，不會在該研究中起任何作用。經過預定的治療期間後，密碼被解開，而所有受試者究竟服用有活性的藥物抑或安慰劑就可一清二楚。假使服用活性藥物的受試者在健康情況上的改善，顯著優於服用安慰劑的受試者的話，研究人員就證實了該藥物的效能。顯然，同樣的設計可以稍加修正，以比較兩種或多種活性藥物的效能，伴隨加入安慰劑狀況的選項。每天，數以千計的此類研究在全國各地正在進行，它們通常發生在學術的醫學背景中，且許多是受到製藥公司的財政支持。

但是在心理治療結果的探討上，研究人員碰到另一些困境。首先是難以策劃可信賴的安慰劑狀況，大部分研究因此採取兩種替代的策略，一是設法比較兩種或多種聲稱「有效」的治療法，另一是採用「未接受治療」（候補名單）的控制組。然而，對於有需要的病人保留治療（即使只是暫時地），而把他們放在候補名單中，這有時候會產生倫理的疑慮。另一個難題是，治療師 —— 即使是那些持有同一理論取向的治療師 —— 經常在他們施行治療的手法或風格上極為不一致（對照之下，藥丸具有同樣的化學成分和劑量，不至於顯現太大差異）。為了檢驗特定的治療，我們因此有必要發展治療手冊，詳細載明所檢驗的治療法究竟如何施行。在這樣的研究試驗中，治療師接著接受訓練（及督導），以確保他們的治療內容沒有明顯偏離於手冊上所規劃的程序（例如，見Blum et al., 2008）。

這種治療實施便被稱為是手冊化的治療（manualized therapy，或稱指南式治療），它是指以標準化、手冊的格式呈現及描述心理治療的施行，且具體指定每個治療階段所對應的原理、目標及技術。在建立特定心理治療程序的治療成果上，手冊化

治療被認為是最嚴格的一種評鑑方式。當治療法符合這個標準，而且在處理現存精神疾病（符合DSM-5的診斷準則）上具有效能時，通常就被稱為「證據本位」（evidence based）或「實徵支持」（empirically supported）的治療。現今，各種關於這類治療法的清單會被例行地發表及更新（Chambless et al., 1998; Nathan & Gorman, 1998; Roth & Fonagy, 1996）。

二、藥物治療或心理治療？

　　心理藥物學（psychopharmacology）的進展，已協助許多人在他們的家庭和社區環境中有良好運作，否則這些人將需要住院。這些進展也讓那些確實需要住院的病人提早出院，且使得約束措施和監禁病房大致上已被廢除。簡言之，藥物治療已經大為改善了醫院的氣氛，不僅是對病人而言，對醫院的工作人員也是如此。

　　儘管如此，精神促動藥物的使用也產生了一些爭議。除了可能的不良副作用之外，如何調配藥物和劑量以符合特定病人的需求，也是錯綜複雜的事情。另外在治療過程中，有時候也有必要變更病人的藥物。此外，對一些障礙症而言，單獨使用藥物而排除其他治療方法，可能不是最理想的方式，因為藥物本身無法全面地治癒障礙症。如許多研究學者所指出的，藥物主要是經由引起生化變化（biochemical changes）以減輕症狀，而不是經由協助當事人理解及改變一些個人因素或情境因素——就是這些因素可能製造或強化了不良適應的行為。再者，當藥物停止服用時，病人可能有復發的風險（Dobson et al., 2008）。對許多障礙症而言，各種證據本位的心理治療法，可能比起單獨使用藥物產生更為持久的效益，除非藥物治療無限期地被延續下去。

　　另一方面，對某些障礙症而言，已知存在一些有效的藥物治療，假使在心理治療方案中沒有納入藥物治療的話，這也可能導致相當嚴重的問題。

三、聯合的治療

　　在過去，藥物治療和心理治療被認為是不相容的途徑，所以不應該被共同實施。然而，對許多障礙症而言，藥物治療和心理治療的整合，現在在臨床實施上尋常可見，特別是對像是思覺失調症和雙相情緒障礙症而言（Olfson & Marcus, 2010）。這樣的整合途徑也被病人本身所賞識及視為基本要件。這種整合的途徑是生物心理社會觀點（biopsychosocial perspective）的良好範例，它最適當反映了當前對於精神疾病的思潮。

　　藥物可以結合廣泛的一系列心理程序而被使用。在某些個案上，藥物可以協助病

人從心理治療中更充分受益，也可以在治療中被用來降低病人的不順從行為。例如，對於有社交焦慮症而接受暴露治療的病人來說，如果他們在每次療程前服用適當劑量的D-cycloserine的話，他們的進展遠為良好。D-cycloserine是一種抗生素，用於治療結核病，當單獨服用時，它對於焦慮沒有效果；然而，D-cycloserine活化一種受納器（receptor），它對於促進焦慮的消退（extinction）具有關鍵作用。經由使得受納器更良好起作用，暴露訓練的治療效益被進一步增加——相較於服用安慰劑（Guasstella et al., 2008; Hofman et al., 2006）。

　　我們有正當理由對於心理治療和精神藥物的聯合使用抱持樂觀，這可能對於重度障礙症的病人特別有效果（Gabbard & Kay, 2001）。例如，Keller及其同事們（2000）比較519位憂鬱症病人的治療結果，病人接受下列三種治療方式之一，一是抗鬱劑（nefazodone），二是心理治療（認知-行為治療法），三是這兩種治療的結合。在只施行藥物的狀況中，55%的病人表現良好；在只施行心理治療的狀況中，52%的病人對治療有良好反應；然而，對於接受這兩種治療雙管齊下的病人而言，他們的表現甚至更好，整體達到85%的良好反應率。很有可能的是，聯合治療之所以奏效，是因為藥物治療和心理治療可能瞄準不同症狀作為目標，而且以不同的進度發生作用。如Hollon和Fawcett（1995）所指出的，「藥物治療似乎提供案主從急劇苦惱中獲得快速而可靠的緩解，至於心理治療似乎提供廣泛而持久的行為變化；聯合治療保有它們各自的特定效益。」（p.1232）

　　我們有必要指出的是，聯合治療不一定就優於單式的治療，對於焦慮症（例如）來說，增添精神藥物不一定會普遍改善心理治療的臨床效益。然而，對於罹患慢性或反覆憂鬱症的人們來說，聯合治療通常獲致較良好的臨床成果（Aaronson et al., 2007）。

第三節　治療的心理途徑

一、行為治療

　　行為治療（behavior therapy）是一種直接而主動的治療技術，它標榜行為的優先地位、承認學習的角色，以及重視透澈的衡鑑及評估。不在於探索過去的創傷事件或內心衝突，行為治療師強調的是現存的問題，也就是正導致病人重大苦惱的問題或症狀。行為治療的主要假設是，如正常行為那般，異常行為也是以同樣的方式獲得的——亦即經由學習。因此，多樣化的行為技術已被開發出來，以協助病人經由一些手段「拋棄」（unlearn）不良適應的行為。

✴ 暴露治療

在焦慮症的治療上，廣泛被採用的一種行為治療技術是暴露（exposure）。根據行為治療的觀點，假使焦慮是學得的，那麼它也可以被消除，這是透過引導式暴露於引發焦慮的刺激來達成。在暴露治療期間，病人或案主以治療的手法面對引發恐懼的刺激。這可能是以極具控制、緩慢及漸進的手法達成，如在敏感遞減法（systematic desensitization，或稱系統脫敏法）中的情形；或是以較為極端的手法達成，如在洪水法（flooding，或稱氾濫法）中的情形——病人直接面對最高強度之所害怕的刺激。再者，暴露的形式可以是真實的（in vivo exposure，真實情境暴露）或想像的（imaginal exposure，想像式暴露）。

敏感遞減法背後的理論基礎相當簡易：找到一項跟「處於焦慮」不相容的行為（諸如處於放鬆狀態，或感受一些愉快事件），然後拿這項行為來跟引發病人焦慮的刺激重複地配對出現。因為我們很難（如果不是不可能的話）同時感受愉快和焦慮，敏感遞減法是對準於教導當事人，當面對（真實或想像的）引發焦慮的刺激之際，讓自己放鬆下來，或以另一些跟焦慮不相容的方式展現行為，因此，它可以被視為一種反制約程序（counterconditioning procedure）。至於系統（systematic）則是指慎重安排引起焦慮的刺激強度（建立起焦慮階層表），使得個人以漸進方式暴露於所害怕的刺激。

行為治療法一項重要的發展是利用虛擬實境（即透過電腦模擬各種逼真的景象），以協助病人克服他們的害怕及畏懼症（Rothbaum, Hodges, et al., 2000）。當病人焦慮的來源是一些在真實生活中不容易重現或複製的事物時（諸如搭飛機），這樣的科技很明顯地大有助益。整體而言，暴露治療法的成果令人印象深刻（Barlow et al., 2007; Emmelkamp, 2004）。另外令人激勵的是，虛擬實境暴露的效果足堪比擬於真實情境暴露所取得的效果（Powers & Emmelkamp, 2008）。

✴ 嫌惡治療法

嫌惡治療法（aversion therapy）涉及採取舊式的懲罰手段以矯正不合宜的行為。今日，最常被使用的嫌惡刺激或許是一些令人不快或不適的藥物，諸如戒酒硫（Antabuse），當個人服用這種藥物後再攝取酒精的話，將會產生噁心及嘔吐的反應。在另一種變化形式中，案主被指示在手腕上戴上一條有良好彈性的橡皮筋，每當誘惑升高時就扯動橡皮筋彈打皮膚，因此施加自我懲罰。

過去，疼痛的電擊經常在治療方案中被派上用場，每當不合宜行為發生時就與之配對呈現，但這樣的策略也無疑促成了嫌惡治療法在大眾心目中的「負面形象」。雖然嫌惡制約技術已被使用來處理廣泛的一系列不良適應行為，包括吸菸、酗酒、過度

飲食、藥物依賴、賭博、性偏差及怪異的精神病行為，但是對於這種治療途徑的興趣現在正在減退中——隨著其他治療選項已被供應（Emmelkamp, 2004）。

行為示範

在行為示範（modeling）中，案主經由模仿另一個人以學習新的技巧，所模仿對象可能是父母或治療師——他們展現案主被期待獲得的行為。年幼的案主可能被暴露於同儕（他們充當治療師的助手）的行為或角色，然後被鼓勵去模仿及練習適宜的新反應。例如，行為示範可能被用來促進簡單技能的學習，諸如極重度智能不足兒童的自我進食行為；或促進較為複雜的技能，諸如害羞及退縮的青少年，在社交情境中較為果斷的行為。特別是在處理兒童問題上，當治療師對於在治療過程中呈現的一些日常選擇「出聲地說出自己的思考」（thinks out loud）時，這就是在示範如何從事有效的決策和問題解決（Kendall, 1990; Kendall & Braswell, 1985）。

示範與模仿（imitation）是各種行為治療法和其他形式治療的重要幫手。例如，在早期的一項經典研究中，Bandura（1964）發現，現場示範不怕蛇的行為，再結合一些指示和引導式暴露，是治療蛇類畏懼症之最有效的方法，致使超過90%接受治療之個案的恐懼反應的消除。

有系統地運用強化原理

建立有系統的管理方案，運用強化以提高良好行為的發生頻率，這已獲致顯著的成效，通常被稱為「後效管理」（contingency management），這些方案經常被使用在機構環境中，雖然它們的用途不限於這些場所。它們也同樣可被用來壓制不合宜的行為，只要設法撤除一直在維持那些不良適應行為的強化物。

在另一些情況中，治療的施行是為了建立所欠缺的良好行為，這種途徑的實例有「反應塑造」和採取「代幣制度」。在反應塑造（response shaping）中，治療師運用操作制約原理（正強化）以連續漸進法（successive approximation method）建立案主的新行為。這項技術已廣泛被使用來處理兒童的行為問題（Kazdin, 2007）。

代幣制度

多年之前，當行為治療法還在起步階段，建立在操作制約原理上的代幣制度（token economy）已被開發來應用在精神療養院的長期居留病人身上，當病人在病房中展現適宜的舉止時，他們就可賺取代幣，稍後可以用來交換一些酬賞或特權（Paul, 1982）。

代幣制度已被使用來建立一些適應的行為，從像是進食和整理床鋪等初步反應，以迄於負責醫院的一些例行工作。在後者的情況中，代幣制度就類似於外在世界的運

作，即個人爲他／她的工作而被支付代幣（金錢），稍後可以用來交換所想要的物件及活動。雖然有時候會招致一些爭議及批評，但是對於嚴重精神失常和那些發展上失能的人們來說，代幣制度仍然是一種適切的處置方式（Higgins et al., 2001; Le Blanc et al., 2000）。

✳ 對行爲治療法的評價

相較於其他某些形式的治療，行爲治療法具有一些明顯的優勢。行爲治療法通常在較短期間內就達成效果，這是因爲它普遍地以特定症狀爲目標，因此導致案主的苦惱較快速的紓解，也花費較低的成本；所採取的方法也被清楚地描述，而治療結果也容易接受評估。整體而言，相較於其他治療途徑，行爲治療法獲致的結果相當值得嘉許（Emmelkamp, 2004; Nathan & Gorman, 2007）。

如同其他的治療法，行爲治療法對於一些類型的問題有較良好的效果。一般而言，當案主的問題愈爲蔓延而模糊界定時，行爲治療法就愈不可能具有效益。例如，行爲治療法很少被用來處理複雜的人格障礙症，雖然針對邊緣型人格障礙症的病人的辯證行爲治療法（dialectical behavior therapy）可能是例外的情形。另一方面，行爲技術仍然是處理焦慮症的核心成分（Barlow et al., 2007; Franklin & Foa, 2007）。因爲行爲治療通常相當直截了當，它可以被使用於精神病的病人（Kopelowicz et al., 2007）。近期的研究也顯示，行爲治療對於發聲和動作的抽搐（出現在妥瑞氏症的人們身上）是有效的處置方式（Wilhelm et al., 2012）。這是受到歡迎的消息，因爲另一種治療途徑涉及使用抗精神病藥物。

在憂鬱症的治療上，近期的發展是採用一種簡短及結構式的療法，稱爲「行爲活化」（behavioral activation）。在這種療法中，病人和治療師共同合作，以協助病人找到方法變得更爲積極活躍而參與於生活，病人被鼓勵從事一些活動，將有助於改善心情，導致以較良好方式因應特定的生活問題。雖然這聽起來相當簡單，但是它不一定容易達成，不過至今的證據顯示，這種療法對於病人非常有效益，能夠獲致持久的變化（Dimjdjian et al., 2011; Dobson et al., 2008）。總之，雖然行爲治療法絕不是萬靈丹，但它在現行的心理治療途徑中已贏得被高度尊重的地位。

二、認知與認知-行爲治療法

早期的行爲治療師把焦點放在可觀察的行爲上，視他們案主的內在思想爲不重要的，因此，這些治療師經常被視爲是機械性的技術人員，僅是在操弄他們的案主，沒有視對方爲人類加以對待。然而，從1970年代起，一些行爲治療師開始重新評估「私人事件」（private events）的重要性，所謂私人事件是指當事人的思想、知覺、評價

及自我陳述（self-statements），這些歷程被認爲居中促成客觀刺激條件的效應，因此也決定了個人的行爲和情緒（Borkovec, 1985; Mahoney & Arnkoff, 1978）。

認知（cognitive）與認知-行爲治療法（cognitive-behavioral therapy）起源於二者，一是認知心理學（以它所強調之「思想對於行爲的影響」），另一是行爲主義（以它對嚴格的方法論和操作取向的強調）。就目前而言，沒有單一的一套技術能夠界定認知取向的治療途徑，然而，這方面有兩個主題相當重要：(1)「認知歷程影響情緒、動機及行爲」的信念；及(2)以實用主義（假設－檢驗）的態度運用認知與行爲改變的技術。

理性情緒行爲治療法

最早期被開發出來之行爲取向的認知治療法之一是艾里斯（Albert Ellis）的理性情緒治療法──現在被稱爲理性情緒行爲治療法（rational emotive behavior therapy, REBT）。REBT嘗試改變案主不良適應的思考歷程，不良適應的情緒反應（以及因此不良適應的行爲）被認爲就是建立在這樣的思考歷程上（Ellis & Dryden, 1997）。

艾里斯假定，良好運作的當事人將會有合乎理性的行爲舉止，而且這樣的行爲與實徵的現實保持協調。然而，不巧的，我們許多人已學得一些不切實際的信念和完美主義的價值觀，這造成我們對自己抱持過多的期待，導致我們不合理性的行爲舉止，然後感到自己是沒有價值的失敗者。例如，當事人可能不停地想著，「我應該能夠贏得每個人的關愛和讚賞才對」或「我應該在自己所從事的每件事情上完全勝任而令人滿意」。這樣不切實際的假設和自我要求必然會爲自己招致不必要的困擾。

REBT的任務是重新建構當事人的信念系統和自我評價，特別是關於不合理的「應該」、「必須」及「一定」，因爲就是這些指令使得當事人無法擁有較爲正面的自我價值感，也無法享有情緒滿足及充實的生活。幾種方法被派上用場，其中一種方法是透過理性對質（rational confrontation）以反駁當事人不實的信念（「爲什麼你無法獲得晉升就一定表示你是沒有價值的人？」）。

REBT治療師也採用一些行爲取向的技術。例如，治療師可能會指定家庭作業以鼓勵案主接觸新的經驗，而且打斷負面的連鎖行爲。雖然所採取的技術有很大的差異，但是REBT的基本理念與人本治療法（稍後將會討論）的基本理念有許多共通之處，因爲它們二者在個人價值和人類價值上都採取清楚的立場。理性情緒行爲治療法對準於提升當事人的自我價值感，經由移除那些妨礙個人成長的絆腳石（即不實的信念），以便爲自我實現打開一條康莊大道。

貝克的認知治療法

貝克的認知治療法原先的發展是爲了治療憂鬱症，但它後來被擴展到處理另一些

障礙症上，包括焦慮症、飲食障礙症與肥胖、人格障礙症、物質濫用，以及甚至思覺失調症（Beck, 2005; Hollon & Beck, 2004）。這種認知模式基本上是關於精神病理的一種訊息處理模式，它的基本假設是，個人的困擾起源於偏頗地處理外在事件或內在刺激，這些偏見扭曲了個人如何理解自己在世界上所擁有的經驗，導致了認知失誤（cognitive errors）。

但是，人們為什麼會產生認知失誤呢？根據貝克（2005）的說法，這些偏見的基礎是相當穩定的一套認知架構或基模（schemas），包含一些功能不良的信念。當這些基模被活性化時（受到外在或內在刺激的誘發），它們造成人們在如何處理訊息上的偏差。在憂鬱症的情況中，人們變得傾向於從事負面及偏頗的解讀，包括對自己、對他們的世界及對他們的未來。

在認知治療法的初始階段，治療師設法讓案主了解他們的思考模式與他們的情緒反應之間的關聯。他們首先被教導單純地檢視自己的自動化思想（諸如「這個事件絕對是災難」），而且把他們的思想內容和他們的情緒反應記錄下來（Wright et al., 2006）。在治療師的協助之下，他們接著鑑定自己思考中的邏輯謬誤，且學習挑戰這些自動化思想的正當性。他們的思維背後的邏輯失誤會導致他們：(1)選擇性地知覺世界為有害的，同時忽視相反的證據；(2)根據有限的樣例過度類化（過度論斷及概判）──例如，僅因為被解僱就視自己為完全沒有價值；(3)擴大不合意事件的重要性──例如，把失去工作看作是世界末日；及(4)從事絕對主義的思考──例如，誇大他人輕微批評的重要性，認為這證明自己立即從善良美好降格為毫無價值。

案主被鼓勵探索及矯正他們不實的假設或功能不良的基模，因為就是它們導致了案主的問題行為和自我挫敗的傾向（Young et al., 2008）。通常，隨著案主和治療師檢視案主自動化思想的主題，這些假設和基模會在治療過程中清楚浮現。

對於憂鬱症之外的障礙症，一般的治療方式相當類似。然而，案主自動化思想和基礎信念的本質，伴隨不同障礙症而有很明顯的差異。例如，在恐慌症中，治療重點是在於檢定對於所害怕的身體感覺的自動化思想，也在於教導案主對於恐慌經驗「去災難化」（decatastrophize）（Craske & Barlow, 2008）。在暴食症中，認知途徑把焦點放在案主過度重視體重及身材的觀念上，這通常是因為案主偏低的自尊和擔憂自己沒有吸引力所促發。此外，案主對於哪些是「安全」的食物和哪些是「危險」的食物的錯誤認知也需要加以探索（Fairburn et al., 2008; Wilson, 2005）。

🔷 對於認知-行為治療法的評價

儘管艾里斯的REBT已受到廣泛的注意，但它並未如貝克的認知治療法那般被納入主流之中，也沒有太多控制的研究證明它的效能，特別是針對審慎診斷的臨床人口。它在治療一些焦慮症上似乎不如以暴露為基礎的治療法，諸如特定場所畏懼

症、社交畏懼症（Haaga & Davison, 1989, 1992）及或許強迫症（Franklin & Foa, 1998）。一般而言，REBT似乎對基本上身心健康的人們最有助益，以協助他們更良好因應日常的壓力，且或許也有助於預防他們發展出充分成形的焦慮症或憂鬱症（Haaga & Davison, 1989, 1992）。

　　對照之下，貝克的認知治療法的效能已被充分佐證，研究已顯示，這些方法在緩解許多不同類型的障礙症上極有效果（Hollon & Beck, 2004）。對憂鬱症而言，除了在最嚴重的病例外（例如，精神病型憂鬱症），認知-行為治療法至少足堪比擬於藥物治療。它也提供一些長期的優勢，特別是關於復發的預防（Craighead et al., 2007）。認知治療法也在治療恐慌症和廣泛性焦慮症上產生顯著的效果（Hollon & Beck, 2004），而CBT現在是暴食症上選的治療法（Wilson, 2010; Wilson & Fairburn, 2007）。最後，認知途徑也在處理一些障礙症上頗具前景，包括兒童的行為規範障礙症（Kazdin, 2007）、物質濫用（Beck et al., 1993），以及一些人格障礙症（Beck et al., 1990; Linehan, 1993）。

　　認知與行為治療途徑的聯合使用現在已是常見的手法。但是，關於認知治療的效果是否真正是認知變化所造成（如認知理論家所提議的），這仍然存在不一致的意見（Hollon & Beck, 2004; Jacobson et al., 1996）。至少就憂鬱症和恐慌症而言，認知變化似乎確實是長期結果的最佳預測指標，就如認知理論所聲稱的（Hollon et al., 1990）。然而，認知治療的有效（活性）成分究竟是些什麼，這目前仍是爭論和研究的焦點（Teasdale et al., 2001）。

三、人本-經驗治療

　　人本-經驗治療（humanistic-experiential therapies）是在第二次世界大戰後崛起的一種重要的治療途徑。在一個被自私自利、機械化、電腦化、集體詐欺及冷漠的官僚制度所支配的社會中，人本-經驗治療的擁護者認為，許多精神病態的個案是起源於疏離、自我感喪失及孤寂等問題，使得個人無法在生活中找到意義和真正的實現。他們主張，這類問題不論是經由「發掘被遺忘的記憶」，或經由「矯正特定之不良適應的行為」都不可能加以解決。

　　人本-經驗治療的基本假設是，我們擁有自由和責任二者以支配我們自己的行為——我們能夠省思自己的問題、從事抉擇及採取積極的行動。人本-經驗治療師認為，案主必須為治療的方向和成果承擔起大部分責任，至於治療師只是扮演諮商者、引導者及促進者的角色。雖然各種人本-經驗治療法在它們的詳情上有所差異，但它們的核心焦點始終是在擴展案主的「覺知」（awareness）。

✦ 案主中心治療法

羅傑斯（Carl Rogers, 1902-1987）的案主中心治療法〔client-centered therapy；或稱當事人中心治療法（person-centered）〕強調有機體擁有自行痊癒的自然力量。羅傑斯視治療為挪除束縛及約束的一種歷程，這些束縛是源自人們傾向於加諸在自己身上的一些不切實際的要求——當他們認為作為自我價值的條件（condition of self-worth），自己不應該懷有一些感受時，諸如敵意。經由否認他們事實上真的懷有這樣的感受，他們逐漸覺知不到自己實際的「本能」反應（gut reactions）。隨著他們失去跟自己真實經驗的接觸，這造成的結果是低落的整合、不良的人際關係及各種形式的適應不良。

羅傑斯學派治療的主要目標是解決這種不真誠一致（incongruence），以協助案主能夠接納自己及身為自己。為了達到這個目標，案主中心治療師致力於建立一種心理氛圍，案主在這種氛圍中能夠感到身為人類被無條件接納、理解及尊重。在這種背景中，治療師採用非指導式的技術（諸如同理心反映），或重述案主對於生活困境的描述。假使一切進展順利的話，案主開始感到自由自在地（或許生平首次）探索他們真實的感受和思想，而且接受憎恨、憤怒及醜陋的感受為自己的一部分。隨著他們的自我概念與他們的實際經驗更趨於一致，他們變得較為自我接納，也較為開放自己接受新的經驗及新的觀點；簡言之，他們成為有較良好整合的當事人。

對照於大部分其他形式的治療法，案主中心治療師不作回答、不解讀案主所說的話、不探索潛意識衝突，或甚至也不引導案主朝向若干主題，反而，治療師僅是專注及接納地傾聽案主想要談論的事情，只有在以不同的措詞重述案主所說的內容時才會稍加打斷。這樣的重述（治療師不帶任何判斷或解讀）有助於案主進一步澄清他／她正在探索的感受及觀念——真正地檢視自己及認識自己。

✦ 完形治療法

在德語中，完形（gestalt）是指「整體」（whole）的意思。完形治療法強調心靈與身體的合一，也就是把重點放在個人整合自己的思想、感受及行動的需求上。完形治療法是由Frederick（Fritz）Perls（1969）所發展出來，以之教導案主認識自己的身體歷程及情緒——它們在過去生活中被阻擋於自己的覺知之外。就如案主中心及人本論的途徑那般，完形治療法的主要目標是增進當事人的自我覺知和自我接納。

雖然完形治療法經常被使用在團體環境中，但是重點每次只放在一個人身上。治療師密集地著手進行，嘗試協助當事人找出在他的自我或他的世界中尚未被意識上承認的層面。當事人可能被要求把他關於一些衝突及情感的幻想表演出來；或者當坐在一張椅子上時代表衝突的一方，然後轉換到另一張椅子時採取對方的角色。總之，完

形治療法的重點是放在片刻（當下）的覺知上，而不是放在記憶的復原或壓抑的衝動上；透過找回自我疏離的部分，它嘗試協助案主恢復心理的統整和平衡。

◆ 對於人本-經驗治療的評價

人本-經驗的許多概念——每個人的獨特性、治療師真誠一致的重要性、實現個人潛能所帶來的滿足、尋求意義及實踐的重要性，以及人類擁有抉擇和自我導向的能力——對於我們當代的思潮帶來了重大的衝擊，特別是關於人類本質和關於良好心理治療本質的觀點。

然而，人本-經驗治療法也招致一些批評，特別是它們缺乏一致同意的治療程序，以及它們對於案主與治療師之間互動情形的描述相當模糊。但是，這種治療取向的擁護者表示，他們反對把人們化約為一些抽象觀念，這可能減損案主的自覺價值，且否認了案主的獨特性。他們進一步表示，因為每個人是如此不一樣，我們應該期待會有不同的技術適合於（專屬於）不同的個案。

關於各種形式的人本-存在治療法的成效，我們過去缺乏控制性的研究。不論如何，這個領域的研究現在正在增加中，迄今的一些證據顯示，這些治療法有助於處理病人的一些困擾，包括憂鬱、焦慮、創傷及婚姻不睦（Elliot et al., 2004）。

四、心理動力治療

心理動力治療（psychodynamic therapy）是強調個體的人格原動力的一種治療途徑，大體上是從精神分析的觀點推衍出來。精神分析治療法是最歷史悠久（老牌子）的心理治療，起始於佛洛依德（Sigmund Freud）。這種治療法主要以兩種基本形式實施：正統的精神分析和精神分析取向的心理治療。如佛洛依德和他的嫡傳弟子所發展的，正統精神分析是一種密集（每星期至少三次會期）而長期的程序，致力於揭露被壓抑的記憶、思想、恐懼及衝突（它們被認為起源於早期性心理發展的失調），且協助個體考慮到成人生活的現實面，從而跟那些衝突達成協議。例如，過度守秩序、嚴厲、缺乏幽默感及嚴格的自我控制，將會被視為是源自早期大小便訓練的失調。

在精神分析取向的心理治療中，它的指導觀念和實施方式，可能已很大程度上背離於正統佛洛依德學派理論所規劃的原理及程序，儘管該治療仍然大致上建立在精神分析的概念上。例如，許多心理動力取向的治療師安排較少的會期（例如，每星期一次），而且跟他們案主是面對面坐著（而不是讓案主斜躺在長椅上，分析師坐在背後的視線之外）。同樣的，分析師原本較為被動的立場（主要是傾聽案主的「自由聯想」，很少提供「解析」），現在則被主動的交談風格所取代，即治療師嘗試澄清案主在建構他的問題的起源及後果上所產生的扭曲及空缺，進而挑戰案主可能出現的

「防衛」。一般認為，這種較為直接的途徑顯著縮短了整體的治療時間。

佛洛依德學派的精神分析

精神分析是從佛洛依德長期的職業生涯中演進出來的一套治療系統。大致上，這個治療系統是建立在四種基本技術上：(1)自由聯想（free association）；(2)夢的解析（analysis of dreams）；(3)抗拒的解析（analysis of resistance）；及(4)移情的解析（analysis of transference）。

自由聯想。 自由聯想的基本規則是個人必須說出任何進入他思緒的事情，不論那些想法是多麼私人、痛苦或似乎不相干。通常，案主以放鬆的姿勢躺在長椅上，流動地談論浮上心頭的所有思想、情感及願望，從一個想法到另一個想法。

雖然這樣的流動談論看似任意而隨機的，佛洛依德認為就像其他事件，聯想是預先決定的。自由聯想的目的是透澈地探索前意識的內容（前意識是指介於意識與潛意識之間的一種意識層面，被壓抑到潛意識中的一些慾望或衝動在浮現到意識層面之前，會先經過前意識）。治療師的解析是把案主經常斷裂（脫離）的思想、信念及行動連結為有意義的解釋，以協助案主獲致洞察力——關於他不良適應行為與被壓抑的（潛意識的）事件及幻想之間關係。

夢的解析。 在揭發潛意識的素材上，另一個重要的程序是夢的解析。當個人入睡時，壓抑的防衛降低下來，禁忌的慾望可以在夢境中找到出口（outlet），基於這個原因，夢被指稱為是「潛意識的捷徑」。然而，有些動機是如此不被個人所接受，即使在夢中，它們也不公開顯露，而是以偽裝或象徵的方式表達。因此，夢具有兩種內容：(1)顯性內容（manifest content），即當事人醒過來後所記得及陳述的內容；及(2)潛性內容（latent content），包含一些正尋求表達的實際動機，但是過於痛苦或不被接受，它們採取多種掩飾的方式。

因此，治療師的工作就是探討在案主的顯性夢境中出現的意象，再結合案主對這些意象的聯想，從而揭發它們所潛藏的意義。

抗拒的解析。 在自由聯想或夢境聯想的過程中，個人可能展現「抗拒」——不願意或無法談論某些思想、動機或經驗。例如，案主可能正談論重要的童年經驗，然後突然轉換主題，或許是這樣開頭，「它真的沒有那麼重要」或「討論這樣的事情真的太荒謬了」。抗拒也可能展現在案主對於一些聯想給予過於輕率的解讀、反覆遲到，或甚至完全「遺忘」跟治療師的約見。因為抗拒將防止痛苦和有威脅性的素材進入覺知，它的來源必須被探究——假使個人打算面對問題和學會以切合實際的方式加以應對的話（Horner, 2005）。

移情的解析。 隨著案主和治療師發生互動，他們之間的關係可能變得複雜而情緒上涉入。通常，當案主把他們在跟父親或母親（或過去生活中親近的另一些人）的

關係上所持的態度和情感，不知不覺地轉移到治療師身上時，這個歷程稱為「移情作用」（transference）。例如，假使案主激烈地（但不準確地）責備治療師缺乏對他的需求的注意及關懷，這可以視作是案主把他在童年跟父母（或另一些關鍵人物）的互動中所獲得的態度，「移情」到治療師身上。在這種情況下，案主童年時期的衝突和困擾在治療情境中重新上演，提供了關於案主問題本質的重要線索。在治療師的協助之下，案主嘗試把壓抑到潛意識中的感情，面對現實釋放出來，從而「消解」（work through）他的精神苦楚。

　　自佛洛依德以來的心理動力治療。今日，原始版本的精神分析已很少被實施，因為費力、費時、昂貴及需要大量的情緒傾注，這種治療法往往花費許多年才能使案主生活中的所有重大議題獲得滿意的解決。有鑑於這些沉重的要求，精神分析／心理動力治療師已著手於修改治療程序，特別是針對於縮短治療時間和減少所需的費用。

🔲 對於心理動力治療的評價

　　傳統的精神分析經常招致一些批評，除了相當費時而昂貴外，它也被批判為建立在對於人類本質之有疑問及有時候儀式似的觀點上；忽略案主當前的困擾，只一味地從遙遠的過去尋找潛意識衝突；以及關於治療的綜合有效性缺乏適當的證據。事實上，很少有對於傳統精神分析之嚴格而控制的治療結果的研究，當考慮到精神分析之密集而長期的本質，以及考慮到在檢驗這樣的治療途徑上固有之方法論的困難，這種情形是可以理解的。儘管如此，一些初步的線索指出，這種治療途徑具有一些價值（Gabbard et al., 2002）。精神分析師也提出辯護，他們表示手冊化的治療不當地限縮對於心理障礙症的處置方式；他們也特別指出，我們不能僅因為某一治療法無法被標準化，就說它是不正當或沒有效益的。然而，臨床效益是否能夠辯護精神分析所需時間和費用的正當性，這仍有待進一步的討論。

　　對照之下，頗多研究是針對一些較新式心理動力取向的治療法。研究已顯示，心理動力的治療途徑在處理一些障礙症上具有療效，包括憂鬱症、恐慌症、PTSD，以及物質濫用障礙症（Gibbons et al., 2008）。近期的研究也支持洞察力（insight，洞察力在心理動力理論中是一個關鍵構念，涉及對內在衝突的認知理解和情緒理解）的觀念，即洞察力的增進必然發生在長期的臨床變化之前（Johansson et al., 2010）。

五、婚姻與家庭治療

　　許多被帶到臨床專家之處的問題，很明顯地是人際關係的問題，配偶或婚姻困擾就是常見的實例。在這些情況中，不良適應行為是存在於該關係的成員之間，更進一步擴充這個觀點，家庭系統（family system）的途徑反映的假設是，任何特別家庭成

員在家庭內的行為，受到另一些家庭成員的行為模式及溝通型態的影響。換句話說，它是屬於「系統」的產物，我們有必要從系統的角度加以理解及改變。因此，針對於從現存的系統中所衍生的問題，我們需要的治療技術應該聚焦於各方的關係，不只限於當事人。

婚姻治療

關係問題是情緒苦惱的主要原因，大量的配偶就失睦的關係尋求援助，這已使得婚姻諮商成為一門快速成長的治療領域，在這樣的治療中，配偶通常一起被接見。配偶報告他們尋求治療的主要原因是溝通問題和缺乏情感（Doss et al., 2004），因此，臨床關注的焦點主要是放在改善溝通技巧，以及發展較具適應性的問題解決作風上。雖然在配偶治療的初始，常見的情形是每一方都私下認為只有另一方將需要改變行為，但實際情形是，雙方都有必要改變他們對於對方的反應。

多年以來，婚姻治療（marital therapy）的最佳範本是傳統的行為配偶治療（traditional behavioral couple therapy, TBCT）（Christensen et al., 2007）。TBCT是建立在社會學習模式上，它從強化的角度看待婚姻滿足和婚姻苦惱。治療通常是短期的（10到26次會期），且接受手冊的引導。TBCT的目標是增進關係中的關懷行為，教導雙方以較具建設性的方式解決他們的衝突——透過在溝通技巧和適應性問題解決方面的訓練。

研究已確立TBCT對於婚姻苦惱是一種實徵支持的治療法（Snyder et al., 2006）。大約2/3的配偶在這種療法中有良好的進展，而且在關係滿足上顯現改善（Jacobson et al., 1987）。然而，這種治療法不是對所有配偶都能奏效（Jacobson & Addis, 1993）。再者，即使是在關係滿足顯現改善的配偶之中，改善情形不一定長時間維持（Jacobson et al., 1987）。

TBCT的限制致使研究人員推斷，以行為改變為焦點的治療途徑不能適用於所有配偶，這接著就導致整合的行為配偶治療（integrative behavioral couple therapy, IBCT）的發展（Jacobson et al., 2000; Wheeler et al., 2001）。不再強調行為改變（這有時候造成人們不想改變之自相矛盾的效果），IBCT強調接納，它包括一些策略以協助配偶的每一方跟對方達成協議，然後承認及接納對方的一些限制；當然，行為改變不被禁止。反而，在IBCT內，接納策略和改變策略被整合起來，以提供一種更為適合當事人的特性、雙方關係的「主題」（持久的衝突模式）及配偶的需求的治療法。

雖然這在婚姻治療的領域中是一種相對上新近的發展，但初步的證據指出它很具有前景。在一項研究中，配偶接受IBCT處置的改善率是80%——相較之下，接受TBCT的配偶的改善率是64%（Jacobson et al., 2000）。更為近期，ICBT已被轉換為

一種格式，配偶可以經由線上自助網站共同完成治療（Doss et al., 2013）。

✎ 家庭治療

　　針對家庭的治療很明顯地跟配偶與婚姻治療有所重疊，但是它們的起源多少有所不同。當配偶治療的發展是為了回應大量前來求助的案主也有婚姻關係問題時，家庭治療（family therapy）則起始於發現許多人在個別治療中（通常是在機構背景中）已顯現顯著的改善，但是當他們重返家庭之後卻又復發。如我們先前提過，針對於降低高度批評和家庭張力之家庭本位的治療途徑，已成功地降低思覺失調症病人和情緒障礙症病人的復發率（Miklowitz & Craighead, 2007; Pfammatter et al., 2006）。

　　另一種解決家庭動亂的途徑稱為結構式家庭治療（structural family therapy）（Minuchin, 1974）。這種途徑是建立在系統理論（system theory）上，它主張假使家庭脈絡可以被改變，那麼個別成員在家庭中將會有不一樣的經驗，而且將會依照新的環境脈絡變更的要求，而有不一樣的舉止。因此，結構式家庭治療的重要目標是改變家庭的組織，以便家庭成員將會有較為支持性的舉止，較少以致病的方式對待彼此。

　　結構式家庭治療把焦點放在當前的互動上，治療師則扮演主動但非指導性的角色。在治療的初始，治療師扮演家庭成員之一，而且以局內人的身分參與於家庭互動，以便蒐集關於家庭的資料——典型的家庭互動模式的結構圖。以這種方式，治療師探索家庭系統是否具有僵硬或通融的界限、什麼人在支配權力結構，以及當事情發生差錯時什麼人被責備等。當具備這樣的理解後，治療師接著發揮觸媒的作用以更改成員之間的互動——原先的互動往往具有相互牽絆（過度涉入）、過度保護、僵化及不良的衝突解決技巧等特性。「認定的案主」經常被發現在家庭的衝突迴避模型上扮演重要的角色。如在第九章所討論的，結構式家庭治療在厭食症的治療上被證實有良好的成效。

六、折衷取向與整合

　　相較於今日，我們前面所描述之各種「學派」的心理治療，在過去通常站在彼此較為對立的立場。今日，臨床實施的特色是界限的放寬，治療師通常願意探索以不同方式處理臨床問題（Castonguay et al., 2003），這種歷程有時候被稱為多元樣式的治療（multimodal therapy）（Lazarus, 1997）。當被問到他們的治療取向是什麼時，現今的大部分心理治療師會回答「折衷取向」（eclectic），這通常表示他們嘗試借用及結合來自各種學派的概念及技術，取決於什麼手法似乎對於所涉個案最具效果。這種兼容並蓄的手法甚至擴展到致力於結合個別治療與家庭治療，以及結合生物途徑與

心理社會途徑。

折衷治療法的一個實例是人際關係心理治療法（interpersonal psychotherapy, IPT）。IPT是一種洞察力取向的治療法，強調臨床狀況的發作與當前人際關係（與朋友、伴侶或親人的關係）失調之間的關係。它針對現今的社交困擾採取對策，而不把重點放在持久的人格特質上。IPT是由Klerman及其同事們（1984）開發出來，原先是用於處理憂鬱症。它的理念是建立在蘇利文（Harry Stack Sullivan）的人際關係理論上，也建立在Bowlby的依附理論上。雖然它有時候被視為一種心理動力治療法，IPT採用來自其他多種治療途徑的技術，它也是集中和時限的（縮短整個療程）。此外，它的治療重心是放在當前（here and now），而不是過去（Bleiberg & Markowitz, 2008）。

IPT已被顯示在憂鬱症的治療上具有價值（de Mello et al., 2005），它也被修正以處理其他障礙症，包括暴食症（Fairburn et al., 1993）、焦慮症（Stangier et al., 2011），以及邊緣型人格障礙症（Markowitz et al., 2006）。

第四節　治療的生物途徑

心理藥物學是一門快速成長的領域，它不斷地在臨床上獲致一些令人興奮的進展及突破，許多障礙症在過去被認為是束手無策，但是推陳出新的藥物似乎帶來了一些曙光。這一節中，我們將討論幾類重要的藥物，它們現在例行地被使用來處理一系列精神障礙症。我們也將討論另一些治療途徑（諸如電痙攣治療），它們較少被派上用場，但是極具有效果，特別是當病人對其他形式的治療沒有良好的臨床反應時。

一、抗精神病藥物

如它們的名稱所意指的，抗精神病藥物（antipsychotic drugs）是用來治療精神病症，諸如思覺失調症。我們已在第十三章談到這些藥物。抗精神病藥物關鍵的治療效益，是源自它們能夠減輕或降低妄想和幻覺的強度，而它們發生作用是經由阻斷多巴胺受納器。表16.1列出了較常被使用的一些抗精神病藥物，也列出關於每種藥物典型的劑量範圍的資料。

研究已發現，當接受傳統的抗精神病藥物的治療後，大約60%的思覺失調症病人的正性症狀在六個星期內消退下來——對照之下，那些服用安慰劑的病人只有20%發生緩解（Sharif et al., 2007）。這些藥物在治療伴隨精神病症狀的另一些障礙症上也有助益，諸如躁症發作、精神病型憂鬱症及情感思覺失調症；它們也偶爾被用來治療

暫時性的精神病症狀，當這些症狀發生在邊緣型人格障礙症和思覺失調型人格障礙症的病人身上時（Koenigsberg et al., 2007）。最後，抗精神病藥物在治療妥瑞氏症和譫妄上也具效果；有時候則被用來治療可能隨著阿茲海默症而發生之妄想、幻覺、偏執及精神激昂。然而，抗精神病藥物會造成失智（痴呆）病人的重大風險，因為它們牽涉到偏高的死亡率（Sultzer et al., 2008）。

表16.1　經常作為處方的抗精神病藥物

類別	通用名稱	商品名稱	劑量範圍（mg）
第二代藥物 （非典型的）	clozapine	Clozaril	300-900
	risperidone	Risperdal	1-8
	olanzapine	Zyprexa	5-20
	quetiapine	Seroquel	100-750
	ziprasidone	Geodon	80-160
	aripiprazole	Abilify	15-30
	lurasidone	Latuda	40-120
第一代藥物 （傳統的）	chlorpromazine	Thorazine	75-900
	perphenazine	Trilafon	12-64
	molindone	Moban	50-200
	thiothixene	Navane	15-60
	trifluroperazine	Stelazine	6-40
	haloperidol	Haldol	2-100
	fluphenazine	Prolixin	2-20

資料來源：Bezchlibnyk-Butler & Jeffries (2003); Buckley & Waddington (2001); and Sadock & Sadock (2009)。

　　當施加傳統的抗精神病藥物時（如chlorpromazine），這可能造成的一種相當困擾的副作用是遲發性自主運動障礙（tardive dyskinesia）。遲發性自主運動障礙是一種動作異常，它是長期服用抗精神病藥物的結果。因為當施加非典型的抗精神病藥物時——諸如clozapine（Clozaril）和olanzapine（Zyprexa）——動作相關的副作用遠為少發生，這些藥物現在在思覺失調症的臨床管理上普遍較受到歡迎。clozapine似乎也對於有自殺高風險的精神病患者特別有助益（Meltzer et al., 2003）。

　　然而，即使是非典型的抗精神病藥物也有一些副作用，體重增加是相當常發生的現象，糖尿病也是重要的臨床考量（Sernyak et al., 2002）。clozapine的一項較嚴重的副作用是可能造成白血球的驟降，稱之為「顆粒白血球缺乏病」（agranulocytosis），這可能具有生命威脅性，發生在1%的病人身上（Sharif et al., 2007）。因此，在治療的前六個月中，病人必須每個星期接受血液檢驗，隨後只要繼續服藥的話，每

兩個星期檢驗一次。基於這個原因，clozapine最好被視為是在其他藥物（例如，另一些非典型的抗精神病藥物）已證實無效後才被考慮的藥物。當前的見解是，前面所描述的非典型抗精神病藥物（除了clozapine外）是精神病首選的治療方式，而clozapine和傳統的抗精神病藥物（例如，Haldol）最好被視為是第二線的治療。

二、抗憂鬱藥物

■ 選擇性血清素再吸收抑制劑（SSRIs）

如在抗精神病藥物上的情形，最先被發現的一些藥物（所謂的「正統抗鬱劑」，諸如單胺氧化酶抑制劑和三環抗鬱劑），現在在例行臨床實施上已被「第二代」的治療所取代，諸如SSRIs。1988年，fluoxetine（Prozac）成為在美國推出的第一種SSRI，它現在是世界上最廣泛被指定為處方的抗鬱劑（antidepressant）（Sadock & Sadock, 2003）。它藥理上的同類藥劑包括sertraline（Zoloft）和paroxetine（Paxil）。新近加入SSRI家族的是fluvoxamine（Luvox），主要被使用於治療強迫症；citalopram（Celexa）；以及escitalopram（Lexapro），它們都具有大致相等的效果。表16.2列出了一些最廣泛被使用的抗憂鬱藥物。

SSRIs在化學成分上跟舊式三環抗鬱劑（TCAs）無關，也跟單胺氧化酶抑制劑（MAOIs）無關。然而，大部分抗鬱劑發生作用是經由增進血清素、正腎上腺素或二者的可利用性。如它們的名稱所意指的，SSRIs的作用是抑制神經傳導物質血清素的再吸收——在血清素已被釋放到突觸中之後。不像三環類（它們是抑制血清素和正腎上腺素二者的再吸收），SSRIs選擇性地抑制血清素的再吸收。SSRIs已成為較受歡迎的抗憂鬱藥物，這是因為它們被認為相對上「安全」：它們較容易使用、副作用較少，且大致上未被發現在過度劑量下具有致命性（但三環類卻可能發生這樣情形）。然而，我們也應該指出，SSRIs普遍不被認為會比其他類別的抗鬱劑更具效果（Sussman, 2009b）。

較為近期，另一類藥物已被引進，它們被稱為「血清素與正腎上腺素再吸收抑制劑」（SNRIs; Thase, 2009b）。這類藥物的實例包括venlafaxine（Effexor）和duloxetine（Cymbalta）。SNRIs阻斷正腎上腺素和血清素二者的再吸收，它們具有跟SSRIs類似的副作用，而且在過度劑量下也相對上安全。當病人對於其他抗鬱劑沒有良好反應時，這類藥物似乎有不錯的效果，而且它們在治療憂鬱症上比起SSRIs略微更具效果（Papakostas et al., 2007）。

表16.2 經常被作為處方的抗憂鬱藥物

類別	通用名稱	商品名稱	劑量範圍（mg）
SSRI	fluoxetine	Prozac	10-80
	sertraline	Zoloft	50-200
	paroxetine	Paxil	10-60
	fluvoxamine	Luvox	50-300
	citalopram	Celexa	10-60
	escitalopram	Lexapro	10-20
SNRI	venlafaxine	Effexor	75-375
	duloxetine	Cymbalta	40-60
Tricyclic （三環類）	amitriptyline	Elavil	75-300
	clomipramine	Anafranil	75-300
	desipramine	Norpramin	75-300
	doxepin	Sinequan	75-300
	imipramine	Tofranil	75-300
	nortriptyline	Aventyl	40-200
	trimipramine	Surmontil	75-300
MAOI	phenelzine	Nardil	45-90
	tranylcypromine	Parnate	20-60
	isocarboxazid	Marplan	30-50
Atypical （非典型的）	trazodone	Desyrel	150-600
	bupropion	Wellbutrin	225-450

資料來源：Bezchlibnyk-Butler & Jeffries (2003); Buckley & Waddington (2001); and Sadock & Sadock (2009)。

　　最新近的抗鬱劑（在2011年獲得FDA核准）稱為Viibryd（vilazodone），它是SSRI和血清素受納器增效藥（agonist）的新式結合。研究已顯示，vilazodone安全而能夠被病人良好忍受（Robinson et al., 2011），它對憂鬱症的療效優於安慰劑（Khan et al., 2011; Reed et al. 2012）。然而，相較於其他廣泛使用的抗鬱劑，這種藥物具有多大效能，仍然有待探討。

　　SSRIs的臨床試驗指出，病人通常在接受治療的大約3到5個星期後發生改善。當病人的症狀顯現至少50%改善時，他們就被認為已對治療有良性反應。然而，雖然有相當程度的進步，這樣的病人仍未充分康復。當治療已消除病人的所有症狀時，病人就被認為處於緩解期（period of remission），假使這種緩解情形維持達6到12個月或更久的話，病人就被認為已經痊癒。換句話說，他／她再度地完全康復。

　　SSRIs的副作用包括噁心、腹瀉、緊張不安、失眠及性功能障礙（諸如性興趣減退和高潮困難）（Nemeroff & Schatzberg, 2007）。正與較早先的研究報告相反

（Cole & Bodkin, 1990; Papp & Gorman, 1990），Prozac跟自殺的關聯沒有高於其他抗鬱劑（Jick et al., 2004）。近期的另一項考量是，當在懷孕期服用Prozac和Paxil，這可能提高嬰兒心臟異常的風險（Diav-Citrin et al., 2008; Malm et al., 2011）。基於這個原因，對於打算懷孕的女性，這些藥物不被推薦爲首要的選項。

單胺氧化酶抑制劑（MAOIs）

雖然MAOIs現在很少被使用，但它們是在1950年代被研發出來的首批抗憂鬱藥物。這些藥物原本是被研發作爲治療結核病之用，但是被發現有助於提升病人的心情（Stahl, 2000）。它們稍後又被發現能夠有效治療憂鬱症。MAOIs包括了isocarboxazid（Marplan）、phenelzine（Nardil）、tranylcypromine（Parnate）及selegiline（Eldepryl）。它們的作用是抑制已被釋放至突觸裂的單胺氧化酶的活動──單胺氧化酶是位於突觸裂的一種酶（enzyme，或稱酵素），有助於分解單胺類神經傳導物質（諸如血清素和正腎上腺素）。病人在服用MAOIs後必須避免飽含酪胺基酸的一些食物，諸如義大利香腸和Stilton乳酪，它們會壓制該藥物的臨床有效性。儘管如此，MAOIs仍被使用在一些非典型憂鬱症的病例上，這些病例的特色是過度睡眠和過度飲食，而且對於其他類別的抗憂鬱藥物沒有良好反應（Nemeroff & Schatzberg, 2007）。

三環抗鬱劑

三環抗鬱劑（tricyclic antidepressants, TCAs）產生作用是經由抑制正腎上腺素和（在較弱的程度上）血清素的再吸收，一旦這二者被釋放到突觸中之後。三環抗鬱劑的發現也是誤打誤撞而來的，因爲最初的TCA（imipramine）是被研發作爲思覺失調症的可能治療，但卻發現它有助於提升心情。「這些藥物起作用是經由增進正腎上腺素的活動」的理論，現在已知是過度簡化的觀點。另外也已知道的是，當三環抗鬱劑被服用幾個星期後，它們改變了一些其他層面的細胞功能，包括受納器如何起作用，以及細胞如何對受納器的活化和神經傳導物質的合成作出反應。因爲細胞功能的這些轉變，對應於這些藥物發揮它們抗鬱效果的時間進程，這些變化中的一種或多種可能涉及促成藥物的抗鬱效果（參考圖16.2）。臨床上常用的三環抗鬱劑包括imipramine（Tofranil）、amitriptyline（Elavil）、desipramine（Norpramin）及nortriptyline（Aventyl）。

其他抗鬱劑

trazodone（Desyrel）是另一種服用過度劑量也不具致命性的抗鬱劑，它特別是抑制了血清素的再吸收。trazodone有強烈的鎮靜特性，這限定了它的實用性，它有時

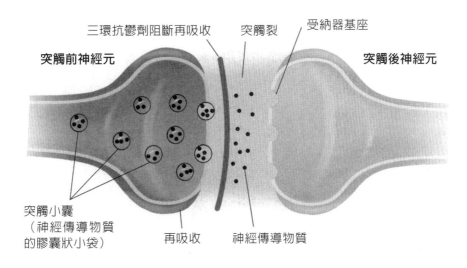

圖16.2　三環抗鬱劑作用為再吸收阻斷劑

資料來源：摘自Gitlin（1996），p.287。

候也結合SSRIs而在夜間服用，以有助於對抗SSRIs通常對於睡眠造成的不良影響。在少見的個案上，它可能在男性身上引起一種稱為「陰莖異常勃起」（priapism）的狀況（Nemeroff & Schatzberg, 2007），陰莖異常勃起是指在缺乏任何性刺激的情況下，陰莖持久地異常勃起。

　　bupropion（Wellbutrin）這種抗鬱劑的化學結構跟其他抗鬱劑沒有關聯，它抑制正腎上腺素和多巴胺二者的再吸引。除了作為抗憂鬱藥物，對於想要戒菸的人們來說，bupropion也降低了尼古丁渴望和戒斷症狀。不像一些SSRIs，bupropion的臨床優勢之一是它不會妨礙性功能（Nemeroff & Schatzberg, 2007）。

利用抗鬱劑以治療焦慮症、暴食症及人格障礙症

　　除了在治療憂鬱症上的用途外，抗憂鬱藥物也廣泛被使用來治療其他各種障礙症，例如，SSRIs已廣泛被使用來治療恐慌症、社交畏懼症、廣泛性焦慮症，以及強迫症（Dougherty et al., 2007; Roy-Byrne & Cowley, 2007）。然而，有些恐慌症病人深受這些藥物（它們製造了恐慌症病人過度敏感的一些症狀）的副作用所困擾，所以他們很快就停止服藥。SSRIs和TCAs也被使用來治療暴食症。許多研究已顯示，這些抗鬱劑能夠有效降低暴食及清除的行為（Wilson & Fairburn, 2007）。假使服用SSRIs的話，B群人格障礙症（諸如邊緣型人格障礙症）的病人可能顯現一些症狀的減退，特別是心情不穩定的症狀（Rinne et al., 2002）。

三、抗焦慮藥物

抗焦慮藥物（antianxiety drugs）被使用在緊張和焦慮是顯著成分的病況中，它們並無法使病人康復。然而，這些藥物可以保持症狀在控制之下，直到病人能夠接受其他有效的心理治療法。它們被廣泛開立為處方藥，這個事實已引起醫學界和精神醫學界一些領導人物的憂心，因為這些藥物具有成癮的潛在性和鎮靜的作用。

❖ benzodiazepines

最重要而被廣泛使用的一類抗焦慮藥物〔或稱抗焦慮劑（anxiolytics）〕是benzodiazepines。另一類藥物是巴比妥酸鹽——例如，phenobarbitol——它在今日很少被使用，除了用來控制痙攣發作，或在電痙攣治療期間作為麻醉劑之外。最初的benzodiazepines是在1960年代早期推出，它們現在是治療急性焦慮和激動不安之首選的藥物。它們很快就從消化道被吸收，且很迅速就開始起作用。在低劑量時，它們有助於緩和焦慮；在較高劑量時，它們作為引發睡眠的藥劑，還可以被用來治療失眠。基於這個原因，當服用這些藥物後，當事人被告誡不宜駕駛汽車或操作機械。

服用benzodiazepines的麻煩之一是，病人可能變得心理上和生理上依賴該藥物（Roy-Byrne & Cowley, 2007）。因為有戒斷症狀的風險（包括在某些個案上的痙攣發作），病人在服用這些藥物後必須逐漸地加以「戒除」（wean）。再者，停止服用這些藥物後的復發率極高（Roy-Byrne & Cowley, 2007）。例如，高達60%-80%的恐慌症病人在停用Xanax後復發。表16.3列出一些經常被作為處方的抗焦慮藥物。

表16.3　經常作為處方的抗焦慮藥物

類別	通用名稱	商品名稱	劑量範圍（mg）
benzodiazepines	alprazolam	Xanax	0.5-10
	clonazepam	Klonopin	1-6
	diazepam	Valium	4-40
	lorazepam	Ativan	1-6
	oxazepam	Serax	30-120
	clorazepate	Tranxene	15-60
	chlordiazepoxide	Librium	10-150
其他	buspirone	Buspar	5-30

資料來源：Bezchlibnyk-Butler & Jeffries (2003); Buckley & Waddington (2001); and Sadock & Sadock (2009)。

benzodiazepines及相關抗焦慮劑之所以產生作用，被認為是經由增進GABA受納

器的活動（Stahl, 2000）。GABA（gamma aminobutyric acid）是一種抑制性神經傳導物質，它在我們腦部於壓力情境中抑制焦慮方面，扮演重要的角色。benzodiazepines似乎增進了GABA活動——在腦部已知牽涉焦慮的一些部位（諸如邊緣系統）。

◪ 其他抗焦慮藥物

自從1960年代早期以來，唯一被推出之新類別的抗焦慮藥物是buspirone（Buspar），它的化學結構完全與benzodiazepines無關，被認為是以複雜的方式影響血清素能的運作，而不是對GABA起作用。它已被顯示在治療廣泛性焦慮症上跟benzodiazepines同等有效（Roy-Byrne & Cowley, 2007），雖然先前服用過benzodiazepines的病人，傾向於對藥物的反應沒有初次服藥的病人那般良好。Buspar的濫用可能性較低，或許是因為它不具有鎮靜或肌肉放鬆的特性，也因此較不為病人所滿意，它也不會引起任何戒斷效應。使用buspirone的主要缺點是，它需要服藥2到4個星期後才能發揮任何抗焦慮的效果，因此，它在急性情境中派不上用場，且因為它不具有鎮靜效果，它也不能用來治療失眠。

四、鋰劑與其他心境穩定藥物

鋰鹽治療直到大約1970年才被引進美國，但早在二十年前，鋰鹽在治療躁症上的效果就已被發現。這種耽擱至少是基於兩個原因，首先，鋰鹽在1940年代和1950年代是被作為高血壓病人的食鹽代用品，當時它的毒性副作用仍然未被發現，這造成了一些悲劇性的死亡病例，使得醫學界對於它的任何用途非常戒慎恐懼；其次，因為鋰鹽是一種天然存在的化合物，它不具有專利權，這表示製藥公司不認為研發它的療效會帶來任何利潤。儘管如此，到了1970年代中期，它已在精神醫學界被視為神奇的藥物（Gitlin, 1996）。鋰鹽至今仍被廣泛使用來治療雙相情緒障礙症，以Eskalith和Lithobid的商品名稱推出市場。雖然鋰劑已被使用許多年，它究竟如何帶來療效，我們至今尚未能確認（Shahl, 2000）。

即使我們仍然不知道鋰鹽究竟是如何奏效，但是關於它的有效性卻是無庸置疑，高達70%-80%處於明顯躁狂狀態的病人，在服用鋰劑2到3個星期後呈現顯著的改善（Keck & McElroy, 2002b）。此外，如我們在第七章所提到，鋰劑有時候減輕了憂鬱狀態，雖然或許主要是針對雙相情緒障礙症的病人（Stahl, 2000）。

漸增的證據顯示，鋰劑維持性的治療在預防未來的躁狂發作上，可能不如原先所認為的那般可靠。例如，幾項研究指出，對於維持鋰劑達五年或以上的雙相障礙症病人而言，只有略高於1/3的病人保持緩解狀態。儘管如此，停用鋰劑也有很高的風險。當戒斷鋰劑後，病人復發的機率據估計是維持服用鋰劑病人的28倍高，即大約有

50%的病人在六個月內復發（Keck & McElroy, 2007）。

　　鋰劑的副作用包括容易口渴、腸胃道不適、體重增加、震顫及疲倦。此外，鋰劑可能具有毒性，假使所開立的劑量過高，或假使腎臟無法以正常的速率將之排出體外的話。鋰鹽的毒性是一種嚴重的身體病況，假使未能迅速而適當地加以處理的話，它可能引起神經細胞傷害或甚至死亡。

　　儘管鋰劑具有臨床效益，但不是所有雙相情緒障礙症病人都會按照處方服用藥物，許多人似乎懷念他們輕躁症發作所涉的「情緒高昂」和充滿能量的感覺，所以當面對不愉快的副作用和失去這些高昂時，他們可能不再服藥。

　　雖然鋰鹽仍然被廣泛使用，其他藥物也開始被考慮為雙相情緒障礙症的第一線治療（參考表16.4），包括valproic acid（Depakote）和carbamazepine（Tegretol）。另一些目前正被臨床上探討及使用作為快速循環的雙相障礙症的治療藥物是gabapentin（Neurontin）、lamotrigine（Lamictal）及topiramate（Topamax）。這其中許多藥物是被用來治療癲癇發作，屬於抗痙攣的作用劑（Keck & McElroy, 2007）。carbamazepine也跟一些顯著的副作用有關聯，包括血液問題、肝炎及嚴重的皮膚狀況（Post & Frye, 2009）。如同鋰劑，使用這些藥物也需要審慎監測病人的血液。Valproate的副作用或許最少，也最輕微，可能包括噁心、腹瀉、鎮靜、震顫及體重增加。Abilify是一種抗精神病藥物，現在也被推出市場作為治療雙相情緒障礙症之用。

表16.4　經常作為處方的心境穩定藥物

類別	通用名稱	商品名稱	劑量範圍（mg）
鋰鹽	lithium	Eskalith	400-1200
抗痙攣劑	carbamazepine	Tegretol	300-1600
	valproic acid	Depakote	750-3000
	lamotrigine	Lamictal	100-500
	gabapentin	Neurontin	900-3600
	topiramate	Topamax	50-1300

資料來源：Bezchlibnyk-Butler & Jeffries (2003); Buckley & Waddington (2001); and Sadock & Sadock (2009)。

五、非藥物的生物治療法

　　心理治療經由調整當事人的環境和經驗（經由使用言語、暴露、角色扮演等）以嘗試改變大腦，至於我們迄今討論的所有生物變化，則經由引進化學物質到腦部以嘗試改變大腦。另一種生物干預採取第三種途徑，即經由直接利用電流活動及／或外科

手術以改變大腦的活動。

電痙攣治療

　　1938年，兩位義大利的內科醫師Ugo Cerletti和Lucio Bini嘗試讓電流通過病人的頭部以減輕病情，這種方法後來就被稱為電痙攣治療法（electroconvulsive therapy, ECT）。ECT在今日仍然被採用，據估計在美國地方每年大約有10萬位病人接受ECT的處置（Prudic, 2009）。

　　一般大眾通常視ECT為恐怖及原始形式的治療，實際上，一些針對精神科醫師不當施行ECT的法律案件也已被起訴，但主要是關於沒有取得專屬的病人同意書——這可能相當困難，當病人因為他們的疾病而很可能不具有法定行為能力提出這樣的同意書時（Abrams, 2002; Leong & Eth, 1991）。無論如何，儘管有些人對於ECT感到不快，但它是安全、有效及重要的一種治療法。事實上，它是處置一些嚴重憂鬱及自殺病人的唯一方式——當病人對其他形式的治療已產生不了反應時。此外，它通常在下列情況中也是首選的治療方式：(1)嚴重憂鬱而懷孕的婦女，她們不宜服用抗鬱劑；(2)老年人，他們可能有一些身體病況而使得服用抗憂鬱藥物具有危險性（Pandya et al., 2007）。

　　在審查關於ECT的評估性研究後，所得結論是，對於重度或精神病層級的憂鬱症病人，以及對一些躁狂病人而言，ECT是一種有效的治療（Prudic, 2009）。適當施行之下，ECT不被認為會對腦部造成結構的傷害（Devanand et al., 1994），雖然這個問題仍然有所爭議（Reisner, 2003）。幾乎每一種神經傳導物質系統都受到ECT的影響。ECT已知會向下調整（downregulate）正腎上腺素的受納器，增進了這種神經傳導物質的功能可利用性，然而，ECT究竟如何起作用，我們迄今仍不完全清楚（Abrams, 2002）。

　　ECT能夠以兩種方式施行——雙側或單側。在雙側（bilateral）ECT中，電極被安置在病人頭部的兩側，然後通以高強度或低強度之穩定而短暫的電流脈衝，使之從頭部的一側通到另一側，持續大約1.5秒鐘。對照之下，單側（unilateral）ECT涉及只施加電流通過腦部的一側，通常是非優勢的一側（對大部分人而言是右側）。麻醉劑使得病人在睡眠中經歷電擊程序，而肌肉鬆弛劑則被用來預防強烈的肌肉收縮——在ECT的早期年代，病人的痙攣發作有時候過於激烈而導致脊椎骨折。

　　咬塊（bite block）也被使用以避免牙齒的損傷。今日，假使你被允許觀看病人接受ECT的話，你所能看到的將只是或許隨著痙攣發生之手部的輕微抽動。

　　在ECT結束後，病人對於緊接在治療之前所發生的事情有失憶現象，且通常在接下來一個小時左右有點意識混淆。正常情況下，整套治療是由不到12次的療程所組成，雖然有時候需要更多的療程。治療通常是每星期實施2到3次（Pandya et al.,

2007）。

實徵的證據指出，雙側ECT的效果優於單側ECT。不巧的，雙側ECT也與較為嚴重的認知副作用及記憶困擾有關聯（Reisner, 2003）。在ECT結束後，病人通常在大約三個月期間中難以形成新的記憶（前行性失憶），醫師因此必須在二者之間加以權衡，一是雙側ECT具有較大的臨床效益，另一是它傾向於引起較大的認知副作用。有些臨床專家建議，剛開始時可以採用單側ECT，但是在經過5次或6次的療程而沒有明顯改善之後，就應該轉換為雙側ECT（Abrams, 2002）。

◆ 穿顱磁性刺激術

近些年來，一種稱為「穿顱磁性刺激術」（transcranial magnetic stimulation, TMS）的治療法開始引進，它是在病人頭部放置一套金屬線圈，所發出的磁脈衝穿透頭皮和頭顱，在腦部選定的部位製造電磁場，有助於增進或減低神經細胞的活動。隨著科技的進步，我們現在已有能力對準腦部非常特定的部位，謹慎控制所施加電流的位置、強度、頻率及型態。在這一點上，許多研究已顯示，TMS可以被有效地使用來治療重度憂鬱症，追加的證據也支持它使用在另一些病況上（George & Post, 2011; Kravitz et al., 2015; Lefa cheur et al., 2014）。

TMS是一種非侵入性的技術（相較於外科手術），也只引起較少和較不嚴重的副作用（相較於ECT），重複式TMS療程最常被報告的副作用是輕度頭痛和很低的痙攣風險。然而，不像ECT那般，它不會造成記憶或專注力的減損。雖然TMS在治療憂鬱症和其他病況上已顯現效果，它仍然是非常新式的治療途徑，通常只在幾項心理治療法和抗憂鬱藥物已被證實無效後，它才被列入考慮。

◆ 神經外科手術

雖然在十九世紀時，神經外科手術（neurosurgery）就已偶爾被使用來治療精神疾病（被認為有助於減輕腦部的壓力），但是直到二十世紀中期，它才被視為是心理問題的一種處置方式。1935年在葡萄牙，Antonio Moniz提出一種神經外科手術，它是把大腦的額葉跟位於底部較深層的中樞切斷開來，這種技術最後演進為所謂「前額葉切除術」（prefrontal lobotomy），代表專家們在探討精神病的有效治療上有時候被迫採取的極端手段。在回顧這段歷史上，很諷刺的是，這項手術為Moniz在1949年贏得了諾貝爾醫學獎，儘管它造成病人腦部永久性的結構變化，而且備受許多同業們的高度批評。（雖然Moniz後來被一位前任的病人所射殺，或許是不太心存感激。）

從1935年到1955年，數以萬計的精神病患接受前額葉切除術和相關的神經外科手術，在某些單位中，單天之內就有高達50位病人接受手術（Freeman, 1959）。初期的治療結果報告似乎被熱情所淹沒，完全無視於可能的併發症（包括1%-4%的死亡

率）和不良的副作用。在某些病例上，病人可能永久地失去控制衝動的能力；在其他病例上，副作用包括一種不自然的「安靜」（tranquility），伴隨不適宜的情緒淺薄或情感缺乏。

　　主要的抗精神病藥物的引進立即導致神經外科手術的減退，特別是前額葉切除術。今日，這樣的手術已極為少見，只被作為最後訴諸的手段——當病人在五年的期間對於所有其他形式的治療都沒有反應，而且正發生過激、失能的症狀時。現代的外科技術涉及只是選擇性地破壞腦部微小的區域。神經外科手術有時候被使用於已幾乎喪失生活功能的強迫症病人（Dougherty et al., 2007）、抗拒治療的嚴重自殘的病人（Price et al., 2001），或甚至難以治癒的厭食症病人（Morgan & Crisp, 2000）。

　　最後，深度腦部刺激（deep brain stimulation）是一種不同的治療途徑，它涉及植入電極和探針到病人的大腦深層，然後在選定的部位（例如，扣帶回）施加電刺激。這種手術不會在腦部造成持久的損傷。研究已顯示，對於一些重度及慢性的憂鬱症病人來說，在平均3.5年的追蹤研究中，大約半數的病人獲致良好的改善（Kennedy et al., 2011）。然而，我們還需要更進一步的研究才能達成任何結論。

國家圖書館出版品預行編目資料

變態心理學／Jill M. Hooley, James N.
Butcher, Matthew K. Nock, Susan Mineka
著；游恒山譯. ――五版.――臺北市：五
南圖書出版股份有限公司，2024.07
面；　公分
譯自：Abnormal psychology
ISBN 978-626-393-470-2(平裝)

1.CST: 變態心理學　2.CST: 精神醫學

175　　　　　　　　　　113008775

1B50

變態心理學

作　　者 — Jill M. Hooley、James N. Butcher、Matthew K.
　　　　　 Nock、Susan Mineka

譯　　者 — 游恒山

發 行 人 — 楊榮川

總 經 理 — 楊士清

總 編 輯 — 楊秀麗

副總編輯 — 王俐文

責任編輯 — 金明芬

封面設計 — 鄭云淨

出 版 者 — 五南圖書出版股份有限公司

地　　址：106台北市大安區和平東路二段339號4樓

電　　話：(02)2705-5066　　傳　　真：(02)2706-6100

網　　址：https://www.wunan.com.tw

電子郵件：wunan@wunan.com.tw

劃撥帳號：01068953

戶　　名：五南圖書出版股份有限公司

法律顧問　林勝安律師

出版日期　2001年 5 月初版一刷（共二刷）
　　　　　2003年 8 月二版一刷（共三刷）
　　　　　2008年 7 月三版一刷（共七刷）
　　　　　2018年10月四版一刷（共三刷）
　　　　　2024年 7 月五版一刷

定　　價　新臺幣900元

經典永恆・名著常在

五十週年的獻禮──經典名著文庫

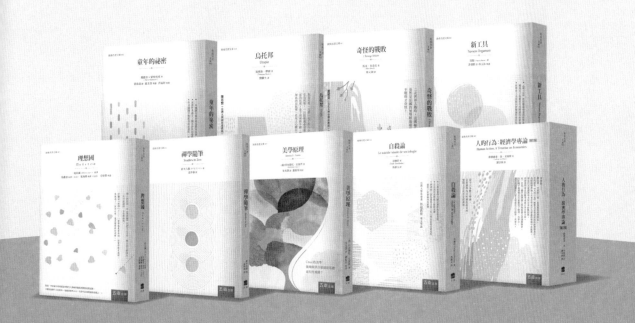

五南，五十年了，半個世紀，人生旅程的一大半，走過來了。

思索著，邁向百年的未來歷程，能為知識界、文化學術界作些什麼？

在速食文化的生態下，有什麼值得讓人雋永品味的？

歷代經典・當今名著，經過時間的洗禮，千錘百鍊，流傳至今，光芒耀人；

不僅使我們能領悟前人的智慧，同時也增深加廣我們思考的深度與視野。

我們決心投入巨資，有計畫的系統梳選，成立「經典名著文庫」，

希望收入古今中外思想性的、充滿睿智與獨見的經典、名著。

這是一項理想性的、永續性的巨大出版工程。

不在意讀者的眾寡，只考慮它的學術價值，力求完整展現先哲思想的軌跡；

為知識界開啟一片智慧之窗，營造一座百花綻放的世界文明公園，

任君遨遊、取菁吸蜜、嘉惠學子！